AMERICA BEFORE

THE KEY TO EARTH'S LOST CIVILIZATION

諸神的足跡

失落文明的關鍵

GRAHAM HANCOCK
葛瑞姆・漢卡克——著
潘恩典 JOHN PAN——譯

獻給桑莎，

我無數個前世今生的靈魂伴侶，

希望在來生和妳再續前緣，繼續精采的探險。

推薦

歷史是來自實例的哲學

題辭："History is philosophy from examples." ~ Dionysius of Halicarnassus (fl. 30-7B.C.E.) ~

人類知識體系與思想體系的建構，以及價值觀的塑造，涵蓋鉅視的大宇宙（含靈界）和微視的小宇宙，伴隨認知範疇的不斷擴大，而持續予以修正。

現在所擁有的一切，均源於已進入時間深處的過去。「是古非今」或「是今非古」，皆非理性的態度。秉歷史相對主義，而非絕對主義的視角，每個時代均各有其獨特性。猶如美與醜的評價，很難放諸四海而皆準，歷史進化論和歷史退化論均各自言之成理。

時代精神（Zeitgeist）及民族精神（Volksgeist）的界定，乃後世史家所界予的意義。歐洲啟蒙運動時期的思想家，提倡進步史觀，認為「明天會更好」（德國納粹黨引用，當作宣傳口號），豈料竟引起法國大革命和拿破崙戰爭。

在歷史研究的領域中，以上古史及近現代史的挑戰最大，文物的出土和文獻的解密，使歷史的

語境，隨時面臨解構與重組的命運，或許真相永遠埋藏在渺不可知的過去。探詢地球上失落的文明，如玩拼圖遊戲，將看似不相干而孤立發展的文明，挖掘其隱藏在全球各地錯綜複雜的脈絡。

疇昔的歷史教科書言及世界四大文明古國，後已調整為四大古文明區，增添美洲文明區。世人在十五世紀末以前，對美洲大陸上的一切甚為陌生。

二〇〇一年八月二十四日至三十一日，漢卡克曾訪台八日，進行環島考察古蹟。草民曾陪他探訪七星山巨石構造物，他使用「man-made」，而非「artificial」一詞，至今印象深刻。草民曾詢問，全球古蹟最推崇何處？他回答是柬埔寨的大、小吳哥城，而草民心中認為埃及金字塔乃世界第一。其夫人桑莎．法伊亞是印度裔馬來西亞人，為專業攝影師，尤專精古代文化及古建築遺址，曾詢問草民，關於台灣市場的銷售狀況。

漢卡克原在英國杜倫大學（Durham University）主修社會學，後成為傑出的記者，因目睹衣索比亞基督教教堂的祭壇上皆放置約櫃（法櫃、聖櫃，Ark of the Covenant），而一頭栽進考古學與歷史學的領域。自謙並非考古學家或歷史學家，而只是一位作家，猶如胡適之先生「譽滿天下，謗亦隨之」，成為暢銷書的作者，秉持非學院派的另類觀點，必遭受自詡為正統的蛋頭學者們的圍剿。

邊緣科學（border science）的非主流派，倡導原被視為異端邪說的理論，經漫長時代的千錘百鍊，可能會蛻變成顛撲不破的真理。鑽研被禁忌的考古學，必被當作被禁忌的業餘的門外漢。出家人亦有出家人的固執。

基督宗教已分裂成三萬多個教派，神學家之間的對立（odium theologicum），如無硝煙的戰爭，只差未兵戎相見，彼等自稱是神的僕人，皆宣稱直接得到天啟，但如何驗證？

時間老人是無情的篩子，藉著冰河期，會將文明的痕跡洗滌至淨。人類的起源已屬千古之謎，世界各民族多有洪水的傳說（台灣的先住民亦然），而神話也有重疊性。上古史的重建實屬浩大的

工程，漢卡克單槍匹馬繞著地球跑，嚴肅的學術研究，重於吃喝玩樂，有「黃泉道上，獨來獨往」的氣魄。

自清末以降，留美的學生恐已超過百萬，但在咱們的大學裡，有關拉丁美洲史的課程罕見，連美國史都瀕危，媚美、崇美、仇美、輕美，不如知美。被好萊塢的電影洗腦數十年，似乎因白人優越論作祟，流露出自以為高人一等的心態。

「這個國家」有實質外交關係的邦交國，多分布在美洲，屬於西班牙語、葡萄牙語（巴西），以及少數英語、法語和荷蘭語的場域。檢視各大學的外語系、所，以英（美）語及日語為大宗，西班牙語只是點綴而已。語言屬於工具學科，文學則為內容學科，若無法通曉一個民族的語言，當如何掌握其歷史文化的精髓。

展讀漢卡克的作品，如行雲流水般，並無贅詞的文筆，以及淵博的學識，令人肅然起敬。從新聞圈投入古文明的探訪和研究，深信距今約一萬二千八百年以前，發生翻天覆地的變化，地球上曾存在消失的文明，但排除地外文明的介入與超自然的因素，對幽浮學及外星人感興趣的讀者可能會失望。誠如榮格（Carl Gustav Jung, 1875-1961）認為幽浮是心靈追求完美的投射，即「天地山河，唯心所造」，今日觀之，乃悖論及謬論。

跟西亞、埃及、印度、中華均為大河文明相異，中美洲為叢林文明，南美洲則為高原文明，歷史發展的軌跡迥異。脫離現實的（Alice-in-Wonderland）表述，眾說紛紜，應該讓地下的文物說話。

蒙古人種起源於亞洲北部，經白令海峽，遷徙至美洲，奇特的是中南美洲印第安人的文化成就，竟然超過北美洲的印第安人。十九世紀，美國向西部開拓期間，大量屠殺印第安人，可能達數千萬人，連華人也遭殃，至今仍未「轉型正義」，那些「民主、自由、人權、尊嚴」不離口的高等白人，充分顯現偽善與冷血的真面目。

前哥倫布時期的美洲古文明，異軍突起，亞馬遜與澳大拉西亞，密西西比與古埃及文明有驚人的相似度。君不見，玻利維亞的的喀喀湖（南美洲第一大湖）上的印第安人，用蘆葦建造的船隻，跟尼羅河的蘆葦舟造型雷同。復活節島的文字，跟古印度文明發源地摩亨佐—達羅（Mohenjo-daro）的文字可重疊。

一九九二年十月十二日，美洲各國官方熱烈慶祝哥倫布「發現」「新」大陸五百週年紀念，但印第安人頗有「異」見。白人來到新世界，大肆掠奪財富，殺害土著，使人口銳減，並帶來天花，連傳教士都戮力毀滅傳統文化，藉冠冕堂皇傳福音之名，行不公不義之事。在哥倫布之前，箕子、法顯、北歐的維京人，皆到過這塊陌生的大陸。基於同情的了解，應站在印第安人的立場，思考歐洲白人基督徒所帶來的毀滅性創傷。

屬於基督新教的耶穌基督後期（末世）聖徒教會，在《摩門經》（*The Book of Mormon*）中陳述，耶穌在投胎至以色列之前，是先到美洲傳福音，故印第安人自古傳言，彼等的神明是白皮膚外型。其後，歐洲的探險家、傳教士、軍隊紛至沓來，亦被尊為神明，而毫無防備之心，豈料竟帶來大災難。

猶記二〇一二年十二月二十一日世界末日說甚囂塵上，美國的基督教福音教派，假託馬雅人的末日說，像著魔似的在媒體上炒作，事後證明乃子虛烏有。追溯西方歷史，公元九九九年及一九九九年，均出現世紀末（fin de siècle）風潮，卻因耶穌太忙，經紀人不足，故均摃龜，期待二九九九年勿再爽約（假如人類尚存在的話）。實際上，許多宗教都有末日論（eschatology），並非基督宗教的專利，宗教經典只敘述可能出現的情景，並未言及精確的年代。

漢卡克已被列入偽科學（pseudoscience）作家之林，另有鼎鼎大名的撒迦利亞・西琴（Zecharia Sitchin, 1920-2010）和艾利希・馮・丹尼肯（Erich von Däniken, 1935-）。「純」學術作品的最佳功能，即是可有效治療失眠症。暢銷書排行榜如走馬燈，各領風騷一段時間之後，立馬被讀者遺忘。但彼

等的作品都像不可思議的喵星人，一直讓人有新鮮感，科普、史普和考（古）普的書籍，比象牙塔裡的磚頭書更受到歡迎，似乎更經世致用。

歷史的重建，常蓋棺而論不定，疑案、懸案、冤案、奇案層出不窮，使歷史系、所有存在的價值。不該在某些時代出現的歐帕茲（out-of-place artifacts, OOPARTS，時代錯誤遺物），不僅神祕指數破表，更直接挑戰傳統的編年序列。

台灣之子，格局太小，人人均為地球之子，甚至宇宙之子，外星生物（非生命）創造論，已成為揮之不去的夢魘。種族滅絕（genocide）與種族文化滅絕（ethnocide）的悲劇不斷上演，數百、數千，甚至數萬年之後，或許宰制地球的生物（可能是有社會組織者或昆蟲），將召開星際學術研討會，爭議地球上有無所謂人類這種低等生物存在過，據悉彼等因自相殘殺而自我毀滅。

周健
中國文化大學史學系兼任副教授

導讀

另類科學或偽科學？

在這本書裡，你會經常看到一個年代，它就是「一萬兩千八百年前」。這個數字代表的，是一起毀天滅地的大事發生的時間，這個事件也是漢卡克探討的重點。根據他的研究，在一萬兩千八百年前，地球曾遭到一群隕石的連續撞擊，撞擊期間長達二十一年。漢卡克在這本書中的論述重點，就是在比一萬兩千八百年前還古老得多的年代，人類就曾在美洲發展出極高度的文明。但由於那場浩劫的影響範圍和破壞力極大，這個高度文明從此就從人類史上消失了。你或許會覺得，人類目前的文明已經這麼先進了，有必要去關心一個已經消失了，很可能還停留在石器時代的原始文明嗎？在討論這個問題前，我們不妨先想想現代人有多先進。

語言學家諾姆．杭士基（Noam Chomsky）曾和社會學家米歇爾．傅柯（Michel Foucault）有過一場各說各話的辯論。杭士基在辯論中說：「從十七世紀起，人類的心智基本上就沒什麼改變；也

許從克羅馬儂人（Cro-Magnon）的時代至今都沒什麼變化。」之後又補充：「如果將一個五千年前或兩萬年前的人類，從小就放在現代社會，他也能和一般人一樣學習。他也許是個天才或瘋子，但在本質上和現代人並無二致。」佛洛伊德（Sigmund Freud）在《一個幻象的未來》（*The Future of an Illusion*），記者出身的生物學作家馬特．里德利（Matt Ridley）在《紅色皇后》（*The Red Queen*）中，也都表示過類似的看法。也就是說，從人類出現至今，他的生理結構一直沒有發生太大的變化。畢竟就演化而言，幾十萬年只是極短的時間，還不足以讓一個物種自然地演化成新物種。現代人和遠古獵人採集者的差異，絕大部分都是由後天訓練造成的。當我們在文明社會循規蹈矩地生活時，頭腦中仍保持著遠古獵人採集者的本能和衝動。

就算就生理學而言，我們和四萬年前的克羅馬儂人沒什麼差別，但就科技而言，我們的手機和電腦，要比他們的石刀和石斧先進多了吧。但問題是，你能憑一己之力，從無到有拼湊出一支手機或一台電腦嗎？現代人雖然擁有先進的文明，但目前的文明終究只是長久以來的累積成果，而且也只是很零碎地分散儲存在每個個人中。漢卡克在本書中曾用「強制性失憶」，比喻美國政府和財團對本土遠古遺址的破壞。既然文明是累積的成果，如果我們發現一個曾盛極一時的遠古文明，卻任由它的遺蹟荒廢或遭到破壞，這些記憶從此就消失了。

在日本傳說中，日本各島起初並不存在。在很久以前有一對神兄妹來到大海上，拿起長矛攪動大海，矛尖滴落的水滴，在大海上形成一個島。這對神兄妹來到島上，接著生出日本各島。這個傳說的重要性，就在於它說明了人類是從何時開始失憶的。這個年代和漢卡克在本書中一再提到的重要年代，也就是一萬兩千年前正好重合。在遠古時代海平面下降時，日本各島並不存在。它們只是和陸地相連的一個狹長陸塊。直到一萬兩千年前海平面上升時，這條狹長陸塊才和大陸分離，變成日本各島。

這個神話透露出幾個訊息。第一，它是在漢卡克所說的那場大浩劫後才被創造的神話，因為在一萬兩千年前，日本各島並不存在。由此可見，這場大浩劫很可能對日本當時所在的地區也造成重大影響，讓在那裡生存的人也失憶了。此外，從這個傳說也可看出，人類很渴望了解自己的來源，在根源已不可考時，他甚至會捏造出一些故事來滿足這種渴望。

但要找回人類的共同記憶，要對抗的勢力也不只是政府和財團。根據漢卡克的說法，阻礙他調查真相的最大力量，反而是來自考古學界。

在二十世紀初，很多學者都認為美洲的文明發展要比世界其他地區都晚得多，而且是在不到四千年前才有人類出現。這種觀點被稱為「新大陸人類近代起源說」，而支持這個學說最具影響力的人物，就是從一九〇三年到一九四三年，在華府史密森尼學會國立自然史博物館，擔任體質人類學部部長達四十年的阿萊西．海德路加。雖然早在一九二〇年代，考古學家就已經發現了，在比四千年前還早得多的年代，美洲就已經有人類活動，但海德路加為了鞏固自己在考古學界的威信，總是大力駁斥這些新證據，認為它們完全不具研究價值。

一九二九年，有些冰河時期哺乳動物的骸骨，在新墨西哥州克洛維斯鎮附近的一處遺址被發現了。在之後幾年的發掘中，考古學家從這處遺址證明了，至少在一萬兩千年前美洲就已經有人類活動。但直到海德路加於一九四三年過世後，這個新觀點才漸漸成為考古學界的共識。一九六四年，考古學家萬斯．海內斯在《科學》發表一篇關於克洛維斯遺址的論文後，這個考古學界的新共識終於被正名為「克洛維斯第一」理論。

海內斯的理論是，最早的美洲原住民是在海平面下降時，跨過白令陸橋從歐亞大陸來到目前阿拉斯加州。由於當時北美洲北部被覆蓋在極厚的冰蓋下，這些移民一直等到一萬四千一百年前無冰走廊出現後，才陸續來到北美洲南部。和海德路加一樣，海內斯也成為考古學界的新霸主；和海德

路加一樣，海內斯也開始打壓異己。海內斯至今仍然健在，因此克洛維斯第一理論至今仍是籠罩在考古學界上方的一團烏雲。

一九九二年，加州在進行道路工程時，發現一隻乳齒象的骸骨。骸骨上有人工鑽鑿的痕跡，附近也有些石錘和石砧。此外，這副被命名為「賽魯迪乳齒象」的骸骨，經年代測定是十三萬年前留下的。它目前被存放於聖地牙哥自然史博物館的古生物館。古生物館館長湯姆・德梅雷在接受漢卡克採訪時說，他也是經過一番掙扎，最後才賭上自己的學術前途，將這項發現發表在知名的《自然》期刊上。

學術研究其實和下棋有不少相似之處。以象棋為例，從古到今的所有棋局，都只是同一局棋的不同變化。把各種棋局變化結合起來，就成了一個樹狀結構的迷宮。學術研究不也是如此嗎？每個理論只是知識迷宮中的一個叉路，每個叉路之後又是一個複雜的小迷宮。學術研究的目的，未必是在迷宮中找到一條出路。畢竟我們的文明在經過幾千年的探索後，仍只是在迷宮的一角打轉。但只要能在已知的叉路中繼續往下鑽研，或向外另闢蹊徑，這就是不得了的成就了。

畢達哥拉斯認為，用整數就能很完整地描述宇宙萬物。但就以邊長為一的正方形為例，它的對角線就是一個無法用整數或整數之比描述的無理數。畢達哥拉斯的弟子希帕索斯也發現了這件事，他向畢達哥拉斯提出，在整數和整數之比構成的有理數迷宮之外，數學可能還有更廣闊的天空。據說這位比屈原早出生兩三百年，同樣是命中犯水的數學家，最後就被畢老師推進愛琴海了。同樣的，牛頓也認為粒子迷宮就是物理迷宮的全部。如果不是這位物理霸主的堅持，量子力學也許會早一百年出現。

我們常將學術界比喻一座象牙塔，以為裡面住著一群不食人間煙火，全心投入研究的學者。但就像漢卡克在書中描述的，學術界不但不是一座象牙塔，反而更像是一個弱肉強食的原始叢林。為

了壟斷資源和樹立威信，考古學界的歷任霸主也都想逼迫其他考古學家承認，他們認識的考古學迷宮的一角，就是考古學的全部。

漢卡克的理論之所以會被冠上偽科學的惡名，部分也是因為多年來他不斷地衝撞考古學界的主流理論。根據他自己的說法，他算是很有先見之明的了。隨著考古證據的不斷浮現，他提出的理論，尤其是他對新仙女木事件的觀點，在考古學界已經得到愈來愈多的支持。歷史上有不少改變文明走向的理論，在剛提出時也曾被斥為異端邪說，例如哥白尼的地動說，和達爾文的演化論。但老實說，漢卡克實在很難和這兩位大師相提並論。

每個文化在形成之初，難免都存在神明信仰。這是因為當時的科學並無法合理解釋很多現象。信仰能提供一些答案，但也會帶來更多疑問。如果世界是上帝創造的，那上帝又是誰創造的呢？如果陸地是被一隻大烏龜托著，那托著大烏龜的又是誰呢？

漢卡克的理論也有類似的問題。而那隻托起漢卡克理論的大烏龜，就是他所謂的「某個失落文明」。為何古埃及《亡靈書》中的敘述，會和位在世界另一端，年代又晚得多的密西西比文明的信仰，有很多雷同之處呢？漢卡克的答案是，那是因為這兩個文明都是源於一個更古老的先進文明。至於這個文明的起源和發展過程為何，他就沒有多加解釋了。

為何世界各地的遠古遺蹟中，常會出現對準相同方位的天文準線呢？根據漢卡克的說法，這還是因為遠古的龜島上，曾出現一個科技先進的文明。在遭到一萬兩千八百年前那場大浩劫的重創後，這個文明的倖存者便乘船前往世界各地，教導當地人建造大型工程，並將重建文明的祕密藏在這些工程的結構中。如果他的說法成立，那麼世上會建造六角形格狀結構的蜜蜂，是否也都是源自某個遠古的蜜蜂文明呢？

神是無所不能的。對漢卡克而言，這個失落文明幾乎就像神一般的存在，因此它也成了漢卡克

解決各種疑難雜症的萬靈丹。就以祕魯的薩克塞華曼為例，這處遺址是由幾道鋸齒狀的巨石牆構成，每道石牆都是由大小形狀不一的多邊形石塊嵌合而成。各個石塊嵌合得很緊密，石縫細得連一張紙都塞不進去。類似的遠古遺蹟還有很多，現代科學家曾嘗試過各種方式，都無法複製出它們的建造過程。但漢卡克認為，他信仰的失落文明，已經發展出超越槓桿原理與機械力學的科技，可以藉由冥想和樂器的演奏，將巨石「吊起、安置、軟化和塑型」。既然這個文明已經能超越現代物理的極限，你也就不能從理性的角度討論它的存在與否，因為這個問題已經下降到信或不信的層次。

最後談談本書的結論。漢卡克在本書結尾說，一萬兩千八百年前之所以會發生那場大浩劫，是因為人類破壞了「大地和星星之間的平衡」。他之所以要在書中宣揚末世之說，全是為了讓人類不再重蹈覆轍。我們就不討論漢卡克是否是在嘩眾取寵，只把焦點集中在對知識的鑽研這件事上。求知本來就不該具有功利或目的性。或許應該這樣說，知識是一種超越人類的存在。人類可以探索知識，但知識並不會因人類而改變，也不在乎人類的利益。舉例來說，如果宇宙中有重力這種事，它並不是等到地球上演化出人類才出現的，也不是為了將人類固定在地球上才存在的。

漢卡克在書中提到的新仙女木事件，是一個彗星被太陽系重力撕裂後形成的碎片造成的。這種星系級事件的發生，極不可能是因為人類破壞了宇宙間的祥和之氣。如果人類曾因作惡多端吸引來大批隕石，那麼月球和火星又何罪之有，為何會落得滿目瘡痍的下場？但或許到了科技更進步的未來，我們能在月球和火星上，找到惡貫滿盈的外星人的化石，順便也還漢卡克一個清白。

潘恩典
中正大學外文系博士

引言

我的書架上有本很有名又備受尊崇的書，書名是《歷史始於蘇美》（*History Begins at Sumer*）。書中所謂的蘇美，就是約在六千年前，蘇美人在美索不達米亞建立的高度文明。這個知名文明的大略位置，就在目前伊拉克的幼發拉底河和底格里斯河之間。幾世紀後，集優雅與精致於一身的古埃及文明，發展成一個統一的國家。但埃及和蘇美文明在發展到極致前，都有段漫長又神祕的史前根源。這兩大文明在歷史時期的很多重要觀念，在史前時代其實就已經存在了。

在蘇美人和埃及人後，文明仍在阿卡德人、巴比倫人、波斯人、希臘人和羅馬人的手中不絕如縷地延續著。此外，古印度和古中國也留下很驚人的成就。因此我們一想到文明，就會不由自主地把它視為「舊大陸」的發明，卻不會想到文明和「新大陸」之間的關聯。

此外，十九和二十世紀的主流學說，都把包括北美洲、中美洲和南美洲在內的整個美洲，視為

地球上最晚才有人類居住的大陸。那裡的原住民是居無定所的獵人採集者，而其中大部分世世代代都靠獵食和採集為生。直到近代，美洲才出現極具文化價值的發展。

在二十一世紀頭二十年即將結束的現代，這種學說已顯得荒謬絕倫。學者不但一致認為該拋棄這種學說，也都同意必須建立一套全新的典範，重建美洲的史前歷史。科學界之所以會出現如此重大的變化，自有其充分的理由。這個理由就是有大量極具說服力的新證據出現了，它們徹底推翻了之前的典範。

大家都有自己的「正事」要忙。為了做我的正事，我花了超過二十五年到處奔波和研究。我在尋找的就是一個遠古的史前失落文明，一個很類似傳說中的亞特蘭提斯，在冰河時期末期被徹底毀滅的文明。

在現在的有文字紀錄的亞特蘭提斯傳說中，柏拉圖的敘述算是其中最古老的了。根據他的描述，亞特蘭提斯是個「比利比亞和亞洲加起來還大的島」。它位在歐洲西方，兩地之間隔著浩瀚的大西洋。柏拉圖提供的線索非常明確。據我所知在過去一世紀中，很多研究者都曾按圖索驥展開研究，最後都徒勞無功。因此我到目前為止一直不願意進行這類研究。但我後來發現很多確切的證據，證明考古學家對美洲冰河時期的史前歷史研究都錯得很離譜。我在筆記型電腦中也建立很多資料夾，將相關證據儲存在裡面。後來新的研究報告仍不斷出現，因此我也忍不住要重新思考，也許柏拉圖提出的位置確實具有參考價值。如果你們看過我之前的著作，就會知道我也曾考慮其他的可能性。但我也不得不承認，如果在歐洲西方的大西洋對岸有個超級大島，那它很可能就是美洲。

因此我決定將這宗懸案重啟調查。我開始收集來自美洲最重要的各種新證據，將這些證據分門別類地整理好。接著我再進行詳細的調查，在數以千計的科學論文中尋找蛛絲馬跡，看看能否整合這些範圍遍及考古學、遺傳學、天文學、氣象學、農業經濟學、人種學、地質學和古生物學的線索，

並建立起一套更完整的解釋。

美洲的史前歷史必須改寫，這已經是昭然若揭的事實。就連大部分的主流科學家也認同這種看法。但我們能找出更讓人信服的證據嗎？

本書要介紹的就是我的發現。

目錄

第二部　新大陸是新的嗎？——最早的美洲人之謎

第三部　基因和DNA中的謎團

第五部

年代愈來愈古老的遺址——原始時代的土丘之謎

第六部 整裝待發——死亡之謎

第七部 曾經的末日——大浩劫之謎

第八部 生存！隱形人之謎

第一部

神靈

蛇丘之謎

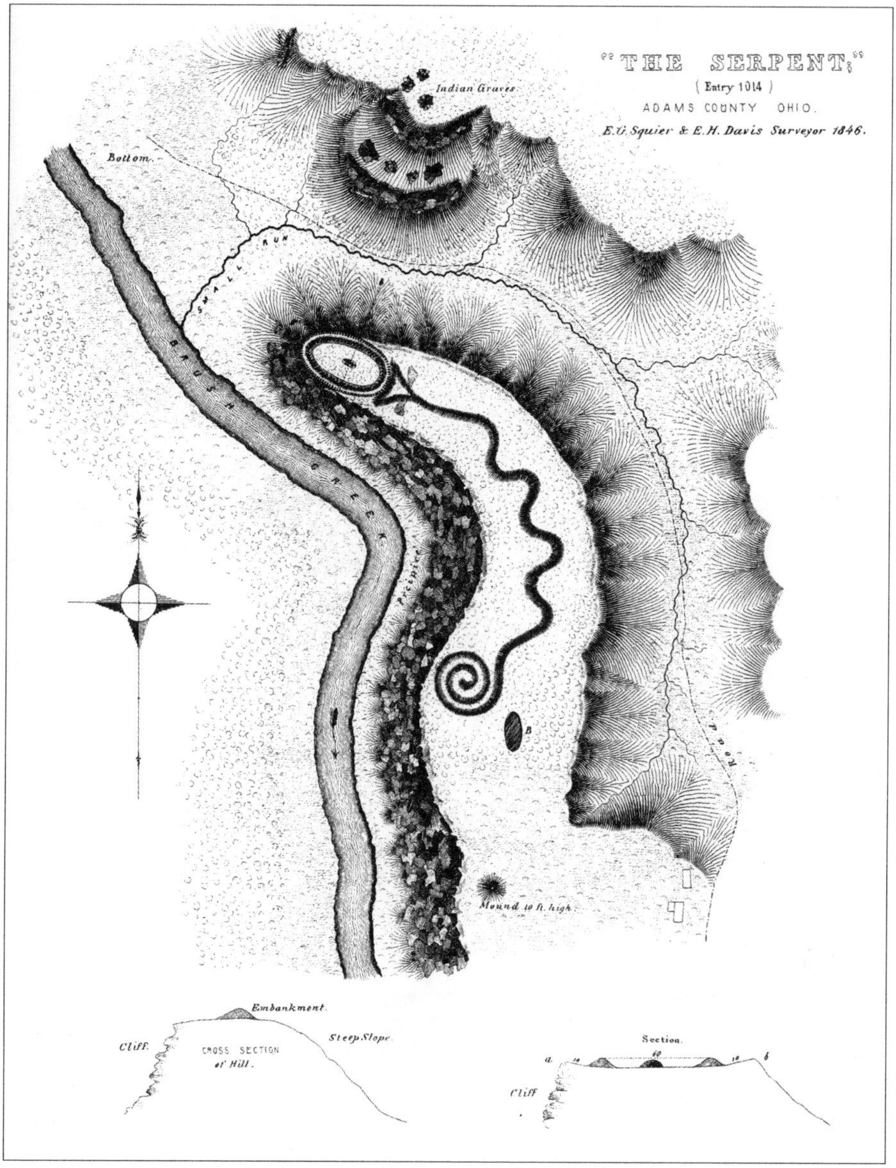

蛇丘的第一張實測圖。它是由伊弗雷姆．斯奎爾和艾德溫．戴維斯在一八四六年繪製，於一八四八年，由史密森尼學會出版。斯奎爾和戴維斯稱它為「在西方至今被發現的最奇特的土方工程」。

第一章

魔幻之境

考古學告訴我們，地大物博、環境宜人的北美洲和南美洲，是地球上最後才有人類居住的地方。比南北美洲更晚才有人煙的地方，就只有幾個偏遠的島嶼。

這就是正統的學說。但新科技揭露出很多極具說服力的新證據，其中最值得注意的，就是對古代DNA的精確定序。這些新證據的出現，讓正統學說顯得漏洞百出。很多被美國考古學界奉為金科玉律的「基本事實」，很多被十九和二十世紀的偉大學者視為理所當然的真理，現在都被證實為無稽之談。而這些學者的理論和學術成就，就是建立在這些無稽之談上。

人們慢慢開始相信，美洲有人類居住並不是近代的事，而是比我們認定的近代，還要古老十萬年以上的事。

人類史的時間架構也因此大幅延伸，延伸到遙遠的冰河時期。我們對哥倫布時代前的美洲遺跡

的觀感、解釋和年代測定，也有了重大的改變。我們已經不得不承認，這些遺跡確實有可能來自史前時代，只是人們仍不清楚它們的背景。此外，早在約一萬兩千年前，西伯利亞和阿拉斯加間的陸橋，就因海平面上漲而被淹沒，新大陸和舊大陸從此就一刀兩斷；無論是就現實、遺傳學或文化而言，都不再有任何瓜葛。直到五百年前的歐洲征服時，新舊大陸才重新展開遺傳和文化交流。由此可見，在探討美洲和舊大陸之間的關聯時，如果某些關聯和近代歐洲的影響無關，也不是陰錯陽差造成的巧合，那這些關聯的起源一定是來自一萬兩千年前。

基於這些理由，我便在二〇一七年六月十七日首度造訪蛇丘。那裡就位於俄亥俄州南部，目前已被列為美國國家歷史名勝，並享有「北美洲或甚至全世界現存最精美的史前動物肖像塚」的美譽。

它就位在亞當斯郡（Adams County），約在辛辛那提東方七十五哩，皮布爾斯鎮（Peebles）北方七哩，可以經由四十一號州道北側並行線，和俄亥俄七十三號公路西側並行線到達。那裡有起伏的山巒和如茵的綠地，充滿著鄉村氣息，也是該州森林最茂密的地區，森林從俄亥俄河一直向北延伸。在生氣蓬勃的夏天，每棵樹都長出茂密的綠葉，每朵花都開得很燦爛，大地一片欣欣向榮，蜿蜒的小路穿梭其間，簡直就是一幅夢想中的田園風貌。

但在某個遙遠的年代，這個如詩如畫的地區曾經歷一場毀天滅地的浩劫。這場浩劫留下一個驚人的殘跡，一個直徑長達十四公里，具有所有撞擊坑特徵的坑口，這些特徵包括一個明顯的中央峰，陷落的內環地塹，一片過渡帶和外環。經過數百萬年的侵蝕，它的輪廓已漸趨柔和。但你從谷歌地球，或在飛越上空俯瞰時，就會發現它明顯的類似火山口的樣貌。大多數地質學家都認為這是某種爆發事件造成的，但長久以來，他們對爆發的成因為何仍沒有定論。有人認為那是火山噴發，有人則認為是小行星或彗星撞擊，雙方也曾為此展開激烈論戰。既然蛇丘是這個坑口最顯著的景觀，而且關於坑口的論戰至今仍沒有定論，多年來，這個坑口就一直被稱為「蛇丘隱爆發構造」（Serpent

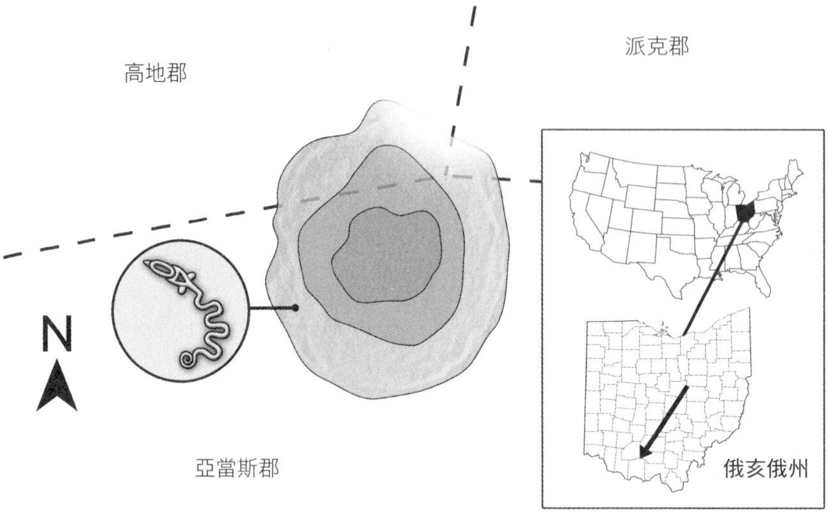

有人稱它為「蛇丘隱爆發構造」，也有人稱它為「蛇丘變動」。目前大多數科學家都同意，這個位於坑口內的詭異地質景觀，是一個直徑約十四公里的遠古撞擊坑。

Mound Cryptoexplosion Structure）。長久以來一直有很多人懷疑，這個坑口是由極高速的天體撞擊造成的。直到一九九〇年代後期，愈來愈多證據支持這種假設，這個假設也成了今日被普遍接受的理論。

至於撞擊的年代，科學家認為「它一定比早密西西比紀（Early Mississippian）更晚，因為這個年代約在三億四千五百萬年前，而當時的岩石都受到變動的影響。它也一定比十二萬五千年前伊利諾冰期（Illinoian glaciation）更早，因為位於蛇丘北部的沉積物並未受到影響。

這樣的年代範圍真的太廣了。雖然如此，大多數專家都相信隕石坑的年代一定有數億年之久，而不是只有數十萬年。雖然建造蛇丘的美洲原住民可能並不知道什麼是天體撞擊，很多學者都認為既然美洲原住民都很擅長觀察自然，他們當然也都該注意到這個地區有個奇特、混亂、經歷過巨變的環狀結構，而且一定對它留下深刻的印象。

俄亥俄州的地質學家馬克・巴拉諾斯基（Mark Baranoski）表示：「他們知道那裡絕對有其重要性。他們非常崇敬大地之母。他們把那裡打造成一個宗教聖地，以凸顯它的神祕性。」同樣的，愛荷華大學的地質學家雷蒙德・安德生（Raymond Anderson）也說：「蛇丘隕石坑是北美洲最神祕的地方之一。美洲原住民認為它有些神祕特質。他們並沒有猜錯。」

在撞擊發生時，當地出現強烈的磁異常；如果當時有羅盤，它的讀數也會嚴重失準。此外，這場撞擊也造成重力異常，並造成多個地底洞穴、伏流和滲穴。俄亥俄州的考古學家威廉・羅曼（William Romain）認為，遠古的人們可能將它們視為通往冥界的入口：「這些奇特或過渡性的區域，常會被很多人視為神聖之地。事實上，這些地方常被視為超自然的通道或入口，連接著天界和冥界。我們可以合理地推論，蛇丘的建造者一定看出了這個區域的某些異常特質。他們之所以決定在這裡建造雕像，一定有其特定的原因。」

行駛在俄亥俄州七十三號公路西側並行線的最後幾哩時，我想到我們正要進入巨蛇的巢穴，進入一個天體曾強烈撞擊地面的聖地。根據州屬地質學家麥克・韓森（Michael Hansen）的計算，這場撞擊的巨大能量，「足以擾動超過七立方哩的岩石，並讓環狀結構的中央從原本的位置抬升超過一千呎。」

你或許會覺得既然這個肖像塚如此巨大，它一定會位在中央隆起的最高點。但它其實是沿著一道蜿蜒的龍崗建造的，龍崗就位在環形地塹邊緣附近，隕石坑的西南角。龍崗的最北端是轉向西北方，蛇頭就位在那裡。

我曾多次觀看蛇丘的平面圖和地圖，這是我首次能親眼目睹它的真面目。和我同行的有我太太攝影師桑莎・法伊亞（Santha Faiia），和當地的幾何學家兼考古天文學家羅斯・漢彌頓（Ross Hamilton）。漢彌頓曾投入大量時間研究蛇丘，並寫過一本關於這個遺址的書，這本書是研究蛇丘深

入淺出的參考書。

我在探訪這裡和世界其他地方後發現，蛇丘這類特殊的遠古遺跡似乎能啟動一些自保機制，免得受到人類破壞。其中一個屢見不鮮的自保機制，就是它能召喚某位充滿熱情、全心投入的人，讓他成為某個遺址的守護者。舉例來說，納斯卡線（Nazca Lines）召喚了瑪麗亞．雷施（Maria Reiche），哥貝克力石陣（Gobekli Tepe）召喚了克勞斯．許密特（Klaus Schmidt）。被選中的守護者不但會致力保存遺址，也會宣揚關於遺址的重要知識。在過去幾十年中，身形削瘦、鬍鬚斑白，像苦行僧般簡樸度日的羅斯．漢彌頓，就是被蛇丘選中的守護者。

■ 地和天

我們在布拉什溪（Brush Creek）前離開七十三號公路西側並行線，進入一個由「俄亥俄州歷史連接」（Ohio History Connection）負責維護，草皮修剪得很平整的公園。我們下車後，沿著步道在疏落的樹木間穿梭，經過遊客中心，不久後就來到一個約三呎高，被草皮覆蓋的土堤。

羅斯說：「這裡就是巨蛇的尾巴。」

我不禁皺起眉頭，感到有點失望。我曾看過蛇丘的平面圖，以為能在現場看到一個神祕的螺旋結構，結果乍看之下卻非如此。但在蛇丘外圈有一些現代台階，登上外圈的制高點後，就能看到土方工程的內圈。

但整個景觀仍是差強人意，這主要是因為遺址目前的管理單位，任由一個茂密的樹叢擋住北望的景觀，讓人無法將蛇身從頭到尾盡收眼底。

如果要看到巨大肖像塚的全貌，而不是支離破碎的片段，那就必須從空中俯瞰。還好桑莎是有備而來，她帶來新買的 Mavic Pro 高解析度空拍機。她立刻啟動這部小巧的四軸飛行器。透過監視器，我們看到蛇丘就位在下方四百呎，從蜷曲的尾部向外展開。

這處遺址幾乎已成了一片廢墟，但空拍機仍拍到幾個人，在他們的對比下，我更能看出蛇丘的規模有多大。我在做背景研究時已經知道蛇丘的規模，但這終究比不上親眼目睹來得感受真實。這條張開大嘴的蜿蜒巨蛇有一千三百四十八呎長。構成蛇身的土墩平均約有四呎高，寬度從二十四呎左右逐漸縮小為二十二呎，中間有七處轉折，最末端是螺旋狀的細蛇尾。一旁的人們就像巨龍陰影中的小矮子。這是我首次對蛇丘感到不寒而慄，我不是用頭腦，而是用內心感受到，也許土丘之中正沉

從四百呎的高空，就能看出蛇丘部落神靈的全貌。照片：桑莎・法伊亞。

睡著一位強大又神祕的神靈。

羅斯似乎看出我在想什麼。他說：「有人稱之為部落神靈（Manitou），但我覺得這個稱呼並不恰當。我會稱我們的巨蛇為偉大的部落神靈（Gitché Manitou），祂就是守護古人的祖靈和偉大的神靈。」

對那些在西方科學的唯物和化約思維中長大的人而言，美洲原住民所謂的部落神靈似乎很虛無飄渺。部落神靈可以藉著具體的形象顯現，但祂卻又不是能用物質狀態描述的。你測量不出神靈的重量、尺寸，也無法計算祂的數量。神靈是一種無法量化，沒有形體，但具有知覺的力量。就像獨立學者赫曼・本德（Herman Bender）說的，「神靈是一種超自然、無所不在、無所不知的存在。」神靈既是個超然於物外的靈體，也是一種載育眾生的神祕又無形的力量。祂能透過自然現象和人造的物體或結構顯現自己，但這些物體或結構必須是依照正確的目的而製造的。本德還說：「對北美洲世世代代的印第安人而言，神靈是一種超乎自然的存在。神明的信仰也意謂著他們相信超自然力量的存在。對原住民而言，天地萬物不僅是具體的存在，也都具有自己的靈魂。原住民至今仍相信自然具有物質和靈魂的雙重特性，因此會將某些地點或岩石視為聖地或聖石，認為它們都是神靈的化身。」

■巨蛇和蛋

我們讓無人機降落更換電池，接著再讓它飛上天空。

從四百呎的高空往下看，就能清楚看出蛇丘是位在一道蜿延的天然壟崗上。這個壟崗有明顯的

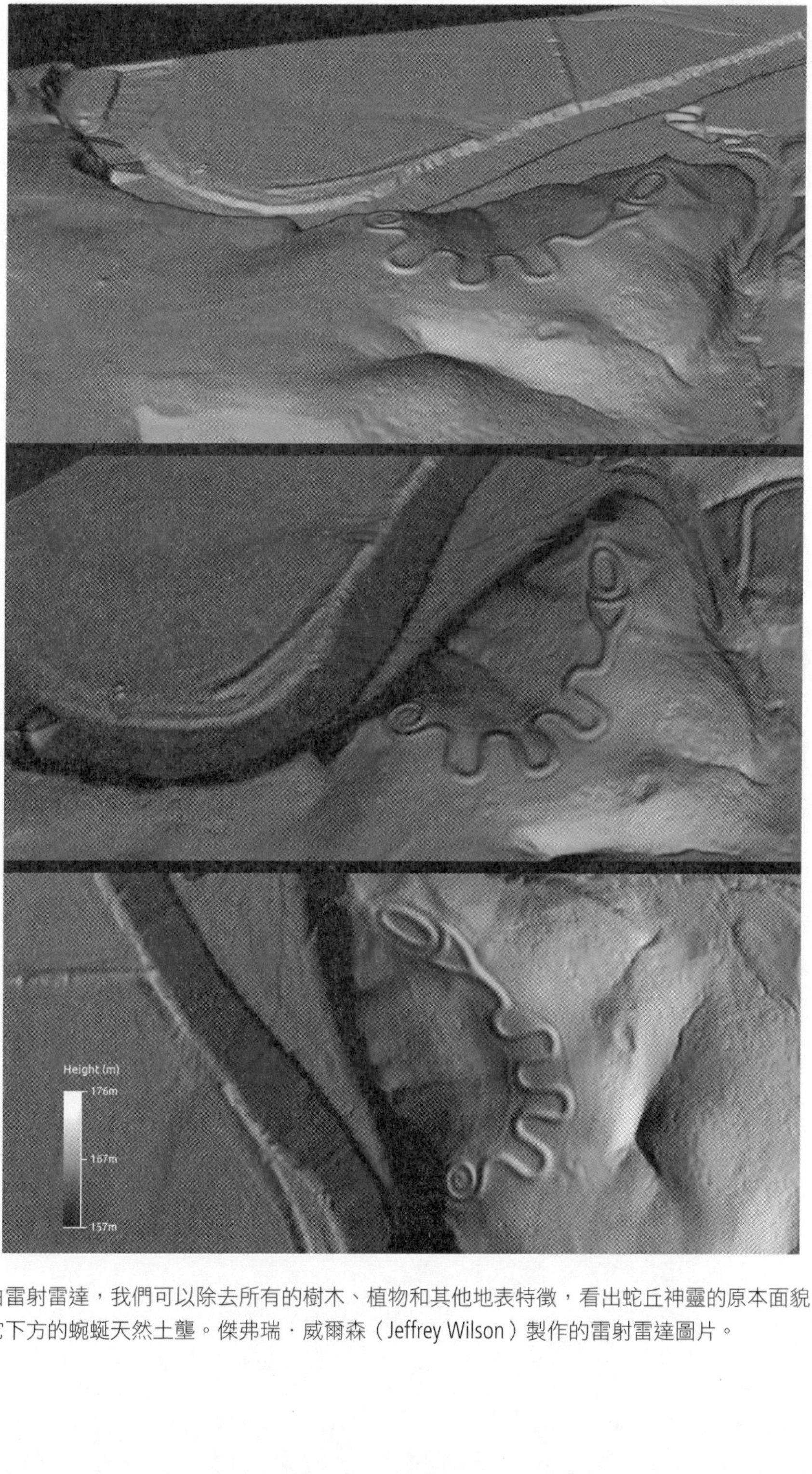

藉由雷射雷達，我們可以除去所有的樹木、植物和其他地表特徵，看出蛇丘神靈的原本面貌，和它下方的蜿蜒天然土壟。傑弗瑞．威爾森（Jeffrey Wilson）製作的雷射雷達圖片。

頭尾兩端，蛇丘的蛇首就位在壟崗的「頭端」，曲折的蛇身和尾部正好也和壟崗的輪廓一致。

但在遺址目前管理單位的縱容下，茂密的樹木遮蔽了蛇丘南北軸線的視野，蛇丘的東西兩側也長滿樹木，把這位神靈團團圍住。從蛇丘西坡通往布拉什溪的峭壁上，也長滿糾結的綠色植物。我發現在蛇丘西北方的巨蛇蛇首附近，樹木長得特別高聳茂密，似乎是有人刻意要藉著它們遮住蛇首。

我要桑莎把鏡頭對準蛇首。蛇首並不是栩栩如生的肖像，而是一個三角形的幾何結構。巨蛇的雙顎從脖子處向前延伸，張開的雙顎間有個彎曲的土工結構。

有個清晰的橢圓形，它的一部分就位在張開的雙顎中。伊弗雷姆．斯奎爾（Ephraim Squier）和艾德溫．戴維斯（Edwin Davis）是最早對蛇丘進行科學實測的人，他們對這個特徵也很感興趣。他們在一八四八年撰寫的相關論文，是剛成立的史密森尼學會（Smithsonian Institution）最早的官方出版物之一。他們在論文中說，這個奇怪的結構是由土墩構成，橢圓形有四呎高，並沒有明顯的開口，而且形狀很對稱。它的長軸和短軸各為一百六十呎和八十呎。蛋形內部的地面稍微隆起，中央原本有個用大石塊堆砌成的圓形小平台，石塊上有嚴重燒灼的痕跡。但這些石塊都被一些無知的遊客丟到各處了，因為當時盛傳石塊下可能藏著黃金。從小丘上的蛋形結構所在位置看來，它似乎是依照小丘的輪廓，以人工切割而成的光滑平台。

■ 魔幻之境

斯奎爾和戴維斯還提醒我們：「巨蛇本身，或巨蛇和圓形、蛋或球體的結合，一直是很多原始民族的重要符號。」他們也特別要我們注意英格蘭西南部的巨石陣（Stonehenge），和附近埃夫伯里

（Avebury）的巨石陣、石圈和蛇形石子路。但他們並無意解決兩個相關難題。他們並不想「找出俄亥俄的蛇狀土方結構和英格蘭巨蛇神殿之間的相似之處」，也無意「探究蛇的符號在美洲被使用得有多廣泛」。雖然如此，他們仍滿懷期待地指出，「這類研究一定會很有趣，因為它探討的不只是相隔萬里的人們的原始信仰，更是美洲民族的起源。」

從十九世紀到二十世紀初，學者總會用「原始」或「野蠻」之類的字眼，形容人類祖先的工藝品或工程。但羅斯．漢彌頓指出從蛇丘看來，我們所謂的迷信的原始人，顯然已經掌握了一些精確的科學技術。他用銳利的目光看著我說：「你只要想想，他們已經能精確地找出正北的方向，並將肖像塚建造在南北軸線上。直到很久之後，現代測量技師才能達到這種精準度。人們一直不知道蛇丘的正確走向。直到一九八七年，考古學家威廉．羅曼對蛇丘做了首次精確的測量後，才繪製出有正確基本方位的蛇丘地圖。」

將肖像塚雙顎的連接處和尾部螺旋的內圈相連，就是蛇丘的子午線軸。這項工程不但具有精致的美感，就天文學和測地學而言也非常精準。雖然斯奎爾和戴維斯已經不再對蛇丘做更深入的研究，但他們能將蛇丘和巨石陣與埃夫伯里的遠古遺址相提並論，就算很有先見之明了。因為我們在下一章就會介紹，這些偉大的英國土方工程也和蛇丘一樣，都是藝術和科學的登峰造極之作。

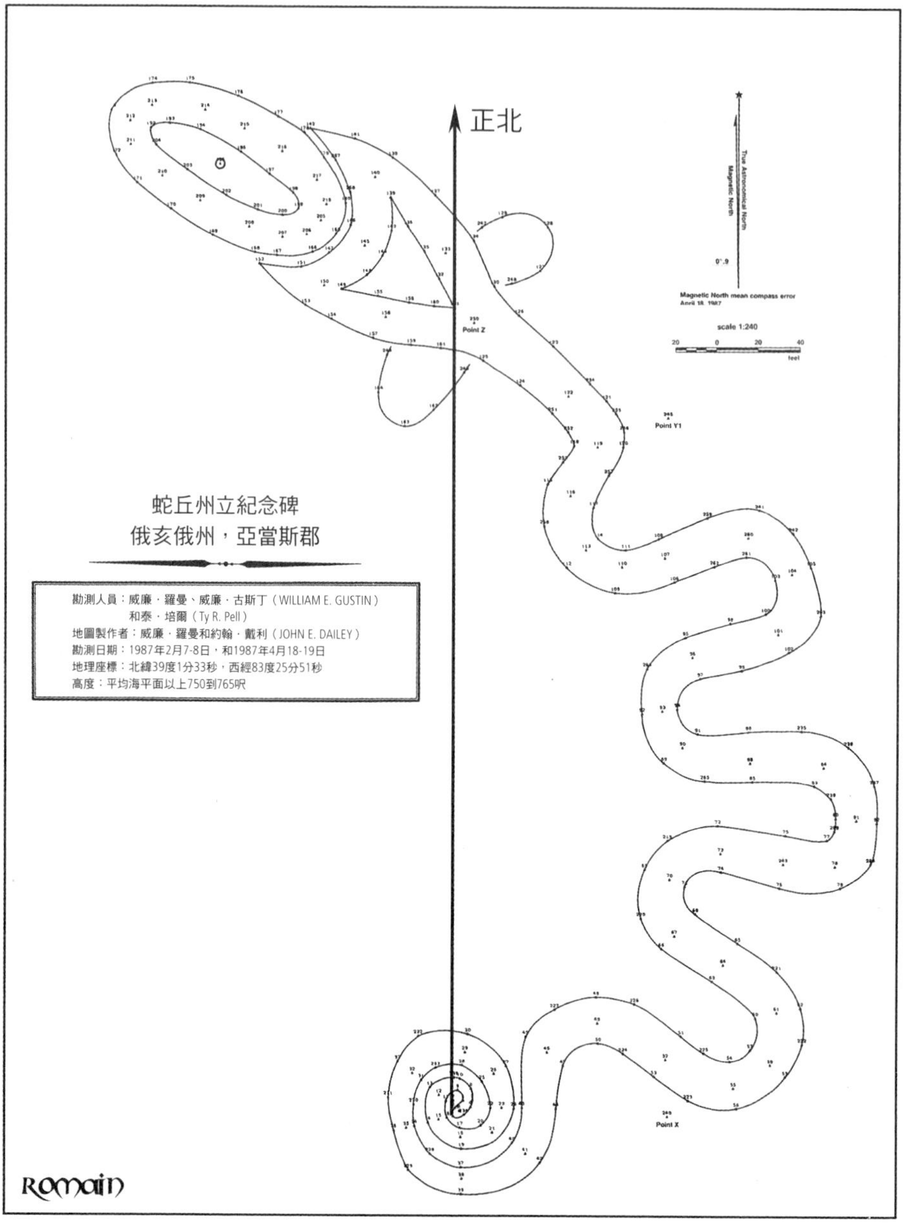

從威廉・羅曼在一九八七年製作的地圖，可以看到蛇丘有方位很精確的南北軸線。

第二章

時間之旅

請和我一起坐上時光機器，我已經把機器設定在兩萬一千年前，上一個冰河時期時，我們將回到一個仲夏日，回到一個神祕、充滿驚奇，又頗具情調的地方。那裡就是目前大蛇丘國家歷史名勝的位置。

當然了，在兩萬一千年前並沒有「國家歷史名勝」，當時沒有美國，也沒有亞當斯郡。那時的世界很不一樣，大約在俄亥俄河和密蘇里河以北，美國從東到西的一大片土地，和加拿大全國一直到北冰洋，這些地區都被一個超大冰蓋覆蓋著。

但從古到今，冰蓋從未向南延伸到目前蛇丘所在的蜿蜒壟崗。就連在兩萬一千年的冰川極盛期時也是如此。

我稍後會討論巨大的肖像塚，是在何時首度隆起成巨蛇狀的。但現在我們先離開時光機器，來

到這個巨蛇狀的壟崗，在這個沒有污染世界的藍天下，呼吸一下仲夏的清新空氣。

我們也許會看到冰河時期北美洲的一些巨獸，這些知名的巨型動物群包括長毛象、乳齒象、地懶、巨型短面熊和劍齒虎。牠們是活躍於末次冰川極盛期，而且還繼續生存了好幾千年，直到一萬兩千八百年到一萬一千六百年前的「全新世滅絕事件」（Late Pleistocene Extinction Event），牠們才從地球上消失。滅絕的並不只有以上幾種動物。在這個冰河時期尾聲的離奇巨變中，北美巨型動物群共有三十五個屬的動物滅絕，每個屬都包含幾個物種。但在兩萬一千年前，這場滅絕仍在很遙遠的未來，而且巨型動物群也並非我們來到蛇丘研究的對象。

現在請你用手遮住陽光，望向北方十幾哩的地平線。地平線上閃爍著耀眼的反光；在目前的世界，只有在南極洲才看得到這種景象。地平線上浮現出一道陡峭又綿延不斷的冰壁，它的高度超過一哩，從北美洲的東岸幾乎一直延伸到西岸。這裡就是冰壁在北美洲的最南緣。世界其他地區的冰壁，常會有些向南延伸數十哩的突出部分。但這裡的冰壁在蛇丘隕石坑外環不遠處就停止擴張了。

如果有人在兩萬一千年前的亞當斯郡看到這個景象，他會有何感想？他會覺得冰壁不再向前擴張只是機緣巧合嗎？一切都只是誤打誤撞嗎？

或者他會以為某位偉大的神靈在保護這裡？

我們再回到時光機器上。

我仍要留在原地，但要往前快轉八千年，來到一萬三千年前的夏至日。再過幾百年後，全新世滅絕事件就要開始了。

我們走上壟崗時，你最先會注意到的就是世界正在變暖。沒錯，世界從一萬八千年前就開始變暖，在一萬四千五百年前，暖化變得尤其明顯。雖然這時冰蓋仍是自然界中不可忽視的力量，但它已經往北退縮了約六百哩，來到蘇必略湖（Lake Superior）的緯度。在蛇丘北方十二哩原本有道高聳

的冰壁，這道由冰構成的地平線已經完全消失了。如果能把道路和通訊電纜除去，我們在一萬三千年夏至日看到的景象，會和目前的幾乎一樣。在肖像塚四周有很多由小丘構成的不連續的侵蝕壟崗，它們就是肖像塚的天然地平線。這裡的獨特地景是由遠古的超高速天體撞擊形成的，而這些小丘就是撞擊的遺跡。

以下就是時間旅行者製作的時間表：

- 約在三億年前，一場超級大災難形成了蛇丘隕石坑。
- 兩萬一千年前，北美冰蓋已向南發展到極致，在受侵蝕的隕石坑環的北方數哩停下。
- 一萬三千年前，冰壁消失了，蛇丘的天然地平線又出現了。

二〇一七年六月十七日，我首度在蛇丘進行研究。就像我在第一章說的，在六月二十日夏至日的傍晚，桑莎、羅斯．漢彌頓和我回到蛇丘，利用空拍機從神的視角觀察肖像塚的落日。

■視角問題

夏至日是一年中白晝最長的一天，目前北半球的夏至日是在六月二十或二十一日。在這一天，太陽會從東方一年中的日出最北點升起，在西方的日落最北點落下。這也是蛇丘很重要的一天，因為在夏至日，巨蛇張開的雙顎幾乎就正對著日落的位置，就像要把夕陽一口吞下。

根據斯奎爾和戴維斯在上一章的說法，這是因為壟崗的北端是經過人工切割，明顯地向西轉向，

夏至日的日落

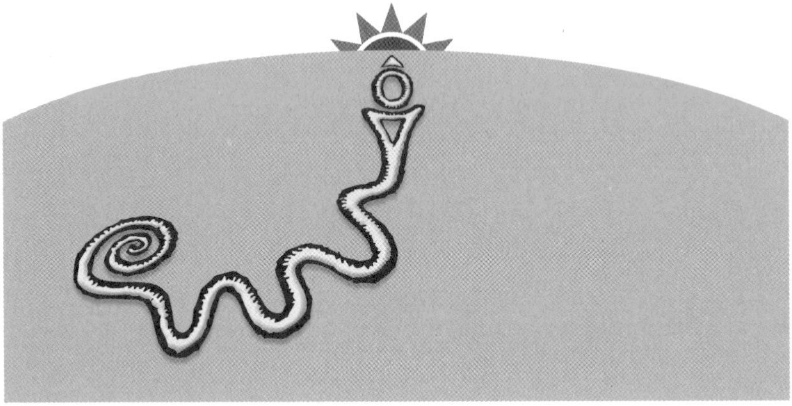

蛇丘就正對著夏至日的日落。

讓巨蛇蛇首成為朝西的走向。建造蛇丘的人是誰？他們是在何時開始構思的？這些問題至今仍沒有定論。但無論如何，如果說這些遠古的建造者，並沒有注意到壟崗末端正好是向西彎曲，正對著夏至日日落的方向，那就太匪夷所思了。

我相信他們一定很在乎此事。

事實上，從蛇丘的存在和蛇頭的方位就可看出，它必定是一群良工巧匠的心血結晶。它的設計極具巧思，目的並不是供人欣賞，而是要凸顯和解釋至日落日必定會位在固定方位。這是自然界的既定事實，也是天地之間的神聖對話。

從二十一世紀的科學角度而言，天然壟崗會正對著夏至的落日只是一個巧合。只有傻子才會覺得這有什麼意義。如果有人非常重視它，甚至因此展開一項浩大的工程計畫，最後還圓滿完成計畫，這種人簡直是愚不可及。

但我們必須考慮的是，古人的觀點和我們很不一樣。對他們而言，大地和天空都具有靈性，而且能互相溝通。

我們的世紀是個科技至上的時代，大部分的人

生老病死都離不開城市。我們濫伐雨林，污染和破壞地球，遮蔽住天空。鱗次櫛比的巨型建築，將地平線變得像是參差不齊、虛有其表的摺紙作品。光害嚴重得讓我們看不到星星。諷刺的是，我們還是可以透過各種天文軟體，在電腦螢幕的虛擬空間中看到閃爍的星星。更諷刺的是，我們對宇宙進行的科學研究之透徹，是從古到今的任何文化都望塵莫及的。

我們似乎想看盡一切，但又只願意透過科技的濾鏡遙望世界。

這也難怪對很多人而言，天空已失去了它神聖的光環，成了一個模糊、失焦、無關緊要，也不算美麗的背景。和天空相比，物質生活重要得多了。在我們成長的文化環境中唯一重要的，就是有形商品和服務性商品的生產和消費。我們會認為投入大量資源、心血和精力，去建築一座宏偉的紀念性建築，讓它對準春秋分或夏冬至的日出或日落點，是一件很不划算的事。

但幾千幾萬年以來，世界各地卻不斷出現這種紀念性建築。

■天地交會的地方

如果你來到上埃及的路克索（Luxor），在十二月二十日或二十一日的冬至，也就是北半球白晝最短那天的黎明前，站在卡奈克神廟（Temple of Karnak）的西側入口，靜靜等待日出。你會在日出時看到，第一道陽光落在神廟一公里長的軸線上。這條軸線就正對著東南方冬至日出的方向。

你也可以在七月二十或二十一日的夏至，來到英格蘭的巨石陣，進入環狀列石，沿著巨石陣的東北軸線，望著石柱環外的一塊卓然不群，未被開採和加工的巨石——柱腳石（Heel Stone）。在旭日東升時，你就能看出柱腳石是刻意被安置在那裡的。它就像是槍管上的準星，正對著夏至的日出。

在三月二十或二十一日的春分，或九月二十或二十一日的秋分，來到柬埔寨的吳哥窟（Angkor Wat），站在西參道盡頭的正中央。這兩天是一年中日夜等長的日子，太陽會從正東方升起。在這兩個特殊日子的任何一天，你會發現西參道和寺廟的方位是經過精心設計，朝陽就從吳哥窟的中央尖塔正上方升起，晨光中的宏偉寺廟群就像是童話中的王國。

這些地方都是人造的聖殿，目的就是紀念每年天地結合的關鍵時刻。它們可說是名副其實的「聖顯物」（hierophany），因為它們的目的就是彰顯一種神聖的關聯，大宇宙和小宇宙，天和地，上和下的神聖關聯。

在地球這個壯闊的大花園中，還散布著很多氣勢更雄偉的聖顯物。它們並不是人造的，而是自然形成的。在這些地方，天和地會親密地竊竊私語。充滿智慧的古人在很久以前就認識這個大花園。他們開始尋找這些天地交感的神聖地點，找到後有時會加以改造，凸顯出他們發現的天地交流。

二〇一八年發表的一項研究指出，英格蘭的巨石陣也許就是其中之一；但這個推論仍有待證實。巨石柱群中有些較高較重的石柱，它們是一種被稱為「混濁砂岩」（sarsen）的巨型石灰石。長久以來，考古學家一直認為這些混濁砂岩，並不是原產自巨石陣所在地索爾茲伯里平原（Salisbury Plain），而是從十八哩外的馬爾波羅丘陵（Marlborough Downs）拖運來的。讓人費解的是，為何有人要大費周章地將五十噸的巨石運到索爾茲伯里平原？在馬爾波羅丘陵建造巨石陣不是更省事嗎？

這項新研究提出一個讓人很意外的答案。巨石柱群有兩塊混濁砂岩，一塊是位於巨石陣西南角的十六號岩石，另一塊是位在石柱環外東北方的柱腳石。這兩塊砂岩似乎並不是從馬爾波羅丘陵運來的；它們數百萬年來就一直立在索爾茲伯里平原上。這兩塊岩石的神奇之處，就在於它們連線的走向。在夏至時從十六號岩石後方望向西北方的柱腳石，就能看到太陽從柱腳石後升起。在六個月後的冬至，從柱腳石後方望向東南方的十六號岩石，就能看到太陽在十六號岩石後落下。

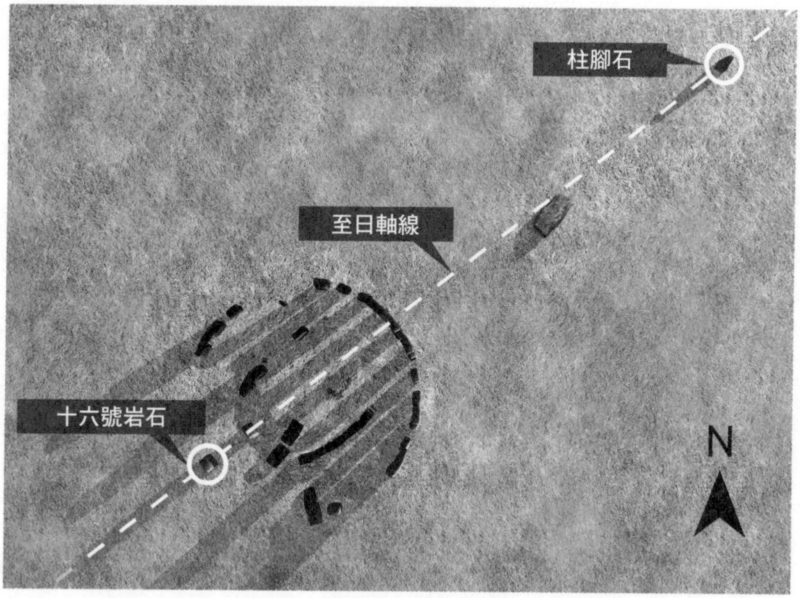

新研究指出，在巨石陣完成前，十六號岩石和柱腳石就已經在索爾茲伯里平原上。圖：從RUSLANS3D的〈英格蘭巨石陣〉影片導出，創用CC 4.0授權。

考古學家邁克・彼得（Mike Pitts）是這項研究的主持人，他認為遠古的英國人一定也注意到，這兩塊砂岩連成的軸線，正對著冬至和夏至的日出和日落。早在他們規劃巨石陣的幾何結構前，他們就知道這裡的意義重大，因此才在這道既有的軸線上打造宏偉又複雜的巨石陣。確實如此，如果彼得說的沒錯，巨石陣之所以會在這裡建造，就是因為這個天然的至日軸線。

埃及吉薩的大人面獅身像，也是個把天地交感的地點奉為聖地的例子。那裡原本是個「風蝕嶺」（yardang），也就是一個岩床崗嶺。在沙漠強風長久以來的吹蝕下，崗嶺就自然地成為獅子的樣子。十八和十九世紀的歐洲探險家常提到，在埃及西部沙漠有很多類似斯芬克斯或獅子的岩床露頭。但這處露頭的特殊之處在於，它就俯瞰著尼羅河谷，而且它的天然走向很奇特。它非常準確

地對著正東方，也就是春秋分日出的位置。從英格蘭巨石陣的例子看來，人類最初應該也是因為它正對著天體，因此才對它產生興趣，後來更將它改造成宏偉的巨石雕塑。最初人們只是凸顯出它原本就有的獅子形狀，到了很久之後的法老時代，又把被嚴重侵蝕的獅頭重新雕刻成人面。

你在冬至黎明來到吉薩，會看到太陽在東南方升起，那裡是人面獅身像凝視方向的右方很遠處。你在夏至黎明時，你會看到太陽從東北方升起，那裡是人面獅身像凝視方向的左方很遠處。但如果你在春分或秋分來到吉薩，你就會看到天地之間的神聖對話，人面獅身像的視線也正好對準著剛升起的太陽。

這種天地短暫結合的奇特現象並不只發生於舊大陸。

在新大陸，美洲原住民也會找出一些顯著的地形特徵，將這些天地之靈緊密結合的地點奉為聖地。他們會建造雄偉的結構紀念天地結合的時刻，並引導出它的能量。埃及的大人面獅身像原本是天然結構，後來經過人工修改，以凸顯出春秋分日出時的天地結合。同樣的，英格蘭巨石陣的天然至日軸線也被人類修改和改造過，變得更有宗教氣氛和美感。北美洲的巨蛇丘原本是天然崗嶺，它也被人類修改和強化過，讓它能在夏至的日落時標示出天地的結合。

■太陽出來了

在一九八七年之前，現代人一直沒有察覺蛇丘和夏至的密切關係，當然也沒有進行過相關的觀察或研究。一九八七年秋季號的《俄亥俄州考古學家》（*Ohio Archaeologist*）期刊上，刊登了一篇由克拉克和瑪裘瑞・哈德曼（Clarke and Marjorie Hardman）撰寫的論文。這篇意義重大的論文標題

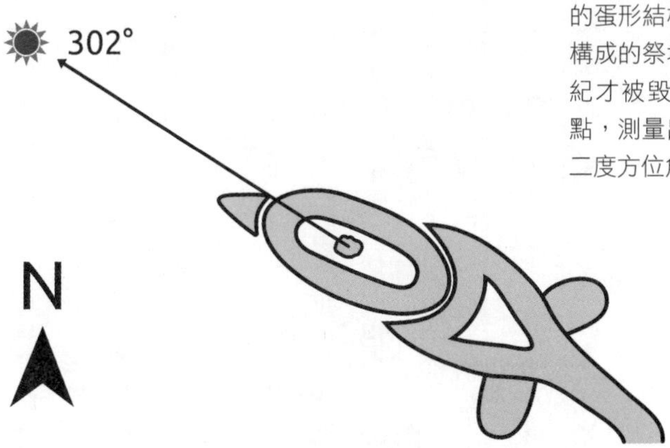

哈德曼夫婦在他們於一九八七年發表的論文中提出，在蛇丘蛇首前方的蛋形結構中，原本有個以大石塊構成的祭壇。據說祭壇直到十九世紀才被毀壞。他們以祭壇為觀測點，測量出蛇丘在夏至時是以三〇二度方位角正對著太陽。

是〈大蛇丘和太陽〉（The Great Serpent and the Sun）。在六月二十或二十一日，從蛇丘上能觀察到太陽在一個壟崗後落下。在這篇論文中，作者很大膽地將這個壟崗命名為「至日壟崗」（Solstice Ridge）。他們藉著這個名稱首度明確地指出，巨蛇張開的雙顎是正對著夏至的落日。

雖然目前人類和宇宙的關係已經很疏離了，但事實被披露後，人們也不可能對此視而不見。拜哈德曼夫婦之賜，現在只要你能好好地觀察蛇丘，就能清楚地看到巨蛇的雙顎是正對著夏至的落日。巨蛇的雙顎張得很大，一萬三千年前的人們一定也清楚地看到，雙顎是正對著夏至的落日。因此哈德曼夫婦想找出更精準的軸線。根據斯奎爾和戴維斯的研究，在蛇丘蛇首前方的蛋形結構中心附近，曾有個「由大石塊堆積成的平台」。但他們在十九世紀來蛇丘查訪時，石塊平台已經遭到破壞。就像上方插圖顯示的，哈德曼夫婦挑中的就是這個平台。哈德曼夫婦指出，觀察者在夏至傍晚來到這個平台，就能看到太陽在方位角三〇二度於至日壟崗的某個特定位置落下。他們將這個像是來福槍前準星的位置命名為「至日圓丘」（Solstice Knob）。

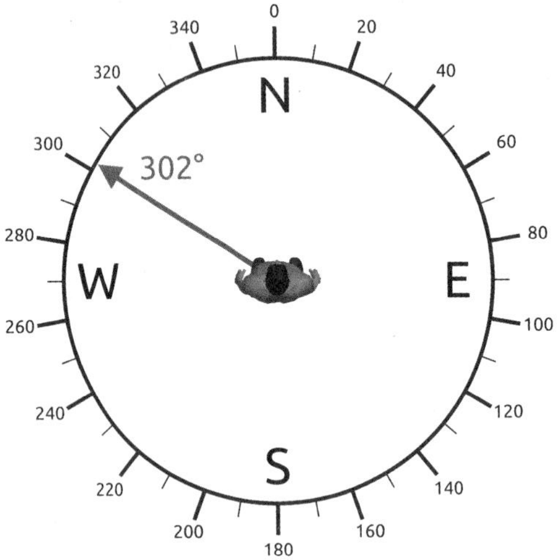

所謂「方位角」，就是某個物體和正北方的順時針方向的夾角。正北就是方位角〇度，因此方位角九十度就是正東方，方位角一八〇度就是正南方，方位角二七〇度就是正西方。方位角三〇二度就是西偏北三十二度。

■對哈德曼夫婦的苛責

在考古學界或在任何嚴肅的科學領域有個屢見不鮮的現象，那就是每當有篇獨樹一幟、別開生面的論文發表時，其他學者就會嘗試否定它。我開始研讀一九八七年秋季號的《俄亥俄州考古學家》時，也很理所當然地找到一篇駁斥哈德曼夫婦研究的論文。它的標題是〈重訪蛇丘〉（Serpent Mound Revisited），作者是威廉・羅曼。他是一位很有趣的研究者，也是蛇丘研究的權威。

在一九八〇年代，考古學界普遍認為蛇丘是在兩千年前左右建造的。基於這個假設，羅曼指出哈德曼夫婦提出的準線理論，並沒有把一項眾所周知的考古天文現象納入考量，那就是地平線上的日出和日落位置並非固定不變，而是會隨著歲月緩慢改變。

這是因為日出和日落的方位，除了取決於觀察者所在的緯度外，也取決於地球的自轉軸與公轉平面的夾角。目前地球自轉軸和黃道面的夾角為二十三度四十四分十二秒。這個夾角並非固定不變的。它會在四萬一千年的周期中緩慢地增加和減少，傾角變化在二十二點一度到二十四點五度之間。頂尖的考古天文學家安東尼・

艾維尼（Anthony Francis Aveni）指出，在很長的時間中，地平線上日出和日落的位置會因此發生「很可觀」的變化。

羅曼在他於一九八七年發表的論文中，就引用了艾維尼的計算結果，以凸顯出哈德曼夫婦理論的致命瑕疵。哈德曼夫婦也同意蛇丘是在兩千年前建造的。但如此一來，他們提出的日落位置就不該在方位角三〇二度。羅曼很正確地指出，從兩千年前的蛇丘觀測，「夏至的日落應該是位在方位角三〇〇點四度。換句話說，當時夏至的落日應該是位在至日圓丘南方約一點六度，相當於三倍太陽直徑的位置。」如果蛇丘在兩千年前剛建造時有如此嚴重的準線誤差，那只有四種合理的解釋：（一）蛇丘建造者的天文知識很貧乏；（二）他們建造蛇丘並不是為了對準夏至的日落位置；（三）哈德曼夫婦的理論是正確的，但他們找的觀測點和準線並不正確；（四）這道準線並不是在兩千年前建立的，而是在完全不同的年代。

次年《俄亥俄州考古學家》又有一篇論文發表，作者是羅伯特．弗萊徹（Robert Fletcher）和泰瑞．卡梅倫（Terry Cameron）。他們秉持著羅曼的觀點，繼續對哈德曼夫婦展開批評。哈德曼夫婦的論點是，蛇丘原本的走向是對著方位角三〇二度。但弗萊徹和卡梅倫指出，目前蛇丘的夏至日落是位在方位角三〇〇度五分，而且地軸傾角會發生周期性變化。因此他們語帶嘲諷地對哈德曼夫婦展開批評：「如果蛇丘是為了標示地平線上的某個方位，也就是方位角三〇二度的夏至日落而建造的，那它一定是在西元前一萬一千年左右建造的。有些人對這個年代也許會有些質疑。」

從最後一句話就能看出他們不屑的態度。

可想而知，在一九八八年必定會「有些人」對這個年代提出質疑。如果有人提出蛇丘是遠在西元前一萬一千年，也就是一萬三千年前建造的，那提出質疑的就不會只有一些考古學家。所有考古學家都會認為那是無稽之談。

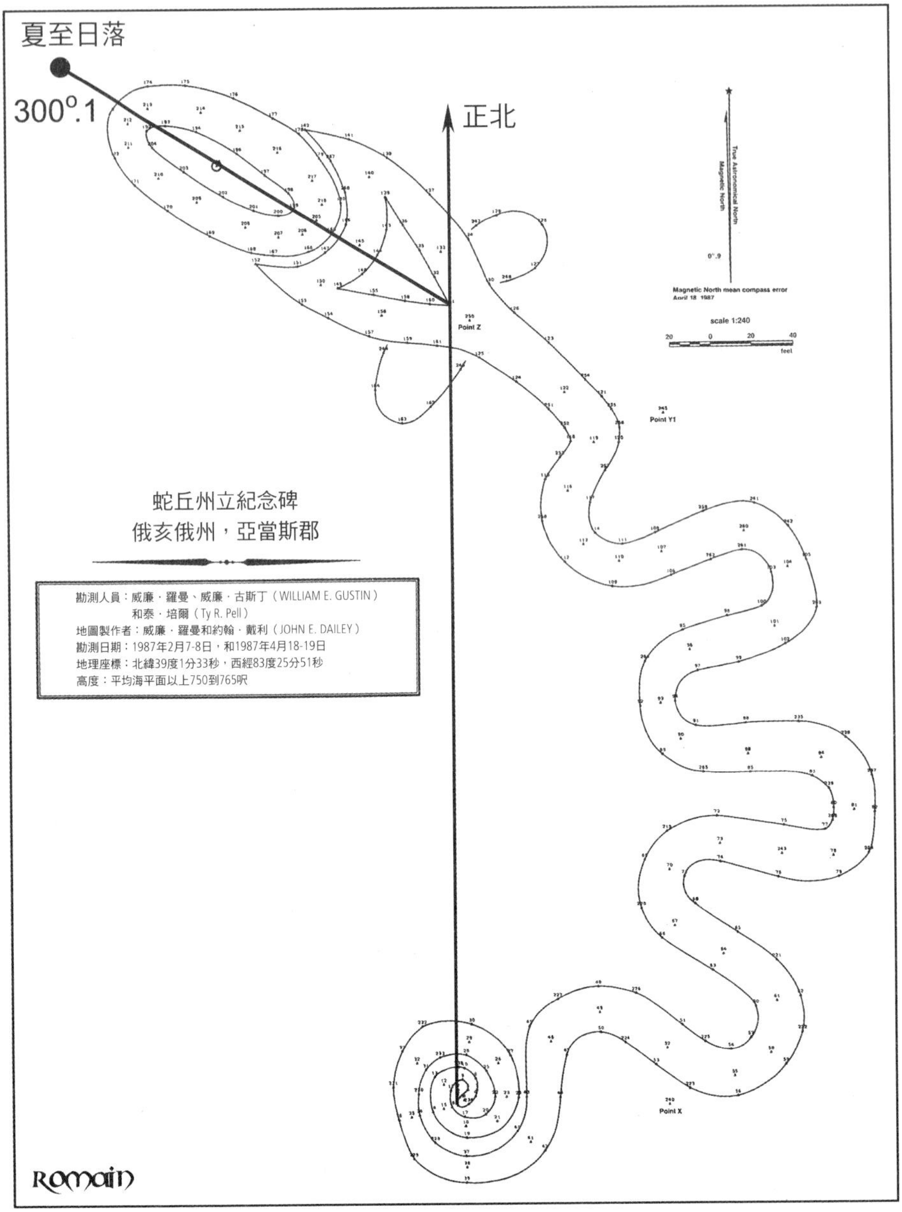

根據威廉・羅曼的計算，蛇丘的夏至日落準線應該指向方位角三〇〇點一度。這道準線正好會對準兩千年前夏至的日落，而哈德曼夫婦提出的準線則有一點九度的誤差。

在一九八〇年代，考古學界已普遍相信，人類最早也許在一萬兩千或一萬三千年前就來到美洲。但八〇年代的考古學家認為，這些最早的移民是散居在各地的獵人採集者聚落中，過著只能勉強糊口的生活。這些人的見識、技藝水準和組織程度，都不足以讓他們在巨大的蛇丘上建造一個紀念性建築物。我在第二部會有更詳細的介紹。

哈德曼夫婦理論的「誤差」其實暗藏著玄機。從他們無意間發現的線索推斷，這處遺址也許還有一段很漫長又不為人知的歷史。但因為當時考古學家不接受這個證據，因此也沒有人再繼續探究。

幾年後，威廉．羅曼卻改變了想法。他在一九八七年發表的論文中批評哈德曼夫婦，並認為「從各種事實判斷，蛇丘的走向和夏至並沒有關係」。但到了二〇〇〇年，他卻認為「穿過蛇丘的蛇首蛋形土堆的準線，『毫無疑問』是對準夏至的日落」。他並以地圖說明準線對準的是方位角三〇〇點四度，後來又修正為方位角三〇〇點一度（二〇一八年十月三十一日的私人通訊）。他認為那正是兩千年前夏至日落的方位角。他也重申他在一九八七年確認的蛇丘子午線，是從蛇尾螺旋的內圈延伸到蛇首雙顎的連接處。

■巨蛇真的是兩千歲嗎？

在一九八〇年代，羅曼首次批評哈德曼夫婦時，雙方仍有些共識。他們都認為蛇丘約有兩千年的歷史，而且是阿德納（the Adena）文化晚期的作品之一。據研究，這個美洲原住民文化約存在於西元前八百年到西元一百年。雖然當時蛇丘並未接受過碳年代測定，但專家幾乎一致認定蛇丘的年代為兩千年，羅曼和哈德曼夫婦也認定這個年代，並將這個年代作為計算準線的依據。

這也難怪他們得知碳年代測定的結果後會非常驚訝。匹茲堡大學的羅伯特・弗萊徹是最早批評哈德曼夫婦的學者之一，他和俄亥俄州立大學的威廉・皮卡（William Pickard）與俄亥俄州歷史學會（Ohio Historical Society）的布拉德・萊柏（Bradley T. Lepper），對蛇丘進行首次碳年代測定，並發現它比大家以為的年輕得多。它的歷史並未超過兩千年，而是只有不到一千年。更精確一點地說，他們的結論是蛇丘可能的建造年代，是在進行碳測定的九百二十年前（誤差值為正負七十年）。由此可見它一定是當時的古堡文化（Fort Ancient culture）所建造的。

他們於一九九六年春天，將研究結果發表在一本有同儕審查的知名期刊上。美國的考古學家也都欣然接受了這個更年輕的蛇丘年代。如果重新測定的結果是更古老，考古學界應該就不會接受了。但這項結果不但沒受到質疑，還很快就被納入教條，而且在接下來的二十年廣為流傳，被奉為不容置疑的歷史事實。

在流傳過程中，蛇丘發生了一個歐威爾式（Orwellian）（注）的事件。俄亥俄州官方的紀念牌原本將這處紀念建築物列為阿德納文化的遺址，後來這塊牌匾「被消失」了。二〇〇三年新更換的牌匾告訴遊客，這個土方工程是「於西元一千年左右由古堡文化建立的」。

我們就來檢視一下弗萊徹、皮卡和萊柏在一九九六年重新定義蛇丘時所採用的證據。

證據的一部分，就是在一九九〇年代前的蛇丘發掘行動中，都沒有發現任何典型的阿德納文化工藝品，甚至連任何工藝品都沒被發現過。弗萊徹公司（Fletcher & Co.）的說法也很合理。他們指出如果只是因為在蛇丘附近曾發掘出一些阿德納墓塚，就把蛇丘視為阿德納文化的遺址，那未免也太牽強了。

弗萊徹公司表示，他們在蛇丘的幾個挖掘現場，找到一些能證明他們論點的有力證據，其中最重要的就是一些石片和工具；而挖掘地點也包括一處「經典的古堡麥迪遜據點」。他們還發現

二十九塊碎陶片，「年代約介於西元三五〇年到九五〇年」。他們在挖掘時取了三個木炭樣本，並對它們進行碳年代測定。測定結果證明他們的說法完全正確。

第一塊的年代是兩千九百二十年前，誤差為正負六十五年。他們立刻就說這塊樣本不足採信，因為它所在的地層「遠比蛇丘建造時的地面還低得多」。

但他們對另外兩個樣本感到很滿意。這兩個樣本都是來自「製造肖像塚所使用的原始沉積物」，它們的碳年代測定結果都是西元一〇七三年。

弗萊徹、皮卡和萊柏的結論是，這兩個相同的年代測定結果「是蛇丘建造年代的有力證據，它是在史前時代晚期或古堡文化初期建造的」。

萊柏甚至猜測蛇丘的建造，是為了紀念哈雷彗星在一〇六六年的造訪。在當時的歐洲和中國都有彗星出現的紀錄。但萊柏也承認這只是他的猜測：「這在當時是一場驚天動地的事件。我認為對美洲原住民而言，哈雷彗星很可能就像是在天空蜿蜒而過的巨蛇。他們可能仰望著巨蛇，將它視為不祥之兆，並建立蛇丘記錄此事。」

結果此事就蓋棺論定了。考古學家揮一揮魔杖，靠著兩個木炭碎片就打造出一個烏有之鄉。更新版的蛇丘建造年代比較不古老、不重要和不神祕。蛇丘原本象徵著某個文化的工藝、天文學、幾何學水準和想像力，但所謂的公正客觀的專家，卻將這些成就拱手讓給另一個文化。

■ 蛇丘的蛻變

北美洲考古研究常會刻意低估北美遺址的年代，例子多得不勝枚舉，我在第二部會再詳細介紹。

但就蛇丘研究而言，威廉・羅曼和一些考古學家卻不太滿意弗萊徹、皮卡和萊柏的一面之辭，認為他們的理論是建立在「很薄弱」的證據上。羅曼在他於二〇一一年發表的論文中，很含蓄地指出這個問題：「既然接受年代測定的木炭並非來自基礎或奠基工程，測定出的西元一〇七〇年也許並不是肖像塚的建造年代。」

為了證實自己的假設，羅曼不久就加入一個由各領域研究人員組成的團隊，開始「重新評估蛇丘的建造年代和方式」。在這個全面且專業的長期計畫中，研究人員不但採用各種最新科技，還採用新掘點、岩心採樣和多重碳年代鑑定等方法。他們在二〇一四年十月號的《考古科學期刊》（*Journal of Archaeological Science*）發表研究結果，徹底推翻了十八年來考古學界公認的理論，證明蛇丘並不是在九百或一千年左右前建造的，也不是古堡文化的產物。

羅曼和他的同事在報告中說：「我們將研究資料歸納整理後發現，蛇丘最早的建造年代是在兩千三百年前，而不是之後的一千四百年，也就是距今九百年前。我們的研究結果顯示，蛇丘下方有一層在建造前就存在的古土層，我們在古土層表面的不同位置採樣，鑑定出的年代都在西元前三百年之後。鑑定出最近的年代，有百分之九十五的機率是西元前一一六年。我們鑑定出的年代，都不符合後來的古堡文化在此發展的年代。」

注——英國左翼作家喬治・歐威爾（George Orwell）所描述的破壞自由開放社會的社會福祉做法。指專制政權藉由政治宣傳、監視、故意提供虛假資料、否認事實和操縱過去的政策以控制社會。

羅曼的團隊並沒有大肆吹噓慶祝，也沒有對弗萊徹、皮卡和萊柏冷嘲熱諷。他們反而是以兼容並蓄的態度找出真相：

根據弗萊徹等人整理的證據，他們的碳年代測定結果確實很可靠。從木炭的年代鑑定結果看來，古堡人確實曾在九百年前建造或重建過蛇丘。但這並不能解釋鑑定出的另一個更早的年代。爲了解決這個爭議，我們提出的理論是，蛇丘最初是在某個年代建造的，後來又在另一個年代被改造。蛇丘最早是由阿德納人在兩千三百年前建造的；一千四百年後，古堡人又改造或整修過蛇丘。

羅曼等人的理論之所以能取代弗萊徹等人的理論，是因為羅曼團隊的研究做得很確實，證據很充分，論點又很有說服力。但最重要的是，他們重新鑑定年代的結果不但不驚世駭俗，反而又回歸到考古學界在一九九六年前的共識。蛇丘建造者的頭銜又被歸還給阿德納人。雖然布拉德·萊柏提出一些沒什麼說服力的抗議，羅曼等人也沒有把遺址的完整資訊公諸於世，但目前幾乎已經沒有人會嘗試反駁蛇丘的歷史還不到兩千三百年。

還有一個懸而未決的問題，那就是蛇丘可能會更古老嗎？它的歲數會不會比兩千三百歲還大得多呢？蛇的特徵不就是能不斷蛻皮嗎？很多古文化會把蛇當成重生的象徵，不也是因為這個特徵嗎？因此我們想探究蛇丘有多常蛻皮，也是很合理的事。

綜合一九九六年和二〇一四年的兩次考古研究，就能找到蛇丘曾在約九百年前蛻皮的確切證據。也就是說，蛇丘曾經歷過「整修」。但研究也發現蛇丘基礎是一層「原始古土層」，也就是在更早的年代被奠下的土層。考古學家從古土層的年代鑑定結果，認定蛇丘的建造工程最早是在兩千三百年前開始的。在一九九六年的研究中，有一塊異常的木炭碎片被發現了，它的年代是兩千九百二十

這個公告板在二〇一八年時仍立在蛇丘旁，目的就是誤導民眾蛇丘比碳年代鑑定的結果還年輕一千歲以上。拍攝：羅斯．漢彌頓。

年前；另外有兩個碎片證實古堡文化曾修建過蛇丘。除了這三個碎片，在二〇一四年的研究中，考古學家在古土層上發現的所有可鑑定年代的東西，年代都集中在西元前三〇〇年左右。考古學家因此做出結論：「在兩千三百年前的疏林時代（Early Woodland Period），也就是阿德納文化時代，蛇丘下方的古土層被埋好後，蛇丘最初的建造就開始了。」

這個理論看來倒也合理，但它並沒有考慮到另一個可能性。也許在兩千三百年前，蛇丘就已經是一個極古老的，受到嚴重侵蝕和損壞的結構。阿德納文化只是將這個結構清理至古土層，再展開重建。

如果事實真是如此，參與二〇一四年研究的考古學家記錄下的，就不是蛇丘的誕生，而是蛇丘的重生或轉世。

為什麼不可能？

從二〇一四年研究所蒐集的資料，並無法證實在兩千三百年前的阿德納時代，到一千四百年後的古堡文化整修工程之間，蛇丘是否有受到持續的利用。但考古學家仍有些不尋常的發現：「在蛇丘蛇首附近原本可能有一個盤繞的結構，後來遭到清除。這就表示在古堡文化修復蛇丘前數百年，蛇丘可能就經歷過一些改造。由此可見蛇丘的歷史，也許比我們過去認定的更加深沉、豐富和複雜。」

我必須再問一次，我們為何要畫地自限地認定蛇丘只有很短的歷史，而不去探索這段更深沉、豐富和複雜的過去？既然羅曼和他的共同作者都認為「兩千多年來，蛇丘可能不斷地被當地居民利用、修復和改造」，那蛇丘為何不可能在更古老的年代也經歷過修復和改造呢？

就連弗萊徹公司也承認，他們發現年代在兩千九百二十年前的不尋常木炭，和附近的阿德納墓塚，都足以證明「那處遺址曾在疏林時代早期遭到使用」。既然如此，他們為何要認定這段使用期很短暫。既然後來文化的人們曾維護、修復過神靈肖像塚，有時還會調整它的方位或進行重建，疏林時代早期的原住民為何不能也這樣做？

如果真是如此，如果在疏林時代前還有其他人也做過相同的事，也繼承了更早期文化傳承下的神聖使命，在之後的數千年斷斷續續的重建和翻新蛇丘，這樣的話，我們就不能排除一種可能性，那就是最原始的蛇丘肖像塚，也許是建造於一萬三千年前的冰河時期。如果這種可能得到應證，早期美洲原住民文明的歷史，和全球史前歷史的年表也將要改寫。

第三章

天龍和太陽

從天文學而言，二〇一七年的夏至，也就是落日和地球最接近的一刻，是發生於六月二十日傍晚。因此桑莎、羅斯．漢彌頓和我是在六月二十日回到蛇丘，而不是在一般人常認定的夏至日二十一日。以太陽角度、計算公式和天文軟體計算夏至都很可靠，但它們都比不上直接到現場觀測來得精確。我們在六月十七日就已經到過蛇丘，熟悉當地和附近的環境。因此我們在二十日的工作計畫，就是讓桑莎操縱無人機，飛到肖像塚上方四百呎，在日落時居高臨下地拍攝蛇首和地平線，這樣就能親眼觀察蛇丘的準線。

下午三點左右時，天空變得晴朗無雲，我們都認為應該能清楚地觀察到傍晚的地平線。今天是一年中白晝最長的一天，我們還有大把的時間，因此羅斯要我們跟著他，沿著蛇丘蜷曲尾部後方的一條蜿蜒陡峭小路，穿過茂密的樹林，一路走到肖像塚所在的崗嶺底部。這是個平靜晴朗的下午，

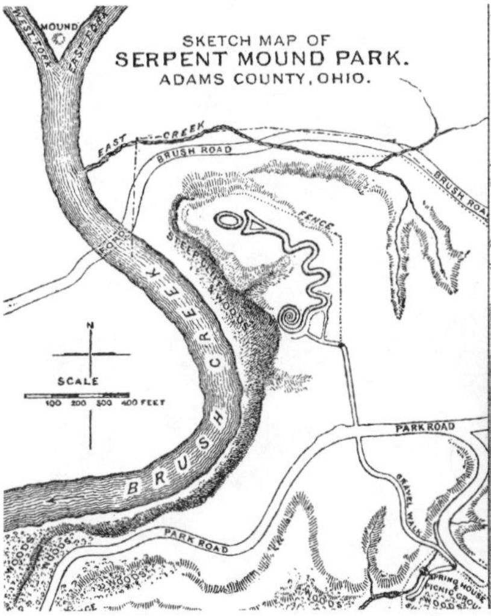

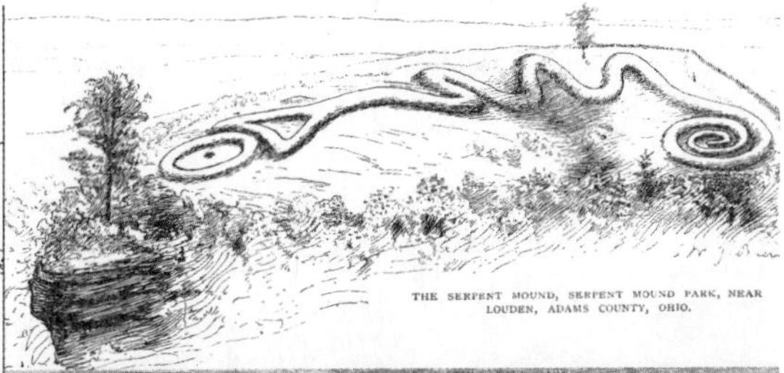

THE SERPENT MOUND, SERPENT MOUND PARK, NEAR LOUDEN, ADAMS COUNTY, OHIO.

四周都是悅耳的鳥叫聲，樹葉的影子在陽光下搖曳生姿。我們三人踏著緩慢穩健的腳步，靜靜地走下壟崗，沉浸在詩情畫意的氣氛中。小路來到布拉什溪的堤岸旁時，開始變得平緩。我們沿著小徑往西北走去，左邊是布拉什溪，右邊是高達一百呎的壟崗。壟崗的斜坡上只有零星的植物，與一些和絕壁一樣陡峭的坡面，樹木和灌木叢都找不到紮根之處，只有裸露的石灰石岩床。

我們在行走時，羅斯也介紹著他研究蛇丘年代的心得。如果你想深入了解他的理論，不妨去讀讀他的巨著《蛇丘之謎》（*Mystery of the Serpent Mound*）。簡單地說，羅斯判定這座肖像塚最初建造年代的方法，並不是碳年代測定，也不是根據和夏至日落方位角有關的計算。他研究的重點是蛇丘的形狀。據他的觀察，蛇丘就是天上的天龍座（Draco）投映在地面的圖案。

如果你多年來都是我的忠實讀者，你一定知道我也長期研究過天龍座。就以我於一九八八年出版的《天之鏡》（*Heaven's Mirror*）為例，我在書中提出的證據指出，很多古代文化都把這個巨大的星座描

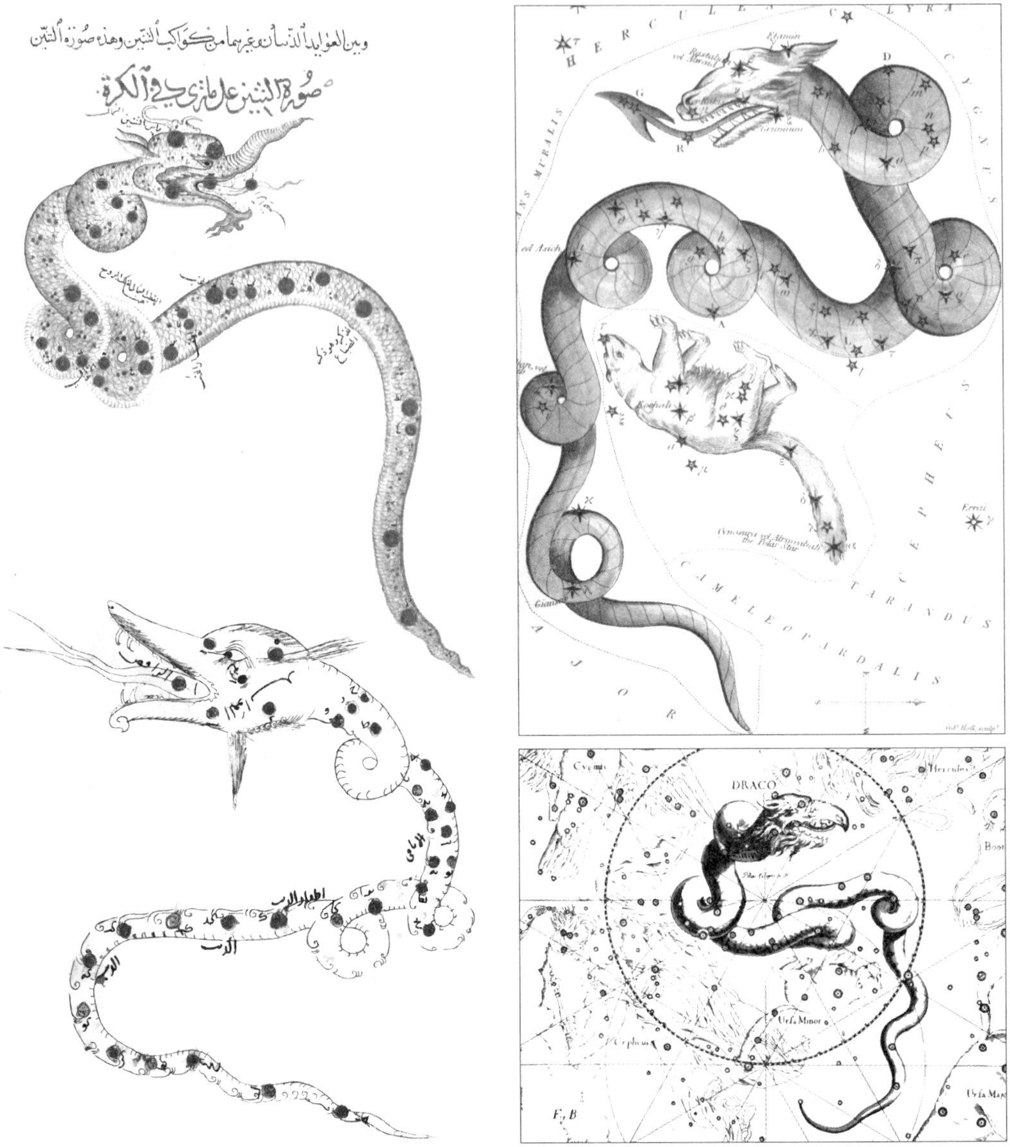

在很多文化中，天龍座都被描繪成一條巨蛇。

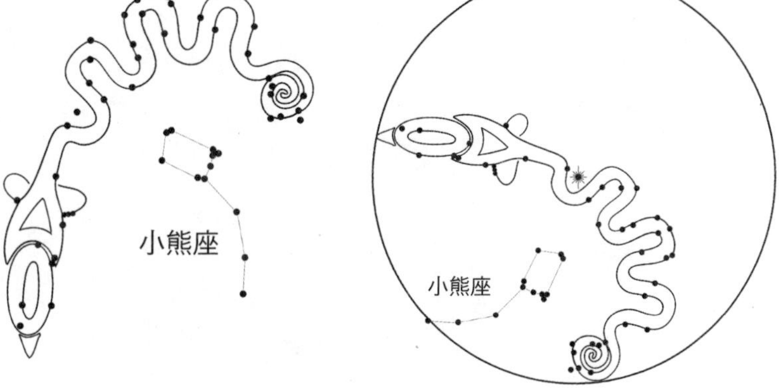

將天龍座的形象和蛇丘重疊。附近的星座是小熊座，目前的北極星就在其中。
左圖：從有很多星狀符號構成的天龍座星座圖，就能看出羅曼在一九八七年的勘測有多準確。圖中每個光點的大小都一樣，這是為了凸顯出蛇丘最早設計者構思的精確度（羅斯．漢彌頓於一九九七年，翻拍自劍橋大學和羅曼的研究）。
右圖：這個圓形的圓心，就是遠古的北極星右樞（Thuban），目前的北極星則是位於外圓周上。從圓心右樞到蛇首的距離，正好和右樞到蛇尾的距離相等（羅斯．漢彌頓於一九九七年，翻拍自羅曼的研究）。

繪成一條蛇；而柬埔寨吳哥窟，就是依照這個天空中的藍圖，將寺廟群排列在地上，地上的每座寺廟都對應著天上的一個星星。我想藉著吳哥窟的建築指出的，就是一種「天地對應」的概念。除了吳哥窟，世界各地還有很多古代建築都遵循著一種教條或系統。它們的布局都是經過精心設計，模仿著某些重要星座的圖樣。在「歲差」的影響下，以地球為觀測中心時，所有星星的位置都會緩慢而持續地變化。正因為這樣，我們也許就能藉著一些紀念性建築對準天體的準線，計算出它們對應天體的時間。也就是說，既然這些建築都曾對應著某些星星，我們也能計算出這些星星上次位在建築對應位置的時間。

這種穩定變化的週期被稱為歲差週期。長達兩萬五千九百二十年的歲差週期，並不是由恆星的運動，或

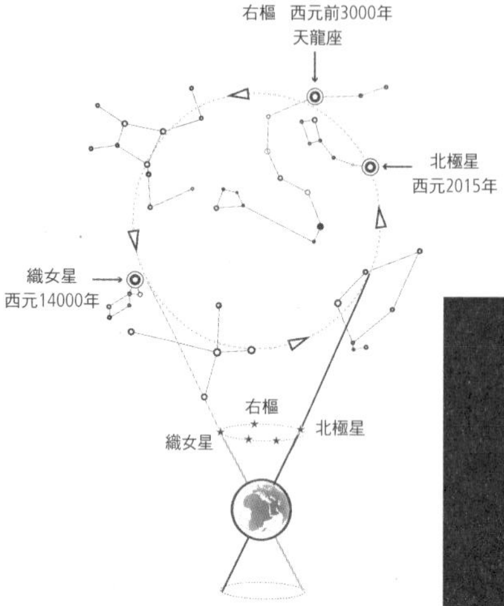

黃極永遠都位在天龍座內。天龍座尾部的α星（右樞），是西元前三千年的北極星。

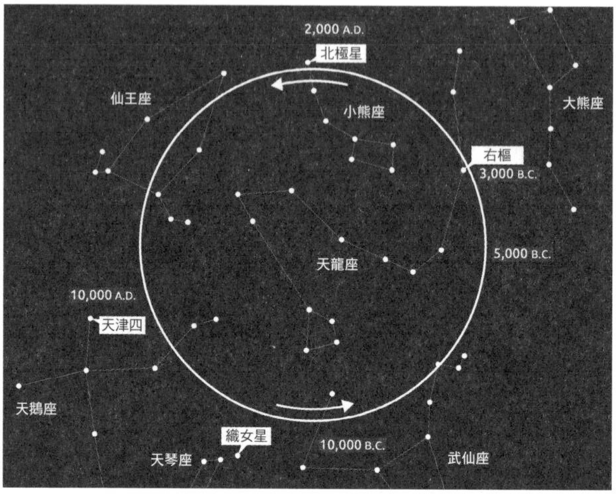

地軸傾斜週期造成的。它的成因是來自一種很不同的運動，是由太陽和月球的重力牽引而造成的。在太陽和月亮重力的影響下，地軸會發生緩慢的圓周擺動，每七十二年擺動一度，就像陀螺不再直立轉動時出現的擺動一樣。我們都是從地球觀測星星，因此地軸的擺動會讓我們觀察到的星星位置出現變化。

為了了解歲差運動，你可以想像地軸穿過地理南極和北極，一直延伸到天空。在任何時代的南極星和北極星，就是地軸兩端從地理南北極延伸向天空後，最接近延伸線的星星。

蛇丘是位在北半球，而目前位在北天極的就是又名「北極星」的小熊座α星（Alpha Ursae Minoris）。在歲差的影響下，每兩萬五千九百二十年，地軸延伸出的直線會在天球上畫出一個大圓圈。正因為如此，在西元

前三千年左古，埃及金字塔時代正要開始前，當時的北極星就是天龍座 α 星。在希臘時代，北極星是小熊座 β 星。到了西元一萬四千年，織女星（Vega）就將成為北極星。地軸往北延伸線在圓形運動中，有時會指向天空中空無一物的地方，這時就沒有值得參考的北極星了。

天龍座不但是很明顯的拱極星座之一，也是人們最熟悉的一個星座。此外，它更是現在資料中最早被文字記錄下的星座之一。達爾文的祖父伊拉斯謨斯・達爾文（Erasmus Darwin），是一位醫生和自然哲學家。他曾在一七九一年的一首詩中提到天龍座，並在兩行文字中點出它不可忽視的重要性：

巨大蜷曲的天龍座，
將黃道軸線藏在牠的鱗片間。

伊拉斯謨斯所說的「黃道軸線」（ecliptic axis），也就是目前天文學家所謂的黃極（pole of the ecliptic）。它就是天球上的一個固定不動的點，北天軸就是以這個定點為中心，每兩萬五千九百二十年周而復始地繞著大圈。它是天球上的一個不會移動或變化的點，其他天體則環繞著它改變位置。當你了解到黃極就是天球的中心，你就會對天龍座感到驚歎。因為這個巨蛇般的星座，似乎是將身體蜷曲起來守護黃極。

如果吳哥窟的寺廟群，是模仿天龍座的圖樣在地面建構的紀念性建築，那北美洲也可能曾出現類似的工程。在吳哥窟工程中使用的建材是石塊，以廟寺對準春秋分時的日出。在蛇丘工程中，則是以一個巨大的土方工程對準夏至的落日。

這兩大工程都是天地結合強而有力的象徵。根據羅斯・漢彌頓的說法，這個結合被凸顯出的時

間，並不是在一千年前，也不是在兩千三百年前，而是在四千八百年到五千年前左右。當時的北極星是天龍座 α 星。在那個遙遠的年代，蛇丘南方近一千哩的路易斯安那州，有個土墩群工程完工了，這處遺址目前被稱為沃森布雷克（Watson Brake），我在第五部還會有很詳盡的介紹。這個土墩群的現存部分已經被確認有五千年的歷史。羅斯認為它是由一群精通幾何學和天文學的美洲原住民建造的，只是我們仍無法確認這群神祕的人是誰。此外，羅斯還認為這群人就是蛇丘的建造者。

但和其他考古研究一樣，平淡的理論背後總有更複雜的細節。沒錯，羅斯是認為在五千年前左右，蛇丘曾有一場大型工程。但我們沿著小徑行走時，他釐清了一個關係重大的要點：「我總是在努力不要讓人們有個錯誤印象，以為這個遺址上最早的丘塚結構是在五千年前建造的。」他很肯定地說：

> 我相信這裡是個有土方結構的聖地。很早之前，人們就看出它和至日的關聯。但爲了強化年久失修的遠古基礎，人們在五千年前左右展開重建、修整或翻修。而傳統的年代測定方法，並無法檢驗出遠古基礎的年代。在更早之前，這裡就已經有了某個結構。但現存的唯妙唯肖的巨蛇肖像，是在五千年前左右建造的，被認爲具有法力的部落神靈。這座肖像被添加上一些美洲原住民傳說和神話中的必要特徵，以凸顯出天地間的互動。它和大金字塔與附近的兩座小金字塔頗有異曲同工之妙，因爲有些人認爲這三座金字塔過去也有相同的功用。

在詹姆士·麥尼（James Mooney）蒐集的十九世紀契羅斯族人神話中提到，蛇丘的蛇首上方曾有個法力強大的水晶。這個水晶能發出耀眼的光芒，「讓正午的陽光都顯得黯然失色。」根據傳說，這個水晶後來被偷走，當地人的生活也陷入一片黑暗。他們很尊敬祖先，而他們的祖先也都是神明虔誠的信徒。他們後來搬回到祖先居住的地方，並陸續帶走蛇丘殘存的部分作爲紀念，直到蛇丘只

剩下一堆泥土。之後他們甚至把當地的泥土也挖走，直到考古學家所說的阿德納文化興起後，人們才停止這種做法，並用新泥土整修各遺址，確保遺址能永世長存，以紀念祖先的光輝歷史。

遠古聖地的重建約是在兩千五百到兩千三百年前開始的，當時部落神靈的觀念已經出現兩千五百年了。重建工程在西元五百年停止，因爲這些人不是莫名其妙地消失了，就是分散到密西西比河谷各處，去尋找其他地點進行整修。遠古部落神靈擁有廣闊的土地，因此還有很多地點可以修復，讓它們再次成爲神靈信仰的中心。因此在進入歷史時代前，在大南方地區和密西西比流域的很多地方，出現大量精雕細琢的建築傑作。這股修建的旋風最後又吹回俄亥俄州。在這個理論中，部落神靈重建風潮曾出現兩次，兩次重建的年代相隔一千四百年。這兩次重建後的遺址，就成了俄亥俄河谷中最老和最年輕，最初和最後的古蹟。

我在心裡計算後說：「古堡文化在一千年前建造的蛇丘，就是第二波重建計畫的一部分嗎？」

羅斯說：「沒錯。在一九九六年代，很多考古學家和學者都認為古堡文化是蛇丘唯一的根源。希望他們現在能看出自己的錯誤。」

■部落神靈和巨石

我們談了很久後，也沿著蛇丘壟崗底部的布拉什溪岸走到壟崗西北端。這裡的天然地形就正對著夏至的落日。除了壟崗的末端，附近都被樹木和灌木叢覆蓋著。壟崗末端從綠蔭中冒出，那裡是一處糾結和飽受侵蝕的石灰石峭壁，峭壁上有個突出部分和疑似洞穴的痕跡。

羅斯停下並伸出手說：「你看到了嗎？」

我到處看了看，並沒有看出什麼。接著我注意到一塊長滿苔蘚的巨大石灰石，它就位在下層叢林中，朝著河岸傾斜。

這塊蛇首石的切割並不精致，但倒也算得上是稜角分明。它的一端被切割成曲面，很像是人為的斧鑿痕跡。它的長度超過九呎，寬約兩呎，厚度超過一呎。就大小而言，它幾乎可以取代埃夫伯里巨石圈，或英格蘭巨石陣中較小的巨石。

「你說的是這個巨

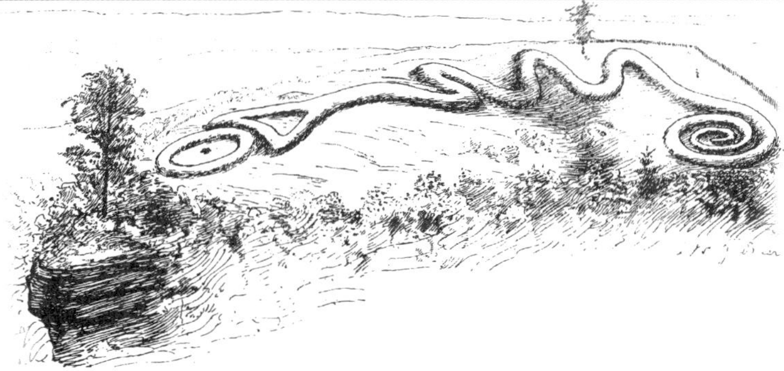

右上圖：桑莎拍攝的原圖，蛇丘蛇首下方的崖壁上，類似蛇首的突出物。
左上圖：經過影像增強的照片。這就能說明為什麼很多古代和現代遊客，會把這個天然岩石露頭想像成蛇首。
下方：蛇丘和它所在的壟崗，壟崗上還有個天然的蛇首。

石嗎？」

羅斯說：「稍候再聊這個巨石，你先看看它的上方。」

「我看到一面峭壁。」

「但你有看到峭壁上的臉孔嗎？」

羅斯一說「臉孔」，我突然就看出峭壁的奧妙之處。那並不是一張人臉，而是巨蛇的臉。突出部分是蛇的上顎，下方也有蛇嘴的輪廓。在蛇嘴角的右上方，有個比臉孔其他部分顏色更深的地方，那是一個正向下凝視我們的眼睛。

我在後來的研究中發現，很多來訪的人也注意到，這個天然的岩石露頭很像是蛇首。舉例來說，一九一九年，哈佛大學皮博迪自然史博物館（Peabody Museum）的查爾斯·威洛比（Charles Willoughby），在造訪蛇丘後做出以下的結論：

> 人們之所以選擇在此建造大肖像塚，也許主要是出自對蛇丘下方岬角的迷信。這個約有一百呎高的岬角，在盡頭縮小成一個類似爬行動物頭部的峭壁。它的頭部、口鼻部、眼睛和嘴的輪廓都很明顯。在印第安人的心目中，這個從頭部向後沿著布拉什溪岸延伸的隆起，也許就是蛇的身體。
>
> 印第安人看到天然結構、特殊造型的岩石和其他物體，發現它們類似人或動物的整體或部分時，通常就會認爲它們具有超自然的力量。以這個岬角爲例，只要你發揮一點想像力，就能體會印第安人的觀點。

在一八八六年，考古學家威廉·亨利·霍爾姆斯（W. H. Holmes）在走訪蛇丘後也有相同的印象。他在《科學》（*Science*）期刊中寫道，

他才剛離開蛇丘就看到這面峭壁，讓他不免大吃一驚。峭壁的輪廓太明顯了，尤其是那塊裸露的岩石。岩石像極了一隻從溪床中舉起上半身的巨大爬行動物。岩石前端就是它的頭，黑色的唇狀邊緣就像是口鼻部，下方色澤較淡處就像是白色的頸子，凹處像是眼窩，向右方延伸的部分就像是蜷曲的身體。光影的變化更讓它顯得栩栩如生。這也難怪森林中的預言者會看出其中的相似之處，並把這個岬角視爲偉大的部落神靈。在他的引導下，族人也開始把岬角奉爲神靈，不久就在那裡進行盛宴歡慶。

一個擅長建造丘塚的民族來到這裡，自然會對這裡進行適當包被，並強化它爬行動物的特徵，讓它更具眞實性。這塊岩石雖然經過人工修飾，但那只是爲了對它渾然天成的意象添加畫龍點睛的效果。裸露岩石的前端也許最早就被人視爲蛇首。雖然蛇身曾經過人工修改，但修改後的蛇身仍是延用著最初的蛇首。對當時的印第安人而言，這塊岩石才是巨蛇部落神靈眞正的頭部。

我們仍站在我最初注意到的巨石旁。我問羅斯：「你又該如何解釋這塊巨石？它是蛇丘故事的一部分，或只是一塊無關的岩石？」

羅斯聳聳肩說：「誰知道呢？」他停頓一會兒後說：「但我自有我的理論。」

「願聞其詳。」

「十九世紀時，斯奎爾和戴維斯曾站在蛇首前的蛋形土方工程中。我認為它就是土方工程中的巨石之一。」

「是他們所說的，被尋寶者丟到各處的巨石嗎？」

羅斯回答：「沒錯。如果我沒記錯，他們還說巨石被丟棄前，原本是被排列成一個圓圈。」

羅斯曾在文章中談過，英格蘭巨石陣的幾何結構和蛇丘的結構有些相關之處。他認為「從這兩

葛瑞姆・漢卡克（左）和羅斯・漢爾頓（右）在蛇丘巨石旁的合影。攝影：桑莎・法伊亞。

處遺址的結構看來，建造者都是某種極先進的天文建築學的傳承者。但仍沒有人知道這種知識的起源為何。」

漢彌頓的言下之意是，他並不否認蛇丘的建造者，是一群精通幾何學和天文學的美洲原住民。但他相信這群人是師承自某個更古老的學派，而且只是在一個比當時年代久遠得多的結構上施工。這處遺址在不同的時代都曾有工程進行，每次工程使用的建材也不盡相同。在世上的很多地方也出現過類似事件。

這種工程計畫一直不斷重覆，不斷死灰復燃。羅斯認為「它似乎沒有一個『源頭』，也不是由某個特定國家或文化造成的。」

也許這個遺址的源頭是個失落的文明，也許這個文明已經被徹底毀滅，它的年代久遠得無從獲得證實，最後就成了神話或傳說。如果是這樣，這也難怪我們無法追溯它的起源了。

■巨蛇看到什麼？

在日落前一小時，我們在清爽的天氣中回到蛇丘的最上層，所有電池都充飽電了，無人機也準備就緒。

今早從東北方升起的太陽，已經低垂在西北方的地平線上。這時我們又注意到，濃密的樹林又發揮了「掩飾」蛇丘的效果。這片樹林能長得如此濃密，全是因為俄亥俄歷史協會的刻意安排，為的就是讓人們無法一窺蛇丘的全貌。如果沒有無人機，我們顯然很難看出蛇丘正對著至日的落日。只有在零星的陽光穿過濃密的樹蔭時，我們才能略微看出其中的玄機。

我對羅斯說：「他們真不該這樣做，這簡直是對聖地的褻瀆。」

「但好消息是各地的人們都開始覺醒了。儘管俄亥俄歷史協會百般阻撓，考古學家也不斷對民眾洗腦，我們已漸漸發現，現在是一個歷史週期中的關鍵時刻，我們將重新了解部落神靈的重要性，重新發掘其中的知識和智慧。」

旋翼傳出嗡嗡的轉動聲，桑莎的小無人機飛上天空了。我們都聚在監視器前，一起觀看鳥瞰圖。這時是傍晚七點五十五分，從沒有樹木遮蔽的四百呎高空，我們看到太陽還要移動一段距離，才會到達西北方地平線上的山丘。夏日溫暖又柔和的夕陽，在整個土方工程上投下涼爽斑駁的深色陰影。雖然蛇丘的頭部被樹木環繞著，但從空中看來，它仍是這幅美景中的主角。

桑莎把無人機飛到巨蛇的頸後盤旋，居高臨下地看著它張開的雙顎、巨大的蛋形結構、樹木和遠方的地平線。無人機正以絕佳的角度拍攝。但到了傍晚八點十二分，耀眼的陽光讓人很難看出太陽和地平線的相對位置。太陽四周有一大塊銀色光斑，太陽就位在光斑中央的某處。無人機略微改變位置後，我們發現還要再等一會兒才是日落。

傍晚八點十三分，我們讓無人機降落，更換電池後再重新升空。到了十一分鐘後的八點二十四分，控制器又亮起電力不足的警示燈號。這時地球從西往東的緩慢自轉，和太陽壯麗的西沉，似乎都已變成電影夢幻場景中的慢動作。我們這時已別無選擇，只能希望我們並沒有算錯日落的時間，並讓無人機再次降落。

無人機出了大問題。問題並不是出在電池，電池問題很容易解決。問題是出在控制器和小無人機之間的數據傳輸。我們花了二十八分鐘才排除故障，在這段時間中，我們看到天色愈來愈暗。傍晚的氣溫愈來愈涼，樹影也愈拖愈長。太陽仍在天空的某處，但在傍晚八點五十二分，無人機終於能接受控制，並順利起飛時，我們仍不確認太陽是否已落到山丘之後，或我們能否目睹到日落的一刻。

桑莎讓無人機快速地飛上四百呎高空，來到她之前找到的最佳觀察點。我們看到監視器的影像時都不禁歡呼，因為太陽不但沒有落下，而且還奇蹟似地正好位在山丘邊緣，那裡就是哈德曼夫婦所說的「至日壟崗」的位置。

接下來三分鐘的景象讓我們看得目瞪口呆，滋養眾生的太陽開始落下了。日落的過程是漸進式的變化，而不是很突兀的改變。

稍早耀眼的陽光曾讓攝影機鏡頭產生耀光，現在陽光已經減弱不少，天空漸漸被迷人溫和的光線籠罩著，太陽似乎在地平線上挖出一個凹處。讀者從照片就能看到，日落的位置正好對準著巨蛇張開的雙顎。

它看似動也不動地躺在地平線上，將化育萬物的光輝，撒落在布滿田野和森林的金色大地上，就像在和大地進行親密的交流。我記得在古埃及的《亡靈書》（*Book of the Dead*）中，有首讚美太陽神拉（Ra）的詩歌：

人們以祢的名字「拉」讚美祢，以祢的名起誓，因爲祢是他們的神。祢用眼聽，用耳看。這個世界已經度過數百萬年，我無法計算祢經歷的歲月。祢曾經穿越無數地方，那些要花上數十萬到數百萬年才能穿越的地方。祢平靜地穿越那些地方，祢一路穿過深淵，來到祢最愛的地方。祢在這裡停留一會，接著就下沉，結束了一天。

蛇丘的上方仍在上演著好戲，上演著行星和恆星、地和天、上和下的戀愛故事。在太陽繼續下沉時，引人入勝的對準場面仍持續了很長的時間。

太陽已經有一半隱沒在地平線以下了，接著消失了四分之三，接著只剩下一絲銀色亮光，在地

平線上難分難捨地閃爍。最後它終於完全消失了，黃昏的天空都沉浸在落日餘暉中。

■抱殘守缺

如果相繼出現的文化都能崇敬蛇丘，能前仆後繼地不斷修復這座肖像塚，並清除當地的樹木，那在超過一萬三千年前，冰層往北退縮後，當地的一大奇景就會一直流傳至今，那就是至日太陽在巨蛇張開的雙顎中央落下的景象。因為地軸的傾角會不斷變化，地平線上的夏至日落點也不會一直維持在目前的位置，而是會在四萬一千年的傾角變化週期中，向北或向南偏移幾度。

我們在之前已介紹過，在一九八〇年代，哈德曼夫婦曾飽受批評，因為他們提出的從蛇丘觀測夏至日落的方位角被認為有些誤差。根據曾批評他的弗萊徹和卡梅倫的計算，哈德曼夫婦提出的至日準線，對準的是西元前一萬一千年的至日日落點。有能力建造蛇丘的文明必定有相當的規模和複雜度。但當時的考古學家認為這個年代太過久遠，那時北美洲尚未發展出這種文明。因此也就沒有人再繼續探討這個頗值得玩味的角度偏差。

一九八〇年代已經成了遙遠的過去。我們在第二部將介紹，在二十一世紀出現的一些新證據。這些證據讓我們不得不對過去的論點提出質疑。

第二部

新大陸是新的嗎？

最早的美洲人之謎

第四章

一段未必隱密，卻被否定的過去

湯姆・德梅雷（Tom Deméré）是加州聖地牙哥自然史博物館的古生物館館長，雖然他本身並不是一位考古學家，但卻和考古學家合作過。我曾要求訪問他，並觀看館內的一些石塊和骨頭。我的請求遭拒，但我覺得這也是意料中事。我最初是在二〇一七年十月十八日提出請求，在十月二十日收到婉拒。拒絕我的並不是德梅雷博士，而是博物館的通訊主任蕾蓓卡・漢德爾斯曼（Rebecca Handelsman）。她在回覆中說：「雖然我們無法同意訪問，但我們可以提供你一份網路新聞資料包，其中有很多關於這項計畫和發現的資料。」

新聞資料包確實有其必要性，但我在為著書研究時，很少會採用這樣的資料。但蕾蓓卡所說的「這項計畫和發現」對我太重要，因此我絕不會這麼輕易就被打發走。聖地牙哥附近有個極具爭議性的遺址。德梅雷從一開始就參與了這處遺址的發掘，並在二〇一七年發表的論文中宣稱，那裡早

在十三萬年前就有人類活動。這篇論文非常著名，因為它是發表在極具聲望的科學期刊《自然》上，而且它立刻惹惱了很多考古學家，因為他們相信美洲在很久之後才有人類出現。

華盛頓大學的唐納德．格雷森（Donald Grayson）教授也是其中之一。他很不客氣地說：「我讀過這篇論文了，而且感到很驚訝。我之所以驚訝並不是因為這篇論文很出色，而是因為它爛透了。」

大衛．梅爾策（David J. Meltzer）是德州達拉斯南衛理公會大學的史前史教授，他也很反對這篇論文的觀點，他的回應反映出很多考古學家的心聲：「如果你想一舉把新大陸的人類史往前推十萬年以上，你就必須找個更具說服力的考古個案。我完全不能接受你的說法。」

內華達大學的人類學系名譽教授蓋瑞．海內斯（Gary Haynes），甚至批評《自然》雜誌之所以發表這篇論文，是因為編輯的判斷力有問題。

奧勒崗大學的自然與文化歷史博物館館長喬恩．厄爾蘭森（Jon M. Erlandson）則說：「這處遺址並不足採信。」

洛杉磯佩奇博物館（Page Museum）的前副研究員喬治．傑佛遜（George Jefferson），事前就預見到會有這些批評。他曾警告德梅雷說，考古學界長久以來一直認為美洲是直到近代才有人類活動，他們絕不可能接受美洲早在十三萬年前就有人類的說法。他說：「你還是不要發表你的理論，沒有人會相信你的。」

但德梅雷認為他的證據很充份，因此決定發表研究結果。他於二〇一七年四月在《自然》發表的論文，很快就吸引到我的注意。

■不要談論失落的文明

德梅雷的說法會是真的嗎？考古學家最近才勉為其難地接受，美洲的人類史可追溯到三萬年前。但我們的祖先可能在十三萬年前就出現在美洲嗎？

我不斷告訴自己，雖然有些學術界人士提出強烈批評，但《自然》在刊登這篇論文前，一定先請同儕審查過。如果我們仔細思考論文中提出的論點，就會發現既有的史前史其實還有很多遺漏之處。

言歸正傳，我認為最大的遺漏之一，就是這群最古老的美洲人和他們的子孫，是在比考古學家認定年代前的幾萬年前就存在了，在這幾萬年中他們在做什麼？我在一九九五年出版《上帝的指紋》，但在更久之前，我就一直致力尋找一個極古老的高度文明。它是個名副其實的「失落」文明，因為考古學家一直不知道它的存在。因此我不禁懷疑，是否能在美洲不為人知的一萬年歷史中，找出這個文明的蛛絲馬跡。

因此我仍堅持要和德梅雷聯絡。我透過拒人於千里之外的蕾蓓卡．漢德爾斯曼，寫過幾次信給他，說明我要訪問他的理由，並提出更多我的研究資料。我問他：「考古學家一直認為北美洲是最晚出現文明的地方。但有沒有可能文明起源的失落環節就位在北美洲，等著我們去發現。」

我指出其他現在已經滅絕的人種，也許曾存在十三萬年前，並曾和解剖學上的現代人（晚期智人）雜交，我也問他在他發掘的遺址中活動的是哪一種人種。「他們會是解剖學上的現代人嗎？會是尼安德塔人嗎？會是丹尼索瓦人嗎？或是在未來幾年的研究中可能發現的幾種人屬物種之一？」

我等了好幾天，一直沒收到回覆。到了二〇一七年十月二日，蕾蓓卡來信說，德梅雷博士同意接受一次「短暫會面」，他願意討論他研究的遺址，和從遺址中發現的早期人類活動證據；但他「不

願猜測他們可能是什麼人種，也不想討論關於古代文明的議題或假設。」

我接受他提出的條件，訪談日期就訂在次日十月三日星期二。我想訪談的內容一定會比博物館的新聞資料包更豐富。此外，我也很能理解德梅雷為何想保持沉默。考古學家常指控我為宣揚失落文明的「瘋狂理論」的偽科學家。德梅雷的研究已經飽受批評了，他自然會想和我保持距離。如果和他異地而處，我也會提高警覺。其實他答應接受我的訪談，已經讓我很意外了。

■被遺忘的美洲

在二十世紀初，很多學者認為美洲有人類出現，是不到四千年前的事。

當時世界其他地區的情況又是如何呢？四千年前，埃及文明已經很悠久了，米諾斯文明（Minoan Crete）正如日中天，英格蘭巨石陣和其他巨石遺址也遍布在歐洲各地。此外，在四千年前，人類的祖先已經在澳洲生活了約六萬五千年，他們在很久之前就已經出現在亞洲最偏遠的地區。

既然如此，美洲為何會被排除在這場全球大遷徙的範圍之外？在世界各地紛紛發展出高度文明時，這股看似勢不可擋的浪潮為何那麼晚才影響到美洲呢？

問題也許就出在阿萊西・海德路加（Aleš Hrdlička）。海德路加是一位難纏又讓人望而生畏的人類學家，他也是美洲近代人類起源說最有影響力的傳播者和捍衛者。他在一九〇三年，獲選為華府史密森尼學會國立自然史博物館新成立的體質人類學部（Division of Physical Anthropology）的主任，直到他在一九四三年過世時才卸下職務。他在位時被奉為「當時最顯赫的體質人類學家」和「新大陸人類近代起源說的捍衛者」。他也利用自己的權勢，打壓所有美洲在更早前就有人類存在的研究。

法蘭克．羅勃茲（Frank H. H. Roberts）是海德路加在史密森尼學會的同事。他後來坦承在這段時間，「對美洲更遠古人類活動的研究成了禁忌。任何想要在學術圈順利發展的考古學家，都不敢提到他發現了極古老印第安人存在的證據，免得在考古學界沒有立足之地。」

但顯赫的權勢也不能永遠掩蓋事實，在一九二〇和三〇年代，一些極具說服力的證據開始浮現，證明早在海德路加認定年代前的數千年，美洲就已經有人類存在。隨著這些證據的出土，這位顯赫人物的威信也漸漸開始動搖。對他的威信影響最大的，就是一處遺址的發現。這個遺址被命名為黑水源（Blackwater Draw），它就位在新墨西哥州的克洛維斯（Clovis）鎮附近。一九二九年，有些絕種冰河時期哺乳動物的骨骼在那裡被發現，它們的年代應該很古老，史密森尼學會派代表查爾斯．吉爾摩（Charles Gilmore）到遺址查看。這也難怪，也許是為了迎合固執己見的海德路加，吉爾摩便認定這處遺址不值得深入研究。

賓州大學的考古學家艾德格．霍華德（Edgar B. Howard）卻不同意吉爾摩的說法。他從一九三三年起在黑水源展開發掘，不久就發現大量製作精美的石製拋射武器，和極具特色的凹槽矛頭。它們之所以被稱為凹槽矛頭，是因為在底部都有明顯的垂直凹槽。研究人員發現，這些矛頭和絕種的冰河時期動物群有關，有些矛頭甚至深埋在動物的肋骨間。這些動物包括哥倫比亞猛瑪、駱駝、馬、美洲野牛、劍齒虎和恐狼。一九三五年，霍華德根據他的發現出版一本書，並在書中斷言人類可能已經在北美洲存在了數萬年。之後他又進行了好幾季詳盡的田野工作，並在一九三七年三月十八到二十日，於費城舉行的知名國際研討會「早期人類和人類的起源」上發表他的發現，並獲得熱烈的讚賞和肯定。

海德路加也參加了那場研討會。妒火中燒的他不但不理會黑水源發現的重要性，反而在發言時，重申他對美洲印第安人的一貫立場：「單就骨骼殘骸而言，目前並沒有證據證明人類曾存在於更古

一排克洛維斯矛頭，左邊第二個石器是克洛維斯刀刃。攝影：桑莎・法伊亞。最右的圖片是來自猶他州自然史博物館。

老的地質年代。」

但紙終究包不住火。霍華德和海德路加都於一九四三年過世，在那一年前後，有更多符合黑水源型式的凹槽矛頭被發現了。因為發現地點就在克洛維斯鎮附近，人們也漸漸開始稱它們為「克洛維斯矛頭」，這個名稱就一直被沿用至今。新證據不斷出現，因此除了海德路加，其他頑固的守舊派也沒有質疑的餘地。他們最後不得不承認，克洛維斯文化的人們，曾獵捕過在上次冰河時期末滅絕的動物，由此可見美洲至少在一萬兩千年前就有人類活動。

這些發現掀起一波研究熱潮，在之後數十年中，約有一千五百個克洛維斯遺址被發現，有超過一萬個克洛維斯矛頭出土，遺址和矛頭出土位置遍布在北美洲各地。隨著各地不斷有新發現出現，學者也發現這個文化的一些異常現象。為了解釋這些異常現象，兩個學派對克

洛維斯文化的年代和持續時間提出不同的觀點。

所謂的「長期派」認為，北美的克洛維斯文化最早出現於一萬三千四百年前，在約一萬兩千八百年前從考古紀錄中離奇消失，持續了六百年。「短期派」也認為結束時間是一萬兩千八百年前，但認定開始時間是一萬三千年前，只持續了兩百年。兩派學者都同意，這個別具特色的文化一定是源自其他地方，因為根據它最初出現的證據看來，它在當時已經是個精致和發展完全的文化，懂得利用先進的武器和狩獵策略。

讓人倍感困惑的是，考古學都認定人類最初是由亞洲東北部遷徙到美洲，但克洛維斯人與眾不同的工具、武器和生活方式，在亞洲各地都不曾出現過。我們唯一能確定的是，克洛維斯在北美洲出現後，很快就席捲北美洲的廣大地區，在阿拉斯加、墨西哥北部、新墨西哥、南卡羅萊納、佛羅里達、蒙大拿、賓州和華盛頓州，都有遺址被發現。如果在六百年內就能擴張到這種地步，這種速度稱得上是野火燎原。如果是在兩百年內，那簡直就是不可思議。

■陸橋和無冰走廊

在一九四〇和五〇年代，克洛維斯的名聲愈來愈響亮，但仍沒有任何證據證明，在最初的克洛維斯文化出現的更早之前，也就是約一萬三千四百年之前，北美洲有任何人類活動；說得更精確一點，至少沒有被考古學界接受、認可和證實的證據。

考古學界中雖然有些不同意見，但大家不久就達成一個共識，那就是美洲不可能會出現更古老的文化。這個共識現在被稱為「克洛維斯第一」（Clovis First）觀點。這個觀點正式「誕生」的日子

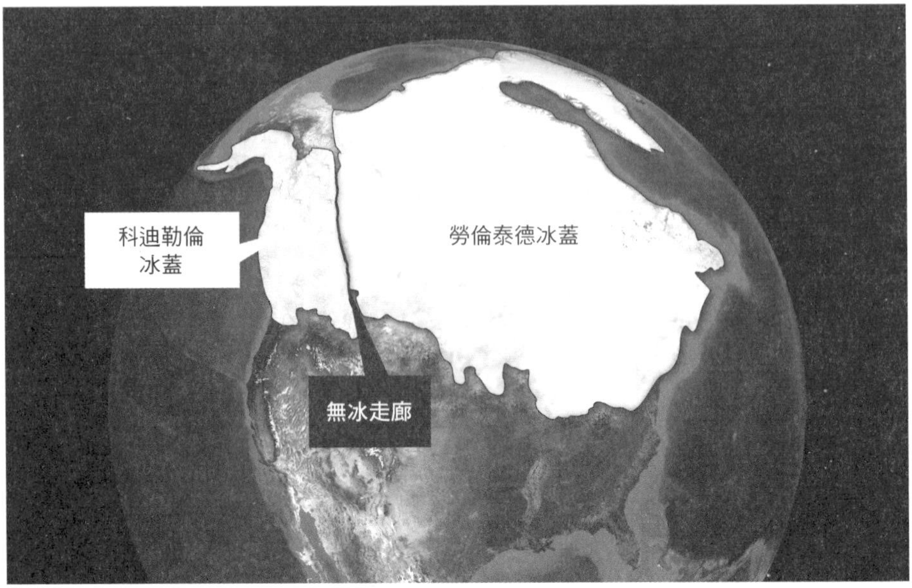

是一九六四年十月，它的催生者就是考古學家萬斯・海內斯（C. Vance Haynes）。目前是亞利桑納州立大學榮譽退休教授，和美國國家科學院資深會員的海內斯，當時在《科學》期刊發表一篇影響深遠的論文，它有個簡單明瞭的標題：〈凹槽投擲矛頭：它們的年代和傳播〉（Fluted Projectile Points: Their Age and Dispersion）。論文中提出一些重要觀點，論述也很有說服力。

海內斯提出的第一個論點是，由於冰河時期海平面下降，目前被白令海淹沒的很多區域在當時都是陸地，而目前的白令海峽在當時是一片凍原，連接著西伯利亞東部和阿拉斯加西部。雖然這裡的環境很惡劣，但海內斯認為對已經在西伯利亞凍原稱霸的遊牧獵人而言，這裡「並不構成阻礙」。他們一定曾跟著成群的野牛、鹿和猛瑪象，一起越過這個陸橋。

但海內斯認為，這些遊牧獵人越過陸橋後，不可能太深入美洲，因為他們面對著由科迪勒倫（Cordilleran）和勞倫泰德（Laurentide）冰蓋構成的天險。當時，這兩個冰蓋是合併成一個無法

穿越的山塊，北美洲的北半部多半被這個山塊覆蓋著。

遊牧獵人在山塊的阻隔下，便無法到達更南的地方。結果在末冰河時期的這個階段，北美洲南部出現了「很適合大型食草動物的環境。人類可以像克洛維斯時期一樣獵捕這些動物，但我們完全找不到人類在當時存在的證據。」

海內斯表示，這種局面在一萬四千一百年前左右發生變化。當時全球氣候暖化，科迪勒倫和勞倫泰德冰蓋間因此出現一個無冰走廊。這是人類數千年來，首次能來到南方沒有冰河的肥沃平原，平原上還有大批獵物。

約在七百年後的一萬三千四百年前左右，這些平原的地層紀錄中開始出現克洛維斯文物。海內斯的說法是：「這些文物的突然出現，證實克洛維斯人的祖先是穿越加拿大來到北美洲南部。克洛維斯矛頭在短時間內就分布在各處，由此可見他們也引進製作凹槽的技術。」

我稍早提過，從沒有克洛維斯矛頭在亞洲被發現過。但海內斯於一九六四年在《科學》期刊發表的指標性論文中，很正確地指出在阿拉斯加的「地表」發現了四個矛頭，在加拿大的育空也有一個矛頭被發現，這幾個矛頭都未經年代檢測；而在冰蓋南緣出土的矛頭中，最古老的年代也不超過一萬三千四百年。海內斯認為這些發現「就是釐清一連串事件先後順序的關鍵。釐清順序後，一切就豁然開朗了。如果克洛維斯人的祖先曾由走廊穿越加拿大，在之後七百年間散布在冰蓋以南的美國各地，那他們也許在到達加拿大前五百年，就已經來到阿拉斯加。阿拉斯加的凹槽矛頭，也許就是他們在當地活動的證據。它們可能就是克洛維斯矛頭和刀刃的原型。」

這篇論文獲得考古學家的一致好評，他們多半原本就是「克洛維斯第一」觀點的信徒。這個原本只稱得上言之成理、條理分明的一家之言，幾乎在一夜之間就成了新的正統學說。更糟的是，它也變得很刻板褊狹，就像海德路加時的正統學說一樣。在之後數十年中，它一直掌控著考古學界的

研究主題，和所有考古學家的發展。考古學界受到的箝制就像海德路加時代一樣嚴密。

就像是歷史重演，如果有人反對「克洛維斯第一」觀點，或膽敢提出可能比克洛維斯更古老的遺址，「他們可能就會斷送自己的學術生涯。」到了二〇一二年，「克洛維斯第一」理論遊說團的霸凌行徑已經太囂張了，讓《自然》期刊的編輯都注意到此事。他說：「關於美洲最早人類的論戰，是科學界最激烈和最徒勞無功的一場論戰。有位剛涉入這個主題，但已經對其他爭議性主題鑽研多年的研究人員對《自然》期刊說，關於美洲最初原住民的論戰，是他看過最水火不容的學術論戰。」

■挑戰「克洛維斯第一」

湯姆・迪勒黑（Tom Dillehay）是田納西州范德堡大學的考古學教授。他於一九七七年開始，就在智利南部的蒙特維德（Monte Verde）發掘，並發現人類早在一萬八千五百年前就在那裡活動的證據。我在稍後會介紹，隨著科學的發展，他的說法終於獲得證實。但在迪勒黑獲得科學界平反前的二十多年中，他已經受盡了「克洛維斯第一」派學者持續不斷的惡意人身攻擊。

迪勒黑之所以會受到攻擊，是因為在蒙特維德並沒有克洛維斯文物；因為蒙特維德遺址，比經過年代確認最古老的克洛維斯遺址，還要古老五千年以上；此外，這個遺址遠在和白令海峽相距八千哩以上的南方。

讀者應該還記得，白令海峽在末冰河時期海平面下降時是位於海面以上，在當時是一個被凍原覆蓋的陸橋。學者認為克洛維斯人是從西伯利亞東北部開始步行，經過陸橋後，再穿越科迪勒倫和勞倫泰德冰蓋之間的無冰走廊，來到北美洲南部。「克洛維斯第一」理論主要是建立於一個時間順

序的假設上，那就是冰蓋間的走廊是出現於一萬四千一百年前左右，而冰蓋南方的克洛維斯文物最早是出現於一萬三千四百年前左右。根據蒙特維德遺址看來，人類在無冰走廊出現前四千年就已經來到美洲，因此「克洛維斯第一」理論的時間順序假設並不成立。此外，蒙特維德遺址的發現，顯示美洲最早的人類是出現在南美洲，而不是北美洲。當時人們唯一的交通工具就是小船，以當時的工藝水準和組織能力而言，要在遠古時代從冰蓋以北划船到南美洲，那簡直是不可能的事。

對湯姆．迪勒黑最窮追猛打的批評者，可想而知就是萬斯．海內斯。於一九六四年創立「克洛維斯第一」理論的海內斯，在一九八八年利用他的影響力和他對科學期刊的掌控，否定了在美洲有任何前克洛維斯遺址的說法。

唯一逃過一劫的遺址就是蒙特維德。就連海內斯也很難否認這個智利遺址的年代很古老。海內斯很清楚，如果湯姆．迪勒黑的論點是對的，這對美洲考古學將有難以想像的巨大影響。海內斯因此寫信給南衛理公會大學的大衛．梅爾策，提議「由國家科學基金會提供資金，並成立一個由客觀保守人士組成的研究小組，到遺址檢視和採樣。如果大家能達成共識，認為蒙特維德確實比克洛維斯古老，我們就會接受這種解釋，並制定出新大陸人類史的新假設。如果大家不能達成共識，我們就會將蒙特維德列為可能的前克洛維斯遺址，等到有新資料時再進行研究。」

詹姆士．阿多瓦修（James M. Adovasio）是一位世界級的易損壞文物專家，也是賓州伊利市梅西赫斯特大學（Mercyhurst University）梅西赫斯特考古研究所的前主任。他曾密切參與之後的研究調查。他說為了讓我們了解實際狀況，他必須指出「海內斯所謂的『客觀保守人士』，就是他自己和『克洛維斯第一』的信徒。」

經過七年的爭論，他們終於組成一個不偏不倚的團體。阿多瓦修說：「成員並非全是克洛維斯理論的懷疑者，也並不全是這個理論的擁護者。他們就像一個集思廣益的大雜燴，代表著各種觀點。」

一九九七年一月，他們展開三天的實地勘察。成員不但沒有將蒙特維德列入擱置處理名單，最後反而一致簽署一份正式報告，確認它真的是一個考古遺址，並承認德勒黑測定的年代無誤。這個報告於一九九七年十月發表在《美洲古代》（*American Antiquity*）期刊上，結論就是蒙特維德肯定比克洛維斯更古老。報告中甚至指出一個「頗值得探究」的可能，那就是美洲人類史也許可以上溯到三萬三千年前。

阿多瓦修曾參與蒙特維德遺址考察的所有討論。在他的重要著作《最早的美洲人》（*The First Americans*）中，阿多瓦修敘述了調查小組做出結論的詳盡過程，和後續的爭議。海內斯雖然也在報告上簽了名，但他對討論結果似乎不太滿意。他甚至在報告出版時，對同僚提出他對報告的質疑。他認為蒙特維德的年代也許沒有那麼古老，「並提出很多異想天開的假設狀況，認為遺址可能因此受到難以察覺的污染。」

海內斯和阿多瓦修之前就有過爭論，那場爭論的主題是位在賓州的梅多克羅夫特（Meadowcroft）。阿多瓦修曾在一九七〇年代在那處遺址發掘，並發現十一個界線分明的地層層位。地層中的證據顯示這裡的人類活動跡象「至少可追溯到一萬六千年前，也許甚至到一萬九千年前」。這個發現撼動了「克洛維斯第一」理論，因此也無可避免地招來海內斯的批評。在之後幾年中，海內斯一直挑剔著阿多瓦修提出的證據：「海內斯不斷地在科學論文中，要求重新鑑定梅多克羅夫特的年代，要求重新研究，並對梅多克羅夫特遺址提出一些吹毛求疵，甚至荒謬絕倫的質疑。但他提出的大部分疑問都早已在最初發掘過程，或之後陸續發表的報告中獲得答覆了。」

和蒙特維德的研究一樣，考古人員在研究梅多克羅夫特岩棚時，也不斷遭到刁難。雖然現有的證據已經很充分了，但他們仍一再被要求提出更多證據。這讓研究團隊的士氣大受打擊，研究進度也因此變慢。但儘管有這些刁難，梅多克羅夫特岩棚最後還是被正式認定為年代超過一萬六千年的

國家歷史名勝。

同樣的，在一九九〇年代，加拿大的考古學家賈克．尚馬斯（Jacques Cinq-Mars）在育空的藍魚洞穴發掘，發現超過兩萬四千年前的人類活動證據。它的年代比梅多克羅夫特還古老，更讓克洛維斯望塵莫及。但尚馬斯也因此付出慘痛的代價。他的學術能力和心智狀態都受到質疑，每當他想在研討會上發表他的發現時，其他人不是不屑一顧，就是對他惡言相向。尚馬斯的一位同事直言不諱地說出當時的情況：「賈克提出藍魚洞穴有兩萬四千年歷史的觀點，但其他人就是無法接受。」

在考古學界的排斥和漠視下，尚馬斯能獲得的資金愈來愈少，最後他只能中止研究。直到多年後的二〇一七年一月，有一份新的科學研究發表了，這項研究證實了尚馬斯的觀點，之後他才能繼續進行考古工作。

這份研究報告的標題是〈北美洲最早的人類〉（Earliest Human Presence in North America），它和其他幾項研究都證實，有些遺址比克洛維斯文化還古老得多。

在不到四個月後的二〇一七年四月二十七日，湯姆．德梅雷在《自然》期刊發表的論文中說，他「在美國加州南部發現一個十三萬年前的考古遺址」。

它的年代是克洛維斯的十三倍，梅多克羅夫特的四倍，是藍魚洞穴的五倍以上。

這項研究在當時引起不小的騷動，但回想起來，這也是難免的。

第五章 來自一隻乳齒象的訊息

被暱稱為「納特」（The Nat）的聖地牙哥自然史博物館，就位在草木繁茂的巴波亞公園裡。這座公園是一九一五年巴拿馬─加州博覽會的會場。它的原名是「城市公園」，後來為了舉行博覽會而改名，以紀念西班牙的探險家瓦斯科・努涅斯・德・巴波亞（Vasco Nunez de Balboa，一四七五～一五一九）。巴波亞曾在巴拿馬各地探險，一路燒殺虜掠，後來成了第一位看到太平洋的歐洲人。

在博覽會結束後，巴波亞公園被變更為其他用途。目前公園內有十七個博物館和文化機構，其中又以聖地牙哥自然史博物館最有名，這不只是因為它的館藏，也是因為它的研究專長。桑莎和我在南加州的一個晴朗早晨漫步到博物館，我們在途中不禁想到一件很諷刺的事，那就是這座博物館所在的公園，是為了紀念某位野心勃勃的歐洲探險家而命名的，但我們即將看到一些極古老的美洲原住民的證據，而他們的土地就是被歐洲人以槍砲刀劍偷走的。

蕾蓓卡・漢德爾斯曼要我們在博物館的南入口見面，但我們到得太早，因此就先到北中庭逛逛。北中庭裡最醒目的，就是一個巨大的異龍骨骼模型。這種掠食性恐龍和大名鼎鼎的霸王龍是親緣動物，但比霸王龍更早出現，二者的外形有幾分相似。

科學家目前一致認為，霸王龍和所有的非鳥型恐龍都是在一場大撞擊中，在很短的時間內滅絕的。撞擊的禍首可能是大型小行星，但更可能是彗星。這個天體在約六千五百萬年前撞擊上新墨西哥灣。顯然的，多虧有這場突發性的恐龍大滅絕，原本微不足道的哺乳動物才能在新出現的生態棲位中，勢如破竹地快速擴張。現存的人類就是這些遠古哺乳動物的後代。

這讓人不禁感嘆，小行星或彗星等天體的撞擊，居然能造成如此大的影響，甚至大幅改變了地球生物的演化走向。稍後我會說明，這類事件並非只發生過一次。但這隻落單的乳齒象在十三萬年前的死亡，卻和大災難沒有關聯。牠也許是因為年老或生病，在南加州的一個氾濫平原死亡，後來屍體又被食腐動物吃掉，接著殘骸很快就被顆粒很小的淤泥沉積物掩埋住。直到一九九二年十一月，加州運輸部在聖地牙哥和內欣諾市（National City）的邊界建造五十四號州道時，這隻乳齒象的骸骨才重見天日。

加州進行的道路整地工程，照慣例都必須有聖地牙哥自然史博物館的古生物學家在場監督，看看是否有重要的化石被挖出。當時負責監督五十四號州道工程的理查・賽魯迪（Richard Cerutti）發現骸骨和象牙的化石，起初他以為那是一隻長毛象。他一發現化石，立刻要求周圍的工程暫停，直到進行適當的發掘後再復工。賽魯迪也通知他的上司湯姆・德梅雷博士到現場主持發掘。

德梅雷、賽魯迪和自然史博物館的其他研究人員組成的研究團隊，很快就證實這具包含很多骨骼、兩支象牙和一些獸齒的化石殘骸，是一隻乳齒象的骸骨。和牠的近親長毛象一樣，乳齒象也是在一萬兩千八百年前左右，美洲冰河時期巨型動物群突然又離奇地集體滅絕事件中消失的，而克洛

維斯文化也是在這個時期離奇消失的。

這處遺址後來就被稱為賽魯迪乳齒象遺址。在遺址被發現不久，賽魯迪和德梅雷就覺得發掘出的東西很值得探究。就像聖地牙哥自然史博物館的網站說的：「很多骨骼都有怪異的斷裂跡象，有些骨骼甚至消失了。在骨骼和牙齒所在的沉積層中，也發掘出一些不該在這個時期出現的巨石。這裡似乎是個保存著遠古人類活動證據的考古遺址。」

研究人員在賽魯迪乳齒象遺址，除了發現很難得會出現在細沙沉積中的笨重巨石，也發現那裡遍布著稜角分明的較小碎石塊。自然史博物館網站是這樣描述的：「正常的地質活動通常不會形成這樣的石塊。這些異常石塊和斷裂的骨骼讓人不禁懷疑，它們也許是人類曾在這處遺址活動的證據。」

這些考古發現起初還讓研究人員感到引人入勝，後來卻讓他們大惑不解，因為他們發現這處遺址的年代顯然非常久遠，「它是位在更久之前形成的沉積層上，比起當時考古學界認定人類最初到達美洲的年代，它的年代遠還要古老得多。」碳年代測定法的測定範圍是五萬年，但在一九九〇年代初，能大幅突破這個限制的放射性年代測定技術就已經問世了。可惜的是，這些技術的準確度仍嫌不夠，科學家也無法斷定賽魯迪乳齒象遺址的年代範圍。

最後的結果是，在重要的發掘物被運送到自然史博物館，存放在檔案庫後，這處遺址就被重新掩埋並遭到棄置。雖然這處遺址透露出種種異常跡象，又可能極具重要性，但由於它的年代仍無法確認，如果繼續對它進行研究，必定會遭到剛愎自用的保守派考古學家群起圍攻。對克洛維斯第一觀點的擁護者仍心存戒心的賽魯迪說：「如果你宣稱某處遺址的年代很古老，那你一定會遭到猛烈攻擊。因此有些考古學家就不再研究這類遠古遺址，因為他們不想受到攻擊。」

在發掘中止後的二十五年中，賽魯迪乳齒象遺址其實並未被完全遺忘。根據紀錄，湯姆・德梅

雷曾邀請一些研究人員，一起去研究收藏在自然史博物館中的重要發掘物，但卻沒有人願意。

美洲原住民研究中心的創始人羅布森．邦尼赫森（Robson Bonnichsen）曾警告德梅雷，「研究美洲最早原住民是一件吃力不討好的事。」

在幾年之中，所有期刊都沒有收到研究這個遺址的論文投稿，當然也不可能有相關論文發表，也沒有任何後續的調查。據說賽魯迪因此變得心灰意冷，從此不再接近五十四號州道附近。這場原本很振奮人心的考古研究，最後卻落得無疾而終，直到乳齒象被發現二十多年後的二〇一四年，情勢才出現逆轉。這時人們對化石中天然鈾衰變為釷的過程有更深的了解，因此發展出一種更精確的新年代鑑定法。這種被稱為放射性鈾釷定年法的鑑定法，能徹底釐清賽魯迪沉積層的年代。德梅雷因此將幾塊乳齒象的骨骼，寄到位在科羅拉多州的美國地質調查局。任職於調查局的地質學家詹姆士．培思（James Paces）以先進的精確科技確認了，這些骨骼是在十三萬年前被掩埋的。

既然考古研究開始有了大幅發展，研究人員也該趁這個時機，重新檢視在一九九二年發現的一些骨骼上的怪異斷裂痕跡，並更仔細地研究在相同沉積層發現的「時空錯亂」（out of place）的石塊。因此一個兼容並蓄的大型調查團隊成立了，他們後來在二〇一七年的《自然》期刊共同發表一篇極具指標意義的論文。團隊的核心人物就是湯姆．德梅雷和理查．賽魯迪，其他成員還包括丹佛自然科學博物館的館長史帝夫．霍倫（Steve Holen）博士、密西根大學地球環境科學系的遠古骨器專家丹尼爾．費雪（Daniel Fisher）教授、伍倫貢大學（University of Wollongong）考古研究中心的理察．富拉格（Richard Fullagar）博士，和美國地質調查局的地質學家研究員詹姆士．培思博士。

這個團隊的陣容很堅強，研究也非常嚴謹。他們在《自然》期刊上發表的論文之所以具有指標性意義，是因為考古學家當時才剛戒慎恐懼地擺脫了克洛維斯第一典範的陰影，很勉強地開始接受一個事實，那就是蒙特維德、梅多克羅夫特和藍魚洞穴等遺址有數萬年歷史；現在他們又不得不去

面對一個年代可能更久遠的遺址，它的年代可以上溯到因緬間冰期（the Eemian），也就是約介於十四萬年前到十二萬年前的末次冰河時期，當更新世的冰蓋開始再次擴張時。

雖然新證據的出現已經改變了人們的觀點，在二〇一七年時，考古學界普遍認為解剖學上的現代人，在十四萬年前仍沒有離開故鄉非洲。

既然人類的祖先當時還沒有展開大遷徙，在世界各地開枝散葉，那他們又怎麼可能在大遷徙前就到了美洲呢？

我曾研究過克洛維斯第一的論戰，也很了解美國從十九世紀晚期至今的史前考古學研究，因此我也開始體會到考古學界在二〇一七年感受到的震撼。

湯姆．德梅雷發現的骨骼和石塊

從自然史博物館的北入口可以進入主中庭，也就是存放異龍模型的地方。既然現在還不到早上十一點，我和桑莎就在這棟西樓建築的西側逛逛，再準時來到南入口。南入口可通往第二個中庭，我們很高興看到中庭的大片空間，展示的都是賽魯迪乳齒象遺址的發掘物，而且參觀人潮很踴躍。

蕾蓓卡．漢德爾斯曼從人群出現，她說湯姆．德梅雷不久就會來到。在等待湯姆時，蕾蓓卡帶我們來到一個展示櫃前，櫃內裝的是乳齒象遺址的沉積層積質模型。透過展示櫃的玻璃可以看到一支朝下的乳齒象象牙，象牙比我的手臂還短一些。它顯然不是完整的象牙，因為它的上半部已經斷裂了。

我還沒向蕾蓓卡提問，她就解釋說：「這就是理查．賽魯迪最先注意到的象牙，他還來不及讓

築路工程暫停，象牙就被反鏟挖土機挖斷了。」

我問她：「象牙被發現時就是現在的樣子嗎？」她說：「沒錯。」她暫停一下並揮了揮手說：「看，湯姆來了，他會為你們解釋的。」

有個穿著藍色牛仔褲和磚紅色襯衫，面容和善的男人正鑽過人群。這個削瘦的男人，就是一生都在從事田野工作的湯姆。我在研究他的相關資料時知道他已經有六十九歲了，但他看起來要年輕得多。我和他握手時，看到他灰色的雙眼炯炯有神，笑容也很自在。雖然和我這種「偽科學家」交往或只是談話，都可能會讓他的名聲受損，但他看起來仍很輕鬆友善。

我單刀直入地向他問起象牙的事：「這支象牙有何特別之處？」

「它被埋入地面的方式很奇怪，似乎是被刻意直立放置的。它旁邊還有另一支象牙，是很自然地平放著。但這支象牙在被發現時，就是像展示的狀況一樣，是垂直站立著。我們這些考古學家立刻看出這是個異常現象。」

「為什麼呢？」

「有一種可能是，它也許是被放在氾濫平原上當成標記，讓人們能在洪水退去後回到某處。但誰也不知道真正的原因為何。我不知道哪種非文化作用能讓象牙直立著。如果有，那就太匪夷所思了。」

「你是說這支象牙之所以直立著，是因為人類嗎？它是某種刻意智慧行為的證據嗎？」

「我和很多人都這麼認為，但批評者就是不相信。」

我趁湯姆提到這個話題時追問，他和他的研究團隊在《自然》期刊發表論文後，是否沒預料到要面對排山倒海的質疑聲浪。

他回答：「我有預料到會有些負面批評，但我希望這些批評能更客觀一些。」

「我想在各行各業，人們難免都有意氣用事的時候。」

「沒錯。但身為古生物學家的我，卻很不習慣遇到意氣用事的情況。古生物學是個充滿熱情的領域，但我就是不習慣這種事。」

湯姆所謂的「這種事」，不外乎就是中傷、吹毛求疵、曲解、扭曲、斷章取義和先入為主的謾罵。這在考古學界是屢見不鮮的事，只要某人提出美洲可能在遠古就有人類，他必然會遇到這類攻擊。但我並沒和湯姆．德梅雷提起這件事。湯姆提議要為我們介紹各個展示品，我和桑莎都欣然同意。

他說這個異常的象牙，還只是一小部分的證據。更有力的證據就是乳齒象已化石化的骨骼，和分布在遺址附近的大小不一的岩石和石塊。

人體的股骨就是大腿中的長骨。股骨的一端有個球狀的凸出物，它被稱為股骨頭。股骨頭是嵌入股盆的髖臼中，我們之所以能行走，都是拜這種結構之賜。乳齒象是以四腳站立，但牠們的骨骼結構和人類並無二致。牠們的股骨就是後腿上半部的骨骼。和人類的股骨一樣，牠們的股骨也是靠球狀的股骨頭嵌入骨盆的髖臼。

湯姆要我們注意觀察乳齒象的兩塊巨大的股骨頭。它們已經和股骨分離了，形狀近似半球形。其中一個的球形部分是朝下的，另一個則是朝上。兩個股骨頭就並排被陳列在展示櫃裡。湯姆說：「它們被發掘出時就是這樣排列的。」他指著股骨頭旁的一塊岩石，他說他稱之為「砧石」，並強調股骨的殘留部分已經不多了。

我一時還不懂湯姆的意思，因此請他解釋清楚。

「我們認為這裡可能是個工作站，兩支股骨都是在砧石上被敲斷的。股骨頭和股骨分離後，就被放到一側。它們似乎是被刻意放在那裡的，就像象牙一樣。我認為這些股骨是被人類敲斷的。留在這裡的東西固然重要，但消失的東西也一樣重要。我的意思是，這些股骨頭的股骨有三呎長，而

且非常粗。但我們只發現一些股骨碎片。」

「你是說其他碎片是被拿走了？」

「沒錯。如果股骨是被工程機具破壞，現場應該會有整支股骨的碎片，對吧？但有些股骨碎片不見了，這就表示碎片可能是被拿走了。如果碎片是拿走了，那股骨可能就是被人類敲碎再取走的。」

在下一個展示櫃中，陳列著在遺址發現的幾塊大碎片，和在大碎片四周發現的幾塊較小的碎骨片。

湯姆解釋說：「我們認為它們是碎骨片。一塊骨頭受到石錘打擊時，骨頭不但在被撞擊面會受損，在背面也會飛濺出碎骨片。骨頭上的撞擊點會有一個小洞，在撞擊力離開骨頭處會有一個大洞。這些碎骨片就是撞擊造成的。」

「我仍有個疑問，他們既然會拿走股骨碎片，為何要把象牙留下？象牙不也是有用的材料嗎？」

湯姆指出：「但象牙也很重。相較之下，骨頭就更容易搬運。這是在各考古遺址屢見不鮮的模式，既然有規律的模式，那就一定有合理的解釋。我們覺得人類搬運走骨骼就是合理的解釋。」

「你們有發現任何明顯是工具的東西嗎？」

「沒有。」批評者認為這就是湯姆說法的致命傷，但湯姆似乎並不在意。

我希望他能解釋得更清楚一點：「如果這是人為的結果，他們是以天然岩石為錘子和石砧嗎？」

湯姆很高興地同意我的說法：「這就是質疑者提出的疑問之一，因為現場並沒有人工製作的工具，沒有石片工具，沒有刀具、刮削或劈砍工具。」

「如果我猜得沒錯，你的論點倒也說得通，因為這些遠古人只是在取出骨髓。他們只是在把骨頭敲碎，而敲碎骨頭並不需要靠精巧的工具。」

「我們的論點就是如此。我們認為這原本就是一具乳齒象的屍體。牠不是被這群人殺死的，甚至也不是死在人類手上。最可能的情況是，這具屍體當時已經腐爛得很嚴重了，但它的骨髓仍有利用價值。」

我指出：「有些批評者宣稱，這些骨骼之所以會破碎，是因為受到道路工程中的反鏟挖土機，或平土機等機具破壞。另外有些人則說，骨骼之所以會破碎，是因為四周的沉積物開始沉澱時，隨著河水飄流的骨骼曾撞上岩石。」

湯姆露出不以為然的表情說：「如果河水急得能沖走像大石砧之類的岩石，那麼比較細小的東西應該會被沖到更遠處。但我們在遺址附近仍發現一些細小的東西，如小石頭和小骨頭碎片，當然也包括掩埋著它們的淤泥和沙子。因此從水文學的角度而言，這種說法並不足採信。」

對賽魯迪乳齒象提出質疑的蓋瑞．海內斯認為，賽魯迪發現的骨骼之所以破碎，是因為它們受到一九九二年道路施工機具的破壞。針對海內斯的質疑，湯姆做出長篇大論的詳盡解釋。他的解釋非常專業，因此我不會在此複述，免得讀者失去耐心。但他的重點就是，就外觀而言，如果化石骨骼是在最近才破壞的，它會和動物死後不久破碎的骨骼有很大的差異。湯姆．德梅雷的同事史帝夫．霍倫，曾以剛死不久的非洲象的骨骼做實驗。實驗顯示，當你用石錘和石砧敲碎剛死動物的骨骼時，骨骼會出現螺旋狀的斷裂痕跡。如果骨骼是被腐食或掠食動物咬碎的，斷裂痕跡會截然不同。而且骨骼化石受到任何撞擊也不會產生這種痕跡。既然賽魯迪乳齒象的骨骼上有螺旋狀斷裂痕跡，那就表示這些骨骼的斷裂時間一定是在十三萬年前。

現場有石錘和石砧，它們也有被用來敲碎骨骼的痕跡，由此可見這裡有人類活動的跡象。

我沉思一會後說：「如果把骨頭敲碎帶走的不是人類，那還會是誰呢？」

湯姆很認同我的說法：「我們也是這樣認為的。但我是一位科學家，如果別人的理論比我們的

更能解釋既有資料，我們也必須對其他解釋抱持開放態度。我們的理論有可能是錯的。但我們從證據可以得知，就這處遺址的埋藏學資料而言，唯一的解釋就是這裡曾有人類活動。」

埋藏學就是研究化石所處的環境，和它形成的過程。關於這個領域，考古學家通常只是略有涉獵。相較之下，對埋藏有更深入了解的反而是湯姆之類的古生物學家。

■不去尋找就不會有新發現

我們參觀過展示區後，湯姆就帶我們離開博物館的展示區，來到民眾禁止進入的區域。我在搭電梯到四樓時問他，他的論文是否經過一番周折，最後才被《自然》期刊接受的。

他回答說：「審稿期長達一年，而且可想而知，審得很嚴格。我過去曾投稿到《自然》，要在這個期刊上發表論文並非易事。因此他們將論文寄出給審稿人時，我們都很高興。能過得了編輯那關，就是通過了第一道門檻。接著我們又經歷了好幾次的修改和重審和再修改，最後終於獲得採用。這真是讓人高興。《自然》是一流的期刊。它可不是一般的期刊，而是《自然》，不是什麼三、四流的期刊。」

我們走出電梯時，我附和著說：「它絕對是頂尖的期刊。這也難怪這篇論文會引起軒然大波。我一直在追蹤關於美洲最早居民的研究。『克洛維斯第一』理論剛被提出後，經過很長的時間一直受到大力排斥。這就是考古界的通病。如果有人提出和主流學說背道而馳的說法，他的學術生涯可能也會因此斷送。」

「一點也沒錯。」湯姆說。

「克洛維斯第一理論成為主流學說後，又陸續出現很多證據，開始撼動這個主流學說。我們開始將美洲最早有人類的可能年代往前推，一路從一萬四千年、一萬五千年、一萬八千年前，往前推到兩萬五千年前。考古學界雖然不太情願，最後還是勉為其難地接受了這些年代。但如果你要把年代往前推到十三萬年前，那肯定會招來排山倒海的反對聲浪。他們會對你展開鋪天蓋地的攻擊。」

湯姆語帶感傷地說：「我們也不想和考古學界作對。我們只是根據證據，就事論事。」

我們來到自然史博物館的檔案館，館內的一個檔案室裡有三個巨大的儲藏櫃，賽魯迪乳齒象的大部分殘骸都被永久存放在這些儲藏櫃裡。湯姆開始轉動一個有四個輪輻的鋼製轉輪，接著出現了彷彿是電影《法櫃奇兵》中的場景。儲藏櫃靜悄悄地分開了，走道從三個櫃子間冒出。湯姆接著打開抽屜，向我們展示乳齒象的骨骼、牙齒，和一些岩石與石塊。我和湯姆繼續討論時，桑莎則忙著拍照。

我看到的證據愈多，就愈了解《自然》為何會刊出湯姆的論文。雖然懷疑者提出各種近乎吹毛求疵的質疑，但你一旦看到這些骨骼和石塊之類的證據，並周延地考慮過所有細微的技術性問題，就會了解這些證據是千真萬確，無可置疑的。

我問他：「你接下來會怎麼做？」

「我們一直對批評者說，如果你在研究這個年代的沉積物時，已經先入為主地認定當時美洲並沒有人類，那麼你就不可能從這些證據做出任何新發現。我們的建議是，大家在研究這些沉積物時，應該拋開自己的預設立場，以不同的假設觀點來研究它們。我知道這並不容易，但在美國各地有很多這個年代的沉積物，而且它們都還未被檢視過。」

我說出我的評論：「這樣也比較符合科學精神。我的意思是，我們不該死守著某些金科玉律，而該考慮其他可能性。此外，你的論文引起了很大的情緒性反應，對此我感到很驚訝。有些批評者

還很理性，但有些人則是以幾近謾罵的態度全盤否定你們的理論。」

「是不屑一顧的態度。我希望他們能抱持著健康的懷疑精神，也就是說不排斥任何觀點，能採取某種觀點，研究從這種觀點能得到的結果，和能做出哪些預測。但只有少數人會採用這種態度。我們看過很兩極化的評論。有些人把我們的理論批評得一文不值，有人則認為它是本世紀最重要的發現。但我們想呼籲的是，請敞開心胸，接納各種可能性。不要一口咬定是在末次冰河消退事件後，也就是約在一萬四千七百年前，到一萬兩千八百年前之間的博令—阿勒羅德小間冰期（Bolling-Allerod interstadial）事件後，美洲才有人類的蹤跡。我們應該關注的是更早之前的一次冰河消退事件，它發生於十四萬年前到十二萬年前之間。當時也曾出現陸橋，冰蓋也曾退縮，在海平面下降的大海和無法穿越的冰層間，也曾出現過一個適合人類生活的環境。後來冰層消失，陸橋也被淹沒了。」

我沉思一會後說：「但如果你是對的，美洲史就要大幅改寫了。美洲的人類史將變得大不相同，會變得複雜得多。」

湯姆提醒我：「是變得更豐富，而非更複雜。」

「美洲人類史將變得更悠久和豐富。儘管如此，很多考古學家仍不願接受這種說法，因為他們深信另一套年代較短的美洲史觀。」

我遲疑了一會，才提出我的看法：「我知道我們不該討論此事，但你說美洲可能在十三萬年前就有人類存在。這也就是說，在你發現的遺址上活動的人類，可能是尼安德塔人或是丹尼索瓦人，或是解剖學上的現代人，因為當時他們都已經存在了。」

我在要求採訪湯姆前，就被要求不能談及某些主題。但當我做出以上評論時，我就已經違反了和他的約定。但湯姆似乎仍很高興能表達自己的觀點。他若有所思地說：「身為古生物學家，我有責任去探究美洲在更早之前是否有人類。在更早之前，歐亞的各種動物就已播遷到北美洲，北美洲

的各種動物也已播遷到歐亞洲。既然動物可以這樣播遷，人類為何不行？」

「看來人類真的早就播遷到北美洲了。」

「從我們的證據看來，我也相信確有此事。」

「既然從證據可以看出北美洲很早之前就有人類，為何考古學家經過一百五十年的專業研究，卻找不到類似的證據？」

「可能我們發現的遺址是個殖民失敗的案例。這是一起播遷事件，但並沒有成功。也許他們的數量並不夠多，不久就死亡殆盡了，因此他們幾乎沒有留下任何遺跡，考古學家也無法發現他們的存在。直到幾萬年後，另一群移民成功地完成殖民，因此在考古學紀錄中多半都是他們留下的遺跡。」

「這也不無可能。」我勉強地同意他的說法。「但另一種可能是，也許美洲一直有人類存在，只是考古學界對他們的存在視而不見，因此考古學家的研究方法，就是只去尋找特定的事物。」

湯姆無奈地說：「這你只能去問考古學家了。但就像我說的，如果你到某處調查時，就先入為主地認定那裡在十三萬年前沒有人類活動，那麼你絕不可能會找到當時曾有人類的證據。」他露出頑皮的笑容，接著說：「但如果你能不預設立場，在適當的地點深入挖掘，也許就會有意想不到的收穫。」

第六章

不曾被解釋過的數萬年

湯姆·德梅雷展開深入挖掘後，發現了十三萬年前北美洲有人類活動的證據。《自然》期刊的同儕審查很嚴格，但德梅雷的證據非常充分，因此他的論文能通過審查，並在二〇一七年四月刊出。

在當時，考古學界已經知道早在克洛維斯文化前，新大陸就已經有人類存在。我在第四章介紹過蒙特維德、梅多克羅夫特和藍魚洞穴等遺址。從這些遺址就可看出，美洲早在一萬三千年前，甚至兩萬四千年前就有人類活動。但除了這三個遺址，美洲又有很多遺址被陸續發現。這些遺址證明了美洲有段豐富、複雜又別具特色的遠古史。它絕不是我們從傳統教育中認識的美洲，不是一片長久以來一直渺無人煙的蠻荒之地。

從傳統教育的觀點而言，無人的荒野不管經過多長的時間，都不可能自動冒出一個文明，因此也就沒有必要在那裡尋找文明。但隨著新證據的不斷出現，現在我們已經能清楚地體認到，美洲

的人類史不只可以追溯到克洛維斯前數千年，甚至到數萬年前；也許在賽魯迪乳齒象遺址的年代之前，美洲就已經有人類存在。這一段漫長的時間，足以讓這些美洲先民播遷到各地，並進行各種發展。

為了深入了解這段未被探索過的漫長歷史，我透過我的人脈和關係，來到南卡羅萊納州的森林一探究竟。現在是十一月初的一個晴朗但寒冷的早晨。我們的腳下已經有一層落葉，但四周的樹木仍很茂密，樹葉多半是綠色的，有些已隨著秋季的來到而變紅或變黃，樹冠層也開始變得斑駁。和我同行的是南卡羅萊納大學的考古學教授阿爾伯特·古德伊爾（Albert Goodyear），他常被暱稱為阿爾。年約七十的他氣色仍很紅潤。他很爽朗和健康，頭戴著南卡羅萊納大學棒球校隊的帽子，帽子上有個鬥雞圖樣的隊徽，穿著一件藏青色格子衫，一件軟呢夾克，和一條強韌的登山褲；他把褲腳塞在登山鞋裡，免得遭到帶有萊姆病細菌的蝨子叮咬。我們一路漫步到薩瓦納河（Savannah River）附近，它是南卡羅萊納州和喬治亞州的界河。

阿爾是世界頂尖的克洛維斯文化專家。他曾在一九九八年，在這些森林中發掘出大片克洛維斯層位。他後來在這裡進行更深層的挖掘，最後發現人類於五萬年前在此活動的證據。這和賽魯迪乳齒象的年代仍有一大段差距，但已經比克洛維斯文化還早了三萬七千年。可想而知，克洛維斯第一的支持者堅決不接受這個結果，並大力駁斥這項發現。

現在這裡被稱為托普遺址（Topper），以紀念當地的林務員大衛·托普（David Topper）。托普曾於一九八一年在這裡的地面發現一些石器。阿爾收到托普的通知，並於幾年後在薩瓦納河的分水嶺，展開一場全面的考古調查。一九八六年，這場龐大計畫中的挖掘工程在托普展開了。挖掘工程不久就證實了，美洲原住民在好幾千年前就已經來到這裡。我們也能看出原住民來到這裡，顯然就是為了一塊很容易開採的巨大燧石岩露頭。燧石岩就是燧石的原料，而燧石就是製造石器的理想

材料。

阿爾突然彎下腰，揀起就位在腳前方地面的一小塊幾近透明的微紅色燧石。從它的外觀可明顯看出，它是一個箭頭的碎片，在底部附近有凹痕。阿爾證實了我的想法，它確實不是克洛維斯文化的遺物。他說：「這個箭頭碎片保存得很完整。它曾經經過熱處理，也許有八千年左右的歷史。」

他要我望向小徑不遠處，一個落葉比較少的區域。那裡散布著很多石頭，其中大部分都是小碎片，就和這個燧石碎片一樣。阿爾稱它們為「廢片」（debitage），這是一個考古學用詞，指的是在製造石器和武器的遺址發現的石塊碎片和廢料。他說：「地面上的每一塊碎片都是被某人敲落的。我們可以粗估它們的年代，顏色較深的就是年代較近的廢片，如果是乳白色的，那就是經過風化，年代較久的廢片。」

我們接著要去燧石採石場。托普遺址之所以長久以來一直有人類活動，就是因為這裡有燧石採石場。阿爾解釋說：「燧石對美洲先民而言，就像現代文化中的鋁土礦或鐵礦石。當時的人類並沒有鑿岩機或鐵橇，他們只能從地表設法取出燧石。他們可能也會生火或利用其他方法挖出燧石。我們把托普遺址的燧石採石場，稱為托普燧石場。」

我納悶地說：「這真讓我百思不得其解。地面上目前仍散布著八千年前的碎石片。既然如此，你們又何必挖掘深埋在地底的考古遺物呢？」

阿爾說，地球並不是一個恆定不變的環境，而是一個不斷在進行著沉積和侵蝕等各種作用的環境。你可以從碎石片的樣式和風化程度，粗略估計它的年代。但對於已經開採的石塊，你就不能從它們的考古脈絡判定年代，因為它們根本沒有考古脈絡可尋。你不能對石塊所在沉積層的有機物質進行碳年代測定，因為這些石塊從未被掩埋或保存在沉積物中。事實上，關於這些遺物的年代測定，

目前並沒有任何客觀或能被普遍接受的方法。因此，就算某些在地表發現的遺物顯然很古老，考古學家仍很難藉由它們判定某個遺址的年代。雖然如此，我們仍能從這些遺物的存在，推斷地底也許有更多尚未被發現的遺物。正因為如此，阿爾在一九八一年接獲大衛・托普的通知後，才會決定到遺址一探究竟。

■凡事都有第一次

一九八六年，阿爾和他的團隊完成了托普遺址第一季的發掘工程。在之後的十多年中，他們仍按部就班地繼續向下挖掘，穿過各個層位。這場發掘後來就發展成了一場很廣泛、詳盡又曠日費時的發掘工程。這裡有好幾個考古沉積層（horizon）。所謂考古沉積層，就是層層相疊，界限分明，很容易判定年代的沉積層。這些沉積層中埋藏著不同文化的遺物，每層的年代都不相同，愈下層的年代愈久遠。阿爾說：「我們發現兩千年前左右的陶器。更深的地層中並沒有陶器，但有大量來自考古學所謂的古代（the Archaic）的遺物。我們繼續往下挖掘，來到約在八千年到一萬年前的遠古（the Early Archaic）地層。當時的人類製作出這些帶有凹痕的精美小尖物。我們繼續往遠古地層下方挖掘，並在一九九八年發現克洛維斯文化。」

托普遺址是喬治亞州和卡羅萊納州沿海平原唯一的克洛維斯遺址。阿爾的考古團隊經過十多年的努力仍未發現很古老的地層，但他們最後終於嘗到苦盡甘來的滋味。在托普出土的克洛維斯層位非常龐大，因此他們直到二〇一三年才完成發掘。阿爾告訴我們，他和組員在這個寶庫發現了超過四萬件克洛維斯遺物。他在敘述時仍難掩興奮之情。這也難怪了，這項發現是一項重大成就，讓他

們至今仍在考古學界盛名不墜。

但他們接下來的發現就沒有那麼好的際遇了。阿爾繼續說道：「我們挖掘到克洛維斯層位的底部後，大家都一致同意要繼續往下挖。」他們挖了約半公尺深，只挖出沙子和小碎石，完全找不到人類活動的證據。但突然之間，挖掘人員發現他們又挖到遺物了。

我問他是否有如獲至寶的感覺。

阿爾笑著說：「我覺得並不是如獲至寶，而是如喪考妣。其他人都很高興，那是因為他們不必在國際研討會上挺身而出，為這項發現辯護。」

「你們發現的是早在克洛維斯文化之前好幾萬年前，美洲就已經有人類活動的證據嗎？」

「一點也沒錯。我們進行過徹底的實驗室分析後，確認我們找到的是遠古遺物。」

克洛維斯第一擁護者難免會感到憤怒，我問他是在何時感受到他們的怒火的。

他回答：「立刻就感受到了。他們先是說：『我們不相信前克洛維斯文化的存在，那是子虛烏有的事。』後來他們發現我們已經充分證明了，我們發現的很多石片工具都是以『拗折』（bend-break）技術製造的。這些批評者也了解到媒體認為我們的發現可能很重要，因此他們就故意刁難地說：『我們知道這些石片是以拗折技術製造的，但我們從未聽說過有任何聚落會製造出如此多拗折的石器。』」

他們批評的重點，仍是這處遺址的年代有多古老：

《紐約時報》和有線電視新聞網（CNN）的記者都來到研討會採訪，但他們要等到年代鑑定結果出爐才會進行報導。我想如果石器有兩萬年到兩萬五千年的歷史，那批評者也就不會再挑剔了。這樣我就能輕鬆過關了。但年代鑑定的結果卻是五萬年前，這是個超乎大家想像的結果，已經到了

放射性碳年代測定法的上限。因爲我們也對沉積層進行過光釋光年代測定（OSL），結果也是五萬年前。我們已經做了兩種年代測定，但懷疑者仍堅稱，我們發現的遺址並非人類遺址，我們發現的遺物也是自然形成的，因爲它們和在其他遺址發現的遺物很不一樣。我的回答是：「這也難怪，畢竟過去人們從未在美洲發掘過有五萬年歷史的遺址。凡事總有第一次嘛！」

■他們知道石頭的特質

我們在愉快的漫步後來到主要發掘區。它是一個長方形的大探坑，約十二呎深，四十呎寬，六十呎長。這裡的考古探溝多半是沒有遮蔽的，仍保持著它們的原貌，但整個發掘區上方有個遮棚。這座遮棚設計得很有品味，能讓大量陽光照進來，又有擋雨的效果。古德伊爾團隊在這個探坑，挖掘到極具爭議性的前克洛維斯層位。他們挖出的探坑就是地層學的最佳教材。

托普遺址是位在一家專用化工產品公司的土地上，那裡並不對一般民眾開放。雖然如此，阿爾有時還是會帶著有意參觀的團體到這裡，並為他們解說遺址。為了解說方便，探坑中立了一些標示牌，標明不同層位。我立刻注意到一個標示牌，上面寫著「克洛維斯層位：一萬三千年前。」更深處的一塊牌子上寫著「更新世沖積沙層位：一萬六千年前到兩萬年前。」我們往下走到探坑底部，地面上有些很寬的黏土帶，前克洛維斯遺物就是在這裡被發現的。這裡的牌子上寫著「更新世台地層：兩萬年前到五萬年前。」

在一旁有三、四塊拳頭大的岩石，這些厚實的岩石被排成一排，作為展示品。阿爾揀起其中一顆說：「很多前克洛維斯遺物都是由這樣的燧石卵石製成的，但燧石原石並不能直接加工，你必須

先敲開燧石。」他指著卵石的粗糙皮殼說：「你必須先清除皮殼，才能把燧石芯製成工具。我們曾做過實驗，把這樣的燧石互相敲擊，但燧石並未裂開。」

「要如何才能敲開它們？」

「我們以八磅的大錘敲擊時，燧石終於裂開了。」

「但前克洛維斯的人類不可能有八磅的大錘吧。」

阿爾聳聳肩說：「他們採用的，也許是澳洲原住民處理大塊石英岩板的方法。澳洲原住民也沒有大錘，他們會在石英岩的下方升起小火，等石英岩被燒燙到發出叮的一聲，接著就剝下一片岩片。我想如果我們用火燒燧石，也許它也會裂開。重點是只要得到一片燧石片，就可以用它製成各種工具。燧石芯的表面很容易剝落，但燧石原石的表面就很難剝落。批評我們的人說，這樣的卵石從絕壁的陡坡滾落時也會碎裂，但我們的實驗結果並非如此。如果不靠加熱或八磅重的大錘，燧石原石是不可能裂開的。就算我們用八磅大錘敲擊，也要連敲好幾下才能把燧石敲裂。」

「也就是說，這些燧石片必定是人類製造的。」

「沒錯。製造它的人類必定很了解燧石特性，又知道該如何處理它。如果自然無法讓燧石裂開，自然就不可能製造出燧石片。」

可想而知，在發掘處並沒有任何殘存的前克洛維斯遺物。但我們今早出發要前往這個遺址前，阿爾曾讓我看過這裡的一些遺物。它們目前是被存放在南卡羅萊納大學考古學和人類學研究所阿倫達校區的展示中心。阿爾直言不諱地說，他們很快就看出，這些遺物都是很簡單又很小的單面石片工具，其中多半是石鑿或小石刃。石鑿的數量在一千件以上，其中絕大部分都是以處理燧石專用的「拗折」技術製造的。

拗折技術，就是「在燧石兩側邊緣進行剝除，形成夾角為九十度，堅固又銳利的尖端。這種尖

銳的石器也許曾被用於雕刻骨骼、鹿角或木頭。」他們也曾在一個大砧石附近，發現大片燧石片剝落後殘留的一些燧石芯。這裡似乎有好幾個獨立的，類似工作站的岩石剝製中心。

■年代久遠

在托普遺址前克洛維斯層位有大量遺物出土，但其中並沒有任何失落先進文明的工藝品。雖然如此，我仍認為這處遺址就和賽魯迪乳齒象遺址一樣，曾有段複雜又值得探究的美洲先民史，只是這段歷史在過去一直沒被好好研究過。

在美洲各地，已經有五十個左右被視為前克洛維斯文明的出土遺址，而且每年都有新遺址被發現。但我並不想在此一一詳述這些遺址。它們未必都具有研究價值，有些遺址甚至算不上是考古遺址。這些遺址上所謂的「遺物」，也許只是地質作用形成的。

我認為對前克洛維斯遺址的認定，仍必須有個評判標準。我發現除了少數死硬派外，目前大多數考古學家都同意某些遺址的年代很久遠。在他們看來，北美洲最重要的前克洛維斯遺址，除了賽魯迪和托普外，還包括以下地點：墨西哥的霍亞勒克（Hueyatlaco）、加拿大的舊克羅（Old Crow）和藍魚洞穴、加州的卡利哥山（Calico Mountain）、新墨西哥州的傻瓜洞穴（Pendejo Cave）、內華達州的土拉泉（Tula Springs）、賓州的梅多克羅夫特岩棚、維吉尼亞州的仙人掌山（Cactus Hill）、奧勒岡州的佩斯利五哩點洞穴（Paisley Five Mile Point Caves）、威斯康辛州的謝弗和海比歐爾長毛象遺址（Schaefer and Hebior Mammoth site）、德州的巴特米爾克溪（Buttermilk Creek）、維吉尼亞州的索爾特維爾（Saltville）。在南美洲，巴西的佩德拉富拉達（Pedra Furada）、智利的蒙特維德、

委內瑞拉的泰馬泰馬（Taima-taima），和哥倫比亞的提比托（Tibito），也都被視為是值得研究且可信度極高的前克洛維斯遺址。

這些遺址中的一小部分，有些令人費解的不尋常之處，我們在稍後的章節中會有詳細介紹。但除了這一小部分特例，大部分遺址都和前克洛維斯的托普一樣，只有很基礎的石器製作工藝，雖然有確切證據證明，從前克洛維斯早期到前克洛維斯晚期之間，石器工藝的水準正逐漸變得更精致和進步。這些遺址的年代有遠有近，有些工藝水準很低，有些則更精致。但在我看來，它們的重要性並不在於各自擁有的工藝水準。它們之所以重要，是因為它們都能提供強而有力的證據，證明也許早在十三萬年前到現在，南北美洲一直有各種人類活動。

十三萬年是一段很長的時期。目前在前克洛維斯遺址發掘出的，多半是獵人採集者、搜食者和揀食者的簡單工具。雖然這只是我的假設，但在這麼長的時間中，美洲應該能發展出一個先進文明，一個和那些原始人類共同存在的文明。

但如果美洲大陸真的曾存在過某個先進文明，為何考古學家至今只發現獵人採集者的遺物，卻沒發現這個文明的遺蹟。此外，如果硬要說在冰河時期時，有個先進文明曾和獵人採集者社會一起存在於美洲，這會不會太牽強呢？

■偏見讓人盲目

我們不妨想想目前的世界。在二十一世紀天涯若比鄰的世界中，位於南美洲的里約熱內盧（Rio de Janeiro）、波哥大（Bogota）和利馬（Lima），都是科技先進的城市。但在南美洲的亞馬遜雨林

深處，仍有些從未和外界接觸的獵人採集者部落，他們的科技水準一直停留在石器時代。同樣的，位於非洲的約翰尼斯堡（Johannesburg）、開普敦（Cape Town）和文胡克（Windhoek），也都是擁有先進科技的城市。但你離開這些城市，走入喀拉哈里沙漠（Kalahari desert）後，就會看到又被稱為布希曼人（Bushmen）的薩恩人（San），這些非洲原住民雖然知道科技世界的存在，卻仍繼續過著幾乎和石器時代一樣的獵人採集者生活。

既然如此，那我們就沒有理由去排除一種可能性，那就是在冰河時期，有個先進文明曾和獵人採集者共同存在於美洲。

雖然這個假設乍看之下似乎很荒謬，但就考古學而言，這並不是不可能的事。我們都知道，在超過半世紀的時間中，美國考古學界一直充斥著一些先入為主的意見，他們很主觀地認定美洲歷史該是怎樣，也一口咬定文明的演進必定是循序漸進的發展。正因為如此，他們對美洲在克洛維斯文化前就有人類存在的證據，總是抱著視而不見或嗤之以鼻的態度。一直等到有大量證據出現，推翻了當時的典範後，他們才開始改變態度。

時至今日，我們都已經知道「克洛維斯第一」理論已經被推翻了。仍有極少數狂熱分子還死守著這個已被揚棄的理論，但他們的抗議聲量也愈來愈微弱。

在克洛維斯第一理論被推翻後，目前仍沒有能取而代之，成為考古界主流的新典範。既然考古學家沒有主流理論，當然也更不可能有一致同意的理論。有幾派理論正爭著成為主流，但它們都是建立在一種偏見上。這些理論想解釋的，仍是美洲過去只有些蒙昧無知，被髮紋身的獵人採集者，只是他們比過去認定的更早存在於美洲。這些學者不但沒有考慮過也許美洲曾有個失落的文明，也都認為這種可能性很荒唐。

我不禁想到湯姆．德梅雷說過的一番話：「如果你到一個地方研究，卻先入為主地認定那裡在

十三萬年前並沒有人類存在，那你就絕不可能找到他們存在的證據。」

同樣的，如果我們因為自己的偏見，認為失落的文明不可能存在而不去尋找它，那我們就不可能發現這樣的文明。

值得慶幸的是，遺傳學家已發展出研究古代DNA的複雜技術，推翻了人們根深蒂固的觀念，讓我們看到意想不到的新研究方向。

第三部

基因和DNA中的謎團

第七章

西伯利亞

一場範圍涵蓋南北美洲的DNA研究計畫揭露出一個真相，那就是在遠古的某個時段，在某個或某些已無從考證的地區，美洲原住民的祖先曾和一個遠古的人種雜交，而這個遠古人種目前已經滅絕了。遺傳學家稱這個人種為丹尼索瓦人（Denisovans）。直到最近我們才發現，這個人種和大家耳熟能詳的尼安德塔人有很近的親緣關係，而尼安德塔人也曾和人類的祖先繁殖過後代。由於研究人員無法採集到足夠的樣本，因此無法精確計算出美洲原住民的DNA中，有多少比例是遺傳自丹尼索瓦人。但就現有的資料判斷，比例約在百分之零點一三到零點一七之間。研究結果也顯示，有些原住民族群的丹尼索瓦人DNA比例特別高，這些族群包括南美洲哥倫比亞和委內瑞拉的比亞波哥族（Piapoco），和北美洲東北部的歐及布威族（Ojibwa）。

我們之所以知道丹尼索瓦人，都是因為在丹尼索瓦洞穴的一些發現，這些發現顛覆了考古界

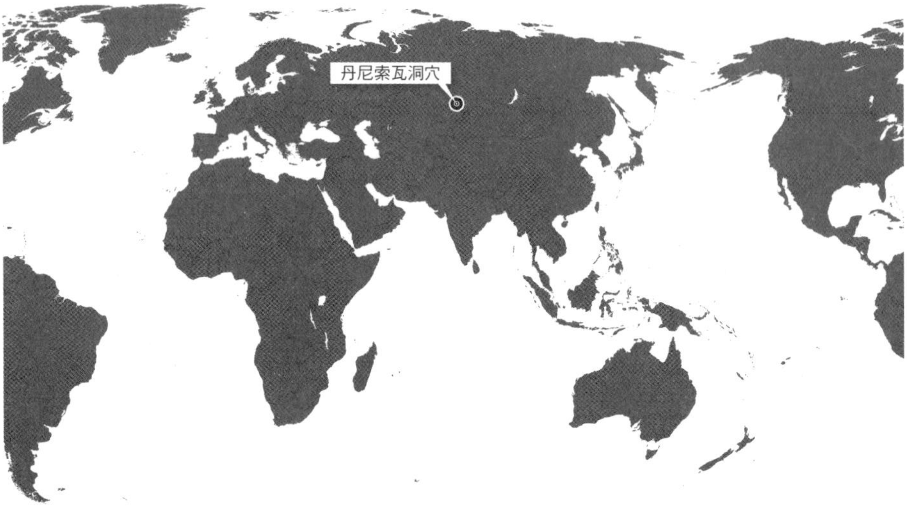

既有的典範。這個洞穴就位在俄羅斯聯邦西伯利亞地區最南方，阿爾泰山脈的崎嶇高地上。西伯利亞與蒙古共和國、中國和哈薩克接壤，從西方的烏拉爾山脈一路向東延伸到超過五千公里外的勘察加半島和楚科特斯基自治區（Chukotka）。它的面積有一千三百一十萬平方公里，約佔俄國總面積的百分之七十七。高聳的烏拉爾山脈分隔開歐洲和亞洲。勘察加半島和楚科特斯基自治區則位於太平洋和北冰洋的交界處，勘察加半島的西岸和白令海相連，楚科特斯基則俯瞰著白令海峽。

白令海峽目前是介於楚科特斯基傑日尼奧夫角（Cape Dezhnev）和阿拉斯加的威爾斯王子角（Cape Prince of Wales）之間，寬八十二公里。但在末次冰期海平面下降時，白令海峽是一個露出海面，被凍原覆蓋的陸橋。這個被稱為「白令陸橋」（Beringia）的地帶，連接著楚科特斯基和阿拉斯加。也就是說，當時歐洲、亞洲和美洲是一大片連續不斷的大陸。只要你願意，而且又很有耐力，在過去的某些時段，你確實有可能從目前是西班牙所在的大西洋海岸展開徒步旅行，穿過歐洲的西部和東部來到烏拉爾山脈，

再橫越烏拉爾山脈和西伯利亞，再越過「白令陸橋」進入阿拉斯加和加拿大，往南穿越一個將北美洲冰蓋分隔成兩個大冰原的無冰走廊，進入美國後，再穿過中美洲進入南美洲，到達火地島後會遇上另一個大洋。在冰河時期，南極洲要比目前大得多，當時的南冰洋則很狹窄。

因此我們在研究美洲原住民的歷史時，一定也不能忽略西伯利亞的重要性，因為它曾是美洲人祖先遷徙途中的十字路口。此外，雖然考古學家只在遼闊的西伯利亞的極小部分進行過研究，但這些研究已經證實了，在四萬五千年或更久之前，解剖學上的現代人就已經存在於西伯利亞的西部和極地地區了。此外，DNA研究也證實了美洲原住民和西伯利亞人的血緣關係很近，並有著深厚且古老的淵源。

■資料中的異常現象

在克洛維斯第一理論當道的年代，除了極少數的異議分子外，幾乎所有的考古學家和人類學家都認為，人類遷徙到南北美洲的唯一路徑，就是由陸路從西伯利亞穿越「白令陸橋」，再往南通過無冰走廊。雖然克洛維斯第一理論已經被推翻了，這套人類遷徙理論仍是目前考古學界的主流理論。但這個理論也不斷地被修改，因為北美洲和南美洲陸續有更多遺址被發現，它們的年代比無冰走廊出現的年代更早，因此絕不可能是由那些經由陸路穿越無冰走廊的先民建立的。此外，之後的幾項研究也指出，在無冰走廊出現後的很長時間中，走廊的很多段落都不適合居住。因此美洲先民也極不可能經過這裡完成萬里迢迢的遷徙。

那麼這場遷徙是如何發生的？為何會有愈來愈多的考古和遺傳學證據顯示，早在克洛維斯文化

前數萬年，和亞洲無法往來的美洲就已經有人類活動？在解釋這兩個謎團的理論中，有兩個理論最受青睞：

一、「白令陸橋滯留」（Beringian Standstill）假說。學者對這個假說仍有爭議。簡單地說，這個假說指的是遷徙者在三萬年前越過陸橋，來到阿拉斯加後，發現往南遷的路線被科迪勒倫冰原和勞倫泰德冰原合併成的山塊阻擋著。這時西伯利亞維斯揚斯克山脈（Verkhoyansk Range）和阿拉斯加馬肯吉河谷（Mackenzie River Valley）的冰川擴張，阻斷了他們回到西伯利亞的路。他們的後代在進退兩難的情況下，被困在白令陸橋上約一萬到兩萬年。後來因為氣候變遷，他們才能夠繼續往南遷徙，深入美洲各地。在這段「蟄伏期」中，這群受困者發生了一些基因變化。就DNA結構而言，他們和東北亞的祖先有了差異，DNA結構也證實他們和東北亞的祖先有很近的親緣關係。

二、「沿海遷徙」（Costal Migration）假說。根據這個假說，最早遷徙到美洲的人，是從亞洲東北部乘船到達美洲的。當時亞洲和美洲間的北太平洋海峽很窄，而且充斥著島嶼。沿海遷徙假說的主要依據就是「海藻高速公路遷徙」（Kelp Highway migration）假說。後者指的是北美洲大平洋沿岸冰河消失後，出現了大片海藻和水生動植物，讓遷徙者在旅程中能免於食物匱乏。而這項沿岸航行遷徙假說的依據，就是美洲西北部的舊石器時代早期考古遺址。這類遺址雖然數量很少，但它們的存在卻是不爭的事實。

在冰河時期海平面下降時，這樣的沿岸航行並非不可能的事。在白令陸橋露出海面後，這樣的航行就更容易了，只要靠筏子或小圓舟之類的簡單科技就能完成，而且遷徙者在航行時通常還能看到陸地。早在六萬五千年前，第一批遷徙到澳洲的人，就是靠著這種簡單科

技越過帝汶海峽（Timor Straits）。既然如此，美洲先民當然也能藉由航行到達美洲。

這是很合情合理的事，因此我相信澳洲和美洲先民都是這樣到目的地的。遷徙者藉著簡單船隻，進行跳島式的短程跨海遷徙。美洲之所以有人類活動，多要歸功於這種跨海遷徙。此外，賈克・尚馬斯在發掘中發現，育空的藍魚洞穴在兩萬四千年前就有人類活動。他的發現也顯示白令陸橋滯留假說並不是無稽之談。這兩項目前在考古學界頗受歡迎的假說，都只是從克洛維斯第一理論修改而成的。但在美洲人類史的科學研究資料中，仍存在大量費解又異常的現象；這兩種假說能對這些現象提出合理的解釋嗎？

■謝爾蓋和奧嘉

二〇一七年九月初，也就是我們拜訪托普和阿爾伯特・古德伊爾之前的幾個月，和湯姆・德梅雷在聖地牙哥自然史博物館會面前的一個月，我和桑莎去申請俄國簽證，並說明我們的目的地是阿爾泰區的丹尼索瓦洞穴。

簽證的申請費並不便宜，我們花了好長的時間，才填好晦澀難懂的申請表。照俄國官僚主義的作業流程看來，我們有點擔心旅程可能要到二〇一八年春天，西伯利亞的冬天結束後才能啟程。但俄國的辦事效率卻比我們想像得快，我們不到一週就取得簽證了。

但我們仍只能在俄國進行短暫的旅行，因為我們計畫於九月底到十一月底在美國展開一場長期旅行。因此我們在九月十二日飛抵莫斯科時，只是在謝列梅捷沃（Sheremetyevo）機場過夜，並沒在

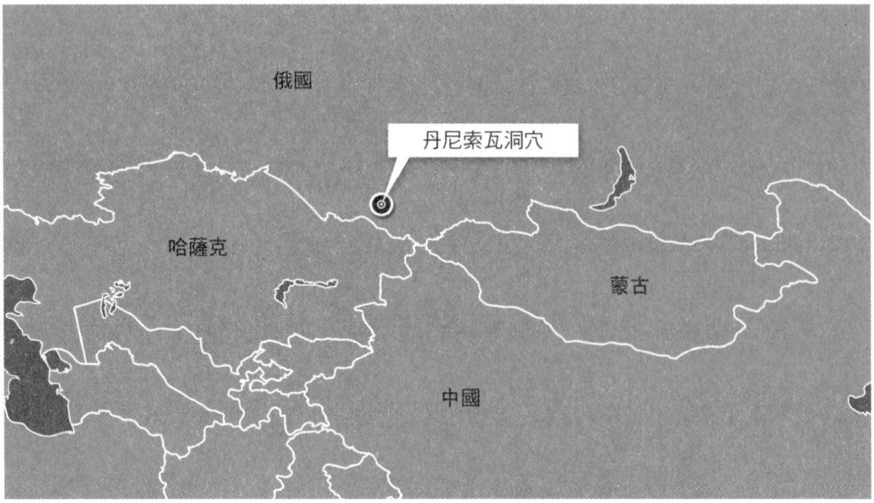

莫斯科觀光，次日早晨就轉機展開四小時的航程，飛往莫斯科以東四個時區的西伯利亞區的首府新西伯利亞（Novosibirsk）。

降落後，我們在當地的聯絡人謝爾蓋·庫金（Sergey Kurgin）在機場地側接我們。我所說的「聯絡人」並不是賣毒品的藥頭，而是外國遊客在俄國旅遊時必須雇用的人。俄國可不是讓人隨意來去的地方。你必須受到奉公守法的公民、企業或旅行社的正式邀請，而且必須先申請到某些目的地的許可，事先規劃和安排好行程，這樣才能獲得簽證。如果你是鑽漏洞入境，在旅程中也不會有旅館讓你入住。

謝爾蓋是西巴伯旅行社的老板，那是一家小規模的民營旅行社。我之前已經在網路上和他聯絡，請他幫忙安排旅程。我不會說俄語，他也不會說英語，因此要協商很困難。還好有幾位翻譯員幫忙，我們最後終於談成交易。謝爾蓋會開車將我們從新西伯利亞載到約六百公里外，位於阿爾泰區的小鎮托波利諾耶（Topolnoye）。我們在探勘期間會寄住在當地的一個家庭中，要探勘的洞穴約在二十公里外。探勘結束後，謝爾蓋會開車接我們回到新西伯利亞。他也會安排我

們在途中的住宿，並幫我們找一位口譯員。如果沒有口譯員，我們就無法和任何人溝通。因此謝爾蓋帶著口譯員奧嘉·法地娜（Olga Votrina）一起在機場迎接我們。奧嘉是新西伯利亞國立大學的雙語學生。

新西伯利亞是一個單調乏味的城市，瀰漫著蘇聯時期高壓專制的氣氛。奧嘉的個性很活潑，但她也戰戰競競地想扮演好口譯員和嚮導的角色。謝爾蓋是個矮胖又頭髮灰白的老人家，年約七十多歲，但仍很硬朗和豪爽。他有輛四輪驅動的三菱小貨車，那是從日本進口的日本車，因此方向盤是位在右側。這輛破爛的老爺車有明顯的左偏現象，讓我頗提心吊膽。但謝爾蓋載著我們行經新西伯利亞井然有序的街道時，向我們保證這輛老爺車絕對能完成旅程。

我們下榻在位於文教區的一家旅館，那裡和西伯利亞人民博物館只有幾十公尺的距離。我們在次日早晨參觀了來自丹尼索瓦洞穴的遺物，下午啟程沿著往南的漫漫長路行駛。沿路上只看到灰濛濛的開闊天空和平坦的大地，地面上有時點綴著幾片暗黑色的地面，有時出現一片綠野，地面正在枯黃的殘株中，排列著一行行綿延到天際的乾草綑。這幅夢境般的平靜景象，讓我看著看著就睡著了，等到我醒來時天已經黑了。

謝爾蓋這時正喝著一罐紅牛，並牢牢握著抖動的方向盤，穿梭在西伯利亞擁擠得超乎想像的車陣中。雖然他駕駛的是一輛右駕車，他卻顯得很得心應手。在半夜之前，我們就完成了三分之二的旅程，並停車在畢斯克鎮過夜。

我們次日一大早就上路了。這天要比前一天晴朗得多，我們往南行駛六十五公里，來到貝洛庫里哈。據說附近有些神祕的巨石，而謝爾蓋宣稱知道它們在哪裡。我們來到阿爾泰山脈的邊緣，這裡的地形和昨天的平地大不相同。在之後的數小時內，我們都行駛在莫克爾塔雅山地區沒有道路的野地上，環繞著疑似有神祕巨石的山丘，山丘上滿是花崗岩露頭。我們不斷向農夫問路，最後終於

遇到一個人，他說他認識另一個人，這個人認識弗拉基米爾．伊里奇（Vladimir Illych）和蘿莎．史帝帕諾夫（Raisa Stepenov）夫婦。據說這對年近七十的老夫婦就是巨石的發現者。一小時後，我們來到老夫婦位在下卡緬卡村的家，和他們共享麵包和蜂蜜。接著他們又邀請我們參觀他們的菜園，因為盛情難卻，我們就在布滿荊棘的農田上採起覆盆子和黑莓。

謝爾蓋的老爺小貨車上除了載著我們，還有弗拉基米爾和蘿莎夫婦，他們的女兒斯維特蘭娜（Svetlana），和年少體壯的孫子馬克辛姆（Maxim）。大家在離傍晚還很久時都擠上了車。後來我才發現，我們整個早上都在目的地附近，和它最近時約只有半哩的距離。我很高興終於要見到它的廬山真面目了，但我們又駛上顛簸難行的野地時，弗拉基米爾囑咐我不要抱著太大的期望。在他看來，媒體的報導很誇大不實；他即將帶我們去看的巨石，其實只是天然岩石。

■ 新聞標題後的玄機

我聽說阿爾泰區可能有遠古巨石，巨石就位在丹尼索瓦洞穴附近。我的消息來源是二〇一七年五月八日英文版《西伯利亞時報》（*The Siberian Times*）的一則報導。這則報導的聳動標題說，「龍和獅鷲巨石」被發現了，它的年代可追溯到冰河時期。這則報導也引用了「考古研究人員」亞歷山大（Aleksandr）和魯斯蘭．佩雷茲約爾科夫（Ruslan Peresyolkov）的說法，聲稱這些神祕的紀念性結構可能至少有一萬兩千年的歷史；但要查證確切的年代，必須先「確認出它們是由哪個文化建造的」。

但石頭雕鑿而成的紀念性結構常有個問題，那就是我們無法從石頭的雕鑿和造型判定它的年代。

判定年代的唯一可靠依據，就是紀念性結構所在位置的考古脈絡，如果那裡還殘存著可以供碳年代測定的有機物質，那就再好不過了。我們根據這些資料，通常就能推算出紀念物的年代。但莫克爾塔雅山並沒有任何考古發掘，因此也沒有可供參考的脈絡。因此這兩位考古研究人員說得很對，目前我們確實無法精確判定它的年代。

既然如此，這兩位「考古研究人員」又有何依據，去推算出《西伯利亞時報》報導的約略年代呢？這則報導並沒有提到他們的資歷，我在網路上也查不到相關資料。我只能在報導的評論區找到一個線索，而且這個線索也未必可靠。評論說，魯斯蘭．佩雷茲約爾科夫只是個「名不見經傳的網頁設計者，連業餘考古學家都稱不上」。

人類生來就有從一片混沌中找出圖案的傾向，這也難怪人們常在自然界發現一些圖案，並認定它們是人造的。但在經驗豐富、頭腦冷靜的專家仔細察看後，才證明這些圖案是天然形成的。這種誤判最常發生在被侵蝕的岩石露頭上，某幾種很容易龜裂和風化的花崗岩尤其容易遭到誤判。乍看之下，這些岩石顯然是經過人工雕鑿，但事實卻並非如此。

考古學家都接受過嚴格訓練，知道要對這種維妙維肖的事物抱持懷疑的態度。他們如果沒有強而有力的證據，無法確認某塊岩石是人工雕鑿而成的，就會認定它只是一塊天然岩石。如果這塊被侵蝕的岩石最後被證明是拉美西斯二世（Ramesses II）的花崗岩石像，那你就能從它的考古脈絡、風格和雕像上的象形文字，查出這座石像的來歷。但這些花崗岩圓石的情況就完全不同了。它們已經在阿爾泰山脈從未被發掘過的山坡上靜置了數千年，幾乎沒有任何可供參考的線索。因此我不會輕易採信任何人的意見，不管他是合格的考古學家，或是網頁設計師，或是弗拉基米爾。

我感到很好奇。既然我就在這裡，那何不親自去察看呢？

天地的訊息

我稍早曾發現有個形狀像動物的崎嶇山丘，後來我們就驅車來到這個山丘附近，接著在荒野中走向山丘。蘿莎仍待在三菱小貨車上，因為她不久前才動了髖關節置換手術。弗拉基米爾、斯維特蘭娜和馬克辛姆則和我們結伴同行，年輕力壯的馬克辛姆還幫忙提著桑莎沉重的相機包。

我們到達山腳下時，便開始沿著漫長的陡坡攀登，山坡上長滿了野草、石楠花和蔓生的荊棘。斯維特蘭娜警告大家這裡有很多蛇，要我們先看清楚再踏出每一步。

那天下午的陽光很燦爛，天氣暖得讓人意外，藍綠色的天空中飄著幾朵白雲。我走了一會停下喘氣，並回頭看了看。我們身後除了羅列著一些較矮的土墩和山丘，還有在壯麗山谷中綿延二十哩的如茵綠草，草地上開滿黃花。我們今天早上開車繞著圈子，尋尋覓覓卻一無所獲。我們當時環繞的似乎就是這個山谷和這些山丘。我從目前所處的制高點，看到山谷一路向西延伸，延伸到遠處的一個褐色山脈的背陽面。這時雲朵的陰影落在大地上，在地上留下各種輪廓，我凝視了一會，不禁被這幅稍縱即逝的美景深深吸引住。

我們接著繼續往上爬，慢慢來到第一個目的地附近。那是一處天然花崗岩岩床的露頭，岩床已經出現很深的裂縫。這個岩床露頭之所以很明顯，是因為其他地方都長滿了林下植物，但這裡卻是一片光禿。這個露頭是紅灰色的，長約五十公尺，寬約二十公尺。這個露頭顯然原本就是山坡的一部分，因為它的坡度和山坡一致。露頭頂端還有一大群巨大的圓石。弗拉基米爾以懷疑的口吻說：「這裡就是巨龍的尾巴。」接著他指著下坡段露頭的圓石說：「那就是頭部。」

起初我仍看不出個所以然，但我們爬到露頭上方，居高臨下地回首看著露頭時，一個圖案就開始浮現了。我可以看出尾部的輪廓和一個清楚的頭部，但它並不是巨龍的頭。從我所在的位置，能

看到這個頭形略為偏斜的輪廓，我覺得它更像一條巨蛇的頭和左眼。

我會把露頭看成蛇的形狀，當然有先入為主的成分。也許部分是受到斯維特蘭娜的影響，因為她曾警告我這片草地有很多蛇。但對我影響更深的，就是我從俄亥俄州蛇丘學到的教訓。

如果單從科技和唯物的角度觀察蛇丘，就很難領略它要透露的訊息。在科技和唯物觀點當道的現在，人們總以為「靈性」並不存在，地球也只是團沒有生命的「物質」，等著讓人挖掘、開發和消耗。相形之下，古人卻認為蛇丘能向大家傳遞一個明確的信息。他們相信無論是有生命或無生命的萬事萬物都有靈性，它們都和地球緊密相連，都會受到地球脈動的影響，也都能反映出地球要傳達的各種訊息、信號和密碼。

這些具有靈性的事物，也包括一些天然地景。這些地景不是具有特殊外觀，就是位置或走向很特別，或具有其他特質。大地之靈藉由它們，展示出它的智慧、美麗和教導。蛇丘就是這種「部落神靈」之一。我們能從蛇丘看到天然的蛇狀山脊，山脊上還有個渾然天成，正對著夏至落日的蛇首。古人從蛇丘的結構領略到天地交感的真諦，因此就動念建造一座宏偉的肖像塚。這座肖像塚一直保留至今，仍會在一年最長的一日「吞下太陽」。

我在蛇丘觀察夏至落日，至今已經快三個月了。再過幾天就是秋分，我目前雖然和美洲相隔很遠，但這裡卻和美洲先民祖先的遷徙有直接的關聯。因此我在研究時也會納入一種可能性，那就是這個位於西伯利亞阿爾泰山脈的獨特結構，也許就是另一個「大地巨蛇」。人們發現它暗藏著自然的密碼，因此對它做了強化和修飾。

但它也可能就像弗拉基米爾說的，只是自然界中不勝枚舉的巧合之一，巧合到讓人誤認它是人造的。

我雖然並不確定，但在我粗略估計過它的走向後，我覺得這個不像龍首的蛇首似乎是朝著正西

阿爾泰山脈的「巨龍或巨蛇」。葛瑞姆・漢卡克站在「蛇首」的左側，他的手就放在蛇首的下左眼瞼上。拍攝：桑莎・法伊亞。

插圖：這是一張經過強化處理的影像，是為了讓大家了解為何現代遊客和遠古人類，會把這個天然岩石露頭看成龍或蛇的頭。

從右側拍攝的同一個結構。攝影：桑莎・法伊亞。

方，也就是正對著春分和秋分的日落點。包括蛇頸底部在內的蛇首約有兩公尺高，四公尺長。在巨大蛇首稜角分明的左眼上方，還有道清楚的眉脊。我走進察看時，發現蛇嘴也清晰可見，牠的雙顎也是明顯地微微張開。下顎前方還有道獨特的裂縫。

除了那道奇怪的裂縫，這個結構大致來說都還算蠻有蛇的神韻，但這只是就蛇首的左側而言。當我走到右側觀察時，突然覺得看到的是個完全不同的結構。它並不是一條巨蛇，而是一道由十塊厚重的花崗岩塊構成的石牆。這些石塊雖然已受到侵蝕，但卻是很精確地交疊著。我不確定這個結構是自然形成或是人為的，但它的造型就是一側是石牆，另一側是巨蛇的蛇首。

我不禁納悶，如果這是人為結構，建造者為何不打造出兩側相同的結構呢？

阿爾泰山脈的「獅鷲巨石」。攝影：桑莎・法伊亞。

上——只有從空中，才能看到蛇丘部落神明的全貌。照片：桑莎・法伊亞。
下——蛇丘的蛇首似乎是正對著夏至落日。照片：桑莎・法伊亞。

天地結合：蛇丘的夏至日落。照片：桑莎・法伊亞。

沿著上埃及卡奈克神廟長達一公里的中軸線，觀看冬至日出的情景。照片：桑莎・法伊亞。

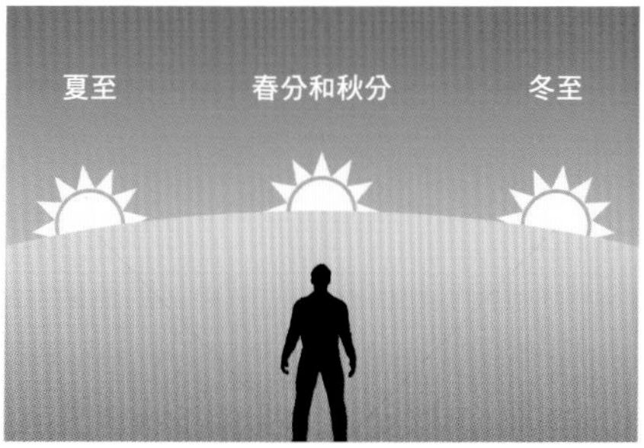

埃及的大人面獅身像是一個晝夜平分點的標記。在夏至時，日出是位在遙遠的東北方；冬至時，日出是位在遙遠的東南方。但在春分和秋分時，太陽會從正東方升起，那也是人面獅身像正對著的方向。照片：桑莎・法伊亞。

柬埔寨的吳哥窟神廟是正對著基本方向，因此在春分秋分時，太陽會從中央尖塔正上方升起。這時的神廟就像是神話中的國度，被萬道金光籠罩著。照片：桑莎・法伊亞。

上——西伯利亞丹尼索瓦洞穴的入口。這處遺址的發現改寫了人類的史前歷史。照片：桑莎・法伊亞。

下——從丹尼索瓦洞穴的主入口外，眺望山坡下的阿努伊河。照片：桑莎・法伊亞。

上——丹尼索瓦洞穴主廊的探溝。照片：桑莎・法伊亞。

下——雖然這個洞穴看起來像是製作特殊器物的工作坊，但洞裡的拱道和自然形成的天窗，讓丹尼索瓦洞穴充滿了大教堂的氣氛。照片：桑莎・法伊亞。

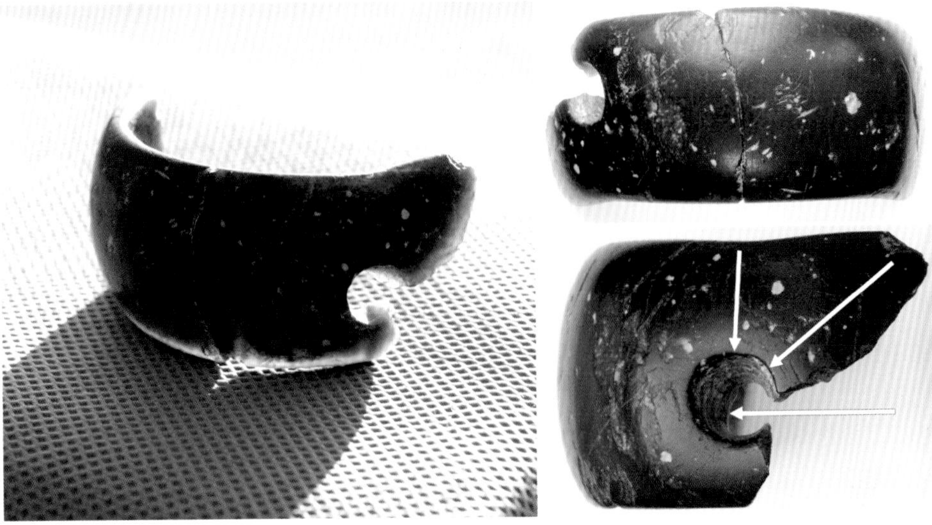

這些碎片原本是一個綠泥石岩手鐲，我們可以從形狀看出，手鐲的設計有吸收和折射光線的效果。雖然丹尼索瓦人被視為「就解剖學而言仍很原始」的人種，但從手鐲的工藝可以看出，他們已擁有極高的工藝水準，連同時期的解剖學上的現代人也望塵莫及。箭頭標示出的是鑽鑿痕跡。這些痕跡說明了，這種遠古冰河時期的科技，和當時的水準相比已經領先了數千年。照片：俄羅斯科學院考古與民族學研究所。

葛瑞姆・漢卡克和加州聖地牙哥自然史博物館的古生物館館長湯姆・德梅雷（右）。德梅雷和同事在賽魯迪乳齒象遺址挖掘出的證據中，包括一根被刻意直立在地面上，作為標記的象牙（左）。這就意味著早在十三萬年前，北美洲就有人類活動了。這比過去認定的美洲人類史還早上十倍以上。照片：桑莎・法伊亞。

在聖地牙哥自然史博物館的檔案館，檢視美洲在十三萬年前就有人類的一項證據。照片：桑莎・法伊亞。

在托普遺址和阿爾伯特・古德伊爾（左）的合照。古德伊爾不斷在克洛維斯層位下挖掘，並發現五萬年前的前克洛維斯人類的證據。照片：桑莎・法伊亞。

我在第十五章介紹過納斯卡高原上的地畫，如猴子和蜘蛛地畫。除了這兩種動物，地畫也描繪了蜂鳥，牠們都是亞馬遜雨林最具代表性的物種。照片：桑莎．法伊亞。

納斯卡地畫的主題並不限於幾何圖形（左下和右圖），它們也包括「禿鷹」（上圖）之類的肖像圖案。照片：桑莎・法伊亞。

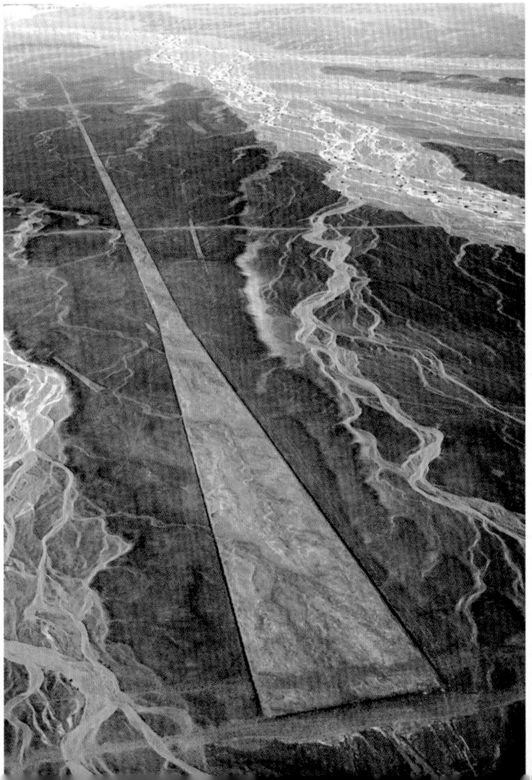

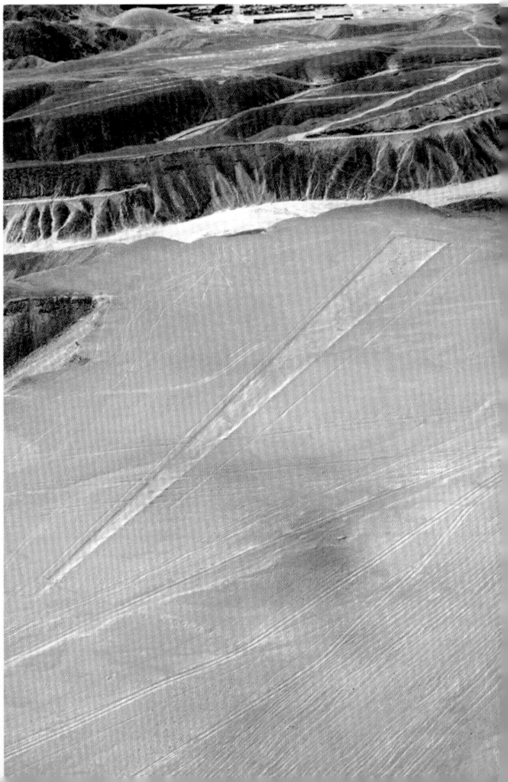

英國的巨石遺址，如巨石柱群和埃夫伯里巨石陣等，都包含了神聖的幾何形結構、土方工程和石圈。照片：桑莎・法伊亞。

上——埃及的大金字塔和它左邊的卡夫拉金字塔，都是正對著基本方向。照片：桑莎・法伊亞。
下——亞馬遜雨林的法曾達帕拉納土方工程遺址。它主要的正方形也是正對著基本方向。照片：馬爾蒂・帕西寧。

上——法曾達亞特蘭蒂卡遺址。它的主要地畫，是一個邊長兩百五十公尺的正方形，地畫是呈西北往東南走向，這種走向極可能是正對著六月夏至的日落，和十二月冬至的日出。但目前學者仍未對亞馬遜地畫進行過任何考古天文學調查。照片：馬爾蒂・帕西寧。

下——亞馬遜地畫通常是兩個或更多幾何形狀的組合。在圖中的法曾達西波爾（Fazenda Cipoal）遺址，有個包著一個正方形的圓角八邊形。照片：馬爾蒂・帕西寧。

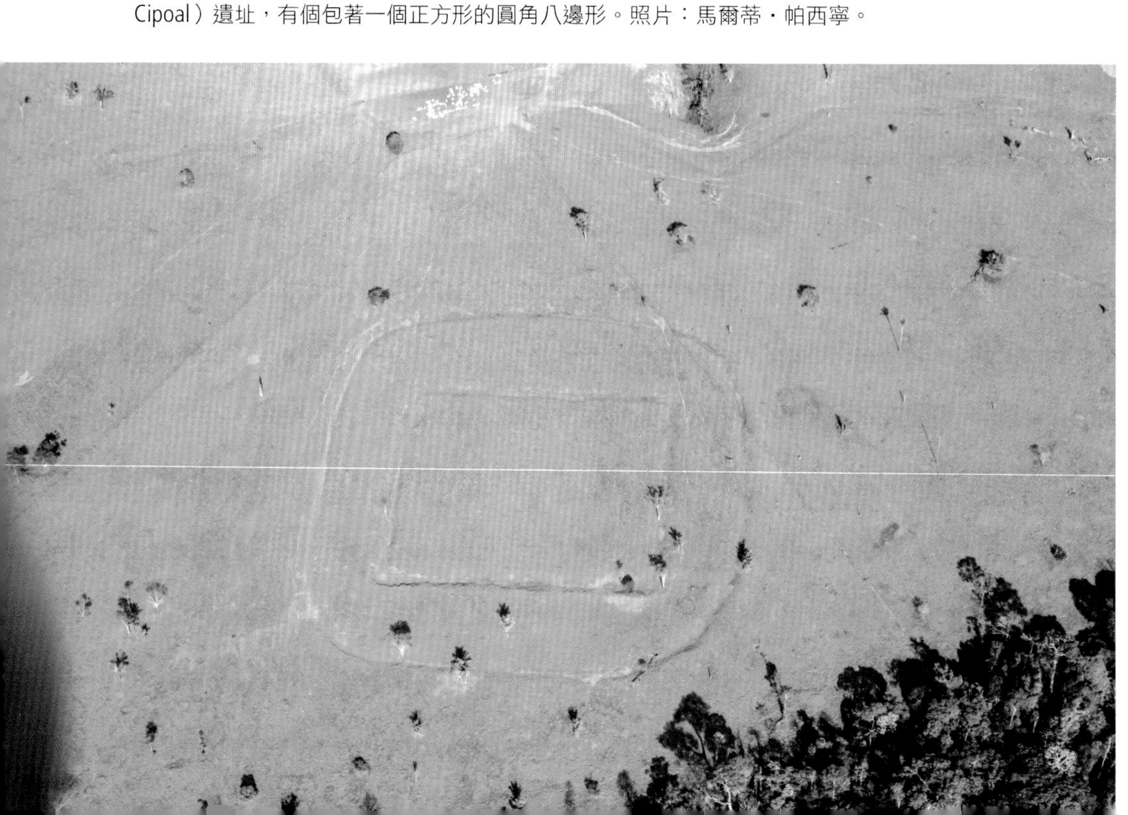

上——德奎合是一幅巨大的亞馬遜地畫。它的面積一度高達十五公頃，相當於三十七英畝。目前這幅地畫殘存的部分，只剩下兩個正方形。較大的正方形邊長為兩百一十公尺，正方形中還有兩個層層包裹的小正方形。較小的正方形受損很嚴重，邊長為一百三十公尺，其中又包裹著另一個正方形。這處遺址的中軸線就是通往大正方形的入口，這個四十公尺寬的入口是朝著西北方，並連接著一條長達一點五公里的堤道。照片：馬爾蒂·帕西寧。

下——雅各薩土方工程建築群的主要地畫，在背景中仍可看出有些耐人玩味的「化圓為方」幾何圖形。我在第十五章介紹過這些結構。照片：馬爾蒂·帕西寧。

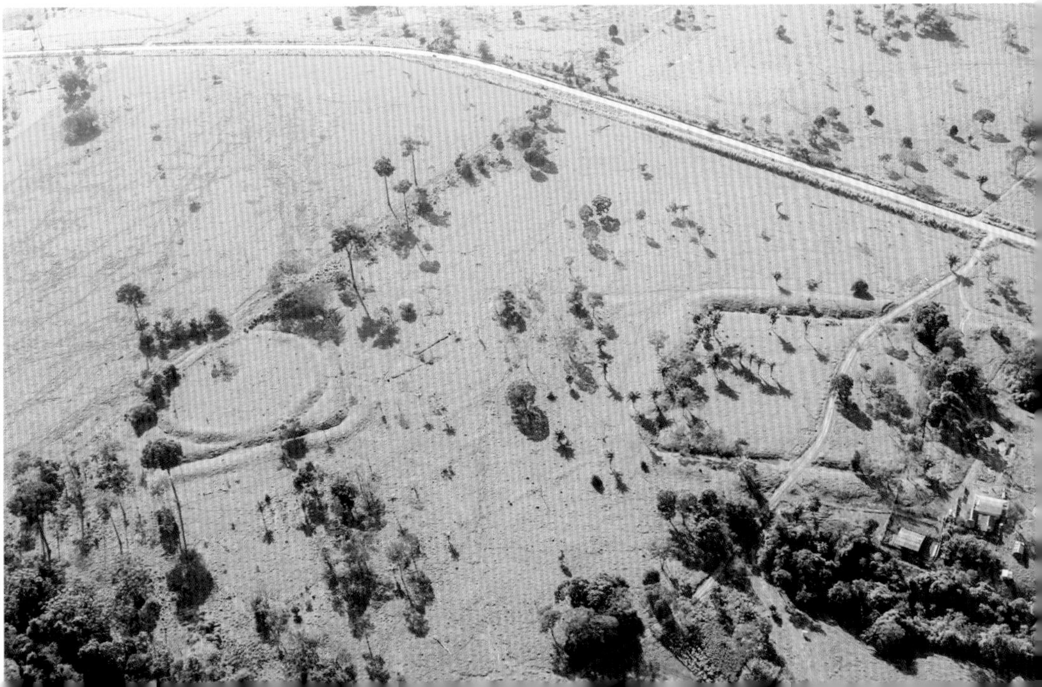

上——亞馬遜除了有壯觀的幾何土方工程，也有數量不明的巨石遺址。上圖的雷戈格蘭德石圈就是其中之一。我在第十六章曾介紹過它。照片：瑪麗安娜・卡布拉爾。
下——亞馬遜西部拉莫爾卡帕塔拉（Ramal do Capatará）的雙圓地畫。照片：瑞卡多・阿祖里／脈衝圖片。

法曾達科羅拉達遺址有一群布局很複雜的地畫，其中包括一個開口的大正方形。這個正方形也許和亞馬遜的死亡之謎，與靈魂來生之旅的信仰有關。請參見我在十七章的介紹。照片：馬爾蒂·帕西寧。

但如果它是自然形成的，那這些石塊又該做何解釋？這些石塊又為何會自然地排列成一道石牆，而且另一側還是巨蛇的模樣？

風化作用是有可能塑造出石牆或巨蛇般的結構，但這裡的空間很有限，卻同時出現石牆和巨蛇結構，這就不太可能是風化作用造成的結果了。

俗稱的「獅鷲巨石」就位在這座山丘上方幾百公尺處，但它對於解釋巨蛇之謎並沒什麼幫助。它只是另一塊充滿謎團的岩石露頭。這個露頭是朝南的，在它的花崗岩岩面雕刻著一個肖像，肖像從脖子底部到頭頂有三公尺高，從喙端到頭後方的冠毛有五公尺寬。這座肖像是個巨大神祕的彎喙鳥，因此它才會被稱為「獅鷲」。

是自然形成的，還是曾經過人工修飾？

有些人反對這個結構是人為的，因為鳥喙下半部仍沒有完成，而且仍和四周的岩床連在一起。也有人認為這個天然岩床有經過人為強化，因為在冠羽下方有三個像階梯般並排的小凹室。如果它們完全是天然形成的，那就太匪夷所思了。此外，在南美洲的安地斯山脈高處，也有些在岩石上開鑿出的類似結構，而且它們已經被確認是人造的。

我們爬下山丘時，弗拉基米爾仍不相信這些巨石結構是人造的，但我也不確定他是否有些動搖。幾天後，我們回到新西伯利亞，能使用較快的網路時，我便開始搜尋這個地區的蛇類資訊。

我發現阿爾泰山脈有六種巨蛇。其中體積最大，毒性最強也最讓人望而生畏的，就是哈里氏蝮（*Gloydius halys*），也就是西伯利亞蝮（Siberian pit viper）。

從西伯利亞蝮輪廓分明的眼睛、眉脊、頭部的大致形狀，和分叉的蛇信看來，我認為我們在阿爾泰山脈翻山越嶺，想要觀察的花崗岩「大地巨蛇」，它模仿的就是西伯利亞蝮。而且這種蝮蛇有時會吐出蛇信，讓蛇信垂掛在下顎中央，下顎因此看起來就像有道裂縫。「大地巨蛇」也很貼切地

模仿出這個特點。

但我們可以根據這些特徵，就判定它是某個冰河時期巨石文明的遺蹟嗎？或它算得上是巨石遺蹟嗎？當然不能這樣判定。同樣的，我們也不能判定獅鷲巨石是否是個巨石遺蹟。但可以肯定的是，這兩個結構和丹尼索瓦洞穴都位在一個神祕地區裡，而過去我們對人類遠古史深信不疑的一些觀點，都被來自丹尼索瓦洞穴的一些發現推翻了。

我們和弗拉基米爾、蘿莎、斯維特蘭娜與馬克辛姆告別後，夜幕也降臨在晴空萬里的西伯利亞。我們驅車前往南方八十公里，離丹尼索瓦洞穴只有二十公里的托波利諾耶鎮。那裡有另一對純樸友善的夫婦正在等候我們。他們將我們迎進家裡，請我們吃麵包、蜂蜜、剛擠出的牛奶，和其他營養美味的食物。

■進入丹尼索瓦的祕密山谷

這次接待我們的是帕品．阿薩圖良（Papin Asatryan）和艾琳娜．達倫斯基（Elena Darenskikh）。帕品留著深色的頭髮和鬍鬚，是一位從前蘇聯亞美尼亞來到阿爾泰區的移民。他的太太艾琳娜是一位金髮的西伯利亞人。他們都是五十多歲，孩子們在很早之前就長大離巢了。托波利諾耶鎮有一千一百位居民。和大多數鎮民一樣，阿薩圖良夫婦也都有正職，帕品是建築工人，艾琳娜是會計師。但他們也養了一些牛和山羊，還有一大片菜園。他們靠著生產的食物就能滿足大部分的生活需求。

當晚我在享用豐盛的晚餐時開玩笑說，如果二十一世紀的文明滅亡了，只有艾琳娜和帕品這樣

的人才能存活下來。像我這種一輩子都沒獵殺過一隻鹿，沒種過一顆甘藍菜，也沒有擠過牛奶的人，就只能坐以待斃了。

艾琳娜說：「不必擔心，我們會去救你們的。」

我們喝了幾杯濃烈無比的土產伏特加，接著在雙層床上睡了一夜好覺。我們在燦爛的晨光中醒來，接著又吃了一頓豐盛的早餐，內容包括雞蛋、麵包、果醬、水果、咖啡和一罐鮮奶油。早餐後，謝爾蓋發動了他的三菱小貨車，我們便沿著一條狀況不錯的道路開去。這條路並沒有鋪設瀝青或水泥，但至少經過整平。它是沿著阿努伊河（Anui River）修建的，湍急的河水上泛著片片白浪，讓我想起小時候常和祖父一起在蘇格蘭高地釣魚的溪流。

桑莎則認為這裡的風景頗有小說《魔戒》的氣氛。這裡是一個幽靜隱祕的山谷，遠方有高聳的山峰守護著。山谷有時處於群山環繞的陰影中，有時則是一片開闊，面對著起伏的山巒和小丘，山坡上是一叢叢入秋的雜樹小森林，河邊則是大片芳草鮮美的綠地。

地質學家稱這種地形為「喀斯特」地形。所謂的喀斯特地形，就是岩石經過數百萬年的不規則溶解形成的地形。這種岩石通常是沉積岩，而這裡的岩石則是石灰石。這種地形的特色就是遍布著大規模的伏流系統、滲穴和洞穴。丹尼索瓦洞穴就是無數的喀斯特洞穴之一。有些洞穴目前已經很有名氣，因為考古學家在這些洞穴中發現遠古人類的遺骸和遺物，但有更多洞穴至今仍沒有被深入研究過，其中更有些從未被探勘過。

謝爾蓋將小貨車停在一個剛完成的國家紀念碑指示牌下方，這塊指示牌被漆成棕色，很貼心地以俄文和英文標注著「丹尼索瓦洞穴」。我們身後的狹窄河段被兩個低堤岸包夾著，河邊就是一大片森林，森林一直延伸到遠方鋸齒狀的山脈。在我們這一側的堤岸，我們前方的樹木都被清除掉了。在路的另一邊是個約兩百公尺高的陡坡，長滿青草的山坡上半部還有個木製樓梯，樓梯一路延伸到

崎嶇的銀灰色喀斯特絕壁，絕壁底部有個幾近正方形的黑色洞口。它就是丹尼索瓦洞穴的入口。

這裡稱得上是世界上最重要的考古遺址，但現場卻空無一人，沒有科學家，沒有遊客，甚至連個警衛都沒有。洞穴附近有種被棄置的詭異感，在一片寂靜中，只聽到鳥鳴和草葉在風中擺動的聲音。從幾萬年前到現在，它就一直靜靜地看著日出日落，守護著大批祕密。

我並不介意這種孤寂安靜的感覺。能在這麼明朗的早上，獨佔欣賞這個遠古遺蹟，對我來說反而是件求之不得的事。

第八章

史料檔案館

丹尼索瓦洞穴名稱的由來，是因為在十九世紀初，一位名叫迪奧尼西．丹尼斯（Dionisij-Dennis）的修士曾在此居住修行，並在洞壁上留下塗鴉。在更早之前，阿爾泰區的居民則稱之為阿諸塔什（Aju-Tasch），意思就是「熊岩」。至於「熊岩」這個名稱是源自何時，那就無從考證了。但可以確定的是，早在二十八萬年前或更早之前，丹尼索瓦洞穴就曾被不同的人種使用和占據過。因此它也成了人類遠祖史檔案館眾多被遺忘檔案中，最重要的一項檔案。自從它在一九七七年被發掘後，就被公認是一個珍貴的考古資源，考古學家一直由淺入深地在洞穴進行發掘，不斷找出年代愈來愈久遠的生活層（occupation levels）中的祕密。

我想這已經是眾所周知的常識了，但我仍要再此重複說明一下。丹尼索瓦洞穴之類的考古遺址，通常是由排列有序，互不相干的地層構成的。在考古發掘中通常會發現的是，較上方的層位年代最

近，愈下方的層位年代也會愈來愈古老。因此考古學家才會把舊石器時代分為三個階段，它們分別是下舊石器時代、中舊石器時代和上舊石器時代。舊石器時代約介於三百萬年前到一萬兩千萬年前，而上舊石器時代則是介於五萬年前到一萬兩千年前。

丹尼索瓦洞穴最早發掘的兩個探溝都有四公尺深，探溝內地層剖面的各層位年代都比較接近現代，從其中發掘出的遺物，年代可以上溯自上舊石器時代。在之後幾十年來的發掘證實了，這些沉積層蘊藏著豐富、多樣又保存完整的遺物。丹尼索瓦洞穴也因此被公認為極具重要性的史前歷史遺址。

在過去二十八萬年的某些時段中，丹尼索瓦洞穴曾斷斷續續地被尼安德塔人占據。目前已經絕種的尼安德塔人，和現代人的親緣關係很接近。大家都知道人類的祖先曾和尼安德塔人雜交，因此某些現代人的DNA中，仍有百分之一到四是來自尼安德塔人。也許直到五萬年前，尼安德塔人仍在使用這個洞穴。但直到二〇一〇年，我們才從證據發現一項驚人的事實，那就是丹尼索瓦洞穴曾存在著另一種科學界從未發現的人種。我們現在知道，這種人種也曾和人類的祖先雜交。這個在過去一直默默無聞的偏遠洞穴，從此就成了世上最重要的考古遺址。

這個驚人的消息，最初是被揭露在二〇一〇年十二月出版的《自然》期刊。這篇指標性論文的標題是〈西伯利亞丹尼索瓦洞穴的一個遠古原始人類族群的遺傳史〉（Genetic History of an Archaic Hominin Group from Denisova Cave in Siberia），共同作者包括一群頂尖的生物分子工程學家、遺傳學家、生物學家，和幾位只具陪襯功能的人類學家和考古學家。這篇論文說他們發現了「一個遠古人類少年的指骨。這截指骨是在第十一層位被發現的，年代約介於五萬年前到三萬年前。這個層位中還有一些小石刃片，和拋光的石製首飾。這些石器是典型的上石器時代工藝品，而在一般人的認知中，上石器時代工藝則是現代人（晚期智人）特有的工藝。」

但讓人大吃一驚的是，研究人員對這截指骨做了詳盡的DNA分析後，發現指骨的主人並不是解剖學上的現代人，也不是尼安德塔人，而是在一百萬年前左右，從解剖學上的現代人和尼安德塔人的共同譜系上，分支出的一個物種。這種過去未被發現的物種，被判定為「尼安德塔人的一個姊妹群」。

■遠古刑案鑑識

我們爬上洞穴時，我一直想著DNA。因為要解開丹尼索瓦洞穴之謎的一個好方法，就是把它當成一個刑案現場。長久以來，一直沒有人看出這裡是個刑案現場，因此它便遭到忽略和污染。原本的物證現在多半消失了，只剩下一些骨骼和牙齒。但這些僅存的物證中，也許仍殘留有足夠的基因物質，讓我們能釐清那裡發生了什麼事。

雖然我想把它當成一個刑案現場，但我一走進洞穴就有一種強烈的感覺，覺得這裡是個神聖又神祕的空間。洞口大約是朝向西方，俯瞰著一直延伸到阿努伊河的陡坡。在那個豔陽高照的早上，洞外強烈的陽光在反射後穿過洞口，照亮了洞內巨大的「主廊」（Main Gallery）。在數千年來的無數早晨，陽光一定也曾像這樣反射進洞穴內。我抬頭看到一個天然的狹窄窗口，它就位在洞口附近的主廊西側上方十公尺的穴頂中。有更多陽光從窗口射入，但它在遠古時代顯然是個煙囪。

我停下腳步，吸了幾口洞穴內涼爽潮濕的空氣，並四下看看。映入眼簾的是像枯骨一樣白的岩壁，岩壁上不但長了苔蘚，還布滿了最近留下的醜陋塗鴉，裸露的表面幾乎都被破壞了。雖然如此，這些岩壁仍散發出一股莊嚴古老的宏偉氣勢。這裡有幾條高聳的拱道，讓洞穴更顯得氣勢非凡。

拱道通往較小又隱密的東廊和南廊，它們就像是這座史前大教堂的側堂。我之所以用大教堂和側堂為比喻，其實是刻意的，因為丹尼索瓦洞穴系統真的很有「大教堂」的氣氛。但我並不認為這裡曾被當成宗教或信仰的場所，雖然這也不無可能。但從大量考古證據看來，這裡長久以來應該都是個「工廠」或「工作坊」。人們從很遠的地方把原料運到這裡，再進行加工和塑形。

我們在前往丹尼索瓦洞穴前，曾匆匆參觀過位在新西伯利亞的西伯利亞人民博物館。從參觀結果就能證明我的推論沒錯。我們在參觀時，博物館館長伊琳娜・莎妮可娃（Irina Salnikova）對我們解釋說，很遺憾博物館的丹尼索瓦展覽室只有寥寥無幾的展示品，因為很多蒐藏品不是被送到別處展示，就是在實驗室等待深入調查。她只能讓我們看到很多精細程度不一的石器，有些石器非常原始，有些則很複雜。除此之外，我們也看到一些奇特又美麗的珠寶。其中包括幾個有雙錐形洞口的垂飾，一些圓柱狀石珠，一個以大理石刻成的戒指，一個以猛瑪象象牙雕刻的戒指，和一些也許是用來收納骨針，以便攜帶的骨製管狀物。

這些遺物都是在洞穴中的三個長廊被發現的，而製作原料有很多都是從很遠的地方運到洞穴的。既然我已經來到洞穴了，我就能親眼看看這三個長廊，和以小釘和標籤標示出不同生活層的露天探溝。在主廊中央的一個長方形的大探溝，它約有五公尺深，四公尺長，三公尺寬。丹尼索瓦洞穴的探溝中都有跨越不同年代的成層結構，就像是能穿梭時空的機器。而其中最具代表性的，就是這個長方形大探溝。大探溝從第九到第二十層位，都是冰河時期的生活層。其中以第九層位的年代最近，位於底部的第二十層位最古老。

開挖工程一直深入到第二十二層位。根據最初的考古進度報告，在第二十一、二十二層位，和較古老的層位中，都可以看到標示用的小釘和標籤，但它們現在已經消失了。參與發掘者在研究中指出，他們曾在這兩個極古老的層位發掘出人造工具和遺物，根據輻射熱致發冷光法（radiother-

moluminescence）的鑑定，它們的年代約在十五萬五千年到二十八萬兩千年前。「從第二十二和二十一層位發掘出的石器具有一些特色，它們都是以勒瓦哇技術（Levallois）和平行石器減縮加工法（stone reduction）製作的。這些石器中，絕大多數都是刮削工具和凹刻的鋸齒緣工具。」

我知道在這三個長廊中的發掘過程中，除了發現一些遺物，也發現了尼安德塔人和丹尼索瓦人的骸骨。這些遺物和骸骨就分布在多個舊石器時代生活層中。但我那天早上的觀察重點是東廊的第十一層位，因為那裡曾發現一些不尋常又別具特色的工具和首飾。

考古學家對其中的一些遺物也感到大惑不解。

■尋常和不尋常的東西

我在參觀西伯利亞人民博物館時，一直無緣看到這些特別的遺物，因此覺得很困擾。但我從研究中得知，這些遺物幾乎都是從東廊的丹尼索瓦生活層發掘出的，其中也包括更多「正常」和「尋常」的遺物。考古學家將這個層位命名為第十一層位，並判定它是屬於上舊石器時代，年代介於兩萬九千兩百年到四萬八千六百五十年前。

十九世紀，考古學家在歐洲辨識出第一批尼安德塔人的遺骸。在之後很久的一段時間中，考古學界一直有個基本假設，一個從未被質疑過，一直被視為是不證自明的真理的假設。人們認為尼安德塔人是一種比智人古老，演化程度較低的人種。這個人種絕不可能發展出能和智人相提並論的文化水準，他們也從不敢有這種奢望。

在之後一百多年中，考古界不斷進行後續分析，也做出更多發現。雖然如此，他們仍把尼安德

塔人描繪成生性殘忍，步履蹣跚又愚笨的次人類，和我們比起來簡直就是白癡。但在二〇一〇年代初之後，陸續出現的大量證據讓考古學家愈來愈確定，必須重新建立尼安德塔人的形象。考古學家認為他們是很敏感、聰明，能使用符號，具有高等思考能力和創作力，又能進行技術革新的生物。這個新形象不久就會成為考古界的正統觀點。

在幾十年前考古學家一直認為，只有解剖學上的現代人，才有能力創造各種工具和象徵性遺物。解剖學上的遠古丹尼索瓦人，是和尼安德塔人親緣關係很近的「姊妹物種」。既然尼安德塔人的即有形象已經被顛覆了，那我們也沒有理由去認定丹尼索瓦人沒有能力創造各種工具和象徵性遺物。

但，一個令人費解的問題出現了。

在從東廊入口區的舊石器時代沉積層，尤其是在第十一之一層位，發掘出的「不尋常又別具特色的遺物」中，有兩塊來自某個深綠色綠泥石岩手鐲的碎片。手鐲在完整時的寬度為二十七公釐，厚度為九公釐，原始直徑約為七十公釐。研究人員對手鐲進行了詳盡的磨損分析後，發現一個很詭異的現象：「這件遺物在製作過程中，採用了多種石器製作的工法，其中包括一些非典型的舊石器時代工法。這個手鐲反映出極高的工藝技術水準。」

安納托利·德雷維安科（Anatoly P. Derevianko）、麥克·桑可夫（Michael V. Shunkov）和帕維·沃爾科夫（Pavel V. Volkov）在《歐亞大陸的考古學、人種學和人類學》（*Archaeology, Ethnology and Anthropology of Eurasia*）期刊上，發表了他們對這個手鐲做的詳細科學分析。他們說這個手鐲特別值得注意之處，就是「位於手鐲一側邊緣的一個鑽孔」。他們指出：「這個鑽孔是以一個固定鑽，經過至少三個階段鑽出的。從鑽孔表面的痕跡看來，鑽子的轉速一定很高。鑽子的旋轉軸只有很輕微的振動，而且以旋轉軸為中心轉動了很多次。」他們因此做出一個推論：「這個手鐲提供了一個絕無僅有，又讓人意外的證據。它證明早在上舊石器時代初期，雙面高速固定鑽孔技術就已經存在了。」

這可是個非同小可的發現。

這些研究人員的言下之意就是，這個手鐲不但特別，而且並不該出現在那個時代。他們在論文中提到，這個手鐲的製作技術和工藝，在舊石器時代是「絕無僅有」的。如果說得更淺顯一點，他們指的就是在過去所有的舊石器時代發掘中，從未發現過這樣的技術和工藝。更重要的是他們還提到，利用不會留下振動痕跡的弓鑽，進行固定鑽孔之類的技術和工藝，是直到幾千年後的新石器時代才再度出現的。這幾位作者因此指出，這個手鐲顛覆了考古學界的一項「普遍假設」，那就是「鑽磨石器技術是在上舊石器時代開始出現的，但直到新石器時代，它才具備一些高度發展工藝的特徵。」

由此可見，這個奇怪的手鐲，無疑是出自解剖學上的遠古人類的手筆。不僅如此，它也證實了早在上舊石器時代，這些遠古人類就已經精通一些很先進的加工技術。我們一直認為智人是更先進的物種，但智人也是直到數千萬年後的新石器時代，才首度掌握這些技術。我們總以為只有智人擁有藝術感受性和自我意識。但這個手鐲也證明了，丹尼索瓦人一定和智人一樣，擁有這兩項特質。因為從這個手鐲的構思、設計、製作，一直到使用的各個階段，顯然都是一種有意為之的過程。而能刻意去構思、製作並使用它的生物，顯然就是某種人類。

丹尼索瓦人的頭骨結構和現代人的很不一樣。這也難怪，畢竟他們被視為是尼安德塔人的「姊妹物種」。雖然如此，這個被當成個人飾品的手鐲，風格和設計卻很現代。而且考古重建也證明了，這個手鐲曾是個極具美感的飾品。

這個手鐲的直徑只有七十公釐，因此「就算再細的手掌也不可能套得進去」。但這個手鐲顯然曾被配戴過，而最可能的解釋就是，它原本是個扳手狀的開口結構，並不是完全環繞著手腕，而是有一段缺口：「手鐲的缺口端可能是錐狀的，這樣就能輕易地套在手腕上。從手鐲的大小，和手鐲

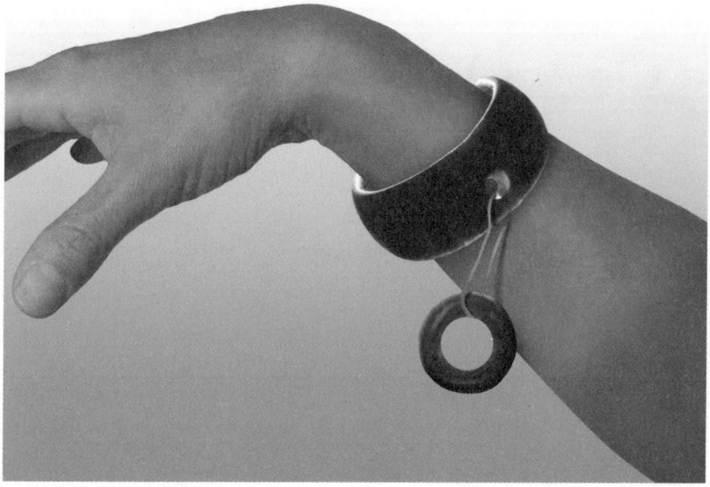

重建後的手鐲：手鐲的形狀很像扳手的開口處，是從側面套在手腕上。

末端內側長期磨損的痕跡看來，它一定是緊緊地套在手腕上。」

研究人員除了發現「手鐲內側表面和人類皮膚長期接觸的證據」，也在手鐲上發現「人類皮膚脂肪的殘留」。這些經歷數萬年遺留下的蛛絲馬跡，讓我們對這個手鐲產生強烈的親切感。這些線索讓人不禁納悶，這個手鐲最初是為誰製造的。從專家推估的直徑看來，手鐲主人的手腕一定很纖細優雅，否則配戴起來就不會合手。這個手鐲很稀罕，極具藝術性，而且價值很高，因此不太可能是讓兒童配戴的。研究人員在報告中說：「手鐲會在陽光下閃閃發亮；在夜晚的營火旁，則會閃耀著變化萬千的墨綠色光澤。它既脆弱又高雅，因此極不可能是日常配戴的飾物，顯然是只在很特殊的場合配戴的。這個手鐲的材質很罕見，拋光又很細致，由此可見它是個貴重飾品，擁有者一定是用它來彰顯自己崇高的身分地位。」

綜合所有線索，我們可以合理地推論，這位在數萬年前擁有纖細手腕的手鐲主人，一定是一位女性。如果真是如此，不管她的身分地位如何，她一定很有審美眼光，對樣式的品味一定也很獨到。這個手鐲有個蠻巧妙

的配件，那就是在很長的時間中，鑽孔上都穿著一條皮帶，皮帶另一端掛著一個垂飾。雖然皮帶和垂飾都早已消失了，但鑽孔四周磨光的痕跡證明了它們確實曾經存在：「磨光的區域並不大，這就表示垂飾很有分量。由於垂飾很重，皮帶擺動的幅度也很有限。從被磨光區域的輪廓，就可判斷出手鐲上下兩側的位置。接著我們也可從上下側的位置，判斷出手鐲是配戴在右手。

我們觀察過手鐲上親密接觸的痕跡，就會發現這位遠古人類和我們幾乎沒什麼分別。但我必須承認，這只是我的猜想。也許手鐲並非只有單一的主人。它也許是一件珍貴的傳家之寶，在母女間代代相傳。

不管真相如何，我們只能確定這個手鐲曾斷過兩次。第一次是不小心被弄斷的，而且在斷裂後仍被當成寶貝，因為它曾被小心地修復了。它是用一種黏著力極強，但我們仍無法辨識出的黏膠修復成原型的。

第二次斷裂的情況就很不一樣。這個手鐲似乎是被刻意「撞擊在一個堅硬表面上」斷裂的。至於動機為何，我們也沒有頭緒。

■針眼

第十一層位的下半部，年代約在五萬年前左右。但手鐲的出土位置是在上半部，被命名為第十一之一的層位，層位的年代被暫定為約三萬年前的上舊石器時代。這個已經具有新石器時代特徵的手鐲，是在新石器時代的兩萬年前左右就出現了。

這是個充滿謎團、耐人尋味又有嚴重時空錯置的手鐲。但我們於二〇一七年九月前往西伯利亞

時，我並沒有看到它，桑莎也無緣拍攝它。讀者可以想見我們有多失望吧。通常它是被保存在新西伯利亞的西伯利亞人民博物館，但就是這麼巧，在我們短暫的造訪期間，它已經離開新西伯利亞市了。它當時並不在西伯利亞，甚至不在俄國，而是被運往法國展覽。

我和博物館館長伊琳娜．莎妮可娃說，我們遠道而來為的就是要看看它。但莎妮可娃說它已經不再公開展出了，現在正被交由一個「國際考古學家團隊」研究。

和它一起消失的還有一根精細的骨針，它也是一件異常遺物。這根骨針長七點六公分，在針尾有個直徑不到一公釐的細微鑽孔。這根針有點彎曲，就像現代的手術縫合針。它是於二〇一六年夏天，在中穴室第十一層位的下半部（十一之二層位）被發掘出的。我在二〇一七年九月走訪新西伯利亞時，關於它的詳細分析報告還沒有發表；但俄國媒體已經報導了這項發現。

麥克．桑可夫教授是手鐲分析報告的共同作者之一，也是俄羅斯科學院考古與民族學研究所的所長。他對這項發現的評論是：「這是本季最獨特的發現，甚至稱它為最令人震撼的發現也不為過。」他的同事馬克辛姆．科茲利金（Maxim Kozlikin）博士也補充說：「它是從丹尼索瓦洞穴出土的最長的骨針。我們過去也曾在洞穴中發現其他骨針，但它們都是在年代較近的考古層被發現的。」

他所說的「年代較近的考古層」，指的是手鐲出土的第十一層位上半部。幾年前，第十一層位確實曾發掘出其他較小的骨針。這些骨針也有鑽磨出的微小針眼，它們通常是出現在新石器時代沉積層，在舊石器時代沉積層比較罕見。正因為這樣，懷疑者便有理由認為，丹尼索瓦洞穴的年代也許有修改的必要。有人提出一個假設，認為手鐲和小骨針其實是新石器時代的遺物，但後來卻莫名其妙地在沉積層中下沉，最後來到第十一之一層位。懷疑者認為它們一定不屬於這個層位，因為它們顯然太先進了，又不具那個層位的特徵。

這種猜想後來被推翻了，因為在二〇一六年，考古學家又在洞穴內發現一些骨針。它們比之前

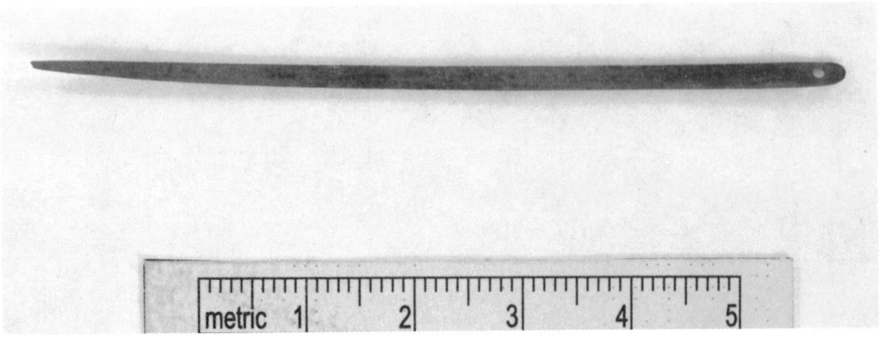

這個精致的骨針長度為七點六公分，針尾處還有個直徑不到一公釐的細微鑽孔。它是於二〇一六年在丹尼索瓦洞穴被發現的。照片：俄羅斯科學院西伯利亞分校的考古與民族學研究所。

的骨針更長、更精細，製作工藝也更完美，而且它們被發掘出的位置，並不是在第十一層位和第十層位交界附近，也就是該層位較上層，年代較近的位置。它們的真正位置，是在第十一層位和第十二層位的交界附近。我之前介紹過，第十一層位下半部經過加速器質譜法（accelerated mass spectrometry）鑑定後，年代約在距今五萬年前（但它的年代也許還要更古老，因為五萬年前是放射性碳年代測定法的上限）。

到了二〇一六年下半年，懷疑論者失望了，因為丹尼索瓦洞穴的神祕遺物的年代，不但沒有被證實是比較接近現代，反而似乎比原本估算的還古老得多。二〇一七年，《西伯利亞時報》發布一則驚人的新聞後，更證實了這些遺物的年代非常古老。研究人員重新評估過第十一層位，也對該層位的各內部層位進行重新檢驗和年代鑑定。調查結果顯示，這個手鐲並不是像最初被認定的，有三萬年的歷史，而是有五萬年的歷史。

一年後，《西伯利亞時報》又刊出一則報導，推測它的年代也許還要更古老，也許有「六萬五千年到七萬年的歷史」。

桑可夫並不喜歡這種推測，他指出這個手鐲的年代很久遠，已經具有舉世公認的重要性，而且它也徹底改變了考古學家的歷史觀。除非相關的專家已經對它的年代達成共識，否則他也不想斷言它是來自更古老的年代。他解釋說：「在專家們

達成共識前，我不願發表任何意見。」此外，他還說有些資料仍很「混沌不明」，需要進一步釐清。「如果我們有朝一日能達成共識，我們會先發表論文，而不是用口頭報告。」

我可以理解他為何會這麼戒慎恐懼。湯姆．德梅雷曾在《自然》期刊發表他對賽魯迪乳齒象遺址做出的發現和結論。他知道他的論點極具爭議性，因此猶豫了很久才決定發表。他當時一定也和桑可夫一樣戒慎恐懼，而且理由也大同小異。這一類的發現會顛覆多年來一直被科學界奉為圭臬的共識，因此一定要小心謹慎，必須在時機成熟時才能公布。

後來陸續出現一些足以顛覆主流學說的發現，但一些關於丹尼索瓦人的流言也不斷傳出，聲稱「即將出現多個重大新聞」。這段文字是我在二〇一八年寫下的，這時西伯利亞的阿爾泰區，仍是地球上唯一有丹尼索瓦人遺骸出土的地方。被發現遺骸的數量很少，但遺傳科學真的很奇妙，它能根據我之前介紹過的指骨、一些牙齒、骨骸碎片，和從洞穴地板上的一些灰塵，確認丹尼索瓦人至少在十七萬年前就在洞穴內生活過。他們在十一萬年前和五萬年前左右也曾回到洞穴。

尼安德塔人和我們的祖先曾同時生存在地球上，而且也曾互相雜交。同樣的，丹尼索瓦人和尼安德塔人也曾同時存在並雜交過。此外，丹尼索瓦人也和尼安德塔人一樣，曾和解剖學上的現代人雜交。這些雜交過程都產生了具有繁殖能力的後代。在二〇一八年八月，考古人員在丹尼索瓦洞穴又發現一個骨骼碎片。它有超過五萬年的歷史，而且保存得仍很完整，可以進行基因定序。分析結果顯示，這個碎骨的主人是一位年約十三歲的女孩。她的媽媽是尼安德塔人，爸爸是丹尼索瓦人。

在雜交的過程中會出現雙向的基因交換，這種交換會發生在尼安德塔人和丹尼索瓦人之間，尼安德塔人和解剖學上的現代人之間，和丹尼索瓦人和解剖學上的現代人之間。經過數萬年，這個遺傳脈絡已變得盤根錯節。要釐清基因的來歷並不容易，我就以一個例子說明它的難度。

研究人員如果在現代人體內發現丹尼索瓦人的DNA，他必須考慮到一種可能性，那就是這個

ＤＮＡ片段，也許並不是他的人類祖先和丹尼索瓦人雜交時獲得的。它的來源也許要追溯到好幾十代之前，一個尼安德塔人和一個丹尼索瓦人的雜交。這三個人種還可能有各種錯綜複雜的基因交換方式，但藉由強大的電腦，遺傳學現在已經能把這團糾纏不清的基因和生命理出頭緒。

我們現在似乎可以確定的是，尼安德塔人、智人（也就是現代人在生物分類學上的名稱），和丹尼索瓦人在約一百萬年前都有個共同的祖先。尼安德塔人分支和現代人分支的分歧，是發生於四十七萬年前或更早，也許甚至遠在七十六萬五千年前就分道揚鑣了。尼安德塔人分支和丹尼索瓦人分支的分歧，是發生於三十八萬一千年到四十七萬三千年前。因此目前的人類，或多或少都繼承了尼安德塔人、丹尼索瓦人和遠古智人的基因。

■跨界雜交

現代的阿爾泰區居民的一大特徵，就是他們只繼承到微乎其微的丹尼索瓦人的ＤＮＡ，比例遠不到百分之一。而擁有最高比例丹尼索瓦人ＤＮＡ的人類族群，就是「位於地理隔離區域的新幾內亞和澳洲的原住民。比例高達百分之三到四」。

第一次詳細的調查顯示，某些族群中丹尼索瓦人的ＤＮＡ比例還要更高一點。舉例來說，「目前的美拉尼西亞人的基因組中，有百分之四到六是來自遠古丹尼索瓦人的遺傳物質。」之後的調查也發現，在印尼東部、菲律賓群島、近大洋洲、遠大洋洲和美洲的族群，也擁有比例不一的丹尼索瓦人血統。

乍看之下，這似乎有些匪夷所思。丹尼索瓦洞穴是位在西伯利亞南部的阿爾泰山脈深處，但丹

尼索瓦人的血統卻能傳播到數千哩外的新幾內亞、澳洲，甚至更遠的美洲。丹尼索瓦人在洞穴生活時，距離現代已經有數萬年。在這段時間中，他們偶爾還會和尼安德塔人與解剖學上的現代人雜交，透過各種錯綜複雜的脈絡散布他們的基因，而且還不斷地遷徙。我們甚至不確定這個洞穴是否是丹尼索瓦人分布範圍的中心。但根據最近發現的證據，我們知道那裡並不是。丹尼索瓦洞穴可能只是位在丹尼索瓦人活動範圍的邊陲地帶。

事實上，一群科學家已提出一個強而有力的論點，認為遠古丹尼索瓦人的故鄉並不是西伯利亞，甚至不是亞洲，而是「華勒斯線（Wallace's Line）以東的地區」。這群科學家中，也包括阿得雷德大學的阿蘭．庫珀（Alan Cooper），和倫敦自然史博物館的克里斯多福．斯金格（Christopher Stringer）等知名人士。

所謂的華勒斯線，就是一道很深又有湍急海流的海溝，這道海溝將西方的亞洲和東方的澳洲分隔開來。它被視為「世上最大的生物地理隔離（biogeographic disjunction）之一」，這樣的理解其實很正確，因為就算在末次冰河時期，海平面下降時，想要橫越這道海溝，由東往西或由西往東遷徙的人，都要面對艱巨的挑戰。敢嘗試越過這道海溝的人，一定都是想探索未知領域的無畏探險家，而且還要具備充足的航行和辨識方向的技能，這樣才能穿越這道位在峇里島（Bali）和龍目島（Lombok）之間，寬達三十公里的海溝。這道海溝不但很深，上方的開放水域也不時出現驚濤駭浪。不僅如此，就算他們順利越過海溝，還要再穿越更寬的帝汶海峽。這個可怕的天險是一片開放水域，就算在海平面最低時也有九十公里寬。

西伯利亞的極西方曾發掘出丹尼索瓦遺物，而且我們也能從丹尼索瓦人的遺骸，分析出完整定序的基因組。既然如此，我們在研究澳洲原住民和美拉尼西亞人，為何會與丹尼索瓦人明顯的基因相似度時，除了訴諸跨海航行理論，似乎也沒有更好的解釋了。在極古老的時代，一定有人曾越過

這片海域，並藉此散播了丹尼索瓦人的基因。這次基因流動當然是由雜交造成的，但我們不確定的是，雜交的始作俑者是丹尼索瓦人，或是某些血統中混雜了大量丹尼索瓦人基因的未知人種。

我們也不確定丹尼索瓦人失落的故鄉在哪，只能先做出假設。它是否就像庫珀和斯金格說的，位在華勒斯線以東？或在華勒斯線以西的異他陸棚（Sunda Shel）的平原和大草原上？這個陸棚在末次冰河時期時仍在海面以上，當時的馬來西亞半島、蘇門達臘群島、爪哇島和婆羅洲，都還只是一個相連的陸塊。

不管真相為何，我們至少可以確定，在當時對這個區域的居民而言，九十公里寬的開放水域並不構成障礙。既然如此，也許在更久之前也有人曾橫渡這片水域？就算說他們曾橫越太平洋來到美洲，那也不是不可能的事。

第九章

美洲原住民奇怪又神祕的遺傳血統

雖然達爾文和他的後繼者已經努力說明什麼是演化，但人們從沒有完全認清它到底是什麼。所謂的「演化」，就是一連串的變異，和一連串守恆的舞蹈。這是一場沒有止境、糾纏不清、錯綜複雜，讓人看得眼花撩亂的舞蹈，舞蹈的編舞者就是DNA。

但我們以超高倍顯微鏡觀察DNA時，就會發現其中有些明顯又可識別的模式。我們都是一個人類大家族的成員，因此我們可以藉由這些模式，建立起不同族群的親緣關係。就算某些族群在今日看似毫不相關，分散在天南地北，他們也可能有很緊密的親緣關係。我們建立起族群的親緣關係後，就能追蹤他們在史前時代的遷徙和交流狀況。

進行這項工作必須仰賴很複雜的科技，也就是二十一世紀最先進的基因組學。但這項分析也揭露出過去不為人知的線索，讓我們了解到人類被遺忘的過去。我們也能藉此找到被塵封數萬年的文

化，接觸到人類集體記憶中祖先的經驗。

本書並不是遺傳學的教科書。我也不想介紹太多細節，免得讓讀者浪費太多時間。但有些基本觀念是不得不說的，大家了解這些觀念後，我才能繼續說下去。

一、DNA是遺傳的基因機制中的一環。在二十世紀末和二十一世紀初，科學有突飛猛進的發展，因此我們已經能藉由各種極複雜的科技，對人類細胞不同類型的DNA進行仔細研究。透過這些研究的結果，我們已經能更深入了解個人與個人之間，甚至整個族群之間的基因關聯度。

二、粒線體DNA（mtDNA, mitochondrial DNA）是位在人體細胞內包圍著細胞核的細胞質中。男性和女性都會繼承到它，但只有母系的粒線體DNA才能遺傳給下一代。我們可以藉由粒線體DNA辨識出共同母系祖先的血統脈絡，但卻無法辨識出父系祖先的血統脈絡。遺傳學家之所以對粒線體DNA感興趣，是因為它的數量很多，在每個細胞內都有大量副本，能提供大量研究材料。

三、細胞核DNA就不是這樣了。父系和母系的細胞核DNA都能遺傳給下一代。在每個細胞內，只有兩個細胞核DNA的副本，但其中編碼的基因訊息卻遠多於粒線體DNA，因此能藉著它進行更完整和精確的基因關聯度分析。

四、細胞核內也有決定性別的DNA染色體片段。如果你有兩個X染色體，你就會是女性；有一個X和一個Y，你就是男性。Y-DNA只能由父系遺傳，因此我們能從Y-DNA判定共同的父系祖先。但X-DNA可以由母系和父系遺傳，因為男性和女性都有X染色體。因此我們可以藉著X-DNA，沿著特定的遺傳支脈篩選出共同的祖先。

DNA和DNA分析的專門知識，是建立親緣關係的工具。但了解這種知識真的重要嗎？如果你想深入了解，那當然很好，因為這是一門有趣的科學。但如果你不想深究，那也無所謂。這就像你不必精通管路工程，也可以打開水龍頭；不必了解複雜的機械工程學，也可以開車；不必有豐富的醫學知識，也可以接受手術治療。

換句話說，遺傳學和考古學在本質上有很大的差異。遺傳學是一種「硬科學」，專家發表的任何意見，都要以事實、測量結果和可複製的實驗為依據，而不是只靠推測或先入為主的想法。

遺傳學家當然也會犯錯。他們也常會在專業期刊上，針對彼此南轅北轍的意見深入討論。當然了，工程師、水管工和外科醫生都是有專業知識的專家，也都會犯錯。但我們只要相信他們，問題多半都能迎刃而解。同樣的，遺傳學家是利用最高科技的工具，以最先進的方法分析遠古的DNA而得出結論。只要我們相信這些結論，通常也能解開遠古之謎。

■兩個遺址，兩個家族，一個人種

請各位注意，我想為大家介紹的是我們祖先大略的故事，因此大家並不需要了解長串DNA的「霰彈槍定序法」（shotgun sequencing），或其他莫測高深的科技。這個故事中最重要的例子，是來自兩個遠古遺址，它們分別位在西伯利亞和蒙大拿省。

西伯利亞的遺址是位在貝加爾湖西方，大別拉亞河畔的馬爾塔村。以直線距離而言，它就位在丹尼索瓦洞穴東方一千多公里。但要徒步穿越蜿蜒的山谷，越過極高的山隘，那距離就遠得多了。這裡的人類史並不像丹尼索瓦洞穴那麼久遠，但這裡卻是一個上舊石器文化遺址。多年來，考古學

家一直稱之為馬爾塔村文化。這個文化遺留下很多美麗又神祕的藝術品，它們都有兩萬年以上的歷史。這些藝術品的一部分是以猛瑪象的骨骼和象牙製成的，其中有長頸水鳥的優美雕刻品，和三十個人形維納斯像。《自然》期刊的一篇論文指出，這些維納斯像「在西伯利亞很罕見，但在歐亞大陸西部各處的多個上舊石器遺址都曾被發現過。」

馬爾塔的主要發掘，是在一九二八年到一九五八年進行的。考古人員在發掘中發現兩個古墓，墓中的兩個小孩都有些奇特又美麗的陪葬品，如垂飾、徽章和飾珠。其中一個小孩年約三、四歲，目前被考古學家稱為MA-1。他是被埋在一塊石板下，身旁還有一個維納斯像。「他戴著一頂象牙頭冠、一串項鍊和一個鳥形垂飾。」此外，他的骸骨上還有顏料的殘跡。目前他被保存在聖彼德堡的冬宮博物館，一個高級國際研究團隊曾在二〇〇九年到博物館研究他的骸骨，成員多半是遺傳學家和演化生物學家。

科學家在骸骨上鑽採出一些少量樣本，並以加速器質譜碳年代測定法檢驗它們，結果顯示年代為兩萬四千年，誤差為正負數百年。研究人員對樣本進行更詳細的檢驗後，宣布他們已成功地完成MA-1的完整基因組定序，並在二〇一四年的《自然》期刊上發表完整的研究報告，在報告中說：「這是至今的發表紀錄中，最古老的解剖學上的現代人基因組。」

我稍早曾提過在蒙大拿省的第二個遺址，我們之後會討論馬爾塔遺址的調查結果和第二個遺址的關聯。這個遺址被考古學家稱為安齊克一號（Anzick-1）墓穴遺址，有一萬兩千六百的歷史，比MA-1的墓穴年代少了一萬一千四百年。這個墓穴的主人也是一個小孩，他在下葬時只有一、兩歲，陪葬品有超過一百件石器和鹿角，這些陪葬品上都有紅赭石的殘跡。

這兩個遠古墓穴雖然相隔數千哩，在年代上也有一萬多年的差距，但我們仍能看出其中的共同之處，那就是人類對家人的關愛和憐惜，與他們對早夭親人的不捨和哀慟。這種感情是千古不變的。

身處現代的我們一看到墓穴遺址，就能感受到他們的親情，是因為我們也有相同的感情。為了方便起見，我們會繼續用冷冰冰的考古學代號「MA-1」和安齊克一號稱呼他們。但我們絕不能因此就忽略了，在兩萬四千年前的西伯利亞，和一萬兩千六百年前的蒙大拿，這兩個墓穴旁都各自聚集了一對傷慟欲絕的父母和一群家屬。兩個墓穴都是經過精心打造而成，都有細心挑選、刻意排放的陪葬品。由此可見他們對死者的懷念、愛護，失去親人的傷痛，和他們想藉著這些物品表達出自己的感情。

雖然我們和遠古人類都是分屬於不同時空的人種，但最重要的是我們都是單一人類家族的成員。這個家族是由一群無畏的探險家組成的。在過去一百萬年中，我們一直以不同的方式探索世界。在漫長的飄泊中，我們開始朝著天南地北各奔前程，渡過大海，越過高山，來到叢林、沙漠和冰蓋的兩端。最後我們已忘記和彼此的關係有多麼親密。和這兩處遠古墓穴一樣，遺傳學家想告訴我們的也是同樣的訊息，那就是也許看似迥然不同的人種，其實原本都是一家人，而不同人種之間有時也許有著讓人意想不到的關聯。

■遠古歐洲人的基因

比較過 MA-1 遺址和安齊克一號遺址後，就能看出兩地的喪葬文化有些明顯的相同之處，只是很少有學者專家對此做出評論。但所有專家都同意，就遺傳學而言，MA-1 和安齊克一號有很緊密的關聯，他們有大量相同的 DNA 序列。但安齊克一號「所屬的族群，是很多現代美洲原住民的直系祖先」。因此可想而知，雖然安齊克一號和 MA-1 有很多相關之處，但「他和所有美洲原住民族群

的關係，要比他和其他族群的關係更加密切」。

長久以來，人們一直堅信美洲原住民的祖先，全是從西伯利亞越過白令陸橋遷徙而來的。此外，人們過去也理所當然地認為，和這些西伯利亞移民親緣關係最近的，一定就是亞洲東部的族群。白令陸橋的功用，不就是連接起亞洲東北部和北美洲西北部嗎？但由丹麥自然歷史博物館地球遺傳中心的瑪納薩·萊格哈文（Maanasa Raghavan）領導的一個研究團隊，和哈佛醫學院遺傳學系的彭托斯·史克格倫德（Pontus Skoglund），在一番研究後卻有了意外的發現。他們並沒有如大家預期的，證實MA-1和亞洲東部族群有很近的親緣關係，反而證實了MA-1的Y染色體，也就是男性特有的染色體，是「現代歐亞大陸西部族群的基部（basal）」。

我之前討論過，利用Y染色體分析會有一些限制，還好後來研究人員又藉由體染色體（autosomal）證據，證實了這個出人意料，又可能顛覆傳統看法的論點。在各種DNA證據中，最有力的證據就是來自細胞核的體染色體。研究人員一再重申：「MA-1是現在歐亞大陸西部族群的基部，他和亞洲東方族群並沒有密切的親緣關係。」

最值得玩味的是，研究人員發現MA-1「是位在大多數美洲原住民親緣樹的根部。此外，美洲原住民的祖先，有百分之十四到三十八，都是藉由基因流動（gene flow）發源自這個遠古族群，也就是MA-1所發源自的族群。這群原住民祖先出現的時機，可能是在美國原住民祖先和亞洲東部族群分化之後，但是在新大陸的美洲原住民開始分化成不同族群之前。

研究人員分析過MA-1的粒線體DNA後，找到了這串證據中最後的失落環節。分析結果證實，「這位西伯利亞嬰兒，是單倍群U（haplogroup U）的成員之一。這種粒線體DNA，在上舊石器時代和中石器時代歐洲的獵人採集者中，出現的機率也很高。」

研究人員的結論是：「我們的分析結果顯示，前農業時代的歐洲和上舊石器時代的西伯利亞，

似乎有些關聯。」

百分之三十八的美洲原住民祖先，都是MA-1所屬族群的基因流動所造就的。過去人們沒想過歐洲人和西伯利亞人，在遺傳學上居然有如此緊密的關聯。這種關聯讓我們了解到，美洲原住民的DNA中，有比例頗高的遠古歐洲人成分。

■克洛維斯文化源自南美洲的祕密被揭露

現在我要談談之前一直沒有提起的一件事，那就是被埋在安齊克一號墓穴中，上面有紅赭石粉塵的石器和鹿角工具，毫無疑問地都是克洛維斯文化的遺物。

我是基於兩個理由，認定這個「克洛維斯關聯」很值得注意，而且和我探討的主題有重要關聯。第一，安齊克一號墓穴最初年代測定的結果，是約在一萬兩千六百年前；更精確地說，是介於一萬兩千七百零七年前，到一萬兩千五百五十六年前之間，這是在碳年代測定法的測定範圍內。這個結果代表的意義是，挖掘墓穴，將陪葬品和死去嬰兒的屍體置入墓穴的時間，是在克洛維斯文化離奇消失後的一百到兩百年，因為考古紀錄顯示，克洛維斯文化是在一萬兩千八百年前左右消失的。

克洛維斯文化原本的分布範圍很廣，文化活動也很活躍。它的突然消失，就意味著可能出現某種影響範圍很大的災難。但這並不表示克洛維斯族群的所有成員，都在一夜之間死亡了。就算大部分成員死亡了，其中必定有一小部分的倖存者。這些倖存者最後結合成幾個部落，在美洲各地漂泊。他們對祖先的不凡成就應該會感到很驚嘆。

考古學界曾提出一個可能性，那就是安齊克一號也許就是某個殘存部落的成員。他們之所以會

提出這個假設，是因為安齊克一號骸骨的年代，和某些陪葬遺物的年代顯然有段落差。

這些遺物就是「前柄」（foreshaft）。它是一種以紅鹿鹿角的中空段，經特殊切割和造形製作成的工具。它的功用是以中空的一端固定拋射物的尖端，另一端固定住木製矛桿。我之前介紹過，安齊克一號骸骨的年代鑑定結果，是在一萬兩千七百零七年前到一萬兩千五百五十六年前。但陪葬品中鹿角前柄的年代，卻比骸骨還古老上一到兩世紀，年代約介於一萬兩千八百年前到一萬三千年前。考古學家斯圖亞特・菲德爾（Stuart J. Fiedel）認為：「和嬰兒骸骨的年代相比，鹿角前柄的年代反而更符合克洛維斯文化的年代。」

為了合理化這段年代差距，菲德爾對證據提出一套簡單但見解獨到的解讀。他在二〇一七年六月的《國際第四紀》（*Quaternary International*）發表的論文中說：「這段差距也是可以解釋的，那就是前柄是當地末代克洛維斯人的遺物，它們在當時就是有一百到兩百年歷史的傳家之寶，後來被當成嬰兒的陪葬品。」

他提出的另一種可能是樣品遭到污染，「嬰兒的年代在測定時也許被略微低估了。」

有些研究人員根據鹿角前柄和嬰兒間的明顯年代差距，認定安齊克一號並不是克洛維斯人。但菲德爾所說的樣品污染，後來被證實是真有其事。在他於《國際第四紀》發表論文後一年的二〇一八年六月，牛津大學放射性碳加速單位的科學家，在《美國國家科學院院刊》（*Proceedings of the National Academy of Sciences*）發表一份新研究，標題是〈重新評估安齊克考古學遺址的年代〉（Reassessing the Chronology of the Archaeological Site of Anzick）。這份研究特別指出，「在放射性年代測定中，污染可能會是造成錯誤的主要來源。」但研究也提到，在為安齊克遺址的年代測定後，「測定法在方法學上已有了改進，因此準確性和可靠性也大幅提升。」研究的結論是，在應用新的測定法後，得到了和過去相反的結果，新結果顯示「安齊克一號的年代和鹿角前柄一致。這就表示

這位男嬰和那些克洛維斯遺物，是屬於同一個年代的。」

我在稍後的幾章會再談談克洛維斯的離奇終止。現在我要討論的是，「克洛維斯關聯」為何會和本書主題有密切關聯的第二個原因。在克洛維斯文化勢力範圍最大時，它曾深入到南美洲北部的一些區域，而它的中心地帶是在北美洲。蒙大拿嬰兒是一個克洛維斯人，就常理而言，他和北美洲原住民的親緣關係，應該比和南美洲原住民的關係更近。但考古學家進行過更多研究後，不但再次證實了安齊克一號的基因組和所有美洲原住民的關係較近，和任何現存的歐亞人族群關係反而比較遠，更證明了他和南美洲原住民的親緣關係比較近，和北美洲原住民的親緣關係就遠得多了。

丹麥地球遺傳中心的摩頓．拉斯姆森（Morten Rasmussen）和哈佛醫學院遺傳學系的彭托斯．史克格倫德，對這種異常現象的解釋是，美洲最早原住民的祖先在進入美洲前，一定曾分裂成兩個族群，他們分別是「北美洲世系群和南美洲世系群」。而安齊克一號就是南美洲世系群的成員。

乍看之下，他們的說法倒也言之成理。這兩個在基因上有顯著差異，卻有共同祖先世系群，兵分兩路進入美洲，一個世系群直接前往南美洲，另一個世系群則留在北美洲。令人大惑不解的是，這兩個世系群在遷徙過程中，為何始終沒有過親密的交流，因而能一直保持著各自的獨立性，也沒有在對方的基因中留下交流過的紀錄？從各種角度來探討，這樣的結果都很違反人性，而且也極不合理。更何況安齊克一號是至今科學研究過，最古老的南美洲世系群的代表人物。但他被發現的位置並不在南美洲附近，而是在北美洲的蒙大拿。在一萬兩千六百年前，北美洲北部仍被覆蓋在科迪勒倫冰蓋，而安齊克遺址就位在冰蓋邊緣，也是人們從南往北遷徙的極限。

■來自澳洲的奇特訊息

簡單地說，安齊克一號是個充滿矛盾的懸疑謎團。他是在一個北美洲克洛維斯文化墓穴被發現的，和南美洲原住民、西伯利亞的馬爾塔族群，和歐洲西部的遠古人類，都有很近的親緣關係。安齊克一號是南美洲世系群的成員，而南美洲世系群和北美洲世系群都有共同的祖源。長久以來，人們一直認為北美洲和南美洲最早的人類聚落，是由來自亞洲東北部的某個特定族群獨立創建的，這個族群後來又分裂為兩個支脈。遺傳學家在研究時，也一直沒找到能反駁這種說法的資料。

但在一年後的二〇一五年九月，彭托斯．史克格倫德、他在哈佛醫學院遺傳學系的前輩大衛．萊許教授（David Reich），和其他在這個領域的頂尖專家，在《自然》上發表的論文中宣布，他們在南美洲，特別是亞馬遜雨林，發現了可能顛覆傳統觀點的新證據：

> 我們進行過全基因組資料分析後，發現有些亞馬遜美洲原住民的祖源，部分是來自某個美洲原住民創始族群（founding population）。這個族群的祖源，和澳洲、新幾內亞和安達曼群島的原住民有很密切的關聯，和目前的歐洲人或美洲原住民的關聯反而要疏遠得多。北美洲和中美洲原住民，或在一萬兩千六百萬年前的克洛維斯相關基因組中，就不具有相同比例的印記，甚至完全沒有。這就表示美洲的創始族群比我們之前認爲的還要多元。

我們對研究人員提到的「一萬兩千六百萬年前的克洛維斯相關基因」，已經進行過基本分析。這裡說到的克洛維斯相關基因，當然就是來自安齊克一號，這位充滿謎團和矛盾的嬰兒。他和南美洲原住民的親緣關係，要比和北美洲原住民的關係還近。這項新研究還有個新發現，那就是在南美

南美洲人，尤其是在亞馬遜雨林中的原住民，居然和澳大拉西亞和美拉尼西亞的族群有個共同的祖源，而這個祖源卻是中美洲原住民和北美洲原住民所沒有的。（《自然》，〈美國的兩個創始族群的證據〉，二〇一五年九月三日）

洲世系群中有一個過去從未被察覺的結構，這個結構中至少有一個次世系群和美拉尼西亞群島的巴布亞人（Melanesian Papuans），與澳洲原住民有很近的親緣關係；相形之下，它和任何現存的美洲原住民族群的親緣關係反而比較疏遠。而安齊克一號並不屬於這個次世系群。

在大多數現代美洲原住民中，都找不出這種世系群的蹤影。此外，我必須特別說明的是，在安齊克一號所代表的祖先族群中，也沒有這種世系群的蹤跡。雖然如此，研究人員仍持續發現一種奇特又別具特色的「澳大拉西亞訊息」（Australasian signal）。這種訊息意味著「澳洲、美拉尼西亞和島嶼東南亞（Island Southeast Asia，目前的菲律賓、印尼、馬來西亞、汶萊、東帝汶和新加坡等地）的原住民族群」，都有遺傳上的關聯性。研究人員對亞馬遜叢林深處的美洲原住民進行調查後，發現他們的基因組中也有這種訊息。

澳大拉西亞和亞馬遜雨林可說是分別位在天涯海角，但兩地的原住民卻有相同的基因訊息，而且我們在陸上也找不到這種訊息的傳承路徑（trail）。史克格倫德和萊許因此針對這種訊息進行很嚴謹的檢驗，以四種統計分析法，將三十個中美洲和南美洲民族的基因組，與世界各地一百九十七個其他族群的基因組進行比對。史克格倫德解釋：「我們花了很長的時間，想要推翻這個結果，但最後卻更確認了它的真實性。」

最後他們證實了一件事：「我們根據統計學找出一個明確的訊息。這個訊息證明了巴西亞馬遜地區的美洲原住民，和目前澳美人（Australo-Melanesians，東南亞的原始人種）與安達曼人（Andaman Islanders）有著血緣關係。」

大衛・萊許表示：「目前在考古學界和遺傳學界出現一個很有說服力的理論模型，我們對這個模型感到很驚訝，而我也是這個模型的支持者之一。過去我們一直認為，現存的大多數美洲原住民，都是由某個單一族群從冰蓋往南不斷發展的後代。但這個模型否定了這種說法，因為我們在分析原始資料時，忽略了某些關鍵訊息。」

萊許和史克格倫德認為，考古學家忽略的重點就是某個失落世系群的痕跡。而這個世系群就是美洲的另一個創始族群。依照他們的說法，這個族群非常古老，而且他們的遺傳蹤跡幾乎完全被後來的遺傳噪音（genetic noise）覆蓋了。我們之所以能在亞馬遜的孤立人種中找出這些遺傳蹤跡，也許是因為和大多數人種相比，他們的基因組比較少受到混合（amixture）和漸滲雜交（introgression）的影響。

研究人員將這種「理論上的遠古美洲原住民世系群」命名為Y族群。這個名稱是源自圖皮語系的 Ypykuéra，意思就是「祖先」。

他們得到一個很明確，而且也蠻具吸引力的結論：「Y族群的祖先所源自的世系群，和目前的

澳大拉西亞人的親緣關係比較近，和目前的東亞人和西伯利亞的親緣關係比較遠。亞馬遜和巴西中部高原的美洲原住民的 DNA 中，可能就有部分是來自Y族群。」

但Y族群的 DNA 是如何散布到美洲的？又是在何時何處散布的呢？

史克格倫德和萊許認為，形成目前亞馬遜人基因體變異模式的可能原因之一，就是他們的祖先中有高達百分之八十五的比例，「是源自一個遠古東北亞人基礎結構中的一個族群，這個族群是衍生出其他美洲原住民的主要世系群，但他們和澳大拉西亞人的親緣關係卻更近。」

這也就是說，在構成最早東北亞人祖源的各個人種中，也就是在西伯利亞人種大融爐中，不只摻雜著歐洲人的基因和東亞人的基因，也摻雜著澳大拉西亞人的基因。這個大融爐中也有尼安德塔人，他們曾和智人發生頻繁雜交。而東北亞人的祖源中，有些人也具有丹尼索瓦人的基因；甚至他們的祖源中也包括丹尼索瓦人。儘管有明確的證據顯示，這些人種曾經互相雜交，但在傳統教育的影響下，我們一直把這些人種視為井水不犯河水的獨立群體，而且深信他們一直都是老死不相往來。更離譜的是，我們還自以為是地將越過白令陸橋的東北亞人，區分為北美洲世系群和南美洲世系群。

史克格倫德和萊許提出的理論模型可說是荒誕不經。這個理論模型之所以會出現，似乎就是為了替任何可能顛覆傳統理論的資料，提出一套合理的解釋。他們先假設美洲人的祖源是一個可能混雜各種血統的族群，再以這個假設對這些資料做出合理的解釋。這也難怪考古學家在亞馬遜叢林的原住民身上，發現澳大拉西亞人的基因，不知該如何解釋時，會利用這個理論模型開脫。他們認為血統複雜的最早美洲人之所以具有澳大拉西亞人的基因，就是因為在他們的祖源中，也包括一個過去一直不為人知的澳大拉西亞世系群。這也難怪考古學家會把假想的「Y族群」，認定為帶有這種基因的族群。根據他們的理論，這個族群是直接來到南美洲，因此他們的 DNA 才沒有混雜在北美洲的各族群中。如果他們是先經過北美洲再到達南美洲，那勢必會在北美洲各族群中留下他們的

DNA。

史克格倫德和萊許可能也發現了，他們的理論中有很多不切實際的想法，因此他們做出一個有點違反邏輯的結論。他們以看似漫不經心的口吻說：「當代亞馬遜人之所以會出現基因體變異，是因為他們的基因體中，摻雜了百分之二來自某個和澳大拉西亞相關族群的 DNA 片段。這個族群也許是直接進入美洲深處，而且在遷徙過程中，並沒有和目前美洲原住民的主要祖源世系群發生雜交。」

簡單地說，他們的意思就是，從亞馬遜人自成一格，不曾和外界混雜過的基因組就可看出，他們在遠古時代曾和具有澳大拉西亞血統的族群發生雜交。這個族群並不是大舉遷徙到美洲。他們只是一小群人，並且在到達美洲某處後就在當地落地生根，不再向別處發展。

在下一章，我會再討論這種可能性，和它對我們了解美洲史前歷史產生的重要影響。

第十章

一個來自澳洲黃金時代的訊息？

史克格倫德和萊許曾在《自然》發表一篇論文，揭露出亞馬遜的一些族群擁有澳大拉西亞人的基因。這篇論文的標題是〈美洲的兩個創始族群的遺傳學證據〉（Genetic Evidence for Two Founding Populations of the Americas）。它最初是在網路上發表的，日期是二〇一五年七月二十一日；論文紙本則是在二〇一五年九月三月出現。

巧的是，在二〇一五年七月二十一日，由瑪納薩．萊格哈文和埃斯克．威勒斯列夫（Eske Willerslev）所率領的一個研究團隊，也在網路上發表一篇論文，標題是〈美洲原住民在更新世和近代的移居生活史的基因組證據〉（Genomic Evidence for the Pleistocene and Recent Population History of Native Americans）。這篇論文的紙本是在二〇一五年八月二十一日出現的。萊格哈文和威勒斯列夫都是哥本哈根大學地球遺傳中心的學者。史克格倫德和萊許根據資料研判，美洲有兩個創始族群。

但萊格哈文和威勒斯列夫則認為，美洲只有一個創始族群：「這個族群是在單一遷徙中從西伯利亞來到美洲。他們先被隔離在白令陸橋上，時間不超過八千年，接著在兩萬三千年前之後來到美洲。」

萊格哈文和威勒斯列夫一再重申，他們所提出的資料「符合所有美洲原住民都是源自單一的最初遷徙的說法」。這場遷徙是從西伯利亞出發，並經過白令陸橋，「在這僅此一次的遷徙中，美洲原住民的祖先曾發生一次分裂，因此發展出北美洲支脈和南美洲支脈」。

大多數的美國考古學家，才剛見證了克洛維斯第一理論的崩潰。對餘悸猶存的他們而言，萊格哈文和威勒斯列夫的理論不但有條有理，而且還頗有安定人心的效果。在托普遺址、仙人掌山和蒙特維德，陸續出現一些遺傳學證據。這些證據足以證明克洛維斯第一理論早該被淘汰了。但這些美國考古學家仍冥頑不化地否定這些證據。他們之所以會欣然接受萊格哈文和威勒斯列夫的論文，是因為他們堅信美洲人祖先的遷徙路線，是從西伯利亞經過白令陸橋，而論文中提出的路線也是如此。此外，這篇論文也支持目前在考古學界風行的「白令陸橋滯留假說」。

如果這兩位遺傳學家的論文就到此為止，美國考古學界對它一定會讚譽有加。但和史克格倫德與萊許一樣，萊格哈文和威勒斯列夫也是很嚴謹誠實的科學家。因此他們並沒有忽略在資料中一再出現的「澳大拉西亞訊息」：

> 我們發現有些美洲族群比其他美洲原住民族群，和澳美人有更親近的親緣關係。這些親緣關係較近的族群包括阿留申人（Aleutian Islander）、蘇魯人（Surui）和阿薩帕斯卡人（Athabascan）。而親緣關係較遠的族群包括北美洲的歐及布威族、克里族（Cree）、阿岡奎人（Algonquin），南美洲的普瑞佩查人（Purepecha）、阿爾瓦科人（Arhuaco）和瓦尤人（Wayuu）。在所有美洲原住民族群中，蘇魯人是和東亞人與澳美人親緣關係最近的族群之一。澳美人的全名爲澳大利亞—美拉尼西亞人

（Australo-Melanesian），他們包括了巴布亞人（Papuan）、美拉尼西亞人中的非巴布亞人（non-Papuan Melanesian）、索羅門群島人（Solomon Islander），和菲律賓矮黑人（Aeta）之類的獵人採集者。

我在前幾章就說過了，主流的考古學界是個極端保守又故步自封的學者圈。這些冥頑不靈的學者死守著一些根深柢固的偏見，排斥改變，也堅持人類的「石器時代」祖先的工藝水準，一直停留在最原始和基本的階段。讓抱持著傳統思維方式的考古學家覺得難以置信的是，巴布亞新幾內亞附近地區的史前移居者，怎麼可能會橫渡太平洋來到南美洲，接著來到亞馬遜，並在目前的亞馬遜原住民的DNA中，留下他們曾到此一遊的證據。

矛盾的是，在經過一場激烈論戰後，這些堅稱史前移居者不可能橫渡太平洋的主流考古學家，目前卻不太質疑人類遠古的原始人類祖先，有能力越過外海到外地殖民。我們之前已經介紹過，在帝汶海峽的兩側和華勒斯線的東西兩邊，都曾出現丹尼索瓦人的DNA。這就證明了至少在六萬年前，人類就能越過九十公里以上的開放水域遷徙。還有大量的其他證據也證實這個理論確實成立。

此外，在印尼群島中的弗洛勒斯島（Flores）和帝汶島上，也有直立猿人（Homo erectus）的骸骨和遺物被發現。它們的年代是在八十萬年前，遠比上述例子的六萬年前還久遠得多。這些發現更證實了，早在海平面下降的遠古時代，所謂的「次人類」（subhuman）就已經具備越過開放水域的能力。

考古學家在很久以前就已經接受了以上的理論。雖然他們可以接受在近一百萬年前，直立猿人就已橫渡大海來到弗洛勒斯島，他們卻無法接受在幾萬年前，人類曾將最初的航海技術加以改良，達到能橫越太平洋或大西洋的程度。就橫渡太平洋而言，考古學家認為是直到三千五百年前的玻里尼西亞擴張（Polynesian expansion）時期，人類才有能力進行這種長程跨海航行。而主流歷史觀則認

為，橫渡大西洋是在一四九二年才首度實現的。那也就是小學兒歌中提到的「哥倫布越過藍色大海」的那一年。

考古學主流參考架構的中心思想之一，就是以石器時代的技術水準是不可能完成長程越洋航行。遺傳學家在解讀他們的資料時，也就依樣畫葫蘆地利用考古學的參考架構。依照考古學架構對新石器時代的認知，澳大拉西亞和南美洲之間的越洋航行在當時是不可能的事，而且這個架構堅信，美洲最早的殖民都是經由東北亞進入的，因此遺傳學家通常也會依照這個原則解讀他們的資料。

萊格哈文和威勒斯列夫在解讀資料時，也犯了這種墨守成規的毛病。他們雖然發現了一個訊息，「這個來自一個遙遠又古老世界的訊息，證明了澳美人與東亞人和某些美洲原住民有親緣關係。」但他們卻忽略了這個訊息的重要性，因此做出以下的解讀：

> 美洲各地的原住民和澳美人，都有親疏不一的親緣關係。而美洲原住民中，以蘇魯人擁有的澳美人訊息最強，北方的歐及布威族等美洲印第安人擁有的訊息就弱得多了。從這些差異就可看出美洲原住民祖先，在美洲最初繁衍後造成的基因流動。

他們是如何從資料做出這樣的解釋：

一、他們認為亞馬遜人之所以有強烈的澳大拉西亞訊息，是因為「基因流動」，也就是某個族群將變異基因轉移到另一個族群。

二、他們認為蘇魯人之類的亞馬遜族群，之所以會受到這種基因流動影響，來源就是阿留申人和阿薩帕斯卡人之類的北部美洲印第安族群。萊格哈文和威勒斯列夫認為，阿留申人就是這種轉移的主要路徑，「因為根據過去的發現，阿薩帕斯卡人和因紐特人（Inuit）的親緣

關係很接近，而因紐特人和美洲原住民的親緣關係較遠，和東亞人、大洋洲人（Oceanian）與丹尼索瓦人的親緣關係比較近。」根據他們的假設，在阿留申人「錯綜複雜的遺傳史」中，也許包括一個和澳美人相關族群的基因轉移，這個族群採用的是東亞大陸路徑，也就是說他們是從西伯利亞，越過白令陸橋來到美洲。這個基因組訊息也許曾經由過去的基因流動事件，轉移到北美洲和南美洲的部分區域。

我對他們的說法有些質疑。亞馬遜是南美洲最偏遠和險阻最多的地區之一。既然如此，他們假設的「過去的基因流動事件」，為何會在亞馬遜留下強烈的DNA訊息，而在北美洲卻幾乎沒有留下任何DNA訊息呢？根據他們的假設，這些變異基因的原始傳播者是靠步行，或是藉由簡陋的船隻進行跳島遷徙，並沿著阿留申群島的海岸航行到達北美洲，最後再來到南美洲和當地族群發生互動。不管他們是用哪種方法到達北美洲，他們不可避免地會先和北美洲的族群互動，之後才會和南美洲的族群互動；而他們留在北美洲的DNA訊息，也應該比在亞馬遜發現的訊息還強，或至少要一樣強才合理。

為了釐清疑問，我於二〇一八年三月二日直接和哥本哈根大學的威勒斯列夫教授聯絡，向他請教他和共同作者是根據哪些資料，認定造成將澳美人訊息帶到亞馬遜的基因流動，是在最初的美洲殖民後發生的。我也問他們，為何會覺得阿留申人是最可能的變異基因載體，和他們為何會認為這起位於南美洲的基因流動，是來自北美洲的最北方？這不是有點違反常理嗎？以下是我提出一些疑點：

如果這起基因流動確實是來自北方，那麼這個訊息應該會出現梯度變異（cline）。訊息在最接近假想來源的北方應該最強，在遙遠的南方則最弱，在亞馬遜之類的南美洲偏遠地區，訊息更該弱

得不能再弱。但就我從資料得到的結果，這個訊息確實出現了梯度變異，只是變異方向和理論正好相反——訊息在南方最強，在北方最弱。我的解讀正確嗎？如果正確，你對這種不合常理的梯度變異又做何解釋呢？難道是阿留申人和阿薩帕斯卡人在跳島航行到達北美洲後，仍繼續沿著北美洲的太平洋沿岸往南航行，在到達南美洲太平洋岸的某處後，就直接進入內陸深處的亞馬遜，在整個遷徙過程中從未和其他族群雜交，也沒有在沿途留下DNA證據嗎？

以下是威勒斯列夫教授的回覆：

你在討論當代資料中的梯度變異時，你提出的模式，是以人們從更新世就一直待在原處爲前提。事實是否眞是如此，我們也無從得知。因此我並不覺得你的論點有什麼說服力。幾萬年間的族群分布，原本就會出現難以預期的各種變化。北方的基因印記，也許是因爲替代作用（replacement）而消失了。我們也不清楚確切的情況。

後來我們都同意以名字稱呼對方，因此我很高興地這樣回信給他：

親愛的埃斯克，我完全接受你的論點。我當然也不認爲各族群在冰河時期後，就一直待在他們居住的地方。人類生來就喜歡移動、遷徙和探索。但我打算在即將出版的書中說，就目前的族群看來，澳大拉西亞的訊息分布呈現一種梯度變異，在南美洲要比在北美洲的任何地方都強，而亞馬遜的訊息尤其強烈。我的說法正確嗎？另外，就目前的族群看來，蘇魯人擁有的澳大拉西亞訊息，要比阿留申人和丹尼索瓦人的訊息還強烈。而蘇魯人和東亞人、大洋洲人和丹尼索瓦人的親緣關係，

要比因紐特人和他們的關係更密切。我的說法正確嗎？

埃斯克在回覆中說：「我並不認為其中有梯度變異的存在。蘇魯人擁有的澳大拉西亞訊息確實是最強烈，但阿留申人的訊息也比阿薩帕斯卡人的更強烈。但這些族群擁有的東亞人訊息也更強烈，而澳大拉西亞訊息反映出的也許只是東亞訊息的分布狀況。就我所知，蘇魯人擁有的丹尼索瓦人訊息，並不比其他族群擁有的強烈。」

我先把我們的討論整理一下。就至今已經進行過基因定序分析的北美洲和南美洲的原住民族群而言，丹尼索瓦人的訊息似乎在所有族群中都很一致，而且都非常弱。但各族群的澳大拉西亞訊息就有強弱之別。蘇魯人和其他亞馬遜原住民族群擁有的訊息很強烈，其他美洲原住民族群的訊息就弱得多了。

這些族群包括阿爾瓦科人（位於哥倫比亞北部的非亞馬遜人）、瓦尤人（位於委內瑞拉北部的非亞馬遜人）、歐及布威族、克里族，和位在北美洲北部和東北部的阿岡奎人。阿留申人和阿薩帕斯卡人擁有的訊息強度，雖然不像亞馬遜各族群那麼強烈，但仍比北美洲其他的各原住民族群強烈。而阿留申人擁有的訊息又比阿薩帕斯卡人還要強烈。但萊格哈文和威勒斯列夫在他們刊於《科學》期刊上的論文也特別強調，在解釋阿留申人的資料必須特別留意，因為「他們在近代和歐洲人的雜交很頻繁，因此資料也受到嚴重影響」。

■「最簡約化的解答」

接著，我向埃斯克提到史克格倫德和萊許的幾篇論文。讀者應該記得，這兩位作者曾在論文中談到一種「形式可能性」（formal possibility），也就是澳大拉西亞訊息反映的，可能是有個和澳大拉西亞人相關的族群曾直接來到亞馬遜殖民，「他們也許是直接來到美洲深處，而且沒有和目前美洲原住民的祖源世系群發生雜交。」我問威勒斯列夫教授，在他掌握的遺傳資料中，是否有任何證據能有力地反駁直接殖民的假設。他單刀直入地回覆說：

目前人們對澳美訊息仍無法提出很好的解釋。所有已經提出的解釋都只是一種可能，而且都只是假設。我們不能確認在目前認定的最初遷徙之前或之後，是否曾有其他殖民事件。我們只知道某些美洲原住民族群具有澳美人訊息，其中又以位在巴西的族群最明顯。我們知道他們一定是在前哥倫布時期開始擁有這種訊息，也知道在目前已經完成基因組定序的遠古遺骸中並沒有這種訊息。以下是幾個可能的解釋：

一、它是在最初美洲殖民之後傳進美洲的。這種訊息之所以很少存在於現在的美洲原住民族群中，可能是因爲這些殖民者是採用沿岸航行，或他們遷徙的速度很快，或是我們還沒有對北美洲擁有這些訊息的族群進行基因組定序。

二、它是來自一次遠古的遷徙，當時美洲還沒有原住民，而且這次遷徙也是經由白令陸橋。但令人費解的是，在我們已完成定序的遠古遺骸中都找不到這種訊息。

三、它是來自一個結構化的最初美洲原住民族群。這個族群往南進入美洲，其中有一部分人帶有這種訊息。但這種解釋也有個疑點，那就是我們沒有發現具有和不具有這種訊息的兩個

群體有雜交的證據。

四、某個來到美洲的先民帶有這種訊息。他到達美洲的方式並不是越過白令陸橋，而是直接飄洋過海來到南美洲。就遺傳資料看來，這是最簡約的解釋。但就現實而言，這種解釋並不合理。

五、這個訊息可能是分析方法製造的結果。也就是說我們使用的分析方法，並未發揮預期的效果。

我的學養有限，對第五點無法做出評論，但我對其他四點都很滿意。我很高興威勒斯列夫教授能如此開門見山地坦承，目前人們對澳美人訊息仍沒有任何很周延的解釋，也很高興他願意考慮各種可能性。我過去就一直認為這個訊息很神祕，認為它也許能證明有一小群人曾越過太平洋，並在亞馬遜定居。因此我對埃斯克提出的第四點特別感興趣。所謂的「簡約原則」（parsimony principle），就是以在解讀證據時，採用最簡單合理的科學解釋。單純就這項原則和遺傳資料而言，這位遠古遺傳學的頂尖專家和我的看法似乎很相近。但我們對於在數千年前的石器時代，人類是否能進行越洋航行的看法也有些歧異。埃斯克認為那是不可能的事。

我又寄給他一封信，問他之所以做出這個結論，是根據考古學的共識嗎？因為考古學界一直認為，人類在上舊石器時代和全新世初期的祖先，都不具備長程越洋航行的能力。

他在回信中說：「我並不認為遠古人類不曾橫越太平洋。但就證據而言，人類是直到近代的玻里尼西亞擴張時，才有能力完成這種航行。我承認美洲先民越洋殖民的可能性確實存在。雖然從遺傳資料看來，這是最符合簡約原則的解答，但支持這種可能性的證據並不多。」

他的答覆讓我又見識到在考古學家少有的開闊胸懷。最符合遺傳資料的解釋，就是有一群或數

群帶有澳美人基因的殖民者，曾越過太平洋到達南美洲。但就人類在石器時代進行橫越太平洋的可行性而言，威勒斯列夫教授的推論則和主流考古學界的共同看法一致，他認為就人類祖先當時的工藝水準看來，「並沒有證據顯示在近代之前，人類有能力進行這樣的航行。」

威勒斯列夫教授會做出這樣的推論倒也情有可原，畢竟某個領域的專家，必須相信和仰賴其他領域的專家所做出的結論。這在科學界是很正常的事。但可能他沒想到的是，考古學只是科學的一小部分，而且主流考古學界為了擁護自己的共識，常會持續打壓不同意見數十年，直到他們的共識遭到推翻。

我就舉出幾個最近的例子。

考古學界最初在土耳其發現最古老巨石遺址之一的哥貝克力石陣時，就輕率又獨斷地認定它的年代，後來卻發現哥貝克力石陣有一萬一千六百年的歷史，比當時測定的年代少了五千年以上；曾被考古學界奉為圭臬的「克洛維斯第一」理論，後來也落得土崩瓦解。而我們長久以來一直認為尼安德塔人不懂藝術，後來這個觀念也被顛覆了。顯然的，主流考古學的共識也未必都是正確的，雖然考古學界認為冰河時期的人類不可能完成越洋航行的壯舉，但他們的觀點可能也會被推翻。而亞馬遜人具有澳美人的遺傳訊息，就是這類越洋航行的證據之一。但如果你先入為主的認定這是不可能的，那你就不可能看出其中的關聯。

此外，我們也該探討丹尼索瓦人在這場爭議中的角色。我們從丹尼索瓦洞穴的證據知道，丹尼索瓦人雖然是生活於石器時代，但他們的工藝技術卻遠超過當時的水準。他們的工藝程度更接近新石器時代，而不像是上舊石器時代。我們知道他們具有跨海航行的技術，而且分布的範圍很廣，至少在西方的阿爾泰山脈，到東方的澳大利亞—美拉尼西亞都有他們的蹤影。最重要的是，我們知道丹尼索瓦人的澳美人子孫，是擁有比例最高的丹尼索瓦人DNA的族群。而各種證據也顯示，澳美

人的發源地並不是澳大利亞—美拉尼西亞。

丹尼索瓦人的謎團和澳美人遺傳訊息的謎團，居然會有如此詭異又奇妙的糾葛。更讓人好奇的是，就像埃斯克．威勒斯列夫說的，在丹尼索瓦人的DNA中，這個訊息的分量並不重。也許我們在之後的研究中，可以得到更詳細的分析結果。但就現有的資料看來，將這個訊息藉由基因流動轉移到亞馬遜人的，是某個澳美人族群。而這個族群和丹尼索瓦人很少發生雜交，甚至從未發生雜交。為何在曾有大量丹尼索瓦人的澳大利亞—美拉尼西亞地區，會存在著一個幾乎不具有丹尼索瓦人DNA的族群？這個謎團代表的，也許是其中有某種選擇性作用。

在我之前的著作中，尤其是《上帝的指紋》（*Fingerprints of the Gods*）和《上帝的魔島》（*Underworld*）中，我曾深入探討過遠古地圖中的有趣現象。那些地圖描繪的是上次冰河時期的世界，而且也有以球面三角學法計算出的精確經緯度。我已經在其他著作中詳盡地提出這些證據，因此就不在此重複提出。但我仍在附錄二中列出這些證據，讓大家了解這份被忽略的資料，有多麼值得探究和重要。

從古到今，這些地圖被複製和再複製過很多次。雖然如此，我仍認為我們能從這些非原版的地圖，看出已經失落的真蹟的原貌。這些原版地圖，一定是源自某個先進文明。這個處於冰河時期的文明已經能探索世界，並對世界進行測量繪製。如果有個文明已進步到這個程度，它必定也有些精通造船、航行、導航、製圖和幾何學的專家。但考古學家通常都不願承認冰河時期的獵人採集者具有這些專業技術。

如果這個假想的文明真的存在，那麼它或許曾贊助過「聯外計畫」（outreach programs），和當時生活在世上的其他獵人採集者聯絡，就像二十一世紀的科技文明也會透過聯外計畫，讓考古學家、救援人員和遷置專家，聯絡亞馬遜雨林、新幾內亞叢林，和納米比亞沙漠中的獵人採集者部落。

這個冰河時期的假想文明甚至可能有自己的遷置專家。這些專家之所以會展開聯外計畫，就是為了讓美拉尼西亞等地的當地居民，遷置到南美洲等遙遠地方。如果這個文明發現即將發生全球性的大災難，可能會摧毀這個文明，它也許就會加速推動聯外計畫，讓遠方的獵人採集者族群做好準備，在大難來臨時讓倖存者投靠他們。

以上當然都只是假設，但這一類的假設卻多得不勝枚舉。埃斯克也坦承，至今關於亞馬遜人為何會擁有澳大拉西亞人DNA的所有解釋，都只是「純屬臆測」，連他自己的解釋也不例外。

後來這個謎團變得愈來愈複雜。二〇一八年十一月，有兩份重要研究發表了。其中一份是發表在《細胞》(*Cell*)上，共同作者包括柯西莫・波史(Cosimo Posth)、大衛・萊許和其他人。另一篇研究發表在《科學》上，共同作者包括埃斯克・威勒斯列夫、荷西・維克托・莫雷諾邁亞爾(José Victor Moreno-Mayar)、大衛・梅爾策和其他人。這些新研究指出，在巴西聖湖鎮發掘出的骸骨中，就已經存在著澳大拉西亞人的DNA，年代在一萬零四百年前。很多研究人員都懷疑，那些異常的遺傳訊息一定是在晚更新世，也就是在接近上次冰河時期末期時傳入南美洲的。新研究證實了研究人員猜的確實沒錯。

荷西・維克托・莫雷諾邁亞爾不禁納悶：「這些DNA是如何到達聖湖鎮的？」接著他又自問自答地說：「我們沒有任何頭緒。」同樣的，大衛・梅爾策也對這個訊息的特徵感到很驚訝。他發現這個訊息很明顯地出現在南美洲，「但它似乎一躍而過地到達南美洲，完全沒有在北美洲留下任何蹤跡。」

就我的研究方向而言，這個異常又無法解釋的訊號，卻能為我指出一條前途無量的新路。克洛維斯文化可說是北美原住民文化之祖，而且克洛維斯第一理論已經被推翻了。既然克洛維斯文化就遺傳學而言是源自南美洲，那麼我們就更有必要，去研究這個美洲大陸南部的謎團，看看考古學對

南美洲的觀點是否也會被推翻。

我的研究重點仍是北美洲，而且我會在第五部繼續介紹我的研究。但我的直覺不斷提醒我，如果我不先去調查亞馬遜，那我一定會錯失一個重要線索。

我不喜歡這種直覺的想法，因為它干擾了我預定的研究方向。但這個聲音一直在我腦中迴盪，讓我最後只好向它低頭。

第四部

迷因

亞馬遜之謎

第十一章 亞馬遜的鬼城

我長久以來的研究重心，一直是遠古史前時代失落文明的線索。起初，我覺得亞馬遜雨林幾乎沒有什麼有用的資料。但後來我發現那裡存在著澳大拉西亞人的DNA訊息。如果沒有發現這種有趣又極具研究價值的訊息，我也許就會把亞馬遜拋在腦後。但亞馬遜確實存在著這種訊息，而且這種訊息很不尋常，因此絕對有深入探討的必要。

和美洲的很多地區一樣，亞馬遜也是在十六世紀才受到歐洲人的關注，那時也就是所謂的征服世紀。當時亞馬遜並不是歐洲人要征服的主要目標。墨西哥和祕魯最先受到攻擊，他們的軍隊被打得落花流水，財富也被掠奪一空。後來有流言傳出，在安地斯山脈後方的叢林深處，有些擁有大量黃金的奇特文明社會。這些傳言挑起了西班牙人的貪念。一五四一年二月，法蘭西斯科・德・奧雷亞納（Francisco de Orellana）和貢薩洛・皮薩羅（Gonzalo Pizarro）便從厄瓜多的基多（Quito）啟程，

朝著東方展開一場未知的旅程。而貢薩洛・皮薩羅就是祕魯征服者法蘭西斯克・皮薩羅（Francisco Pizarro）的弟弟。

他們的任務，就是找出傳說中隱藏在南美洲偏遠內陸深處的黃金國（El Dorado），並掠奪那裡囤積的大量財富。就掠奪財寶而言，他們的希望是落空了。但從更宏觀的角度而言，他們卻創下了重大成就，因為這場遠征留下了現存關於亞馬遜的最早目擊紀錄。如果它記錄下的是前哥倫布時代的亞馬遜，那就再完美不過了。但令人遺憾的是，它記錄下的是剛和歐洲人接觸不久，但幾乎仍保持著前哥倫布時代面貌的亞馬遜。正因為這樣，這個紀錄保留下了很多美洲史前時代的失落歷史。

奧雷亞納和皮薩羅一馬當先地率領著超過兩百位西班牙士兵，從安地斯山脈往下前進。他們在茂密得寸步難行的叢林中，披荊斬棘向前推進。在和一些敵對的部落發生多次交戰後，他們終於來到古柯河岸邊。這條河是納波河的支流，而納波河又是浩浩蕩蕩的亞馬遜河的重要支流。在當地地形的限制下，他們幾乎無法繼續從陸路前進。這群征服者最後並沒有找到黃金國，和他們自以為存在的無盡財富。不但如此，他們還飽受疾病摧殘，餓得奄奄一息。他們想出的脫困之道，就是建造一艘大船，並將它命名為聖佩德羅號（San Pedro）。在皮薩羅的命令下，奧雷亞納帶領著五十位士兵登船，在附近尋找村落並搶奪食物。

根據他們的約定，奧雷亞納不管能收集到多少補給品，都要在十二天內趕回來。但人算不如天算，亞馬遜河並沒有配合他們的計畫，聖佩德羅號不久就被湍急的河水沖往下游數百哩處，幾乎不太可能再逆流而上回到會合點。就算奧雷亞納的人手還行有餘力，能划著這艘粗製濫造的船逆流而上，他們也未必能在迷宮般的河道中找到正確路徑，和皮薩羅會合，因為每個河口看起來幾乎都一模一樣。

他們因此決定繼續前進，這個決定讓他們創下兩項紀錄，他們成了完成亞馬遜河全程航行的首

批歐洲人，也是第一批從西到東橫跨南美洲的歐洲人。在不到二十年前，西班牙人才創下另一項紀錄，首度把天花傳入新大陸。雖然這場天花大流行曾讓南北美洲人口銳減，但亞馬遜深處難以進入的偏遠地區，當時幾乎仍未受到這場傳染病的影響。在奧雷亞納的探險行動之前，亞馬遜的各種文化和文明已經在當地雨林延續了數千年。而這場探險發生時，也正是這些文化和文明的原貌即將消失的最後時刻。

奧雷亞納和那群燒殺擄掠的傭兵，在探險途中常是食不果腹，又要冒著生命危險作戰。但值得慶幸的是，在這群亡命之徒中，有位名叫加斯帕爾．德．卡發耶（Gaspar de Carvajal）的傳教士。識字又極具同情心的他，在日誌中記錄下探險全程的見聞。他在日誌中聲稱：「這是一場詭異又史無前例的發現之旅。天主特別挑上我參與這場旅程，讓我記錄下這場探險。」

在這場遠征中，他們常常遇上食物極度不足的情況。舉例而言，卡發耶曾記錄下：

> 有次我們有連續好幾天都找不到食物。我們只能把皮革、皮帶和鞋底，混著禾草類植物煮來吃。因此我們都變得很虛弱，幾乎連站都站不穩。有些人進入森林，尋找樹根和一些禾草爲食物。他們之中有些人只能爬行，有些人則拄著手杖。有些人吃了不知名的禾草，結果差一點被毒死；他們就像發瘋一樣，完全失去理性。但在天主保佑下，我們都還能繼續旅程，而且沒有人死亡。

也許是天父保佑，或是他們的運氣好，或是奧雷亞納的領導有方，在這場旅程中，奧雷亞納那群堅強又善於利用資源的手下都沒有被餓死。而在途中死去的幾個人，也都是因為感染、疾病和作戰受傷而死的。這趟旅程的總長度為七千公里。他們於一五四一年二月從基多啟程，一五四二年八月到達巴西大西洋岸的亞馬遜河出海口，歷時共十八個月。

卡發耶日誌中記錄下的這場險象環生的探險，當然極具歷史價值，但其中價值更重要的部分，就是它描繪出的亞馬遜。那是個出人意料，廣闊又複雜的世界。當然了，亞馬遜也有大片荒野。遠征軍進入荒野時，曾遇上長達數百公里的河岸，那裡不但人跡不至，也沒有農作物，甚至連野生動物都沒有。但我們也在日誌中讀到，在這些杳無人煙的荒野中，有時也會出現一些人口密集的地區。這些地區的河岸，有時會出現綿延二十公里以上的大城市，約相當於曼哈頓島的長度。根據卡發耶的描述，這些地區中有大片農地，而且從種種跡象看來，當地一定存在規模龐大，而且組織完善的政治和經濟系統。而這些系統的存在，就代表當地一定有些中央集權，有能力調動數以千計訓練有素士兵的政府。

亞馬遜文明在和歐洲接觸不久後就被摧毀了。但從關於這些文明的最後紀錄可以看出，亞馬遜曾有段輝煌、精致，而且具有先進工藝的史前原住民歷史。根據卡發耶的描述，在浩瀚的亞馬遜河上，有段長達八十里格，也就是超過五百公里的河段，是由一位名叫馬契帕洛（Machiparo）的大君王統治。在他的領土中只有單一語言，領土內的城鎮和村落相距很近，「通常都只有不到十字弓射程」的距離。

一週後，這群西班牙人來到一個「有防禦工事的村子」。缺乏食物的西班牙人對村子發動奇襲，殺死一部分村民，並把殘存的村民趕進叢林中。「接著我們就一直在休息，住進舒適的房屋中，在村子裡開始盡情吃喝了三天。這個村落有很多條聯外道路，通往亞馬遜的更深處，還有些高品質的大道。」

奧雷亞納對這些大道蠻有戒心的，認為那些被他們掃地出門的當地人，也許會帶著援軍從大道長驅直入回到村子。因此這支遠征軍就繼續上路，盡情享用他們在順流而下的途中，總能找到的各式各樣的大量食物。

他們的下一個重要停駐點是一個村子，「這個村子就位在一個很高的河岸上。因為它的規模似乎很小，而且像是某個內陸大君王遊憩的地點，船長就命令我們奪下它。」

當地居民展開激烈的反抗，但最後都被趕走了。我們占領整個村子後，發現了大量食物，並把食物都存放好作爲補給。這個村子裡有一個大宅院，裡面蒐藏了大量各式各樣的瓷器，其中有些很大的罐子或水壺，容量在二十五阿羅瓦（相當於一百加侖）以上。其中也有些小件瓷器，例如碟、碗和大燭台。它們的品質稱得上是舉世無雙，連馬拉加（Malaga）出產的瓷器都難以望其項背。我們發現的這些瓷器不但有各種顏色，而且顏色都鮮豔得令人難以置信。不但如此，瓷器上的繪畫和圖案也都維妙維肖，這就讓人不禁納悶，這些原住民只靠著一些原始的工藝技術，是如何能將瓷器製作和修飾得如此完美，讓它們就像是古羅馬的瓷器。當地的印第安人告訴我們，大宅內的瓷器都是用當地的瓷土製作的，而且他們的國家不但盛產瓷土，也蘊藏著大量金銀。

在這個村子和他們經過的其他村子裡，「都有很多條通往內陸國家的高級大道。」雖然這些叢林中的大道極具誘惑力，奧雷亞納之前一直不敢輕易的深入探究。但聽過這番話後，他現在也很想知道這些大道到底通往何處，或是否最後會通往黃金國。因此他就帶了幾個同伴出發了。令人遺憾的是，這次他又犯了瞻前顧後的老毛病，不敢再繼續深入：

船長沿著大道走了不到一里格後，發現大道變得愈來愈寬，就像御道一樣。船長覺得繼續走下去太冒險了，便決定折返。

奧雷亞納的手下從安地斯山脈一路來到大西洋，在經歷七千公里的危險旅程後，很多人仍能保存一命，這顯然要歸功於奧雷亞納謹慎的風格。但奧雷亞納的小心謹慎也留下一個千古遺憾，因為他不敢沿著「御道」一探究竟，目前我們也不清楚它們到底通往哪裡。

■難以被接受的真相

卡發耶的日誌完整記錄下的亞馬遜，幾乎仍維持著原始風貌。這本日誌在當時曾受到廣泛討論，但在之後的三百多年中，一般人卻一直無緣見到它。直到十九世紀，智利學者荷西·托里比歐·麥地那（Jose Toribio Medina）進行大規模的檔案搜尋後，這本日誌才重現人間，並由麥地那在一八九五年出版。

卡發耶的日誌是我們了解古代亞馬遜的重要依據，但這份日誌的重要性似乎受到刻意貶抑。在日誌出版不久，就有學者對它提出駁斥。舉例來說，卡發耶修士曾提到一群身材姣好的女弓箭手，這個民族曾攻擊過奧雷亞納的遠征軍。卡發耶引用古希臘神話中的亞馬遜女戰士，稱這群女弓箭手為亞馬遜人，但這種命名方式卻招來強烈抗議。卡發耶也說到，他們在旅程中曾遇到很多其他民族，他們都臣屬於亞馬遜人。他們聲稱亞馬遜人的統治範圍很大，在富麗堂皇的首都中心，還有五座宏偉的神殿：

> 在神廟中有很多金或銀塑的女神像，還有很多供奉太陽的金器和銀器。

金銀是當時在歐洲廣為使用的貨幣原料，因此直到這趟旅程結束後多年，歐洲人對日誌中的描述依然心動不已。正因為如此，這個大河系統雖然是由奧雷亞納探勘完成的，但它卻不是以他或其他西班牙探險家的名字為名，而是被稱為「亞馬遜」河。但後來的懷疑論者則認為，卡發耶描述的南美洲女弓箭手民族，和古希臘世界的亞馬遜戰士完全是風馬牛不相及；此外，他提到的叢林深處的富庶城市，也只是個荒誕不經的故事。

懷疑者的攻擊還不只這些。他們最不能接受的，就是卡發耶描述的雨林居民、他們的高度文明、精致的藝術和工藝，尤其是聚落的規模。他們不相信傳說中亞馬遜人首都的存在，也不接受雨林中還有其他大型城市，更不用說那個「銀光閃閃」的城市。在一八九〇年代，人類學家和考古學家一直深信，美洲是人類最晚到達的大陸。在這場很接近近代的大遷徙中，亞馬遜一定是人類最後到達的地方之一。

這種觀點在之後的幾十年中變得愈來愈不可撼動，因此所有治學嚴謹的研究人員幾乎都受到影響，把它奉為不證自明的真理，認為亞馬遜只有約一千年的人類生活史，而且在當地生活的只有小群的獵人採集者，因為亞馬遜叢林的「資源很匱乏」。這種觀點直到一九九〇年代仍盛行不墜。在當時，環境專家仍認為，「亞馬遜雨林雖然看似人間天堂，事實上卻正好相反。那裡長滿了青蔥的植物，但土壤其實很貧瘠，根本無法養活大量人口，或維持複雜的社會。」

在二十世紀，幾乎所有人都不相信卡發耶的說法。原因很簡單，因為他描述的和外界接觸前的亞馬遜居民和文化，和學界的主流理論完全背道而馳，而主流理論的特質就是不容異己。卡發耶的理論在塵封三百多年後才重現人間。但可想而知，大多數考古學家看到這份被忽視多年的現場目擊報導的第一反應，並不是依據它的內容去質疑主流理論，反而是為主流理論辯護，並指控卡發耶說的都是謊言，宣稱他說謊都是為了吹噓這場遠征的成就。

雖然聖經說「不可起誓」，但卡發耶修士仍甘冒不韙地起誓說，他寫的一切「都是千真萬確的」。但他在日誌中提到，在亞馬遜沿岸不但有很多城市和稠密的人口，還有比馬拉加陶瓷更精美的先進陶瓷，而且還有肥沃的農地。他說的一切真的太難以置信了。如果他說的都是真的，那就表示現代「專家」都錯了。但專家怎麼可能認錯。

不久人們就認為卡發耶描述的亞馬遜並不存在；他不是愛做白日夢，就是愛信口開河。當一切就要蓋棺論定時，第一批亞馬遜的證據開始出現了。它們證明了卡發耶的清白，他說的全都是事實。

■亞馬遜城市曾存在過嗎？

加州大學洛杉磯分校的大衛．威爾金森（David Wilkinson）教授，是研究長期和大規模世界政治現象的權威，研究範圍包括帝國和獨立國家系統。他曾專門研究過和歐洲人接觸前的亞馬遜文明程度。

文明研究者最關心的問題是：在和歐洲人接觸前，亞馬遜地區有城市嗎？「城市」是「文明」的先決條件，也是文明的定義性特徵。所謂的「城市」，就是四級聚落，也就是人口大於十的四次方（一萬人）的聚落。當時曾存在著亞馬遜城市嗎？

威爾金森說，從最早的西班牙和葡萄牙的遠征紀錄看來，「亞馬遜城市確實存在。」他特別提到其中的一個城市，我們之前也介紹過它，它是個綿延超過二十公里的城市。此外，他也提到另一

個聚落。根據卡發耶的描述，這個聚落「有超過兩里格長」。威爾金森說：「一里格有多長？這個問題至今仍沒有定論。但它可能是介於二點五到四哩之間。」一個有稠密住家，長達兩里格的聚落，全長約介於五哩（八公里）到八哩（十三公里）之間。有個由人類學家和地質學家組成的國際團隊，曾研究過這個聚落，並推算出「它的人口約在一萬人左右」。威爾金森採用了他們的研究結果，並認定這個四級聚落是一個城市，因此「也是某個文明的一部分」。同樣的，如果有個長度超過二十公里的更大的聚落，它的人口一定也在兩倍以上，也就是在兩萬人以上。

如果參考同時期「文明化」歐洲都市的人口數量，我們就更能了解實際的狀況。倫敦在十六世紀時的人口約為六萬人，比上述的兩個城市的人口都還多。但這兩個城市雖然人口較少，卻仍是名副其實的城市。英國的約克市從羅馬時代就是很發達的市中心，在十六世紀的人口約有一萬到一萬兩千人，和亞馬遜各城市的規模差不多。而直到十九世紀中葉，西班牙托雷多（Toledo）的人口才達到一萬三千人。

根據卡發耶的描述，亞馬遜不只有城市，這些城市的規模和歐洲當時的城市相比也毫不遜色。他還說：「馬契帕洛酋長統治著很多部落，包括一些很大的部落。這些部落共同組織成一個有五萬人的戰鬥團體，戰士的年紀在三十歲到七十歲之間，因為年輕人不必參戰。」卡發耶提到的十六世紀亞馬遜社會的戰士年紀，就人類學而言是一項重要的資料。除此之外，他的描述也可以作為推估當地人口的重要依據。馬契帕洛的統治區，只是奧雷亞納遠征軍經過的眾多統治區之一。但如果卡發耶的說法屬實，這個統治區就有超過五萬大軍。這支大軍已超越了當時丹麥和挪威軍力的總合，或瑞典和芬蘭軍力的總合，或布蘭登堡—普魯士的軍力，或俄羅斯沙皇國的軍力。

幾世紀以來，歐洲人一直認為亞馬遜是未開化的蠻荒世界，簡直就是野蠻的寫照。因為這種觀念已深植人心，這也難怪卡發耶的日誌在一八九五年重現人間時，歐洲人會對它嗤之以鼻。之後曾

發生另外兩場類似的探險，但它們也被視為無稽之談。其中之一是在奧雷亞納遠征後二十年的烏蘇拉（Ursua）遠征，和一六三七到三八年的特榭拉（Teixeira）遠征。

烏蘇拉遠征並沒有官方紀錄，但軍官之一的阿爾塔米拉諾船長（Captain Altamirano）的說法，也印證了卡發耶的觀察結果。阿爾塔米拉諾也提到，在亞馬遜叢林中央有些約有一萬人的聚落，而根據大衛．威爾金森的標準，一萬人正好達到「城市規模」聚落的最低要求。

在特榭拉遠征的時代，亞馬遜地區已爆發過多起天花大流行，很多地方的人口因而銳減。此外，歐洲人入侵和掠奪的種種負面影響也紛紛浮現。雖然如此，遠征軍中的耶穌會教士克里斯多佛．德．阿庫那（Cristobal de Acuna）神父，也和卡發耶一樣記錄下一份日誌，並在日誌中記錄下：「和恆河、幼發拉底河與尼羅河相比，亞馬遜河的灌溉範圍更廣，滋養的平原更大，養活的人口更多，而且滾滾河水最後流入一個更大的海洋。」和他的前輩卡發耶與阿爾塔米拉諾一樣，阿庫那也提到：「當地有無數的印第安人，和方圓達數百公里的居住區。在這些區域內有雞犬相聞的聚落，我們走進另一個聚落前，還能看到之前的聚落。」

威爾金森寫道：「這些證詞就足以證實，在亞馬遜流域有前哥倫布時代的文明。而目擊者也指出，當地有規模極大的聚落，更有充足的食物能養活稠密的人群，維繫複雜的社會。這些目擊報告也都證實了文明的存在。」

但威爾金森不久也承認，他後來發現「一些重大疑點」。第一個疑點，是關於在奧雷亞納、烏蘇拉和特榭拉等遠征之後，亞馬遜雨林遭到入侵的紀錄，其中又以耶穌會傳教士薩繆爾．弗里茨（Samuel Fritz）的見聞最重要。弗里茨和奧瑪瓜族（Omaguas）住在一起，他們的地盤是位於納波河沿岸，從古柯河到阿瓜里科河之間，奧雷亞納的遠征軍曾經過這裡，卡發耶也曾指出當地的人口很稠密，只是他在日誌中並不是稱他們為奧瑪瓜族。

弗里茨神父的說法就不同了。他在一六八六到一七一五年，曾在奧瑪瓜族進行三十八次耶穌會宣教活動。他曾在地圖上標示出他進行宣教的重要聚落，並說明這些聚落的總人口只有兩萬六千人。這和卡發耶所說的數十萬人有頗大的差異。但我必須附帶提到一件事，因為從這件事就可以看到當時的情況。弗里茨當時除了傳教外還有一個重要任務，那就是「對這些不堪一擊的村落提供建議，教導他們如何撤離，並在上游重新集結，以躲避葡萄牙人一再的奴隸捉捕行動。」

同樣的，在稍晚的一七四三到一七四四年之間，法國地理學家夏爾・瑪麗・德・拉孔達明（Charles-Marie de la Condamine）在經過當地時，也說在亞馬遜雨林並沒有城市或軍隊。這和奧雷亞納的說法也頗有出入。對拉孔達明而言，奧瑪瓜族只是個「曾經很強大的民族」。而他在整個亞馬遜流域「都沒有找到對歐洲人懷有敵意的部落，因為這些部落不是投降，就是撤退到內陸了。」

從十八到二十世紀，類似的報導相繼出現，人們也開始對早期探險家的說法提出質疑。這種懷疑聲浪一直歷久不衰，史密森尼學會的考古學家貝蒂・梅格斯（Betty Meggers）甚至一直到二〇一二年過世前，仍堅稱卡發耶如果不是對看到的一切解讀錯誤，那他的日誌就是一份異想天開的杜撰之作。

■貝蒂・梅格斯的遺毒

梅格斯在研究生涯中一直極力宣揚一個觀點：卡發耶的說法純屬捕風捉影；在前哥倫布時代的亞馬遜雨林，並沒有足以養活一千人的聚落，更不用說幾千人或幾萬人的聚落了。此外，梅格斯還說因為亞馬遜雨林的環境限制，卡發耶提到的大量軍隊、充足的食物存量，和技藝高超的陶瓷工匠

都不可能存在。

梅格斯將她在一九五〇年代所做的研究和結論，繼續發展成《亞馬遜雨林：一個虛構樂園中的人和文化》（*Amazonia: Man and Culture in a Counterfeit Paradise*），並於一九七一年發表。這本書被喻為「可能是有史以來對亞馬遜研究影響力最大的一本書」。所謂的「環境限制」運動，就是在本書內首度提出的。由於本書的影響力真的很大，很多考古學家、人類學家和生態學家，都毫不質疑地追隨梅格斯。可想而知，在很長的一段時間中，環境限制論就成了亞馬遜史前歷史範疇中，唯一被大家接受的參考架構。威爾金森教授說的很貼切：「在二十世紀有些和梅格斯一樣的文化生態考古學家，他們在進行過一絲不苟又很有條有理的研究後，創造出一個共識，那就是亞馬遜雨林只是個『水量豐沛』的沙漠，在這樣的環境限制下，是不可能出現大規模的聚落和社會。」

萬斯．海內斯一手催生出的克洛維斯第一理論，讓很多人被誤導了很久。梅格斯的理論也誤導了追隨者很久。一位學術巨頭被奉為泰山北斗時，知識的發展可能也會因此停滯數十年。雖然如此，反證和不同意見仍會不斷出現，最後發展出新典範。

威爾金森後來在他的亞馬遜文明研究中寫下他的觀察，這當然是個想當然耳的結果：

到了二十世紀末，考古學界的風向又變了，開始傾向接受早期探險家的說法，就連梅格斯的立場也隨著風向動搖了。在她的《亞馬遜雨林：一個虛構樂園中的人和文化》中，梅格斯曾引用探險家莫理丘．德．赫里阿特（Mauricio de Heriarte）的報導，但並沒有做出評論。赫里阿特指出，在塔帕若斯族（the Tapajos）的首都，也就是目前的聖塔倫（Santarem），有六萬名戰士。以比較文明學的標準來看，擁有這麼龐大兵力的城市，人口應該介於三十萬到三十六萬人之間。

梅格斯一定很清楚赫里阿特的報導有何涵義，但她卻裝做視而不見。如果她承認亞馬遜有規模很大的城市，她就必須對自己的論點進行全面檢討。我們回顧當時的情況時，不免會感到有點寒心。在《亞馬遜雨林》出版後的二十年中，其他學者紛紛開始熱烈地對梅格斯展開重新評估。其中最有名的就是安娜·克騰尼爾斯·羅斯福（Anna Curtenius Roosevelt），她目前是伊利諾大學芝加哥分校的人類學教授。羅斯福於一九九三年曾提出證據，說明在一些前哥倫布時代的亞馬遜聚落中，「有成千上萬，甚至更多的居民。」她在一九九九年的一篇論文中寫道：「在亞馬遜的非國家型社會中，似乎存在著密集又有組織的人民，大量維持生計的設施，大規模的土木工程系統，也存在著製造複雜工藝和建造複雜工程的能力，而且這個現象持續了很長的時間。」

無獨有偶的是，人類學家尼爾·懷特黑德（Neil Whitehead）在一九九四年也對史前亞馬遜做出類似的結論：「我們研究的文明，是一些具有極高複雜度的文明，甚至是雛形國家。」二〇〇一年，受到梅格斯批評的麥克·赫肯貝格爾（Michael Heckenberger）、詹姆士·彼德森（James Petersen）和愛德華多·內維斯（Eduardo Neves），以當時已廣為考古學界接受的觀點為自己大力辯護：「過去一百到兩百年，人們曾多次報導亞馬遜存在著一些社會。但過去的亞馬遜社會的規模還要更大得多。」他們也說這些社會包括「酋邦」（chiefdom）和「王國」，而且早在亞馬遜和歐洲接觸前，當地某些地區就存在過「失落的文明」。

關於這些南轅北轍的論調，我們又怎麼知道誰是誰非呢？

威爾金森整理出兩個關鍵問題：「各種資料和權威人士對亞馬遜文明都有不同的見解，如果要化解他們之間的歧異，我們必須先探討兩個問題，那就是如果亞馬遜城市真的存在過，它們為何會消失？而這些城市在過去又是如何維持運作的？」

他對這兩個問題，各提出一個五字解答。亞馬遜城市的消失，是因為「連續的災難」。而這些

城市之所以能持續存在，就是因為有「出色的農業」。

■滅絕和遺忘

我在稍候的某一章，會再討論何謂「出色的農業」。現在我們就先談談「連續的災難」。

在奧雷亞納遠征的幾十年前，天花也許就隨著西班牙征服者，從墨西哥經由陸路傳入亞馬遜了。就算天花不是在那時傳入亞馬遜的，在一五三二到一五三三年，皮薩羅和旗下的征服者也已經將天花直接引進祕魯。他們當時揮軍進入安地斯山脈，因此天花病毒遲早會往山脈東部蔓延，最後再全面滲透雨林。雖然目前仍沒有證據，但奧雷亞納的遠征軍，也許就是將這種致命病毒，帶進古老的亞馬遜中心的首批主要帶原者。這當然不是亞馬遜遭受的最後一波傳染病攻擊。歐洲人對很多舊大陸的傳染病都有蠻強的免疫力，但美洲原住民對它們卻毫無招架之力，天花只是其中之一。麻疹、流行性感冒和其他病毒性疫病，都曾讓美洲原住民人口受到強烈衝擊。

威爾金森引用了人類學家湯瑪斯．梅爾斯（Thomas P. Myers）的一份重要研究，根據這份研究，「在十六到十八世紀時，南美洲曾發生超過三十起大規模傳染病，其中包括天花、麻疹和其他大爆發，有些傳染病的爆發規模很大。」梅爾斯也找到證據，證明「在奧雷亞納遠征和特榭拉遠征之間，南美洲人口曾大量減少。」據他的推測，很多地區的人口甚至減少了百分之九十九。梅爾斯後來還提到，「也許就是因為這時期的人口銳減，後來的傳教士才會認為亞馬遜是個人煙稀少的地區。這些傳教士在當地看到的，都是在疾病和傳染病入侵後，浩劫餘生的人民。」

在前哥倫布時代，亞馬遜人口曾幾近滅絕。這起事件具有極大的影響力。如果當時有很多人死

亡，那可想而知，有很多事物也會跟著消失。威爾金森很簡潔地描繪出當時的情景：「在失去百分之九十九的人口後，一個有一萬居民的小城，就會變成只有一百位居民或更少的小村子。」

如果這個城市只是某個偉大又複雜文明的一部分，那麼人口銳減會對這個文明帶來的影響就可想而知了。這個文明會失去百分之九十九的戰士，百分之九十九的農人，百分之九十九的獵人採集者，百分之九十九的天文學家，百分之九十九的巫醫和術士，百分之九十九的建築師，百分之九十九的船隻建造者，和百分之九十九的智慧傳承者。當然了，這場人類大滅絕事件，並不是在一夜之間就波及整個亞馬遜流域。比較可能的情況是，這是一場持續了一到兩世紀的災難；它是一場蠶食型，而非鯨吞型的浩劫。但不管這場災難的發展速度是快是慢，最後都會發展出殊途同歸的結果。那些可能曾存在的亞馬遜文明一旦發生大滅絕，文明中的大城市和紀念性建築就會很快地受到侵蝕，不久就會被埋沒在叢林的荒煙蔓草中。這些文明的文化記憶庫也會被抹殺殆盡，很多技藝、知識和發展潛力，也就此煙消雲散了。

這也難怪我們在研究亞馬遜遠古歷史時，至今仍會發現很多失落環節，矛盾混亂的線索，和讓人無從解釋的謎團。

第十二章

撥開雲霧尋古人

我在第三部介紹的DNA證據，透露出一個驚人的異常現象。在冰河時期的某個階段，也許是早在一萬三千年前，一群具有澳美人基因的人，曾在目前的亞馬遜叢林定居。

目前的亞馬遜流域，是個幅員遼闊又多樣化的地區。它的面積有近七百萬平公方里，其中約有五百五十萬平方公里仍被雨林覆蓋著。我就以各國的面積作為對照，讓大家有個約略的概念。印度的面積是三百二十九萬平方公里，還不到亞馬遜流域的一半。但面積達七百七十萬平方公里的澳洲，就比亞馬遜流域還大。此外，比亞馬遜流域還大的國家和地區，也包括中國（九百五十九萬平方公里）、加拿大（九百九十八萬平方公里）、美國（九百六十三萬平方公里），和歐洲（一千零一十八萬平方公里）。大體而言，如果稱亞馬遜為一個超級大陸塊，它也是當之無愧。它的大小足以和世上很多最大的國家與地區相提並論，從北到南，從東到西都長達數千公里。

學術界對冰河時期亞馬遜的狀況仍沒有定論，他們並不確定當時的天氣和環境為何，也不知那裡當時有哪些植物和樹木。說到這個遼闊區域的人類活動狀況，學者的意見就更分歧了。而學者爭論得最激烈，卻又始終吵不出結論的問題，就是人類是在何時開始在南美洲定居，以及是如何到達南美洲的。

我在第二部介紹過湯姆．迪勒黑，這位來自田納西州范德堡大學的考古學教授，在智利南部的蒙特維德進行考古發掘。他發掘出的證據，讓克洛維斯第一理論面臨到第一次挑戰。這一系列發掘是從一九七七年開始的，至今仍在進行中，科學期刊也刊登出多篇相關報告和論文。這場發掘是個漫長的故事，但長話短說，根據迪勒黑本人的說法，這場鉅細靡遺的發掘成果是：

> 一個確切無誤的人類遺址（MV-II），年代爲距今一萬四千五百年。雖然我們也發現一些兩面投射性尖狀物、打剝下的碎片和研磨石器，但大部分石器都是修邊過的卵石石片、投石器和飛石索上的凹槽飛石。

與其說克洛維斯第一理論是科學，倒不如說它是一套信仰系統。對這個喜歡顛倒黑白的信仰而言，迪勒黑提出的年代具有巒大的威脅性。雖然蒙特維德出土的遺物、工具和尖狀物，和克洛維斯文化並沒有任何關聯，但因為它們的出土位置是在南美洲的極南方，年代是在一萬四千五百年前，因此對克洛維斯第一理論就極具威脅性了。這就意味著這些殖民的祖先，一定是在更早之前就越過白令陸橋，之後再經過長途跋涉，越過北美洲再一路來到南美洲南端。如果真是如此，克洛維斯文化就絕不可能是美洲「第一」出現的文化了。

克洛維斯第一理論的創始人是萬斯．海內斯。在迪勒黑和海內斯與克洛維斯第一理論信徒的所

有論戰中，爭論的焦點都是蒙特維德是否真的有一萬四千五百年的歷史，而這個年代其實已經是很保守的推估了。在一九九七年的一次實地考察後的爭論中，克洛維斯第一的支持者終於認輸了，而蒙特維德的年代也獲得確認。

但一切仍沒有就此塵埃落定。隨著蒙特維德發掘工作的持續進行，更深更古老的生活層也被發掘出了，這些層位的年代也愈來愈古老。二〇一五年十一月，迪勒黑發表了新研究的結果，確認將蒙特維德的年代修正為一萬八千五百年前。此外，新研究也發現這處遺址在超過四千年的時間中，曾被人類重新占據過幾次。以下也是迪勒黑本人的說法：

> 我們發現的新證據，就是現場地層中的石器、動物群遺骸，和一些燒焦的區域。這些焦痕的碳年代測定結果爲一萬四千五百到一萬九千年前，它們顯示在這段期間，這裡可能有斷續而短暫的人類活動。這些新證據的種類很多，在空間上的分布並不連續，而且出現的密度很低。

但蒙特維德還有更多讓人驚訝的發現。迪勒黑的 MV-II 區發掘報告，顛覆了克洛維斯第一理論，證明美洲在一萬四千五百年前就已經有人類活動。但迪勒黑在蒙特維德遺址又鎖定了一個新區域，並將這個區域命名為 MV-I。他很謹慎又語帶保留地指出，這個區域的年代可能比 MV-II 還古老。它的年代不是只介於距今一萬八千五百年到一萬九千年前，而可能是遠超過距今三萬年前：

> MV-I 的年代測定結果爲距今三萬三千年。這個結果是根據零星分布的三個狹窄的黏土層，和二十六個石塊分析出的。黏土層可能是文化活動的燒焦痕跡，而石塊中至少有六塊有人類加工的痕跡。這些來自 MV-I 的證據其實數量很稀少，分布得又很不連續，因此我們無法確認或否定它們在考

古學上的參考價值。

一九九七年，克洛維斯第一理論最死忠的支持者，在參加蒙特維德的實地考察後，都不得不承認當地出土的證據「極具研究價值」。迪勒黑和他的團隊也在二〇一五年，對這處遺址進行重新檢視，範圍遍及蒙特維德的幾個區域。他們發現有些出土殘骸和遺物的年代，甚至達到距今四萬三千五百年之久。但迪勒黑又像是有所顧忌地做出以下結論：「發現的物品數量仍然太少，而且說服力仍嫌不夠，不足以判別它們是人類活動的證據，或是某些不確定自然現象形成的。就目前而言，我比較傾向認為它們是自然現象的產物，因為目前我們仍找不到足以讓人心服口服的考古學資料或其他資料，證實南美洲在兩萬年前曾有人類存在。」

■再一次劃地自限

長久以來，迪勒黑在美洲最早原住民的議題上，一直和考古界主流派唱反調。他對蒙特維德做的最早年代推估，最後也得到證實。他發表的新年代測定結果，證實那處遺址的年代，比他最初推估的還要古老。如果是根據他所謂的「數量過於稀少」的線索看來，蒙特維德的年代其實還要古老得多。雖然迪勒黑是個勇於挑戰傳統的人，但他後來似乎也染上他的批評者的氣息。迪勒黑的批評者說，沒有具說服力的證據，足以證明南美洲在一萬四千五百年前曾有人類活動。和他們一樣，迪勒黑也認為南美洲在兩萬年前並沒有人類的蹤跡。

有句老話說得很好：「沒有證據證明某事，並不能作為某事不存在的證據。」我常會納悶考古

學家何時才會懂得這個道理，並從考古學界屢見不鮮的前例中學到教訓。我所謂的教訓，就是發掘者每次落鏟時，都可能挖出改寫考古學既有共識的證據。考古學家發掘過的地區，和地球表面相比不過是滄海之一粟。既然如此，我們就該體認到，考古學界做出的任何重要結論，都不是千古不變的真理。冰河時期是一個遙遠而充滿動盪的時期，我們對這個時期幾乎一無所知。正因為如此，我們更不能劃地自限地死守著某種觀點。

迪勒黑曾把美洲最早有人類活動的年代限定在兩萬年前。但在二〇一七年八月發表的後續研究，卻證實了南美洲早在冰河時期就有人類。我一直深信考古學並沒有永恆的真理，因此對這個結果並不感到意外。

後來，巴黎自然歷史博物館的丹尼斯・威爾洛（Denis Vialou）帶領一個團隊，在巴西馬托格羅索州的聖塔愛麗娜（Santa Elina）岩棚進行長達數十年的研究。這個岩棚位於兩個主要流域的合流處，也正好位在南美洲地理中心附近。它之所以有名，是因為那裡有一千幅左右的史前彩繪和素描畫。威爾洛在附近的長方形居住區，發現和發掘出一系列層層分明的沉積物，它們證明了在兩萬七千六百年前到兩萬三千年前的不同時期，曾有人類在那裡生活。在發掘出的遺物中，也包括一些精心製作的鑽孔骨製飾品。

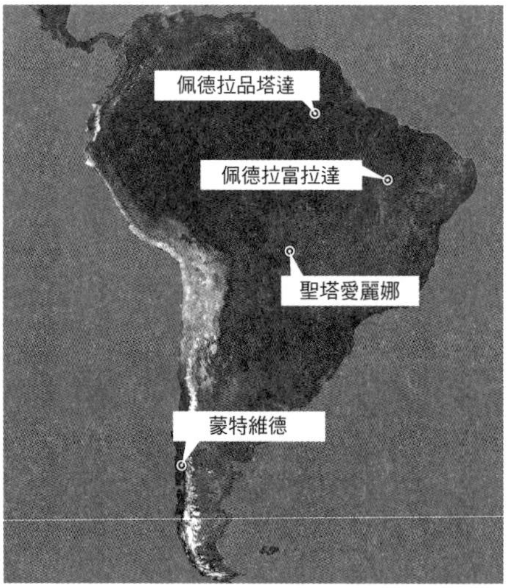

■ 佩德拉富拉達岩棚

妮艾德．圭東（Niède Guidon）是一位出色的巴西考古學家。她已經花了四十年的時間，在聖塔愛麗娜東北方兩千多公里之外，巴西皮奧伊省的卡皮瓦拉山脈國家公園中，發掘出數以百計有大量彩繪的史前岩棚。當其他考古學家都忙著尋找和蒙特維德一樣古老的遺址時，圭東卻一直深信，人類在比兩萬年前還早得多的年代，就已經來到南美洲了。在一九八六年，也就是迪勒黑對克洛維斯第一典範，首次誠惶誠恐地表示反對的前三年，圭東已經在《自然》發表一篇論文，並直言不諱地把標題取名為〈碳十四年代測定指出美洲在三萬兩千年前就有人類存在〉（Carbon-14 Dates Point to Man in the Americas 32,000 Years Ago）。這篇論文其實是一份研究報告，記錄著她在一個名為佩德拉富拉達（Pedra Furada）的岩棚的研究成果。這個岩棚不但特別大，而且有大量彩繪。她在那裡發掘出一系列的層位，「在各個層位中都有大量石器製品和結構完整的灶台。」從這些發現就可看出，從六千一百六十年前到三萬兩千一百六十年前之間，一直有人類持續地在此生活。此外，她也找出明確的證據，證明至少有幅壯觀的岩畫有一萬七千年的歷史：

從這幅石壁畫就可看出，當時的人們已經開始從事岩畫藝術。因此佩德拉富拉達岩棚不但是南美洲最古老的岩畫遺址，也是世界最古老的岩畫遺址之一。

但這還只是她的牛刀小試之作。二〇〇三年，圭東和其他研究員又完成一項更有突破性的研究。研究結果顯示，早在四萬八千五百年前，佩德拉富拉達岩棚就已經有人類存在，而繪畫的年代也在三萬六千年前以上。

關於圭東對佩德拉富拉達岩棚證據的解讀，大部分考古學家都不願接受，而北美洲的考古學家尤其排斥圭東的見解，這是因為他們仍無法擺脫克洛維斯第一的束縛。但這不但不代表圭東是錯的，反而說明了她是個敢突破傳統，能獨立思考和進行徹底研究的人。她曾對美國考古學界長久以來的積習提出嚴厲批評，認為他們總是「對更古老的年代抱著懷疑的態度」，而且總是毫不質疑地認為，白令陸橋是「人類進入新大陸的唯一可行路徑」。

讓圭東感到很納悶的是，為何要進入美洲，就非得經過白令陸橋不可：

> 大家都同意人類早在六萬年前，就有飄洋過海航行到澳洲的能力。既然如此，人類爲什麼不可能藉著航行來到美洲，例如沿著阿留申群島的各島航行？我們沒有理由認爲人類只能藉由一種途徑到達美洲。人類除了跟著人群，沿著陸路來到美洲，應該也有別的選擇。

在另一篇論文中，圭東要我們注意到一些遠古巴西人頭蓋骨的奇特形態。遺傳學家史克格倫德、大衛·萊許和埃斯克·威勒斯列夫，也都曾提出類似的假設。但早在他們提出各自假設的十多年前，圭東就發表了她的論文，而且在論文中做出更明確的推論。她在論文的結論中說：

> 雖然這個推論的可能性很低，但我們也不能排除這種可能，那就是人類可能早在超過五萬年前，就從澳洲和四周島嶼完成橫越太平洋的航行。

■隱藏的領域

亞馬遜和澳大拉西亞之間隔著廣闊的太平洋，在亞馬遜流域為何會出現澳大拉西亞人的基因，這真是個令人費解的問題。亞馬遜流域和澳洲與巴布亞新幾內亞有很遠的距離。不僅如此，蒙特維德、聖塔愛麗娜和佩德拉富拉達，也都不在亞馬遜流域內。聖塔愛麗娜與佩德拉富拉達和亞馬遜流域的距離，要比蒙特維德和它的距離更近，但前者和欣古河（Xingu River，亞馬遜河東南方的一條主要支流）的直線距離，也約有五百一十五公里，後者和欣古河的直線距離也有六百二十五公里。

長久以來考古學界一直認為，亞馬遜在冰河時期一直是杳無人跡，而且直到不到一千年前仍沒有人類活動。雖然目前這個觀點已經被完全推翻了，但它對考古學研究仍造成深遠的影響。因為這個錯誤觀念，亞馬遜一直不是考古學研究的優先對象，相關研究通常也很難獲得資助。除了這些原因，由於亞馬遜對全球生態非常重要，再加上它的範圍太大了，因此在亞馬遜流域只進行過寥寥可數的考古研究，而這些少得可憐的研究中，又只有極小部分是針對冰河時期生活層的研究。

但其中有個難能可貴的例外，它就是安娜．克騰尼爾斯．羅斯福的研究。我曾在第十一章介紹過羅斯福，這位思想開明的學者，目前是伊利諾大學的人類學教授。一九九六年四月十九日，她和一群共同研究人員在《科學》期刊上，發表他們對佩德拉品塔達（Pedra Pintada）的研究成果。佩德拉品塔達是位於巴西的另一個美麗的彩繪岩棚，但不同於佩德拉富拉達，它是位在亞馬遜流域中央，塔帕若斯河和亞馬遜河的匯流

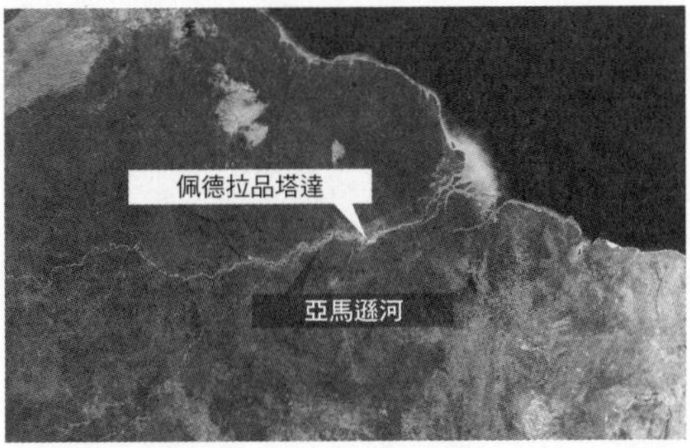

處。羅斯福和她的團隊在這裡發掘了好幾個生活層，它們的年代涵蓋了全新世（Holocene，也就是當代）和晚更新世（late Pleistocene，也就是冰河時期）。根據熱釋光年代測定法（thermoluminescence dating）檢驗的結果，其中最深最古老生活層的年代，是一萬六千年前。而碳年代測定法的檢驗結果則是一萬四千兩百年前。

以下就是他們的結論：

我們從很多遺存（remains）認定，早在晚更新世，佩德拉品塔達洞穴就已經有人類存在。我們從各遺址上的各層位可看出，那裡曾發展出一系列文化。而經過年代測定的遺存，就是來自其中最早的文化。我們在文物遺存中，並沒有發現任何類人猿類（pre-human）的生物物質。而這些文物遺存是分布在各遠古生活層中，這些生活層和之後的全新世的遺存組合（assemblage）是被一個層位隔開，這個層位中並不存在任何文化遺存。之前考古學界曾發現一些證據，顯示古印第安人（Palaeoindian）的遷徙分布模式，要比目前理論提出的模式還要複雜。而我們在亞馬遜地區發現古印第安人，也印證了這些證據代表的意義。

羅斯福說的確實沒錯。目前地球雖然已發生了人為的生態浩劫，但我們不要忘了，在亞馬遜流域仍有五百五十萬平方公里的茂密雨林。為了讓讀者更加了解亞馬遜的規模，我就以各國的面積解說。將墨西哥、瓜地馬拉、貝里斯、宏都拉斯和薩爾瓦多合在一起，它們的總面積也只不過是兩百二十二萬平方公里，和亞馬遜雨林的面積仍差了一大截。我們必須再加上面積有兩百九十七萬平方公里的印度，才能拼湊出幾乎和亞馬遜雨林一樣大的區域。

我想強調的是，如果將亞馬遜作為一個考古計畫的目標，它的面積就相當於墨西哥、瓜地馬拉、

貝里斯、宏都拉斯、薩爾瓦多和印度的總合，而且這一大片區域都是被茂密的雨林覆蓋著，必須歷經千辛萬苦和耗費鉅資才能深入。此外，墨西哥、瓜地馬拉、貝里斯、宏都拉斯和薩爾瓦多，都是知名的馬雅文明的發源地；印度則有古老的城市和廟宇。但考古學家則相信，在亞馬遜並沒有什麼值得探究的文明或事物，因此也不願投入寶貴的時間和金錢在那裡進行發掘。在二十一世紀的第二個十年即將結束時，只要是治學嚴謹的學者都不這麼認為了。但這些學者面對的考古現狀是，在亞馬遜高達數百萬平方公里的大片區域，至今仍從未進行過任何考古研究。

除了亞馬遜本身的環境，考古研究還面對著很多問題。舉例而言，在冰河時期結束後，海平面上升了一百二十公尺。在兩萬一千年前的末次冰川極盛期時，仍在水面以上的陸地中，有兩萬七千平方公里已經被淹沒了。在冰河時期，這些目前已沉沒的大陸棚，都是位在海景第一排的黃金地段，而這些大陸棚中，只有極少數曾成為海洋考古學的研究對象。海洋考古學家之所以很少研究這些大陸，不只是因為這些研究需要特別的準備、裝具和交通工具，也是因為過去他們相信，這種耗費鉅資的研究就算獲得一些發現，這些發現對考古知識也沒有太大的助益。

南極洲就更不用說了，那裡有一千四百萬平方公里的陸地，完全沒有被考古學家發掘過。過去，人們幾乎是異口同聲地認為，南極洲從來就沒有人類生活。這也許是真的，也許是假的。我們只有親自前去發掘，才會知道真相為何。

我們可以確定的是，目前面積約為九百萬平方公里的薩哈拉沙漠，在冰河時期和全新世初期，是個氣候和目前完全不同的地方。在很長的時間中，那裡曾有豐沛的水量，土壤也很肥沃，有大量湖泊和草原，也有大批野生生物。那裡很接近埃及和北非與中東的一些遠古文明中心，因此自然很受考古學家青睞。但和亞馬遜與沉沒的大陸棚一樣，在薩哈拉沙漠進行考古發掘也充滿困難，而且所費不貲，因此當地的考古研究也受到極大的限制。

人類是一個健忘的物種。我們可以確定的是，地球上的很多區域，都曾被人類的祖先使用和居住過。它們包括沉沒的大陸棚、薩哈拉沙漠和亞馬遜雨林。但我們面對的難題之一，就是考古學界對這些區域的漠不關心。他們之所以不在那裡研究發掘，可能是因為有實際面的困難，或意識形態等原因。事實上，我們對這些地方真實的史前歷史，仍只有一鱗半爪的了解，在這些廣闊的區域中，也只調查和發掘過很零星的區塊。這些有限的認識和發掘成果，並不足以讓我們得到堅實的理論基礎，對那些仍未調查和發掘的大片區域，做出任何確切的結論。

我曾說亞馬遜雨林的面積相當於六個國家的總合，位於中美洲的瓜地馬拉就是其中之一。瓜地馬拉的面積還不到十萬九千平方公里。從這個國家的規模，就可看出要釐清確切史前歷史的難度，簡直不下於大海撈針。但就在這個面積不到亞馬遜五十分之一的蕞爾小國中，有個重大的考古發現在二〇一八年被發掘出了。

考古學家在瓜地馬拉北方，森林茂密的佩滕區（Peten）的兩千一百平方公里區域調查。綺色佳學院的考古學家湯瑪斯・蓋瑞森（Thomas Garrison），對調查結果的評論是：「這項調查為考古學帶來天翻地覆的改變。」這項調查是在佩滕之類的馬雅遺址進行的，這些遺址都是著名又熱門的景點。調查人員使用光測距（Lidar）脈衝式雷射科技，發現了超過六萬個過去沒有被發現的遠古結構，如住家、皇宮、城牆和堡壘等。此外他們也發現一些設施，如採石場，連接各城市中心的高架道路，和能維持密集農業的複雜灌溉與梯田系統。過去學者一直認為，亞馬遜是個人煙稀少的地區，只有零星散布的城邦。但事實就像蓋瑞森說的，我們可以從光測影像清楚看出，「我們過去嚴重低估了亞馬遜的城邦規模和人口密度。」

卡爾加里大學的考古學家凱薩琳・瑞斯・泰勒（Katheryn Reese-Taylor）也說：

考古學家曾在森林中仔細搜索了數十年，卻沒有任何人曾發現這些遺址。更重要的是，這些新資料讓我們對亞馬遜有了前所未有的完整概念。它可說是揭開了馬雅文明的神祕面紗，讓我們能看到古馬雅人親身體驗到的文明。

瓜地馬拉只是個蕞爾小國，但考古學家在該國一小部分區域進行的發掘，就已經能揭露出在近代才消失的馬雅文明的真面目，讓我們見識到很多驚人的真相。如果我們能在範圍比瓜國大得多的亞馬遜雨林進行發掘，揭開更多長久以來一直不為人知的祕密，那我們一定會對馬雅文明有更深入和完整的認識。

希望這個謎團能受到更多關注，也能吸引到更多資助，如此一來，考古學家就能利用最先進的掃描科技，配合實地調查和發掘，徹底解開這個謎團。我們在亞馬遜族群中，發現古老又讓人大惑不解的澳美人基因。在我們徹底解開亞馬遜之謎前，任何考古學家都不能斬釘截鐵地否認一種可能性，那就是這種基因也許是以「最簡約」（most parsimonious）的路徑傳入美洲的。這也就是說，它是從澳大拉西亞直接越過太平洋來到南美洲的。

如果事實真是如此，這就意味著曾存在一個能進行越洋航行的文明。考古學家一直認為，冰河時期各種人類支系的文明程度都很有限。但這個文明的先進程度，會遠超過考古學家的想像。

第十三章 黑土

早在歐洲人征服前，亞馬遜就存在著有真正城市或成熟政治的文明。對我而言，這已是無庸置疑的事。比較讓人疑惑的是，在考古學尚未探索到的漫長歲月中，亞馬遜文明到底已經存在多久了。

拜安娜・羅斯福的研究之賜，我們現在至少知道了，早在約一萬四千年前或更久之前，位於塔帕若斯河和亞馬遜河匯流處的佩德拉品塔達就已經有人類活動。而巴西還有一些更容易到達的彩繪岩棚，它們的年代可達五萬年前之久。既然如此，我認為只要假以時日，我們一定會發現證據，證明亞馬遜在五萬年或更早之前就有人類存在。

但這些「更早之前」的人類又是什麼人？在更早之前就只有搜食者（forager）和獵人採集者嗎？或是一些先進但卻沒有留下蹤跡，一群能在史前時代就能橫跨全球的人類？如果確實有這種人，那我們就能解釋為何在冰河時期，澳大拉西亞人的基因就能傳入亞馬遜了。但這是個很複雜的問題，

問題之所以會很複雜，是因為除了羅斯福，幾乎沒有其他考古學家曾去尋找亞馬遜遠古時代的人類證據。關於這數萬年間的空窗期，目前只有很概略和無關緊要的資料，因此我們就算想深入研究，也幾乎沒有任何線索可以依循。

但在這段晦暗不明的亞馬遜史前歷史中，突然浮現出一個驚天謎團的身影。這個謎團和加州大學洛杉磯分校的大衛．威爾金森教授提出的「傑出的農藝學」有關。威爾金森曾用這個詞，解釋雨林中的城市為何能養活龐大的人口。大體而言，雨林並沒有良好的基礎土壤，只能靠腐朽的植物和落葉保持土壤的肥沃。正因為這樣，目前亞馬遜的某些區域被清理成農地，種植黃豆等作物後，土壤在短短幾年後就養分枯竭，變得很貧瘠和不適耕種。但威爾金森指的並不是基礎土壤。他所謂的「傑出的農藝學」，指的是一種人造土壤，一種在數千年前突然莫名其妙地出現在亞馬遜的土壤。這種土壤有個神奇的特質，那就是能自行恢復養分。它至今仍被用於農業，而且生產力很高。

它被稱為亞馬遜黑土（Terra preta）。學者現在都了解到，它就是亞馬遜能發展出讓人驚嘆，又完全不合常理的農產量的最重要因素。亞馬遜就是因為有豐富的農產，才能讓在歐洲人征服前不可考的漫長歲月中，養活八百萬到兩千萬人。

亞馬遜黑土似乎是出自科學家的手筆。但如果亞馬遜曾有文明存在，我們對亞馬遜文明能發展出這些科學成就，也就不用太大驚小怪了。

■謎團

最早揭露亞馬遜黑土的人，是殖民時期巴西的歐洲人。他們稱之為印第安黑土（terra preta de

Indio）。根據一些專書和學術論文的說明，「黑土之所以被冠上『印第安』之名，是因為在大多數黑土被發現地區的地表，都有大量前哥倫布時期的陶器碎片。」十九世紀的一位探險家是這樣描述這些特殊土壤的：「那是一層細致的暗色肥土，通常有兩呎層厚。」這種土更常被稱為「黑土」、「亞馬遜人造黑土」，或「亞馬遜黑土」，簡稱ＡＤＥ。

不管我們稱它為什麼，令人費解的是，它到底是什麼？又為何很重要呢？

我之前介紹過了，在亞馬遜有廣闊的天然旱地，也就是非氾濫平原。我們知道亞馬遜在前哥倫布時代曾有大量人口，但這些天然旱地的土壤很貧瘠，無法進行永續性的密集農業，因此也養活不了他們。因為那裡幾乎沒有可用的養分，並且鋁含量極高，沒有比這更糟糕的生產方式。

事實上學者也一致認為，雖然氾濫平原的土壤比較肥沃，但那裡也是種植作物的高風險區，「因為誰也不知道河水何時會氾濫。」

但值得探究的是，根據早期探險家的報告，在亞馬遜曾有些人口密集的聚落，聚落一直延伸到陡峭的河岸，而且還有四通八達的道路通往亞馬遜深處。我們對這些報告又該作何解釋？

二十一世紀的學者已經擺脫了過去偏見的束縛，他們到一些殘存的聚落調查時，常會稱之為亞馬遜的「花園城市」。一份權威研究指出，這些聚落都連接著大片「印第安黑土」。「這些被統稱為『暗色土壤』的黑土非常肥沃，當地的原住民和目前的殖民者，從很早以前就知道它的存在。」

在雨林各地遍布著數以千計的大片黑土，每片黑土的規模都差不多。它們的總面積有多大？老實說，我也不知道。但根據不同權威人士的估計，總面積分別為六千平方公里、一萬八千平方公里、十五萬四千零六十三平方公里，和「相當於法國大小的區域」（也就是六十四萬平方公里左右）。我不知道哪個數字才是正確的，但可以確定的是，至今當地原住民仍很熱中尋找這些黑土耕地，並在那裡種植農作物。這些分布得很廣的亞馬遜黑土耕地，都只是一個更龐大的耕地系統中，被發現

的一部分。

我就以一個聚落為例，最近的一項研究指出，研究人員在亞馬遜東南部的欣古河河畔，發現一些現存的聚落，雖然它們的規模比過去的聚落小得多，但卻能一直殘存至今，這多半都要歸功於他們的祖先，因為數千年來，祖先「一直在使用、管理和改良」當地的土壤。欣古河畔的住民至今幾乎仍都「在黑土上居住和種植」。此外，他們也會利用當地資源，如「巴西堅果、巴巴蘇棕櫚、黑土和藤蔓森林」。這些資源是「先民在此生活的產物或線索」。這個研究團隊的領導者是史蒂芬·施瓦茲曼（Stephen Schwartzman）。正如他說的：「目前欣古走廊的土地利用和資源管理，主要仍是沿用史前的土地使用方法，或是在舊方法上應運而生的。而我們卻很少去研究這種遠古土地使用法。」

而人們最少研究，也了解最少的，就是亞馬遜黑土的粒子。亞馬遜黑土是一種極肥沃的土壤，而造就出這種土壤的，就是這些粒子。而我們仍不清楚這些粒子，是如何在很久之前的亞馬遜出現的。大家都很清楚它是人造的，也都同意這些粒子是個很成功的發明。黑土太肥沃了，就算它已經經過使用，但如果把它混入貧瘠的土地後，土壤就能起死回生。它也因此被稱為「奇蹟土壤」。因此我們必須先研究幾個關於黑土的重要問題：它是如何製造的？製造的原因為何？是在何時製造的？製造者又是誰？

說到第一個問題，欣古河沿岸村民經常挖出的事物，或許能提供一些線索。在他們種植農作物的古老黑土耕地上，「他們常發現陶器碎片、石斧、陶器工藝品和小雕像。」這些遠古先民留下的「廢棄物」，似乎是亞馬遜黑土出奇肥沃的重要原因。但黑土的肥沃還有其他因素，它們就是一些被莫名其妙地混雜在一起的成分，其中最具代表性的包括堆肥，人和動物的糞便和尿，和各種有機廚餘。廚餘中也有骨頭，而且有魚骨。

大多數研究人員都相信，黑土土壤是由人類在無意間形成的。人類拋棄的廢棄物，經過不斷累積和腐化發酵的堆肥作用，最後就成了黑土。黑土通常是在俗稱的「貝塚」的碎片堆中成形的。

愛德華多．內維斯是聖保羅大學的考古學家，據說他比較喜歡的解釋是，貝塚是好幾世代累積出的廚餘，其中主要是從家裡清理出的魚骨和獸骨，再加上人和動物的糞便。

在二〇一四年二月號《考古科學期刊》上的一篇論文中，內維斯、麥克．赫肯貝格爾和其他學者將這個說法再發揚光大。他們的理論是，遠古亞馬遜人是住在屎塚密布的聚落，美其名曰「貝塚聚落」。他們會把排泄物、垃圾、破陶器和魚骨丟在貝塚上。最重要的是，他們會在貝塚上方焚燒濕植物，並刻意地用一層濕土或稻草掩蓋，抑制燃燒。這種冷燒法並沒有什麼長遠的目的或計畫。

湯姆．邁爾斯（Tom Miles）是燃燒和生物量氣化的專家，他認為這種「刀碳耕種」（slash-and-char）和廣受惡評的「刀耕火種」（slash-and-burn）有著明顯的區別：

> 刀耕火種法是以明火焚燒乾樹枝和草，這種方法會產生大量二氧化碳，將它釋放到大氣中，灰燼中只剩下很少的養分，養分再滲入地下。
>
> 刀碳耕種就不同了。它焚燒的是潮濕的植物，再用一層泥土和稻草覆蓋著，讓火悶燒。由於缺乏氧氣，木材和草莖都只能不完全燃燒，而大部分細小碳粒也因此不致散失到大氣中。這種生物碳（bio-char）最後就變成土壤。

根據這種理論的大部分支持者的說法，這些發出腐臭味的悶燒貝塚，不久就自然而然地分布在各地，經過化學作用後，就成了世界上最肥沃的土壤——亞馬遜黑土，變化過程中完全沒有人類刻意介入。

在我看來，這簡直是天方夜譚。

我雖然無法證明，但我相信黑土並不是誤打誤撞的結果，不是糞便、魚骨、陶罐碎片、小雕像、石斧和低溫火在機緣巧合下形成的。黑土中含有這些雜七雜八的元素，並不代表黑土就是無心插柳的產物。我覺得種種證據都指向另一種可能性，那就是神奇的黑土是人類發明的。這項發明充分利用了當地隨手可得的資源，藉著巧妙、低科技和環保的方式，讓原本無法從事農業的土地提高了產量，因此也養活了大量人口。大量人口不只靠著黑土延續了幾十年，甚至延續了幾千年，因為亞馬遜黑土的神奇效用，經歷了數千年仍沒有衰減。

安東妮·溫克勒普林斯（Antoinette WinklerPrins）教授是約翰霍普金斯大學環境研究系的主任。她坦白地說：「這些土壤的神祕之處，就在於它們能長長久久地存在於當地環境中。從生態常識的角度看來，這簡直是不可能的事。在兩千五百年前形成的亞馬遜黑土，為何至今仍會存在呢？」

我稍後會再說明，黑土的歷史絕對遠超過兩千五百年。但先介紹一下溫克勒普林斯教授自問自答的解釋：

> 這些土壤的碳有一種獨特的性質，這種性質不但能保持亞馬遜黑土中有機物質的穩定性，也讓亞馬遜黑土能一直存在於環境中。

關於黑土，世界各地的科學家都各有不同的解釋。但大家卻有個唯一的共識，那就是黑土的神奇功效，「主要歸功於其中的焦碳（或生物碳），那也是黑土呈黑色的原因。」正如湯姆·邁爾斯解釋的，黑土的生成並不是靠熱燃燒，而是讓有機物質在缺氧環境中悶燒。《自然》上的一篇論文說，我們並不完全了解這種悶燒的結果為何，「但悶燒產生的焦碳粒子似乎能聚集養分和水，如果不是

這些粒子，養分和水就會被沖刷到地表下方，植物的根無法觸及的深處。」

杜蘭大學的人類學教授威廉・巴里（William Balee）也認同這些見解，他說道：「微生物活動會造成碳固存（carbon sequestration）增加，因此和周圍的土壤相比，亞馬遜黑土所含的微生物更多樣化。雖然有數百萬種微生物仍未被明確地辨識，但我們可以確認的是，在十公克的黑土中，就含有高達一百萬種不同類別的微生物。亞馬遜黑土的微生物，有很大一部分和四周原生土壤的微生物不同。」

另一份權威研究，也是以亞馬遜黑土中微生物活力和功效，對農業的驚人貢獻為主題。研究中並指出黑土和有控制焚燒的關聯。「火能產生焦碳和灰燼，焦碳和灰燼會提高土壤的酸鹼值，抑制有毒性的活化鋁的生成，減少它對植物根部和土壤微生物的傷害。」

此外，火也能提高土壤保存養分的能力，因此能維持一種「讓土壤保持肥沃的協同效應循環（synergistic cycle）」。有些論文或專書作者認為，亞馬遜黑土是由屎塚或貝塚產生的。就連這些作者也承認：「雖然黑土極具研究價值，但我們對黑土的了解仍很有限，不知道這種人為土在形成過程中，為何會產生能促進生物多樣化的效果。」

儘管我們對黑土仍充滿疑問，但從它強大的效力，和對人類的重大貢獻看來，我們不禁要自問，這種神奇的黑土有可能只是在人類活動中，無意造成的副產品嗎？它們可能只是誤打誤撞，而非精心製造的產物嗎？

我可以想見，考古學家都很樂意相信黑土只是機緣巧合的產物。畢竟考古學的典範曾被推翻很多次。他們過去一直深信，亞馬遜從不存在任何城市，並將這套信仰灌輸給學生。但他們現在又不得不承認，在亞馬遜的史前雨林中曾存在大量城市。考古學家對這場典範轉移，一定都還心有餘悸。因此我也可以體諒他們的心情，體諒他們為何不願意以更客觀的態度，去接受神奇的肥沃黑土是精

心製造、別出心裁的人為產物，為何不願相信黑土的製作過程是有計畫、有組織的，而且用了科學方法。

考古學家曾堅稱，亞馬遜以前從沒有人口眾多的城市。考古學原本就是一門保守又充滿猜忌的科學，這也難怪考古學家在論戰中失敗後，要自欺欺人地堅持，黑土是那些城市的廢物和廚餘產生的。這種黑土讓土地變得更肥沃，因此農產量也大幅提升。而亞馬遜城市中原本不可能存在的大量人口，就是靠這些農作物生活的。

但有沒有可能亞馬遜是先有黑土，接著才發展出有大量人口的城市的？

如果亞馬遜是先有大量人口，之後才出現黑土，那顯然是不合常理。如果亞馬遜是先有大量人口，他們是如何獲得大量食物的？因為他們必須靠充足的食物，才能產生足夠的糞便和魚骨，接著再創造出第一批黑土耕地。與其說黑土是大型聚落發展的副產品，倒不如說亞馬遜的聚落發展和人口增加，是因為亞馬遜黑土的分布範圍愈來愈大，這樣的假設不是更合理嗎？

並不是考古學家，而是人類學家的巴里教授，似乎就是依循著我提出的假設思考，並指出和四周的原生未經改良的土壤相比，亞馬遜黑土的微生物顯然多得有點離譜。這就表示：「黑土是人類刻意製造的，目的是為了提升亞馬遜的微生物多樣性。這項由前哥倫布時代黑土民族發明的製造法，一直被沿用至今，而且還被不斷地改良。」

■出色的遠古先進科學

亞馬遜有很多值得研究的主題，而黑土最早是在何時被製造出的？學者對這個問題至今仍充滿

疑惑，遲遲無法做出定論。

如果你稍微瀏覽過科學文獻，你會以為這種異常肥沃的人造土壤，是在近三千年才出現的；而黑土的大量生產時代，也是在一千年前到歐洲人征服的那段時間。

如果你再仔細看看這些文獻，你會發現很多作者都在迴避另一個謎團。

舉例來說，愛德華多．內維斯和他的同事在一篇論文很滿意的重申：「亞馬遜黑土是人類聚落的產物，但並不是人類刻意製造的。」但他們也注意到，「亞馬遜在和歐洲人接觸的初期，亞馬遜大部分地區，甚至所有地區都不再出產黑土了。」而且他們也坦承，「亞馬遜黑土最初是在何時出現的，大家對這個問題仍無從解釋。」

他們選擇以兩千五百年前到兩千年前的這段時間為研究重點，但他們也注意到，也許還有些年代更早的遺址已經消失了，原因可能是因為亞馬遜的動態地景作用（dynamic landscape processes），或因為「在大多數年代較久遠的亞馬遜黑土遺址中，土壤中的有機質都已經礦化了，只有無機質的遺物能保存至今。由於土壤基質缺少有機物質染色，土壤也不會呈現黑色，因此這些年代較久的黑土遺址就常被忽略。」

但這些年代更古老的遺址並沒有消失。仍有大批遠古耕地一直保持至今，因此有幾位頂尖的權威學者都認為，黑土的起源絕對比兩千五百年前還久得多。內維斯本人也認為確實存在一些古老得多的亞馬遜黑土遺址，其中最值得一提的就是「所謂的馬桑嘎納階段（Massangana phase）的遺址，年代約在距今四千八百年前。」

和一般認定中吉薩大金字塔的建造年代相比，這些遺址的年代還要早上約三百年。它們就位在亞馬遜雨林東南方的雅馬里河（Jamari River）地區。令人遺憾的是，我們已經無法造訪這些遺址了，因為在塞繆爾水電站建造後，它們都被淹沒了。但似乎還有一些比它們還古老的亞馬遜黑土遺址。

舉例而言，在《英國皇家學會報告》（*Proceedings of the Royal Society*）中，內維斯和其他學者就曾指出，有些年代在五千到六千年前的黑土遺址。另一份極具公信力的科學期刊《自然》也曾提到，「有些據估計有七千年之久的亞馬遜黑土遺址。」

這趟被遺忘人類史的溯源之旅還沒有就此結此。康乃爾大學農作物與土壤科學系的專家，和愛德華多．內維斯合作研究，並引用內維斯「未曾發表的資料」。他們在《美國土壤科學學會期刊》（*Journal of the Soil Science Society of America*）上做出的結論是，人造亞馬遜黑土的歷史有八千七百年之久。

但我們也不能忘了內維斯提出的告誡，雖然可能曾存在一些年代更久的遺址，但它們也許在漫長的歲月中消失了。

但黑土的壽命極長，又能透過微生物活動，發揮極強的自行恢復養分的能力，因此我們可以合理地推論，在廣達數百萬平方公里的雨林中，也許還存在著一些年代可上溯至末冰河時期的黑土耕地，只是考古學家從未發現和研究過它們。

我們可以確認的是，就像大衛．威爾金森教授說的，亞馬遜至少在八千七百年前，就在土壤科學領域中，發展出一種出色又先進得離譜的技術，這些技術的痕跡一直保存至今。我們不知道這項技術到底是在多久之前發展出的，只知道它出現後，就和遠古的亞馬遜文明密切結合，融入人們的生活，讓文明發展得更順利。這個文明存在了好幾千年，在古埃及文明和古美索不達米亞文明消失後，它仍屹立不搖地延續了很久。這個文明一直在蓬勃發展，人民也都過著豐衣足食的生活，直到和歐洲人接觸後才土崩瓦解。歐洲人不但藉著武力和傳染病讓當地人口銳減，而且數百年來還一直心懷不軌地否認這個文明的存在。

請各位讀者注意，我曾多次說到某個「遠古亞馬遜文明」，但它並不是我窮盡畢生之力在研究

探索的那個失落文明。我只是想以亞馬遜文明為例，說明另一件事。我們可以從遠自冰河時期一直延續到歐洲人征服的歷史中，發現一些驚人的異常現象，例如神祕的澳大拉西亞遺傳訊息和黑土。這些異常現象意味著曾有個失落的文明，一個曾在史前世代在世界各地探索，足跡遍及全世界的文明。我們在這一章研究的亞馬遜黑土，就是這個失落文明確實曾存在過的線索。亞馬遜的聚落和人口擴張，其實是一項有計畫的行動。而黑土的不斷擴張，就是亞馬遜能發展出大量人口聚集的先決條件。亞馬遜不是先有大型聚落，接著才製造出黑土的。

換句話說，黑土的存在並非出於偶然，而是一項精心策畫的龐大工程的一部分。

第十四章

打造伊甸園

在近年來學者對亞馬遜雨林樹種的研究中，可以發現一些很耐人尋味的線索。這些線索顯示，在數千年前的亞馬遜，曾進行過一項經過精心，而且有明確目的的計畫。這些研究說明了，亞馬遜並不全是原始的自然環境，它的環境多半是由人類創造的。

我之前曾介紹過安娜．羅斯福。觀點激進的她常批評其他科學家，說他們總是一廂情願地認為亞馬遜雨林全都是天然的，「卻沒進行過研究，排除人類影響的可能性。」

在科學家進行研究後，發現「雖然亞馬遜的各森林在地形、天氣、地質、水文、結構、季節性和歷史都有很大的差異」，但它們卻有種「大同小異」的共同模式。也就是說，「在這些不同森林中，總有一種讓人意想不到，數量又很驚人的優勢樹種。在亞馬遜已經被清查登錄的各個森林，都可以發現這種模式。但目前我們仍找不到可以解釋形成這種模式的自然因素。」

根據最精確的估算，亞馬遜目前約有一萬六千種木本樹種。但在這些繁多的樹種中，「只有兩百二十七個超優勢樹種。亞馬遜各森林中大多數的樹木，都是這些超優勢樹種。」希臘人所謂的「寡頭政治」，就是指由少數人掌握統治權。而這些「寡頭樹種」的數目，只佔亞馬遜森林樹種的百分之一點四，但在亞馬遜的任何森林中，卻有幾乎一半以上的樹木都是這些樹種。」

二〇一七年，有個由生態學家和考古學家組成的大規模國際團隊，在荷蘭瓦赫寧恩大學的環境科學研究人員卡蘿琳娜・李維斯（Carolina Levis）的領導下，完成了對這種獨特分布模式的研究。從他們的研究資料中可明顯看出，在這些寡頭樹種中，「馴化樹種成為超優勢樹種的機會，是非馴化樹種的五倍以上。」

更驚人的是，研究人員每登錄一個超優勢樹種群時，幾乎也都會在樹群間發現遠古的考古遺址。由於超優勢樹種群和遺址幾乎總是形影相隨，因此也可用來「預測亞馬遜森林中考古遺址的存在」。

研究團隊將詳細的分析結果發表在《科學》期刊上。他們的結論是：「從亞馬遜雨林現代樹木群落的結構看來，它們在很大的程度上，都是由亞馬遜人經過長久植物馴化的結果。過去學者常認為亞馬遜森林是天然形成的，沒有任何人力介入。但我們發現在現代森林中，常散布著大量遠古社會，這就說明了學者的觀點很值得商榷。亞馬遜森林的現況就是馴化的結果。」

人類最初是在何時來到亞馬遜，並開始在當地定居的？我之前討論過這個問題，並提到它的答案仍有待查證。同樣的，人類是從何時開始在亞馬遜馴化植物？這也是個有待考證的問題。研究團隊的調查結果顯示，「亞馬遜現代森林中馴化樹種的分布，主要是由於人類長久以來持續介入造成的，雖然仍有很多考古遺址至今仍未被發現。」但李維斯補充說，從現有的證據看來，我們可以確認的是，至少在「八千年前」，亞馬遜人就開始偏愛某些樹種，因為這些樹種對他們特別有用。

他們會在自家庭院和管理的森林中栽種這些樹種。

在《科學》的論文中提到的受青睞樹種，現在都是亞馬遜的超優勢樹種。它們包括了巴西堅果（*Bertholletia excelsa*）、又名冰淇淋豆（Ice-Cream Bean）的果樹藍綻果（*Inga edulis*）、亞馬遜樹葡萄（*Pourouma cecropiifolia*）的果樹、又名蛋黃果的果樹黃晶果（*Pouteria caimito*）和可可樹（*Theobroma cacao*）。

其他在遠古很受重視的亞馬遜馴化樹種，還包括阿薩伊果（acai palm）、圖庫瑪棕櫚樹（tucuma palm）、手杖椰子（peach palm）、腰果樹和橡膠樹。

■馴化作物的主要中心

我一直以為可可樹和橡膠樹是墨西哥的原生樹種，也是在墨西哥被馴化的。但我在研究本章的資料時，才驚訝地發現它們是南美洲原生樹種，是在亞馬遜被馴化的。另一個讓我驚訝的發現是，我一直誤以為紅椒和青椒等菜椒是墨西哥的原生物種，但它們也是在亞馬遜被馴化的。

雖然人們常忽略此事，但亞馬遜雨林確實是世界級的「作物馴化的主要中心」。巴西亞馬遜國家研究院的查爾斯·克萊門特（Charles R. Clement）表示：「早在歐洲人征服前，亞馬遜至少就有八十三種本土物種都經過某種程度的馴化，它們包括樹薯、甜薯、可可、菸草、鳳梨和辣椒，此外還包括一些果樹和棕櫚樹。另外還有至少五十種外來的新熱帶物種是人為栽培的。」

讓我意想不到的是，鳳梨居然也榜上有名。我一直誤以為這種熱帶水果是長在樹上，而且是太平洋某群島的原生植物，也許是夏威夷吧。但鳳梨其實並不是一種樹，而是一種葉片很長又多刺的植物。它生長得離地面很近，每株鳳梨只會長出一個果實。它是鳳梨科植物，原產地是亞馬遜雨林；

它最早也是在那裡被馴化的。

我們並沒有確切的資料，能證明鳳梨是在何時被馴化的。但查爾斯．克萊門特的看法是：「在歐洲人征服時，美洲就遍布著鳳梨。當時已經有繁多的鳳梨品種，而且品質都很好。在後來一個世紀中，鳳梨又經歷了現代密集繁殖，發展出各種用途，成為極具經濟效益和文化意義的作物。但這時鳳梨的品質，和歐洲人征服時期的鳳梨相比也毫不遜色。由此可見鳳梨的馴化一定有很久遠的歷史。」

克萊門特和同事整理出一百三十八種馴化作物，其中八十三種是亞馬遜雨林的原生作物，五十五種是「外來」作物。在這些作物中，有包括鳳梨在內的五十二種是全馴化作物。在全馴化作物中，有十四種是果樹、堅果樹或蔓性木本植物，它們佔所有馴化作物的百分之二十七。有四十一種作物被歸類為半馴化，其中有三十五種是果樹、堅果樹或蔓性木本植物，佔所有非馴化作物的百分之八十七。在四十五種被列為初馴化的作物中，只有一種不是果樹或堅果樹：

整體而言，亞馬遜作物中有百分六十八是樹木或木本多年生植物。亞馬遜地區多半是森林，而森林中有大量樹木作物，這似乎也不足爲奇。但值得注意的是，在亞馬遜雨林被馴化的最重要自給作物，就是草本灌木樹薯。馴化作物中也有些根莖類作物，而這些作物的適合生長環境，多半是在有明顯旱季的大草原森林過渡性群落交錯區。

你不妨這樣想想，雨林是被循序漸進地發展和改造成一座超級大花園，花園中充滿了有用又極具生產價值的樹木，而要塑造出這座花園，必定要利用科學方法。但單靠樹木並不能養活大量人口，因此這項史前馴化計畫也開始擴大規模，加入一些農業物種，並藉著亞馬遜黑土的利用，將這些物種成功地融入亞馬遜生態。

■樹薯之謎

樹薯不但是一種主食，克萊門特在論文中更將它描述為「源自亞馬遜雨林的最重要糧食作物」。這種至今仍是亞馬遜大多數人賴以為生的糧食作物，有幾項頗值得探究的特色。分子分析證實了，這種具有食用根的木本灌木，是在亞馬遜流域被馴化的，「馴化地區很可能在巴西塞拉多（Cerrado）的大草原區，一直到亞馬遜雨林南部」。更精確地說，是在「巴西的馬托格羅索（Mato Grosso）、隆多尼亞（Rondonia）和阿克雷（Acre）等州的北部，和玻利維亞北部的鄰近地區。根據學者在祕魯沿海地區的沙那（Zana）山谷和南喬克（Nanchoc）山谷的研究結果，馴化一定是在距今八千年前開始的。」

考古學家至今仍無法深入亞馬遜的大部分地區。但這兩個祕魯沿海山谷就不同了，考古學家已經在那裡進行徹底研究，發現那裡不但盛產樹薯，也有大量人類栽培作物的證據。「根據碳年代測定結果，在距今九千兩百四十年到七千六百六十年前，人類曾在那裡栽種南瓜，曾在距今七千八百四十年前栽種花生，在距今八千到七千五百年前栽種藜麥，在五千四百九十年前栽種棉花。」

值得注意的是，這些作物是先在其他地方被馴化，馴化後才在祕魯沿海地區開始栽種的。

之前說過，我一直誤解了可可樹和辣椒的歷史，我對南瓜也犯了相同的錯誤。長久以來，我一直以為南瓜最早的馴化，是發生於約一萬年前的墨西哥。我之所以會有這樣的誤解，是因為有相關的考古學證據。但現在考古學家發現，在九千兩百四十年前，祕魯的沿海山谷中已經有南瓜栽種，而且約在這個年代時，附近的派漢（Paijan）遺址和拉斯皮爾卡斯（Las Pircas）遺址也有南瓜栽種。根據在《科學》期刊上發表的一篇可信度極高的論文，這些栽種的祕魯南瓜是來自一個品系，這個

品系的馴化地區並不是墨西哥，而是在「厄瓜多西南部和哥倫比亞亞馬遜地區」，馴化年代是在一萬年到九千三百年前。

在七千八百四十年前，栽種在沙那山谷和南喬克山谷的花生又是源自何處？後來學者發現，它們是在安地斯山脈東部的某個地區被馴化的，那裡一直往南延伸到亞馬遜流域的南緣。大體而言，那裡仍算得上是樹薯被馴化的地區。就這兩個案例而言，殘存最古老物質的年代都在距今約八千年前，我們也只能根據這些線索推測馴化發生的時間。當然了，馴化年代一定是距今八千年或更早之前，但這「更早之前」又是多早呢？這就多半要靠猜測了。有些權威人士已經認為，所謂的更早至少是在九千年前，也許甚至是一萬年前。

樹薯又名木薯，是一種澱粉作物。它是一種很理想的主食，因為樹薯所含的熱量，是等重馬鈴薯的兩倍。但樹薯的蛋白質含量很低，就像某位專家警告的，「以樹薯為主的飲食，可能會因為缺乏蛋白質而造成營養不良，也可能加重樹薯氰酸毒性的相關症狀。」

我們稍後會再談到毒性的問題，現在我想先談談花生。花生是一種高蛋白食物，因此是高澱粉樹薯飲食「理想的營養補充品」。有些專家注意到在一些古老文化中，常會以花生搭配樹薯。根據英國的植物學家芭芭拉．皮克斯吉爾（Barbara Pickersgill）的推測，這是因為史前時代花生開始在各地栽種時，正好也是樹薯被大量栽種和當成主食的時期。

但我不禁要懷疑，所謂的「正好也是」，會不會是有人刻意造成的結果。我想到的可能性是，也許在很早之前，人們對植物的營養成分和特性就有很透徹的認識，接著才開始馴化它們，並留下我們目前發現的馴化證據。因為人們除非先了解了落花生和樹薯等作物的特性，否則就不會選擇、馴化和栽種它們，有計畫地讓它們達到互補效果，讓人類能獲得它們的營養。

這當然只是我的猜測，但我的猜測也是有憑有據的。樹薯的根有一種奇怪的特性，它的品種

很多，但大致可分為苦樹薯和甜樹薯兩大類。所有品種的樹薯都含有一種被稱為氰苷（cyanogenic glucosides）的化合物。比較不受歡迎的各種甜樹薯的氰苷濃度較低，但在廣受大眾喜愛的苦樹薯中，氰苷的濃度卻很高。你一定要知道的是，如果你想吃任何一種苦樹薯，卻沒有先以正確的處理方式去除其中的氰苷，你就會嘗到嚴重後果。輕則是氰中毒，出現「嘔吐、暈眩和痲痺等症狀」，重則是因氰中毒死亡。

在十六世紀時，法蘭西斯科．德．奧雷亞納的遠征軍並不知道樹薯的毒性。有幾位士兵在沿著亞馬遜河順流而下的探險中，吃了未經處理的樹薯根。他們雖然揀回一命，卻都病得奄奄一息。如果他們不想中毒，就要先削掉樹薯根的皮，接著把根磨碎，把樹薯泥的汁液擠乾，最後再把它烘烤成細緻的淡黃色粉末。這些步驟雖然簡單，卻缺一不可。幾千年來，亞馬遜原住民一直使用這種方法，去除苦樹薯的毒性。

但追根究柢，這種處理方法最早是如何被發現的？又是在何時被發現的。既然有證據證明，早在八千年前甚至一萬年前就已經有樹薯種植，可想而知這種方法一定是更早之前就出現了。如果人們不懂得去除樹薯毒性的方法，那吃了它後不免會得到重病，甚至死亡。既然如此，人們又怎麼可能會大費周章地馴化它，並把它當成作物呢？因此我忍不住要再次提出一個可能性，那就是有某個個人或群體對亞馬遜深感興趣，而且他們已經了解樹薯的食用價值，也知道去除樹薯毒性的方法。在很久之後，他們才把樹薯視為馴化目標，並開始種植它。

如果不是這樣，人們又怎麼可能會種植樹薯呢？

關於植物的神祕知識

樹薯的處理方法看似很簡單。你只需要剝皮、研磨、浸泡、擠乾，接著再仔細熬煮去除毒性，就能把它變成有用的主食。你在知道處理方法後，會覺得這些步驟似乎都很簡單和平淡無奇。但請想想，在研究出正確的方法前，要經過多少次嘗試和失敗，有多少位志願者會因此生病和死亡。

除非你早就知道野生樹薯最後能成為馴化樹薯，否則你怎麼會展開這樣的計畫呢？

同樣的問題，也發生在亞馬遜的其他植物上，這些植物都被用於某些用途，也需要經過一些處理，只是這些問題的規模更大也更複雜。人類學家傑瑞米．納比（Jeremy Narby）是《宇宙靈蛇：DNA和知識的起源》（*The Cosmic Serpent: DNA and the Origins of Knowledge*）一書的作者，他的研究重點是吹箭的箭毒（curare）。箭毒是在遠古的亞馬遜被發明的，但我們並不知道發明的時間。箭毒能導致麻痺和窒息死亡，因為和呼吸相關的肌肉已經停止運作。根據納比的解說，人們之所以使用箭毒，是因為「它能殺死樹棲動物，卻不會讓牠們的肉產生毒性。它能讓動物失去攀附力並落到地面。猴子被無毒的箭射中時，常會用尾巴捲住樹枝，死後仍垂掛在射箭者高不可攀的枝頭。」

箭毒不但是狩獵的好幫手，更被應用於現代醫學的麻醉學中。但正如納比指出的，箭毒仍有個令人百思不解之處，那就是它最初是如何被發明的。亞馬遜有四十種箭毒，它們是由七十種植物製成。學者達成的共識是，這些箭毒都是人們突發奇想，誤打誤撞發明出來的。納比認為這種解釋有很多疑點：

> 在製造箭毒時，必須將幾種植物混合熬煮上七十二小時，而且要避免吸入毒液芳香卻致命的蒸氣。植物最後被煉製成膏狀，這種毒膏只有被注射在皮下時才會發揮毒性，如果吞食它並不會中毒。

很難想像這種配方怎麼可能是誤打誤撞發現的。

亞馬遜草藥充滿了神祕氣息，其中又以能引起視幻覺的死藤水（ayahuasca）最為人津津樂道。我在於二〇〇五年出版的《超自然：與遠古人類導師的會面》（*Supernatural: Meetings with the Ancient Teachers of Mankind*）中，曾深入探討過死藤水。這種迷幻藥水是以數種植物混合而成，它們絕不可能是因為機緣巧合被湊在一起的。和亞馬遜草藥一樣令人費解的，還包括箭毒、亞馬遜黑土，和在冰河時期後突然興起的植物和樹木馴化。這些神奇的事物不只是某個文明的文化DNA，更可能是某個極先進文明的產物。是否在末冰河時期即將結束的大浩劫中，有某個文明發展出獨樹一格的科學，並開始和其他民族分享，而亞馬遜流域各民族也在這些民族中。

這些線索就像光彩動人的鑽石般，散布在亞馬遜各地。從這些證據看來，這個假設中的失落文明，可能也有些已經失傳的科學。這些科學和現代科學一定很不一樣，它們利用的不只有實證方法，也會藉助靈媒、靈視（vision quest）和神遊靈界。大多數西方知識分子都會認為這些方法很荒誕不經。但如果我們以亞馬遜的證據為判斷依據，就會發現這些荒誕不經的科學殘留的遺緒，其實也有很實用的價值。

舉例而言，古亞馬遜科學曾馴化並處理過大量植物和樹木；它們創造了經歷數千年的使用，仍然能保持肥沃的神奇黑土；它們發明了箭毒之類的肌肉鬆弛劑，能抑制神經肌肉接合點的乙醯膽鹼接受器。更值得一提的是，不同於將地球視為無生命體的西方科技，亞馬遜遠古科技的目的，除了要滿足人類的肉體需求，也要滿足精神需求。懷疑者對此一定會嗤之以鼻，但在過去二十年中，有數以千計的人體驗過死藤水，生命也因此出現重大變化。他們可以證明，亞馬遜科技具有某種強大又難以言喻的力量。

第十五章

神聖的幾何學

亞馬遜文明最早出現的時間，當然並不是它最初出現在考古紀錄中的時間。但從它出現在考古紀錄後，亞馬遜文明創始者的智慧和真知灼見，就一直不絕如縷地延續到現在。他們闡述的基本原則，就是人與宇宙的關係。數千年來，這些先人的智慧一直延續至今，並不斷地被發揚光大。其中一些有了另闢蹊徑的新發展，有些卻逐漸式微和衰亡。在目前的亞馬遜原住民身上，仍能找到神祕的澳大拉西亞遺傳訊息。和這些遺傳訊息一樣，遠古文明的神祕智慧至今仍殘留下一些蛛絲馬跡。

舉例來說，雖然二十一世紀的科學家已經拋棄了傳統觀念，不再認為亞馬遜是個蠻荒原始之地，也知道亞馬遜曾有些頗為先進的史前文明，但當他們看到一些確切的證據，證明亞馬遜雨林中有規模極大的遠古幾何學結構時，卻仍會感到很難以置信。

在繼續討論這個謎團前，我要先說明一件事。在二〇〇六年的《科學》期刊上，有篇由神經學

家斯坦尼斯拉斯・德海內（Stanislas Dehaene）和其他學者發表的論文，標題是〈亞馬遜原住民的幾何學核心知識〉（Core Knowledge of Geometry in an Amazonian Indigene Group）。論文中說幾何學是「人類理智最深奧和古老的產物之一」。沒錯，亞馬遜人是生活在茂密的叢林中，也沒學過高中數學，但這並不表示他們對幾何學一無所知。雖然我們一直誤以為歐幾里德是幾何學之父，但有項極具說服力，又充滿神祕色彩的證據顯示，「幾何學原理其實原本就存在於人類思維中」。這項證據是來自亞馬遜深處的一個與世隔絕的地區。法蘭西公學院（College de France）認知神經成像機構（Cognitive Neuro-imaging Unit）的科學家，曾測驗過當地原住民的基礎幾何學能力。他們的研究指出：

> 蒙杜魯庫族（Munduruku）的小孩和成人，會自然而然地使用一些幾何學觀念，例如拓樸學中的聯通觀念（connectedness），歐幾里德幾何學中的線、點、平行和直角，和正方形、三角形和圓形等基本幾何圖形。他們也會利用距離、角度和幾何映射關係，找出隱藏物體的位置。

簡單地說，目前在亞馬遜偏遠地區仍有些與世隔絕的人，他們幾乎沒有接觸過科技文明，卻擁有與生俱來的幾何學知識。雖然他們「沒學過幾何學，不懂幾何映射，也沒有測量工具」，卻能應用幾何知識。顯然他們的祖先，甚至大部分人類，都具有這種神經學天賦。從古往今來的各種人造結構，就能看出人類具有這種天賦。就連最簡單的木架土屋，也多半是長方形或正方形，而不是隨心所欲的形狀。同樣的，從英國的巨石陣，到埃及的大金字塔，到印度馬都來（Madurai）的魚眼女神廟（Meenakshi Temple），到印尼的婆羅浮屠（Borobudur），到柬埔寨的吳哥窟（Angkor Wat），到瓜地馬拉的蒂卡爾（Tikal），到波利維亞的蒂亞瓦納科（Tiahuanaco），到不勝枚舉的無數遺址，

世上所有神聖建築物的設計，都遵循著幾何學原則。

幾何學是人類天生的一種心智能力，世界各地都有幾何學的結構，這也是不爭的事實。但由於文化的差異，不同時代的不同文明，呈現出的幾何學也會有不同的風貌。正因為如此，吳哥窟就不會像大金字塔，而大金字塔也不會像巨石陣。但這三個結構都遵循著基本的幾何學，也都呈現出相同的宇宙觀。長久以來，我一直認為這種宇宙觀已融入一種建築傳統，而遠古時代曾有個史前失落文明，這個文明的信仰和生活方式的核心，就是這種建築傳統。在末次冰河時期即將結束時，出現了一系列的大災難，這個文明也在災難中滅亡。文明的生還者保留下這個建築傳統逃往世界各地，希望將這個傳統移植到當地。在某些地區，建築傳統很早就落地生根和開花結果，在之後數千年發展出各種形式。但另一些地區，這個傳統則在蟄伏數千年後，才開始蓬勃發展。

主流考古學並不承認世上存在著一種通行全球的建築傳統，甚至也不願承認有這種傳統的殘跡。他們認為遠古文化之間不可能發生觀念交流。畢竟吳哥窟是在大金字塔之後三千五百年建造的，它們之間怎麼可能有觀念交流呢？他們的論點是很合理，和我的理論也沒什麼抵觸，因為我並不認為文化的交流必須發生在過去五千年，甚至過去一萬年中。我的看法是，在世界各地都有些紀念性建築，這些由不同文化在不同時期建築的遠古結構，都有些相同和相異之處。這些建築之所以會同中有異，異中有同，很可能是因為它們都是源自一個極古老的祖源文明。這些文化都繼承了這個文明的觀念和知識，經過祭司、巫師和賢者的傳承，最後再以不同的樣貌呈現出來。

這種建築傳統之所以能遍及全球，也許是因為巧合，也許不是。但不論如何，各地的紀念性建築卻有個共同的特色，那就是幾何學。而大規模的幾何結構不管出現在哪個時代，背後一定有一群具有精湛技術的專家，和大批組織嚴密的勞工，而能培養和動員這兩種人力資源的，一定是一個很先進的文明。

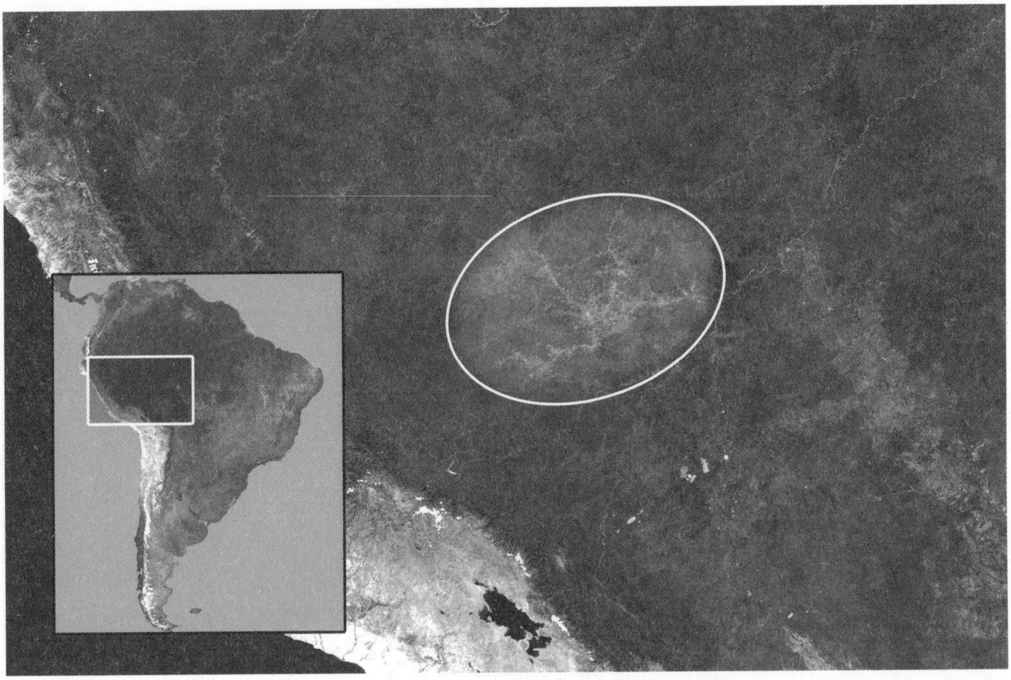

於二〇一八年亞馬遜西南部，被發現的主要土方工程遺址的位置。

一九七七年，在亞馬遜西南部巴西阿克雷州，有一些大規模的幾何土方結構被發現了。但主流考古學不相信有個古老又遍及全世界的建築傳統，因此當時也沒有人關心這項發現。當時的亞馬遜考古研究，仍是由史密森尼學會的貝蒂・梅格斯當家作主。她在六年前才剛發表《亞馬遜雨林：一個虛構樂園中的人和文化》一書，她對亞馬遜的觀點，也被當時的考古學界奉為圭臬。在她看來，亞馬遜只是個不毛的叢林，不可能養活龐大人口，也絕不可能孕育出有能力建造紀念性建築的文明。這也難怪雖然史密森尼學會曾贊助考古研究國家計畫在亞馬遜的研究，這項計畫也在亞馬遜發現最初一批地畫（geoglyphs），但直到十一年後，這項發現才被公諸於世。

發現這個土方結構的年輕人，是

在史密森尼學會的勘察飛機上發現它的。他名叫阿爾賽烏．藍齊（Alceu Ranzi），他也是將這些遺蹟命名為「地畫」的人。藍齊後來因為工作，在二十年中都不曾回來繼續研究。但他在一九九九年再次飛越當地時，對地畫的興趣又死灰復燃。他現在任職於阿克雷聯邦大學，並和兩位同事合作繼續研究，一位是帕拉邦聯邦大學的丹妮絲．沙恩（Denise Schaan），另一位是赫爾辛基大學的馬爾蒂．帕西寧（Martti Parssinen）。

他們在二〇〇九年十二月號的《古物》（*Antiquity*）期刊上，發表第一批詳細的研究成果。他們認為發現的證據足以證明，在遠古時代，「安地斯山脈東側的亞馬遜上游流域，曾有個高度發展，而且能建造紀念性建築的前哥倫比亞時代社會。這個一直不為人知的民族，曾建造出有精確幾何設計的土方結構，各個工程之間是以垂直交錯的道路相連。」

藍齊、沙恩和帕西寧在論文的開頭就提到，「這些成群的紀念性土方結構」，多半是位在一個兩百公尺高的高原上：

> 這些土方結構是由溝渠和一旁的土牆構成的，它們的形狀是正圓形、長方形和組合圖形。

但為何直到幾十年前，這些驚人的亞馬遜地畫才首度被注意到呢？根據藍齊和同事的研究，這些地畫是在五百年前左右被棄置的，後來地畫又被大量蔓生的植物覆蓋著。三十年來，畜牧業開始清除大片森林，這時地畫才又重見天日，從空中看得尤其明顯。由於地畫的規模太大了，從空中更容易看出它們的形狀和結構。研究人員也可以從谷歌地球上，免費取得衛星影像。

■納斯卡和亞馬遜的關聯

從空中看亞馬遜地畫，要比從地面觀察明顯得多，因此人們難免會將地畫和祕魯南部著名的納斯卡線（Nazca Lines）相提並論。更何況納斯卡高原上的線條，除了描繪出動物和鳥的巨大形象外，也有很多精準的幾何圖形，和亞馬遜地畫頗有異曲同工之妙。

藍齊曾說亞馬遜地畫「和納斯卡線一樣重要」，言下之意就是，將兩者互相比較也未嘗不可。根據他的同事和共同作者丹妮絲．沙恩的說法，藍齊之所以創造出「地畫」一詞，靈感就是來自納斯卡高原上的圖案。沙恩認為將它們相提並論有點「引喻失義」，因為「納斯卡線是一種不同的現象。納斯卡沙漠上的線條，是翻轉風化的黑色岩石，將顏色較淡的岩石底面朝上構成的。但巴西和玻利維亞的圖案就不同了，它們是靠挖掘構成的，這些被挖掘出的連續深溝，形成圓形、長方形、六邊形、八邊形和其他非幾何圖形。」

沙恩認為納斯卡線和亞馬遜地畫不能混為一談，我卻不這麼認為。畫家不管用的是油畫顏料或水彩，畫出的成品仍是圖畫。同樣的，亞馬遜和納斯卡的環境條件很不一樣，因此先民使用的創作材料和技巧自然也會不同，但兩地的創作者都是以大地為「畫布」，在畫布上畫出巨大的幾何和非幾何形狀。

瑪麗亞．雷施很熱中研究納斯卡線，因此被稱為「納斯卡線女士」。我曾到她位於納斯卡鎮的家拜訪她，雖然距今已經超過二十五年了，我仍清楚地記得那次會面。她從一九四五年起，就一直住在納斯卡鎮，小鎮四周有大量遠古地畫，她也不遺餘力地研究、保護和向世人介紹這些地畫。一九九三年，我和桑莎拜訪她時，她才剛過九十歲生日。雖然她當時已是帕金森氏症晚期患者，必須躺在床上，她的頭腦仍很清楚，口齒也很清晰。她當時告訴我們她為何認為納斯卡線很重要：

納斯卡的幾何圖案。攝影：桑莎·法伊亞。

它們讓我們知道，我們對遠古人類的觀點並不正確。祕魯曾有一個先進文明，它對數學和天文學都有高深的研究。這個以藝術家爲主的文明，描繪出他們對人類精神的獨特觀點，讓後世慢慢解讀。

我已經在我之前的著作中討論過納斯卡之謎，因此就不再贅述了。我只想指出，在最具代表性的納斯卡地畫中，有個位在沙漠中，以一筆劃畫成，長達一哩以上的線條。這個圖案約有九十呎長，六十呎寬，描繪的是一隻猴

右上：納斯卡猴。攝影：桑莎．法伊亞。

左上：絨毛猴的螺旋狀尾巴。攝影：史蒂芬．福斯特（Steffen Foerster），dreamstime.com [26291981].

下：十九世紀繪製的亞馬遜蜘蛛猴。

子。猴子的卷尾是螺旋狀的，這是美洲猴的特徵，而非歐洲猴的特徵。但納斯卡沙漠從古到今都沒有猴子。棲息地離納斯卡最近的猴子，有卷尾猴（capuchin monkeys）、蜘蛛猴（spider monkeys）和絨毛猴（woolly monkeys）等，牠們都是亞馬遜雨林的原生動物。

還有一個納斯卡地畫也很有名，它很像蜘蛛，通常也被稱為蜘蛛。但有人指出，這個長達四十六公尺的巨大形象也許並不是蜘蛛，而是一種和蜘蛛親緣關係很近，只有約一公釐大的蛛形綱動物。牠就是俗稱蜱蛛（tickspider）的節腹目（Ricinulei）動物。目前世界被發現的節腹目動物有超過七十個物種，但納斯卡沙漠並沒有任何一種。牠們照理也不該在那裡出現。節腹目動物喜歡「熱帶森林和洞穴」，這種奇特動物最接近納斯卡的群落，就是在巴西亞馬遜，尤其是在亞馬遜雨林的中部、東部和南部。

節腹目動物有很多怪異之處，其中最特別的，就是牠們有一些與眾不同的結構特徵。正如巴西的蛛形綱動物學家亞歷山大·柏納多（Alexandre B. Bonaldo）描述的，牠們最奇特之處「就在於受精系統，公節腹目動物是用第三條腿的一個複雜的交尾器授精的」。就像波士頓大學退休教授傑拉德·霍金斯（Gerald S. Hawkins）最先指出的，所有節腹目動物都有這種與眾不同的延伸生殖器，雖然牠們的長度還不到一公釐，不用放大鏡或顯微鏡就很難看到，但在納斯卡「蜘蛛」的第三條腿上，這個生殖器卻出現在正確的位置。

霍金斯是一位天文學家，但身為南美洲蜘蛛專家的柏納多並不同意他的觀點。他和我在二〇一八年十月曾以電子郵件討論，他在信中說到：

有人認爲納斯卡蜘蛛是某個節腹目物種，我對此頗不以爲然。我一直認爲牠是一種蟻蛛（myrmecomorphic spider），就像科林尼德囊蜘蛛（Myrmecium）一樣。科林尼德囊蜘蛛是南美洲絕

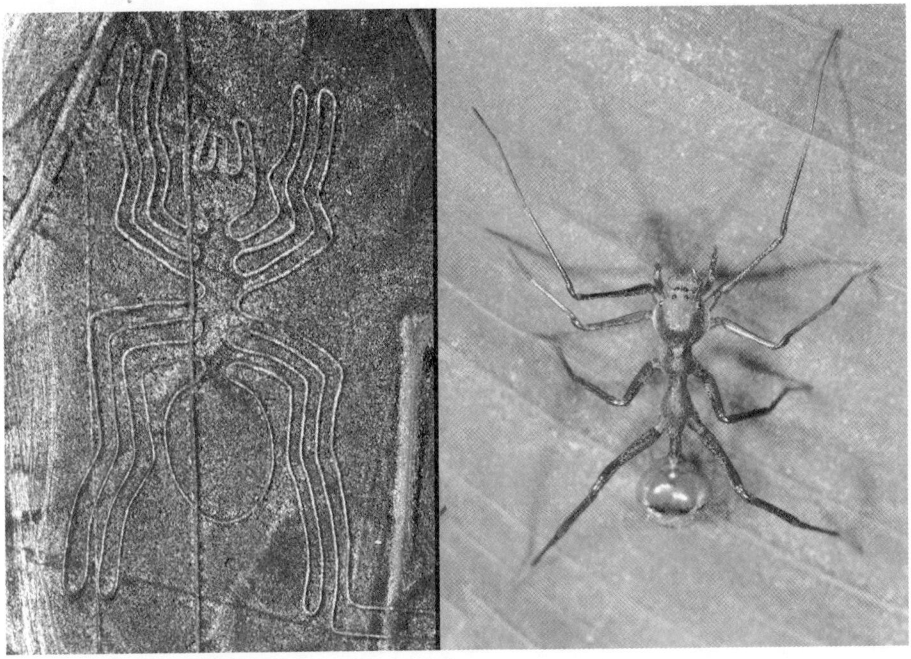

左圖：納斯卡「蜘蛛」。攝影：桑莎・法伊亞。
右圖：高倍率放大的亞馬遜科林尼德囊蜘蛛。攝影：亞瑟・安克。

無僅有的屬，根據紀錄，牠們分布於委內瑞拉加勒比區到巴西南部。這個屬中有三十八個物種，其中的二十八個都是亞馬遜流域的特有種，分布範圍包括位於祕魯、厄瓜多和哥倫比亞的安地斯山脈東坡較低部分。

我問他是否能引用他的話，他的回答是：

你當然可以引用。我想附帶一提，第三隻腳的「變形」並沒有結構，而且也不是左右對稱。那似乎只是繪畫中的延伸線，這在其他納斯卡地畫中也很常見。

柏納多也很熱心地要他的同事亞瑟・安克（Arthur Anker）為我解釋。擅長微距攝影的安克，為我提供了在此繁殖的亞馬遜科林尼德囊蜘蛛的照

片，這種蜘蛛是來自馬爾多納多港（Puerto Maldonado）附近的坦博帕塔保護區（Tambopata Reserve）。在我看來，牠要比節腹目動物更像納斯卡蜘蛛。這也說明了能仔細觀察自然的科學家，也加入了南美洲遠古史的研究。沙恩認為納斯卡線和亞馬遜地畫是不相關的現象，我們就先不去探討答案，先看看這兩個源自亞馬遜的猴子和「蜘蛛」圖形，再重新想想沙恩的說法是否正確。

■亞馬遜地畫的一些事實和圖形

近幾十年來，亞馬遜西南部陸續有些地畫被發現了，這些地畫有哪些普遍的結構和樣貌呢？在二〇〇九年《古物》的一篇論文中，藍齊、沙恩和帕西寧歸納出以下的概觀：

> 大體而言，幾何圖形都是由一道溝渠構成的。溝渠約有十一公尺寬，目前的深度爲一到三公尺，溝渠旁有半公尺到一公尺高的土堤，土堤是由挖掘出的土壤堆積而成的。環形溝的直徑在九十到三百公尺之間。在同一

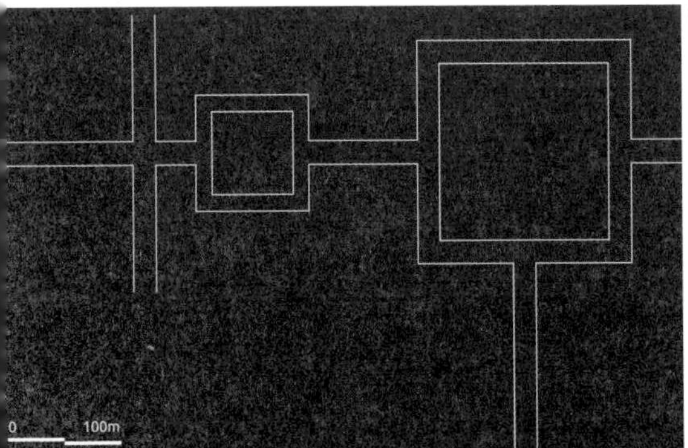

法曾達巴拉納。
地圖和照片：馬爾蒂·帕西寧。

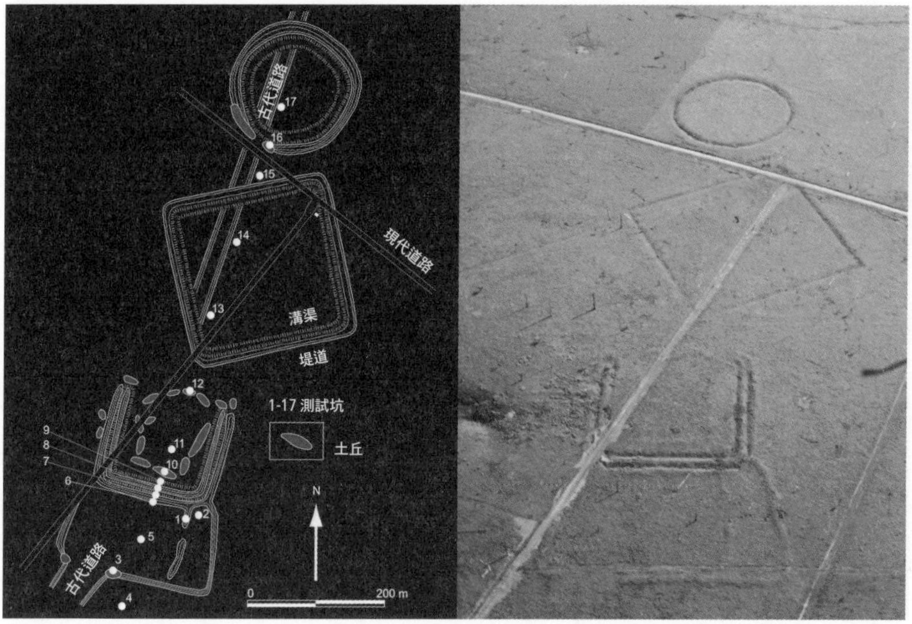

法曾達科羅拉達。地圖和照片：馬爾蒂・帕西寧。

個圖形上有兩個或兩個以上的結構時，結構間通常會有堤道相連。有些單一的長方形結構，會從邊的中點或四角延伸出短道路。其中也有些複合圖形，例如外圓內方，或外方內圓的圖形。

有些圖形製作得頗為粗糙，有些則非常精確。但在某些地畫中，也會同時存在著一個不精確圖形和一個精確圖形，聖伊莎貝爾（Santa Isabel）遺址就是一個例子。這個地畫是由一個精確的巨大八邊形，和一個不精確的圓形組合而成的。

法曾達帕拉納（Fazenda Parana）遺址就不同了，這個非常符合幾何規則的地畫，「是由兩個完美的正方形構成，邊長分別是兩百公尺和一百公尺。兩個正方形之間有條堤道相連，堤道寬二十公尺，長一百公尺。此外，這兩個正方形也和筆直道路相連，道路分別是東西和南北走向。」法曾達科羅拉達（Fazenda Colorada）遺址

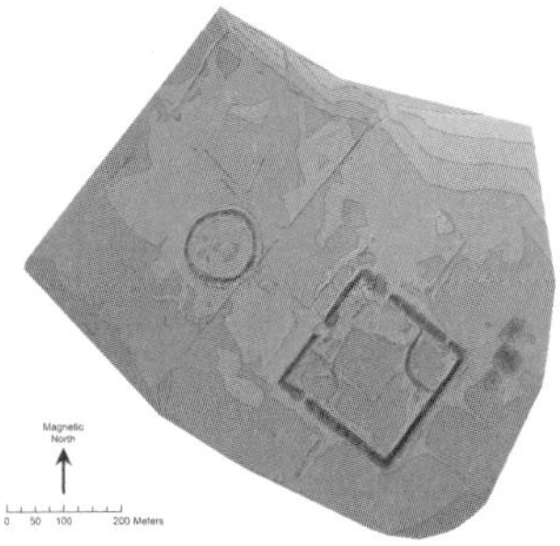

法曾達亞特蘭蒂卡。
地圖和照片：桑娜・桑拿羅瑪（Sanna Saunaluoma）。

的複雜度就高得多了。這裡的地畫包括了：

一個圓形，一個正方形，和一個三邊有雙溝結構的正方形。三邊有雙溝的正方形又和一個梯形結構相連，梯形是由線型牆構成，結構中並沒有溝渠。正方形的西南角是開放的，連接著一條約五十五公尺寬，像是大道的道路。在入口兩側仍可看出有兩個高土堆，它們就像塔樓般聳立著。這條路的兩側都有堤道，堤道入口向遠方延伸，而且愈來愈窄，在六百公尺處就消失了。

接著我們再看看一處名為法曾達亞特蘭蒂卡（Fazenda Atlantica）的遺址。這裡的主要地畫是一個正方形，每邊邊長為兩百五十公尺。正方形的東角和南角各有一個內接四分之一圓，在正方形的西北方一百五十公尺，還有個直徑為一百二十五公尺的圓形結構，它和正方形之間，有一條十公尺寬的堤道相連。

這條連接著方形和圓形結構的大道，就是法曾達亞特蘭蒂卡的主要中軸線。中軸線是呈西北到東南走向，從這種走向看來，它可能是對準夏至日落和冬至日出的位置建造的。讀者應該還記得，俄亥俄州的蛇丘走向，也是對準著西北方的夏至日落處，和東南方的冬至日出處。蛇丘蛇首張開的雙顎，是它主要的對準點，在六月夏至對準的是蛇丘所在的北半球，在冬至對準的則是亞馬遜地畫所在的南

德奎合。

地圖：桑娜．桑拿羅瑪。照片：馬爾蒂．帕西寧。

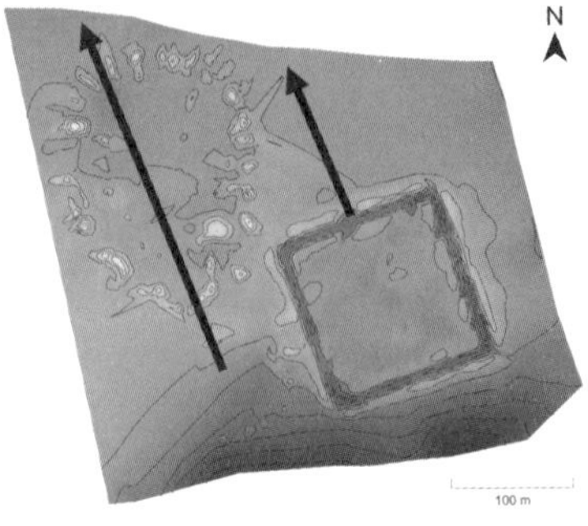

法曾達伊基里二號。這些丘塚是以橢圓形環繞，橢圓的長軸是指向西北方。
地圖和照片：桑娜．桑拿羅瑪。走向箭頭是附加的。

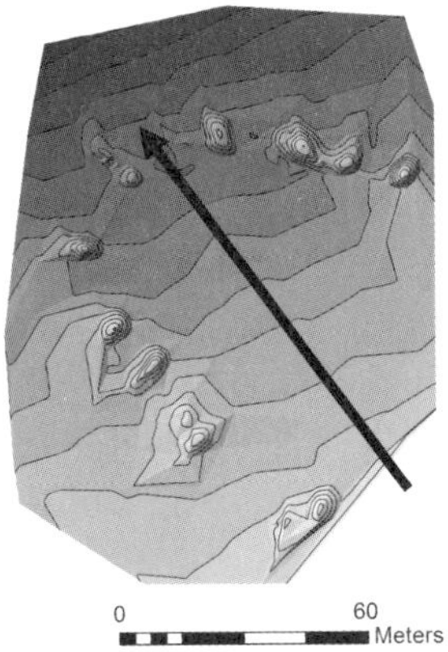

科凱拉爾。環繞成橢圓形的丘塚群中殘存的十個丘塚。橢圓的長軸是指向西北方。
地圖和照片：桑娜．桑拿羅瑪。走向箭頭是附加的。

半球。法曾達亞特蘭蒂卡從未進行過任何考古天文學調查，因此我也不確定它的西北到東南的軸線是否和至點有關。就算真的有關，我也不確定它主要是和夏至點或冬至點有關。

德奎合（Tequinho）也是一幅宏偉的亞馬遜地畫，它的走向也是西北到東南。如果它的附屬結構都還完整，這幅地畫的面積就廣達十五公頃，也就是三十七英畝。但這處遺蹟至今只殘留著兩個主要的正方形，較大的正方形邊長為兩百一十公尺，內部還有兩個正方形。較小的正方形受損很嚴重，邊長為一百三十公尺，其中也有一個小正方形。這處遺蹟的中軸線的西北角起點，就位在大正方形的主要入口，入口有四十公尺寬，連接著一條長一公里半的堤道。德奎合西北走向的主入口和堤道，是否具有考古天文學意義呢？這就要再進行詳細調查後才會有答案。

但可以確定的是，有不少亞馬遜地畫都有相同的走向，法曾達伊基里二號（Fazenda Iquiri II）就是其中之一。它包括一個每邊長為一百四十公尺的正方形土方結構，和一個由二十五個相鄰丘塚構成的橢圓形土方結構。這個橢圓的長軸，和正方形的一條對稱軸平行。長一百八十公尺的橢圓形長軸是正對著西北方，因此這處遺蹟可能也是一個至日軸線。但是否真是如此，還要在做過考古天文學調查後才能確定。

科凱拉爾（Coqueiral）也可能是個至日軸線遺址。這個已經部分受到破壞的遺址，也是由一連串相鄰的土丘構成的。它原本有十八個土丘，目前只剩下十個。從殘存的土丘仍可看出一個不完整的橢圓形，橢圓形的長軸朝西北延伸約一百公尺。和德奎合、法曾達伊基里二號與法曾達亞特蘭蒂卡等遺址一樣，我們必須在詳細調查過科凱拉爾的橢圓形結構後，才能確定它是否具有考古天文學的意義。

確實有不少關於亞馬遜土方結構的出色科學研究，但我研讀過這些報告後，發現它們最重大的缺失，就是一再地忽視這些土方結構可能具有的考古天文學意義。如果我們想對它們有更深入的認

識，就不能再忽略這個問題。我在本章中引用了很多關於地畫的論文，但這些論文中卻沒有任何一篇提及天文準線。就我所知，在我撰寫本章前，我也沒看過有任何頂尖學者，對天文準線的存在與否感到興趣。諷刺的是，這些學者都異口同聲地認為：

> 這些幾何學土方結構，都是建造在精挑細選，地勢較高但很平坦的位置。它們都位在河流間的沖刷高地，從那裡能一覽無遺地看到附近的地形。這些土方結構，都是位在當地地景中精挑細選的位置，而且它們的建築樣式都不斷重複著一些幾何圖形，從這兩個共同之處就可看出，這些結構都是某個傳統的一部分。這個傳統反映出遠古人類的集體意識型態；更準確地說，就是反映出古人共同的宇宙觀，和在社會政治學上的考量。

弔詭的是，這些學者的理論中有個他們絕口不提，卻很明顯而重要的線索。挑選「地勢較高」的位置以便「一覽無遺地看到附近的地形」，這確實反映出了遠古人類「在社會政治學上的考量」。但這些遺址都位於能將周遭環境一覽無遺的制高點，這樣的地理位置不也是遠古天文學家苦苦尋找的位置，好在那裡建造地面上的天文準線，對準六月的夏至日落點，或三月的春分日出點。也許這些學者也意識到這一點，因此他們才會在我引用的那段話中，點到為止地提到「宇宙觀」。

但只是點到為止還不夠。

在我看來，如果不對亞馬遜地畫進行全面的考古天文學調查，我們就不可能領會到其中蘊含的各種謎團和機會。

■不斷後退的地平線

地畫有多古老？

二〇〇九年，在所有已勘查地畫地區進行了一項碳年代測定。已勘查地區「長達兩百五十公里」，其中有「兩百個已知遺址，和超過兩百一十個幾何結構」。根據測定結果，法曾達科羅拉達的年代還蠻近的，據今約只有七百五十年。但調查人員將平均誤差納入考量後，認為它是公元一二八三年建造的。它們認為「這也代表了很多遺址的年代」，因為法曾達科羅拉達具有很多該地區遺址的特色。他們說從這個年代看來，這些地區「直到很晚才開始有人類居住，當時約是歐洲人到達前三百年」。根據較早的研究，亞馬遜其他地區是在公元九〇〇年到一四〇〇年之間才發展出複雜社會。年代測定也符合稍早研究的結論。

但考古學界有個屢見不鮮的現象，那就是每當有新發現出現，考古學界也會出現天翻地覆的變化。經過三季的發掘後，藍齊、沙恩和帕西寧的論點也徹底改變了。他們於二〇一二年的《田野考古》（*Field Archaeology*）期刊上發表一篇論文，那是他們二〇〇九年研究的後續論文。他們在論文中說，這次的勘察範圍要比之前大得多，約有兩萬五千平方公里。在勘察區域內有兩百八十一個園區，「它們是由連續的溝渠構成的，大多數園區內都有個幾何圖形的廣場，廣場面積在一到三公頃之間。幾何圖形的形狀不一，主要是圓形、橢圓形、長方形和正方形。」

接著第一個勁爆的發現出現了。考古學家徹底地重新發掘法曾達科羅拉達，並從不同的地層學層位，採集了另外五個碳年代測定樣本，並進行分析。碳年代測定法仍有誤差值。之前測定出的年代為公元一二八三年，考古學家對亞馬遜是在何時與何處發展出複雜社會，一直抱持著一廂情願的看法，而較近年的年代分析結果正好很符合他們先入為主的偏見。但重點是，之前年代測定的樣本，

是來自該處遺址年代最近的沉積有機物，但根據新樣本的測定結果，從公元二十五年到十四世紀末，法曾達科羅拉達就一直有人類居住。

調查人員也從一些其他地畫遺址採集有機物，年代測定結果也很類似。他們在調查過所有遺址後做出的總結是：「根據新碳年代測定的結果，最初階段土方結構的年代，可上溯自公元前兩千年。」

簡單地說，經歷過二〇〇九到二〇一二年短短三年的研究，考古學界對亞馬遜西南部地畫的認知，就出現了截然不同的變化。過去那些地畫一直被認定為只有七百五十年的歷史，現在它們卻有兩千年的歷史。但考古學界似乎仍未察覺這個更古老年代的意義。我就以西方世界為例，如果某個規模相似的西方建築出現了類似的年代修正，這個事件一定會引起軒然大波。這就像是人們突然發現歐洲的某座宏偉的哥德式大教堂，例如法國的沙特爾大教堂或英國的約克大教堂，並不是在中世紀晚期建造的，而是由古羅馬人建造的。

考古學家常會根據有限的樣本，在一切仍未蓋棺論定，就大肆宣揚一些言過其實的結論。我們對這類錯誤又該如何看待呢？舉例來說，之前考古學家只對法曾達科羅拉達做過一次年代測定，他們沒有經過再次確認，就在之後三年中，一口咬定測定出的公元一二八三年「也代表了很多遺址的年代」。俄亥俄州的蛇丘也是個類似案例。直到二〇一八年，主流考古學家仍認定蛇丘的建造年代約為公元一〇〇〇年。但早在二〇一四年的正式紀錄中，就有一項碳年代測定證據，證實蛇丘的年代比公元一〇〇〇年還早一千年以上。讀者應該很清楚考古學界的結論是否可信。但從關於北美洲最早居民的克洛維斯第一理論，和梅格斯對亞馬遜提出的「虛構樂園」理論，就可看出舊理論充滿了疑點，而且總會一再地被推翻。因此我對考古學界提出的其他意見，自然都常抱著存疑的態度。

我最懷疑的考古學觀點，就是他們最近都一致認為的，亞馬遜西南部的地畫只有兩千年的歷史。

在二〇一二的亞馬遜地畫研究報告中，已經提到其他的碳年代測定結果，這些結果就意味著事實絕非如此簡單。

就以史華連奴卡拉贊斯（Severino Calazans）遺址為例，考古學家在此發掘出一個正方形地畫，正方形每邊的邊長為兩百三十公尺。值得玩味的是，這個正方形的巨大覆蓋區，正好和埃及大金字塔覆蓋區的大小和形狀一模一樣。此外，這兩座紀念性建築物的座向都很「端正」，也就是說，四個面分別面對著正北、正南、正東和正西。

藍齊、沙恩和帕西寧曾引用兩項史華連奴卡拉贊斯碳年代測定結果，確認亞馬遜地畫工程是在「約兩千年前」開始的。這些年代測定結果會有誤差，它們分別是公元前一五九年（來自第三發掘單位）和公元前一七一年（來自第六 B 單位）。雖然考古學界後來已提出新假設，認為亞馬遜地畫有兩千年的歷史，但另外兩項來自史華連奴卡拉贊斯的年代測定結果，就不太符合新假設。測定出的年代仍有誤差，但它們分別是公元前一二一一年（來自第五單位）和公元前二五七七年（來自第三單位）。從第二個測定結果看來，這個地畫不但和大金字塔有相同的覆蓋區，它們的年代可能也一樣。

我們已經介紹過了，近年來考古學家已經開始接受一個新理論，那就是在歐洲人來到前，亞馬遜就有真正的文明了。但他們的態度仍很謹慎。雖然如此，卻幾乎沒有考古學家願意相信，早在公元前二五七七年，亞馬遜就已經有「稱得上文明的文明」。當然也沒有考古學家會相信，當時的亞馬遜曾存在一個先進文明，這個文明有完善的架構和強烈的企圖心，因此才會建造出規模宏偉、座向端正的史華連奴卡拉贊斯地畫；地畫是以溝渠為邊界，溝渠有十二公尺寬，總長度為九百二十公尺，也就是三千呎以上。

這也難怪藍齊、沙恩和帕西寧會認為，公元前二五七七年前這個年代，「也許和最初建造土方

結構的時間無關」。

他們可以接受的是，這個年代只代表「這個遺址在遠古時曾有人類活動」。但他們至少比大多數考古學家還開明得多。史華連奴卡拉贊斯的第二個異常年代測定結果是公元前一二一二年。正因為他們比較開明，才會認為這個年代「也許和土方結構的建造有關」。

但這種「開明」的思維方式真的有什麼邏輯嗎？過去考古學界一直認為，公元一二八三年是個「代表了很多地畫遺址的年代」。既然考古學家已漸漸揚棄了這種觀點，開始認為地畫大型地區工程的開始年代，可能在更早之前的公元前一二一一年，為何我們不能把可能性再擴大一點，把工程開始年代上溯自公元前二五七七年呢？考古學家至今只勘察過亞馬遜的一小部分地區，而且他們也仍未建立起一套完整理論，並利用這套關於亞馬遜遠古文化和文明的特色和限制的理論，為他們蒐集到的資料提供合理的解釋。既然如此，我們更應該抱持著開放的態度。

此外，藍齊、帕西寧和沙恩也承認，他們研究的樣本，只佔所有可能存在資料中的一小部分。帕西寧曾指出，人們最終可能會發現多達一千五百處地畫，考古學界權威人士也一致認為，「目前因為現代森林砍伐而被發現的土方結構，只佔總數的一小部分。絕大多數的遠古結構，仍完整地被亞馬遜南方的季節性雨林覆蓋著，至今仍未被人發現。」

在未來幾年，也許會有更多目前考古學家仍不知道的遺址被發現。這些遺址也許能證實目前的考古學理論，也就是亞馬遜地畫約有兩千年的歷史。但它們可能也會證實，公元前二五七七年才是更準確的年代。也許它會將地畫追溯到更古老的年代，並揭露出更複雜的結構。

但我仍要再次強調，不管地面上藏著哪些事實，如果我們一直忽視它們，我們就不可能知道事實是什麼。

■巧合

史華連奴卡拉贊斯的正方形溝渠園區，和埃及的大金字塔，居然有相同的底層平面圖和基本尺寸，座向也都很端正。我想這一切相同點，至少可以稱得上是巧合吧。此外，史華連奴卡拉贊斯的一項碳年代測定結果為公元前二五七七年，而大金字塔的碳年代測定結果約是公元前二五〇〇年，和歐洲巨石時代的時間相同，這是不是也很巧呢？另一個巧合是亞馬遜圓形地畫和巨石陣很類似，在不列顛群島的巨石環周圍，也都有圓形的土堤和很深的環狀溝。有些考古學家治學非常嚴謹，因此不會輕易做出跨文化的比較。但環溝和地畫溝渠的規模太相似了，這些嚴謹的考古學家也不禁要討論起這些相似之處。聖保羅大學考古學和民族誌博物館的珍妮佛．沃特林（Jennifer Watling）博士就是其中之一，她曾在二〇一七年二月的《美國國家科學院院刊》（*Proceedings of the National Academy of Sciences*）中，發表一篇關於亞馬遜土方結構的重要論文。她在論文中直言不諱地指出：「具有土堤和溝渠的圓形地畫，其實就是人們常說的巨石陣遺址。最初階段的巨石陣，也是由格局相似的園區構成的。地畫的功能，很可能類似於新石器時代的堤道園區，是供民眾集會和舉行儀式的場地。」

我在此要補充說明一點。所謂的「巨石陣」（henge），就是一道由環狀土堤構成的土方結構，土堤內還包圍著一條溝渠。土堤通常是由建造溝渠時挖出的泥土堆成的。歐洲最大的巨石陣——埃夫伯里巨石陣，就是這樣的堤道園區。它的直徑約為四百二十公尺。沿著埃夫伯里的堤道快走一圈約要花上半小時，從堤道往下看著溝渠另一邊，會看到一個巨大的圓形廣場，廣場的邊界就是溝渠。在廣場外圈，每隔幾公尺就有一塊巨石，巨石和廣場邊緣相距幾公尺。在遠古時代，這些巨石是以環狀排列豎立著，巨石圈內還有兩個並排的石圈。埃夫伯里巨石陣至今仍殘存的遠古巨石已寥寥無

幾，因為這處遺址後來成了採石場。雖然埃夫伯里的堤道幾乎都消失了，巨石陣仍在原處，巨石圈的形狀和兩個內圈石圈的殘存部分也依稀可見。但直到二〇一七年，考古學家利用透地雷達才發現，那裡還有個在現場無法看到的正方形結構。它是位在東南角的內圓的中央，每邊邊長為三十公尺，是由一排立石構成的。

詭異的是，我們在亞馬遜一處名為雅各薩（Jacó Sá）的遺址，也發現一個結合圓形和正方形的地畫，但這個地畫是外方內圓的。根據藍齊、沙恩和他們同事的說法，「這個正方形的邊長為一百四十公尺，它的外堤有十二公尺寬，一點六公尺高。圓形中有個內堤，它的直徑為一百公尺。」

說到「堤」這個字，我就必須解釋一個普遍規則。埃夫伯里是個真正的巨石陣，但名字中含有「巨石陣」的英國

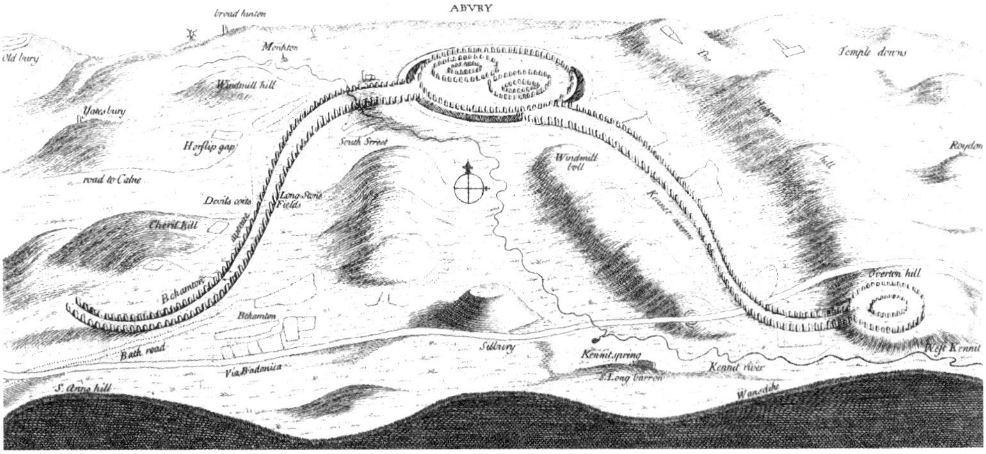

古董商威廉．史塔克利（William Stukeley）於十八世紀初期製作的雕版印圖，內容是埃夫伯里建築期的原本樣貌和當地景觀。位於正上方的是大巨石陣，它連接著兩條巨大的蜿蜒堤道，巨石陣內有一對清楚的內圈。

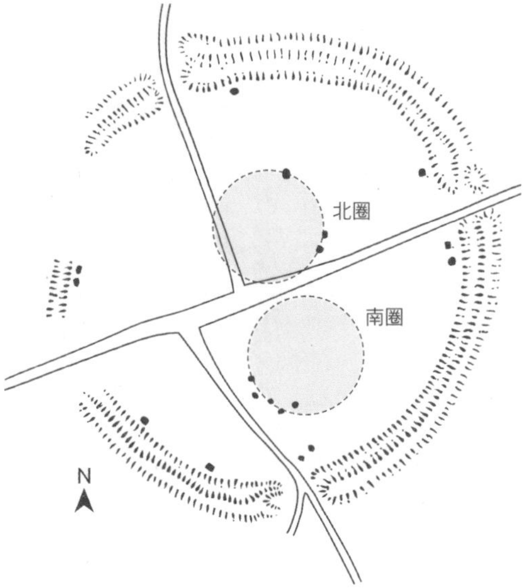

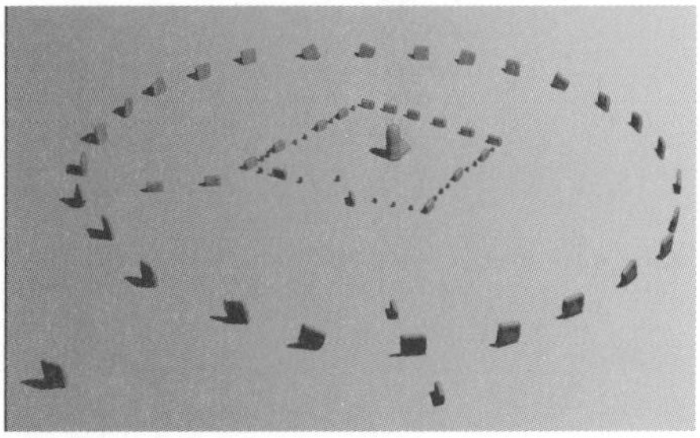

左圖：埃夫伯里的主巨石陣和兩個內圈。
右圖：埃夫伯里南方內圈的重建圖，圖中包含了在長達兩千年中陸續建造的所有結構。資料來源是馬克．吉林斯（M. Gillings）等人合著的〈埃夫伯里的起源〉（The Origins of Avebury），論文被收錄在劍橋大學出版的《古蹟》（*Antiquity*）一書中。圖片引用自萊斯特大學考古和古代史學系的馬克．吉林斯教授。

亞馬遜雅各薩的外方內圓的結構。
拍攝：瑞卡多．阿祖里（Ricardo Azoury）／脈衝圖片（Pulsar Imagens）。

巨石陣（Stonehenge）卻不是。這是因為巨石陣的溝必須在堤內，但英國巨石陣最初的巨大環形溝並不是位在堤內，而是在堤外。正如珍妮佛．沃特林說的，一些亞馬遜地畫有個很有趣的特色，那就是有條「堤外溝」。有些地畫既有堤外溝，也有堤內溝，雅各薩就是其中之一。英國各巨石陣的情況是如此，亞馬遜地畫的情況也是如此。根據藍齊、沙恩和帕西寧的研究，亞馬遜地畫的「溝渠」通常是位在堤內。

■一項全球性遺產？

珍妮佛．沃特林、丹妮絲．沙恩和阿爾賽烏．藍齊等人，在他們合寫的論文中提到，亞馬遜的圓形地畫「有寬達十一公尺，深四公尺的環形溝，環形溝的直徑為一百到三百公尺。」他們對這些地畫遺址的描述是：「有些遺址的規模很大，有多達六個園區。它們堪稱是美洲最讓人驚豔的前哥倫布時代紀念性建築。」他們在發掘後發現，「在園區內幾乎完全沒有文化遺物。」他們的結論是，「這些土方結構的用途，是作為舉行儀式和民眾集會的場地，但使用率並不高。它們的建造年代在距今兩千年到六百五十年前，**但有些土方結構的建造年代可能在三千五百年到三千年前。**」

我之所以要用粗體字標示出更早的年代，是基於兩個原因。首先是原作者在論文中就是這樣寫的。他們是主流考古學家中，更勇於接受新觀念的一群人，因此敢在一份知名期刊上，發表早在三千五百年前亞馬遜社會就存在了。這在過去是無法想像的事。

第二個原因是，這一群考古學家仍有些顧忌。他們認為至少有些地畫可能是在距今三千五百年到三千年前建造的，這個年代和史華連奴卡拉贊斯第五單位的年代測定結果一致。根據一份樣本的

年代測定結果，這處遺址是建造於公元前二二一一年，誤差在一般範圍內。

但這篇論文並未提到，第三六六單位的測定結果更古老，它的年代是公元前二五七七年。這個年代正好和英國巨石陣、埃夫伯里和埃及大金字塔的年代相同。

我在繼續介紹前，必須先再次說明一件很重要的事。我並無意暗示說亞馬遜地畫的靈感，是來自英國的環型巨石陣，埃及的大金字塔，或其他已知的舊大陸紀念性建築。我當然也不想暗示舊大陸的紀念性建築是以亞馬遜地畫為靈感。那我們該如何解釋它們之間的相似之處呢？我的建議是，我們如果能從某個祖源文明中找到這些建築的起源，這樣就會得到更豐碩的成果。這個祖源文明曾在世界各地遺留下相同的遺產，這份遺產包括了知識、科學和測地學。很多文化都繼承了這份遺產，並將它應用在很多不同的環境中。

在某些文化中，這份遺產也許一開始遭到排斥，或漸漸被遺忘以致失傳。在其他文化中，這份遺產在經歷數千年的傳承中，逐漸在各地發展出不同的風貌，因此很難看出這些不同的文化其實是系出同源，都是源自一個遠古的祖系文明。雖然如此，只要我們能深入發掘，這些文化之間的關聯就會像隱性基因一樣，遲早都會現出原形。

不列顛群島上的巨石陣並非都有環狀列石。有些所謂的「巨石陣」，只是和亞馬遜西南部地畫類似的土方結構。巴西的阿克雷州是地畫密集分布的地區，但那裡從沒有發現過任何巨石紀念性建築。這也許是因為當地缺乏適當的天然材料，但也可能是因為當地仍有廣大的區域仍未被詳細勘察過。但亞馬遜確實有環狀列石，我在下一章就會介紹。

第十六章　亞馬遜的本土巨石陣

在曾到過亞馬遜的外國人中，第一位曾提到當地巨石圈的人，就是瑞士動物學家埃米利歐・戈爾迪（Emilio Goeldi）。十九世紀晚期，戈爾迪沿著庫納尼河上溯，來到目前巴西阿馬帕州北部，接近巴西和法屬圭亞那邊界附近。但他並沒有提到那裡有巨型花崗岩塊構成的結構。那些結構顯然出自人類的手筆，而且是由人力運到那裡的。它們的下方就是一條名為雷戈格蘭德（Rego Grande）的水道。

一九二〇年代，德國裔的巴西籍民族學家柯特・尼蒙迪丘（Curt Nimuendaju）也勘察過當地的巨石，但他似乎也沒察覺到雷戈格蘭德的壯觀巨石結構。但在一九五〇年代，貝蒂・梅格斯和她在史密森尼學會的同事克利福德・伊凡斯（Clifford Evans）已注意到這些結構。他們能取得史密森尼學會的資源，因此探勘這個神祕遺址的時機總算成熟了。

梅格斯一直堅持的觀點是，在前哥倫布時代的亞馬遜雨林，不可能出現有能力建造紀念性建築的文明。可想而知，雷戈格蘭德石圈也無法逃過「梅格斯的詛咒」。根據梅格斯對遠古亞馬遜先入為主的認定，這些宏偉的巨石結構照理說根本不該存在。既然它們不該存在，自然也就沒有繼續發掘的必要。

雖然雷戈格蘭德遺址極具研究價值，但既然史密森尼學會並不認可它的價值，它就被考古學冷落了四十年，最後這處遺址又和當初一樣，變得沒沒無聞，最後甚至被遺忘了。

但學術界的意見風向經常發生劇烈變化，被遺忘的事物有時也會再度成為討論的焦點。一九七〇年代，巴西阿克雷州的牧牛業者砍伐大片茂密的雨林牧牛，當地的地畫也首次被人發現。雷戈格蘭德石圈的情況也很類似。它們是在一九九〇年代，牧場領班萊爾森．西爾瓦（Lailson Camelo da Silva）在整地開闢牧場時重新發現的。他後來和一位記者說：「我當時還不知道，我發現的是亞馬遜的本土巨石陣。這項發現讓我不禁想到在巴西叢林中，還藏著多少遠古人類過往的祕密。」

西爾瓦的發現變得遠近馳名後，考古學家對遠古亞馬遜文明的複雜性，也有了更深入的了解，因此對雷戈格蘭德又漸漸感興趣了。考古學家進行了更多研究，在阿馬帕州（Amapa）已被認定的兩百個左右的遺址中，發現其中三十處遺址有形式不一的巨石紀念性建築物。

二〇〇五年，阿馬帕州科學和科技研究所的瑪麗安娜．佩特里．卡布拉爾（Mariana Petry Cabral）和喬奧．達西．德．莫拉．薩丹哈（Joao Darcy de Moura Saldanha），對這些遺址展開全面調查，而他們的調查重點就是雷戈格蘭德。他們在這處遺址發現一個直徑為三十公尺的主要巨石圈，巨石圈是由一百二十七個直立巨石組成的。這些巨石是來自三公里外的一處採石場，每塊重達四噸，直立的高度約在兩點五公尺到四公尺之間，也就是八呎出頭到十三呎出頭之間。石圈內的區域是一片考究的墓地，那裡的骨灰罈和骨灰罐，都是依當地陶器的風格製作的。

二〇一一年，考古學家初步認定這處遺址約有一千年的歷史。根據卡布拉爾的說法，這個年代是根據他們在墓地陶器間，發現的「三個焦碳碎片的三個年代測定結果」得到的。在阿馬帕州的十處遺址中，有三處遺址中有巨石。他們以相同的方法進行年代測定，發現「這些遺址在七百年到一千年前，似乎曾有人類活動」。

如果要確認這些年代禁得起檢驗，我們就必須先做更多的研究，否則它們就會和亞馬遜地畫最初的年代測定結果一樣，在新證據出現後就被推翻了。最重要的是，我們一定要再三確認，巨石圈和墓地的碳年代測定樣本是否屬於相同時期。考古學家常會遇到「侵入式埋葬」（intrusive burial），這種現象在古老的聖地尤其常見，因為後世的人們常會把死者埋葬在聖地，讓死者得到淨化。舉例來說，在人面獅身像和吉薩金字塔群中的孟考拉金字塔，都曾發現這種會導致年代誤置的埋葬。侵入式埋葬可能會影響古老遺址的年代測定結果，讓它被誤判為年代較近，因為年代測定樣本是來自侵入式埋葬。

根據卡布拉爾和薩丹哈的記錄，在他們從雷戈格蘭德取得焦碳樣本的地點，也有些陶器的碎片，這些陶器的風格和類型，在「阿馬帕州和法屬圭亞那海岸」都非常普遍；此外，這種風格和類型的陶器，「也常出現在其他沒有巨石紀念性建築的史前遺址中」。

正因為這些陶器的風格在當地非常普遍，因此我並不覺得雷戈格蘭德發掘出的陶器，與那些被用於測定年代的焦碳，和雷戈格蘭德石圈的最初建造年代有什麼關係。雖然如此，如果雷戈格蘭德石圈的年代真的和墓穴的年代相同，這對我來說也沒什麼差別。我一直堅持的論點，並不是在亞馬遜深處發現的每個神祕紀念性建築物，都一定是在更新世（Pleistocene）時建造的。我在意的並不是建築物的年代，而是它們是否繼承了一些概念，這些概念也許可以上溯至冰河時期，而且和幾何學與天文學息息相關。世界各地的遠古紀念性建築物之所以重要，並不是因為它們的年代很久遠，而

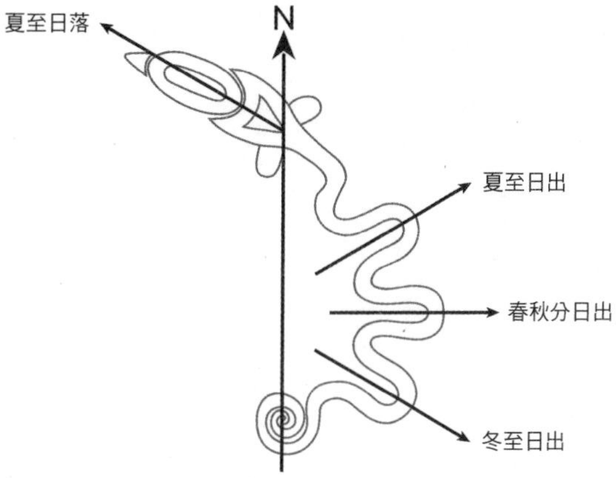

蛇丘的主要準線，對準的是夏至日落的位置。但準線的反方向，也正對著冬至日出的位置，這也是巨蛇蜷曲身體中某圈準線正對的位置。蛇身另外兩圈，則分別對準春秋分和夏至日出的位置。

是因為它們都呈現出某些概念，不論這些概念是出現在亞馬遜，在俄亥俄州的蛇丘，在柬埔寨的吳哥窟，或在不列顛群島的巨石陣，或在埃及的吉薩高原上的紀念性建築之間。這些概念在經過好幾個世代的傳承、保存和傳播，可能已經融入當地文化中。因此跨越不同時間，位在不同地區的文化，會因地制宜地以不同方式呈現出一些相同概念，這也是想當然耳的事。

不論雷戈格蘭德大石圈的真實年代為何，它最值得探究的部分，就是它和巨石陣與蛇丘，似乎都具有一個共同的重要「迷因」（meme）。

「迷因」一詞，是理查．道金斯（Richard Dawkins）在他於一九七六年發表的《自私的基因》（*The Selfish Gene*）中創造的。它指的是「在某個文化或行為系統的一種元素，這種元素是經由模仿或其他非遺傳方式，在人際間傳播。」

就巨石陣、蛇丘和雷戈格蘭德而言，它們的迷因就存在於這些遺址的走向中，因為這三處遺址的軸線，都和六月和十二月的至日有關。我在第一部已經介紹過巨石陣和蛇丘的準線，讀者應該還記得，這些準線都是正反兩用的，對準夏至日出點的準線，它的反方

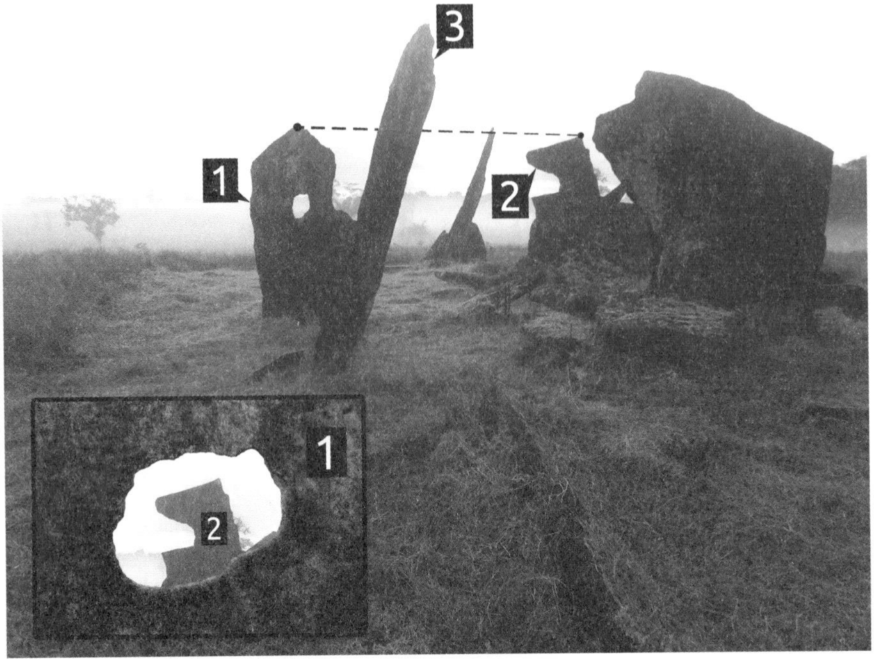

雷戈格蘭德石圈。照片：瑪麗安娜‧卡布拉爾。
三號巨石描繪出太陽在冬至的軌跡。一號和二號巨石的準線，是對準著冬至的日出點，一號巨石上還有觀察日出點的鑿孔（見插圖）。

向也正對著冬至日落點。對準冬至日出點的準線，它的反方向也對準著夏至日落點。

雷戈格蘭德的主要對準點是冬至的太陽。卡布拉爾和薩丹哈指出，那裡一個巨石的影子「能描繪出太陽在當天的軌跡」。它的附近還有兩個花崗岩巨石，一塊巨石上有個人工鑿孔，對準的是冬至的日出點。

這處遺址的地基很牢固，因此巨石不太可能位移。有些石塊是平躺著，但「圭亞那地理」（Guianas Geographic）網站指出，這些石塊並沒有倒下，而是故意被水平放置的：

> 那些平躺在地上的巨石，從一開始就是平躺的。這些石塊下方的紅土層都經過精心挖掘，讓

石塊能密合無間地嵌進地面。專家在立石底部附近發掘後，也發現小塊的花崗岩和紅土。它們是用來支撐立石，讓立石能以特殊的角度直立著。

卡布拉爾和薩丹哈的結論是，這些巨石的角度「都是設計者精心規劃的」。里斯本大學的考古學家馬諾埃爾·卡拉多（Manoel Calado），是研究葡萄牙巨石的專家。他在走訪過雷戈格蘭德後，也同意卡布拉爾等人的看法：「我確定這是亞馬遜巨石和歐洲巨石的相似處之一。」

卡爾加里大學的考古學教授理查·卡拉漢（Richard Callahan）也支持卡布拉爾和薩丹哈的論點：

在亞馬遜的神話和宇宙觀中，恆星和星座等天體都佔有極重的分量。既然如此，如果雷戈格蘭德眞的是一座天文台，我也不會覺得意外。

愛德華多·內維斯也認為，「雷戈格蘭德是個天文台的說法蠻合理的」。但他很中肯地補充說，「我們必須在深入查證後才能下定論」。

■派內爾皮洛

考古學家在雷戈格蘭德只做過很初步的勘察，這些勘察能揭露出巨石圈的主要對準點，但除此之外就沒有其他發現了。和巨石陣與蛇丘一樣，當地巨石的多重準線也許隱藏著更豐富的線索，但也可能沒有其他資訊。只有在進行過大規模的考古天文學研究後，才能確認真相為何。南非西開普

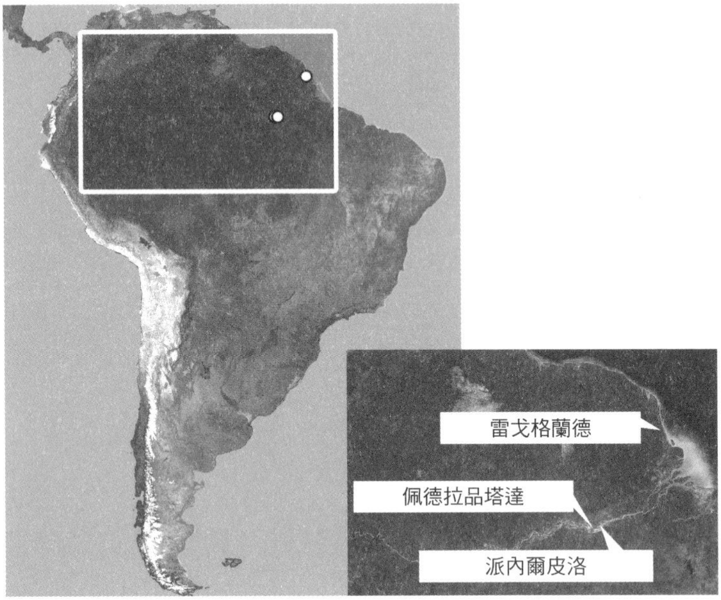

大學的物理學副教授賈麗塔·霍布魯克（Jarita Holbrook）說得很對：「未必所有由立石圍成的圓圈，都稱得上是巨石陣。」

但我想補充的是，如果有個立石圈正好對準至日的日出或日落，那它就很有可能是巨石陣了。

我認為有項重要的考古天文學研究，對雷戈格蘭德的年代爭議會有重大影響。這項研究已經在進行中，地點就位在雷戈格蘭德西南方，約五百五十公里處的另一個亞馬遜遺址。它被命名為派內爾皮洛（Painel do Pilao），在四百公尺外，就是安娜·羅斯福在一九九六年調查過的佩德拉品塔達彩繪岩棚。我在第十二章介紹過，安娜和她的團隊曾在這處岩棚，發掘出層層相疊的生活層。其中最古老也是最深的生活層，經過熱釋光年代測定後，年代約在一萬六千年前；而以放射性年代測定的結果，則是約在一萬四千兩百年前。考古學界對這些年代測定結果並未提出強烈質疑，雖然羅斯福也做了後續研究，但在一般報導中的佩德拉品

塔達岩畫的年代，卻遠小於科學年代測定結果，只是介於一萬三千六百三十年前，到一萬一千七百零五年前之間，這個結果也反映出考古學界對岩畫的保守態度。

北伊利諾大學的克里斯多夫・尚恩・戴維斯（Christopher Sean Davis），也在佩德拉品塔達附近發掘出年代很接近的岩畫。他在二〇一六年的報告中提出幾個不同版本的年代，一個是在一萬三千零一十四年前到一萬兩千七百二十五年前之間，另一個是在一萬三千一百三十五年前到一萬兩千八百一十年前之間。他在兩個相鄰發掘層中採集了四個樣本，這些樣本後來都接受了碳十四年代測定。戴維斯表示：「測定結果證實，它們和羅斯福在佩德拉品塔達洞穴採集的樣本一樣，都是遠古史前古印第安人時代的遺物，而且年代也都相同。」戴維斯因此斷定，派內爾皮洛藝術作品最初的創作時間，「是在一萬三千年前，當地最早有人類居住時。而其中年代最久的作品，就位在岩壁上最明顯的高處。但它們也許在近代曾經過修整和重描。」

戴維斯還指出，岩壁和岩壁底部的地面，也許都曾被古人刻意整平，形成九十度的夾角。他認為岩畫所在的岩棚之所以會被整平，就是為了「打造出一個展示平台，讓觀察者能從遠方的特定位置觀賞岩畫」。

戴維斯補充道：「只要站在那個特定位置，岩畫上的一幅格狀圖案，就會映入觀看者的視野中央。格狀圖中布滿了格子，格子裡多半是重複的記號，但有些格子有不同的記號。」

它看起來真的很像一頁月曆。戴維斯說，「有些理論認為岩畫和天文學無關，這些理論也未必沒有道理。」雖然比戴維斯還早幾年看出它很像月曆。但羅斯福是第一位提出這種可能性的學者，如此，戴維斯花了一個太陽年的時間重新調查此事後，發現在被繪畫的岩石露頭右上方不遠處，有個鞍形的坡棲岩塊（perch），太陽在岩塊落下的時間，和岩畫上的格狀圖似乎有某種關聯。

派內爾皮洛「月曆」。照片：克里斯多夫．尚恩．戴維斯。

太陽在一年中的運動軌跡會不斷變化，在冬至——也就是目前的十二月二十一日——的前後約十八到二十天，太陽都會在坡棲岩塊中央的鞍部落下。如果格狀圖案的每一格，都是落日和坡棲岩塊相對位置的每日觀測紀錄，那麼在冬至之後四十九天，日落點就會移到岩塊北方遠處，不再和岩塊重疊。格子圖案上有四十九個格子，位於中央的格子都只有垂直線標記，而其他格子的標記多半是叉號。因此坡棲岩塊和格狀圖案可能和曆法有關，可能是遠古印第安人用來預測冬至和新年來臨的方法。

前景的中央到左邊，是派內爾皮洛的彩繪露頭和岩畫表面。照片背景的遠處右上方有個岩石露頭，露頭中有個窗子般的凹口。太陽會在冬至前後十八到二十天從窗口落下。照片：克里斯多夫・尚恩・戴維斯。注解是我補上的。

戴維斯和他的團隊，後來又在派內爾皮洛發現其他準線。這些線索更增強了戴維斯理論的可信度。舉例來說，他們所謂的「平台舞台」（platform stage）的走向，可能就是對準遠古的冬至日落點。此外，那裡還有一群很醒目的雕像，雕像也是沿著正對夏至日出點的準線排列的。

不僅如此：

> 在彩繪岩石露頭下方的一個垂直岩棚上，考古學家發現了第三條天文準線，岩棚上還有一幅紅色的古代石壁畫。這個岩棚也許曾經過人爲整修，但眞實情況仍有待查證。岩棚上繪製的圓形是面對著兩百七十度，也就是春秋分時的

日落點方位角。但在圓形的位置，照理是看不見春秋分的日落，因爲屏障岩棚的岩壁是面對著西方的地平線和天空。但在圓形和岩棚下方有個缺口，從缺口就能看到露頭的另一邊，和更遠處的地平線。這個位在彩繪圓形下方的觀察點，是正對著九十度，也就是春秋分的日出點。目前的春分和秋分，分別是在三月二十日和九月二十三日。

戴維斯說，派內爾皮洛的岩畫和準線至少說明了，「早在一萬三千年前，亞馬遜中央的文化就擁有高深的天文知識，並開始將知識應用於岩畫。後來的文化也許繼承這些遠古繪畫，並傳承了遠古天文知識。另一種可能是，後來的文化是重新發現這些古代繪畫，並根據繪畫研究出遠古的天文學。」

戴維斯能注意到知識傳承，確實是見識不凡。在派內爾皮洛最初的畫家和地平線天文學家過世後很久，後來的文化如果不是靠著傳承，就只能藉由想像力還原，才能了解岩畫中蘊涵的遠古概念，和體認到先人執著的精神。正因為如此，這些精雕細琢，別出心裁的迷因才能流傳千古。蛇丘的情況也是如此。它也是經過從古到今無數文化的維護、翻新和重塑，而它要傳達的迷因也和至日和春秋分有關。

在世界各地都可看到，一些巨大藝術結構和建築物都有對準至點和分點的準線。而派內爾皮洛之所以重要，是因為它讓我們了解到，至少在十三萬年前的亞馬遜，一些神聖結構就已經呈現出這種「迷因」了。也許這種迷因早在更久之前就存在了，我們只能希望未來能在亞馬遜仍未被探勘的區域中，發現它們存在的證據。

派內爾皮洛遺址還有個更重要的意義。如果早在一萬三千年前，南美洲的人類就能仔細地標示、記錄和紀念這些天文事件，我們就沒有理由認為，當時北美洲的居民不具備這種能力。同樣的，我

們也不能一口否定蛇丘最初的準線，可能是在那個遙遠的年代建造的。

考古學界不但堅決否定了這種可能性，還對它極盡嘲諷。就像我之前介紹過的，在蛇丘的考古學研究中，專家不但發現很多矛盾和疑問，也得到各種不同的年代測定結果。這些線索並不能提供具有說服力的證據，證明這座紀念性建築最初的設計和建造年代；它們反而意味著蛇丘曾經歷過多次復原和整修。

■假設

克里斯多夫．戴維斯在報告中說，派內爾皮洛和雷戈格蘭德一樣，都是位在亞馬遜的遺址，也都經過考古天文學的準線調查，但雷戈格蘭德的年代「顯然比較近」。除了以上幾點，戴維斯便沒再提出兩處遺址還有何關聯。但戴維斯已確認這兩處遺址都有至點準線，而且這道準線也存在於世界各地的其他巨石遺址，如俄亥俄州的蛇丘和英國的巨石陣。我認為這就是頗值得探討的一項關聯。

此外，雖然雷戈格蘭德並沒有巨石陣，但那裡和亞馬遜流域的很多遺址，都有些類似巨石陣的結構。唯一的差別是，英國的巨石陣是以環形排列的石塊標示出至日準線，亞馬遜的遺址則都是土方結構。此外我們也發現，這些遺址都沒有經過任何徹底的考古天文學調查。另外，在亞馬遜西南部的已探勘區域，被發現的幾何溝渠園區的數量也在不斷地增加。在二〇〇九年，總數已經「超過兩百一十個」；在二〇一七年，數量則增加到「超過四百五十個」。

丹妮絲．沙恩和她的同事在一項後續研究中，在亞馬遜河流域的南緣進行了範圍很大的探勘，並在二〇一八年的報告中說到：

化。

我們在探勘後發現，在亞馬遜河流域南部長達一千八百公里的區域中，遍布著大量覆土建築文化。

他們僅在塔帕若斯河上游流域，就發現過去一直不為人知的八十一個前哥倫布時期遺址，和多達一百零四座土方結構。其中的很多土方結構都是複合園區，其中一個園區的直徑為三百九十公尺，園區中央還有個由十一座土丘排列成的圓圈。

研究人員認為在亞馬遜南緣的叢林中，至少還有一千三百個不為人知的遺址。他們還補充說：「由於仍有大片雨林從未被探勘過，遺址的實際數量可能遠遠不只於此。」他們也提醒我們：「亞馬遜地區有百分之九十五是旱地森林，但由於考古學界的傳統觀點認為，前哥倫布時代的美洲人，主要是聚集在資源富饒的氾濫平原，因此這些旱地森林便一直受到考古學界忽視，至今仍未被探勘過。但後來考古學家在亞馬遜流域南緣的旱地，發現前哥倫布時代的大型土方結構。這些發現也證明了，這些地區絕對不是文明的邊陲地帶，而是遠古人類活動的重心，對複雜社會的發展有著深遠影響。」

雖然科學界已發現了很多亞馬遜結構，但不可否認的是，一定還有更多結構至今仍未被發現。新發現已經顛覆了我們對這片廣闊地區的了解。在過去，考古學家一直拒絕相信，在前哥倫布時代的亞馬遜存在著複雜社會；現在就不同了，有些考古學家甚至以「文明」來稱呼這些社會。

在遠古的亞馬遜河流域就存在著各種文明，而且他們都有能力透過大型公共計畫，呈現出他們想表達的概念。但他們大費周章建造出巨型華麗的結構，呈現出和建築學、天文學與幾何學有關的迷因，卻和古今中外各神聖建築物所呈現的迷因一樣。這就很值得玩味了。

如果要解開這個謎團，不妨想想遺傳學、文化基因與迷因的相似之處，也許就能豁然貫通。

我們就假設一下，假設某個概念系統，是靠直接傳授在兩個文化間流傳。受教社會也許還沒發展成熟，無法馬上學以致用。為了保存學到的知識，他們必須設立某種機構，搜羅當地最聰明的菁英；這些菁英又會招募新世代中的可造之材，讓他們能一窺堂奧，並詳細地教導他們這個系統的基本要素。這個概念系統會披上宗教的外衣，逐漸地滲透進社會各階層，甚至融入受教文化的思想習慣中。計畫進入第二階段的時機，可能就在不久後，也可能要經過數千年，這全要視當地的發展狀況而定。但等到時機成熟時，宗教領袖就會動員所有人民，展開神聖幾何建築的浩大建造計畫。這項計畫一直存在於當地人的文化DNA中，只是沒有顯露出來。

我要再次強調，以上只是我的假設。但這個假設卻能讓我們對一個歷史事件有更深入的了解。安東尼奧．雷伯（Antonio R. P. Labre）上校曾沿著馬德拉河、貝尼河和馬德雷迪歐斯河逆流而上，再由陸路來到阿克雷河，並於一八八七年完成一份民族誌報告。在這趟旅程中，雷伯穿越了阿克雷州的地畫區中心，並和當地原住民有多次接觸。這些原住民是阿拉奧納人（Araona）。他們曾經歷多次嚴重傳染病，遭到奴隸販子捕捉，後來橡膠採集商為了把他們逐出家園，便對他們發動殘忍攻擊。雷伯遇到的，是在數百年磨難後殘存下的一小群阿拉奧納人。丹妮絲．沙恩在一篇論文中指出：「橡膠採集者常會搶奪原住民婦女為妻。入侵的白人也常會攻擊原住民，俘虜他們成為採橡膠的奴工。這種狀況持續了四十年後，原本多達數萬人的原住民幾乎要面臨滅種的命運。」

阿拉奧納人曾經歷過掠奪和入侵，在雷伯遇到他們時，他們已經快滅絕了。既然地畫工程早在數百年前就結束了，他們對過去曾盛極一時的文化還殘留著多少記憶呢？此外，我們甚至也不確定他們是否是地畫建造者的直系子孫，因為他們也可能是當地近代移民的後代。

雖然如此，雷伯的敘述仍深具意義。他並沒有看到地畫，因為地畫在當時全被茂密的叢林掩蓋住了。但他曾在一八八七年八月十七日來到地畫群中央，當時他是在一個名為瑪姆西亞達

（Mamuceyada）的阿拉奧納村落過夜。他說那裡除了農場，「還有約兩百位居民，一個類似政府的組織，幾座廟宇和某種祭拜儀式」。居民會在儀式中「學習偶像的名字」，但婦女都被排除在儀式外。雷伯報告中的這一段敘述關係尤其重大：

> 這些偶像並不具人形，而是以木製拋光的幾何形狀。眾神之父被稱爲艾皮馬拉（Epymara），祂的形象是橢圓形，約十六吋高。雖然原住民中有些謹守獨身的神職人員「巫醫」（medicine-men），但教會的大祭司仍是由族長擔任。

如果這項傳統不是源自某個確實存在過，但已被遺忘的關聯，那它又怎麼可能會延續至今呢？我們知道雷伯來到這個充滿神祕氣息，又有些巨大的幾何土方結構的地方時，這些土方結構都已經被叢林掩蓋住很久了。當時這裡有一個美洲原住民民族，他們把拋光的木製幾何形狀奉為神明。他們的族長也是宗教領袖，但族人中也有些擔任神職的巫醫。

這種宗教架構，幾乎就是我稍早在假設中提到的，會複製和傳承幾何學迷因機構的翻版。更有趣的是，死藤水並不是巫師的專屬福利，而是一般人民習以為常的飲料。

第十七章 死藤

亞馬遜地畫到底是什麼？為何遠古人類要勞師動眾地建造這些巨大的土方結構？為何他們會挑上幾何形狀為主題？這些石圈和其他地區的類似石圈又有多大的關聯？亞馬遜的石圈能幫助我們更了解地畫嗎？

目前我們只研究過地畫與幾何學和一些天文準線的關聯，但我的假設是，地畫中的幾何學和天文準線，都只是呈現迷因的媒介。我在第五和第六部，會介紹密西西比河的一些類似土方結構。這些土方結構的目的也是呈現迷因。另一個值得探討之處，就是相同的迷因會一再出現在不同文化中，這些文化可能分別存在於新大陸和舊大陸世界，不但在地理上相距數千哩，在年代上也有數千年的差距。

幾何學和天文準線的迷因，最初是於何時在亞馬遜生根的？我們要確認答案為何，就還要做更多研究。而且這項研究不能單靠考古學，因為考古學界對已經被發現的亞馬遜遺址，幾乎沒有做出

任何研究；更何況亞馬遜仍有大片區域仍未經過考古調查。如果我們想要得到更具體的成果，就該對雷戈格蘭德和附近的石圈，展開比過去更全面且詳細的考古天文學研究。正如我之前一直強調的，我們也必須對亞馬遜地畫展開徹底的考古天文學研究，這樣不但能讓我們更深入了解地畫中的幾何學，也能找出其中仍未曝光的天文準線。因為至今仍未進行過任何這種研究，我們唯一能確定的，就是在第十五章介紹過的一些地畫中，有些確實有天文準線。

就以我之前介紹過的兩個地畫遺址為例，法曾達帕拉納和史華連奴卡拉贊斯，都是由正方形地畫構成的。前者有兩個主要正方形，第一個正方形的每邊邊長為兩百公尺，第二個的邊長為一百公尺，兩個正方形間還有條堤道相連。第二處遺址的邊長為兩百三十公尺，它的覆蓋區和埃及的大金字塔一模一樣。法曾達帕拉納有兩個正方形，再加上史華連奴卡拉贊斯和大金字塔，三個遺址共有四個正方形。這四個正方形都是座向端正，四面都是面對著正北、正南、正東和正西方。因此這幾處遺址最明顯的共同基本準線，對準的是天球南北極（也就是天球上位於地理南北極正上方的兩點。從地球上看來，所有恆星和行星似乎都是環繞著天球極點運行），和春秋分的日出和日落點（那時太陽是在正東方升起，在正西方落下）。

我也介紹過，其他的巨型亞馬遜土方結構有明顯的偏南北走向。因此我們如果要進行任何詳細的考古天文學調查，優先的調查重點，應該是那裡是否為至日準線和月球停變期準線。關於月球停變期準線，我在第五部會有更詳盡的介紹。

我想考古學家在詳細調查過亞馬遜地畫後，很可能會發現它們和亞馬遜石圈一樣，具有很多一直不為人知，而且非常複雜的天文準線。它們的巧妙和複雜度，也許不下於大金字塔、巨石陣和蛇丘的多重天文準線。

由於相關資料太少了，我在此妄加揣測也沒什麼意義。但基於論述需要，我們就假設這些幾何

學和天文準線的迷因，都只是一個更大系統的一部分；因為我們在世界很多地方做過相關研究後，確實發現這些迷因和某個系統有關。派內爾皮洛是唯一經過詳細考古天文學研究的亞馬遜遺址。如果幾何學和天文準線迷因都是屬於一個更大的系統，那從派內爾皮洛的例子就可看出，這個系統至少在一萬三千年前，就已經傳入亞馬遜河流域了。雷戈格蘭德是一個石圈遺址，史華連奴卡拉贊斯和法曾達帕拉納，則是兩處具有巨大天文準線的地畫遺址。如果這三個遺址都是這個大系統在傳入亞馬遜後，以不同建材重現的結果，那我們也不必感到意外。

我認為這幾處遺址都是精心建造的迷因。這些迷因具有一些難以言喻的功能，而且背後有個非常神祕的目的。這些迷因的流傳是靠著複製，這也難怪不同遺址呈現的迷因都很相似。但文化一旦開始自立門戶，就會發展出千變萬化的獨特風貌。可想而知，這些文化會以不同的媒介和材料呈現出迷因。但由於各文化的年代差距很遠，在地理上又有千山萬水的阻隔，因此它們對迷因的解讀也有很大的差異。雖然如此，它們卻都能保存下系統中千古不變的核心概念。

■西方科學的介入

西方科學家對亞馬遜河流域地畫最早的解釋是，它們都只具有簡單的實用功能。這些科學家極力想說服我們，這些宏偉的幾何土方結構一定只是防禦工事。他們會這麼解釋倒也無可厚非，但讓人質疑的是，這些土方結構四周並沒有戰爭的痕跡，而其中的溝渠顯然也並不是「護城河」，因為很多溝渠都是位在土堤之內，而不是在土堤外側。此外，那裡也沒有柵欄的殘跡，地面沒有固定柵欄的洞痕，也沒有柵欄殘留的木材。因此這種理論很快就被打入冷宮了。那裡不但沒有戰爭的遺跡，

甚至也幾乎沒有其他如陶器、小雕像和廢棄物之類的考古材料，讓考古學家難以推斷地畫的用途。他們目前達成的結論是，地畫是和儀式、靈性、宗教與典禮相關的場地。

杜蘭大學的人類學教授威廉．巴里，就是這種理論的支持者，他認為亞馬遜地畫的幾何結構和宏偉規模，顯然和宗教有些關係。除了這個顯而易見的關聯，他也就沒再提出更深入的論述。

巴里教授，您說的確實沒錯，地畫和宗教顯然有些關聯。但地畫和宗教到底有哪些關聯？它們的確切用途又是什麼？

如果我們要找出言之有物的解答，而不是只對這些宏偉的幾何圖形做些空泛的推論，甚至只是單純描述它們，那麼我們就要效法目前一小群西方科學家的做法，向目前仍生活在亞馬遜的原住民請益。

芬蘭學者桑娜．桑拿羅瑪和琵爾優．克里斯蒂娜．魏爾塔南（Pirjo Kristiina Virtanen），就是這種新研究法的先驅者。過去五世紀的文化破壞，已經抹殺了大量族人的共同記憶。這場仍在進行中的強制性失憶，讓遠古亞馬遜的知識幾乎已蕩然無存。但還好這些知識仍未化為烏有。

舉例來說，在二〇一三年，桑拿羅瑪和魏爾塔南帶領著五位馬吉內里（Manchineri）族人來到雅各薩。馬吉內里族是至今仍生活在土方結構區的亞馬遜原住民部落。正如我之前介紹過的，這個龐大的巨大遺址，是位在馬吉內里族地盤外約兩百五十公里。根據調查人員的說法，馬吉內里人一來到那裡便說，「他們立刻感覺到像是置身於遠古的儀式氣氛中」。此外，「他們還說先人曾談到這種地方，但他們並未解釋土方結構的溝渠為何會這麼深，也不知道為何要建造溝渠。」

第二個當地部落是阿普里納族（Apurinã），「他們說父母告訴他們，經過土方結構時要疾行通過，如果可能就不要從附近經過，因為土方結構就是『閒人勿近』的標誌，也代表那裡是『被施了魔法』或『非比尋常』的地方。」

從他們對土方結構殘留的記憶，就可看出這些結構在極盛之時有多重要。我們也能從當地的信

仰和民間傳說，看出它們過去有多麼讓人敬畏。

但在亞馬遜和這裡，有個資料庫儲存了更詳盡的資訊。桑拿羅瑪和魏爾塔南，就是尋找和土方結構有關線索的先驅者。

■薩滿教的宇宙觀

在她們引用的線索中，有些已經存在一百三十年以上了。

我在上一章介紹過，安東尼奧．雷伯上校曾在一八八七年，和生活在地畫附近的阿拉奧納人共處。桑拿羅瑪和魏爾塔南從雷伯的述敘中，發現阿拉奧納人信仰「幾何形狀」的神明。雷伯還說到，阿拉奧納人有「寺廟和某種信仰」，他們的主祭是「巫醫」。

在二十世紀，「巫醫」一詞漸漸不流行了，在亞馬遜仍盛行本土靈性系統的地區，民族學和人類學研究多半稱呼主祭為「薩滿」（shaman）。「薩滿」一詞並不是源於亞馬遜，也不是當地使用的詞彙。它是源自通古斯—蒙古語中的「薩滿」（saman），意思是「知者」。

目前考古學家常以「薩滿」一詞，稱呼亞馬遜地區主持宗教儀式的神職人員，和部落與獵人採集者社會中，具有類似功能的人。考古學家會使用這個通古斯語詞彙，並不是因為通古斯文化很神通廣大，能接觸並影響其他文化；而是因為通古斯族的薩滿教，是歐洲民族學家研究的頭一個靈性信仰。這些民族學家寫了大量報告，讓「薩滿教」這個通古斯詞彙被納入西方語言。後來人們在世界其他地區，發現類似通古斯族薩滿教的信仰時，便繼續使用「薩滿教」稱呼這些信仰。

薩滿通常是男性，但有時也可以是女性。他就是這種靈性信仰的核心人物。這些薩滿是來自不

同的文化，對自己的稱呼也各不相同，但他們都有個共同之處，那就是能隨心所欲地進入另一種意識狀態。他們通常會使用致幻草藥或蘑菇，以達到必要的迷幻狀態，但也未必一定要仰賴致幻藥物。因此薩滿教的核心並不是一套信念，它也不是經過苦思冥想發展出的宗教。它著重的是對致幻技巧的掌握，以便達到某種特殊體驗。薩滿稱這種體驗為「靈視」（vision），西方精神病學家則稱之為「幻覺」。對薩滿而言，靈視可以用來預言和解夢，甚至作為立身處世的準則：

> 眞正的薩滿之所以能獲得知識和崇高地位，全是靠幻覺、靈視和神遊幻境。他們能達到這些悟境，是因爲他們能進入出神狀態，而不是靠著鑽研學問或應用某個知識系統。

在理性的西方思維眼中，這種獲得知識的方法似乎很荒唐。薩滿教神遊太虛的說法，確實違反了西方科學目前接受的真實。薩滿教的真實觀有極悠久的歷史，從這種觀點看來，物質世界要比它看起來的還要複雜的多。在物質世界的上下左右和內部，在九泉之下和九天之上，還有另一個世界，甚至可能有很多其他世界。這些世界被稱為靈界、冥界或陰間，是靈體居住的地方。不管我們喜不喜歡，我們都免不了要和這些靈體互動。我們雖然看不到也摸不到祂們，祂們卻有能力傷害或幫助我們。

■ 幾何的律動

我在二〇〇五年發表的《超自然：與遠古人類導師的會面》一書，介紹的就是薩滿教的主旨，非正常的意識狀態，和它在人類史中扮演的重要角色。如果讀者想對本章有更全面且深入的了解，

不妨去讀讀這本書。

言歸正傳，薩滿教最強調的，就是人類必須和具有強大影響力的靈體互動。對理性的西方思維而言，這簡直是荒唐至極的事。有一種媒介能促進人和靈體的互動，它在亞馬遜的很多地方都很風行。它就是具有神奇功效的致幻飲料死藤水。在廣闊的亞馬遜地區，原住民族數千年來一直在使用死藤水。它的致幻成分是二甲基色胺（dimethyltryptamine），簡稱DMT，是一種強力致幻劑。這種成分是來自一種九節木（chacruna）的樹葉，這種植物在植物學命名法上被稱為綠九節（*Psychotria viridis*）。但死藤水的名字，卻是來自它的另一種原料卡皮木（*Banisteriopsis caapi* vine）。藤本植物卡皮木在死藤水中的功用，就是將一種單胺氧化酶抑制劑（monoamine oxidase inhibitor）釋入飲用者的血液中，讓原本很容易在腸胃中，被單胺氧化酶中和的二甲基色胺，能持續發揮它奇特的效用。利用把死藤當成鼻菸般吸入等方法，也能獲得這種富含DMT的亞馬遜植物的致幻藥效，只是效果持續得很短。但如果喝下死藤水，迷幻效果就能持續六小時之久，讓使用者能更長久和深入地體驗出神之旅。

亞馬遜地區有超過十五萬種植物、樹木和藤蔓。如果只是靠著不斷嘗試，就能在這十五萬種植物中找出兩種植物，並結合它們達到最佳的致幻效果，在我看來，這簡直是一項不可能的科學奇蹟。對西方人而言，試誤法是理性研究的方法之一。但如果你問亞馬遜薩滿，他們的祖先是如何發現這兩種植物的，他們的答案絕不會是透過理性的方法。他們只會異口同聲地給你一個很簡單的答案，世上有很多「植物靈」，其中最崇高的就是死藤之靈。這些植物靈會教導他們，關於叢林中各種植物特性的重要知識。因此他們能製造各種靈丹妙藥治病，成為妙手回春的良醫。

人類學家路易斯．愛德華多．盧納（Luis Eduardo Luna）在他的論文中說，死藤水本身就是一位「醫生」，它具有一個強大的靈體，「當地人將死藤水視為一種有智慧的生物，認為能藉著它恢復身體的平衡，並獲得知識和力量。」研究亞馬遜地區西皮波科尼寶族（Shipibo-Conibo）的考古學家

安潔莉卡・格布哈特・塞耶爾（Angelica Gebhart-Sayer）說，在死藤水的影響下，「薩滿能看到靈界中莫測高深又混亂的訊息，這些訊息通常是以明亮的圖案呈現出來。」根據格布哈特・塞耶爾的描述，薩滿的功用，就是接受植物之靈發散出的知識之光，並解讀和「馴服」這些未經處理的原始資訊，再「轉化資訊」，以治療整個部落。

這些明亮圖案通常含有大量訊息。我從二〇〇三年起，曾參加過不下七十次死藤水儀式。我在為《超自然》一書研究和撰寫時，甚至在出版該書後很久，都持續地靠死藤水獲得寶貴的知識，因此我也算得上是經驗豐富的死藤水使用者。以下就是我在亞馬遜首次喝下死藤水的體驗：

我再次舉杯。薩滿最初爲我倒的死藤水還剩下三分之二，我把剩下的水一飲而盡。它剛入口時，有種苦澀又帶著香甜的味道，接著有種腐臭味和藥味，讓我的胃像是重重挨了一拳。我有點害怕，和薩滿道謝後就回到地板的原位坐下。

過了一會，我也不知道多久，我把睡袋捲起當成枕頭，覺得疲倦不堪。我的肌肉不由自主地放鬆了，我閉上眼後，突然看到一連串幻象。有些幻象像是有生命的幾何形狀，有些幻象散發出我從未見過的光芒。那些旋轉又具有脈動的暗光，就像從夜色中冒出的紫色和紅色螢光。它們以一些詭異的紋理和色澤，勾勒出旋轉的太陽系，和移動的螺旋狀星系。接著我還看到網狀和詭異的梯狀結構。我看到多個方形屏幕並排堆疊，構成一排巨大的窗形圖案。雖然這些幻象只是無聲的形狀，漂浮在一片原始又漫無邊際的虛無中，但它們卻像是具有某種奇特的性質。它們就像是隆隆鼓聲，宣布著某個事物的到來。

我參加亞馬遜死藤水儀式後記下的其他筆記中，也提到「幾何般的脈動」，「反覆出現的幾何

圖案」和「由不斷變化的幾何圖案構成的背景」。此外，「我也看到錯綜複雜的幾何圖案。我靠近想看個仔細，發現它們是像窗子般鑲有黑邊的長方形，在每個長方形中央還有個圓形。」

■ 通道

我在二〇〇四年一月和二月參加死藤水儀式時，還不知道亞馬遜巨型幾何地畫的存在。我在二〇一七年才開始研究地畫，並探究它們對建造者有何意義。那時我很自然地想到，建造者的靈感應該是來自死藤水。我想讀者應該能體會我為何會這麼想吧。我並不確定在二〇一八年發現的超過五百五十幅地畫中，是否有方中帶圓的圖案。但根據桑拿羅瑪和魏爾塔南的研究，她們帶著馬吉內里人來到雅各薩時，馬吉內里人立刻感受到那裡有種遠古儀式的氣氛。而雅各薩遺址中就有個方中帶圓的圖案。我在死藤水儀式中，曾看到「多個正方形屏幕」和「成排的窗形圖案」。雖然在不同文化背景中，不同種族的人都會以不同的材料和方式，建構出這些圖案，但這些材質和樣式各不相同的圖案卻有個共同之處，那就是它們都是幾何形狀。

土方結構的基本主題就是幾何圖案。但在其他工藝品中，也常出現這種圖案。哥倫比亞亞馬遜地區的圖卡諾人（Tukano），就會利用死藤水為藝術創作的靈感。他們稱死藤水為「亞黑」（yajé）。

圖卡諾人會在沙上、紡織品、樂器、住家和舉行亞黑儀式的部落公共棚屋上，描繪出幾何圖案和抽象圖形。哥倫比亞的人類學家傑拉多．雷赫爾多馬托夫（Gerardo Reichel-Dolmatoff）做過一項有趣的實驗，並記錄下實驗結果。他請某個圖卡諾族人，用蠟筆畫下他們喝了亞黑後看到的景象。當然了，族人是在喝過亞黑，恢復到正常意識後，才靠記憶繪畫出這些蠟筆畫的。

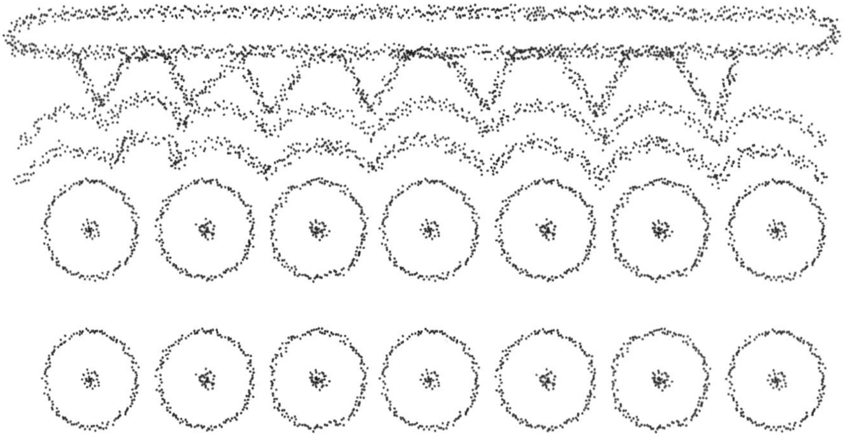

圖卡諾人的沙畫，這些圖案是他們在喝了死藤水後看到的幻象。（傑拉多．雷赫爾多馬托夫，《薩滿和美洲虎》〔*The Shaman and the Jaguar*〕，一九七五年，四十六頁。）

圖卡諾族畫出的圖案，大致和房屋與紡織器上的圖樣相同。其中包括一個兩側有垂直線的三角形，直線的末端則呈螺旋形。還有一個內部充滿平行線的長方形，一些水平的平行波狀線，和幾個不同的橢圓形。此外，還有U形的元素，成排的小點或小圓，垂直的小點，網狀圖案，鋸齒線條，巢狀長方形，和巢狀平行弧形，也就是懸鏈曲線（catenary curves）。值得注意的是，圖卡諾人也在亞馬遜西北部山丘的岩石表面，繪製相同的形狀和圖案。

有超過七十個亞馬遜本土文化使用死藤水，其中很多文化都為死藤水取了不同的名稱，如亞黑、納特馬（natema）、卡皮（cappi）、西波（cipo）、索利（shori）等。在亞馬遜南緣的叢林空地上，有很多本土藝術和地畫。桑拿羅瑪和魏爾塔南比我更早看出，這些藝術和地畫與死藤水可能有些關聯。但因為所有的研究報告都指出，人們在飲用死藤水後會看到幾何形狀的幻象，我對她們的先見之明也不覺得很意外。

就以馬吉內里族為例，他們的居住地比圖卡諾族更接近遠古地畫。桑拿羅瑪和魏爾塔南在二〇一五年發表的一篇論文中說：「馬吉內里族的陶器和紋身

上，常會出現某些幾何主題，這些主題就是代表特定祖先的符號。祖先會在薩滿教的死藤水儀式中，透過幻象呈現出自己的幾何圖形，藉由這些圖形傳遞祂們的知識和力量。」

桑拿羅瑪和魏爾塔南的結論是：「使用和建造幾何形土方工程，也許是部落內或部落間的大事。」

二〇一七年八月，桑拿羅瑪和魏爾塔南在《美國人類學家》（*American Anthropologist*）期刊上發表一篇追蹤研究論文，在論文中提出更深入的分析。她們認為，「地畫是被有系統地建造的，作為讓大量可見和不可見實體的聚集空間。」她們的論點是，不論原住民使用的是什麼材料，工程的規模有多大，他們之所以要將幻象具體化，尤其是打造出幾何圖案，為的就是「召喚亞馬遜的幽冥世界中虛無飄渺的靈體。一些亞馬遜原住民族認為，不同的圖樣能將靈體召喚到塵世。美洲原住民藝術中的幾何圖樣，其實就是不同次元世界之間的聯繫管道。人們欣賞藝術品時，就能往來陰陽兩界，在可見和不可見世界之間穿梭。」

桑拿羅瑪和魏爾塔南引用了她們的同事路易莎·貝朗德（Luisa Belaunde）的著作說，對祕魯亞馬遜雨林的西皮波科尼寶族而言，「這些線條代表的是靈體行動、移動和互相溝通的方法，和祂們傳遞知識、物體與力量的通道。這些通道無所不在，存在於最大到最小的尺度中。因此，幾何圖案代表的是某種思維和感知方式，它們能指出無形的事物，化無形為有形。」

桑拿羅瑪和魏爾塔南進一步地斷言，對西皮波科尼寶族而言，這些幾何線條「打開了通往宏觀宇宙的窗口，讓身處微觀世界的我們，能透過地景上以線條描繪出的圖像符號，窺見宏觀宇宙的秩序。」

天上之道即人間之道。

■入口

桑拿羅瑪和魏爾塔南的研究意義很重大，因為這項研究象徵著西方科學發生了令人欣喜的轉變，開始認真地看待原住民族的世界觀、見解和哲學。她們的研究也讓考古學界見識到，原來地畫背後還有一套複雜的概念。這套概念系統一點也不「原始」。這個系統介紹的是，透過傳統的死藤水使用法，建構出不同次元世界之間的管道，並讓平常不可見的實體現形，這和量子物理學是否有些異曲同工之妙呢？

我要再次強調，我們看到的是一個先進系統的遺跡。這個系統之所以能散布到各文化，從古至今不斷流傳，靠的就是強而有力的迷因。而這些迷因的主要成分，就是幾何學和天文準線。我們不知道這套系統開始的時間和地點。但我們知道這套系統的傳播有時要仰賴致幻植物，而和其他地區相比，這種現象在遠古亞馬遜尤其明顯。這些植物要如何使用呢？亞馬遜本土的薩滿教傳統，至今仍保存著它們的使用祕訣，並繼續傳承。

圖卡諾族最早的神話，曾談到人類在很久之前，首次在亞馬遜流域各大河流定居的情景。當時有些「神靈」陪伴他們遷徙，並傳授他們建立文明生活的基本知識。「太陽之女」將火賜給他們，並教導他們園藝知識、陶器製作和很多種技藝。「第一批移民的蛇狀獨木舟」，是由神靈「舵神」掌舵。其他神靈「也乘著獨木舟在各河流航行，探勘偏遠的山脈。祂們會指出適合居住和耕作的地方，或適合狩獵和捕魚的區域。祂們在很多地點留下永久的印記，讓後世子孫看到神靈曾降臨塵世的鐵證，並永遠懷念祂們，記得祂們的教導。」

人類學家傑拉多．雷赫爾多馬托夫說，蛇舟緩慢但按部就班地航行著，在各處放下移民者：

他們留下的不只有一連串上岸的痕跡，還有極先進的成就。神靈制定了薩滿教的入教規則，和很多指示、規定和禁忌，作為人們日後的生活指引和規範。但最重要的是，如果人類要繼續在自然界中生存，要為後世留下有用的遺產，他們就必須負起責任，努力地控制人類社會，這樣才能在滿足人類需求和保護自然資源之間找到一個平衡點。

在這段期間，「神靈開始整理大地，讓它變得適合凡人生活」。在功德圓滿後：

神靈就回到祂們在塵世之外的居所。祂們在離開塵世前，先為人類準備好和祂們聯絡的方法，讓人們在需要時能隨時聯絡祂們。祂們不放心讓凡人獨自生活，因此讓凡人能和靈界溝通。為了人類的幸福，祂們必須讓人類有一種簡便的溝通方式，讓某個個人或群體能隨時和靈界聯繫。

神話最後還有很多引人入勝，又發人深省的細節。但由於故事太過冗長，我也只能忍痛割愛。總而言之，和靈界最有效的聯絡方式就是死藤水：

有一種植物能開啓通往另一個次元的大門。它是一種能產生幻象的藥物，靈體會在幻象中向人類顯現，和人類說話，教導、告誡和保護人類。

圖卡諾人的故事，是由多個主題交織而成。其中的三個主題讓我印象特別深刻。首先，故事是採用神話的語言和意象敘述。既然如此，它當然可能只是「天方夜譚」。但你在仔細閱讀後，會發現這是個以神話包裝的移民故事。一群移民者在亞馬遜展開定居計畫，有一些具

有先進知識的人守護著他們，這群人被移民者視為「神靈」或「超人」。

首先，我必須在此提到一個巧合。我並不想過度渲染它的重要性，但也不會對此事避而不談，免得留下遺珠之憾。圖卡諾族和巴拉薩納族（Barasana）的血緣關係很近。在亞馬遜的幾個部落中，都有別具特色的「男性儀式」，圖卡諾族就是這些部落之一，巧合的是，在太平洋對岸的美拉尼西亞，也有幾乎完全相同的儀式。讀者可以在附錄一看到，在這兩個位於大洋兩邊的地區，都有相似的男性入教儀式；兩地的宗教中，都有女性不可觀看的神聖長笛和喇叭；據傳說，這兩個地區都曾由女性當家，後來男人才巧取豪奪地從女人手中奪下權力。

第二，圖卡諾族最早的神話明白地指出，神靈曾乘著蛇舟，在亞馬遜為移民做好定居準備。祂們在功德圓滿後就離開了。

第三，根據神話，人類和靈界從此就無法直接交流。但人類仍能透過一個入口進入靈界，並藉此獲得知識。這個入口就是死藤水。

■躍進銀河

雖然所有圖卡諾人都可以喝死藤水，但只有薩滿能藉由這種飲料進入神祕的境界。當地人稱這些薩滿為「帕黑」（payé），他們的責任就是在必要時穿越陰陽兩界的門戶，為部落的福祉和強大的神靈交涉。部落有重大事件需要解決時，一群帕黑就會合作，喝下大量死藤水，直到他們昏睡在吊床上，覺得自己正朝著銀河飛升而去。飛升銀河可不是簡單的事。見習薩滿幾乎不可能立刻飛上銀河，他必須經過很多次嘗試才能達到這個境界。最初，見習者只能飛升到比地平線略高的空中，

接著他也許能飛升到太陽在早上九點的高度，接著飛到太陽在十點的高度。在不斷嘗試後，最後終於能一舉飛到天頂。

簡單地說，薩滿穿越死藤水入口的幻境之旅，起初只是躍離地面。但在多次練習後，他就能飛升到銀河。但銀河並不是旅程的目的地，而是一個中繼站。以下是雷赫爾多馬托夫的解釋：

> 在銀河之外，就是冥界的入口。據說一個人在喝了死藤水後就會「死亡」，回到冥界的子宮區，在那裡獲得重生，在幻覺結束後再返回陽間。這個過程被視爲一種加速過程，也就是從死亡到重生的預演。

■隱藏的手

圖卡諾人的冥界有很多區域，其中對薩滿最重要的區域，就是「動物首神」維馬哈斯（Vaimahase）的領域。這裡是個奇特幾何形狀的「山丘」，山丘是一個正方形，四邊正對著東西南北方。

死藤水引起的幻覺中居然會自然出現幾何形狀，這是巧合嗎？我的親身經歷和很多科學研究都證實了，不只亞馬遜原住民會看到幾何形的幻象，連工業化文化中的人們也會看到，這難道也是巧合嗎？不管你是身在雨林、紐約、倫敦、法蘭克福或東京，只要你喝下死藤水，你遲早會看到幾何形狀。

死藤水誘發的幻象，是否隱藏什麼深奧的祕密？遠古人類在設計迷因，讓迷因能流傳後世時，是否就已深入探索過這個祕密呢？五十年來，高科技文明一直把迷幻藥視為洪水猛獸，但這不代表

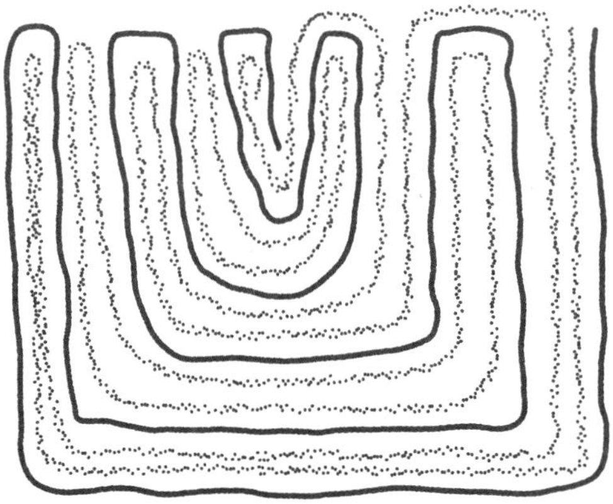

圖卡諾人視覺藝術中描繪的「冥界」入口。（傑拉多・雷赫爾多馬托夫，《薩滿和美洲虎》，一九七五年，一百七十四頁。）

遠古的社會也這麼排斥迷幻藥。其實遠古文明很可能使用過這些強力的致幻藥物，利用它們深入探索「真實」的各種面貌。高科技文明並非不知道真實的多樣性，只是故意視而不見。

我之前介紹過了，亞馬遜有很多使用死藤水的部落，他們對它各有不同的稱呼。但「死藤」一詞是源自克丘亞（Qeuchua）語。這個部落是居住在安地斯山脈，俯瞰著亞馬遜流域西緣的高山上。在祕魯的印加文明被西班牙人摧毀的前幾世紀中，當地人就一直說克丘亞語。克丘亞語中的「死藤」，原義是「死者之藤」或「靈魂之藤」。

幾何學和天文準線的迷因，都是來自同一個我們仍不知道的源頭。這兩種迷因和很多概念有著密切的關係。這些概念曾在舊大陸和新大陸普遍流傳，因此在冰河時期來臨，新舊大陸的人們無法往來後，卻仍能保有共同的概念。

這些概念都和一個主題有關，這個主題就是死亡之謎。考古學家在很久之前就注意到，以克丘亞語命名的「死藤水」，真稱得上是名副其實，「因為在原住民文化中，死藤水和死亡有密不可分的關係。」

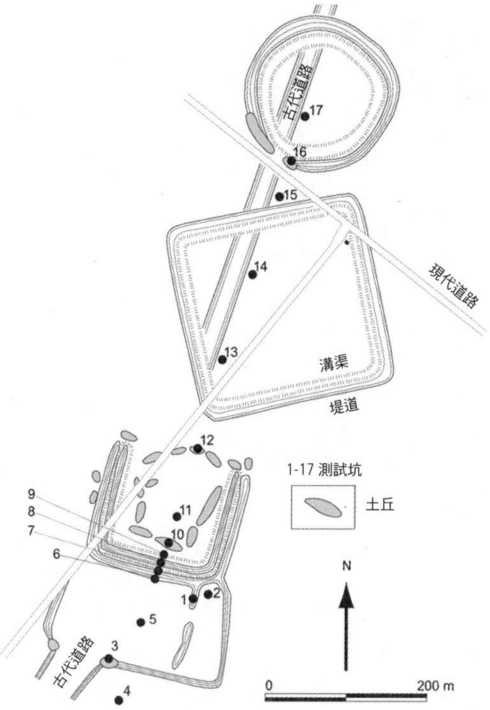

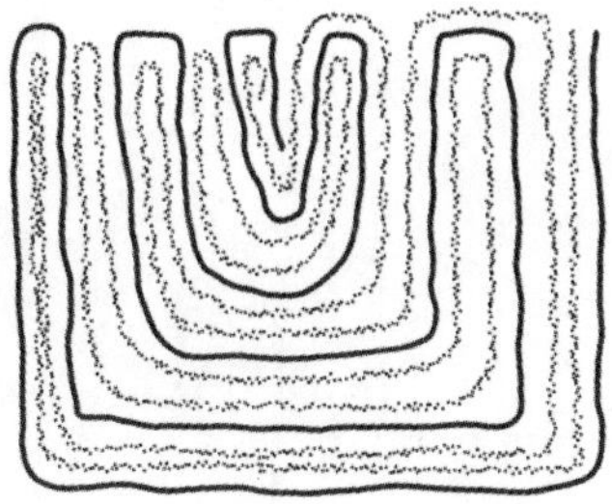

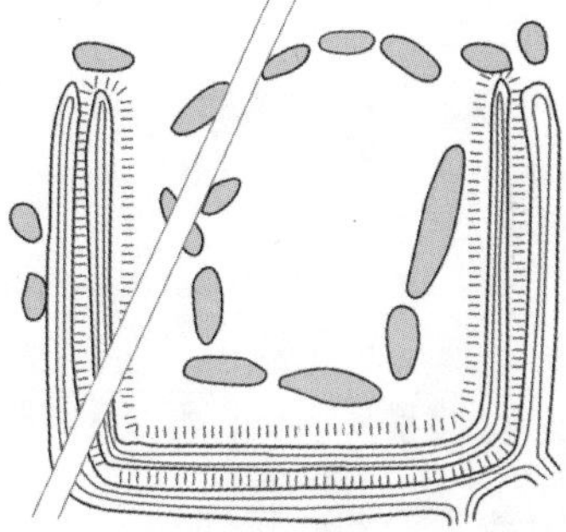

左圖：亞馬遜河上游流域，法曾達科羅拉達遺址的平面圖（馬爾蒂·帕西寧繪製）。
右上圖：圖卡諾族視覺藝術中描繪的「冥界」入口，據說那裡是在「銀河之外」。
右下圖：法曾達科羅拉達的平面圖，放大轉正。

我將在第五和第六部繼續探討北美洲。在北美洲的密西西比河谷，散布著一些和亞馬遜巨型土方結構幾乎如出一轍的結構。這似乎意味著，曾有個極古老和深奧的知識和啟蒙系統，這個系統一直不絕如縷地流傳於世，而密西西比河谷的結構就是它的遺跡。這個知識系統的傳承靠的也許不是口傳心授，而是從致幻植物直接獲得。這個系統將靈魂往生後的深奧知識，融合在幾何學和天文準線中，交織出一幅「藍圖」。接著，遠古人類便匆忙地複製藍圖，將它散布到地球最遙遠的角落。

第五部

年代愈來愈古老的遺址

原始時代的土丘之謎

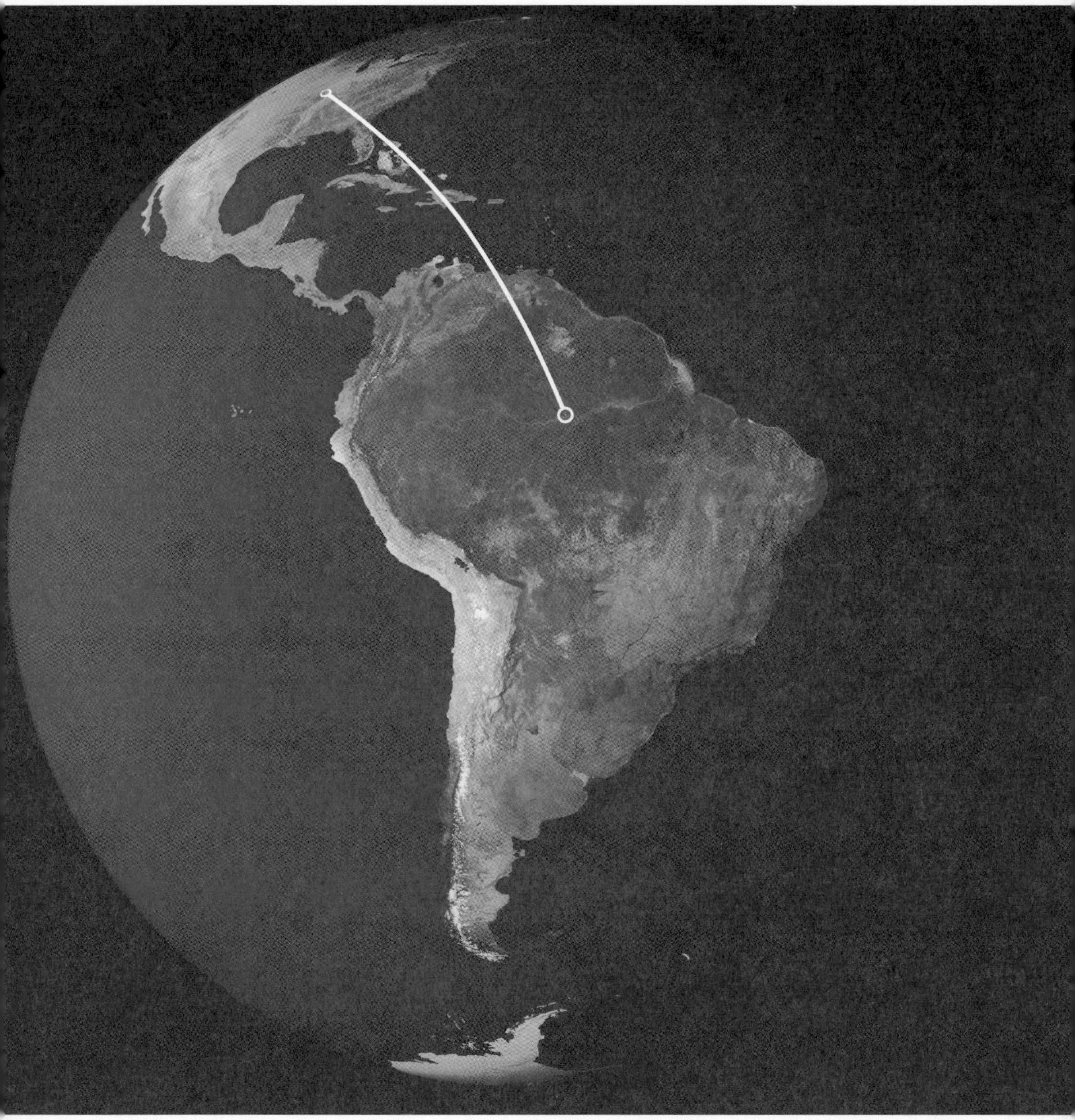

從亞馬遜河到密西西比河中心的六千公里飛航路線。

第十八章 太陽

從南美洲亞馬遜河流域中央的瑪瑙斯市（Manaus），搭機飛往北美洲密西西比河谷中心的聖路易市，總航程約為六千公里，途中還會飛越赤道和北回歸線。谷歌搜尋引擎告訴我，這趟飛行約要花上十一小時，其中也包括在多明尼加共和國中途停留的時間。

要在遠古時代進行這趟旅程就沒那麼簡單了。雖然旅程的某些部分可以走海路，但大部分旅程都要經由陸路，穿越中美洲地形最險惡的一些區域，而且旅程的全長遠超過六千公里。

雖然這兩個地區相距很遠，但這也不表示兩地不可能溝通和往來。事實上，科學界一致認為，南美洲和北美洲原住民的親緣關係，要比他們和其他人種的關係還近，也同意兩地的語言有些關聯。此外，只要有一種農作物，如玉米或木薯等，曾在其中一處被馴化，另一處也會種植這種作物，只是有時會有很大的時間落差。總而言之，很多證據都證實了南北美洲曾互相接觸。但證據也指出，

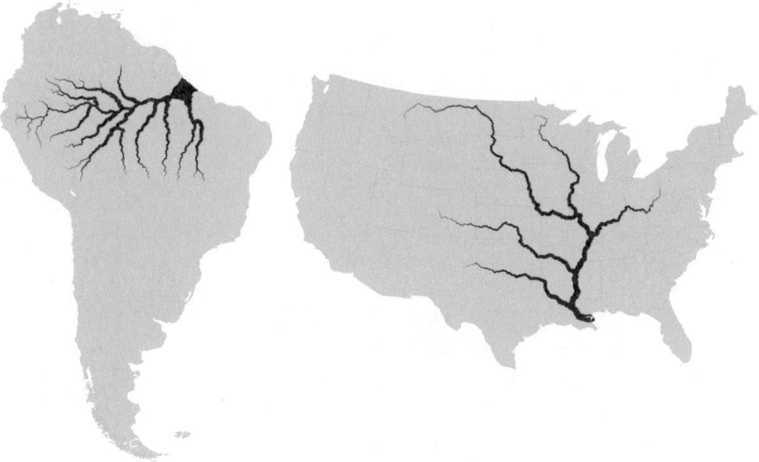

美洲兩大河流域（兩幅地圖的比例尺並不相同）。左圖是亞馬遜河流域，面積為七百五十萬平方公里。右圖是密西西比河谷，面積為兩百九十萬平方公里。

兩地之間只有零星的接觸，沒有常態的頻繁接觸。

亞馬遜河流域有大量具有幾何主題的土方工程，密西西比河也有非常類似的土方工程，它們不但有非常類似亞馬遜河流域土方工程的幾何主題，連規模也大同小異。對於這種巧合，我們該做何解釋呢？

這些相似之處全是出於巧合嗎？

或者它們是南北美洲的某次偶發接觸的結果？

或者有其他解釋？

在二〇一七年六月十四日，夏至前一週的那天，我來到遠古密西西比紀（Mississippian）的城市卡霍基亞（Cahokia），我和桑莎站在這座古城中心神聖區域中的土方工程「僧侶土丘」頂端，思索著這些問題。

我居高臨下地往西南方望去，約在八哩外就是斯坦．穆休老兵紀念大橋，這座橋是由兩座 A 字形巨塔和鋼索支撐，連接起密西西比河兩邊的伊利諾州和密蘇里州。在大橋南方數哩的密西西比河畔，就是以不鏽鋼打造，閃閃發亮的聖路易大拱門。大拱門是用來「紀念美國西部拓荒運動的先民」，

它有六百三十呎高，是西半球最高的人工紀念性建築，也是世上最高的拱門。

這幅新舊大陸並陳的景象顯得很突兀。在密西西比河谷中有些遠古土丘和土方工程，與卡霍基亞之類的巨大遺址。但這些遠古遺蹟都很古樸。它們不像很多現代建築那樣，以華而不實的外觀自抬身價。大都會廣場大廈就是最明顯的例子。這座高達五百九十三呎的摩天大樓，似乎是要和大拱門在聖路易市天際線上爭奇鬥豔。這些古蹟也不同於古埃及和墨西哥的金字塔，並不是以恢宏的氣勢震撼人心；也不像復活節島（Easter Island）的摩艾石像（moai），充滿著讓人莫測高深的氣氛。它們只是不落痕跡地和天地融為一體。因此我們站在一百呎高的僧侶土丘頂端時，只覺得它和環境結合得天衣無縫，渾然天成，看不出任何斧鑿痕跡。

在阿爾亞·羅賓遜·克魯克（Alja Robinson Crook）博士眼中，僧侶土丘就是一座天然土丘。克魯克是一位科班出身的地質學家，曾擔任伊利諾州博物館館長。他在一九一四年，對僧侶土丘進行了最早的「科學」調查。克魯克認為卡霍基亞遺址的土丘完全是「沖蝕遺跡」，他可能是因為受過完整的考古學教育，因此先入為主地認定，史前的美洲原住民無法從事規模如此大的工程。當時他的很多同事也抱持著這種看法。一九一四年，克魯克在僧侶土丘北面，鑽了二十五個淺鑽探孔。他在這次鑽探中，並未做出任何足以改變原本看法的發現。因此他繼續宣稱土丘只是冰河和沖積的沉積，並不具考古價值。他在一九二一年前，一直認為他的觀點就是既定的客觀事實。

克魯克的說法關係很重大，因為其他更明智的學者，已經確認了卡霍基亞遺址群是人造的，而且極具考古價值。他們也在推動一項保護運動，讓農夫和企業家不再繼續破壞這些土丘。克魯克宣稱土丘是自然結構的說法，讓保護運動大受打擊。他們必須駁斥克魯克的說法，才能繼續推動保護運動。

負責這項任務的最理想人選，就是考古學家華倫·穆爾赫德（Warren T. Moorehead）。他和地質

學家莫里斯・萊頓（Morris Leighton）合作，在一四二二年開始調查土丘。和克魯克在一九一四年進行的調查相比，這次調查要更深入得多了。他們在僧侶土丘東側的第四平台挖了幾個探坑，並鑽了一個深達二十呎的鑽探孔，最後發現一些遺物和外露的建築層。這些發現證實了土丘確實是人造的。連克魯克也放棄他原本的觀點，不再堅持土丘是自然形成的。目前在卡霍基亞和僧侶土丘四周，已進行過更大規模的發掘。這些發掘的成果，讓我們了解到克魯克的觀點有多離譜。

雖然如此，仍有很多人千方百計地尋找各種解釋，企圖證明卡霍基亞的建造者並不是美洲原住民。既然卡霍基亞已經被證實並不是自然侵蝕形成的地貌，他們只好退而求其次，採用一個盛行於十九世紀末和二十世紀初，甚至到現在仍不斷死灰復燃的理論。這個理論說的是，密西西比河谷中類似卡霍基亞的大城市，一定是出自某些高等「優越人種」的手筆。這些外來白人在遠古時代來到美洲，以先進技術和科技建造土丘，後來又被本土「野蠻人」趕走或消滅了。

這種說法中的「優越人種」，也常被訛傳為「巨人」或「外星人」。但考古學發掘已徹底推翻了這種說法。只要是頭腦清楚的人都知道這些土丘，其中也包括被早期探險家稱為「巨大無比的土堆」的僧侶土丘，確實都是美洲原住民建造的。

「僧侶土丘」這個張冠李戴的名稱能沿用至今，也說明了原住民的成就至今仍未獲得應有的肯定。僧侶土丘之所以被這樣稱呼，是因為在一八一〇年前後幾年，有一群特拉普會修士從法國移民來此，並在土丘的台地上種蔬菜。但這座土丘其實是在一〇五〇年左右，由考古學家所謂的密西西比紀美洲原住民文明建造的。

我們不知道這個文明的人民是如何稱呼自己，也不知道他們如何稱呼僧侶土丘。但我們可以確定的是，他們是一群胸懷大志，手筆也很大的人。我稍後也會介紹，他們使用的幾何學和天文學，也存在於東方四百二十哩的蛇丘，與南方數千哩的亞馬遜的巨型土方工程和土丘中。

■兩大流域

關於致幻植物和薩滿教體驗的民族誌學研究，已經發現很多極具價值的線索。雖然如此，在廣闊無邊的亞馬遜地區，考古學界只進行過很有限的調查。在如此有限的考古資料下，我們實在很難對以下三個基本問題提出言之有物的答案：

- 土丘和地畫的建造動機為何？
- 最初的土丘和地畫是在何時建造的？
- 相關的設計、規劃、工程學和建築學技術，是源自哪裡？又是如何發展出的？

就亞馬遜而言，我們對這三個問題仍沒有答案。此外，在亞馬遜流域被發現的土方工程和土丘，至今都沒經過任何詳細的幾何學和考古天文學調查。而且那裡還有廣達數百萬平方公里的雨林，至今仍未經過考古探勘。這些問題都讓我們更難以找出答案。

但密西西比河谷就不同了。那裡並沒有讓人寸步難行的廣闊叢林，而且人們正不斷在那裡發現和亞馬遜類似的土丘和土方工程。一百七十多年來，考古學家對那些結構已經進行過徹底的調查。但密西西比河谷的巨型史前結構目前大多消失了。這部分是因為它們都很明顯，沒有受到遮蔽；部分是因為它們所在的地區，也常是農業或工業的理想用地。歐洲人征服北美洲後，就開始消滅北美洲的歷史，因此約有九成的遠古結構都遭到部分或徹底破壞，最後被完全清除掉。

亞馬遜的考古學家，只能靠著很有限的資料庫建立他們的理論，因為當地多半被茂密的叢林覆蓋著。密西西比河谷的考古學家，也面對著資料稀少的窘境，那是因為很多遠古遺址都被摧毀了。

但他們對當地殘留的約百分之十的遺址，已做過很徹底的調查。也許他們的發現，能讓我們更了解亞馬遜的神祕土丘和土方工程。

■大地之島，天空世界

讀者應該還記得我在第十六章介紹過的史華連奴卡拉贊斯遺址。這個亞馬遜土方工程的面積為十三英畝，覆蓋區的大小和形狀都和吉薩大金字塔一模一樣。此外，兩者的座向也都很端正。僧侶土丘就略有不同了，它的形狀並不是正方形，而是長方形。它的南北長為九百一十呎，東西長七百二十呎，覆蓋區的面積為十四英畝。

它的外形是個階梯形金字塔。如果把它當成一座金字塔，它就是美洲第三大的金字塔，僅次於喬魯拉（Cholula）的羽蛇神金字塔，和特奧蒂瓦坎（Teotihuacan）的太陽金字塔。後兩座金字塔都是石塊強化的紀念性建築，也都比僧侶土丘高得多。

早期探險家認為僧侶土丘是一個土方工程。如果它真是個土方工程，那它就像我在《超自然》一書所描述的，是個「在各方面都無與倫比的結構。它是美洲最大的土丘，面積和體積也都勝過美洲所有的史前土製紀念建築物。」此外，它也是一個巨型建築群的一部分。建築群內有各種不同的建築，其中包括超過一百個附屬土丘，它們是一個壯觀的巨型木樁圈的考古學遺跡。這個巨型木圈被稱為卡霍基亞的「巨木陣」（Woodhenge）。此外，建築群內還有個寬敞的中央廣場，一個十八公尺寬，八百公尺長的土製堤道。筆直的堤道兩旁，是填築成的土堤。

讓人不解的是，這條被考古學家稱為「響尾蛇堤道」的堤道，走向是被刻意建造成方位角五度，

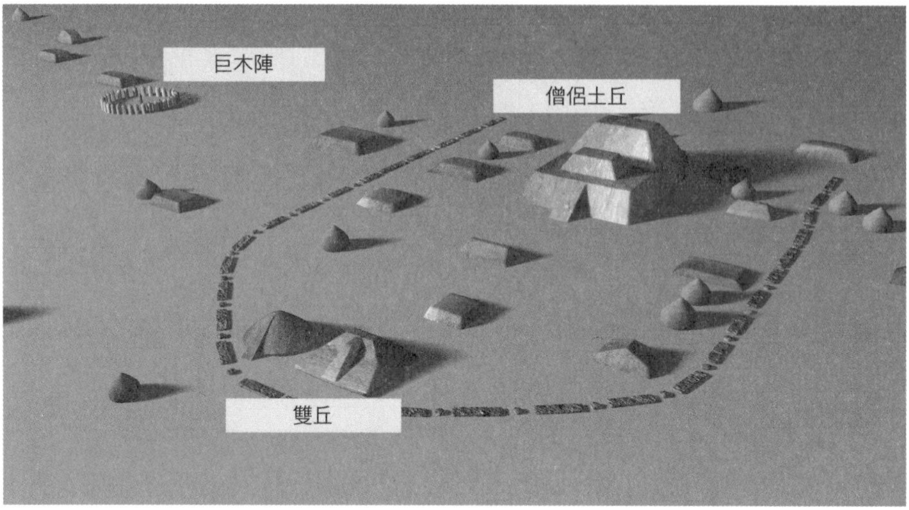

僧侶土丘和附近一些相鄰結構的詳圖。

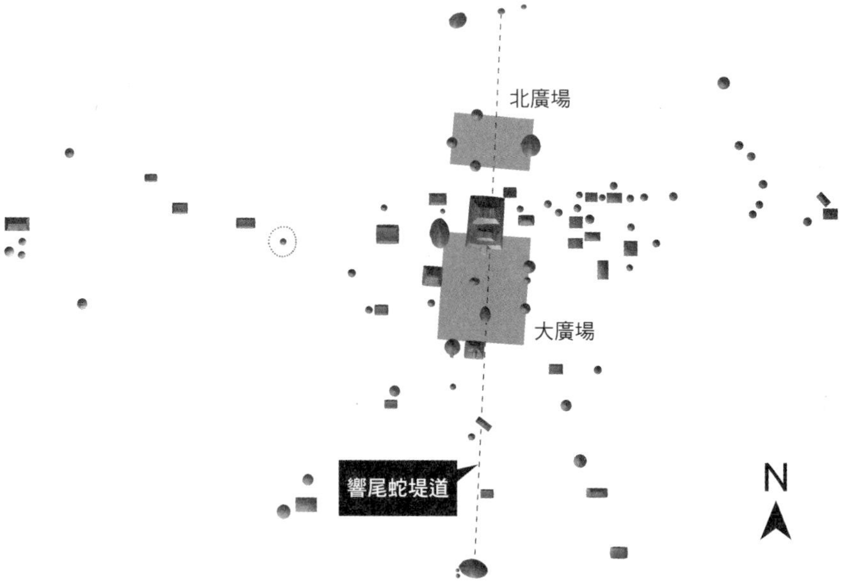

響尾蛇堤道是卡霍基亞的中軸線，它穿過大廣場和僧侶土丘，一路延伸到僧侶土丘北方。這道軸線的走向為真北偏東五度。

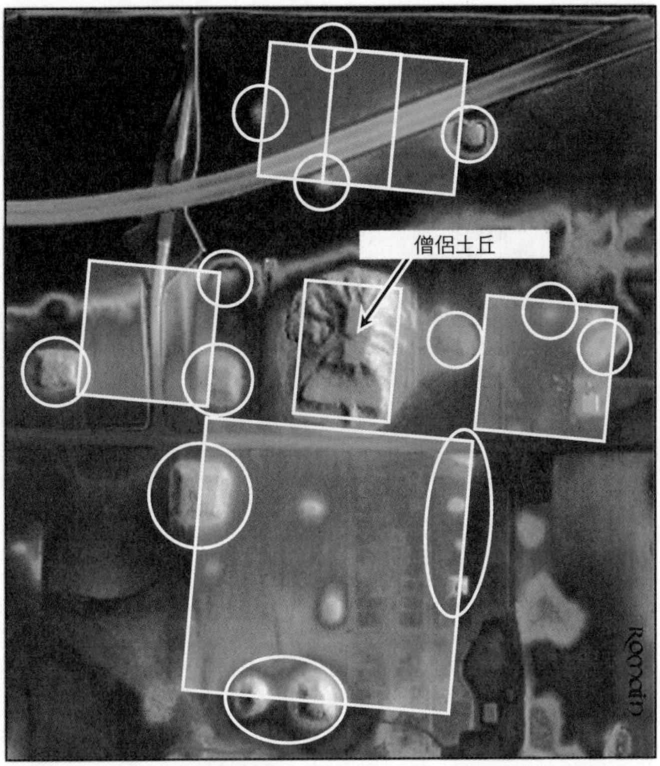

從雷射雷達影像可看出，僧侶土丘的東南西北側，是被大廣場和其他重要結構包圍著。圖片：威廉・羅曼。

也就是真北偏東五度。它也是卡霍基亞的中軸線，這處原本就充滿神祕色彩的遺址，因此又多了幾分懸疑。建築群的每個土丘和土方工程，都是以中軸線為基準建立的。有些結構群是呈南北走向，僧侶土丘就是其中最高的結構；其他的結構群則是沿著東西向分布。

各位應該可以理解，為何我在僧侶土丘頂端俯瞰著這個巨大的遠古遺址時，首先注意到，而且印象最深刻的，就是這處遺址與眾不同的「端正座向」。吉薩金字塔和吳哥窟的準線，和真北只有幾分之一度的差距，卡霍基亞遺址其實也有條如此準確的準線。雖然它的建築

軸線和真北有五度的偏離量，但它仍有些正對著基本方向的準線。這處遺址最初的設計師，早已精心規劃出一些線索，讓你能和天地交感。

我在第一部曾介紹過威廉·羅曼在蛇丘的研究。這位考古學家認為僧侶土丘的設計者，是有意將它建造為一座「世界之軸」，「成為天地的連接處」。羅曼提出這種說法的重要理由之一，就是僧侶土丘具有一種天地交感的氣氛。羅曼還介紹了東部林地的美洲原住民的傳統薩滿教靈性系統，而卡霍基亞就位在東部林地。根據這個系統，「宇宙是由上界、人界和下界組成的。這些世界是由一個垂直軸連接，它就是世界之軸。薩滿能藉由世界之軸來往於這些世界。世界之軸可以是象徵性的存在，存在於長竿、大樹、煙柱、高山、金字塔或土丘中。」

羅曼說，僧侶土丘看起來就像一座小山，它是卡霍基亞遺址中最高的結構，讓四周的一切都顯得微不足道。在平坦的密西西比氾濫平原的襯托下，僧侶土丘更顯得「頂天立地」。大廣場也位於氾濫平原上，因此經常會被淹沒，雖然未必

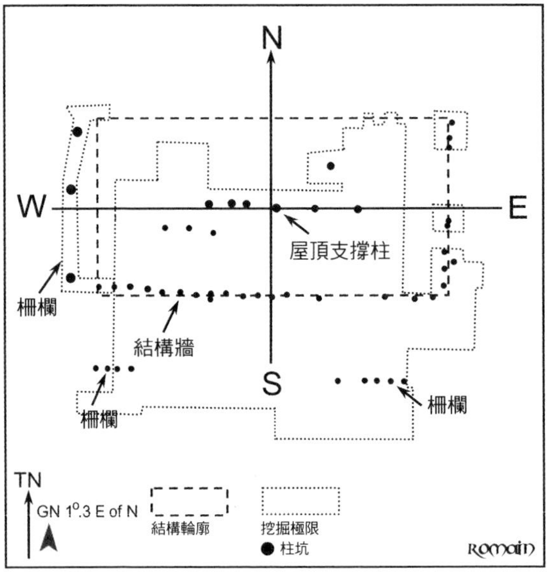

考古學家已經確認了，僧侶土丘頂端曾有個巨型結構，它就正對著基本方向。圖片：威廉·羅曼。

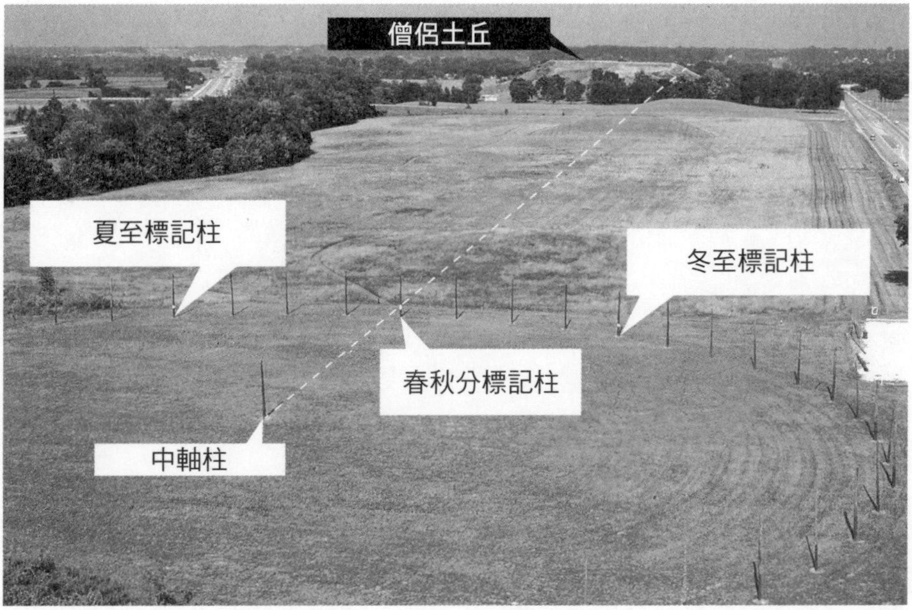

卡霍基亞巨木陣的重建圖。照片：威廉・伊瑟明格（William Iseminger）；註解：威廉・羅曼。

會淹得很深。在這片水鄉澤國上，僧侶土丘就像擁有了超自然的神祕力量。也許就像羅曼描述的：

> 僧侶土丘也許曾被視爲一個象徵大地的島嶼。卡霍基亞的中央，是被濕地、沼澤、湖泊和其他人造水景環繞著。如果這個水世界代表的是下界，那麼矗立於水世界中央的僧侶土丘，理所當然地就是宇宙之軸，連接著被水淹沒的下界，和高高在上的上界。

雖然卡霍基亞的中軸線和真北有五度的偏離量，但有趣的是，密西西比文明中的已知最大建築，就位在僧侶土丘頂端，而這個建築的軸線就是正對著基本方向。它的長軸長三十點八五公尺，呈正東西走向；短軸長十三點八五公尺，呈正南北走向。

羅曼也讓我們注意到，在卡霍基亞極盛之時的春分和秋分，這裡會出現「震撼人

分日的太陽從僧侶土丘南面台地的斜坡上升起。威廉．羅曼從巨木陣拍攝的。

心的聖顯（hierophany）」，將這處遺址變成天地的連接處。遺址中「巨木陣」的最重要功能，就是呈現出聖顯。在英國的索爾茲伯里平原，也有個由巨木柱構成的史前圓陣，它就位於世界知名的巨石陣遺址附近，而且在巨石陣建造完成前就已經存在了。卡霍基亞巨木陣的名稱，就是沿用自和它很相似的索爾茲伯里巨木陣。它位於僧侶土丘西方約八百五十公尺。現代模擬版的巨木陣重建完成後，每年都能為卡霍基亞吸引來三十萬遊客。這個巨木陣過去一直沒被發現。直到一九六〇年代，考古學家華倫．魏特里（Warren Wittry）發現巨大柱坑的遺跡後，人們才知道它的存在。考古學家在後續發掘後，發現這處遺址有五個以上的巨木陣，而且是在幾百年間陸續建造的。之所

以要建造這些巨木陣，是因為僧侶土丘不斷擴建，形狀也不斷改變，因此主要的太陽瞄準線受到遮蔽，必須建造新的瞄準線。

每一次重新對準工程和啟用的目的，就是讓觀察者站在巨木圈中心，朝著位於正東方的「準星」，也就是分點標記木柱望去時，能看到太陽從僧侶土丘南面台地的斜坡上升起。羅曼說，卡霍基亞建築群的東西向太陽瞄準線就是這樣建立的。

如此一來，位於這條東西向太陽瞄準線上的僧侶土丘，就能藉著剛升起的太陽和上界發生關聯。而這條太陽瞄準線和遺址中軸線的交錯點，正好就位在僧侶土丘，讓土丘成了一個中心點。

考古學家在巨木陣發現另外兩根準星木柱，它們瞄準的分別是夏至和冬至時，太陽在地平線升起的方位角。這兩根木柱再次確定了僧侶土丘的中心點地位。

■進入月球

卡霍基亞遺址包含了圓形、長方形、正方形、至點和分點準線，在遺址中最大建築的僧侶土丘頂端，又有個正對著基本方向的結構。巧合的是，亞馬遜土方工程，也都具有相同的幾何學和天文學特徵。

但目前仍無法解釋的是，卡霍基亞的設計者，為何不將遺址的中軸線對準天地的基本方向，而要讓它朝東方偏離真北五度呢？

關於這個問題，威廉．羅曼提出一個有趣的答案。據他所說，卡霍基亞的建造者在規劃這個城市的設計圖時，使用的是「根號二矩形」。

他為了這個說法提出很多證據，我在此就不一一細說了。此外，我也無意深入探討枝節的技術問題。簡單地說，所謂的根號二矩形，就是把某個矩形的一對對邊加長，讓它們變得和矩形原本的對角線等長。把這樣的矩形對準真北，也就是方位角零度，再把它朝東轉動五度，讓它和卡霍基亞中軸線的走向相同，這時從僧侶土丘上觀察，矩形對角線的對準點，就會很接近一些重要的太陽事件和月亮事件。其中最明顯的，就是夏至日出點的方位角五十九點七度，冬至日落點的方位角兩百三十九點三度，月出最南點的方位角一百三十點一度，和月落最北點的方位角三百零七點一度。

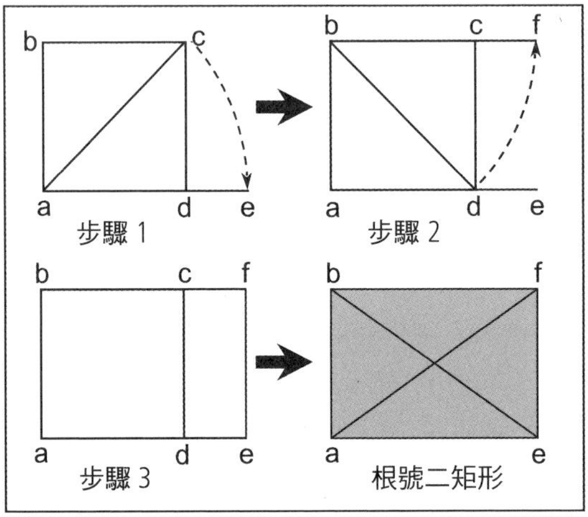

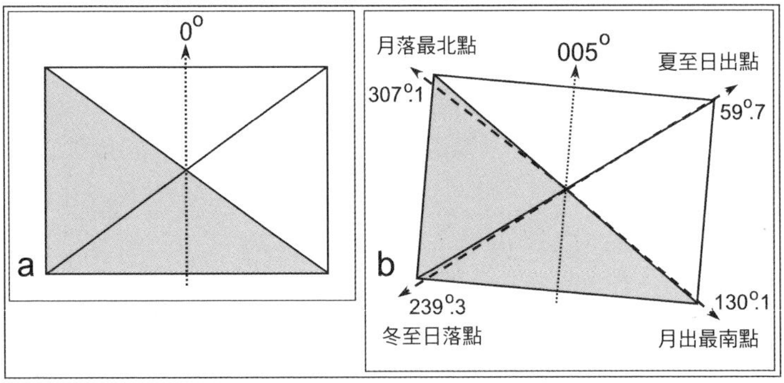

羅曼也承認：「這些準線並非完全正確。根號二矩形的對角線和一些天體方位角之間，有二到三度的偏離量。但這個矩形的目的並不是天文觀測。就象徵功能而言，它已經足以呈現出太陽和月亮之間的互補關係。」

如果羅曼說的沒錯，卡霍基亞應該很早就有一群高明的專業人士。他們已經掌握了先進的天文和數學概念，並擁有複雜巧妙的象徵系統。卡霍基亞在考古學家所謂的「大爆炸」（Big Bang）時期，也就是一〇五〇年前後的高速擴張和發展，就是這些專家將概念付諸實現的結果。

我們是否能找出其他線索，證明在卡霍基亞之前，這些概念就已經被應用在北美洲的其他地區呢？

第十九章

月亮

根據威廉·羅曼的理論，卡霍基亞幾何圖形的準線，不只和太陽有關，也和月球有關。考古學家在密西西比河谷發現了一些比卡霍基亞的年代，還古老得多的土方工程遺址。在十九和二十世紀的「發展」中，這些遺址多半被破壞了。但可以確認的是，這些遺址複雜的幾何結構，幾乎都有和月球相關的準線。這項發現讓羅曼的理論變得更具說服力。在二十一世紀仍殘存的遺址中，最重要的兩個遺址就是高岸工程（High Bank Works）和紐瓦克土方工程（Newark Earthworks）；這兩個遺址都位於俄亥俄州。高岸工程是位於奇利科西城（Chillicothe）附近，蛇丘東北方約四十哩處；紐瓦克土方工程是位於紐瓦克附近，約在高岸工程東北方六十哩。

以亞馬遜地畫的標準而言，這兩處遺址都是名副其實的地畫，是由土堤和溝渠構成的大規模結構。它們的形狀從地面並不容易辨識，在空中就能看得很清楚。

這張拍攝於一九三四年的空拍照片，內容就是紐瓦克土方工程的圓形和八角形組合結構。這個遺址目前仍殘存的部分，現在多半是位在一個私人鄉村俱樂部中。這個擁有十八洞高爾夫球場的俱樂部，自吹自擂地宣稱：「這座世上絕無僅有的高球場，是環繞著知名的史前美洲原住民土方工程建造的，在其中的十一洞都能看到這些古蹟。」

這兩處遺址的最主要結構，都是圓形和八角形組合結構，兩者之間有條短堤道相連，四周則是各種幾何圖案。兩處遺址的年代都在公元二五〇年到四〇〇年之間，都屬於考古學家所謂的「霍普韋爾」（Hopewell）文化，這個名稱是來自一位名為霍普韋爾（M. C. Hopewell）的船長，因為發掘工作是在他的農場附近展開的。

紐瓦克和高岸最早受到專業調查，是在十九世紀中葉。當時研究人員在幾何形狀的土方工程中發現多個土丘，這個消息很快就傳開了，但這些土丘後來多半被夷為平地，作為農業或工業用地。各位應該還記得，在第十五章介紹過的很多亞馬遜地畫中也都有土丘。舉例而言，在塔帕若斯河上游流域的一個巨大園區中，就有十一個排列有序的土丘；在法曾達科羅拉達中，梯形土方工程的西南入口，也有兩個「像高塔般聳立的土丘」；在法曾達伊基里二號有二十五個相鄰的土丘；在科凱拉爾也有十個殘存至今的土丘。

亞馬遜地區土方工程從未進行過任何考古天文學調查。卡霍基亞和蛇丘就不同了，它們都已進行過徹底的調查。此外，從一九八〇年代起，在紐瓦克和高岸進行的一連串研究，也揭露出那裡有一套結合幾何學和天文學的系統。這個系統不只暗藏著大家熟知的太陽準線，也包括更難以捉摸和深奧的祕密。那是月球在地平線上升起和落下的複雜變化，和讓天地發生關聯的祕密。

■巨型電路板

紐瓦克和高岸的外觀，似乎帶著幾分高科技的味道，就像是巨型印刷電路板，或某個碩大奇特機器的內部配線圖。這也難怪俄亥俄州歷史學會的考古學分會會長布拉德．萊柏，認為它們最初是

被設計為機器零件：「它們是一個巨大引擎的零件。設計者建造這個巨大的機器或裝置，是為了釋放混沌初開時的能量，讓世界改頭換面。」

這兩處遺址有很多共同之處。它們的主要地畫，都是由一個圓形和一個八邊形組成；地畫都是由巨型土堤勾勒出來的，土堤底部寬達十二公尺，通常有一點七公尺高。

紐瓦克和高岸八邊形圓形結構的設計，和我在第十五章介紹過的亞馬遜地畫聖伊莎貝爾，有個驚人的相似之處。雖然聖伊莎貝爾的主要幾何結構，並不像俄亥俄州兩處遺址的結構那麼精確，但這也不能一概而論。因為在這兩個地區的三個遺址中，都有一些非常精確的結構，但也有更多平凡無奇的土方工程。

俄亥俄州紐瓦克八邊形的直線，包圍起的面積為五十英畝。它的八面牆的平均長度為一百六十七點七公尺。八邊形旁的圓形，從十九世紀起就被稱為「天文台圈」（Observatory Circle）。它的面積為二十英畝，直徑為三百二十一點三公尺。一九八二年，考古學家以現代工具重新調查這個遺址後發現，如果在天文台圈的中心為圓心，畫一個直徑為三百二十一點三公尺的圓，那麼堤牆中線畫出的圓形，和正圓圓周的差距，都不會超過一點二公尺。直徑為三百二十一點三公尺的正圓，圓周是一千零九點四公尺。天文台圈的周長為一千零八點六公尺。由此可見，天文台圈非常接近一個完美的正圓。

在天文台圈兩公里外，有一個更大的圓形結構，但它的形狀和正圓差距較大。它被稱為大圈（Great Circle），舊名為露天市集圈（Fairground Circle），因為這裡在一八五四年到一九三三年，一直是利金郡露天市集（Licking County Fairgrounds）的場地。大圈的面積為三十英畝，但由於年久失修已經快消失了。它現存的土造牆，高度在一點五公尺到四點三公尺之間，寬度為十一到十七公尺。從殘存的圍牆仍可看出大圈原本的宏偉規模。大圈的中央有個三葉土丘的遺跡，它通常被稱為

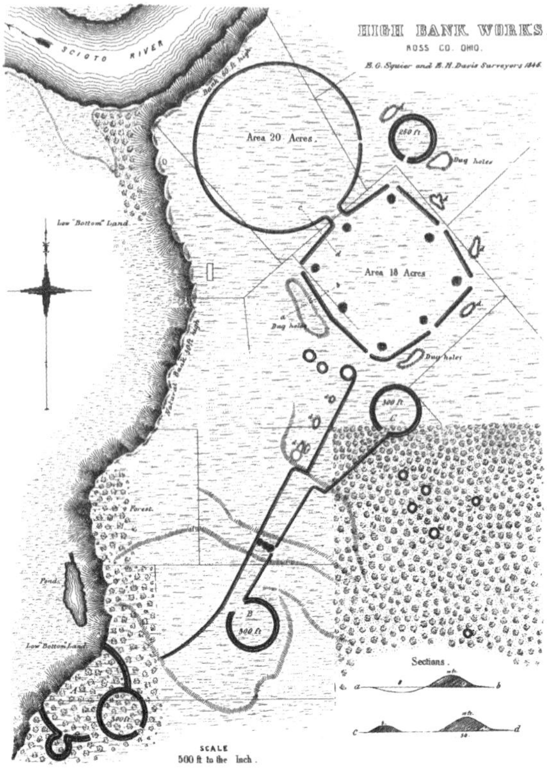
HIGH BANK WORKS,
ROSS CO. OHIO.
E. G. Squier and E. H. Davis Surveyors 1846.
SCIOTO RIVER
Area 20 Acres
250 ft
Dug holes
Area 18 Acres
Low "Bottom" Land
300 ft
Forest.
Pond.
Sections.
SCALE
500 ft to the Inch.

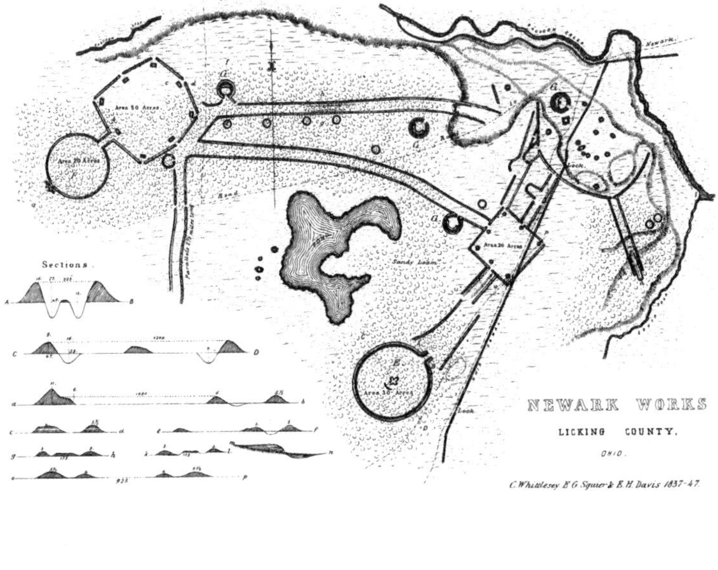
Area 50 Acres
Area 20 Acres
Area 26 Acres
Area 30 Acres
Sections.
Sandy Loam
NEWARK WORKS
LICKING COUNTY,
OHIO.
C. Whittlesey E. G. Squier & E. H. Davis 1837-47.

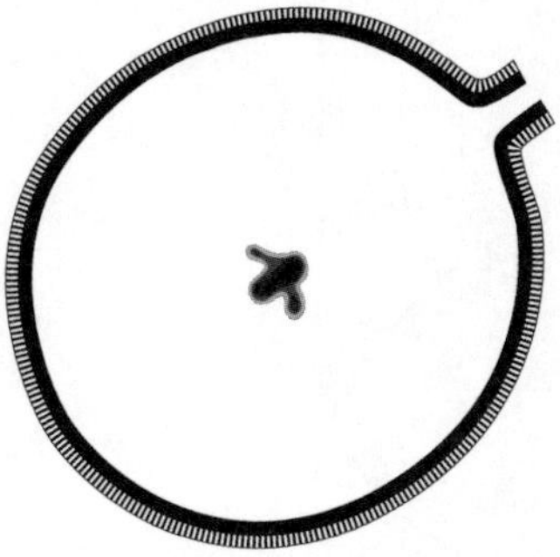

又被稱為露天市集圈的紐瓦克巨圈，和它的內溝與中央的三葉「鷹丘」。巨圈的直徑為三百六十五點九公尺，也就是一千兩百呎出頭。

「鷹丘」（Eagle Mound），因為很多遊客覺得它像一隻展翅的鳥。但考古學家則認為，「它是一連串相連的土丘，而不是某種雕像。」

大圈的直徑為三百六十五點九公尺，規模和不列顛群島的新石器時期巨石陣相當。英國巨石陣的規模較小，直徑只有一百一十公尺。但直徑約為四百二十公尺的埃夫伯里巨石圈，規模就比大圈還大。此外，就像埃夫伯里巨石圈，和在十六章介紹過的很多亞馬遜土方工程一樣，紐瓦克大圈的一大特色，也是擁有位於堤牆內側，又寬又深的溝渠；寬度可達十二點五公尺，深度可達四公尺。事實上，所謂的巨石陣或巨木陣，就是具有內溝而非外溝的環形列石或木柱結構。

在規模龐大的紐瓦克建築群中，各個重要結構之間都有堤道相連。在紐瓦克的極盛之時，建築群中除了有圓形結構，還有個「近乎是完美幾何構圖」的正方形園區；正方形的平均邊長為九百三十一呎。這個正方形目前幾乎已經完全消失了，但幸運的是，研究人員在十九世紀調查它時，它仍保存得還算完整。第一次調查是由伊弗雷姆．斯奎爾和艾德溫．戴維斯負責，後來負責調查的是民族學調查局的賽勒斯．托馬斯（Cyrus Thomas）。這兩次調查確認了它的正確尺寸。就像布拉德．萊柏說的：「這兩次調查和後續的調查，不但揭露了正方形土方工程的周長，和大圈的圓周完全相等，也證明了正方形的面積和天文台圈的相等。」萊柏認為這兩項

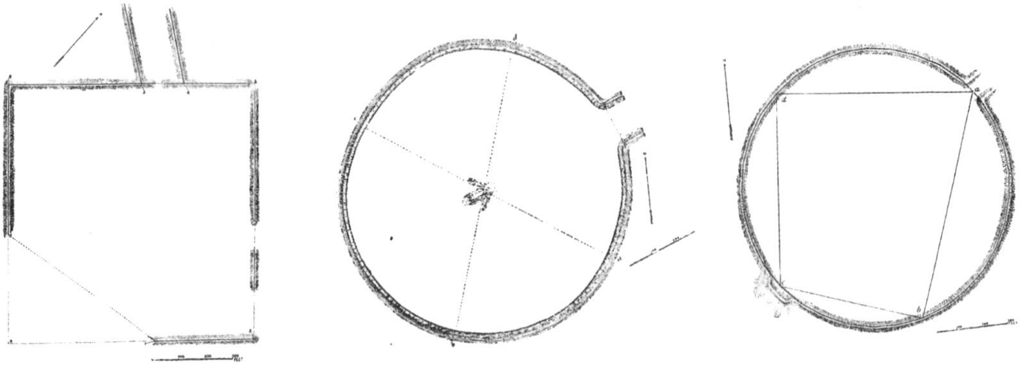

這是民族學調查局在一八九四年繪製的圖片，左圖紐瓦克的大方形（Great Square），在當時就已經受損很嚴重了。它又被稱為「萊特方形」（Wright Square）或「萊特土方工程」，目前幾乎已經被破壞殆盡，殘存下的只有四面牆之一的一小段。大方形的周長和中圖的大圈圓周等長，它的面積則和右圖的天文台圈一樣。

巧合絕對是精心計畫的結果，「而且意味著紐瓦克土方工程的結構，是應用了極複雜的幾何學。」

威廉．羅曼有個更明確的理論。他認為這個奇特又有點匪夷所思的遺址，「之所以值得深入探討，是因為它呈現出圓形和正方形之間的各種關係。它要表達的似乎是，每個圓形園區都有個和它有某種幾何對應關係的正方形。」

所謂的「化圓為方」，就是做一個和某個已知圓形面積相同的正方形。古巴比倫、埃及和希臘的數學大師，對這個幾何學問題都深感興趣。

根據現代考古學的主流理論架構，兩千年前的北美洲原住民，絕不可能擁有足以解決這個問題的知識或技術。但他們顯然具有這種能力，紐瓦克遺址就是證明。這個證明並不是隨手刻在一些輕薄短小的陶板或莎草紙上，而是以神祕的巨型土方工程，精確地在地面上布置出的建築群。

在俄亥俄州的其他霍普韋爾遺址，也可以發現很多呈現這個主題的不同結構。派克郡（Pike County）過去曾有個正方形和圓形組合結構。幸運的是，斯奎爾和戴維斯在一八四八年就對它進行

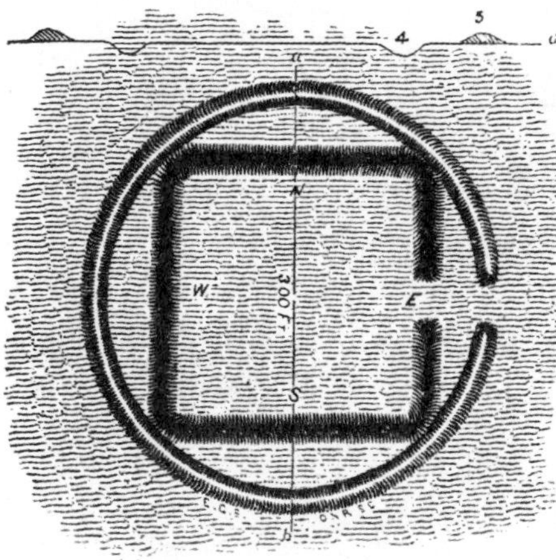

同一主題的不同呈現。左圖：遠古工程，俄亥俄州派克郡，斯奎爾和戴維斯於一八四八年測繪。右圖：雅各薩土方工程，亞馬遜河流域。攝影：瑞卡多．阿祖里（Ricardo Azoury）／脈衝圖片（Pulsar Imagens）。

過調查。在他們合著的《密西西比河谷古蹟》（*Ancient Monuments of the Mississippi Valley*）中的圖十一，就是這個遺址的透視圖。透視圖顯示出它的概念、平面結構，甚至尺寸，都和第十五章介紹過的亞馬遜雅各薩的土方工程非常類似。這兩個圖形並非全等，但它們似乎都在闡釋同一個幾何學原則。

讀者應該還記得第十五章談到的，在不列顛群島埃夫伯里巨石圈中，最近被發現的一個化圓為方建築群。

考古學界常愛以「巧合」解釋一切。但埃夫伯里、紐瓦克和雅各薩等遺址，不但年代落差極大，彼此的距離也很遙遠，而相同主題的結構卻不斷重複地出現在這些遺址，難道這也能用「巧合」一筆帶過嗎？或者所謂的巧合，其實是史前時代一項刻意且有計畫的發展，只是考古學界仍不了解此事。

■和高岸的關聯

我之前介紹過，紐瓦克天文台圈，是個直徑為三百二十一點三公尺（一千零五十四呎），近乎幾何完美的圓形。印第安納州厄爾漢學院的天文學家雷．海維里（Ray Hively）和哲學家羅伯特．霍恩（Robert Horn），曾在一九八〇年代，對紐瓦克和高岸的遺址進行詳盡的調查。後來的研究都是以他們的調查結果為基礎。他們在調查中發現，紐瓦克遺址的建造者，也是以三百二十一點三公尺作為打造八邊形的依據：

研究結果顯示，天文台圓形八邊形組合結構可能的幾何關係是，這兩個圖形都是以相等的基本長度精心打造的。

這個長度單位簡稱為ＯＣＤ，也就是天文台圈直徑（Observatory Circle Diameter）。不巧的是，它正好和強迫症（Obsessive-Compulsive Disorder）的簡稱相同。海維里和霍恩說過，也是以這個單位建造的高岸，「是霍普韋爾文化的已知古蹟中，除了紐瓦克遺址外，唯一的圓形和八邊形綜合結構。」研究人員發現高岸結構的幾何圖形，是以零點九九八ＯＣＤ的基本長度建造的，這難道會是巧合嗎？

除了使用了相同的長度單位，這兩處遺址還有其他關聯。

而最驚人的巧合，也許就是考古學家布拉德．萊柏指出的，「高岸工程的中軸線，也就是圓形中心到八邊形中心的直線，和紐瓦克天文台圈與八邊形的中軸線有直接的關聯。雖然這兩處遺址相隔六十哩，高岸工程的中軸線和紐瓦克土方工程的中軸線，夾角正好成九十度。這就表示建造者『很

可能』是刻意利用幾何學和天文學，讓兩個遺址產生關聯。」

在我看來，「很可能」一詞還稍嫌含蓄。它們是北美洲絕無僅有的，具有圓形和八邊形組合土方工程的兩處遺址；兩處圓形的面積，相似度高達百分之九十九點八；此外，兩處遺址之間的距離很遠，中軸線的夾角卻正好是九十度，這樣的工程一定是極精準測量學技術的結果。基於以上因素，我想我們可以斷言，它們的設計者是有意要建立起兩者間的關聯性。萊柏以目前已經消失，但在十九世紀仍存在的一條堤道，和與堤道平行的幾段牆等有力證據，說明了兩個遺址間絕非只有象徵性的關聯。他稱這條堤道為「霍普韋爾大道」，並推測它可能是紐瓦克和高岸之間的朝聖之路。

和紐瓦克一樣，高岸的主要地畫也是圓形和八邊形組合，而且附近也有其他圖案和築高的大道。在斯奎爾和戴維斯於十九世紀的調查後，這處遺址就受到大規模破壞。根據他們當時的報告，「高岸八邊形有『非常寬』的邊牆。其中還沒有因耕作破壞的牆段，高度在十一到十二呎之間，牆的底部有五十呎寬。圓形的邊牆就矮多了，高度不超過四到五呎。」雖然高岸八邊形結構曾有很厚的牆，但它包圍起的面積只有十八英畝，比紐瓦克八邊形的小得多了，後者的包圍面積有五十英畝。

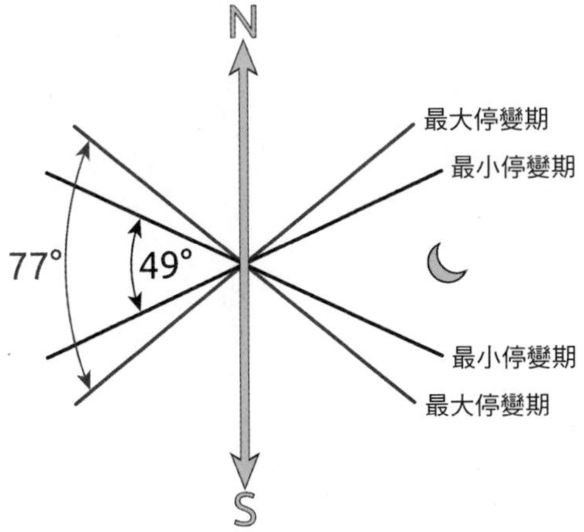

從俄亥俄州紐瓦克觀測，在月球最大停變期，那個月的月出月沒極北和極南點的夾角為七十七度。在月球最小停變期，月出月沒的極北和極南點的夾角為四十九度。

既然這兩處遺址有著極類似的圓形八邊形主題，既然兩處的圓形面積幾乎相同，既然它們都是被刻意打造出的土方工程，那麼高岸的八邊形的規模為何會明顯地縮水呢？

答案其實和月球觀測有關。我稍後會詳細解釋這種非常精確又科學的觀測技術。

■天空的知識

和世界各地其他的神聖遺址一樣，北美洲幾何造型的小丘和土方工程，也不會輕易公開它們的祕密。它們總會以各種方法吸引你的注意力，但它們也在逼迫你做些功課，以便了解它們。舉例來說，如果你想更了解蛇丘，你就要了解什麼是至日，和一年中日出日沒點的週期變化。

考古學家強調，這種知識在前工業時代的世界非常實用，農夫可以藉此得到像聖經《傳道書》上說的知識：「凡事都有定期……栽種有時，拔出所栽種的也有時。」

這一類理論認為，人們之所以要建造紀念性建築，標示出至日和分日準線，是為了增加農產收穫。但這並不能解釋人們為何要在很多遺址建造宏偉的結構。畢竟只要用幾對木桿做出幾條準線，就能標示出四時變化和節氣交替，這樣不但也很準確，花費也少得多了。

有人認為古人觀測天象，主要是為了建立準確的農民曆。但亞馬遜有些具有對準至日和分日日出日落點的遺址，派內爾皮洛就是其中之一。而這些遺址的年代都超過一萬三千年，毫無疑問是在前農業時代建造的，這又該做何解釋呢？

同樣的，這些結構都是經過詳細的天文觀察和確實的記錄，在持續好幾世代後才能完成。雖然如此，但紐瓦克和高岸的宏偉土方工程標示出的月球準線，卻和農作收穫沒有什麼明顯的關聯。事

實上，它們甚至沒有任何實際的功用。我要再強調一次，這些遺址唯一的功用，就是提供高深的知識，但你就必須先好好研究天文，才能得到這些知識。

要好好研究天文的最佳方式，就是連續好幾年不斷地觀察天體變化。但現在有很多功能強大的免費天文軟體，能讓我們輕鬆快速地完成這項學習，看到太陽和月球在任何時間地點的升沒位置。

如果我們使用這種軟體，觀察月球在一個世紀中的軌跡變化，我們很快就會注意到，月亮在東方地平線升起，和西方地平線落下的位置，會出現週期性的變化，每月都會從最北移往最南，最後再回到最北端。如果我們將觀察期間延長，還會發現月亮升沒點的「每月邊界」，並非年年都固定不變，而是在十八點六年的週期中，發生規律的寬窄變化。如果現在是最大月球停變期，也就是月亮的出沒位置變化範圍最大時，那麼在九點三年後就是最小月球停變期，也就是變化範圍最小時。

在月球停變的系列天文事件中有八個主要方向，四個方向標示出在十八點六年的週期中，每月東北方月出位置的最大和最小邊界，和每月東南方月出位置的最大和最小邊界。另外四個方向則是標示出西方的月沒位置邊界。月球出沒位置到達週期性的邊界時，變化就會發生停滯，接著在未來九點三年朝反方向移動。

人們發現紐瓦克和高岸土方工程的幾何形狀，和這些很少被注意到的天文事件幾乎完全對應。天文學家稱這些事件為「月球停變期」。了解月球停變期，似乎對滿足日常生活需求沒有任何助益。

■紐瓦克的月亮密碼

我們能知道這些遺址和月亮的關聯，多要歸功於海維里和霍恩。

一九七五年，他們開始在紐瓦克調查時，只是想要「進行某個大學部跨領域課程的一項田野練習」。雖然宇宙學和史前遠古文化的天文知識，都在課程範圍內，他們卻在論文中坦承，他們「並不指望會在紐瓦克發現任何幾何學或天文學圖案」。他們還說：「要證明這些圖案是刻意製作，而非偶然形成的，是一件很困難的事。因此我們並不期望能對土方工程的圖樣，提出任何有說服力的假設。」

但正如他們在二〇一六年說的，調查結果讓他們大吃一驚：

我們經過持續的分析後，發現土方工程中有些重複的圖案，這些圖案在地形特徵的配合下，就正對著太陽和月亮在地平線升起和落下的最北和最南點。從紐瓦克各土方工程的準線、規模、幾何對稱和全等關係就可看出，它們的存在是爲了記錄、慶祝並標示出重要天文事件，或某種維繫著天、地和人類心智的巨大力量。

海維里和霍恩於一九八二年，將最初的研究發表在《考古天文學》（*Archaeoastronomy*）期刊上。他們在研究中，並未發現紐瓦克有任何太陽準線。他們注意到的是，在抽絲剝繭的調查後，發現的錯綜複雜的月球準線。

他們發現這處遺址可能和月球有關後，就看出一些明顯到不可能被忽略的月球準線，例如「八邊形的大道軸線是對準著月球升起的極北位置，誤差在零點二度以內。」

這種不到十分之二度的「誤差」，在任何時代來說，都算得上是非常精確了。這樣的科學水準，也遠超過大多數考古學家對前哥倫布時代美洲的認知。不僅如此，在月球升沒的週期變化中，共有八個極限位置。而大道中軸和八邊形的四個邊，已標示出其中的五個位置，平均準確度為零點五度。

下圖中是剩下的三條準線，它們的精確度分別是零點四度、零點七度和零點八度之內。

海維里和霍恩以另一個觀察結果來支持他們的論點。在紐瓦克八邊形中，有四個邊並不是重要天文事件的準線，但它們卻都是兩兩平行，而且幾乎完全對稱。另外四邊則正好相反，它們對準著月球停變期的重要位置，但它們既不平行也不對稱。由此可見，這個八邊形的幾何對稱是被刻意扭曲的，目的就是為了製造出更多的月球準線。紐瓦克八邊形的最大特色，就是它不但具有對稱的八邊，又是月球停變期極限位置的準線。要在紐瓦克打造一個八邊形結構，可以有無限多的選擇，但我們看到的八

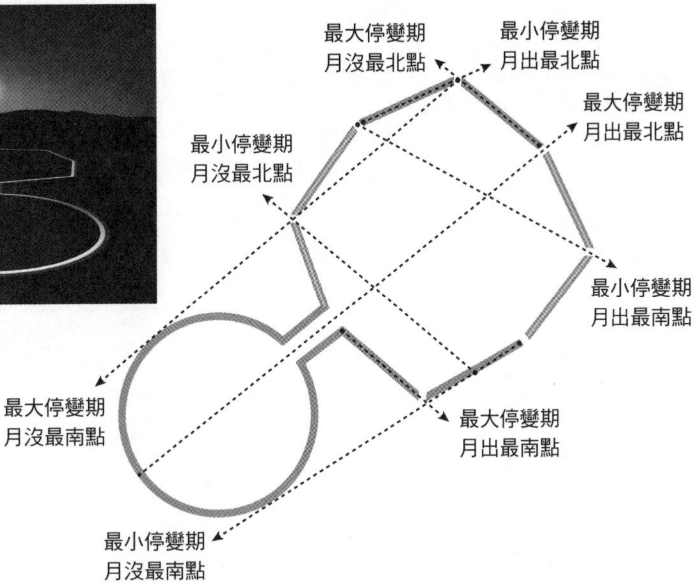

右圖：紐瓦克的八個標示點，它們能標示出月球停變十八點六年的週期。中軸和八邊形的四面牆對準的分別是：（一）最大停變期月出最北點；（二）最大停變期月沒最北點；（三）最小停變期月出最北點；（四）最小停變期月沒最南點；（五）最大停變期月出最南點。海維里和霍恩辨識出的剩下三條準線是：（六）最大停變期月沒最南點；（七）最小停變期月沒最北點，和（八）最小停變期月出最南點。

左上圖：沿著天文台圓形八邊形中軸線觀察，紐瓦克最大停變期月亮在極北點升起的模擬情景。

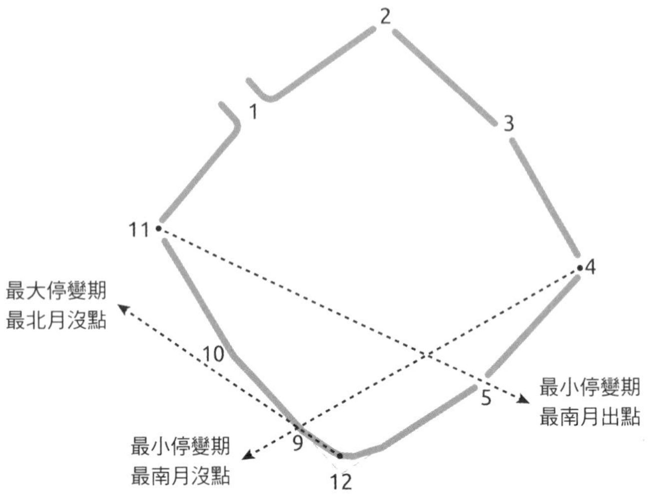

在高岸八邊形牆中，頂點十一至一的牆，比頂點十至十一的牆長百分之十六。那是因為頂點十一是從原本正八邊形的理想頂點位置，移到目前的位置，以便做出一條月球準線。將頂點十一和頂點五連成一直線後，它就正對著最小停變期最南月出點。
同樣的，在原本該是理想頂點的位置十二處並沒有開口，這個開口被向北移往位置九。將位置四和位置九連成直線，就會對準最小停變期的最南月沒點。還有一條準線也是透過扭曲直線形成的，它對準的是最大停變期的最北月沒點。

邊形，卻是最符合月球停變期極限位置準線的八邊線。事實上，我們就算利用再巧妙的設計，也無法創造出一個八邊形，或邊數更少的正多邊形，讓它能超越紐瓦克八邊形，更有效和精確地對準這些月球極限位置。

■高岸的太陽和月亮

海維里和霍恩在一九八二年發表在《考古天文學》上的論文，具有極重要的意義，因為它證明了紐瓦克的幾何圖案，很精準又巧妙地標示出月球停變期。他們於一九八四年，又在這份期刊上發表了追蹤研究。在這項研究中，這兩位調查高手又證明了，高岸的結構也有非常明確的準線，對準月亮升起的極北和極南點。和紐瓦克的結構一樣，高岸八邊形的邊長和

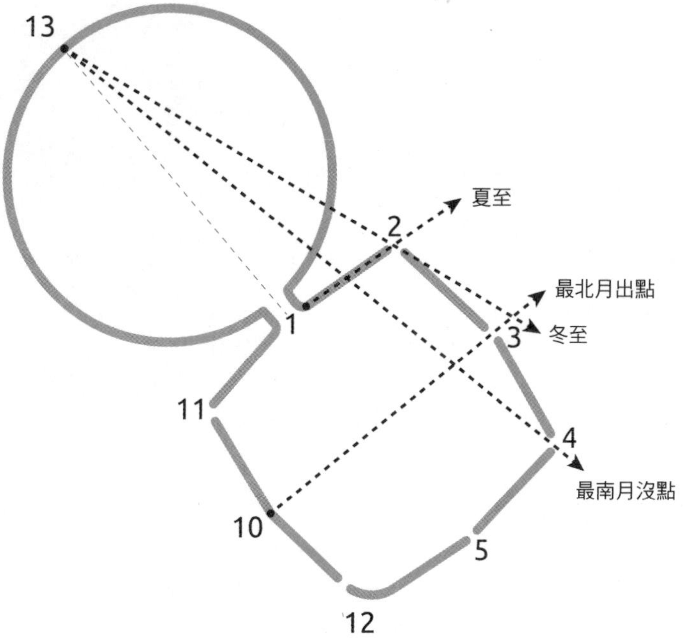

位置十至三，和位置十三至四的兩條準線，對準的分別是最大月球停變期，高岸的最北月出點和最南月沒點。此外，位置一到二的牆，對準的是夏至日出點，誤差在零點五度以內；位置十三至二的準線，對準的是冬至日出。

頂角，也是被刻意製作成不對稱，以便製造出更完美的月球準線。因此我們在高岸的八邊形中，也發現八面牆中一面的長度，比完美幾何對稱八邊形的邊長長了百分之十六。這個「錯誤」改變了它到相鄰頂點的角度。但這個錯誤也造就出一條準線，對準最小月球停變期的最南月出點，誤差在零點六度以內。如果這面牆是維持著「正確的」對稱長度，就不可能形成月球準線。這個八邊形還有另一個「錯誤」，這個錯誤也造就出一條準線，對準的是最小月球停變期的月沒最南點。

還有一條準線，它是由直線偏斜形成的，對準的是最大月球停變期的最北月沒點。

由此可見，高岸和紐瓦克有很多共同之處，稱它們為雙胞胎

似乎也不為過。但就像我之前質疑的，既然如此，為何這對「雙胞胎」之一的八邊形面積為五十英畝，另一位「雙胞胎」的八邊形卻只有十八英畝呢？

海維里和霍恩的說法是，面積為五十英畝的紐瓦克八邊形，不但是所有可能的八邊形中，能最準確對準月球極限位置的八邊形，而且它也是依照紐瓦克所在的緯帶，刻意設計成這樣的；這道緯帶從南到北的寬度為四十四點五公里。換言之，如果把紐瓦克的八邊形和圓形，依樣畫葫蘆地複製到南方九十公里以外的高岸，這個土方工程就無法再準確地描繪出月球停變期準線。高岸八邊形的面積只有十八英畝，頂角的角度和紐瓦克八邊形也有些出入。但因為高岸所在的緯度和紐瓦克不同，有了這些差異，高岸的八邊形才能精確地描繪出月球停變期準線。

這兩處遺址還有些其他的不同之處，但其中最明顯的，也許就是研究人員在紐瓦克的土方工程中，還沒有明確地發現任何重要的太陽事件準線；沒有分點準線、至點準線，也沒有分日和至日之間的節氣日（cross-quarter days）準線。

但這也不是沒有原因的。

海維里和霍恩在最新的研究中，發現一個蠻有趣的可能性。那就是紐瓦克的土方工程之所以會建造在那裡，是因為它們四周有四個「卓爾不群」的高聳地標。這些地標就像是渾然天成的前後準星，對準著冬至和夏至的日出點和日落點。這兩條天然準線的交點，就位於土方工程的中央地帶。「交點和天文台圈圓心的距離，與和大圈圓心的距離正好相等，誤差不到百分之二。」這顯然並不是巧合。

雖然我無法證明，但我認為紐瓦克的位置是精挑細選的結果。那裡不但正好位在適當的緯度上，自然環境也搭配得天衣無縫。

現在再談談高岸。海維里和霍恩在一九八四年的研究中，確認了高岸的一些重要月球準線，它

們對準的是最南月升點、最南月沒點、最北月沒點，和最大月球停變期的最北月出點和最南月沒點。此外，位置一至二的牆描繪出的夏至日出點準線，誤差還不到零點五度。而由位置十三和二構成的準線，對準的是冬至日出點。我們在蛇丘等更古老的遺址，和卡霍基亞等年代更近的遺址，都看過這種包含了宇宙之謎和幾何學奧祕，而且一再重現的迷因。

我們之前都看過了，至少在一萬三千年前亞馬遜地區的派內爾皮洛，這些迷因就已經存在了。

如此說來，這些迷因的歷史，遠比卡霍基亞，比紐瓦克和高岸，甚至比蛇丘還要古老得多。如果我們繼續追溯這些迷因在北美洲的蹤跡，能追溯到多古老的年代呢？

第二十章

時間機器波弗蒂角

親愛的讀者，我並不打算為你介紹美國的每個土丘和土方工程遺址，甚至也不會介紹我親自走訪過的所有土丘或土方工程遺址。但如果你正位在紐奧良，正打算租車越過密西西比河谷行駛，前往約在北方八百哩的辛辛那提，或更遠的地方；如果你正好有些空閒，可以朝東方或西方做個小規模的旅遊，那麼你可以考慮一個有趣的行程。雖然在過去兩百年中，北美洲的很多遺址都遭到嚴重破壞，但在路易斯安那州、密西西比州、阿拉巴馬州、田納西州、伊利諾州和俄亥俄州，仍有些出色的遺址被保留下來。在佛羅里達州、喬治亞州、德州、阿肯色州、肯塔基州和印第安納州，也有些重要遺址。其他各州也都有土丘和土方工程。但在遠古時代的北美洲，土丘建造主要是集中於密西西比河，和它的兩大支流俄亥俄河和密蘇里河附近。從現存遺址的位置也可看出這種分布模式。

考古學家已辨識出一些不同的「土丘建造文化」，並將這些文化分門別類。他們分類的依據是

年代、位置、陶器類型、工具類型、藝術與工藝和其他標準。我們已經看過這種分類法中的一些重要文化，例如約在公元前一〇〇〇年到公元前二〇〇年，目前被認定為蛇丘建造者的阿德納文化；約在公元前二〇〇年到公元五〇〇年，建造紐瓦克和高岸的霍普韋爾文化；和約在公元八〇〇年到一六〇〇年，建造卡霍基亞的密西西比文化。

考古學家常會使用這些分類名詞，並把它們與其他分類名詞混用。這種混用方式從學術界慢慢影響到一般民眾，讓遠古美洲史變得面目全非。舉例來說，你開始研究土丘建造者的歷史時，很快就會遇到疏林時代的相關內容。疏林時代又可分為從公元前一〇〇〇年到公元前二〇〇年的早期疏林時代，從公元前二〇〇年到公元六〇〇到八〇〇年的中期疏林時代，和公元四〇〇年到公元九〇〇到一〇〇〇年的後期疏林時代。如此一來，原本錯綜複雜的北美洲遠古史，就可能被過度簡化：阿德納文化是在早期疏林時代建造土丘和土方工程；霍普韋爾文化是在中期疏林時代建造土丘和土方工程；科爾斯溪（Coles Creek）文化在晚期疏林時代達到鼎盛；晚期疏林時代又和早期密西西比時代重疊。

但這些分類名詞都是人造的，為的就是讓喜歡條理分明的考古學家得到一種假象，讓他們自以為能將雜亂無章的資料理出頭緒，以為這樣就能掌握這些資料。此外，我們還要自問，我們從一個文化使用的器具和工具，又能獲得多少有用的資訊？我們在研究當代文化時，並不會期待能從各文化使用的刀叉、錘子和螺絲起子獲得重要資訊。既然如此，我們在研究遠古世界時為何要採用不同標準呢？

當然了，很多不同的美洲原住民文化都建造過土丘。這些文化不但使用著不同的語言，也擁有各不相同的藝術、工藝、工具和陶器。各種文化也有五花八門的自我表達方式。但奇怪的是，各文化在建造土丘時，卻不約而同地採用相同的方法，一再複製出相同的迷因，讓地面上宏偉的幾何形

狀建築群和天文事件產生關聯。

美國在十九和二十世紀的快速發展中，破壞了大量美洲原住民的土方工程。這簡直是一項摧毀人類共同記憶的瘋狂之舉，就像瘋子敲破自己的腦袋一樣。但幸虧有一群力挽狂瀾的考古學家，在他們鍥而不捨和一絲不苟的發掘下，一些殘存的遺蹟才能被保存下來。他們還真的保存下不少遺蹟。拜他們之賜，今日的我們才能見識到美洲原住民的偉大成就，無論是阿德納文化的蛇丘，霍普韋爾文化的紐瓦克和高岸，或密西西比文化的卡霍基亞。任何頭腦清楚的人，都能看出美洲原住民的工程計畫規模有多宏大。大家也都能看出，這項工程計畫的核心人物是一群幾何學家和天文學家。另一個眾所周知的事實是，這項計畫約在公元一六〇〇年結束，這是歐洲人征服北美洲導致的另一個災難性後果。

但這項計畫是在什麼時候開始的呢？

■意料之外

我正在波弗蒂角（Poverty Point）的西緣附近，正要爬上這座北美洲第二大的人造土丘。它位於路易斯安那州東北部，是一個很神祕的考古遺址。它的建造年代約在公元前一四三〇年，也就是古埃及的法老圖坦卡門登上王位前一世紀。它常被稱為「鳥丘」，因為人們覺得它很像一隻展翅東飛的鳥。雖然這處遺址有部分已經傾倒毀壞了，它目前的樣子和鳥還真有幾分神似；在空中俯瞰時就更像了。但一項考古學重建古代鳥丘原貌的結果顯示，它原本並不像鳥。因此考古學家常以一個平淡無奇的名字稱呼它：土丘 A。

它的高度為七十二呎。卡霍基亞的僧侶土丘位在它北方五百哩，比它高了二十八呎，規模也比它大，但年代卻比它少了兩千五百年。此外，僧侶土丘是由定居農業文明建造的，土丘 A 則是由獵人採集者建造的。事實上，整個波弗蒂角建築群都是由獵人採集者建造的。土丘 B 是這個遺址中最古老的結構，它的年代可上溯自公元前一七四〇年。

土丘 A 底部的邊長，從東到西為七百一十呎，從南到北為六百六十呎。僧侶土丘底部的邊長，則是東西長七百二十呎，南北長九百一十呎。土丘 A 的體積約為八百四十萬立方呎，單憑數字很難想像它到底有多大，但波弗蒂角的駐地考古學家黛安娜．格林利（Diana Greenlee），提供了一個很直觀的類比：「先找一座標準美式足球場，再把它堆滿一百四十六呎高的土，土丘 A 的土就是這麼多。」

一些考古學家至今仍堅信土丘 A 是一座巨型鳥類雕像。他們的說法是：「不論是過去或現在，鳥類一直是美國東南部美洲原住民的重要肖像主題。」但在不久之前，這一群專家對僧侶土丘不是曾做過完全不同的解讀，認為它的建造者並不是美洲原住民，或甚至認為它不是人造土丘，而是一座天然土丘。在他們看來，僧侶土丘和位於波弗蒂角建築群北方兩公里的莫特利土丘（Motley Mound），都是以相同方式形成的：

> 它們都是自然形成的。在密西西比河東岸和西岸的峭壁上，常出現一些孤立的外露層。它們是方圓數哩中唯一的地質結構。目前的密西西比河谷是由河水沖刷造成的，河水流乾後，就留下這些孤立的外露層。不了解這種沉積層成因的人，很容易以爲它們是人造的。

這個自以為是的錯誤訊息，是德高望重的考古學家傑拉德．佛克（Gerard Fowke）於一九二八年

提出的。受到這類觀點的影響，波弗蒂角經過很久都沒接受徹底調查，人們也直到很晚才了解它的真相。和僧侶土丘的遭遇一樣，當土丘Ａ已經被確切地證明是一座讓人驚嘆的人造結構後，仍有很多人想盡辦法否認它的建造者是美洲原洲民，而是他們憑空想像出的一群史前白種殖民者；這群白種人後來被「野蠻」的美洲原住民趕走了。

目前所有考古學家一致認為，波弗蒂角上的六座土丘和其他土方工程都是人造的。雖然一般民眾都很希望它們是白人建造的，但考古學家認為建造過程和白人殖民者無關；建造者其實是美洲原住民。他們是經過漫長的爭議才達成這些結論，爭論重點不外乎是以下幾點：這處遺址究竟有多先進？投入建設的人力有多少？和要完成這樣龐大的工程，社會經濟必須先發展到什麼程度？

我不會談太多細節問題，因為我之前已經介紹過很多十九和二十世紀的主流觀點。主流考古學家就是認定，波弗蒂角的土丘Ａ之類的大型紀念性建築，必定是由「中央集權的大型階級化社會」建造的。只有這樣的社會，「才具有足夠的行政能力，能動員和組織完成如此龐大的工程所需的人力」。根據最盛行的理論，獵人採集者社會並沒有太多閒置的人力物力，也無法建立必要的階級化組織，因此無法勝任這樣的計畫。他們過著朝不保夕的生活，關心的只是能否活下去。具有生產力的農業社會就不同了，他們有足夠的資源養活一些有一技之長的人，讓他們每天不必為生計奔忙。因此建築師、測量師、工程師和天文學家之類的專家就應運而生，能專心鑽研各自的技術。

波弗蒂角在一九五〇年代首度進行考古調查後，考古學家就知道它是一個古老遺址。但他們最初並不認為它非常古老。考古學家當時認為，在墨西哥以北的美洲最古老的土丘，例如阿德納文化的土丘，是源自早期疏林時代，也就是公元前一〇〇〇年到公元前二〇〇年；但它們又多半是在早期疏林時代晚期建造的。路易斯安那大學的喬恩·吉布森（Jon L. Gibson）教授表示：「從最初的兩次碳十四年代測定結果看來，波弗蒂角似乎在早期疏林時代就已經存在了；不僅如此，它的年代還

和中期疏林時代，霍普韋爾文化剛開始建造土丘的年代重疊。」因此可以得到這個結論，「如果波弗蒂角的土丘就是北美洲最古老的土丘，那也不值得大驚小怪。」

雖然波弗蒂角土丘的年代測定結果，比考古學家之前在北美洲調查過的任何土丘都還古老，但他們看到來自波弗蒂角的證據後，就欣然接受這個結果。這是個無庸置疑的結論，完全沒有爭辯的餘地。吉布森認為大家會這麼有志一同地達成共識，是因為在一九五〇和一九六〇年代的考古學界，有個大家都接受的假設：「建造土丘、製陶、農業、定居生活和大量人口，這些事情都有密不可分的關係。這種有則全有，無則全無的關聯，讓考古學家在缺乏直接證據的情況下，仍能根據土丘的存在，認定波弗蒂角當時已經有農業了。」

但他們永遠也找不到農業的直接證據，因為後續的發掘證明了，波弗蒂角的建造者並不是農業民族，而是獵人採集者。這個發現顛覆了既有的典範，但考古學家很不想看到典範被顛覆，因

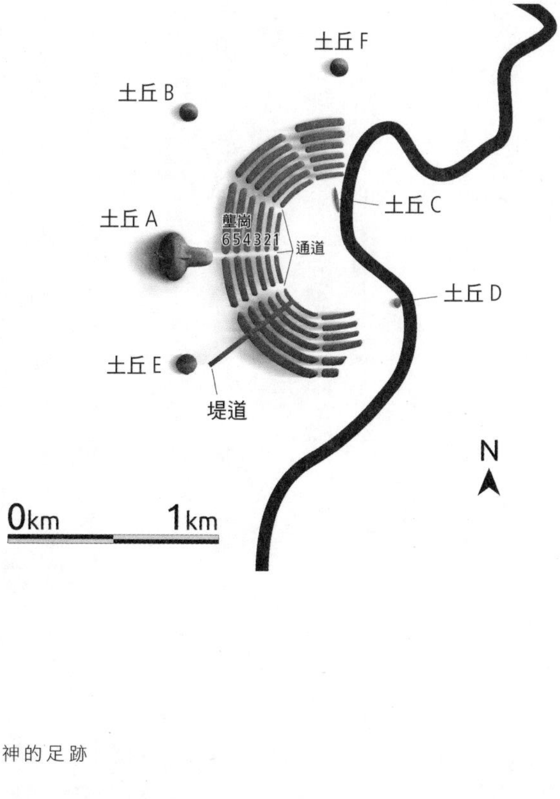

波弗蒂角的示意圖，主要的土丘和幾何圖形山脊都被標示出了。

此他們想出一個變通的說法。《科學》期刊在一九九七年表示：「過去考古學家一直認為，隨季節變化遷徙的獵人採集者，並沒有足夠的領導和組織能力，建造規劃完整的大規模土方工程。但波弗蒂角被認為是一項例外，當地有大規模貿易的跡象，這就是那裡曾有複雜的經濟社會組織的證據。」

建造土丘的前提，是必須先有個夠複雜和繁榮的社會。大多數考古學家都同意，只靠貿易而不靠農業，也能發展出這樣的社會。最初被發掘出的兩個年代較近的樣本，也就是來自霍普韋爾文化的樣本，後來被證實為並不屬於波弗蒂角文化。現在考古學家一致認為，波弗蒂角最古老結構的年代可上溯自公元前一七〇〇年左右。這比霍普韋爾文化最早的土方工程的年代，整整早了一千五百年。波弗蒂角文化曾有過長達六百年的發展，後來在公元前一一〇〇年左右遭到廢棄。

■世界上最大的史前至日標記？

波弗蒂角有六個土丘，它們分別被稱為土丘A、B、C、D、E和F。這些土丘中最古老的就是土丘B，年代也許可以上溯自公元前一七四〇年。而年代最近的，就在公元前一二八〇年後開始建造的土丘F。又名「撒拉的土丘」（Sarah's Mound）的土丘D，並不是由波弗蒂角文化建造的，而是比它晚得多的科爾斯溪文化，在公元七〇〇年左右建造的。

波弗蒂角的主要隆起處，就是A、B、C、D四座土丘，其中最高、最巨大的就是土丘A。雖然土丘A的規模很大，但波弗蒂角遺址中最顯著的結構卻不是它，也不是其他土丘，而是個六道壟崗構成的一個同心土方工程。這個結構原本有九呎高，構成一個巨大的幾合圖形，就像是半個八邊形或字母C，直徑為四分之三哩。壟崗的總長度約接近七哩，它們的頂部有一百呎寬，壟崗之間的

深溝也是這麼寬。但在十九和二十世紀，壟崗受到耕作的嚴重破壞，因此目前的高度和過去有幾吋到約六呎的差距。

考古學於一九五二年開始研究波弗蒂角時，經過一年都沒有注意到這些不起眼的壟崗。已過世的威廉．哈格（William G. Haag）是波弗蒂角最早的發掘者之一。一九五三年，他的同事詹姆士．福特（James Ford）將一張壟崗空拍照片拿給他看，但起初並未告訴他那是波弗蒂角的壟崗。哈格很直率地說出他首次看到照片的反應：

福特問他：「你知道這個遺址在哪嗎？」

哈格回答：「一定是在俄亥俄河河谷吧。只有在東部的那個區域，才會有如此複雜的土方工程。」

哈格當時想到的，顯然是我在前一章介紹過的，俄亥俄的高岸或紐瓦克之類的幾何形土方工程。但他馬上就要大吃一驚。福特說：「你已經走遍了那處遺址。」

波弗蒂角的幾何形壟崗系統在極盛時期的模擬圖。

哈格堅稱：「沒有，我從未到過那處遺址。」

接著哈格遲疑了一會，在仔細看看後最後驚呼：「那是波弗蒂角。」

哈格或許有點老眼昏花，沒有立刻認出那些壟崗是來自波弗蒂角。但和其他人比起來，他算是很有先見之明了。因此他才會在一九八〇年，和天文學家肯尼斯．布瑞歐爾（Kenneth Brecher），在《美國天文學會通告》（*Bulletin of the American Astronomical Society*）期刊上共同發表一篇名為〈波弗蒂角的八邊形：世界最大的至日標記〉（The Poverty Point Octagon: World's Largest Prehistoric Solstice Marker）的論文。

哈格和布瑞歐爾認為這些壟崗曾是一個完整的八邊形，但它的東半部已經被「沖蝕」了。雖然如此：

> 它的西半部仍很完整，輪廓也很清楚。幾條從同一點出發的四條寬闊大道，將它從四個部分切割開來。西北和西南方大道的天文方位角，分別是兩百九十九度和兩百四十一度，準確地指向當地緯度（北緯三十二度三十七分）的夏至和冬至日落點。

後來的研究推翻了哈格和布瑞歐爾的假設，證實了波弗蒂角的壟崗最初並不是八邊形。但他們的至日準線理論並未因此受到影響，因為它只和現在圖形中大道的角度有關。

我在介紹密西西比文化、霍普韋爾文化和阿德納文化的土方結構時，討論重點就是這些結構中包含的天文學和幾何學迷因。如果哈格和布瑞歐爾的至日準線說是正確的，那就印證了波弗蒂角和這些迷因也有密不可分的關係。

之前說過了，哈格和布瑞歇爾認為波弗蒂角的大道是至日準線。但在一九八三年的《美洲古代》期刊中，杜蘭大學的天文學家羅伯特・普林頓（Robert Purrington）對他們的說法提出質疑。普林頓同意在波弗蒂角文化的時代，「至日日落點是位在方位角兩百四十一度和兩百九十九度」。但他卻不認為這是西南走向大道和西北走向大道的方位角。他認為它們的方位角分別是兩百三十九度和兩百九十度。他的結論是：「這兩條大道並沒有對準至日日落點。波弗蒂角遺址並沒有明顯的至日準線。」

哈格和布瑞歇爾在同一期的《美洲古代》上回應說，他們提出的方位角之所以和普林頓提出的方位角有些出入，「主要是因為雙方對土方工程的中心點有不同的認定。」他們不滿地說：「普林頓設定的觀測中心點，至少是位在我們發現的中心點的東北方一百公尺之外。」他們重申：「以波弗蒂角的緯度而言，夏至和冬至的日落點分別是在方位角兩百四十一度和兩百九十九度，這和西南與西北大道的走向完全吻合。這種至日準線其實也很常見，而波弗蒂角的土方結構具有這些準線，似乎已是不爭的事實。」

普林頓仍繼續表示質疑，但他的質疑手法卻很混亂又自相矛盾。一九八九年，他在《考古天文學》發表一篇名為〈重遊波弗蒂角：再探天文準線〉（Poverty Point Revisited: Further Consideration of Astronomical Alignments）的論文。他在論文中說，他重新測量西南大道的方位角，並將之前的測量結果兩百三十九度，修正為兩百四十度。他說：「這個走向正好對準著冬至的日落方位。」但他對西北大道的測量結果仍是兩百九十度，「因此這條大道和夏至日落的方位角差了九度，幾乎可以確認它並不是用來標記這個夏至日落點。」最後他仍含糊其詞地做出讓步：「至於那些相反的理論，

我認為它們其實也並非全無道理，至少它們說明了冬至日落點對美洲原住民的重大意義。」

這場論戰就暫時休兵了。直到二〇〇六年，考古學家在波弗蒂角進行一項磁力梯度調查，情勢才有新進展。這項調查於二〇一一年結束，並發現在幾何形狀壟崗東方的台地上，曾有超過三十個巨型木樁圈的痕跡，「有些木樁圈和之前的木樁圈只相距幾吋，這似乎意味著木樁被立起後，過了不久又被拔起，樹立到稍遠的地方再重建木樁圈。」

黛安娜．格林利曾深入參與這項調查的所有工作。根據她的說法，他們發現的立樁孔是圓柱形的，底部是平的，寬近一公尺，深兩公尺。木樁構成的圓圈直徑為六公尺到六十公尺。正如格林利說的，這次調查只限於遙感探測，因此難免會有遺漏：

我們並未發掘出一個完整的圈，甚至也沒發掘出一個明顯的圓弧。因此我們對這些木樁圈仍有很多不了解之處。波弗蒂角有多少種不同的木樁圈？木樁有多高？木樁間是否有牆？木樁圈是否有屋頂？我們對這些問題都無從回答。我們也不知道木樁圈內是否有人類活動。就算有人類活動，我們也不知道他們在做什麼。我們不知道平台上同時會有多少個木樁圈。我希望有朝一日能在平台木樁圈的區域，進行更大規模的發掘，以便找出這些問題的答案。

研究人員在這次調查中發現的立樁孔，可能是曾存在於波弗蒂角的一系列「巨木圈」的考古學痕跡。這是個頗具調查價值的可能性。我在第十八章曾介紹過卡霍基亞的巨木圈，它也經常被移動和調整。也許波弗蒂角的巨木圈就和卡霍基亞巨木圈一樣，可能也是要搭配其他地貌特徵，在至日和分日形成瞄準線，凸顯出天地交感的「聖顯」。

不管巨木圈是否真的存在，波弗蒂角擁有重要太陽準線的說法，都已變得更具說服力。這一

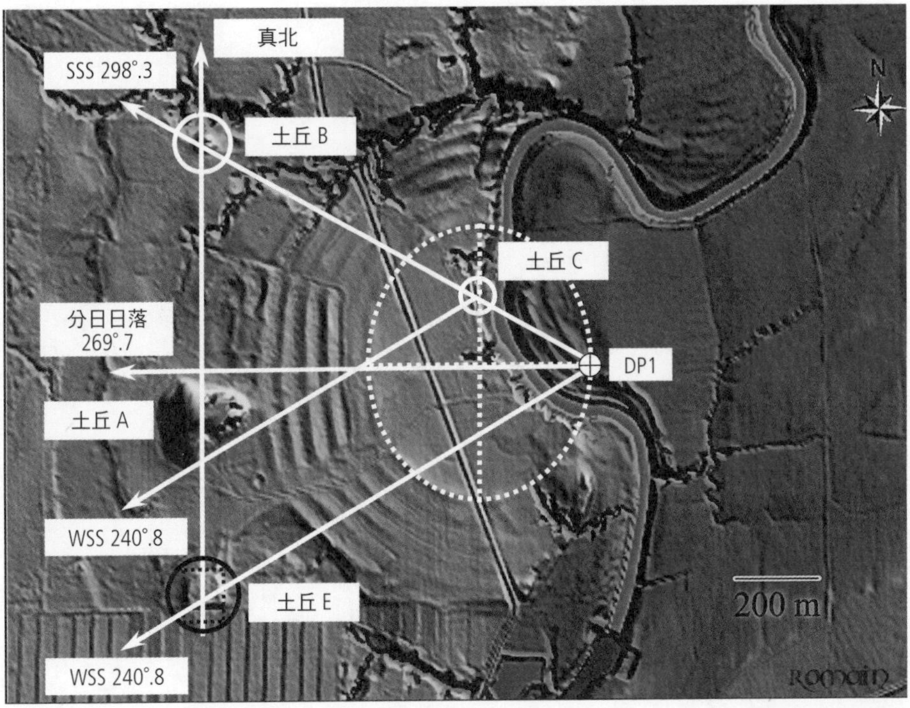

切都要歸功於俄亥俄州的考古學家兼考古天文學家威廉・羅曼的參與。羅曼是考古天文學界最有見識的專家之一。他和諾曼・戴維斯（Norman L. Davis）於二〇一一年在《路易斯安那州考古學》（*Louisiana Archaeology*）期刊，共同發表一篇關於這個主題的論文。他們藉著剛取得的雷射雷達數據，再配合更精準的考古天文學計算，得到以下的結論：「布瑞歐爾和哈格在三十多年前做出的判斷是正確的。波弗蒂角確實有至日準線，它也許是世上最大的至日標記。」

但他們發現波弗蒂角的準線，並不是布瑞歐爾和哈格最初認定的準線。羅曼和戴維斯藉著新數據，找到兩個「在波弗蒂角的平面結構圖中特別重要的位置」。它們分別被命名為結構點一（DP1）和結構點二（DP2）：

- DP1到土丘B的直線是對準夏

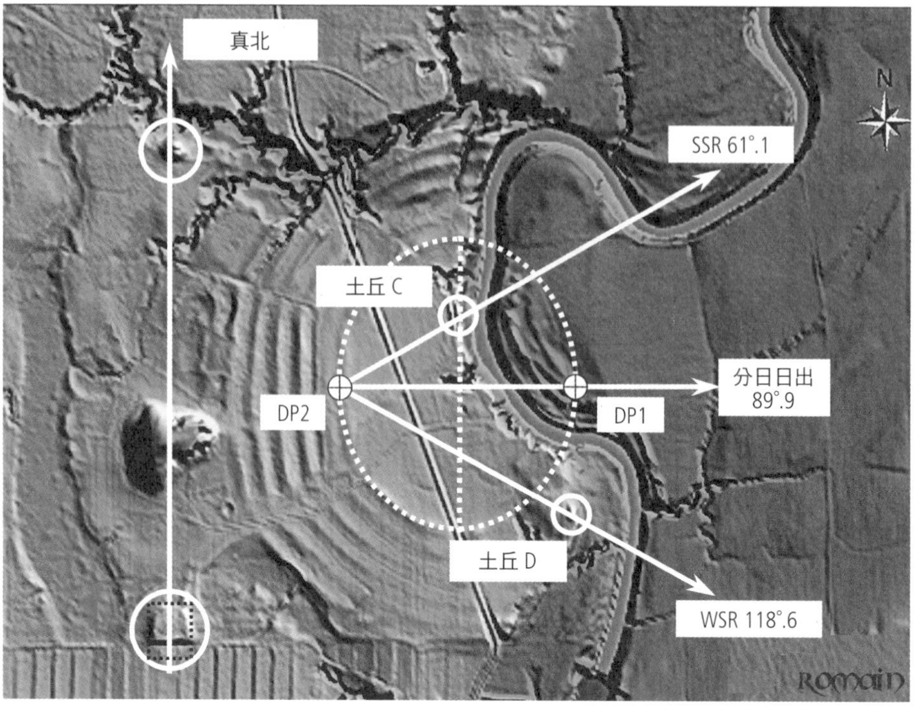

至日落點。

- DP1到土丘E的直線是對準冬至日落點。
- 以土丘C為觀察點時，夏至的日落點是位在土丘B。
- 以土丘C為觀察點時，冬至的日落點並不是土丘A頂端，而是它的一側。土丘C之所以位在那個位置，是為了和土丘A不受阻擋地連成一條很長的瞄準線。但這也讓土丘A在整個遺址的平面圖中，看起來不太對稱。
- 從DP1畫一條穿過遺址中央平台的直線，它就會正對著土丘A北緣，分日日落的方位角。

戴維斯曾親自在DP1觀察分日日落，他說當時「太陽就沿著土丘A的北緣落下，最後隱沒在西方的地平線。」

羅曼和戴維斯很肯定地說：「波弗

蒂角是一個中心點，也是一個平衡點，因為那裡除了有日落準線，也能找到理論上對應的日出準線。」以下是他們對日出的詳細描述：

- 以DP2為觀察點時，夏至的太陽會從土丘C上方升起，冬至的太陽會從土丘D上方升起。
- 如果土丘D的建造年代，是在波弗蒂角文化全盛期後的兩千多年，那就意味著科爾斯溪文化的人民了解波弗蒂角結構的奧妙，並將它擴建，讓它融入自己的計畫中。
- 以DP2為觀察點時，分日的太陽會從DP1的方向升起。

羅曼和戴維斯認為在這項浩大的工程中，科爾斯溪文化「無縫整合了這處遺址的座向、天文準線、結構點的左右對稱關係、內部幾何條件，和測量學的規則性。由此可見波弗蒂角的建造，是依循一套早已擬定好的整體計畫或設計圖，將天文準線、幾何形狀和當地地形都整合在設計圖中。」

在他們看來，最關鍵的問題就是：「這是為什麼呢？為何波弗蒂角被設計成這個樣子？為何要建造規模如此龐大的幾何土方形狀，讓這裡和天體與天文事件產生關聯？」

這確實是個好問題，但我們在回答前，必須先問另一個問題。

如果有個「早已擬定的整體計畫」，計畫的擬定者又是誰呢？

■ 連續性

位於波弗蒂角土丘群最東南方的，就是又名「球場土丘」（Ballcourt Mound）的土丘E。在土

丘E南方二點六公里有另一座土丘，它被稱為「下傑克森土丘」（Lower Jackson Mound），一度被認為是波弗蒂角建築群的一部分。但考古學家喬・桑德斯（Joe Saunders）和瑟曼・艾倫（Thurman Allen）在發掘後證實它其實極為古老，並不是公元前一七〇〇年左右波弗蒂角時代的產物；它的年代比科爾斯溪文化早了整整三千年以上，準確地說，是介於公元前三九五五年到三六五五年之間。

楊百翰大學的人類學教授約翰・克拉克（John Clark）認為：

波弗蒂角的建造者，顯然也注意到古老土丘的存在。大波弗蒂角區的整體規劃，都是以狩獵遊牧時期中期的下傑克森土丘為校準點，所有測量格線都會穿過下傑克森土丘，而預留的空地似乎也是從那裡向外擴張的。

路易斯安那大學的喬恩・吉布森，從相同的證據得到以下結論：「這些遠古先民就算不是後來者的直系祖先，兩者之間一定也有一脈相承的傳統。」喬恩認為：「波弗蒂角的主要土方工程，整合了下傑克森土丘後，把它變成土方工程的中軸線。從下傑克森土丘和波弗蒂角的關係，就能看出遠古先民和後來者的關聯。事實上，下傑克森土丘不只被整合成波弗蒂角的一部分，它也成為波弗蒂角的主要基準線和固定點。這就說明了它是個具體或暗示性的紀念性地標。」

以上說法是由克拉克在二〇〇四年，和吉布森在二〇〇六年提出的。到了二〇一一年，威廉・羅曼也從善如流地跟進。羅曼的雷射雷達調查，更大幅提高了以下說法的可信度：「波弗蒂角是刻意被設計成對準真北，這條瞄準線就是從土丘E、A和B之間，一直延伸到下傑克森土丘。」

根據他們的理論，下傑克森土丘的建造者，和他們在波弗蒂角的後繼者之間似乎有些關聯。就很多方面而言，這種理論都極具探討價值。

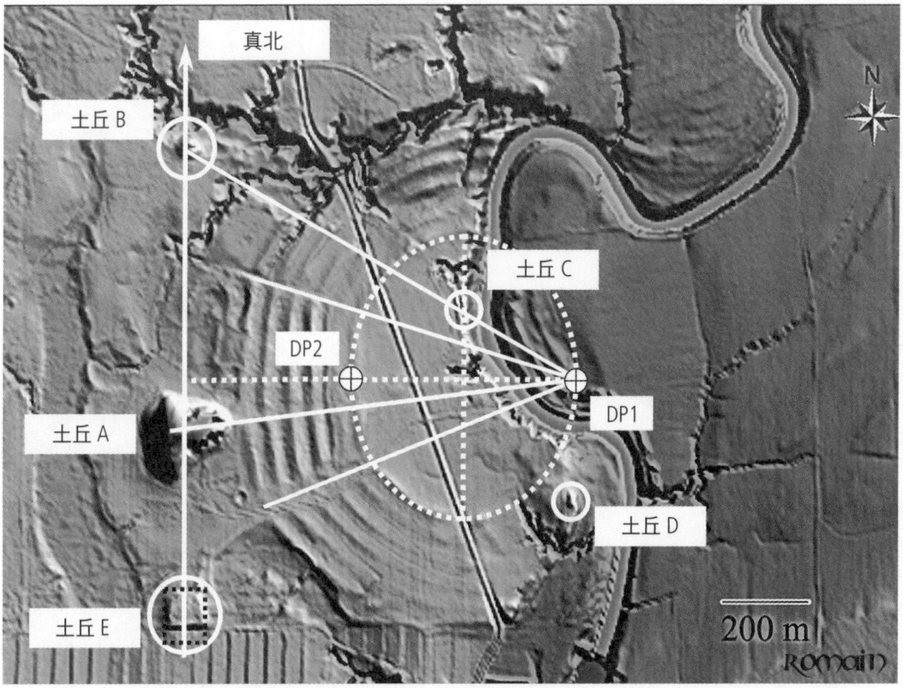

上圖：威廉．羅曼以雷射雷達數據，證實又名球場土丘的土丘E、A和B都是對準真北。
左圖：有三千年歷史的下傑克森土丘，也是對準著相同的方位角。

在波弗蒂角的土方工程出現的兩千多年後，也就是它被棄置超過一千八百年後，科爾斯溪文化才在那裡「鳩佔鵲巢」地建造土丘D。而且土丘D的位置，似乎是為了創造冬至日出準線而選定的。就像我之前介紹的，威廉．羅曼認為這就意味著科爾斯溪文化的人民，「不但了解波弗蒂角的設計，而且還將它併入他們的工程計畫，對它進行擴建。」

羅曼的言外之意就是，考古學家在仔細研究後，發現科爾斯溪文化和波弗蒂角文化之間，有著持續了兩千年以上的知識傳承關係。

下傑克森土丘和波弗蒂角的建造者，在年代上有兩千年的差距，卻仍能維持著不絕如縷的關係。但吉布森認為他們之間的淵源，甚至可以追溯到更久之前。

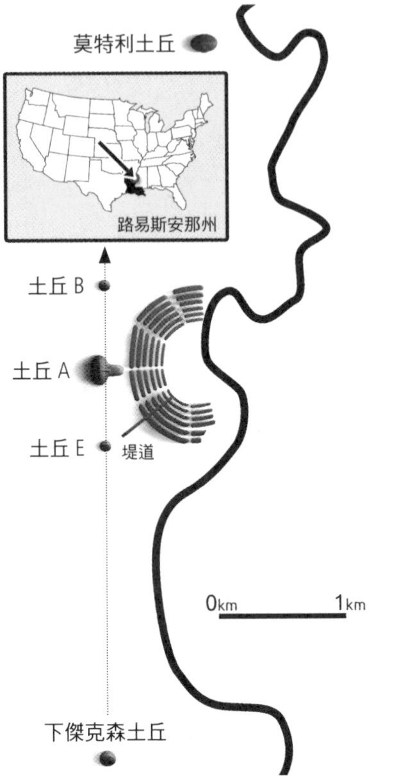

兩個文化能跨越如此長久的時間發生關聯，確實是很不可思議，但這絕非不可能的事。就以猶太教為例，它就是藉由一套有三千年以上歷史的傳統和信仰，一直流傳至今。印度教的起源，可以追溯到超過五千年前的印度河流域文明。這兩大宗教也都創造出各自的建築，這些建築風格也受到各自信仰和傳統的強烈影響。

既然如此，北美洲照理說也不是不可能發生這種事。下傑克森土丘顯然被刻意規劃成波弗蒂角的中軸線。如果這不是出於巧合，那麼唯一可能的解釋就是，這兩個遺址都是同一個概念系統，在不同時代的呈現。如果後來的建造者並不了解年代較古老的土丘的重要性，他們就不會以它為固定點，展開浩大的工程計畫。

但仍有個問題。就印度教和猶太教而言，我們都能找到它們薪火相傳的具體證據。傳承的媒介不外是聖書，代代相傳的教導，和備受重視又歷久彌新的傳統。這兩個宗教的傳承過程都沒有出現中斷。此外，印度教和猶太教都不曾突然地消失在地球上，在之後數千年都沒留下任何蹤跡，後來又橫空出世，發展得如火如荼。

但就像我即將介紹的，美洲的宗教似乎就是這樣。

第二十一章

一窺幕後真相

下傑克森土丘出現於六千到五千年前，那個遙遠的時代是文明史上極重要的時代。直到那一千年的末期，古美索不達米亞文明和古埃及文明，才充滿自信地首度登上歷史舞台。這兩個文明也建造過土丘，舉例來說，埃及前王朝時期的石室墳墓（mastaba），和美索不達米亞烏魯克（Uruk）時代的人造土堆（tell）都是土丘。這兩個文明在建造神聖建築空間時，也將幾何學和天文準線融入建築中。在當時各文明似乎都有志一同地，參與了一項規模龐大的早期建造計畫。古埃及和古美索不達米亞的土丘，就是這個大計畫的一部分。和它們一樣，下傑克森土丘也不是一個個案，而是一大群數目眾多，分散在世界各地的紀念性建築物中的一座。

這些紀念性建築物的數量有多少？分布範圍又有多廣？由於近幾世紀以來，北美洲有數以千計的土丘和土方工程遭到大規模破壞，我們也許永遠也無法找出這些問題的答案。在現代人眼中，農

業和工業就像神明一樣偉大。這些遠古紀念性建築物，顯然多半都成了獻給這些現代神明的活祭品了。這些被毀壞的建築物絕大多數都是來自較近的年代，如密西西比河文化和霍普韋爾文化等。但其中可能也有一部分，甚至有很多建築，是來自超過五千年前，年代更久遠的土丘建造時代。

我們可以根據殘存的遺址，開始估算它們受到毀壞的程度。雖然遠古遺址已受到嚴重損毀，到了二〇一二年，考古學家仍在下密西西比河河谷，辨識出多達九十七個殘存的土丘和土方工程，其中有幾個遺址是遠在佛羅里達州被發現的，當時考古學家認為，它們的年代都在五千年以內。這些遺址幾乎都沒接受過放射性年代測定，但在已經做過放射性年代測定的十六個遺址中，總共有五十三個土丘和十三條堤道。這些遺址的年代都在四千七百年以上，其中很多遺址的年代都遠超過四千七百年。

研究北美洲遺址的頂尖專家喬·桑德斯因此做出一項結論：「土丘建造在狩獵遊牧時期中期就已存在，這已經是不爭的事實。」

我們仍不清楚為何這些遠古遺址會集中在下密西西比河谷。也許是出於歷史的巧合，這個區域未遭毀壞的遺址才會遠多於其他地區。另一種可能性是，在遠古時代，這個地區建造的遺址就遠比其他地區還多得多，因此殘存至今的遺址也特別多。真相為何，誰也不知道。也許未來的研究，會在北美洲更偏遠處找到極古老的土丘。但就目前而言，下密西西比河谷仍是最主要的考古研究區域。

我沒有必要去一一描述所有遺址。唯一值得詳細介紹的遺址，就是沃森布雷克。如果有讀者想更深入了解其他遺址，以下的地圖和附帶說明的精簡版清單，就能滿足各位的需要。

香蕉溪土丘（Banana Bayou Mounds）和位在路易斯安那州立大學校地的 LSU 土丘，年代為公元前二七〇〇年左右。就世界級的紀念性建築物而言，它們比吉薩大金字塔的年代還早了約兩百年。其他下密西西比河谷土丘的年代就更古老了。我們已經介紹過的下傑克森土丘，年代約在公元

下密西西比河谷的古丘遺址。

前三九五五年至三六五五年。以下就是其他的幾個土丘：

沃森布雷克（Watson Brake）：

根據一次碳十四年代測定的結果，土丘的開始建造年代可上溯自公元前三五九〇年。其他的年代測定結果在公元前三四〇〇年到三三〇〇年之間。

卡尼土丘群（Caney Mounds）：

碳十四年代測定的結果為公元前三六〇〇年到公元前三〇〇〇年。

法國人彎地（Frenchman's Bend）：

碳十四年代測定的結果為公元前三五七〇年。這處遺址發掘出一個年代更久遠的爐灶，它來自將近七千年前的公元前四六一〇年。

赫奇佩思土丘群（Hedgepeth Mounds）：

其中最古老的土丘年代為公元前四九三〇年，將近是七千年前。

蒙地聖諾（Monte Sano）：

其中一個土丘的火葬平台的木炭樣本，

它的年代為公元前四二四〇年。另外兩個來自一個小平台土丘的木炭樣本，它們的年代分別為公元前五〇三〇年和公元前五五〇〇年，也就是說它們的歷史已經超過七千年，接近七千五百年。

康利（Conly）：

八次放射性年代測定結果，確認這處遺址的年代在七千五百年到八千年前。

■改變考古學界觀點的遺址

無論是就數量或品質而言，在北美洲所有有五千年歷史，或更古老的遺址中，受到最完整、持續和廣泛科學研究的就是沃森布雷克。不僅如此，也只有這處遺址在進行發掘和考古研究時，也做了詳細的考古天文學評估。正因為如此，專家才能以它和我們在前幾章介紹過的，年代較晚的阿德納、霍普韋爾和密西西比河文化的遺址比較。

因此我現在才會把沃森布雷克當成討論重點。

我首先要提醒讀者，千萬不要對沃森布雷克抱有任何不切實際的幻想。在這處遺址發掘出的所有遺物，都不足以證明這裡曾有個先進的物質文明。這處遺址的土丘建造者，在數百年中都是斷續或永久地居住在這裡。他們仍在使用石製的工具和拋擲尖物，這些石器也是狩獵遊牧時期中期的一大特色。他們是獵人採集者，而不是農業專家。雖然他們也會採集一些後來會被馴化的植物，但他們並沒有對這些植物完成馴化。換言之，他們過著非常簡單樸實的生活，可說是五千到六千年的北美洲最普遍和最具代表性的族群。

他們在各方面都和其他族群沒有兩樣，但他們卻有一項與眾不同之處。

他們會建造土丘。

我之前列出的遺址只是其中一部分。以下是喬·桑德斯對這些遺址的描述：

下密西西比河谷年代最古老的土方工程，似乎是由自治部落建造的。這十六個土丘遺址是來自狩獵遊牧時期中期，分布在一千年中不同時期的路易斯安那州的三個次區域。如果要說它們不是自治部落建造的，那也有點牽強。但這些自治部落之間一定有某種程度的交流，因爲下密西西比河谷非常廣闊，但這些分布在河谷各處的土丘卻有很多相同的特徵，而且在這個區域也找不出其他紀念性建築物的殘跡。如果狩獵遊牧時期中期的土丘遺址，都是各部落自行決定建造的，那在其他地區爲何沒有出現這種自發性的工程呢？

令人遺憾的是，桑德斯在二〇一七年九月四日就過世了。他曾是路易斯安那大學的地區考古學家和地球科學教授，也是公認的沃森布雷克專家和這處遺址的首席發掘者。沃森布雷克之所以會出現在地圖上，都要歸功於桑德斯於一九九七年十月十九日，在《科學》期刊上發表的一篇論文，論文題目是〈在五千四百到五千年前，路易斯安那州的一處土丘建築群〉（A Mound Complex in Louisiana at 5400-5000 Years Before the Present）。他在論文中提出很嚴謹、詳盡又廣泛的證據，確立了沃森布雷克的年代，化解了這處遺址原本會引發的年代論戰。

考古學家喬恩·吉布森說：「毫無疑問地，桑德斯是在整理過各種證據後，才推定出它的年代。」北卡羅萊納大學的文卡斯·史特波奈提斯（Vincas Steponaitis）也做出以下評論：「考古學家很少能做出改變人們歷史觀的發現，但桑德斯的發現就改變了人們的歷史觀。」

沃森布雷克確實改變了考古學家對北美洲歷史的陳腐偏見。這種觀點在波弗蒂角遺址被發現時，

就已經受到致命的一擊，因為傳統考古學界並不認為獵人採集者社會能建造複雜的大型工程。

但證據顯示，雖然這個遺址是「低維護物質文化」的產物，但遺址本身卻精致巧妙得讓人意外。

■神聖橢圓形

和蛇丘一樣，沃森布雷克也是建造在一個天然高地上，這塊高地是在冰河時期形成的台地，從那裡可以居高臨下地俯瞰著有一萬兩千年歷史的氾濫平原，平原是由沃希托河（Ouachita River）及其支流沃森溪（Watson Bayou）沖積而成。蛇丘是位於布拉什溪上方，沃森布雷克也是位於沃森溪上方，因此這兩座土丘的視覺高度，都比實際高度高了五到十公尺。

讀者應該還記得，在蛇丘雕像張開的雙顎前方，有個巨大的橢圓形土方工程園區。沃森布雷克的結構比蛇丘還複雜，因為它的圖案中包括幾個土丘，而且規模也比蛇丘大得多。雖然如此，沃森布雷克也有一個明顯是橢圓形的土方工程園區，橢圓的長軸長三百七十公尺，短軸長兩百八十公尺。

沃森布雷克的土丘究竟是十一個或十二個？這個問題仍有些爭議。這是因為土丘L還需要經過進一步的考古學確認。這個遺址的橢圓形結構，是由十一個土丘和它們之間的土堤構成，土堤的寬度在二十公尺內，高約一公尺。而土丘L是位在橢圓形之外。土堤圍起的廣場似乎是經過人工整平，它的面積有九公頃，也就是二十二英畝左右。發掘者在廣場上幾乎找不到任何遺物或碎片，桑德斯等考古學家因此推論，「這可能意味著廣場是舉行儀式的場地」。

桑德斯說「園區內顯然並沒有日常活動」。但在園區寬闊的土堤外卻有明確的「日常活動」跡象，在東北方的土堤外尤其明顯。這些跡象就意味著人們曾在那裡定居。

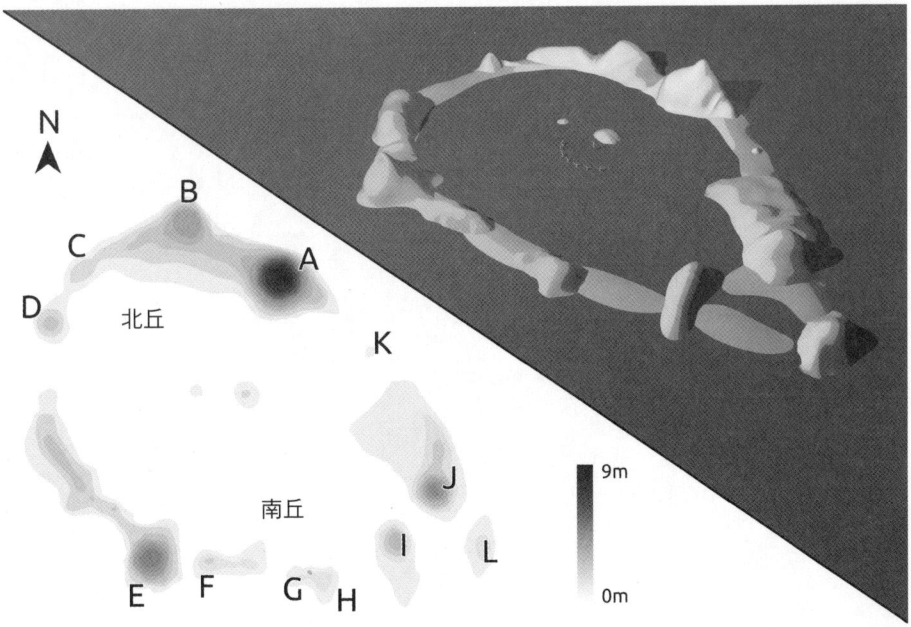

左圖：沃森布雷克遺址的平面圖。　右圖：沃森布雷克的立體模型。

桑德斯曾在二〇〇五年的《美洲古代》上發表一項重要研究報告。他在報告中說，這處遺址在公元前四〇〇〇年就已經有人類居住了：

首批來到沃森布雷克的居民，是爲了於各季節在那裡捕魚、獵鹿和採集植物。他們也許曾在那裡待了很久。第一批小型土方工程，是在公元前三五〇〇年左右開始建造的，最早建成的是土丘K和B，也許還有土丘A。之後這個遺址上開始堆積起貝塚，之後建造的土丘D、C，與更南方的土丘I、J和E，都是建造在貝塚上。這就意味著這個建築群的形狀，是在公元前三五〇〇年被刻意排列出的。主要建造計畫約是在公元前三三五〇年開始，現存的土丘也許都曾被加高，並朝著北列土丘的方向擴建。土丘J是於公元前三〇〇〇年左右，被建造在南側。遺址中的居住

區是集中在平台的陡坡上。人們是在土方工程展開前就開始定居，在工程結束後仍住在那裡。

桑德斯認為從種種證據看來，沃森布雷克之所以有「安定自治的生活」，是因為當地擁有「各式各樣豐富的資源」。

不用我說明大家也都很清楚，就算沒有這些土丘，當地人只靠開採資源也能過上很穩定的生活。事實上，在沃森布雷克開始有人類活動後的五百年，也就是公元前四〇〇〇年到公元前三五〇〇年，就一直有資源開採活動。但他們在這段時間並未建造任何土丘。

接著人們突然開始建造土丘了。這是為什麼呢？他們為何要展開規模如此浩大的計畫呢？這項計畫的目的又是什麼？

桑德斯在一九九七年被問到這個問題。他的推論是：「我知道我的解釋有點像禪門公案，但建造土丘的目的也許就是建造土丘。」

■三角測量

也許桑德斯提出的就是正確答案。但讓我納悶的是，部落領袖或重要人物是如何說服民眾參與計畫的。「你們要建造土丘，因為這對你們有好處。」我覺得這種說詞似乎沒什麼說服力。但在這個時期，散布在下密西西比河谷各處的遺址，也正在建造土丘和土方工程，而這些遺址都分屬於各自為政的自治部落。這樣看來，當時必定出現了一種規模和影響力都很大的社會現象。

東南部考古學實驗室（Laboratory of Southeastern Archaeology）的肯尼斯・薩斯曼（Kenneth

Sassman），和佛羅里達州立大學的麥克・赫肯貝格爾，在經過多年的實地研究、發掘和現場測量後，確信在這些遺址中，至少有三處遺址具有相同的基本設計。它們就是沃森布雷克、卡尼土丘群和法國人彎地：

> 我們根據這些狩獵遊牧時期土丘的布局，製作出一張平面圖。平面圖中出現一些固定的結構模式和幾何形狀，只是比例各不相同。它們包括：（一）由三個或更多個位在沖積台地的陡坡上的土丘，構成的「台地」連線；（二）每個建築群中最大的土丘，都是位在台地邊緣的土丘群中，通常是位在土丘群中央；（三）次大土丘和其他土丘的距離，約是台地邊緣土丘群中各土丘距離的一點四倍；（四）將最大土丘和次大土丘連成直線（也就是「底線」），這條直線和台地軸線的正交線的夾角約爲十度；（五）以底線做一個穿過建築群中其他土丘的等邊三角形，這個三角形就是建築群的基本比例單位。

薩斯曼和赫肯貝格爾認為，法國人彎地和幾個其他遺址都有相同的布局。但我在此並不想一一描述這些遺址，因為沃森布雷克和卡尼土丘群就很具代表性了。既然這兩個遺址都符合上述的所有條件，為了長話短說，我就只介紹它們就好。但根據薩斯曼和赫肯貝格爾的研究，可以得到的最驚人結果，也許就是這兩處遺址很明顯地都有相同的幾何平面圖。在沃森布雷克中，這個圖形是由土丘A、E、I和J構成的；在卡尼土丘群中，是由土丘B、F、E和D構成的。

在這兩處遺址，薩斯曼和赫肯貝格爾所謂的「底線」，都是由其中最大和次大土丘連成的線段。在沃森布雷克中，它們是土丘A和E；在卡尼土丘群，它們是土丘B和F。這個線段就是等邊三角形中的一邊。兩處遺址中的等邊三角形的另外兩個邊，都是穿越另外一對土丘才相交。在沃森布

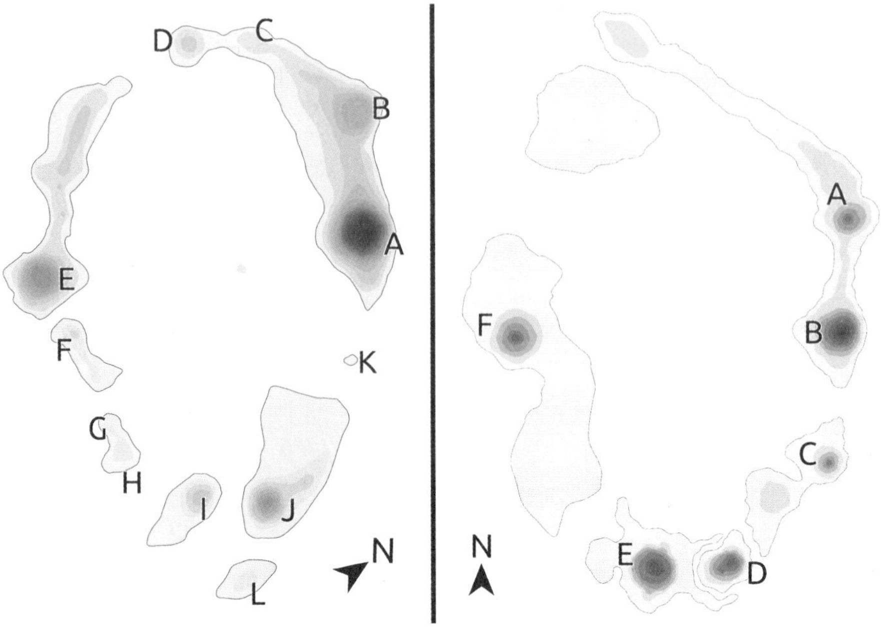

沃森布雷克（左）和卡尼土丘群（右）的整體布局、設計和走向對照圖。

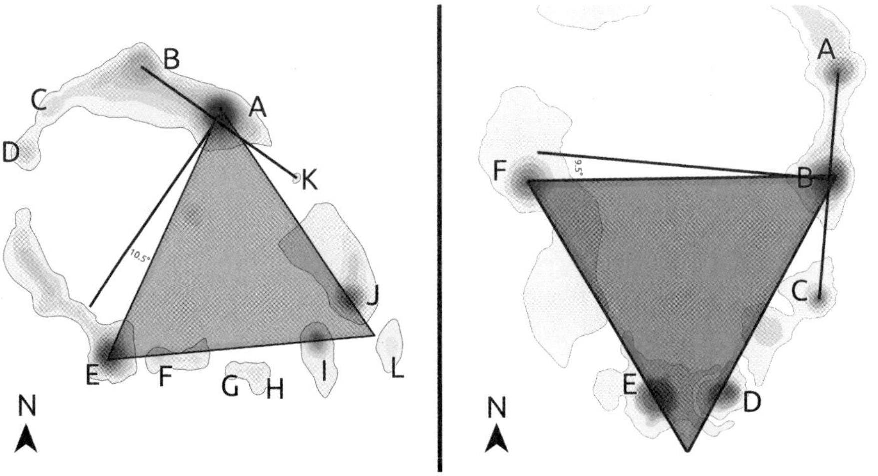

沃森布雷克（左）和卡尼土丘群（右）具有相同幾何系統的證據。

雷克，它們是土丘I和J；在卡尼土丘群是土丘E和D。兩處遺址的底線都可做出一條延伸線段，線段連接著另一對土丘，而底線正好能將這個線段切分成等長的兩段。在沃森布雷克，這兩個土丘是土丘B和K；在卡尼土丘群中是土丘A和C。

等邊三角形的三個內角都是六十度，因此諾曼．戴維斯在一篇關於薩斯曼和赫肯貝格爾發現的評論中問到：「為何狩獵遊牧時期中期的建造者要使用六十度的三角形？為何不用四十五度、六十五度或七十五度的三角形？」

他認為這個問題和太陽有密不可分的關係：「沃森布雷克遠方地平線上的冬至日出點或日落點，和夏至日出點或日落點的夾角為五十九度。遺址中等邊三角形的內角也很接近五十九度，而且這也許並不是出於巧合。這個等邊三角形也許就是源自五十九度的夾角。」

■指揮者

和蛇丘、卡霍基亞、紐瓦克、高岸、波弗蒂角等遺址的情況一樣，沃森布雷克設計者的主要任務，就是呈現、紀念和完成，在一年中關鍵時刻天與地的結合。這些美洲遺址呈現出的天地結合概念，不但和舊大陸神祕主義所謂的「天地對應」不謀而合，也蘊含了一套遍及全世界的天文學和地理學迷因。這些迷因包含了月亮和地球的關聯，某些恆星或星座和地球的關聯，其他行星和地球的關聯，銀河和地球的關聯，與太陽和地球的關聯。

諾曼．戴維斯於二〇一二年的《路易斯安那州考古學》期刊上，發表一篇長達十八頁的論文，論文要論證的，就是沃森布雷克要呈現的主題，是太陽和地球的關聯。戴維斯在論文中關於至日和

分日準線的論點，不但多年來一直沒被撼動，也受到頂尖考古天文學家的支持。

長話短說，戴維斯的調查範圍，不但包括了十二個已經被辨識出的土丘，也就是土丘 A 到土丘 L，還包括兩個「可能被修改過」的天然土丘。他認為橢圓形中心的廣場，在遠古時代曾經過人工整平。而這兩個位於橢圓形中央附近的土丘，是在整平時被刻意保留下來的。他將這兩個土丘命名為土丘 1 和土丘 2。

戴維斯做出了幾個重大發現，其中最讓人驚嘆的，就是有五條以上穿過遺址，各不相關卻不約而同地對準夏至日落點的準線。戴維斯寫道：「就算這些準線對準的不是太陽，但能打造出五條長達數百公尺，幾乎等距又完全平行的瞄準線，這種技術已經很不簡單了。這五條瞄準線一定是在遺址的工程進行前就規劃好了。從它們的構圖，可以看出其中必定有個整體工程規劃圖，要完成這項工程可能要花上好幾年，甚至好幾世紀。」

讓人嘆為觀止的是，這些準線對準的並不是目前的至日日出點或日落點，而是公元前三四〇〇年的日出日落點。就沃森布雷克的緯度而言，冬至的日出點是位於方位角一百一十九度，夏至日落點是位在方位角兩

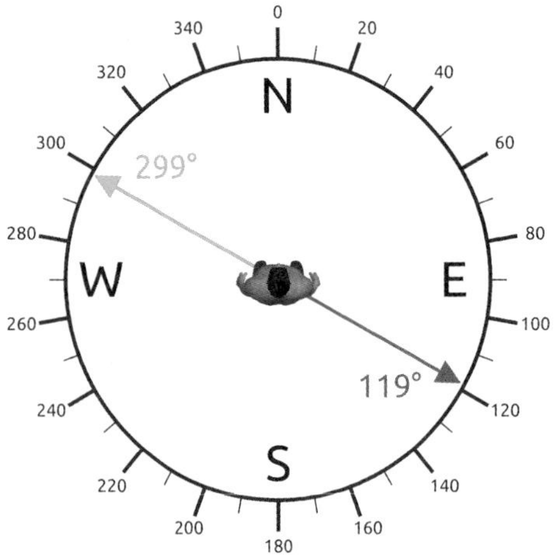

所謂的「方位角」，就是從真北以順時間方向計算，和某個物體的角度差距。正北方就是零度，方位角九十度就是正東，方位角一百八十度是正南，方位角兩百七十度是正西。方位角兩百九十九度，就是正西偏北二十九度。方位角一百一十九度，就是正東偏南二十九度。

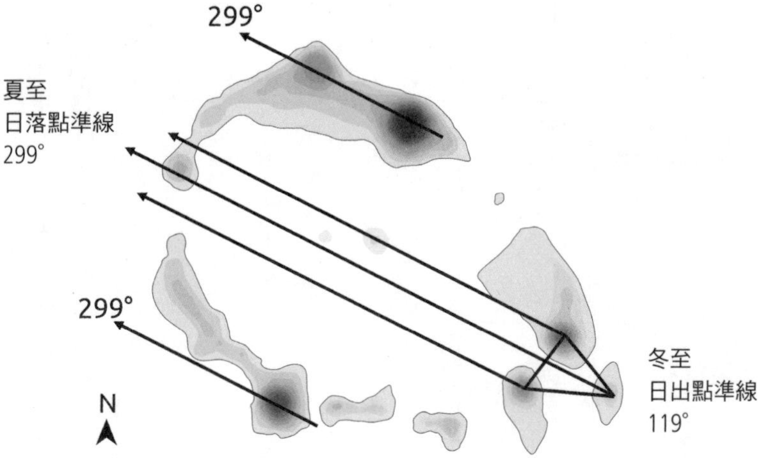

百九十九度。讀者應該還記得，至日準線是有對稱性的。如果你正對著夏至的日落點，到了六個月後的冬至，太陽就會在正好相反的方向升起，也就是在方位角的刻度盤上轉動一百八十度。

沃森布雷克並沒有夏至日出點準線，或冬至日落點準線。但戴維斯辨識出明確的夏至日落點準線（方位角兩百九十九度），和冬至日出點準線（方位角一百一十九度）。以下就是這些準線：

- 從土丘Ａ到土丘Ｂ。
- 從土丘Ｊ到土丘２。
- 從土丘Ｄ到土丘Ｌ。
- 從土丘Ｉ到土丘Ｄ的南緣。
- 從土丘Ｅ到土丘Ｅ平台上雙凸部分的外緣。

戴維斯補充說：「由土丘Ｊ到土丘２構成的瞄準線，一路延伸穿過土丘Ｃ和Ｄ之間缺口的中央。由土丘Ｄ到土丘Ｊ構成的瞄準線，則穿過土丘Ｉ和Ｊ之間缺口的中央。這兩條瞄準線對準的方位角分別是一百一十九度和兩百九十九度。」

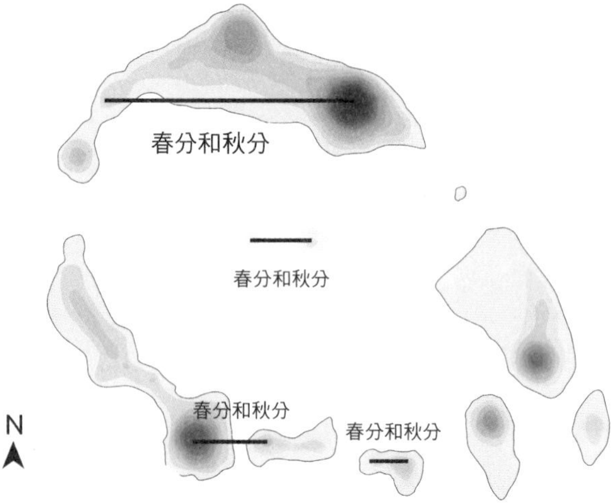

沃森布雷克能擁有多條對準夏至日落點和冬至日出點的準線，難道純粹是出於巧合嗎？雖然這極不可能是巧合，但直到考古學家發現，這處遺址不但有至日準線，也有幾條春分和秋分準線，他們才確認這些準線都是刻意建造的。春分和秋分是兩個重要日子，它們是一年中晝夜等長的兩天，約是在三月二十一日和九月二十一日。這兩天的日出點是位於正東方，日落點是位於正西方。戴維斯在沃森布雷克發現四條分日準線，以下是它們的位置：

- 從土丘A到土丘C。
- 從土丘1到土丘2。
- 從土丘E到土丘F。
- 從土丘G到土丘H。

此外，有幾條分日瞄準線是延伸到其他土丘，和土方工程中的某些特徵。戴維斯因此認為，這些東西向的準線「一定是在遺址工程展開前就完成的。也就是說分日準線是這處遺址工程的施工

基準線。」

遺址中不只有分日準線。

沃森布雷克長邊的兩端，也正好是一條夏至日落點準線，也就是遺址中軸線的兩端。它們分別是東南方的土丘L和西北方的土丘D。沃森布雷克寬邊的一端，是土丘E和土丘E平台所連成的準線，另一端是土丘A和土丘B的準線，這兩條準線都是至日準線。

簡單地說，戴維斯充分證明了，這處遺址是依據那裡的至日和分日準線建造的。在準線完成後，其他工程才陸續展開。但戴維斯仍沒有回答的是，這一切是為什麼呢？戴維斯並沒有回答這個問題，只說他的目的只是「證明沃森布雷克擁有至日和分日準線」。

他確實達到這個目的了，因為威廉·羅曼後來以雷射雷達調查，確認他在遺址中發現的至日準線確實存在。羅曼根據戴維斯的發現，做出以下驚人的結論：

沃森布雷克以多種方式，將天文準線融入複雜

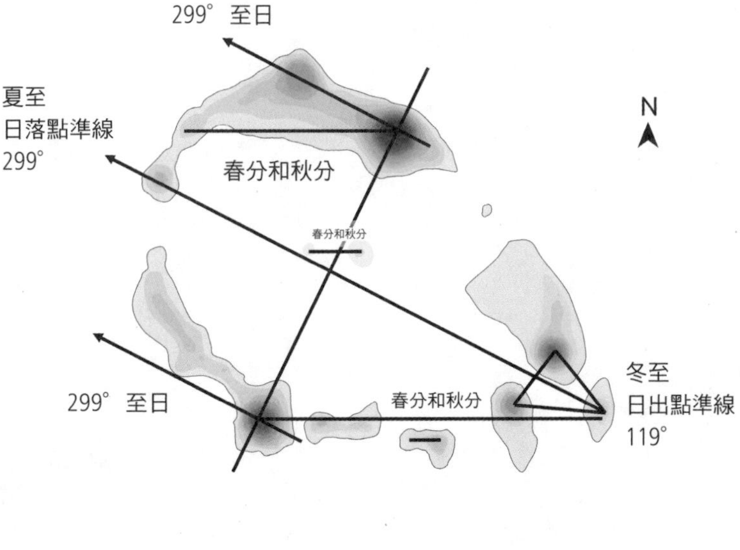

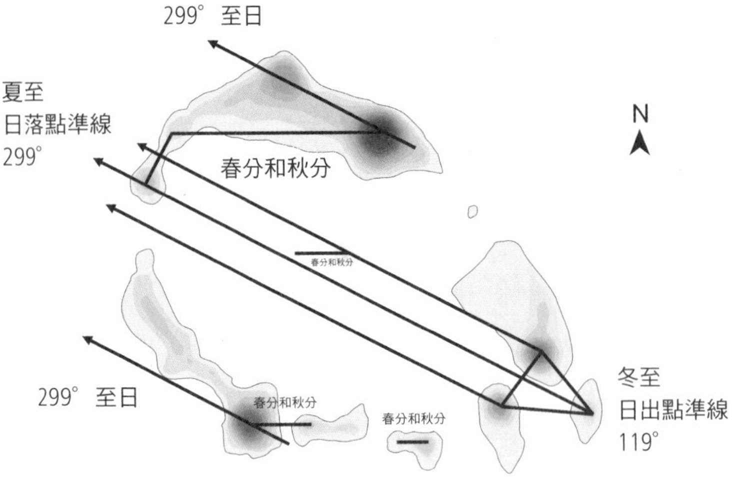

沃森布雷克的分日和至日瞄準線，讓天地合為一體。

的幾何圖案中。我在對霍普韋爾文化進行考古學研究時，多半是採用實地調查。雖然如此，我仍想不透爲何沃森布雷克遺址，能比阿德納文化和霍普韋爾文化早了數千年就完成如此複雜的工程。在沃森布雷克做出的發現意義確實很重大，因爲它們應該是北美洲已知最古老的天文準線土丘建築群。這可是前無古人的大事。

正因為這個遺址是如此重要，我們才更需要儘快了解工程的來龍去脈。但就連戴維斯也坦承，他無法找出「是基於哪些實用的原因，讓這個遺址的設計和建造都是以太陽瞄準線為基準。事實上，這樣一來不但不實用，反而增加了建造的難度。」

他認為合理的解釋是，「沃森布雷克在設計和建造時，之所以會考慮到太陽的方位角，為的並不是天文學，也就是並不是為了對天象進行科學研究。建造者為的是呈現他們的宇宙觀，也就是他們對宇宙的起源和本質的信仰。」

雖然戴維斯和羅曼，都先後對沃森布雷克

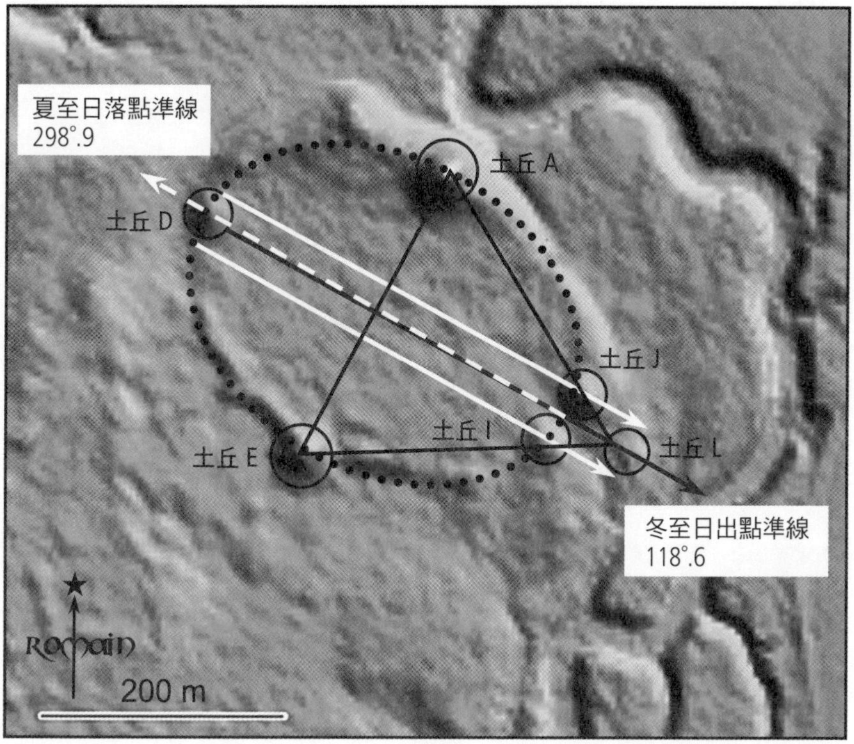

威廉．羅曼的雷射雷達調查，不但證實了戴維斯發現的至日準線確實存在，也確認了它們更正確的位置。

進行過徹底的考古天文學調查。但其他的狩獵遊牧時期中期遺址，就都沒經過這麼嚴謹的調查。但羅曼利用地圖分析，做出誤差在正負百分之二內的評估，他的結論是卡尼土丘群遺址「有一條分日準線和兩條夏至和冬至準線。法國人彎地有一條分日準線和一條冬至準線。」

　　羅曼在調查後發現，「從後來的遺址看來，美洲原住民的天文知識並沒有隨著時間增長。雖然如此，那些指揮建造沃森布雷克的人，已經對太陽或甚至月亮的週期運動有很透徹的認識，並利用這種知識設計和建造遺址。這些指揮者是誰，他們又是如何教導後世

的建造者，在不同時期建造出各個土方工程遺址呢？」

■轉世

還有一些問題需要探討。

沃森布雷克遺址證明了，在超過五千年前，這些「指揮者」就已經擁有高深的幾何學和天文學知識，而且還能巧妙地結合這兩種知識。從種種考古證據看來，在沃森布雷克遺址出現前的遠古時代，北美洲並沒有這種知識。既然如此，這些指揮者的知識是誰傳授的呢？先不討論他們為何有如此強大的組織能力，能動員和管理建造所需的大量人力。我要討論的是一個更大的問題，那就是建造這些土方工程，一定要靠很先進的科學技術和知識，但這些技術和知識就像是憑空出現的，完全沒有發展和累積的過程。

這些原本不存在的技術和知識，卻像在一夜之間出現了。接著狩獵遊牧時期中期的土丘建造，就如火如荼地發展起來。

雖然在更早之前土丘建造就已經開始了。但為了方便起見，我們就以沃森布雷克的全盛期，也就是公元前三四〇〇年左右作為基準點。在之後約七百年中，沃森布雷克和其他遺址陸續出現很多土丘。這些土丘都有些類似之處，因此我們必須探究的是，這些遺址間是否有互相聯絡或有些關聯。我之前說過，這些土丘都是不同文化建造的，但這些文化卻都很熱中於建造土丘，而且建造出的模式也都一樣。

到了公元前二七〇〇年左右，一切卻有了變化。

不知道為什麼，當時這些遠古遺址都遭到棄置，所有的土丘建造工程也戛然而止。以下就是公認的土丘歷史專家喬・桑德斯，對狩獵遊牧時期中期土丘建造工程離奇結束的研究：

> 根據新的放射性年代測定數據，路易斯安那州東北方的土丘建造，是在突然間發生大規模停頓。專家從四個遺址的七個土丘中，檢測到十個年代最近的測定結果。這些結果透露出一些讓人驚訝的現象。十個樣本中年代位於中段的七個，它們的年代是在公元前二八八四年到公元前二七三九年之間。另一個驚人的現象是，土丘建造工程停止了一千年之久，直到波弗蒂角文化出現後才再度展開。直到現在，人們從未在下密西西比河谷，發現任何狩獵遊牧時期晚期，也就是公元前二七〇〇年至公元前一七〇〇年的土丘遺址。

北美洲的土丘建造風潮，為何在發展初期就突然中斷？桑德斯不願對這個問題做更深入的猜測。有些人認為原因也可能是氣候變遷，桑德斯對這種可能性也不置可否。但他認為「這種『不約而同』的事件，比較可能是一種社會現象。在各種不同的環境中，可能有某種意識形態同時被拋棄，或社會思潮在同時發生改變。此外，在土丘建造時期和之後，也就是狩獵遊牧時期初期到晚期，一直有持續的經濟活動，由此可見當時並未發生氣候變遷之類的環境變化。」

我們雖然無法確認真正的原因為何，卻能掌握一些事實。融合了複雜幾何學和天文學的土丘建造工程，在公元前二七〇〇年左右就突然中止。在之後一千年，就沒出現過任何一座新建的土丘和土方工程，也沒有任何幾何學結構或紀念性建築。唯一合理的解釋就是，這種技術已經失傳了。

但就在「土丘建造運動」消失後一千年，它卻很突然又離奇地在公元前一七〇〇年，再度出現在壯觀又複雜的波弗蒂角遺址。這處遺址採用的是遠古的幾何學和天文學技術，建築者又都有豐富

的經驗。從這些跡象看來，這些技術似乎一直都沒有失傳。

波弗蒂角蓬勃發展了六百年，到了公元前一一〇〇年左右遭到棄置。接著土丘建造再度中斷，似乎過了很久，在考古學家所謂的阿德納文化出現後，土丘建造才再度展開。這個文化之所以被稱為「阿德納」文化，是因為它的「典型代表」（typesite），是在俄亥俄州鄉間的阿德納莊園被發現的。我們並不知道這個文化是如何稱呼自己。它的起源可以追溯到公元前一〇〇〇年左右，但考古學家並未發現阿德納文化早期的土丘。已經接受年代測定的阿德納土丘，年代都不是很古老。舉例來說，阿德納土丘典型代表的年代約為公元前二〇〇年，蛇丘的年代則是公元前三〇〇年。

土丘建造似乎又出現一次空窗期，這段空窗期也許並沒有一千年，我們就把它暫定為八百年吧。這段時間是在波弗蒂角文化結束後，和阿德納文化晚期土丘建造運動再度出現之前。之後土丘建造再度開始發展，到了霍普韋爾文化和後來的密西西比文化達到極盛，在歐洲人征服後才結束。

雖然土丘建造曾出現在不同時期和不同文化中，但每次土丘建造重新出現時，都會以不同方式，重複呈現出相同的幾何學和天文學迷因。

這種現象絕不是出自「偶然」或「巧合」。

舉例而言，波弗蒂角遺址在建造時，是以下傑克森土丘為幾何形狀的校準點。

再舉個更有人味的例子。約在公元前一五〇〇年，波弗蒂角生產出一個很貴重的墜子。這個墜子是以赤鐵礦精心製作而成。後來有位朝聖者取走這枚墜子，小心地把它帶往已經廢棄很久的沃森布雷克遺址，刻意將它埋在土丘 E 頂端附近的半公尺深處。

有個來自年代較古老遺址的物品，被移往一個年代較近的遺址作為獻祭。這場朝聖之旅頗有宗教的意味。宗教組織能很有效率地保存下迷因，讓它們能流傳到數千年後的未來；在歷史上，這種例子多得不勝枚舉。

既然如此，在沃森布雷克和其他遠古遺址的至日和分日準線中，也許就暗藏著某種「天地交會」的宇宙論宗教。這個宗教非常穩固，因此能在數千年中，不斷地保存和傳承一個幾何學、天文學和建築學系統。

考古學家約翰．克拉克對這種理論深信不疑。他說：「從各種證據看來，一定有一套很古老，而且廣為流傳的建造大型遺址的知識。這套建築在長久流傳後仍能保存原貌，由此可見它一定是包含在某種宗教儀式中的特殊知識。」

這種出現在沃森布雷克的特殊知識的起源為何？

它又有多悠久的歷史？

為何它能像能蛻皮的巨蛇，或浴火重生的鳳凰般，在消失數千年後仍能重現人間呢？而且就像克拉克說的，「為何這種知識沒有受到明顯的扭曲，為何它的精確度絲毫不減，而且計算法也沒有發生偏差呢？」

如果它是被包含在密西西比河谷遠古文化的宗教儀式中，我們也許能從殘存至今的先民宗教概念中，找到關於這種知識的起源和目的的線索。

上——卡霍基亞的巨木陣。由中心木樁和分點標記樁構成的準線，正對著分日當天太陽在僧侶土丘南面升起的位置。照片：威廉・伊瑟明格。

下——巨木陣的全貌。這是現代重建版的遠古天文觀測設施。照片：桑莎・法伊亞。

上——卡霍基亞僧侶土丘的空照圖。照片：威廉．伊瑟明格。
下——早期探險家稱僧侶土丘為「巨大無比的土堆」，它是美洲第三大的金字塔，僅次於喬魯拉的羽蛇神金字塔，和特奧蒂瓦坎的太陽金字塔。照片：桑莎．法伊亞。

上——極盛時期的卡霍基亞。威廉・伊瑟明格繪製。
下——波弗蒂角的「鳥丘」，又被稱為「土丘A」。它是北美洲第二大的土方工程土丘，僅次於僧侶土丘。照片：桑莎・法伊亞。

阿拉巴馬州的蒙德維爾遺址：從土丘B看到的土丘A，從這裡也能看到外橢圓形的三個土丘。照片：桑莎・法伊亞。

蒙德維爾遺址的掌中之眼符號，這個符號是位在陶器上。照片：桑莎・法伊亞。

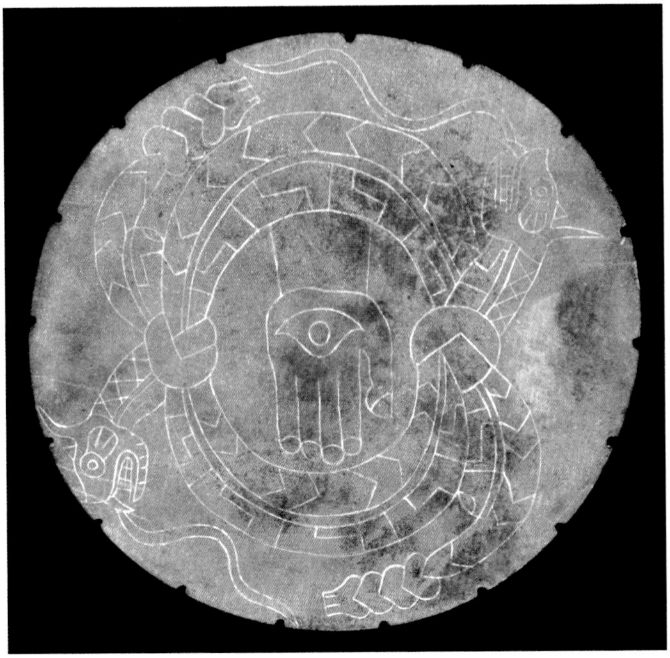

蒙德維爾的「響尾蛇圓盤」，圓盤中也明顯地有個「掌中之眼」符號。這個手掌是密西西比文化中的獵戶座，「眼睛」則是獵戶座大星雲，代表的是天空中的一個入口。根據密西西比文化的說法，死者的靈魂都必須在來生之旅中通過這個入口。我在二十二和二十三章中有詳細的介紹。照片：阿拉巴馬州土斯卡路沙的阿拉巴馬大學博物館提供。

來自第五王朝烏納斯金字塔墓室的古埃及《金字塔文本》中的段落，這座金字塔是位於上埃及的塞加拉。比《金字塔文本》名氣更大的《亡靈書》，其實就是出自《金字塔文本》。文本中記錄的，是死者在來生之旅中的準備事宜，內容和遠古密西西比文明的來生之旅頗有異曲同工之妙。照片：桑莎・法伊亞。

冥王歐西里斯的坐像。在古埃及宗教系統中，獵戶座就是歐西里斯在星空中的形象。和密西西比文明的掌中之眼符號一樣，獵戶座在古埃及文明中，也被視為來生之旅的入口。照片：桑莎・法伊亞。

右——在古埃及宗教系統中，阿米特就是嘴角垂著口水的「亡魂吞噬者」。沒有通過審判的靈魂，都會在阿米特的大嘴中化為烏有。照片：桑莎・法伊亞。
左——密西西比文明中的水下美洲豹，也是隻垂著口水的怪獸，和阿米特的功能一模一樣。照片：桑莎・法伊亞。

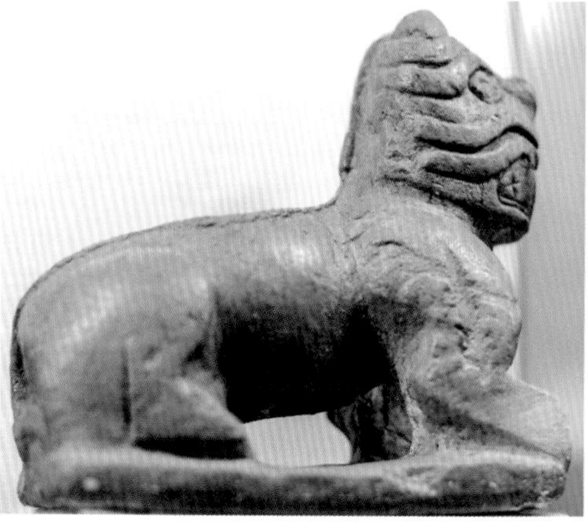

在古埃及審判中，靈魂和真理的羽毛在天平上的測試。古埃及人和遠古密西西比人都相信，靈魂在死後必須接受審判。照片：桑莎・法伊亞。

艾德福的荷魯斯神殿保存的遠古檔案，也就是所謂的「艾德福建築銘文」。銘文中說到在遙遠的史前時代，有個偉大的眾神文明在一場全球大災難中被毀滅了。根據艾德福建築銘文，被摧毀的「諸神之島」就是「太初眾神的故鄉」。雖然埃及古物學家並不認為諸神之島和柏拉圖提到的亞特蘭提斯有任何關聯，但兩者之間卻有很多共同之處。據説亞特蘭提斯的傳說就是源自古埃及的紀錄。照片：桑莎・法伊亞。

根據艾德福建築銘文的説法，在「太初眾神的故鄉」毀於浩劫後，仍有些劫後餘生的人。據説生還者開始在世界各地「流浪」，希望能復興他們的高等文明。就算不能如願，至少也要讓文明的知識、智慧和信仰概念繼續流傳。如此一來，浩劫餘生的人類就不致於像柏拉圖説的，在亞特蘭提斯滅亡後，「完全忘記了遠古的人類文明，只能從蒙昧無知的狀態重新開始。」照片：桑莎・法伊亞。

上——葛瑞姆・漢卡克和彗星研究團體的地球物理學家亞倫・韋斯特，在亞利桑拿州穆雷溫泉查看黑墊沉積層。黑墊是某個正在裂解彗星的碎片，在全球各地造成的一系列巨大撞擊的標記；其中含有大量熔融玻璃、微小碳球和奈米鑽石等撞擊替代物質。這一系列撞擊也在一萬兩千八百年前，引起一場全球大浩劫。這起災難事件的規模極大，幾乎讓人類歷史就此中止，也幾乎摧毀了冰河時期某個先進文明的所有遺跡。但我們仍能從殘存的一些蛛絲馬跡，了解這個文明的特性。照片：桑莎・法伊亞。

下——就以埃及大金字塔中，以實心花崗岩鑿切而成的巨大橫樑為例。這些橫樑每塊約重七十噸，是一排「減壓室」的一部分，減壓室則是位在高度超過五十公尺（一百六十四呎）的「國王墓室」上方。有些學術報告認為，巨石是藉著滾木或有潤滑作用的沙子，「輕易地」被運送到定位的。但那只是學者一廂情願的看法，因為那些方法不可能將巨石運到這麼高的地方。不可否認的是，這些構成減壓室的地板和天花板的巨大橫樑，確實就位在它們所在的位置。要到達那個位置，它們必須被吊掛到超過五十公尺的空中。考古學家認為，古埃及人利用的是槓桿、力學和簡單的科技將橫樑吊掛到定位的。但這些方法根本無法完成這項工作。難道這是出自某種失傳科技的手筆嗎？照片：桑莎・法伊亞。

上——巴爾貝克的「三巨石」。這面牆最上方的部分和缺口，都是在較近的年代重建的。但牆下方有三塊遠古巨石，也就是「三巨石」。第一塊和第二塊巨石的連接處上方，就是缺口的位置。第二和第三塊巨石的連接處是位在更左邊，這道連接處已經緊密得看不出縫隙了。這三塊巨石，每塊的重量都在九百噸左右，相當於四百五十輛大型休旅車的重量。同樣的，只靠著槓桿和力學等簡單科技，是不可能將這些沉重的巨石吊掛到高處，再分毫不差地安置在定位。照片：桑莎・法伊亞。

下——祕魯的薩克塞華曼。這幾面宏偉的巨石牆是呈鋸齒狀，而且是由形狀各異的多邊形石塊互相嵌合而成。每塊巨石都和四周的巨石緊密嵌合，石縫細得連一張紙都塞不進去。考古學家曾嘗試還原薩克塞華曼的建造方式，最後卻一無所獲。這項計畫之所以會失敗，仍是因為考古學家堅信槓桿原理和機械力學是建築的不二法門，但這些原理並無法解釋很多複雜異常結構的建造方式。照片：桑莎・法伊亞。

據估計，這塊巨大的多邊形石塊有三百六十噸重。考古學家認為薩克塞華曼遺址是由印加人建造的。但我們完全找不到印加人成功搬運如此沉重石塊的紀錄。根據某則報導，印加人曾嘗試搬運巨石，但發生了嚴重的意外。照片：桑莎・法伊亞。

上——薩克塞華曼：石塊接縫處的特寫。從現場情況看來，這些巨石是先經過軟化處理，變成石灰泥狀後才被安置在定位。世界各地的傳說都指出，賢者在食用特定植物後開始冥想，再加上信徒集中注意力的配合下，巨石安置工程便以不可思議的速度展開了。在工程中，他們會在巨石的吊掛、安置、軟化和塑形階段，以吟唱或某種樂器彈奏出特定聲調配合工程。既然世界各地都有這種傳說，再加上這些神奇的遺蹟確實存在，那麼這些傳說敘述的，很可能就是我們不了解的一種遠古科技，和這種科技不為人知的運作原理。照片：桑莎・法伊亞。

下——位於印度馬哈拉什特拉邦的艾洛拉凱拉薩神廟，是一座從整塊玄武岩上雕鑿出，讓人嘆為觀止的廟宇。根據傳說，這座神廟的建造是靠著魔法才完成的，但就像科幻小說大師亞瑟・克拉克（Arthur C. Clarke）說的：「科技只要先進到某個程度，它就無異於魔法。」照片：桑莎・法伊亞。

上——位於安地斯山脈高處的蒂亞瓦納科遠古巨石遺址，是由石牆、圍牆和一座正在裂解中的土造金字塔構成的。遺址具有簡潔的幾何形狀，和目前亞馬遜叢林中，陸續被發現的土方工程的風格很類似。照片：桑莎・法伊亞。

下——墨西哥的特奧蒂瓦坎遺址，一直被稱為「人類成神的地方」。這裡的兩座主要金字塔是位於照片前方的月亮金字塔，和中央偏左的太陽金字塔；兩座金字塔是位在死者大道的巨大軸線上。遺址中有大量幾何結構和天文準線。照片：桑莎・法伊亞。

新英格蘭森林中有大量異常巨石結構。這些仍未被詳細研究的遺蹟，不但一直受到漠視，也常遭到現代塗鴉破壞。考古學家在沒有確切證據的情況下，就想把它們都解釋成幾世紀前殖民時代的遺蹟，並聲稱它們非出自美洲原住民的手筆。照片：桑莎・法伊亞。

上圖和次頁中的新英格蘭結構都是以巨石建造的，再加上結構的入口通常都是正對著至日日出點（下圖），由此可見它們的年代非常久遠。考古學家荒謬絕倫的「殖民時代起源説」也因此不攻自破。照片：桑莎・法伊亞。

第六部

整裝待發

死亡之謎

第二十二章

生命的終結？

二〇一七年五月，我來到美國西南部為本書進行一場研究之旅。有晚，我在新墨西哥州的小鎮布隆菲爾德（Bloomfield）醒來。那時已是深夜，到處一片漆黑。我有點想吐，我以為是在旅途中受了風寒，並不覺得有什麼大問題。我還記得我沒吵醒桑莎就下床了，她在烈日下攝影一整天，現在已經熟睡了。我摸黑走進浴室，開燈後彎腰站在馬桶前催吐。

等我恢復意識後，發現自己莫名其妙地吊著點滴，躺在醫院病床上。當時已經是大白天了，愁容滿面的桑莎就站在我身旁。

我問她：「這裡是哪裡？」我的發音有點含糊不清，說話有點結巴。我很困難地說出：「這是怎麼回事？」

桑莎回答：「親愛的，你中風了。但醫生說你會沒事的。」

這家醫院是新墨西哥州法明頓市（Farmington）的聖胡安地區醫療中心，位在布隆菲爾德西方約十五哩。我完全不記得救護人員來施救，乘救護車就醫，或在急診室中的過程。我透過桑莎了解整個過程，她半夜醒來發現我不在身邊，看到浴室的燈亮著，便呼喚著我。她沒聽到回應，又叫了一聲。她仍沒得到回應，便趕緊下床查看，發現我躺在地上，我當時躺在浴室門口，身體正不由自主地劇烈抽搐。我把舌頭咬破了，血正從口中汩汩湧出。

她把我的身體翻轉，讓我側身躺下，免得我被血水咽住。接著，她打了九一一，並叫醒住在隔壁房的同行旅伴藍達爾・卡爾森（Randall Carlson）和布萊德雷・楊（Bradley Young）。

我完全不記得這些事了。我想我的病情在加護病房得到控制，接著被轉移到普通病房，在那裡恢復意識，頭腦也漸漸清楚了。我在當晚就出院了，並回到布隆菲爾德的旅館，在旅館內讀著我的病歷。我發現我罹患了心房纖維性顫動，只是之前一直沒被診斷出來。我現在每天要吃抗凝血藥物，免得再次發生短暫性腦缺血發作，也就是俗稱的「小中風」。我罹患輕微失憶，不記得病發前幾週的事，但掃描證實我並沒有明顯的神經受損。法明頓市的醫療人員都很高明，我很感謝他們對我進行的快速有效的治療。

我確實罹患了心房顫動，它可能會在心臟引起血液淤積和血栓，也就是中風。我目前仍在服用抗凝血藥物，但我之前的診斷結果並不完整，因為我在二〇一七年八月十四日週一中午，在英國巴斯的老家又發生一次嚴重得多的中風。

我這次又被送往急診室，接著被送進加護病房。巴斯皇家聯合醫院的醫護人員不但醫術高明，也都不遺餘力地照顧我。這次我的痙攣不但猛烈，而且持續很久。神經科醫生把桑莎拉到一旁，要她做好最壞的打算。醫療團隊並無法緩解我的中風，我可能會死亡或腦部嚴重受損，成為一個植物人。

醫生在不得已的情況下，只能以藥物讓我陷入昏迷，並為我接上呼吸器。我的症狀在之後的四十八小時中緩解了，之後醫生才能為我拔管，讓我自主呼吸。在八月十六日週三晚上，我終於恢復部分意識後，有點茫然地看著我的兩位成年子女尚恩（Sean）和香提（Shanti）。他們從洛杉磯飛到紐約，在病榻旁陪伴桑莎。我住在倫敦的另外兩位成年子女萊拉（Leila）和嘉布麗葉兒（Gabrielle）也趕來了。我一時還不清楚這是怎麼回事，不知道我身上為何多了一支導管，也不知道我的頭腦為何如此混亂。

我的意識漸漸恢復了。八月十七日週四晚上，我被轉入神經科病房。我的導管被移除後，人也輕鬆多了。在十八日週五那天，我仍待在神經科病房，雖然仍舉步維艱，但還能拄著柺杖蹣跚地走到廁所。週五晚上，我的情況好多了。到了週六，我終於出院回家了。

我在接受檢驗後，雖然仍無法確認中風的確切原因，卻確認了我之所以會癲癇發作，禍首並不是心房纖維性顫動引起的血栓，而是我長期過量使用治療偏頭痛的英明格（sumatriptan）皮下注射劑。二十多年來，我每月都會接受多達十二次注射。偏頭痛本身就是癲癇的危險因子，研究也證實了翠普登類藥物（triptans）和中風有直接的關聯，在過量使用時風險更高。我之所以會到鬼門關前走一遭，幾乎可以確定就是翠普登惹的禍。現在如果我不想從此昏迷或死亡，我只能繼續忍受偏頭痛的可怕折磨。我在二〇一八年走筆至此時，每天仍要服用大量抗痙攣藥物樂凡替拉西坦（levetiracetam）。只要我持之以恆地服藥，中風就很可能不會復發。

■靈魂出竅

四十八小時的人工昏迷，讓桑莎、孩子和我自己都飽受煎熬。但這個過程也讓我想到一些有趣的問題。在失去意識的四十八小時中，「我」在哪裡呢？我還記得被插入氣管導管時，曾感到窒息般的強烈侵入感。但之後發生了什麼事？

我不時仍會依稀想起當時的情景，但那都只是些很混亂和零碎的回憶，讓我無法理出頭緒。我並不認為那些回憶是瀕死經驗，因為我當時並非在死亡邊緣。我仍有意識，只是藥物把我的意識切換到待命狀態。我愈努力回想愈清楚地認知到，在昏迷的四十八小時中，我可說是魂不附體，我並不在身體裡。在這段詭異的經歷中，我看到和感覺到的就只有黑暗。

幽閉恐懼，無路可逃和無盡的黑暗。

這和我上次的瀕死經驗並不一樣。那次體驗是發生在一九六八年五月，正好是四十九年前的一次劇烈電擊後。

當時我才十七歲，仍和父母同住。我是家中唯一的孩子。在我出生前幾年，媽媽還生了一個男孩。他是足月產下的，但出生時是個死胎。我還有另外兩位手足，一位是女孩蘇珊，一位是男孩吉米，他們都在快滿一歲時夭折。一九六八年五月，父母到度假小屋時，只有我留在家裡。我就趁著這個大好機會，在週六夜舉行一場派對。

我家是住在一條有很多住家的寧靜街道上，和鄰居之間只有個小花園分隔，並不是讓三百個吵鬧的青少年狂歌縱酒的好場地。我們狂歡了一整夜，朋友直到週日中午過後才完全散去。氣沖沖的鄰居找上門來時，我才知道自己很幸運，沒有驚動警察。我父母在當晚回來後，當然也被告知此事。

我當天下午有點惶恐地忙著善後。家中已是一片狼藉，我花了好幾小時，才把家裡整理得有模

有樣。在天黑前，我只剩下廚房仍未清理完畢。我想父母會很晚回家，應該還有時間，因此我捲起袖子，開始清洗堆積如山的杯盤，和洗碗槽中橫七豎八的酒瓶。地板被水濺得很濕，我打算洗好盤子就來拖地。

當時我正光著腳板站在洗碗槽前的一攤水中，雙手雙腳都是濕的。這時我一時興起，想查看冰箱插頭是否插牢了。我對此事一直很在意，常會用力插好插頭，確認它已牢牢固定在插座上。插頭就在附近，我很清楚它在哪裡，因為我已經這樣做過很多次了，我看都沒看就摸到插頭了。

但我沒察覺到，當晚插頭背面被壓破了，帶電的端電極曝露出來。我的雙腳還踩在水漬上，用濕手觸碰端電極時，隨著一聲巨響，灼熱的電流便通過我的身體。我被震到廚房另一端，撞上身後的牆壁再猛力掉落在地板上。

我知道我摔落在地板上，是因為我清楚地看到自己的身體，但我是從一個全新的角度看到自己的。我並不在我的身體裡。我飄浮到電燈附近，像鳥一樣盤旋著，俯瞰著我自己。

我當時想著：「嗯，真有趣。」我的身體就靜靜地躺在地上，像是一副沉重又累贅的臭皮囊。身體也只是身外之物，沒有身體也沒什麼大不了的。不但如此，我還覺得很輕鬆自在。

我回想著，「接著發生了什麼事？」

但就像我不由自主地離開身體，接著我又不由自主地回到身體中。我在呻吟中醒來了，躺在地板上漸漸恢復知覺。

我仍安然無恙，毫髮無傷。我只是遭到嚴重電擊，但並無大礙。

我當時正是年輕力壯，很快就站了起來。我洗好碗盤，拖好廚房後，在屋裡做了最後檢查。到了晚上十點左右我的父母仍未回家，我便帶著我的愛爾蘭獵犬紅毛去散步。當晚天上高掛著一輪明月，月光讓星星變得晦暗不明，並在地面投下詭異的陰影。雖然我不記得我被電擊的那天，是

一九六八年五月的哪一天，但我上網查詢後，發現那天一定是五月十二日星期日，因為那天正好是滿月。

不久我就出現偏頭痛，從此一直深受其苦。我覺得在滿月時，我的偏頭痛特別嚴重。但我並沒有對此做過詳細記錄，因此也不確定這個想法是否正確。也許頭痛和滿月的關聯只是出自我的想像。

一九六八年的這次瀕死經驗，和二〇一七年的中風和人工昏迷，讓我了解到一件事，那就是生死之間只有一線之隔，在陰陽兩界穿梭也是很容易的事。

我們常覺得陽間就是唯一的真實世界，其實每個人隨時都可以跨越到冥界。

有時死者還能復生，只是這種例子很罕見。

如果我們死了就一去不返，那我們會進入怎樣的世界呢？我們是就此煙消雲散嗎？或是像世上所有宗教說的，在肉身毀滅後，某種實體之外的本質仍會存在呢？

人在肉身死後仍會存在嗎？以理查．道金斯和丹尼爾．丹尼特（Daniel Dennett）為首的一群科學家，認為這種說法荒唐至極。也許他們說的沒錯，也許宇宙並沒有什麼莫測高深的意義，人類的存在也沒有什麼目的。也許靈魂根本就不存在，因此所謂的「靈魂永生」當然也是無稽之談。我必須在此說明，靈魂之類的說法都不曾經過實驗或實證研究證實，它們並不是有憑有據的科學論述，而是未經證實的假設。就算這些假設是道金斯或丹尼特等權威人士提出的，它們的可信度也不會有絲毫增減，因為它們仍是未經證實的假設，就和所有宗教的假設一樣。

每個人對這些問題都有不同的看法。雖然如此，我想大家都會接受一個不可否認的事實，那就是和我們的文明一樣，遠古文明也有宗教。這些宗教也和我們的宗教一樣，非常關注死亡的問題。

■冥界

我是在一個基督教家庭長大的。我的生性叛逆，因此在十五歲就成了堅定的無神論者。直到我四十歲出頭，看到《古埃及死亡之書》（*Ancient Egyptian Book of the Dead*）之前，我對各種宗教問題一直興趣缺缺。這時我的心智已經和二、三十歲時大不相同，因此對這本書的內容深感興趣，甚至在之後的很多年中一直在鑽研更古老的相關文獻，而且熱情不減反增。這些文獻包括古金字塔銘文（Pyramid Texts），名氣沒有那麼響亮的棺槨文（Coffin Texts），《通道之書》（*Book of Gates*），《冥界之書》（*Book of What Is in the Netherworld*），和《生命氣息之書》（*Book of the Breaths of Life*）。

這些文獻被統稱為「死亡之書」或「喪葬銘文」。我之後有時會使用它們各自的名稱，有時會使用統稱。它們是現存的遠古珍貴遺產，對真實的神祕本質也有很深入的探討。我在一九九五年發表的《上帝的指紋》中，首度介紹我對這些文獻的心得。後來又在一九九六年出版的《獅身人面像的訊息》（*Message of the Sphinx*），也就是在英國出版的《創世紀守望者》（*Keeper of Genesis*），和一九九八年出版的《天之鏡》（*Heaven's Mirror*）中，更詳細地介紹這些文獻。

我在以上著作中探討的是一個謎團，其中又以《天之鏡》探討得最詳盡。這個謎團就是，在埃及文獻中呈現出的形而上概念和象徵主義，也存在於世界各文化中，而且我們可以確定這些文化和古埃及並沒有直接交流。既然沒有交流，這些相同之處就不可能是直接傳播造成的。而這些相似之處是如此雷同，絕不是「巧合」就能解釋的。我認為的最佳解釋，就是這些概念和象徵主義都是系出同源，而且這項遠古遺產已雨露均霑地流傳到世界各地。

這項遺產有很多特色，但我想讀者都已經察覺了，其中最大的特色，就是一個將幾何學、天文

位於銀河西岸的獵戶座，被古埃及視為冥王歐西里斯在星空中的形象。大金字塔中有道狹窄通道，對準的就是參宿一，也就是獵戶座腰帶的三個星星中最低的一個。影像：羅伯特．鮑瓦爾。

學和靈魂理論，巧妙地融為一體的概念系統。這個系統之所以能在各個文化和不同時期中流傳，靠的就是它能藉著幾何學和天文學的迷因自我複製。這個系統就存在於圓形、正方形、矩形和三角形的結構中，存在於至日、分日和月球準線中，也存在於亞馬遜和密西西比河流域的巨大土丘與地畫中。

但人死後靈魂又何去何從？

從公元前第四千紀末期，古埃及就在尼羅河河谷中，發展出令人驚嘆的高度文明，和已經很成熟完備的宗教。在之後的三千多年中，古埃及就一直在探討這個問題。從死亡之書可以看出，在古埃及的宗教中有些特別重要的象徵和概念，其中最顯著的，就是獵戶座（Orion）、銀河，和與它們息息相關的靈魂理論。根據這套理論，

人死後，靈魂會展開一場困難重重的冥界之旅，在那裡接受審判，檢視生前所做的所有決定。

就像在我和羅伯特．鮑瓦爾（Robert Bauval）合著的《獅身人面像的訊息》中介紹的，喪葬銘文描述的似乎是，古埃及人之所以要建造大規模的幾何形狀和天文準線結構，為的就是讓靈魂能展開這趟冥界之旅。這些結構和準線是在地面上複製或仿造出天空的某個區域。這個區域在古埃及的名稱是「杜亞特」（Duat），通常被翻譯為「冥界」，也就是死者的世界。

杜亞特的統治者是冥王歐西里斯（Osiris），天空中壯觀的獵戶座就是祂的形象，古埃及人稱此星座為薩胡（Sahu）。這也難怪古埃及人會以吉薩墓群的三座大金字塔，作為獵戶座腰帶的三個星星在地面的對應，以呈現出古埃及「天地對應」的宇宙觀。我的好友羅伯特．鮑瓦爾，是發現這個對應關係的第一人。他在一九九四年出版《獵戶座之謎》（*The Orion Mystery*），並在這本見解獨到的著作中，將這個祕密首度公諸於世。但早在一九六〇年代中期，埃及古物學家亞歷山大．巴達維（Alexander Badawy）和天文學家維吉尼亞．特伯爾（Virginia Trimble）就已經發現了，在大金字塔的塔身內有個約四十五度的神祕狹窄通道。通道對準的，就是約四千五百年前獵戶座的腰帶在天球子午線上的位置。一九九二年，羅伯特．鮑瓦爾以微型機器人和測斜儀，測量出通道的正確角度，並修正和確認了巴達維和特伯爾的推論。在公元前二四五〇年左右的金字塔時代，通道是準確地對準著參宿一（Zeta Orionis），也就是獵戶座腰帶上三個星星中的第一個；而地面上的大金字塔對應的就是天空中的參宿一。

這種對應也完全呼應了古埃及的信仰。在古金字塔銘文中記錄著，已故的法老常重複一句咒語：

> 國王，你就是這個偉大的星星，和獵户座的伴侶。你和獵户座一起飛越天空，和歐西里斯一起通過冥界。你爲祂們帶路，並到達目的地。

這個通道的起點，是位在大金字塔中俗稱的國王墓室（King's Chamber），和墓室內的花崗岩空棺相距只有幾公尺。現代學者多半認為這個通道的設計目的，是作為一個門戶或「星際通道」，讓死者的靈魂能飛升到獵戶座，在那裡展開靈魂的杜亞特冥界之旅。這種說法確實很有道理。

■古埃及重現阿拉巴馬州？

我在二〇一七年五月於新墨西哥州首度中風後，便和桑莎搭機前往世上最悠閒的城市紐奧良，在那裡靜養幾天，享受著卡真（Cajun）美食。我的體力恢復後，我們就又上路了，驅車往北探索下密西西比河谷的土丘建造遺址，最後在夏至趕到俄亥俄州的蛇丘。

我們在紐奧良北方的波弗蒂角停留四小時，觀察那裡驚人的幾何學和天文學土方工程。我在第二十章已經介紹過這處遺址了。

接著我們又走訪了同樣位在路易斯安納州的翡翠丘（Emerald Mound），和密西西比州的溫特維爾土丘群（Winterville Mounds），並在旅程的第四天來到阿拉巴馬州的蒙德維爾（Moundville）遺址。

我在這裡看到了幾何學和天文學結構，這原本就是意料中事。但讓我意外的是，我爬上土丘B的頂端時，卻看到了就像是古埃及才有的景象。土丘B高十八公尺，形狀就像是金字塔，是桑莎攝影的理想制高點，能將這個從黑沃里爾河往南延伸的壯觀遺址盡收眼底。遼闊的大廣場就在我們腳下，廣場邊緣約有二十座土丘，排列成一個巨大的橢圓形，和沃森布雷克有點相似。在桑莎正在拍攝的廣場中央，有一個巨型長方形平台土丘，它就是土丘A。桑莎正在拍攝它時，我讓到一旁，讀著官方的考古遺址介紹碑。

蒙德維爾：刻著「掌中之眼」圖案的響尾蛇圓盤。照片：阿拉巴馬州土斯卡路沙（Tuscaloosa）的阿拉巴馬大學博物館提供。

介紹碑上說的，主要是遺址建築介紹之類的平淡無奇的內容。這些建築多半是在十二到十三世紀間的一百年中完成的。有些專家猜測，統治者一定是利用宗教逼迫、哄騙或說服人民建造的。但介紹碑上突然出現很有趣的內容。它提到在蒙德維爾有個極具代表性的宗教圖案，那就是掌中之眼。介紹碑上的蒙德維爾「響尾蛇圓盤」（Rattlesnake Disk），就是最有名的例子。但在其他陶器、銅器、石器和貝殼上，也有不同樣式的掌中之眼。

根據各部落流傳下來的故事，天空中有個巨大的戰士之手，死者就是通過這個手掌標示出的入口進入來世。其中一個傳說指出，這個手掌就是我們熟知的獵戶座，手腕就是獵戶座的腰帶，手指則是指向下方。在手掌中央的一個黯淡的星群，就是靈魂之旅或通往冥界之路的入口。研究人員推測，獵戶座就是這個手掌和眼睛。

我有點不知所措。我已經盡可能地做了

充份準備，但我在啟程前閱讀背景資料時，似乎遺漏了一些重要訊息。獵戶座和冥界的關聯，在古埃及宗教中扮演著極重要的角色。能在北美洲的原住民宗教發現這種關聯，讓我有種故地重遊的詭異親切感。

但我原本就該注意到這個關聯。

響尾蛇圓盤就位在博物館。我們在進入遺址前曾匆匆經過博物館，原本打算在探訪遺址後，再好好參觀展示品。

現在這個不急之務突然成了當務之急。因此我們在十分鐘後就來到圓盤的展示櫃前。

它是位在一個深色砂岩圓盤上的神祕複雜圖案。圓盤的直徑為三十二公分，略大於十二吋。圓周上刻著十七道等距的凹槽，讓圓盤看起來有點像個齒輪。圓周附近有兩條陰刻而成，相互糾纏的響尾蛇。牠們向前吐出長蛇信，身體纏繞在一起。有趣的是，這兩條蛇都長著角。在蛇身圍成的框架中有一隻人手，人手中央刻著的顯然是一個眼睛。

我看到解說上寫著：「掌中之眼是蒙德維爾遺址的重要主題。根據考證，它是我們所謂的獵戶座的一部分。糾纏的巨蛇和掌中之眼代表的就是夜空，而巨蛇就是連接天地的繩索。」

死者進入靈魂之路的入口就位在手掌中。即將遠行的靈魂會看到一道光帶，也就是銀河，一直延伸到遠方。靈魂接受一連串的審判後，就會隨這條閃亮之河進入冥界。蒙德維爾的各酋長家族都會把死者帶來這裡埋葬，因為他們相信蒙德維爾是死者展開靈魂之旅的理想地點。久而久之，蒙德維爾不再只是人們心目中冥界入口的象徵，漸漸也成了和天上冥界遙相呼應的地上聖地。

蒙德維爾的故事不只包括獵戶座，也不只包括冥界之旅。我現在才發現，故事也包括冥界之旅中的一連串審判，包括銀河。最重要的是，蒙德維爾就是冥界在地上的象徵或複製品。二十多年來，我對古埃及喪葬銘文一直充滿狂熱，而上述的事項都是銘文中的重要象徵、概念和故事。如果能在

一個距離埃及很遠，又和它毫無關聯的文化中，發現喪葬銘文中的兩個特色就已經很不可思議了。但我發現這些古埃及信仰中的特色，居然也全都出現在遠古北美洲，而且都有相同的目的。這真是一個值得探究的異常現象。

博物館中還有其他出色的蒙德維爾藝術品和圖像說明。它們顯然都是美洲原住民的藝術品，和卡霍基亞遺址一樣都是出自密西西比文化。展示櫃中的每一件遺物，都是在公元一一五〇年到一五〇〇年製造的，這時蒙德維爾已經被棄置了。考古學家都做了很精確的年代測定，因此它們的年代絕對沒有錯誤。正因為如此，我們就能確認這些遺物絕對沒有受到古埃及文化的影響，因為在公元五世紀，也就是密西西比文化開始前的五百年前，古埃及就在羅馬占領下壽終正寢了。

蒙德維爾宗教中的一些基本象徵和概念，與古埃及關於靈魂的來生之旅的概念和象徵似乎完全相同。既然蒙德維爾並未受到古埃及文明的影響，我們又該如何解釋它們之間為何會如此相似呢？

第二十三章

冥界入口和靈魂之路

土丘B頂端的解說牌說，根據「一個傳說」，我們所謂的獵戶座和「空中的偉大戰士之掌」有密切的關係。但事實並非如此，其實在數十個傳說中，都提到一個遠古美洲原住民的星座。構成目前獵戶座腰帶的星星，就是這個手掌的手腕。至於這個手掌的主人是誰？根據某些傳說，他是一位偉大的戰士酋長，有些傳說則說祂是邪惡的天神「長臂」。長臂以手掌阻斷天地之間的入口，但有個人類英雄把祂的手掌砍斷了。

我以谷歌引擎搜尋了不到一小時後，不但發現這種傳說遠不只一個，也確認了關於蒙德維爾的密西西比文化來世信仰的一些資訊。我找到的資訊雖然很少，但它們都是以紮實的研究為依據，也都能充份反應出這個領域頂尖學者的觀點。

銀河和獵戶座的傳說，靈魂充滿艱險的來生之旅，和在地上建造或複製出冥界的想法，這些都

是古埃及宗教的元素，而這些元素也都存在於密西西比文化的宗教中。任何熟悉《金字塔文本》和《亡靈書》的人，一定都會注意到兩者之間的相似之處。我並不是研究這個現象的第一人。安德魯·科林斯（Andrew Collins）和格雷戈里·李特（Gregory Little）在二〇一四年曾約略提到此事。在更早之前的二〇一二年，其他學者也已經察覺到這個現象。但據我所知，在我著手撰寫本書時，仍沒有人做過深入的比較研究，探討這兩個截然不同，而且在時間和空間上都差距頗大的文化是否真的有關聯。

這一切只是巧合嗎？

或者能排除巧合的可能性？

我認為這個問題非常重要，因此有徹底調查的必要。我可說是已經取得先機了，因為我對艱澀的古埃及喪葬銘文早已瞭如指掌。我在為其他著作做背景研究時，早已把銘文看了好幾遍，因此重新研讀對我而言也是輕而易舉的事。此外，我還有另外一項優勢。多年來，我對喪葬銘文的所有重要校訂本，做了數百頁的詳細註解。我的書架上放著多本喪葬銘文的紙本書，書上有密密麻麻的底線和標記。而我的註解多半是很容易搜尋的電子檔，而且都註明了對應的紙本頁數。

古埃及人留給我們大量以優美象形文字書寫的文稿。商博良（Champollion）在十九世紀破譯羅塞塔石碑（Rosetta Stone）後，我們終於能讀懂這些文稿了。此外，在遠古時代，希羅多德（Herodotus）和一些親身體驗過古埃及文明的歷史學家，也記錄下古埃及人的生活和宗教信仰，為我們提供豐富的參考資料。

但北美洲的情況就大不相同了；那裡並沒有目擊者留下的前哥倫布時代的歷史紀錄。此外，北美洲原住民並沒有文字，因此也沒留下任何文稿。就算他們有留下一些文稿，但從西班牙征服墨西哥時，大量焚毀馬雅手抄本的例子看來，能殘存至今供人研究的文稿一定也少之又少。北美洲原住

民文化曾遭到大規模的破壞，但仍有些彩繪或雕刻在陶器、石器、銅器、貝殼或骨器上的圖樣被保存下來，這已經很難能可貴了。

消失的遺物有多少呢？這就不得而知了。我們只能儘量研究殘存的遺物。正如人類學家馬克．謝曼（Mark Seeman）解釋的，在沃森布雷克、蛇丘和霍普韋爾等遺址，土方工程的年代都很久遠，「因此很難分析其中的歷史連結」。但密西西比文化就不同了，「它的年代很近，因此我們能找出它和一些歷史部族的宗教儀式和口述傳說的關聯。這些部族包括奇克索族（Chickasaw）、克里克族（Creek）、卡多族（Caddo）和奧塞奇族（Osage）。」

此外，我們也能從拉科塔族（Lakot）、曼丹族（Mandan）、希達沙族（Hidatsa）、克羅族（Crow）、奧格拉拉族（Oglala）與其他蘇語族，和歐及布威族（Ojibwa）與其他阿爾岡昆語族（Algonquian），找到更多重要資訊，並建立這些部族與密西西比文化的關聯。

掌握了這些資源後，考古學家、人類學家和人種學家展開一場跨領域研究，經過長期的抽絲剝繭，終於完全破解了密西西比文化的概念和圖像學的密碼。正如人類學家肯特．萊里（Kent Reilly）和詹姆士．加伯（James Garber）說的，這項研究最重大的成就，就是發現「這些影像和民族傳說有密切的關係。傳說中敘述了冥界的位置，和死者靈魂前往陰間的旅程。」

舉世公認的北美洲原住民民間傳說、人類學、宗教研究和民族史權威喬治．蘭克福德（George Lankford）教授補充說：

> 各個部族的民族傳說在細節上都有些不同，這也是可理解的事。但這些傳說卻使用了一個相同的隱喻。由此可見在東部林地和平原，甚至在範圍更大的區域都有個共同的信仰核心。這個共同的觀點就是銀河是死者靈魂的必經之路。

蘭克福德在其他地方也再次提到，這個信仰系統的涵蓋範圍絕不只限於平原、東部林地和密西西比河谷。他認為更好的解釋是，在北美洲各地發現的宗教，只是某個影響範圍更廣的宗教的一部分，「這個宗教的影響力極大，甚至能超越文化間的差異。」確實如此，種種證據也顯示出，「在更早之前，可能存在一個通行於遠古北美洲的宗教，一種共同的民族天文學，和一套共同的神話。這些存在於不同文化的共同之處，強烈暗示著，在這些靠著部族間貿易互通有無的不同文化背後，一定存在著某種共同的知識。而這種共同知識後來很可能演變成一種思想系統，一種和喪葬信仰與死亡象徵相關的系統。」

■古埃及的靈魂

遠古北美洲原住民和古埃及人都相信，宇宙是一種「多層結構」。塵世就是日常生活的物質世界，也是人類的世界。塵世之下是下界，它通常和水的意像有關；上方則是又稱天界的上界。在遠古北美洲原住民和古埃及人的想像中，來生之旅都是在天界的群星之間進行的。但他們也都相信，高高在上的天界也具有下界的特徵，例如有難以穿越的江河與其他障礙，必須小心通過的建築區，和必須面對的邪惡怪物。

乍看之下，古埃及靈魂理論似乎非常複雜。沒錯，它是很複雜。大英博物館埃及古物展示區的前研究員華里士・布奇爵士（Sir E. A. Wallis Budge）是研究古埃及文化的泰山北斗。根據他的說法，在古埃及靈魂學中，人有的不只是一個靈魂，而是很多靈魂。這些靈魂是獨立於肉體（khat）的存在，

「巴」是會在人死後自由飛離肉身的靈魂。

但和這具「會腐爛的血肉之軀」卻又有某種關聯。

這些「靈魂」都是各自獨立，不具實體；也許稱它們為「靈魂的不同面向」會更貼切。布奇將它們歸納為以下幾類：

- 「卡」（Ka）是分身靈，會在死者下葬後，停留在屍體和墳墓附近的地下。
- 「巴」（Ba）是一個人頭鳥身的靈魂，能「在墓地和下界之間」自由飛翔。
- 「凱比特」（Khaibit）是影子。
- 「科胡」（Khu）是「精神靈」。
- 「賽赫姆」（Sekhem）是具有能量的靈氣。
- 「仁」（Ren）則是依附在姓名上的靈魂。
- 「薩胡」（Sahu）是「靈魂的身體」，也就是靈魂的棲身之所。
- 「阿布」（Ab）就是心靈，「它是精神和思想生活的中心。它具有我們所謂的『良心』的所有特質。」心會隨著人在一生中做的決定而改變，而在冥界審判的對象就是心。

古埃及靈魂學非常複雜，也許要寫一整本書，甚至好幾本書，才能解釋清楚。但在我看來，如果去掉其中加油添醋，故弄玄虛和一再重複的部分，上述的八種「靈魂」或「靈魂的面向」就可以被簡化成兩種。這兩種靈魂就能充分反映出古埃及人的人類觀，也就是人類同時具有精神和物質兩種特性。

就像喪葬銘文說的，人類具有無形的精神本質，這種本質基本上是永恆不死的，可以「活上數百萬年」。人的肉身只是一個皮囊，肉身死亡時就是靈魂解脫之時。這時靈魂就能飛上群星之間，來到獵戶座，在那裡展開下一階段的旅程。

但在另一方面，古埃及人也相信人除了肉體，也有賦予肉體生命力的無形力量。這種力量也是一種「靈魂」，是一種超自然的存在。這些無形靈體中最具代表性的，就是分身靈「卡」和影子「凱比特」，它們在肉身死後也都會留在地下。

在這樣的概念系統中，天地不可避免地成了對立的兩極，大地象徵著人們終將離開的物質世界，天空則成了精神世界的象徵，也是死者永生無形本質的歸宿。因此《金字塔文本》上才會寫著：

國王走到人間的終點後，要繼續朝著天空前進。
靈魂朝天空飛去，屍體則留在地下。
國王成了天界的成員之一，他們永遠都不會從天上落到地上。

《杜亞特世界之書》（*Book of What Is in the Duat*）中關於「影子」活動的描述，和《金字塔文本》的敘述也很相似，只是內容比較複雜：

讓你的靈魂進入天堂，讓你的影子深入隱密之處，讓你的身體留在地上。

類似的例子多得不勝枚舉，但總而言之，古埃及人相信的是人有兩個靈魂，或靈魂有兩種基本面向。其中一種會留在墳墓和屍體中；這種靈魂包括很多大同小異的形態，我就不一一介紹了。另一種靈魂也有很多形態，它會飛升到天空，接著再前往冥界。

■遠古美洲的靈魂

北美洲原住民的靈魂理論又是如何呢？我最先注意到的是，他們也認為靈魂有很多種。美國西北岸的奎魯特族（Quileute）相信，每個人的身體中都有數個靈魂，「它們和真人的外貌一模一樣，人可以任意卸下或穿上某個靈魂，就像蛇蛻皮一樣。」

這些靈魂可分為被稱為「主要強勢靈魂」的內在靈魂，和被稱為「外影」的外在靈魂。外影就是生命的靈魂，也就是「賦予生命力的靈魂」，和活人的「靈」，「讓人成長的靈魂」。

再對照一下古埃及《亡靈書》第一百六十四章的內容：

我為你造了皮膚，也就是神聖的靈魂。

再回頭談談北美洲。奧克拉荷馬州的優齊族（Yuchi）相信，「人有四個靈。在靈離開肉體時，其中一個靈會留在原處，另外兩個會待在族人和親戚附近，第四個靈會展開四天的旅程，飛往靈魂

的安息之所。」

民族誌學家維儂・基尼茨（Vernon Kinietz）曾蒐集散布在北美洲東北部的歐及布威族的傳說。根據這些傳說，人有七個靈魂，其中之一是「真靈」，只有它會進入冥界。另一個歐及布威部落則說，根據他們的傳說，人是由三個部分構成的：

> 會在死後腐爛的身體（wiyo），在死後前往西方冥界的靈魂（udjitchog），和在死後成爲墓靈的影子（udjibbom）。

威斯康辛州梅諾米尼族（Menominee）也有個大同小異的說法。他們認為每個人都有兩個靈魂：

> 一個靈魂被稱爲「橫影」，它就是位在頭部的理智。人死後，橫影就成了墓靈。另一個是眞正的靈魂特西拜（tcebai），它是位在心臟，在人死後就會遠赴冥界。

喬克托族（Choctaw）也認為人有兩個靈魂，一個是「外影」西隆比希（shilombish），一個是「內影」西利普（shilup），又稱鬼魂。內影會在人死後前往陰間。外影則會留在人間。

但如果去掉不必要的枝節，再簡化錯綜複雜的名稱，我們就能清楚看出，涵蓋範圍很廣的美洲原住民基本信仰，就和古埃及人的基本信仰一樣，都只存在著兩個靈魂，一個靈魂會守著身體和大地，另一個則會飛上天空。大名鼎鼎的瑞典人類學家艾克・霍特克萊茨（Ake Hultkrantz）在一九五三年發表的《北美洲印第安人的靈魂觀念》（*Conceptions of the Soul Among North American Indians*），是一部至今仍常被引用的長篇巨著。他在書中總結說：「北美洲主要的靈魂信仰就是靈

魂二元論。」

這個北美洲盛行信仰的核心概念就是二元靈魂論。根據霍特克萊茨的定義，它們分別是「自由靈魂」和「身體靈魂」。身體靈魂有時也被稱為「生命靈魂」，它是「讓身體充滿生命力和活力的力量」。自由靈魂則是「人肉體之外的存在」，但和人不同的是，自由靈魂能隨心所欲地移動。

任意移動對靈魂而言有何意義呢？根據喬治．蘭克福德的解釋，遠古北美洲原住民認為在死亡過程的關鍵時刻，具有死者的自我意識和人格的「自由靈魂」會和身體分離，拋下沒有思想的身體靈魂。對活人可能具有危險性的身體靈魂，則會留在屍體裡或附近。自由靈魂會在屍體附近逗留一陣子，接著就朝西方飛去，展開最後的旅程。在旅程途中，如果自然靈魂突然獲得還陽的能力，或想回到陽間，它就會沿著原路回到身體裡。因此喪葬儀式必須同時安頓好兩種靈魂。

古埃及的葬禮儀式也會基於相同的理由，一視同仁地處理這兩種不同的靈魂。顯然的，古埃及人的靈魂觀，和北美洲原住民的「身體靈魂」與「自由靈魂」理論，基本上是一模一樣的。

■西行之路

在《金字塔文本》的一千一百零九行上寫著，靈魂到達冥界時只會聽到一個聲音：

> 回去吧，你還命不該絕。

渥太華有一則傳說，敘述者是一位美洲原住民，他曾住在密西根州和俄亥俄州，後來遷移到族

人聚集的奧克拉荷馬州。他說有個人曾在生前到過冥界，當時他聽到耳邊傳來「微風般的細語聲」：

回到你來的地方吧，你還命不該絕。

自由靈魂並非只在死亡時才會離開身體。它也會在人做夢、看到幻象或昏迷時離開。北美洲原住民認為，只有在確認自由靈魂不會再回到身體時，才能判定某人真正「死亡」。蘭克福德解釋說，「因此人通常不會在死後立刻被埋葬，大多數原住民都會謹守一定時間的守靈儀式。」歐及布威族有個很有名的習俗，那就是「他們會為死者守靈四天，希望靈魂能從靈界返回，讓死者復生。」

但當靈魂一去不回時，它究竟到哪去了？又是如何到那裡的？

根據美洲原住民塔奇約庫特族（Tachi Yokut）的一個傳說，有個人的愛妻過世了。他傷心地來到妻子的墳墓旁，在附近挖了一個洞。

他待在洞裡，不吃不喝地凝望著。兩天後，他看到亡妻冒出墳墓，拍掉身上的泥土，朝著冥界走去。

在古埃及《金字塔文本》第七百四十七到四十八行，也有一段對死者的祈禱文：

起來，抖去你身上的泥土，拍掉灰塵，起來並加入靈魂的行列。

在古埃及，死者第一階段前往冥界之旅的成敗，全要視喪葬儀式是否能確實執行而定。根據華

里士．布奇的解釋，這些儀式的目的是為了「讓脫離身體的靈魂能離開墳墓，進入尼羅河西岸山脈附近的區域。那裡有一座名為馬努（Manu）的山，也就是日落之山。」

在美洲原住民的傳說中，也有類似的冥界之旅。以下是蘭克福德對這種傳說的概述：

這條路通往西方，通往日落之地。那裡是東西向宇宙通道的盡頭，日夜的轉換點。

再回到古埃及。古埃及來生之旅的第一階段，顯然是在大地上展開的。靈魂會在旅程中來到西方的一個特定位置，那裡是位在「日落之山」的更遠處。布奇繼續說，這裡聚集了大批靈魂，它們都是在當天脫離肉體的靈魂，正頭也不回地朝著至福樂土走去。

在美洲原住民的傳說中也有個類似的地方，它是位在「盤形大地」（earth-disk）的西緣。死者會聚集在那裡等待，到了入夜後的適當時機，就會從大地進入天界。蘭克福德說，「那裡也許有個自由靈魂的暫棲之所」：

它們也許要等到時機成熟才會繼續旅程。

■獵戶座、「跳躍」和遠古美洲的入口

在古埃及，位於銀河西岸的耀眼星座獵戶座，被視為冥界之王歐西里斯在天上的形象。葬喪銘文也明確地再三催促靈魂，要它飛到天空和獵戶座結合。以下是銘文中的幾個例子：

你要像獵戶座一樣來到天上。
希望在獵戶座所在的地方，能出現一座階梯帶你走向冥界。
我在獵戶座走上這個梯子。
冥界已從獵戶座抓住你的手。
希望獵戶座能助我一臂之力。

我在前一章介紹過大金字塔的星際通道，這個通道對準的就是獵戶座。由此可見獵戶座確實是靈魂的目的地。死者的靈魂完成了在大地上的西行之旅，並在某個集合點和其他靈魂會合後，它就要想辦法到達「獵戶座所在的地方」，從那裡展開剩下的冥界之旅。

但要如何到達獵戶座呢？

在上述例子中提出的方法，包括了階梯、梯子和獵戶座的「手」。在《金字塔文本》的另一個例子中，提出的方法就比較含糊了：「他會獲得飛到天上的方法。」在這段文字之後的五十行寫著：

上升者來了，上升者來了。攀爬者來了，攀爬者來了。飛行者來了，飛行者來了。

在美洲原住民的來生之旅傳說中，靈魂到達大地邊緣的集合點時，是如何再進入天界的？具有關於這個主題的豐富民族誌知識的蘭克福德說：

爲了繼續前往冥界的旅程，自由靈魂必須做出可怕的跳躍。靈魂之路就是銀河，只有走過靈魂之路越過夜空，才能到達冥界。要到達靈魂之路，靈魂必須先離開大地進入天界。自由靈魂在肉體

> 死亡時會進入天界的入口，這個入口就位在靈魂之路的邊緣。那裡是一個掌形的星座，入口就位在手掌中。

正如我在蒙德維爾發現的，美洲原住民所謂的「手掌」星座，就是我們認識的獵戶座。而獵戶座腰帶的三顆星星，就是手掌星座的手腕。在三顆星星下方，有個被希臘人視為獵戶座配劍一部分的高亮度天體。它就是梅西爾天體（Messier 42），也就是獵戶座大星雲（Orion Nebula）。如果將獵戶座視為一個「掌中之眼」的圖案，獵戶座大星雲就是圖案中的眼睛。那裡也是現代天文學家眼中的「恆星的搖籃」，不斷有新恆星誕生。但將獵戶座大星雲視為掌中之眼的眼睛，只是一種積非成是的誤解。學者現在都認為，在密西西比文化的肖像學中，它並不是眼睛，而是「一個天空之洞或入口」。自由靈魂必須通過這個入口才能到達冥界。

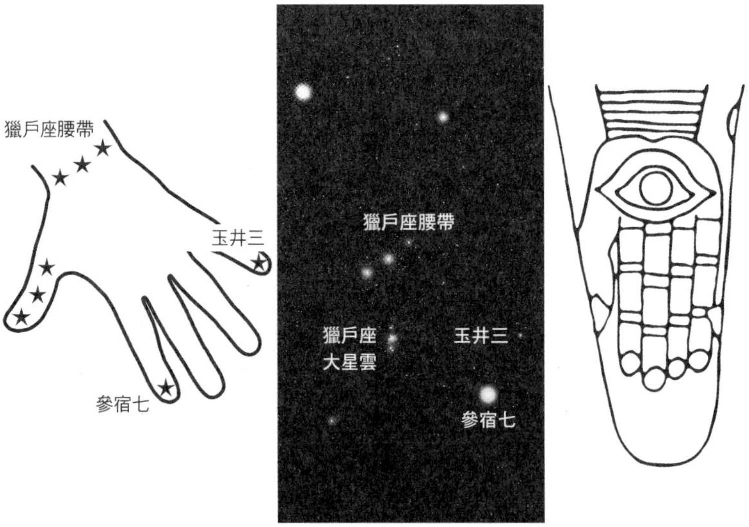

左圖：美洲原住民的「手掌」星座，獵戶座腰帶的三顆星就是它的手腕。
中圖：獵戶座的腰帶和獵戶座大星雲。
右圖：蒙德維爾「掌中之眼」的圖案。獵戶座大星雲就是圖案中的「眼睛」，它被認為是靈魂在展開來生之旅前，必須先躍入的入口。

以下是喬治．蘭克福德對這種誤解的澄清：

> 天空之洞其實是一道正在張開的縫隙。因爲那個位置正好有個天體，因此人們常會用一個被圓圈包圍的星形圖案，或一個點來標明那個位置。這兩種圖案結合後，就像是一個眼睛，但這只是一個巧合。所謂的「眼睛」，只是一個中央有個星星的入口。因此掌中之眼也就成了靈魂之旅起點的象徵，靈魂必須進入這個位於獵戶座的入口才能進入銀河。

和北美洲原住民傳說一樣，在古埃及的傳說中，冥界杜亞特也是位在銀河，而且冥界的入口也是位在獵戶座。古埃及冥界的象形符號，是藉由當地的象徵系統表達出相同概念。在密西西比文化的藝術中，人們常把星星描繪成圓圈或點；但古埃及的星星符號卻是一個五芒星，和現代人常用的五芒星符號非常類似。此外，在密西西比文化的藝術中，天空的入口是被描繪成一道開啟的縫隙；但在古埃及，這個入口卻是一個圓圈。

左圖：在古埃及，冥界杜亞特的象形符號是天空中的一個洞口，洞口中央有個星形。
右圖：在遠古美洲原住民的傳説中，「空中之洞是一道正被拉開的縫隙。為了凸顯出它是位在天上，圖案中常會有個星星構成的圓圈或圓點。」

■獵戶座、「跳躍」和古埃及的入口

獵戶座腰帶以上的上半部，是古埃及薩胡星座的重要部分，但它並不是「手掌」的一部分。此外，在尼羅河谷和密西西比河谷，關於這個形象的傳說也截然不同。雖然如此，但在北美洲原住民和古埃及人的來世之旅信仰中，這個星座卻不可思議地都扮演了關鍵角色。

此外，雖然在古埃及喪葬銘文中，梯子和階梯都是靈魂「上升的手段」，它們卻不是僅有的手段。在《金字塔文本》第四百七十八段落，第九百八十行，有段很類似北美洲原住民傳說中「躍進入口」的描述。以下就是這段死者的獨白：

> 我躍上天空，來到神的面前。

在第四百六十七段落，第八百九十到九十一行，也有段類似的描述：

> 有人飛起來了。
> 我正要飛離人間，
> 我不屬於大地，
> 天空才是我的歸宿。

在第兩百六十一段落，有段很有科技感的飛躍描述：

國王是一團火焰，乘風飛向天的盡頭。

類似的例子多得不勝枚舉，由此可見飛躍之說並非空穴來風。和美洲原住民的信仰一樣，在古埃及的信仰中，也提到靈魂的來生之旅中的一個重要階段，就是藉由各種方式從大地躍向獵戶座。

有人或許會不以為然，因為古埃及人眼中的薩胡座或獵戶座，是冥王歐西里斯在天上的形象，因此古埃及人不可能像美洲原住民一樣，將獵戶座視為一個「入口」。但就算如此，這種可能性依然存在。畢竟古埃及的喪葬銘文是一套很深奧的系統，其中的象徵符號也許都具有多重意義。我們在仔細研究銘文後會發現，在古埃及來生之旅的某個重要階段，靈魂確實要穿過天空中的一個入口。

以下仍是《金字塔文本》的例子：

深淵的入口，我朝你走來了；請你爲我開啓。
天空之門爲你開啓了，星空之門已爲你敞開。
星空中的鐵門已爲我開啓，我要走過這扇門。
深淵的大門打開了。
天空窗口的縫隙爲你開啓了。
地平線上的天上入口爲你開啓了。
我就是打開天空之門的人。
位在地平線上的天空入口爲你開啓了。

在一項對《金字塔文本》的新研究中，蘇珊·布林德·莫羅（Susan Brind Morrow）澄清說：「獵

戶座大星雲是位在天空之門內。」

此外，《金字塔文本》中也在很多地方提到這個入口的位置，和死者必須穿過這個入口才能進入杜亞特冥界。這些例子就足以證明這是千真萬確的事。以下就是一個例子：

杜亞特從獵户座抓住你的手。

接著是個我曾介紹過的例子：

希望在獵户座所在的地方，能出現一座階梯帶你走向冥界。

「跳躍」的時機

古埃及人相信靈魂來到傳說中的「階梯頂端」後，必須等到適當時機，才能「躍上天空」，「來到神的面前」。這個時機就是：

當獵户座被杜亞特吞食時。

根據《金字塔文本》的譯者雷蒙德．福克納（Raymond O. Faulkner）的說法，這個時機就是在「破曉時分，群星消失的時刻」。更廣義的解釋是，獵戶座被杜亞特「吞食」的時刻，就是獵戶座沒入

西方地平線時，不管當時是白天或黑夜。

現在再回頭看看喬治．蘭克福德對密西西比文化的來生之旅的權威說法。在北美洲原住民的信仰中，靈魂會躍入獵戶座大星雲中的入口，而獵戶座大星雲就位於他們所謂的「手掌」星座中。要進行這場跳躍，就要等到在手掌星座最接近盤形大地邊緣時，也就是趁它低垂在西方的銀河下方，又尚未沒入地平線之前。古埃及人和遠古美洲原住民都相信，「天界入口來到地平線」時，也就是天空之門開啟之時。以下是蘭克福德的解釋：

> 靈魂必須等到適當時機才能躍入手掌中的入口。這個時機，只出現在半年中每晚的十分鐘內。這段期間就是在十一月二十九日，手掌星座於清晨在西方消失時，到四月二十五日，當手掌在黃昏升起時。在其餘六個月中，手掌星座都不會在夜晚出現在地平線上。在冬天入口來到地平線時，自由靈魂

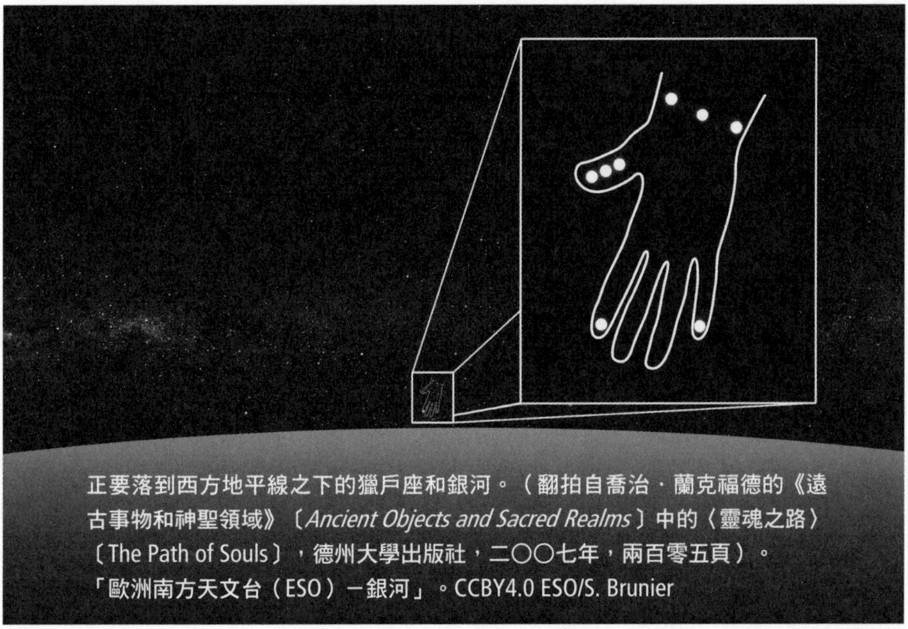

正要落到西方地平線之下的獵戶座和銀河。（翻拍自喬治．蘭克福德的《遠古事物和神聖領域》〔*Ancient Objects and Sacred Realms*〕中的〈靈魂之路〉〔The Path of Souls〕，德州大學出版社，二〇〇七年，兩百零五頁）。「歐洲南方天文台（ESO）－銀河」。CCBY4.0 ESO/S. Brunier

必須掌握短短幾分鐘時間進入入口，否則就會成爲遊魂。沒有進入入口的靈魂會一直待在西方，最後成爲陽間的禍患。

布奇說古埃及的信仰也是如此，那些沒有為來世之旅做好準備的靈魂，就會被困在大地上。它們「不能親自來到歐西里斯的審判庭」，因此必須面對淒慘的命運。

在古埃及和遠古北美洲，人們都相信能從大地到達天界，順利躍上獵戶座的靈魂，必須繼續展開漫長又艱苦的旅程。古埃及的《亡靈書》和密西西比文明的口述與插圖傳說都說到，靈魂在旅途中會遇上怪物和可怕的事。

照理說，密西西比河和尼羅河地區的宗教應該是完全沒有關聯的。在探討這兩種宗教的其他相似之處前，我們先順便回顧一下以死藤水為核心，在亞馬遜雨林發展出的信仰系統。讀者應該還記得，死藤水之所以被稱為死藤水，是因為它在原住民文化中「和死亡有密切的關聯」。人們認為死藤水導致的幻覺和死亡很像，讓人能在生前體驗死亡的過程。「死藤水」能讓人體驗死亡，而不是研究死亡的工具，從這個角度看來，「死藤水」和《亡靈書》似乎具有相同的功用。

亞馬遜的薩滿在喝了死藤水後，會談起「死亡」的相關話題。正如我在第十七章介紹過的，他們覺得自己「飛升銀河」，來到「銀河之外」的「冥界」。而他們所說的「飛升」，就蠻類似「跳躍」。從薩滿的死藤水體驗看來，密西西比河和尼羅河的信仰似乎有某種不為人知的關聯。

薩滿在展開迷幻之旅時，有時會遇上考驗他們的難關和敵人：

可怕的怪物、美洲虎和巨蛇會向你逼近，作勢要吃掉你，把你嚇得痛苦哀嚎。

■古埃及冥界的駭人事物和障礙

如果你住在北半球，曾在夜晚仰望星空，那你一定會注意到冬季有個特別壯觀的星座。從圓盤狀的本銀河系內部觀察，它就位在一道空中光帶的西側或西岸。這道光帶就是我們熟知的銀河。根據華里士・布奇的研究，在古埃及人眼中，銀河是一條「蜿蜒的水道」。這條空中大河貫穿了杜亞特，就像尼羅河貫穿埃及。尼羅河兩岸都有人類居住。同樣的，在銀河兩岸也都有居民。

布奇還說，靈魂躍進獵戶座後，並非就到了旅程終點；它只是到了天界的入口。靈魂到了入口後，就要在這條蜿蜒的水道上展開下一階段的來世之旅。正如《金字塔文本》說的：「請把我帶上天空，帶到蜿蜒的水道。」

有趣的是，對遠古北美洲原住民而言，銀河是眾所周知的「靈魂之路」。亡魂通過獵戶座中的入口後，就會來到靈魂之路。接下來的故事還是由蘭克福德繼續：

自由靈魂進入天界後，就會看到前方的靈魂之路。根據大多數的傳說，這條路就和塵世間的道路差不多。但在某些傳說中，靈魂之路則是一條明亮的河流。自由靈魂必須沿著河流前往下游的冥界，並在旅途中暫住在河岸上。

冥界杜亞特是被一條河流貫穿，因此它很自然地是個「河谷的形狀」。它和尼羅河谷有很多相似之處，但唯一不同的是，古埃及的冥界是個「永遠都處於晦暗的黑夜中，讓人聞風喪膽的地方」。

遠古北美洲原住民的冥界則充滿了險阻和艱難挑戰，例如：

這裡有黑暗的深淵、銳利的刀、滾燙的溪水、惡臭的氣味、兇猛的巨蛇、可怕的獸頭怪物，和各式各樣致命的惡靈。

只要你花幾小時觀察北美洲原住民的小插畫和墓畫，就會了解大略的情景。

杜亞特是個詭異至極的平行宇宙。它既是個星光燦爛的天上世界，也是個具體的可怕空間，其中有狹窄的通道，幽暗的長廊，和充斥著妖魔鬼怪的房間。有些鬼怪會「把靈魂切成碎片」，也有巨大無比的蛇，有腳巨蛇，多頭巨蛇，長著翅膀的蛇，也有會把走道變成一片火海的噴火巨蛇。其中最特別的就是蛇怪阿佩普（Apep），和誓死要殺死阿佩普的九位神明。此外杜亞特還有些燒烤靈魂的火坑，有時靈魂也會進入火坑。有些靈魂必須通過一些水域和「黑暗的深淵」。那裡還有處刑台，神明會拿刀

在《杜亞特世界之書》的插圖中，華里士．布奇並沒有提供相關象形文字的翻譯，只是描述其中的場景：「有位女神站得直挺挺的，伸手摸著跪在祂面前的男人的頭頂，男人正在用小斧切開自己的頭。」
左圖：插圖的細節。
右圖：插圖的全圖。

殺死還沒做好充份準備的靈魂。在一張特別奇怪的插畫上，「有位女神站得直挺挺的，伸手摸著跪在祂面前的男人的頭頂，男人正在用小斧切開自己的頭。」

我稍後會解釋我為何會特別注意這張插圖。布奇對這張插圖除了描述，就沒有提出其他說明。我不懂象形文字，因此也不清楚這到底是怎麼回事。我想到的一種解釋是，這位女神正要阻止下跪的男人把自己的頭敲碎。但這個畫面太陰森詭異了，因此實情可能和我的假設大不相同。從插圖中女神伸出雙手的樣子看來，我覺得祂更像是在慫恿男人用小斧敲自己的頭，或是以神力強迫他這樣做。

在北美洲原住民的各種來生之旅傳說中，經常出現一位可怕的女性，她通常被稱為「破腦者」或「取腦者」。我正在建構一套理論，以證明古埃及和密西西比河谷的信仰系統在結構上有很深的關聯。要確認我的理論，我只需要找位埃及文物學者幫我翻譯插圖上的象形文字。如果譯文顯示插圖中的女神和美洲原住民的「破腦者」沒有關聯，那麼我的理論很可能只是一廂情願的假設。但如果它們有明顯的關聯，它就能成為我的理論的有力證據。

埃及文物學家對我通常都是敬而遠之，但還好大英博物館的露易絲．艾利斯巴雷特（Louise Ellis-Barrett）願意幫這個忙。她很好奇我為何需要這段譯文，但我覺得這次翻譯應該是一項盲測，免得譯者在翻譯前有先入為主的想法，因此我並未告訴她原因。

露易絲經過幾週的詳細調查，終於翻譯好這些描述女神當時扮演角色的象形文字，並告知我結果：

> 祂是靠著被詛咒者的鮮血，
> 和諸神提供的食物生存。

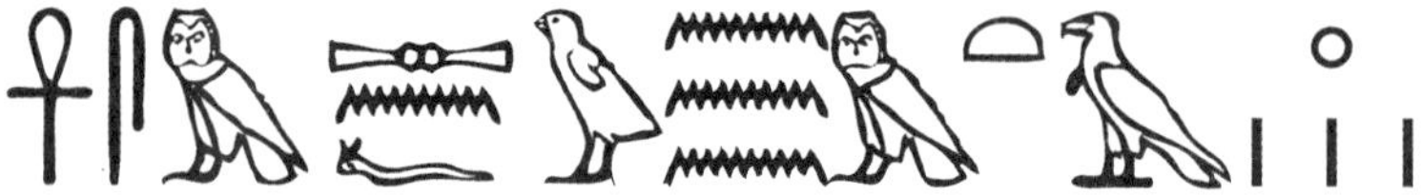

祂是靠著被詛咒者的鮮血

和諸神提供的食物生存

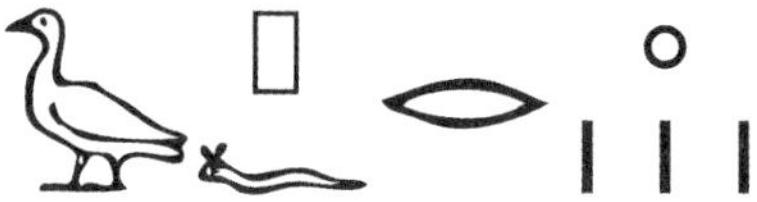

被詛咒者的靈魂巴

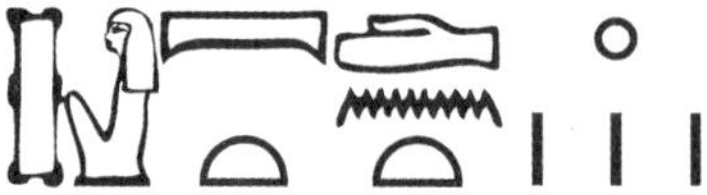

會被這位破壞之神砍成碎片

> 被詛咒者的靈魂巴，
> 會被這位破壞之神砍成碎片。

露易絲補充解釋說，《杜亞特世界之書》是「依照時區區分，每個時區都是一個文章和插圖單元。」插圖內容是杜亞特之旅中的第五時區，它有時也被稱為「杜亞特第五區」，那裡就是古埃及審判的場所。這幅插圖的內容並不是正式審判的一部分，而是像露易絲在為我準備的文稿中說的，第五時區的重要之處在於：

> 它代表的是生命的轉折點。靈魂在此不是得到新生，就是被消滅。這幅插圖出現段落的標題是「負責消滅靈魂的神明的職責」，插圖中的女神則示範了被詛咒靈魂的下場。

這也就是說，和遠古美洲原住民信仰系統描述的一樣，這些被詛咒的靈魂會被敲破腦袋。

■遠古美洲冥界的駭人事物和障礙

人類學家艾克・霍特克萊茨指出，北美洲東北部歐及布威族和休倫族（Huron）的傳說提到：

破腦者會取走冥界旅行者的腦子。這些取腦守望者通常很殘暴。在印第安索克族（Sauk）和福克斯族（Fox）的來世觀念中，死者的靈魂如果無法逃離破腦者的魔掌，最後就會灰飛煙滅。

喬治・蘭克福德綜合了北美洲各地的類似神話，證實了其中有個普遍的共同之處，那就是這些傳說中都有個「可怕的『破腦者』，祂通常是女性，負責取出或敲碎靈魂的頭腦，以抹除它的記憶和人性。」

一九二〇年代初期，民族誌學家阿蘭遜・斯基納（Alanson Skinner）在研究索克族時，獲得一個不同版本的有趣神話。他們說在靈魂之路上有個障礙物，它就位在靈魂都必須越過的天河上：

在一座以原木構成的橋樑上，有位名叫波吉他帕瓦（Po'kitapawa）的看守者。這個名字的原義是「在頭上敲洞者」或「取腦者」。取腦者有隻看門狗，一有陌生靈魂接近牠就會狂吠。靈魂必須快點逃走，免得腦袋被敲破。如果靈魂的腦袋被敲破了，它從此就煙消雲散，徹底消失了。

由此可見美洲原住民所謂的「破腦者」，和《杜亞特世界之書》第五時區插圖中的古埃及女神，都具有相同的功能，那就是毀滅來生之旅中不合格的靈魂，讓它們化為烏有。當然了，這些傳說是有些差異。但如果它們都是源自數千年前的一個共同起源，接著又分隔兩地獨立地流傳演變，有些

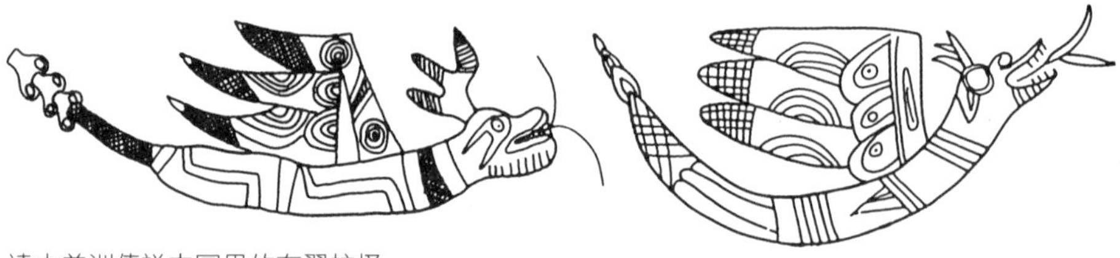

遠古美洲傳說中冥界的有翼蛇怪。

差異也是理所當然的。但顯而易見的是，它們在基本層面確實有很多相似之處。

此外，從這些材料也可看出一個更普遍的主題，那就是靈魂在來生之旅必須面對的審判和劫難。可想而知，在古埃及和遠古北美洲的傳說中，這些障礙一定會有些差異。雖然它們有些差異，但傳說的「核心結構」卻有些驚人的相似之處，如肉體死亡，靈魂在大地上的一段旅程，躍入天空中的獵戶座，接著在一場充滿危機和挑戰的旅行中越過銀河河谷。這些相似之處都強烈暗示著，兩者之間有些至今仍有待查證的關聯。

根據當地民族誌的描述，美洲原住民傳說中的橋，是來生之旅中必定會出現的劫難之一。它有時被描述成搖搖欲墜，有時像刀鋒一樣薄，靈魂一不留意就會從橋上跌落，從此消失在滾滾洪流中。另一個常出現的元素就是一隻狗。在一個修訂版的破腦者傳說中，狗是和橋一起出現的。牠通常是一隻醜惡又凶猛的狗，在阿爾岡昆族的傳說中，牠是一隻「張著血盆大口吞噬靈魂的狗」。

在某些傳說中，這座橋能幻化成一條巨蛇，牠也是靈魂在來生之旅中要面對的挑戰之一。美洲原住民傳說中的來生之旅巨大蛇怪，幾乎和古埃及杜亞特中的蛇怪一樣多。其中最特別的蛇怪就是長角水蛇，牠有時被描述成「下界的主宰」，有時是「額頭鑲著紅寶石的巨蛇」：

> 如果自由靈魂懂得如何應付巨蛇，它就能平安通過，接著就能進入冥界。

在古埃及的傳說中，杜亞特各關卡和通道的看守者通常也是巨蛇。牠們讓

靈魂通過的條件是，它必須「知道某種通關密碼、魔法詞語，或具有魔力的名字」。

■水下美洲豹和巨大的獅身人面

在美洲原住民和古埃及的傳說中，還有其他值得注意的元素。舉例來說，稍早提過的杜亞特巨蛇通常是長了翅膀，有時還有腿和腳掌。美洲原住民傳說中的長角水蛇也是如此，幾乎都長了翅膀。此外，在蘇克族（Sioux）的傳說中，牠被描繪成一個「像是響尾蛇的水怪，但長了短腿」。

有大量關於杜亞特的古埃及文檔和雕刻圖像流傳至今，藉著這些文檔和圖像，我們對靈魂之路就能有更清楚詳細的認識。相形之下，能流傳至今的美洲原住民相關口述傳說就少得多了。雖然如此，仍有足夠的口述傳說被保存下來，它們證明了在美洲原住民傳說的來生之旅中，也有很多類似杜亞特中的巨蛇和妖魔鬼怪。

美洲傳說中最奇特的怪物就是水下美洲豹。根據歐及布威族的描述，牠是一隻怪異的四不像，是「美洲豹、響尾蛇、鹿和鷹的混合體」，也是長角水蛇的化身或另一個形象。

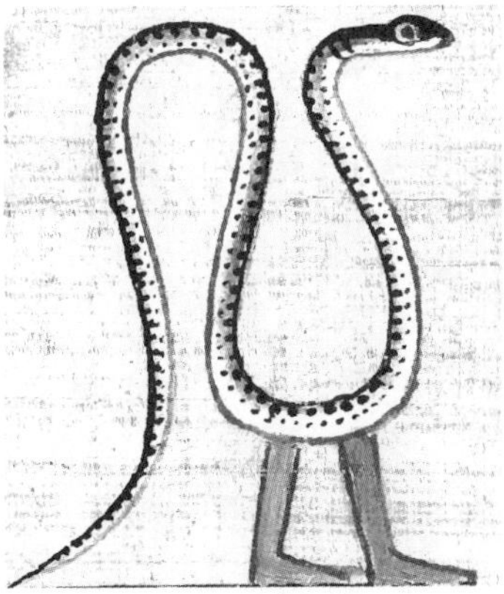

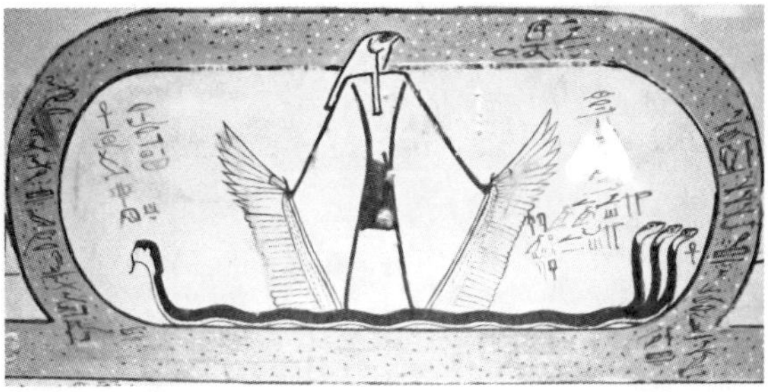

古埃及冥界長翅膀的蛇怪（右圖），和長腳的蛇（左圖）。

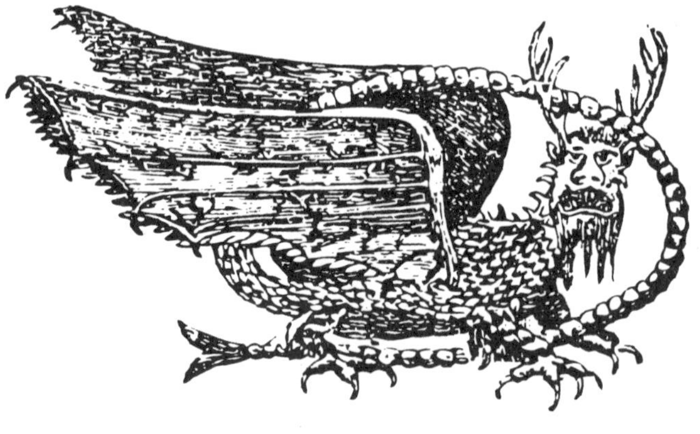

不同的美洲原住民部族，對水下美洲豹各有不同的稱呼和描述。牠最常被稱為「米舍貝舒」（Mishebeshu）或「米奇比奇」（Michibichi）；但在阿爾岡昆語部族中，牠是被稱為皮日哈（Pizha），意思是「美洲豹」。在伊利諾州奧頓鎮密西西比河畔的一處峭壁上，曾有幅遠古「皮日哈」岩繪。這幅畫讓歐洲旅行者認識了水下美洲豹，並對牠產生興趣，稱牠為「皮亞沙」（Piasa）。他們誤以為牠是「老虎」和「龍族」的混合體。一八三九年，位於杜塞爾道夫的埃利亞斯公司出版一張皮亞沙的線條畫。上圖就是「埃利亞斯公司聘請畫家在現場繪製的圖畫」。原本的岩畫目前已經不在了，因為在一八四六到四七年，岩畫所在的峭壁表面就被採石業者破壞了。

法國探險家尼古拉斯．佩羅（Nicolas Perrot），曾於一六六四年看過其他的水下美洲豹的形象，並稱之為「大豹」。今日的歐及布威族則稱牠為「海虎」，這個名稱凸顯出牠既是生活在水中，也是隻「巨大棕色貓科動物」。在某些傳說中，皮亞沙有「人類的頭」。

水下美洲豹到底是什麼樣子？眾說紛紜的答案讓人頗無所適從。但這也不足為奇，因為牠畢竟是變幻無常的冥界成員之一。但從現存的一些形象看來，我們至少可以確定水下美洲豹具有貓科動物的特徵。

上圖：蒙德維爾的水下美洲豹。請注意它的尾部和腳掌的位置。攝影：桑莎．法伊亞。
右下圖：吉薩的人面獅身像。攝影：亞比爾（Albi），dreamstime.com [21951]。請注意它尾部和腳掌的位置。
左下圖：人面獅身像的尾部放大圖。和水下美洲豹的尾部對照。

其中的一個形象是來自一個陶像，它就在上方圖組中；我曾在蒙德維爾的博物館親眼看過它。雖然它的尺寸遠比不上吉薩的人面獅身像，但我覺得兩者倒有幾分神似。人面獅身像，顧名思義就是有個人首，而非獸首的獅子。但不要忘了在某些傳說中，皮亞沙也是有人首的動物。此外還要注意的是，有超過一萬兩千年歷史的人面獅身像，起初也是個獅面獅身像。經過數千年的嚴重侵蝕後，獅首在早埃及

時代就被重新雕鑿成人首。最重要的是，根據美洲原住民的傳說，「曾經存在著四隻皮亞沙，各自代表著四個基本方向。」巧的是，和水下美洲豹同屬貓科動物的吉薩人面獅身像，也是一個分點標記，正對著基本方向之一，也就是春秋分時位於正東方的日出點。

■狗和其他「巧合」

在美洲原住民的來生之旅傳說中總有些攔路的惡犬，在古埃及的《亡靈書》中，杜亞特的怪物中也有些類似的角色。舉例來說，棺槨文的第三百三十五條咒語說到：「專門負責殺戮的神有張狗臉。」但這並不是古埃及唯一和狗相關的有趣例子。

美洲各原住民部族中，只有契羅基族（Cherokee）沒有將銀河視為「靈魂之路」，而是稱之為「狗奔之路」。這是因為在一個神話中，盤形大地的一側，有個將玉米磨成粗粉的巨磨。磨好的玉米粉是被存放在一個巨碗中，但有幾天早晨，巨磨看守者發現有些玉米粉不見了。後來玉米粉不斷遭到偷竊，看守者便開始調查，並發現狗的足跡。第二天晚上：

> 他們在看守時看到狗來了，吃掉碗裡的粗粉，接著他們就一擁而上鞭打牠。這隻狗是住在盤形大地的另一側，牠挨打後就跳上天空，哀嚎著逃回大地另一邊的家。牠在奔跑時嘴中的粗粉也不斷散落，在沿途留下一道白色軌跡，那就是我們現在看到的銀河，契羅基族至今仍稱銀河為「狗奔之路」（Gi'li-utsun' stanun' yi）。

在古埃及，銀河通常被視為一條「蜿蜒的水道」，但巧合的是其中也有例外。這個例外就是來自棺槨文中的一個奇怪「咒語」，咒語中並沒有提到狗，只提到一位亡者說的話：

我變成幽魂，負責看守祕密。我具有法力，並靠法力解渴，吃的則是遍布在蜿蜒水道上的白色二粒小麥。

白色二粒小麥是被馴化的小麥品種之一，在古埃及深受喜愛。和美洲的玉米一樣，二粒小麥也要被磨成麵粉才能食用。和變異版的契羅基族傳說一樣，在變異版的古埃及傳說中，來生之旅的空中之路也被比喻成由麵粉形成的白色軌跡。

此外還有其他巧合。

神明英雄「鳥人」（Birdman）就是一個例子。密西西比河谷至今仍流傳著幾個版本的鳥人形象。可以確定的是，祂和尼羅河谷的天神荷魯斯（Horus）一樣，都是獵鷹和人的綜合體。和荷魯斯一樣，鳥人也和天上的曉星（Morning Star）與太陽有關。和荷魯斯一樣，鳥人的基本角色設定也是生命戰勝死亡的象徵。西北大學的詹姆士·布朗（James Brown）教授解釋說：

雖然人終究難逃一死，但生命能藉由你的子孫戰勝死亡。獵鷹就象徵著生命和不可避免的死亡的對抗，而曉星就是獵鷹的化身之一。在破曉前微明的天光中，曉星擊退了黑暗，爲滋養眾生的太陽開路。在美洲原住民的鳥人神話中，包含了每日的晝夜變換，天體運行和基本方位。這就說明神話中包含了某種宇宙觀的元素，而且這些元素並不是隨便被拼湊在一起的。

左圖：雕刻在海螺殼上的遠古密西西比文化英雄神明，考古學家稱祂為「鳥人」。照片：國立美國印第安人博物館，史密森尼學會[18/9121]。
右圖：古埃及英雄神明荷魯斯的塑像。這兩位神明的基本角色設定，都是作為生命戰勝死亡的象徵。攝影：勞爾．基弗（Raoul Kieffer）。

我在此並不想深入探討鳥人神話，或關於天神荷魯斯的大量傳說。祂是古埃及諸神中最有名和最複雜的神明之一。要討論這兩位天神中的任何一位，都可以寫上好幾本書。關於祂們的書籍也早已多不勝數了。祂們雖然有很多大不相同之處，卻也有些驚人的相似之處。但值得探究的是，這些相似是出自巧合，或者祂們之間真的有些隱晦又不為人知的關聯。

接著談談矮人和侏儒。這兩種人在古埃及享有特殊待遇，在很多墳墓中都仍有他們的木乃伊。人們認為他們具有超乎常人的能力，有位名為貝斯（Bes）的神明就是一位侏儒；他們在喪葬銘文中也備受尊崇。舉例而言，在《亡靈書》第一百六十四章的一張插圖，有個女神的兩側各有一個侏儒，他們都各有兩個頭，一個人頭和一個獵鷹的頭。在《金字塔文本》中，正在進行來生之旅的死者說：

> 我在天上和人間都被視爲正直的人。我是侍奉「舞神」的矮子，在神的寶座前取悦祂。

同樣的，矮子和侏儒在遠古美洲原住民中也備受禮遇和尊重。霍特克萊茨在他的著作中說：「美洲原住民普遍對侏儒抱持著某種信仰，有時認為他們和一個很可能已經滅絕的『史前』人種有關，有時認為他們和某種神靈有關。」

和古埃及的情況一樣，在遠古美洲原住民的墳墓中，也有侏儒的骸骨被發現。此外，遠古美洲原住民也和古埃及人一樣，認為侏儒具有超乎常人的神奇力量。有些證據甚至指出，在密西西比河谷曾存在著侏儒薩滿。

另外還值得注意的，就是靈魂的外觀和顯現方式。我之前已經介紹過，能自由飛翔的靈魂「巴」，被描繪成一隻鳥或人頭鳥。以下是《金字塔文本》對靈魂的描述：

> 他爲你開啓天空之門，他爲你打開穹蒼之門，爲你建造一條路，讓你能走到天上的諸神之間。你仍是活著，只是變成鳥的樣子。

在遠古美洲原住民的傳說中，自由靈魂也常被描繪或敘述成一隻鳥。就以莫多克族（Modoc）為例，當男孩接受成為薩滿的訓練時，會陷入死亡般的恍惚狀態。這時他會看到一位女性靈體取出他的心臟，接著聽到靈體對著捧在手中的心臟說話：

> 不久後，靈體打開手掌，將心臟鬆開。小男孩這時看到一隻鳥從西方飛來，牠飛向男孩，停在他的胸口。這時男孩跳了起來。

霍特克萊茨也談到，白刀休休尼族（White Knife Shoshoni）認為靈魂是鳥的樣子。「惠喬族（Huichol）則認為靈魂是一隻小白鳥，路易塞諾族（Luiseno）認為它是一隻鴿子。庫特尼族（Kootenay）認為自由靈魂能化身為山雀或松鴉。貝拉庫拉族（Bella Coola）則認為肉身就像蛋殼，而自由靈魂就像是蛋殼中的鳥；蛋殼破裂時，自由靈魂就能自由地飛走，而肉身也會因此死亡。」

這些傳說再次證實了，遠古美洲原住民和古埃及人對死亡過程的解讀，似乎有些共同的基本概念和意象。我們也要再次自問，這一切難道都只是巧合嗎？

■審判

在古埃及人和遠古美洲原住民的來生之旅傳說中，審判都扮演著極重要的角色。沒錯，這兩種來生之旅中的諸多磨難，可說都是設計來審判靈魂所做過的決定；審判它做過什麼，沒做過什麼，和它在以肉身存在時是如何利用得來不易的生命。在這兩種傳說中，不合格的靈魂都會在旅程中被諸神和妖魔鬼怪消滅，「破腦者」就是這些毀滅者之一。此外，在這兩種傳說中，在冥界之旅已經通過重重考驗的靈魂，都要面對一場審判。

在古埃及的系統中，審判是出現在杜亞特的第五時區，地點是歐西里斯審判廳（Judgment Hall of Osiris），它又被稱為瑪特廳（Hall of Maat）。只有那些受到靈體充份保護的靈魂，才能進入審判廳前四區的審判庭。

我在之前的著作中曾以很長的篇幅描述審判的場面，所以在此就不再重複所有細節了。簡單地說，死者會被引進一個大廳和大房間，大廳的最前方坐著已經部分木乃伊化的歐西里斯。祂是死亡

與重生之神；在古埃及的天教（sky religion）中，獵戶座就是祂的化身。大廳內還有位戴著一根羽毛的女神，祂就是真理和宇宙正義之神瑪特（Maat）。此外，現場還有四十二位不苟言笑的人，像書記一樣埋首研讀著紙莎草紙捲軸。他們每個人都戴著瑪特的羽毛，那是真理的象徵。他們就是死神的四十二位陪審官，死者必須對每一位陪審官提出辯護，說明自己並未做出某些違反道德的行為，尤其是沒犯下殺人罪。

在這一階段的詰問結束後，靈魂會來到一個巨大的天平前。負責引導靈魂的胡狼頭神阿努比斯（Anubis）和歐西里斯之子鷹頭神荷魯斯，就站在天平的雙臂下。天平的一個托盤中承放的是一個小甕，它是死者心臟的象徵。在埃及神話中，「心臟被視為是心智的所在，因此也是行為和良知的源頭。」另一個托盤中放的是瑪特的羽毛，象徵的仍是真理。

如果天平上的心臟和羽毛能保持平衡，靈魂就能在審判中獲勝，並在歐西里斯的王國中獲得永生。但如果靈魂在生前未能好好利用生命，心中充滿邪惡，心臟就會變得很沉重，無法和真理的羽毛保持平衡。這時，靈魂就將面對被徹底消滅的命運。為了凸顯出被消滅的嚴重性，在每

個關於審判庭天平的敘述中，都會提到消滅靈魂的行刑者，牠就是混種怪物阿米特（Amit）。阿米特是鱷魚、獅子和河馬的綜合體，又被稱為「吞噬者」和「食亡魂者」。不合格的靈魂都會在牠垂著口水的大嘴中化為烏有。

和古埃及的來生之旅傳說相比，遠古北美洲原住民的來生之旅傳說不但說法紛雜，也不夠詳盡。但在各種北美洲傳說中都會提到審判。一九〇〇年代初期，愛荷華州西部奧馬哈族（Omaha）的法蘭西斯．拉．弗萊謝（Francis La Flesche），和哈佛大學匹巴底考古與民族博物館（Peabody Museum of Archaeology and Ethnology）的艾麗絲．坎寧漢．弗萊徹（Alice Cunningham Fletcher）合作，記錄奧馬哈族的傳說。美國民族學局（Bureau of American Ethnology）於一九一一年出版了他們的研究成果，以下就是其中關於來生之旅的某個重要過程的描述：

據說在靈魂之路，也就是銀河的分岔處，「坐著一位身穿水牛皮長袍的老人。他在亡靈經過時，會讓溫和善良的人走上較短的路，讓他們來到親人的住處。他會將冥頑不化的人引導上長路，讓他們疲於奔命地遊蕩。」這個簡單的古老傳說似乎意味著銀河就是亡靈之路。此外傳說中也提到，殺人者的亡魂「永遠也找不到他的親戚，只能不斷尋覓，不得安息。」

同樣的，印第安納大學美洲原住民研究所的創辦人，已故的約瑟．埃佩斯．布朗（Joseph Epes Brown）也提供了蘇克族版本的來生之旅：

人們相信獲得自由的靈魂會沿著「死靈之路」（Spirit Path），也就是銀河往南前進，直到分岔點。這裡坐著一位名叫馬雅．歐維查巴哈（Maya Owichapaha）的老婦人。她是靈魂的審判者，「會將靈

魂推到岸邊」。她讓合格的靈魂繼續往右前進，把不合格的靈魂「推到岸邊」。

一九六七年，艾克・霍特克萊茨加入弗萊徹和布朗的陣營，認為這些傳說都指向一個事實：

靈魂之路未必總是只有一條，也未必都沒有岔路。從北半球觀察，銀河是分岔爲兩道。難怪這種現象會讓印第安人聯想到，冥界也有不同的道路和死後也有不同的命運。根據傳說，一條路是通往極樂世界，另一條是通往衰敗和滅亡。

喬治・蘭克福德補充了霍特克萊茨遺漏的一個重點，那就是「在靈魂之路的岔口有個名叫天津四（Deneb）的明亮恆星，它可以作為一個標記，代表一個抉擇點或做決定的人。」

之後的故事我仍必須長話短說。總而言之，蘭克福德接著的論述是，在來生之旅中有位別具特色的「對手」或「敵人」，他就是一隻彎喙猛禽，蒙德維爾的陶器上就有他的形象。蘭克福德認為這隻密西西比文化中的「蒙德維爾猛禽」，就相當於古埃及傳說中將靈魂推到岸上的老婦人，或判決謀殺者的靈魂必須無休無止地遊蕩的老人。為了加強論述的可信度，他要我們注意阿拉巴馬族（Alabama）和塞米諾爾族（Seminole），因為「這兩個最可能是蒙德維爾史前居民後代的部族」，都曾在靈魂之路銀河的傳說中，說到其中有個老鷹扮演的敵人。

天津四就是天鵝座 α 星（Alpha Cygni），它是天鵝座中的一等星主星。天鵝座在希臘人眼中是一隻鳥；確切地說，它是被視為一隻天鵝。蘭克福德寫道：「真是無巧不成書，蒙德維爾人也是將天鵝座視為一隻鳥，只是他們認為它是一隻老鷹，而不是天鵝。」

蘭克福德的專長是美洲原住民宗教，因此他沒有讀過埃及的《金字塔文本》也是情有可原。如

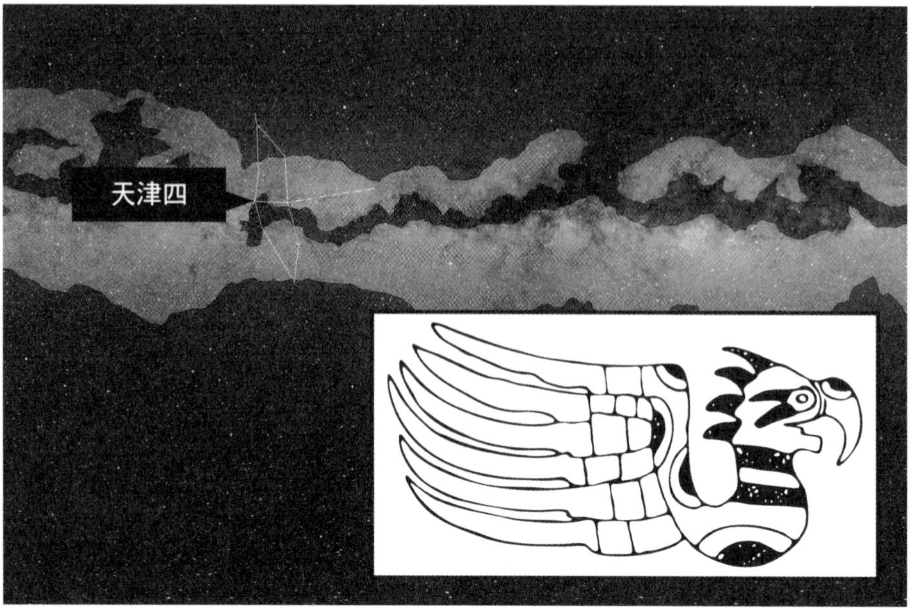

天鵝座中的天津四是位在銀河河岸的分岔口，那裡也是分岔出的死巷的起點。喬治・蘭克福德認為天津四和天鵝座就是蒙德維爾猛禽，靈魂在旅程中會遇上的敵人。

果他讀過這本書，他一定會對第三百零四段落感到很驚訝，這段文字說的是靈魂在前往杜亞特途中，遇上一位擋住靈魂去路的鳥敵人。後然靈魂說了一段話，因此我們對這場遭遇也沒有太多詮釋的空間：

> 你好，蜿蜒水道岸邊的鴕鳥！
> 請讓路讓我通過。

鴕鳥並不是天鵝，天鵝也不是老鷹。雖然如此，在古埃及和古密西西比文化的宗教中，銀河的岸邊都出現一隻會擋住靈魂去路的鳥，這就很值得探究了。

此外還有一個令人玩味的巧合，那就是在美洲原住民的神話中，銀河的分岔口被視為不祥之處，在《金字塔文本》的第六百九十七段落中，也有類似的描述：

> 不要走上西邊水道，走那條路的人都是有去無回。你要沿著東邊水道前進。

■天文學家酋長

棺槨文的一段對死者的祈禱文是這樣說的：

希望你的肉身來到「翁」（On）時，仍能認出你在天上的靈魂。

這裡提到的「翁」，是位在開羅近郊十二哩處，古王國時期廣大墓地和著名的吉薩金字塔群的東北方。它在古代曾是吉薩大墓地舉行宗教儀式的中心。聖經中的希伯來人將這個儀式中心命名為翁，《創世紀》、《耶利米書》和《以西結書》都曾提到它。但它的古埃及語原名是伊努（Innu），原義是「柱」。後來希臘人將它命名為太陽之城（Heliopolis）。

《金字塔文本》是棺槨文和所有後來出現的喪葬銘文的來源，它通常被稱為「太陽之城修訂版的《亡靈書》」，因為考古學家認為它是源自太陽之城祭儀中心的檔案。這些檔案在數千年後都已散失殆盡，但《金字塔文本》就是檔案曾經存在的有力證據，「因為文本中有一些固定格式和段落，從文法結構分析，它們就算不是在埃及文明的草創階段就已見諸文字紀錄，至少是在當時就已創作完成了。」

順道一提，太陽之城大祭司是被冠上「首席天文學家」的稱號；而在墳墓中的繪畫和雕塑中，大祭司的斗蓬上也都有星狀的裝飾。在十九世紀奧克拉荷馬州斯基迪波尼族（Skidi Pawnee）的風俗和信仰中，也能找到類似的現象。根據民族誌學家的紀錄，有些精通天文的薩滿，甚至能享有和酋長一樣的崇高地位。在史密森尼學會的檔案館中，有一張斯基迪波尼族薩滿的照片，他名叫「和酋長一樣尊貴的太陽大人」；從照片可明顯看出他穿的是有星星裝飾的斗蓬。此外，斯基迪波尼族還

左圖：古埃及祭司穿著豹皮斗蓬，豹皮上的斑點代表的是星星。這些祭司是在喪葬儀式中，負責為死者做來生之旅準備的關鍵人物。影像是來自圖坦卡門之墓。
中圖：吉薩金字塔群祭儀中心太陽之城的大祭司，被尊稱為「首席天文學家」的他，穿的是類似圖中裝飾著星星圖案的斗蓬。照片：費德里柯·塔維尼（Federico Taverni）和尼古拉·德拉奎拉（Nicola Dell'aquila），埃及博物館（Museo Egizio）。
右圖：斯基迪波尼族的天文學家酋長。照片：史密森尼學會人類學檔案館[bae gn 01285]。

有一項風俗，那就是用斑點野貓皮包裹新生兒。這種風俗代表的意義是，「我把嬰兒包覆在天空中」，因為貓皮代表的就是星空。

關於太陽之城的「首席天文學家」，我們可以從現存的描述中清楚看到，他穿的星星裝飾斗蓬其實是一副豹皮。豹皮就算沒有裝飾，豹本身的斑點也被視為星星的象徵。在古埃及有一種穿著豹皮斗蓬的特別祭司，他們被稱為殯葬祭司（Sem Priests），是葬禮儀式中不可或缺的角色。

卡霍基亞和蒙德維爾等密西西比文化大型宗教中心的主要用途，毫無疑問都是為了舉行喪葬儀式。雖然這些遺址的土丘未必都有一個或多個墳墓，但遺址中絕大多數的土丘都有墳墓。北美洲很多其他土丘和土方工程也都

是如此。就連蒙地聖諾土丘群等年代最古老的遺址，都有屍體遭到處理的證據。阿德納土丘群也多半是墓葬土丘。說到阿德納土方工程群，以下是威廉．羅曼對它的評論：

目前被發現的大多數遺骸，都是被埋葬在幾何形狀園區內的土丘中。我們從死者骸骨和園區之間的關聯，就能斷言霍普韋爾幾何形狀的園區，就是象徵著人從陽間進入死亡的通道。

羅曼補充說，霍普韋爾文化也許並不是把幾何園區當成象徵，而是把它視為通往冥界的真正通道或門戶。當然了，把建築結構當成冥界入口的觀念，在北美洲各地都很普遍。歐及布威族搖帳（shaking tent）儀式的帳篷頂端有個圓形洞口，它的功用就是「讓靈魂能飛升到天空中的洞口，越過障礙進入靈界。」

雖然就工程技術的複雜度而言，歐及布威族帳篷頂端的洞口，和大金字塔的星際通道有著天淵之別，但它們的功能卻是完全相同，都是用來幫助靈魂飛升上天，越過障礙到達靈界。

同樣的，吉薩高原上的具有天文準線的幾何形狀結構，和密西西比河谷上也具有天文準線的幾何結構，在規模上雖然相去甚遠，但它們在功能上卻完全相同。它們都有一個共同的目的，那就是幫助靈魂戰勝死亡；而且它們採用的方法也毫無二致。

但為何人們需要這些結構呢？這些結構為何又都有特定的模式呢？

第二十四章

來生中的天文學和幾何學

我並沒有暗示古埃及的宗教是來自遠古北美洲，也沒有暗示遠古北美洲的宗教是來自古埃及。科學界一致認為在超過一萬兩千年的時間中，舊大陸和新大陸一直不相往來，沒有任何明顯的遺傳或文化交流。此外，雖然古埃及和遠古北美洲的宗教系統有些相似之處，但這些相似之處絕不是在遠古或近代時，由直接「傳教」或「皈依」等活動造成的。但兩種宗教系統也有很多截然不同之處，這是宗教系統在徹底融入不同的環境和文化後，必然會產生的差異。

我在前一章曾討論過，古埃及和遠古北美洲具有大量共同的信仰和象徵，我們對這些共同之處又該作何解釋？在兩者的傳說中，都談到靈魂會來到西方的集合處，從那裡「躍入」獵戶座的入口，從入口進入銀河。靈魂在銀河之旅中會遇上很多挑戰和磨難，最後會接受一場審判，決定靈魂的命運。

這兩種宗教系統間的差別太明顯了，因此我們可以排除它們之間有直接影響的可能。同樣的，

它們之間也有太多明顯的相似之處，因此我們也可以排除這些相似之處是出自「巧合」的可能。在遺傳學上也有類似狀況，因此用遺傳學的角度來解釋，也許就會更理想了。舉例來說，有時兩個看似完全不同的人類族群，族群間不但相距很遠，又隔著難以穿越的地理障礙，照理說根本不可能有DNA的交流，但這兩個族群卻有些共同且獨特的基因群組。之所以會出現這種情況，通常是因為這兩個族群都是源自一個更古老的族群。這個更古老的族群也許已經成了「幽靈」族群，也就是已經滅絕的族群。它就是其他兩個有驚人遺傳相似性族群的共同遠祖，但除了擁有共同遠祖外，這兩個族群就沒有其他關聯了。

在考古學界，華里士·布奇也發現一個類似的問題。他發現美索不達米亞的月神欣（Sin），和古埃及的月神托特（Thoth）有些相似之處。布奇認為，「這些相似之處太雷同，因此絕不可能是出於巧合。如果說是埃及人是受到蘇美人影響，或蘇美人是受到埃及人影響，那都很不合理。合理的推論是，蘇美人和埃及人的學者建立的神學系統，都是源自一個共同但極為古老的來源。」

已故的沃爾特·埃默瑞（Walter Emery）曾是倫敦大學的埃及古物學教授。他也研究過古埃及和古美索不達米亞之間的相似之處。他發現這些相似之處並不是這兩種文化直接影響的結果，並做出以下結論：

> 我認爲這兩大文明有某種間接關聯，也許在它們之外還存在著一個第三方文明，這個文明的影響範圍包含了幼發拉底河和尼羅河。現代學者常不願去考慮一種可能性，也就是可能存在著某個目前仍未被發現的地區，而這個地區的人民曾移居到幼發拉底河和尼羅河流域。無論如何，如果不是有某個第三方文明，將它的文化成就分別傳入埃及和美索不達米亞，那還有什麼更好的說法，能解釋這兩大文明爲何會有些共同特徵和重大差異呢？

我的假設基本上也是如此。古埃及和遠古北美洲的宗教也有些令人費解的共同特徵和重大差異，能解釋這種現象的最佳假設，就是這兩種宗教都是源自一個更古老，但來源不明的宗教。這個遠古宗教的「DNA」至今仍存在於埃及和北美洲，我們從這個DNA就能判斷出這個遠古宗教的約略年代。從冰河時期末期到哥倫布時代，這段長達一萬兩千年以上的漫長歲月中，舊大陸和新大陸一直都不曾接觸，由此可見後來在尼羅河谷和密西西比河谷發揚光大的遠祖宗教，一定有超過一萬兩千年的歷史。我認為這個遠祖宗教——也許稱它為宗教系統會更恰當——是以蘊藏在大型建築中的天文學和幾何學迷因為媒介，藉著這些迷因，在不同文化和時代中自我複製和重現。這個系統的一大特色，就是它能蟄伏千年，接著又不可

祕魯亞馬遜雨林的西皮波族，在飲用死藤水後的藝術作品。這種藝術的最大特色就是具有複雜的幾何意象。照片：左上和下圖：路克．漢考克（Luke Hancock）。中上圖：史密森尼學會，國立美國印第安人博物館[19/5940]。右上圖：「達德羅特」（Daderot）。

思議地重現人間，發展成盛極一時的宗教。

雖然我並不打算在此論證此事，但我們不能排除幾個可能性，首先是在二十一世紀的今日，這個系統可能仍在以某種形式蟄伏中；第二個可能性是，它也許會在某個時間甦醒，以符合當代的樣貌重現人間。

目前將死藤水視為導師植物的風潮正在席捲全球，頗能啟迪人心的死藤水藝術也漸漸登上大雅之堂。這是否意味著這個宗教系統正要東山再起？

在我的假設中，並未排除這個系統會藉助人類傳播的可能性。事實上，這個系統不但可以靠人類傳播，它更可以發源自人類的幻覺體驗。也就是說，這個系統的傳播者必須找到「植物盟友」，並使用過它們。

■答案會來自我們意想不到的地方嗎？

在公元五世紀和六世紀，走火入魔的基督教暴徒燒毀了亞力山卓，又在各大寺廟破壞掠奪，讓曾是「世界之光」的古埃及的很多知識遺產都喪失了。但三千多年來，古埃及人在石頭上刻下大量紀錄，在莎草紙和其他媒體上寫下大量文字，而且埃及的藝術家和建築師都非常多產，因此古埃及人仍留下大量關於他們宗教觀念的知識遺產。

在歐洲征服時期，北美洲遭到大規模的破壞和種族屠殺，原住民文化也被摧毀殆盡。古埃及的文化雖然曾遭到破壞，但嚴重程度遠遠不能和北美洲的這場文化大浩劫相比。這場浩劫就像野火燎原般快速地蔓延到全美洲，因此我們目前通常很難找到任何文化紀錄；就算是找得到的紀錄也只是

一些殘篇斷簡。因此，雖然我們可以確定，密西西比河谷的大型土方工程和土丘都和死亡與來生的信仰有關，但我們卻找不到任何神話或傳說，以解釋這些信仰和地畫與土丘的建造有何關聯，或這些結構為何會包含了複雜的幾何圖形和天文準線。

要建造出卡霍基亞、蒙德維爾、紐瓦克土方工程群，或沃森布雷克等遺址，不但勞師動眾，也需要精巧的設計和龐大的組織動員能力。因此如果不能激發出參與者的強烈動機，這樣的大型計畫也就不可能展開。由於缺乏證據，我也無法得知北美洲大型工程的建造動機為何。但也許我能從古埃及的喪葬銘文中找到答案。

■正方形、長方形、橢圓形和圓形

我還記得我剛接觸喪葬銘文時，就發現其中常提到幾何學，因此我現在就把它們都找了出來。以下就是幾個例子。

《亡靈書》的一百零八章寫著：「日光之山是位在天堂東方。這座山有三萬肘長，一萬五千肘寬。」

不管換算成哪種度量衡系統，它都是一個長寬比為二比一的標準長方形，約相當於長一萬五千公尺，寬七千五百公尺。

這座「山」長得還真奇怪。

在八十一章有段語焉不詳的幾何描述：「拉（Ra）的國度的四邊，和地球寬度的四倍。」拉是太陽之神；而「幾何學」的原義為「測地之術」，它的功用就是測量「地球寬度」。

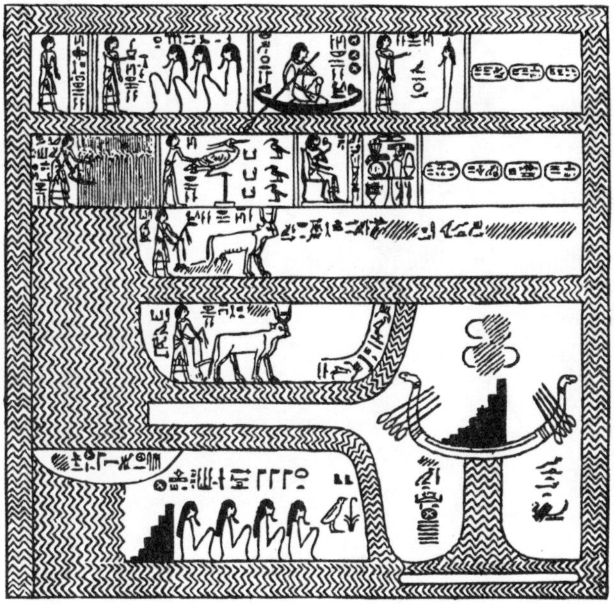

奉獻平原（納布塞尼莎草紙書[Papyrus of Nebseni]，大英博物館）。

《亡靈書》的一百一十章寫著：

> 天神荷魯斯把自己變得和老鷹一樣強壯。這隻鷹有一千肘長，兩千肘寬。

這似乎是某位抄寫員在複製古老來源的檔案時，把長和寬弄混了。但根據紀錄，這仍是個長寬比為二比一的長方形，長寬各約為一千公尺和五百公尺。

在《杜亞特世界之書》也提到另一個長方形區域。它被稱為奉獻平原（Sekhet-Hetepet）。它的長度和寬度很接近，在插圖中看起來幾乎就是個正方形。它的形狀是由一條裝滿水的連綿護城河勾勒出來的，護城河內的土地則被水道切割成更小的區域。

杜亞特的第二時區被稱為「特超」（Tchau），「它有四百四十肘長，四百四十肘寬。」不管換算成哪種度量衡系統，它都是個完美的正方形，長寬各約是兩百二十公尺。在杜亞特的第七時區中，也有

一個長寬相同的正方形園區。

在第五時區一部分的索卡爾之地（Land of Sokar）和審判的場所，有一位「頂點女神」。我們在第五時區也會看到「角度之神」，祂的象形符號中就有一個直角，直角也是測量學和三角學最重要的角。在索卡爾之地的中心，有兩個躺著的人面獅身獸，他們的尾巴相連，形成一個細長的橢圓形。橢圓形的上方有一座金字塔，金字塔頂端有個女神的頭。

在棺槨文中，可以看到一艘巨船或「三桅帆船」，以下是它的尺寸：

> 三桅帆船長度的一半爲一百萬肘，船艏，船艉和後舷的總長是四百萬肘。

「三桅帆船長度的一半」約為五百公里，其他列出部分的總長度則是兩千公里，這就是個以四倍遞增的幾何級數。

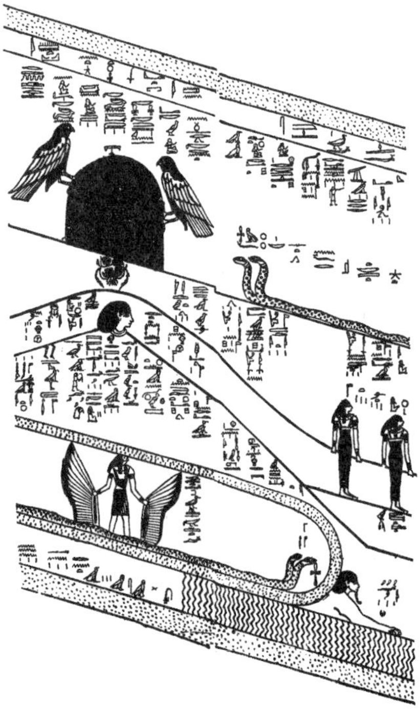

索卡爾之地中，
橢圓形上方的金字塔。

古埃及的冥界是位在星空中，那裡不但有正方形、長方形和橢圓形，還有無所不在的正圓形。

棺槨文中還提到，「圓形的荷魯斯之柱，是位在黑暗開口的北方。」在《亡靈書》中，我們會看到「『夸提』（Querti）的眾神」。「夸提」的原義就是「圓」。在進行來生之旅的靈魂都要歌頌夸提的眾神。

在《杜亞特世界之書》和太陽神拉有關的第五時區中，可以看到一個「連接著杜亞特道路的圓形」。在第七時區，靈魂要在「歐西里斯之圓的道路上展開一場旅行」。第八時區也提到「隱藏在沙地上的諸神之圓」。此外，這裡也提到「杜亞特的五個圓」，要進入每個圓都必須先穿過一扇「門」。

在喪葬銘文各處都一再提到「杜亞特的隱藏之圓」，它是個極重要的地方，我稍後會詳細介紹。從書中的一些線索看來，杜亞特本身就是一個圓。就像華里士・布奇說的，在《地獄之書》中有一個場景，「歐西里斯的身體彎曲成圓形，圓形中嵌入的象形文字說它就是杜亞特。」

■ 太陽和月亮

喪葬銘文的內容可說是無所不包，除了多次提到星星和星座，還提到很多我無法一一詳述的主題。但其中有個我不得不在此特別介紹的主題，它就是在越過杜亞特的旅程中常會遇上的月亮。在《杜亞特世界之書》中的第二時區，有幅插畫上出現一艘小船，根據布奇的說法，「小船的功用是支撐起圓月。跪坐在圓月旁的是天神『扶持者瑪特』，瑪特的象徵符號是一根羽毛，代表文字是『瑪特』。」

我在前一章介紹過古埃及的審判場景，瑪特代表的就是審判最注重的精神，也就是宇宙正義、和諧與平衡。將瑪特和月亮關聯在一起可說是非常恰當，因為月亮就是讓地球「保持平衡和穩定」的關鍵角色。

埃及人常以為太陽是被一艘船載運著，而且在杜亞特中也扮演著很重要的角色。祂是希望和重生的象徵，每晚都會在可怕的杜亞特照亮一條無畏之路。如果亡魂夠幸運，它們就能獲准乘上這艘船，和太陽結伴同行。這些線索可能會讓我們做出很多重大發現。但我比較感興趣的，是喪葬銘文中的一些段落，因為它們能幫助我們了解，古埃及人為何會對至日這麼感興趣，甚至在尼羅河谷中建造了幾座具有壯觀至日準線的宏偉神廟；這些神廟中又以路克索（Luxor）的卡奈克神廟（Temple of Karnak）最具研究價值。

至日約是在六月二十一日和十二月二十一日。這天之所以特別，是因為那天的太陽是在日出最南點升起，在日落極北點落下。日輪在地平線上的出沒位置，在一年中會發生週期性的變化。但在至日的前後三天，日輪的出沒位置似乎停止變化，既沒有往北移也沒有往南移。既然談到至日，我們就再看看之前提過的幾何形狀的「日出之山」。我之前引用過《亡靈書》一百零八章的片段，以下是接下來的段落：

日出之山的頂坡上有一條長達三十肘的巨蛇。牠身體的前八肘是被燧石和閃亮的金屬片覆蓋著。……接著拉就靜靜站著，看著這條巨蛇。拉的船停了下來，接著拉在船上睡了一場大覺。

這段文字描述的一定是至日，但描述並不寫實，而是採用了既生動又充滿想像力的筆觸。在棺槨文中也有類似的描述：

我正位在地平線的升起處，我要爲拉指引天空之門。拉停下來時，祂的道路已經預備好了。

我要再提出一個問題，除了至日，還有什麼能讓無所不能的太陽神拉停下來呢？

■土方工程

古埃及的冥界中也有堤道。就像棺槨文第六百二十九條咒語中的死者說的：「我要在寬廣的堤道上展開旅程，它的各種形狀就是為長途旅行設計的。」在《金字塔文本》第六百七十六段落，提到一場像是帶著聖物朝聖的旅行：「請為他服務，就像你為你的兄弟歐西里斯服務一樣。把骨頭擺放整齊，幫他換好新鞋底，為他做好在堤道上旅行的準備。」

在第七百一十八段落提到：

哀悼的女人稱你爲伊西斯（Isis），繫船柱稱你爲奈芙蒂斯（Nephthys），你在堤道上現身了。

古埃及銘文提到堤道時，通常會和土丘有關。以下是上一個引用段落接下來的內容：

希望你能在荷里提土丘（Horite Mounds，獻祭天神荷魯斯的土丘）旁經過，希望你能經過塞斯提土丘（Sethite Mounds，獻祭天神賽斯 [Seth] 的土丘）。你有你的靈，父王把自己變成一個靈。

在第四百七十段落，死者對母親「神祕之地女士」說：

「我要到天上和父親見面。」

母親問：「你要去高土丘嗎？還是去賽斯土丘？」

死者回答：「高土丘會把我傳送到賽斯土丘。」

這段詭異的對話顯然是暗藏玄機，無法直譯的祕語，在喪葬銘文中都充滿了這種語言。靈魂在穿越杜亞特的旅程中，除了要越過荷里提土丘和塞斯提土丘，還要越過南方土丘（Southern Mounds）和北方土丘（Northern Mounds）。根據布奇的描述，杜亞特第五時區是個金字塔狀的結構，它有時也被描述成一個「中空的土丘」和「土造山丘」。

棺槨文中還說「諸神位在各自的土丘上」，後來又說，「土丘會變成城鎮，城鎮會變成土丘。」此外棺槨文中也常提到「諸神的城市」。例如：

一座神聖的城市為我而建。我知道它，也知道它的名字。它就是雅盧平原（Sekhet-Aaru）。

以下是另一個例子：

我來自神的城市，最原始的地區。

我之所以會討論古埃及文獻中提到的「城市」，是因為如果城鎮可以是土丘，土丘也可以是城

鎮，那麼「城市」照理來說不也可以是城鎮和土丘嗎？此外，布奇曾在《埃及的天堂和地獄》（*The Egyptian Heaven and Hell*）一書中提到，有位天神「將群星安置在它們該在的地方」。如果譯者將「地方」一詞的埃及原文譯為「城市」，這句話的意義瞬間就變得複雜得多了。雖然譯者也許覺得我的解釋很離譜，但在我看來，這位天神是在把星星安置在地上的「城鎮」中。

我們已經知道城鎮可以是土丘，土丘也可以是城鎮。既然如此，城鎮和土丘為何不能是星星呢？如果你能以埃及人的方式思考，就會覺得這種說法很順理成章。

■如何為靈魂做好旅行的準備

古埃及人認為，人的有生之年只是一場準備，一場為靈魂在杜亞特之旅的死後審判所做的準備。這場審判的關係很重大，這趟旅程的結局不是永生，就是永遠滅亡。這場審判當然和道德有關，但正如我之前介紹過的，審判除了涉及道德層面，也和靈知（Gnosis）與深入的體認有關。詭異的是，那些想獲得永生，能「萬壽無疆」的人，必須做到的第一個任務，就是在地上打造出「努特（Nut）天界的杜亞特祕密之圓」的完美複製品。

能徹底了解這些形狀，並完美複製出它們的人，就會成為在天上或地上都充份準備好的靈。他永遠都已做好準備，無時無刻都不會有任何疏漏。只要你能複製出它，並在你還在凡間時就了解它，它就會成為你的魔力守護者，在天上和地上保護你。

如果複製的形狀符合祕密之家的規定，製作方式也都能依照祕密之家的要求，這些形狀就會成為建造者的魔力守護者。

不了解杜亞特的祕密形狀，或對它們一知半解的人，就會受到毀滅的處罰。知道這些祕密形象的人，就會成為做好旅行準備的靈。

以上的例子，就是以華麗古老語言包裝起的一種信仰，或是宗教潛移默化的手段。這個信仰就是：靈魂永恆的命運為何，全取決於一項建築計畫。這項計畫就是在地面複製出杜亞特天界的某個「隱藏」或「祕密」的區域，這個區域的座標就記錄在「祕密之屋」的檔案中。

埃及文物學家都已經認定了，銀河和位於它西岸的獵戶座，是杜亞特天界地形中的重要標記。一九九六年，我和羅伯特．鮑瓦爾在我們合著的《獅身人面像的訊息》中闡述了，獅子座的絕大部分都和杜亞特重疊。我就長話短說吧，我們從當時到現在一以貫之的主張是，大金字塔、人面獅身像，和這些紀念性建築下方的地底走道和密室，其實都是喪葬銘文中概念的體現。

我們認為吉薩建築群的建造目的，就是作為充斥著幾何結構的杜亞特第五時區的立體複製品、模型或仿製品。第五時區又被稱為「索卡爾王國」，它向來被認為是個極其隱祕和神祕的地方。此外我們還認為，人民之所以會支持這項工程浩大的計畫，是因為喪葬銘文中承諾過，參與計畫者能獲得「魔力的保護」，並成為「做好旅行準備的靈」，能順利地在來生之旅中穿越杜亞特。

就我的論述而言，我並沒有必要討論這些信仰的優缺點。我只要說明它們在古埃及存在了很久，從《亡靈書》和吉薩建築群都能找到它們存在的證明，這樣就夠了。此外我還要補充一個無庸置疑的事實，遠古尼羅河谷的偉大文明，從一開始就是以《亡靈書》和吉薩紀念性建築群中的信仰系統為核心建造和發展的。這個文明延續了超過三千年，在這段時間中不但讓人民衣食無虞，也一直是他們精神上的寄託。這就足以證明這套信仰系統有些基本功效。

■問題和解答

我們再回頭探討一個問題。在長達幾千年中，北美洲密西西比河谷各處也出現過大量建築群，雖然在這幾千年中，有時也會出現一些漫長的文化空窗期。北美洲的建築群，也和一套別具特色的信仰系統有關。值得探究的是，為何這套系統中關於靈魂來生之旅的很多核心元素，會和古埃及的宗教宇宙觀不謀而合呢？

如果這些相似之處純是出於巧合，那我們在研究密西西比河谷紀念性建築的相關問題時，就不必指望能從古埃及喪葬銘文中，找到讓人豁然貫通的合理解答。但喪葬銘文確實能提供一些有用的線索，我認為這就提高了兩者之間確實有關的可能性。

●密西西比河谷的遺址為何規模都如此之大？遺址中的天文準線為何又極具重要性？

根據古埃及喪葬銘文，尼羅河谷的建築是為了反映天地對應而建造的。密西西比河谷的遺址也是基於相同的理由建造的。天空很巨大，因此打造宏偉建築的目的，除了是向天空致敬，和天空發生關聯外，最重要的目的就是「模仿天空」。

●為何在密西西比文化喪葬象徵系統中，獵戶座和銀河會極具重要性呢？銀河又為何會被視為「靈魂之路」呢？

古埃及喪葬銘文對這兩個問題的答案是：獵戶座之所以重要，是因為星空的入口就位在那裡。靈魂必須通過入口，才能到達「蜿蜒的水道」，接著靈魂必須沿著水道才能繼續它的穿越冥界之旅。

●為何在密西西比河谷的遺址中，園區的幾何形狀，尤其是以長方形、正方形、圓形和橢圓形園區呈現出的形狀，會是很重要的元素呢？

這和古埃及喪葬銘文的說法一樣。根據喪葬銘文的說法，尼羅河谷中之所以有天地對應的幾何

形狀建築，是因為幾何形狀就是冥界的基本特徵，而長方形、正方形、圓形和橢圓形園區，就是靈魂在來生之旅中要穿越的天上區域的主要形狀。

●為何密西西比河谷的遺址都有堤道和土丘？

這和古埃及喪葬銘文的說法一樣。根據喪葬銘文的說法，尼羅河谷中天地對應的建築之所以有堤道和土丘，是因為堤道和土丘是天上冥界的重要特徵，而尼羅河谷中的建築之所以有堤道和土丘，是為了在地上複製出冥界。

●密西西比河谷的人民為何願意付出大量財物和人力，建造蒙德維爾、卡霍基亞和紐瓦克土方工程群等壯觀的遺址？他們又為何要不遺餘力地，讓每一處遺址都充滿了幾何特色？又為何要努力地以各種方式，讓各個遺址能和天空「相似」，讓它能和天空有密切的關聯？

和古埃及喪葬銘文提出的理由一樣，密西西比河谷的人民也相信，如果天空隱藏著某些「祕密區域」，他們就必須在地上複製出這些區域，以便能在有生之年探索、熟悉和了解天上的神祕區域。如果靈魂在生前沒做到這項必要的預備工作，它就無法擁有這種「祕密複製品」的知識，因此會受到「滅亡的懲罰」。

■天和地

說到驅策人民的技巧，羅馬天主教會在中世紀時就證明了，以「永恆滅亡」為威脅是很有效的方法。我認為古埃及的「靈魂毀滅」，就相當於天主教的「永恆滅亡」。這是喪葬銘文中的詛咒。古埃及人也許就是為了避免遭到詛咒，才會竭盡全力地建造出尼羅河谷中天地對應的廟宇和金字塔。

這些建築都可說是巨型石造版的《亡靈書》，而其中的一些建築，尤其是吉薩建築群，更被視為「冥界入口」或「冥界之門」。

我在上一章接近結尾處，曾引用過羅曼的「通往冥界的真正通道或門戶」；那是他對霍普韋爾土方工程的描述。我現在之所以要再引用羅曼的這句話，是為了強調它既適用於密西西比河谷的宗教信仰，也適用於尼羅河谷的信仰。雖然這兩個文明在時間和空間上都有遙遠的距離，但這兩個地區的居民對靈魂在來生的命運，似乎都具有相同的核心概念。而且他們不但認為該以建築呈現出這些概念，對建築必須具有的很多特色和用途，觀點也都如出一轍。

因此，雖然其中一個文明在地面上複製了獵戶座的腰帶和獅子座，另一個文明則以巧妙設計的建築群，描繪出月球和太陽停變的準線，但兩個文明的基本目標都是相同的，都是為了打開天地間的入口，讓死者的靈魂能通過入口。

吉薩紀念性建築群是「星座圖」或「星座圖的部分」，我認為密西西比河谷中的一些紀念性建築有可能也是如此。其實就像我在第一部就介紹過的，羅斯·漢彌頓就一直認為蛇丘是天龍座投映在地面的圖案。喬治·蘭克福德則提出很有力的證據，說明蛇丘代表的是天蠍座。我認為重要的並不是誰對誰錯，而是他們都認為土丘和土方工程，都可能是星座在地面的對應圖案。

我們也許永遠也無法確認事實是否真是如此，因為很多前哥倫布時期的北美洲遺址都被摧毀了。雖然如此，學者們已經在研究這個問題了。

就以密西西比文明的考古研究為例，威廉·羅曼對霍普韋爾進行過徹底研究後，認為建造者的觀點是：

紐瓦克土方工程群就是冥界的入口。靈魂能在太陽、月亮或星星到達特定位置時，藉由入口穿

梭於不同次元的空間。

我在第二十章提到的「霍普韋爾大道」，是一條曾連接著紐瓦克和高岸，長度超過六十哩的遠古堤道。威廉．羅曼認為這條大道「是銀河靈魂之路在地上的對應或象徵，靈魂之路則是靈魂前往冥界時的必經之路。」

此外，羅曼也同意喬治．蘭克福德的意見，認為蛇丘和天蠍座有關。羅曼認為「蛇丘和守護冥界的『陰間巨蛇』有很多相似之處」。

我們在古埃及和密西西比文明中，都能發現地面上有些象徵天上冥界的建築結構。我們在霍普韋爾也能發現這種結構。這類結構的奇妙之處，就在於它們能同時扮演宇宙舞台上的多種角色。舉例來說，人面獅身像既是獅子座在地面的對應，也正對著象徵天地交會的至日日出點。蛇丘既是天蠍座在地面的複本，它張開的雙顎和雙顎間的橢圓形土方工程，也是夏至日落時天地結合的見證者。

說到這件事，我們不妨回頭看看我稍早從《亡靈書》中引用的例子。在一座山的頂坡上有條巨蛇，牠把太陽神拉的船攔下，只看了太陽神一眼，就讓祂睡了「一場大覺」。這當然可能只是一個巧合，但這段描述和蛇丘的情況卻相似得讓人不可思議。位在布拉什溪旁峭壁上的蛇丘，不正是一座盯著太陽在夏至日落停變點的巨蛇雕像嗎？

正如我之前介紹的，在夏至前後，太陽連續三天都像是在地平線的相同位置落下。如果從神話的角度而言，這個事件確實很像太陽神被巨蛇凝視後的「一場大覺」。

另一個巧合是，根據《亡靈書》描述，這條巨蛇的頭頸部有八肘長，「表面覆蓋著燧石和閃亮的金屬片。」我在第二十三章介紹過，喬治．蘭克福德在研究北美洲傳說時，也提到來生之旅中會出現一條長角水蛇；牠有時被稱為「下界之王」，有時被稱為「額頭鑲著紅寶石的巨蛇」。長角水

蛇的形象和古埃及傳說中，「表面覆蓋著燧石和閃亮的金屬片」的巨蛇，不也有幾分神似嗎？蘭克福德認為，這條代表靈魂之路上的大魔頭的「額頭鑲著紅寶石的巨蛇」，也常出現在蒙德維爾遺址，和與來生之旅直接相關的雕像或圖案中。他也提出了有力的證據，說明蛇丘就是這條超自然巨蛇的立體模型。此外，蘭克福德也以契羅基族神話中的長角蛇怪（Uktena）作為有趣的對照。根據神話，長角蛇怪是「一條身體和樹幹一樣粗的巨蛇」：

牠的額頭有像鑽石般明亮的頭冠，鱗片則像火焰般閃耀。

根據這些神話，這條巨蛇也能僅靠眼神，「就讓人們在路上停下，無法逃脫。這和《亡靈書》中的巨蛇又非常相似，因為牠只看太陽一眼，就讓太陽睡了『一場大覺』。」

■更新和重生

學者都同意，古埃及喪葬銘文中關於靈魂來生之旅的概念，要比現存的銘文都還古老得多。這些概念的歷史可以遠溯到五千五百年前，文字尚未出現的史前埃及時期的口述傳說。

同樣的，雖然我們也找不到遠古北美洲的象形文字或銘文，但值得注意

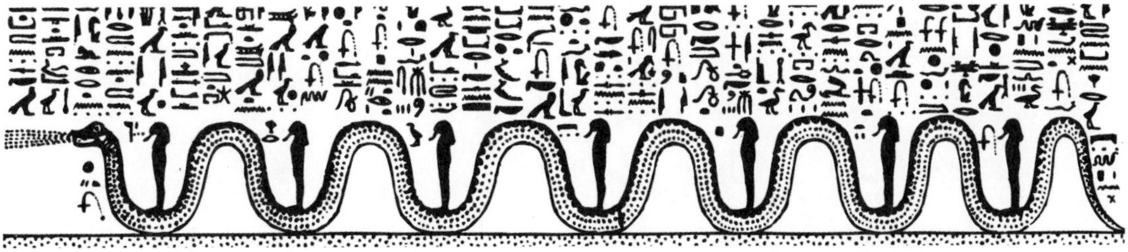

杜亞特中的巨蛇科提（Kheti）。

的是，被認為是建造於兩千三百年前左右，一直被視為是阿德納文化時代遺址的蛇丘，就具有一些幾何形狀結構和夏至日落點準線；而在五千五百年前的沃森布雷克，也有這類結構和準線。在六千年到五千年前，下密西西比河谷為何會突然出現土丘和土方工程的建造風潮呢？這至今仍是個神祕和無法解釋的問題。同樣難以解釋的就是古埃及的高度文明。它在出現時就已經很成熟了，但這種具有先進知識的文明，為何會沒有經過傳承發展就憑空出現呢？

北美洲已知最古老的土丘遺址，年代也許可以上溯到八千年前。之後土丘建造就進入停頓期。但這也沒什麼好奇怪的。從沃森布雷克時代到波弗蒂角文化初期，土丘建造活動沉寂了整整一千年。在波弗蒂角文化結束後，土丘建造又中斷了好幾次，在每次空窗期結束後，卻又死灰復燃般的重現人間。由於北美洲的土丘建造史總是斷斷續續的，我們也無法確定這個傳統最早是在何時出現的。

我們之所以無法確認土丘起源的原因，主要是因為相關的考古學研究並不完備。由於很多史前證據都已遭到破壞，因此我們永遠也無法取得完整的考古學資料，北美洲歷史的研究也會因此受到極大的限制。可能在八千年前的北美洲從未出現過土丘建造，但另一種可能是，曾存在過更早的土丘建造，只是那些證據都消失了。

第二個原因是，土丘建造所蘊含的概念系統並不是世代相傳，而是一套能在短暫出現後就完全消失，接著再以完整面貌重新出現的系統。我已故的作家好友約翰．安東尼．韋斯特（John Anthony West）曾說，古埃及文明「並不是從無到有發展而成的，而是傳承自某個更古老的文明。」我認為他的觀點也適用於北美洲歷史。因此我們不能排除一種可能性，那就是考古學家所謂的「最古老」的土丘遺址，它們之所以能在極久遠的年代，就具有極高的工藝水準，是因為它們也只是傳承自某個更古老文明。

如果真是如此，這些遺產的來源為何？又是在何時傳承的呢？這些在不同時間和世界各處不斷出現的文明遺產，為何總能呈現出相同的核心概念呢？

這次我又從古埃及的文獻中找到一些可能的答案。

■失落世界的重生

這次我說的並不是喪葬銘文，而是艾德福建築銘文（Edfu Building Texts）。這些銘文之所以被冠上這個名稱，是因為它們是被刻在上埃及艾德福（Edfu）荷魯斯神殿（Temple of Horus）的牆上。

這些銘文記錄的是一個極遙遠的時代，它被稱為「諸神的太初時代」（Early Primeval Age of the Gods）。銘文中透露了，這些諸神原本並不是埃及人，而是住在一座名為「太初眾神的故鄉」（Homeland of the Primeval Ones）的神聖之島上，島嶼四周是一片大海。後來在某個不可考的年代，發生了一場驚天動地的大浩劫，「眾神最早住處」所在的聖島也被洪水淹沒。全島都遭到摧毀，島上的所有聖地也沉入水中，居住在島上的大多數神明也都喪生了。據說殘存的神明駕船在世界各地「流浪」；從銘文就能看出，這些所謂的「神明」一定是航海家。祂們雲遊四海的目的，就是要重建失落的家園，恢復家園的精華。簡單地說，祂們想做的是：

復興諸神過去的國度，

重建被毀的世界。

如果讀者中有人對艾德福建築銘文之謎仍很陌生，想要更深入了解，那麼你們可以參考我在《諸神的魔法師》（*Magicians of the Gods*）中的詳細介紹。我不會在此重複書中的論述，也不會用書中的內容佐證我目前要提出的觀點。我要說的重點是，艾德福建築銘文提出了一個值得探討的可能性，那就是某個失落文明的倖存者，在一場毀天滅地的全球性大浩劫後開始在世界各地「流浪」。這些被視為「神明」的流浪者其實只是凡人。柏拉圖在《亞特蘭提斯》（*Atlantis*）中說，「未遭到大洪水波及的人」，湊巧多半是居住在山上、叢林和沙漠中的獵人採集者。柏拉圖很明確地指出，他們都是一群「目不識丁又沒有文化的人」。流浪者在這些人之中定居後，仍朝思暮想地要重建他們的高度文明。就算無法恢復文明，至少也要把其中的知識、智慧和宗教概念傳承下去，讓在洪水餘生的人類不必「對過去一無所知的童蒙狀態從頭開始」。

說到艾德福建築銘文中的流浪文明啟蒙者，我就不禁想到在第十八章談到的圖卡諾族文明起源傳說。在他們的傳說中，「舵神」和「太陽之女」將火賜給最早來到亞馬遜的人類，並教導他們園藝、陶器製作和其他技藝。其他「神靈」則沿著各河流航行，探勘偏遠的山脈，找出最適合定居的地方，「將那裡開發成適合凡人生活的地方。」

這些神靈在回到故鄉前做了一件事：

> 祂們在很多地方留下永垂不朽的記號，證明祂們曾到此一遊，讓後人能透過這些不可磨滅的證據，知道神靈曾降臨塵世，並永遠都會記得祂們和祂們的教導。

根據人類學家傑拉多·雷赫爾多馬托夫的查證，這些通常具有岩畫的紀念性地點，至今仍被圖卡諾族視為聖地。他們認為那就是「他們的文化是來自神靈的證據。當時神靈仍住在塵世，並為他

們奠下文化的根基。」

再回頭談談古埃及和艾德福銘文，以下是銘文中關於太初諸神之島生還者的紀錄：

> 祂們穿越原史時代的大地，在各地定居並建立新的神聖領域。

我們可以據此推論，祂們的任務也包括重新傳播洪水前的失落宗教。接著我們發現了建築就是宣教任務的重心，而最初的建築是以土丘的形式出現的。這項建築計畫關係很重大，因此祂們還帶了一本書，《太初時代的土丘工程設計書》（*The Specifications of the Mounds of the Early Primeval Age*）。書上「明確規定」了該在尼羅河谷的哪些地方建造土丘，每個土丘的特徵和外觀，並說明頭一批創始土丘的用途，也就是成為埃及未來所有神殿和金字塔的建造地點。

既然艾德福諸神準備大興土木，這也難怪祂們之中會包括希波提（Shebtiw）和「七賢者」（Seven Sages）。希波提是一群建築之神，專門負責「創造」；祂們也是「建築的實際執行者」。七賢者顧名思義就是傳播智慧的人，但除此之外，祂們也參與了制定結構和建立基礎等工作。

我一以貫之的論述是，艾德福建築銘文反映的是一些真實事件。這些事件發生於一萬兩千八百年前到一萬一千六百年前，一場大浩劫的前後。古氣候學家稱這段時間為新仙女木期（Younger Dryas），艾德福銘文則稱之為「太初時代」。我認為在那個比一萬兩千年前還久遠的年代，一個失落文明的倖存者在尼羅河谷播下文明的種子，這些種子後來造就了尼羅河谷中的埃及王國；而人面獅身像、相關的巨石神殿和大金字塔的地底密室等結構，都是在這段時間建造的。我還認為盛極一時的金字塔時代之所以能出現，是因為曾存在著某個祕密教派或修道院的組織。這個組織在各世代招募新成員，建造幾何學和天文學迷因，並傳播「上下相應」的思想系統。他們教導人民必須遵守

和尊重這套系統，否則就會遭到永恆毀滅的報應。這些文明創始者很可能是藉著這些手段讓概念能流傳千年，最後造成金字塔時代的盛世。

■龜島

如果我們把艾德福建築銘文當成史實紀錄，並相信就像其中描述的，有很多航海團被派往世界各地，以便在全球大洪水後重建文明。如果這都是真的，而且古埃及就是其中一個航海團的後代，那麼在世界其他地方應該也能發現其他後代。

我在本書中提出的論點，就是在密西西比河谷確實也有這樣的嫡系文明。和古埃及一樣，這個文明也承載著某個遠古史前「未知」文明的DNA。在卡霍基亞和蒙德維爾等遺址，和比它們年代早上一千年的紐瓦克和高岸，比紐瓦克和高岸早一千年的波弗蒂角，和比波弗蒂角早兩千年的沃森布雷克，我們都能看到一些類似的結構，它們呈現出的都是相同的天地對應的幾何學和天文學系統。我們愈深入探究，就會發現愈古老的起源，直到八千年前左右，這種建築傳統才逐漸消失。北美洲各地的遺址，普遍都會為獵戶座設一個對應區域，在年代較古老的遺址就能發現這種傳統的早期證據。雖然如此，我們仍沒有足夠的資料，以確認早期遺址建造者的來生信仰為何，或這種來生信仰和較晚期遺址中特別強調的「靈魂之路」建築群有何關聯。但在卡霍基亞和蒙德維爾等年代較近的密西西比河文化遺址，都確實存在著這種信仰。除了考古學證據外，民族學研究的資料也證實了這種信仰的存在。在霍普韋爾和阿德納文化的遺址，如紐瓦克、高岸和蛇丘，都明顯地反映出來生之旅的信仰。既然如此，在北美洲土丘建造史上年代最早和最晚的遺址，也都很可能具有相同的「文

化套件包」（cultural package）。也就是說，它們應該都具有以幾何結構和天文準線，呈現出天地對應概念的結構，而且這些結構都和靈魂來生之旅的信仰有關。

接著再談談亞馬遜，和尼羅河谷與密西西比河谷的遠古遺址一樣，亞馬遜雨林也有一些結合幾何學與天文學迷因的土方工程。此外，當地不但有幾何形狀神明的傳說，和藉由致幻植物取得冥界知識的悠久傳統，而且在亞馬遜雨林中也有愈來愈多的土方工程陸續被發現。

此外，美洲人類移民史的真相為何？關於這個問題目前大家仍莫衷一是。我們都知道美洲是在距今一萬兩千八百年前，到一萬一千六百年前的末次冰河時期末期，海平面上升時和舊大陸島分開，成為一個巨島。我們都知道新舊大陸之間後來一直沒有重大的文化和基因交流，直到五百年前歐洲人開始征服美洲，情況才有了轉變。我們因此可以大膽斷言，如果新舊大陸之間有任何的文化或基因共同之處，而且這些共同處並不是過去五百年中的交流造成的，那它們如果不是出自巧合，就是出自一萬一千六百年前，或是還要久遠得多的年代的共同起源。

古埃及和遠古北美洲有很多神奇的相似之處，那絕不是用巧合就能解釋得通的。但兩者之間也有很多相異之處。從這些相異之處，和尼羅河谷與密西西比河谷文明在時間與空間上的差距看來，我們就能判定它們之間絕不可能有直接的相互影響。

既然它們在遠古不可能直接相互影響，造成這些相似之處的唯一可能來源，就是第三方的影響。這個第三方可能是一個失落的文明，也許甚至是艾德福銘文中提到的「太初眾神的故鄉」，那個在一萬兩千八百年前在全球大浩劫中被毀滅的島嶼。

在北美洲原住民傳說中，北美洲向來被稱為「龜島」，人們也總以為這裡的文化是從其他地區引進的。但我們不妨換個觀點，北美洲有沒有可能就是太初眾神的故鄉？而關於靈魂的來生之旅，和建造特殊結構以配合來生之旅的獨特概念系統，有沒有可能是發源自北美洲，而不是被引進北美

洲的？

克洛維斯第一的謬論現在終於遭到揚棄了。我們已經確認至少在兩萬五千年前，北美洲就有人類活動；一些有力證據甚至指出，人類早在五萬年前就出現在北美洲了。如果湯姆．德梅雷和他的團隊，對賽魯迪長毛象遺址的線索的解讀是正確的，那麼真正的首批美洲原住民，早在一萬三千年前就已經在新大陸生活了，而且他們的足跡已經到達北美洲南部的聖地牙哥。

就現有的證據看來，北美洲是在八千年前開始有土丘建築。如果人類是在兩萬五千年前才開始在北美洲生活，這段人類史就有一大段空白。這段空白長得足以讓人類文化發生多次重大變革，但如果這些變革真的發生過，為何我們找不出任何跡象。

我之前介紹過了，有大量關於美洲原住民文化、知識和信仰等遺產的真相，都在過去五百年中因歐洲人征服遭到徹底摧毀。這已是不爭的事實。現存紀錄之所以殘缺不全的第一個原因，就是大部分紀錄都消失了。

第二個原因，是我在本書第二部介紹的湯姆．德梅雷的解釋。德梅雷認為在最近之前，考古學家一直不願調查年代更古老的沉積層，因為他們先入為主地認定，不可能在那裡做出任何發現。但還有一個影響力遠高於前二者的原因，那就是地球在一萬兩千八百年前經歷的滅世級災難。雖然全世界都受到這場災難影響，但所有證據都顯示北美洲才是受害最嚴重的地區。北美洲原本被覆蓋在厚達兩公里的巨大冰蓋下，而且冰蓋一路延伸到南方的明尼蘇達州。當時冰蓋出現大規模融化，對廣大地區造成全面破壞，考古紀錄也被毀滅殆盡。

北美洲到底發生了什麼事？

第七部

曾經的末日

大浩劫之謎

第二十五章

艾露伊斯

那是在二〇一七年十月初，一個酷熱難耐的早晨。我們剛離開亞利桑拿州土桑市，驅車前往八十哩外的穆雷溫泉。那裡是個有大量遺存，又很複雜的克洛維斯遺址，位在湯姆斯通鎮西南方約十四哩，美墨邊境北方約二十哩處。我們經過十號州際公路和亞利桑拿九十號州立公路，在烈日下看到沿路的灌木叢愈來愈焦黃，環境的半沙漠化程度也愈來愈嚴重。但我們到達穆雷溫泉公園，和大門的巡護員打了招呼，沿著遺址附近的步道走了幾哩後，卻來到一片綠洲般的茂密墨西哥合歡樹林。蜿蜒的疏洪道目前已經乾涸，河道旁的墨西哥合歡已長得很高，成了遮蔭納涼的好地方。雖然這裡仍不時出現暴洪，但據說之所以會出現綠樹成蔭的環境，主要是因為處理後的污水都被排放在那裡。

和我與桑莎同行的，是地球物理學家亞倫．韋斯特（Allen West）和他的太太南西。韋斯特正在和加州大學的地球科學家與海洋學家詹姆士．肯尼特（James Kennett），與勞倫斯柏克萊國家實驗

室的核分析化學家理查・費爾斯通（Richard Firestone）共同研究。他和超過六十個來自不同領域的科學家，組織成一個不拘形式的同盟，從二〇〇七年起一起致力解開一個複雜的謎團，一個關於新仙女木事件的謎團。新仙女木事件是一場全球氣候變化的大災難，時間和晚更新世滅絕事件（Late Pleistocene Extinction Event）重疊。在這場發生於一萬兩千八百年前的大災難中，北美洲有三十五個屬的大型動物群滅絕，每個屬之下都還有好幾個種。克洛維斯人和他們具有「凹槽矛頭」武器的特殊文化，下場也和那些巨型動物一樣。

我們爬下乾涸的河道底部，沿著當時約有兩公尺深，十二公尺寬的河道往前走。不久後，亞倫停下腳步說：「這裡就是艾露伊斯（Eloise）被發掘出的地方。」他指的是一萬兩千八百年前，在穆雷溫泉遭到克洛維斯人伏擊殺害的一隻猛瑪象。他說艾露伊斯被發現時骸骨仍很完整，只是少了後腿。牠一被殺死，後腿就被砍下了。一隻後腿被放置在象頭旁。考古學家在數百公尺外發現另一隻象腿，象腿不遠處就是一處遠古營火的殘跡。他們還在營火旁發現一個不完整的克洛維斯矛頭，其他矛頭則在「艾露伊斯身體裡」。

萬斯・海內斯是在一九六〇年代負責挖掘這隻猛瑪象的考古學家。他是亞利桑拿州立大學的終身講座教授，和美國國家科學院院士。他在數年後帶亞倫・韋斯特和理查・費爾斯通重返遺址考察。讀者應該還記得，目前已經遭到揚棄的克洛維斯第一理論，當年之所以還能苟延殘喘一陣子，主要是因為海內斯對它大力支持，並禁止進行任何可能將美洲移民史追溯到更早年代的研究。

身為穆雷溫泉遺址的發現者和主要發掘者的海內斯，也有值得嘉獎之處，至少他讓人們注意到遺址中的一個很奇怪的特色，它就是一層明顯的深色土壤。這層亞倫・韋斯特所謂的「收縮包裝膜」狀的土壤，就位在克洛維斯遺存和滅絕的大型哺乳動物群上方，其中也包括艾露伊斯。

海內斯稱這層深色土壤為「黑墊」。除了在穆雷溫泉，海內斯也在北美洲各地的數十個遺址看

過它。他是第一位注意到黑墊和晚更新世滅絕事件有明顯關聯的人。海內斯在一篇論文中提到，這個事件前後曾出現「奇特環境」，在「黑墊沉積層形成前不久」，整個大陸的所有大型哺乳動物突然陸續死亡，之後「所有猛瑪象、乳齒象、馬、駱駝、恐狼、美洲擬獅、貘，和包括克洛維斯人在內的大型哺乳動物都消失了」。

海內斯並指出，「黑墊底部接觸面是一場劇烈氣候變遷的記號。當時阿勒羅德間冰期末期（terminal Allerod）溫暖乾燥的氣候，正轉變為新仙女木期酷寒的冰河時期氣候。」

從一萬八千年前左右之後的數千年中，全球氣溫一直在緩慢而穩定地上升，冰蓋也在持續融化。我們的祖先因此認為，地球的漫漫長冬終於要結束了，氣候溫和的新時代也即將來臨。在一萬四千五百年前，暖化過程變得格外明顯。接著，到了一萬兩千八百年前左右，氣候變化卻突然發生大逆轉，突然變得很寒冷，就像數千年前冰河時期的高峰期一樣寒冷。目前我們稱這個神祕的時期為新仙女木期。當時的酷寒持續了一千兩百年，直到一萬一千六百年前，氣候變化才再次逆轉，全球溫度急遽上升，殘存的冰蓋融化並坍塌掉進海洋中。後來地球就變得像目前一樣溫暖。

萬斯．海內斯在穆雷溫泉之外也做出其他發現：

在美國至少有四十個其他地點，也有新仙女木期黑墊沉積。這個沉積層覆蓋著克洛維斯時代的地表，這層地表上保存著更新世末期大型哺乳動物的最後遺跡。無論是從地層學或年代分析看來，這場滅絕都必定是一場驚天動地的變故。它來得很突然，影響範圍也極廣，因此主因絕不可能是人類掠食或氣候變遷。這場突如其來的滅絕，似乎正好是發生於阿勒羅德冰期氣候暖化，到新仙女木期氣候冷卻之間的轉變期。最新的證據顯示，當時地球曾發生地外物體撞擊，雖然證據仍不充份，但仍有進一步檢驗的必要，因爲如此劇烈的變化一定是事出有因。

海內斯把以上想法，發表在二〇〇八年五月的《美國國家科學院院刊》上。他提到的「證據仍不充份」的「地外物體」撞擊，指的並不是「外星人」，而是一本正經的科學理論「新仙女木撞擊假說」。這個理論於二〇〇七年十月首次被正式提出，論文發表的期刊也是《美國國家科學院院刊》。論文的共同作者包括亞倫．韋斯特、理查．費爾斯通、詹姆士．肯尼特，和其他二十多位科學家。他們在論文中提出證據，證明在一萬兩千八百年前左右，一個巨大彗星的大量碎片撞擊地球，造成毀滅性的後果。這場浩劫讓全球都受到波及，但受影響最大的就是北美洲冰帽。這場撞擊讓冰帽變得不穩定，導致新仙女木期的酷寒氣候，和大型哺乳動物的滅絕。

海內斯在二〇〇八年說，這個大膽的假說「仍有進一步檢驗的必要」；他真是料事如神。這個假設在之後幾年就受到嚴厲檢驗，成了一場激辯的焦點，兩派各執一詞的科學家至今仍爭論不休。一派科學家包括很多來自各種不同領域，德高望重又經驗豐富的專家。他們都認為之所以會發生那場災情遍及全球，但對北美洲影響最嚴重的浩劫，就是因為一萬兩千八百年前左右的一場流星雨。另一派科學家則是一群極具影響力，又反對這個理論的懷疑論者。他們雖然人數較少，卻更勇於發言。我在《諸神的魔法師》中介紹過這兩派科學家的辯論，因此就不在此複述。我在二〇一八年走筆至此時，這個假設已經受到十年以上的嚴厲批判和駁斥。但結果是，新仙女木撞擊假說（YDIH）能禁得起時間的考驗，被愈來愈多的科學家接納，現在已成了那場發生於一萬兩千八百年前左右的大浩劫和滅絕——也就是海內斯所謂的「劇烈的變化」——的最合理的解釋。

亞倫．韋斯特仍是這個千古之謎首屈一指的研究者，他也在與他人合著的四十多篇科學論文中深入探討這個問題。

他能陪我走訪穆雷溫泉，讓我感到很榮幸。

■黑墊

亞倫帶我們來到河道界牆，邊走邊解釋說，這裡在一萬兩千八百年前是個很不一樣的地方。它和過去最大的差異，就是過去這裡「要潮濕得多」，有「成串的湖泊」。大型哺乳動物會到湖邊喝水，克洛維斯獵人也會來此獵殺牠們。河道本身是近代才出現的，但它的用處很大，因為它將新仙女木期前後形成的沉積層，垂直切割了數公尺深，因此就像是一條考古探溝，曝露出層層相疊的層位和層位中的事物。

在河道兩側的界牆上，目前地平面下方約一公尺處，各有一個明顯的黑色層位，它沿著水平方向延伸，就像蛋糕中的一層夾心。這個層位顯然是遍及這個地區，後來暴洪切割出這條水道，讓黑土層曝露在外。我繼續用蛋糕的比喻，暴洪就像切掉「一塊蛋糕」，讓我們能一窺蛋糕的內部。

這個層位的厚度約相當於手掌的寬度。

亞倫確認說：「它就是黑墊。」

我從它的外觀看不出浩劫的跡象，但從外觀看到的未必就是真相。

小行星或彗星撞擊地球時，最先造成的痕跡就是一個隕石坑，那也是撞擊留下最明顯的痕跡；大量隕石撞擊時更會造成多個隕石坑。雖然如此，地球表面總是不斷在改變，隕石坑可能會在侵蝕或地質學作用下消失，也可能被後來的沉積物覆蓋，或被上升的海平面淹沒。如果就像新仙女木撞擊假說說的，厚達兩公里的北美洲冰帽遭到地外物體撞擊時，冰層上的隕石坑會融化消失，因此冰層下的地面只會留下極少證據，或完全沒有證據。

因此科學家發展出其他更能見微知著的檢驗方法。他們的目標不是找出隕石坑，而是在地質學紀錄中偵測天體撞擊的痕跡。舉例而言，他們把奈米鑽石當成彗星或小行星撞擊的典型跡證，以科

學術語而言，就是「替代物質」（proxy）。這是因為奈米鑽石只會在極罕見的環境下生成，那就是彗星或小行星強烈撞擊時，產生的高壓高溫環境。其他可作為檢驗標的替代物質的還包括：很像玻璃石（trinitite）的熔融玻璃（meltglass），熔滴在空氣中快速冷卻產生的微小碳球、磁性微球、木炭、煙灰、鉑、含有稀有同位素氦三的碳分子，和含銥的磁性晶粒。

某些玻璃或金屬替代物質，必須在攝氏兩千兩百度以上的高溫才能生成。自然中唯一能達到這種條件的，就是天體撞擊時在瞬間產生的高溫。至於為何會同時生成其餘的替代物質？可能的解釋也有很多，但其中仍是以天體撞擊說最符合現有的證據。

此外，科學至今也只發現兩個具有這種特質的沉積層，「它們分布於幾個大陸，其中的天體撞擊標誌礦物的年代峰值也都相同，這些標誌礦物包括奈米鑽石、高溫後驟冷卻形成的小球、高溫熔融玻璃、碳球、銥和粒狀碳。」

沉積層之一是位在白堊紀地層和古近紀地層的交界處，年代是六千五百萬年前。另一個交界層是新仙女木邊界層，年代是一萬兩千八百年前。科學界在很久前就達成共識，認為在六千五百萬年前，墨西哥灣曾發生一場巨型天體撞擊，恐龍也因此大量滅絕。

我問亞倫：「既然黑墊是如你所說，像『收縮膜』般直接覆蓋在艾露伊斯上方，那麼它一定是在艾露伊斯被宰殺後不久，屍體多半仍留在現場時形成的吧。」

「我們看到黑墊底部直接接觸骨頭的，是撞擊事件產生的小球、銥、鉑，和小片熔融玻璃。這並不表示艾露伊斯在撞擊發生時還活著，但牠一定是在撞擊前幾週內死亡的。」

我請亞倫解釋黑墊的成因。「我知道黑墊的底部有大量撞擊形成的替代物質，它們是在黑墊開始形成時就出現了，但它們顯然並不是黑墊本身。」

亞倫回答：「黑墊是在替代物質層上方形成的。黑墊中有很多木炭，但其中也有水藻殘骸，因

此不是只有燃燒物。新仙女木事件改變了氣候，讓這個區域變得更潮濕。河的邊緣開始長出水藻。」

他指著河道界牆上的一道黑色條紋說：「嵌在其中的是一千年前左右死去水藻的殘骸、木炭和很多其他東西。條紋底部就是撞擊發生時的沉積物，其中有銥、鉑和一層熔融的小球。當時的溫度高得足以讓汽車融化成一攤金屬液。」

「你是說穆雷溫泉也曾發生撞擊嗎？」

亞倫說情況沒有那麼單純。「更大的撞擊是發生在北方很遠處。這裡可能只發生一場空中爆炸。彗星的一個碎片還來不及撞擊地面，就在空中爆炸了。」

「如果你當時身在此處，會看到天空就像在燃燒，燃燒的中心點比太陽還耀眼。重點是當時仍是一片寂靜。人們起初什麼都沒聽到，因為音速比光速慢得多。」

這有點超乎我的想像。我問道：「克洛維斯獵人當時有可能正在獵殺艾露伊斯嗎？」

亞倫搖頭說：「撞擊絕不可能發生在獵殺時，因為他們已經切下艾露伊斯的後腿，並把其中一支腿拿走烹煮了。但也許撞擊是發生在獵殺當天稍晚，至少我可以確定是在獵殺後的幾週內。我是根據目前非洲大象被獵殺的情況判斷的。腐食動物會很快地趕到死屍旁，將骸骨的關節拆散。但艾露伊斯並未遭到肢解。」

從現場跡象看來，我覺得宰殺似乎仍未完成。

我想了想說：「艾露伊斯的另一塊臀部是位在頭部旁。除此之外，牠的屍體都很完整。這是否表示獵人當時仍待在不遠處，打算過一會再回來完成宰殺，卻因故從此一去不回？」

亞倫也和我一樣陷入沉思。他說：「好吧。這也只是你的猜想，誰也不確定這裡在一萬兩千八百年前到底發生了什麼事。但就現有的證據看來，也有可能是獵人圍坐在營火旁，烤著猛瑪象的臀肉時，天空突然發生爆炸。」

「他們之所以沒有處理掉艾露伊斯剩下的屍體，是因為他們都死了嗎？」

「也許吧。」亞倫附和著說。他指著黑墊底部接著說：

「但我們目前能確定的是，黑墊形成之時，也就是克洛維斯人的末日和一個時期的結束。在北美洲各處黑墊以上的地層，都沒有任何克洛維斯矛頭的跡象。克洛維斯矛頭都位在黑墊之中或下方。在北美洲各處的黑墊上方也沒任何猛瑪象骸骨。撞擊可能是生物相繼死亡的主要原因。但冰帽南方的撞擊和空中爆炸也會引發野火，其中又以遙遠南方的新墨西哥州的火勢最嚴重。大量證據都顯示著，新仙女木期初期曾發生大規模的野火。事實上，在新仙女木期邊界層發現的煙灰，要比在白堊紀與古近紀交界層發現的還多。我們在估算後發現，當時地球上約有百分之二十五的可食用生物質，和百分之九的總生物質，都在新仙女木撞擊事件後的幾天或幾週內被燒毀。因此很多地區的動物就算沒有馬上死亡，後來也會死於食物不足。當時的草都燒光了，樹上也沒有一片葉子。此外，彗星碎片以高速衝向地球時，會把大氣層鑽出一個洞。碎片會把空氣排擠開，從太空引進冷捲流。碎片在大氣中爆炸後，冷捲流仍會一路衝擊地面，讓正下方附近的所有動物凍結在原處。那些才被烈火焚身的動物，可能在幾秒內就被凍結了。」

■連續注鉑

我問亞倫在他看來，為新仙女木期揭開序幕的連續撞擊持續了多久。是一夜之間就結束了？或持續了幾天？或好幾週呢？

「這場連續撞擊會造成什麼影響？」

他說這個問題中，必定有些可能永遠無法釐清的不確定性和變數。但依照證據指出的範圍，連續撞擊並非只持續了幾天或幾週，而是持續了二十一年。從一萬兩千八百三十六年前，到一萬兩千八百一十五年前，這場驚心動魄、天崩地裂的災難，持續了整整二十一年。在一萬兩千八百二十二年前，這場浩劫達到了最高峰。

這起撞擊是發生於接近一萬三千年前。我們之所以能在這段漫長歲月中，精確地鎖定二十一年的撞擊發生期，都要歸功於一種神奇的科學資源，它就是格陵蘭冰蕊。取蕊管能鑽取深達三公里以上的冰蕊，冰蕊中保存著十萬年中連續的天氣變化紀錄。在十萬年中，地球各地如果發生過任何環境和氣候事件，並影響到格陵蘭的冰帽，這些事件就會被記錄在冰蕊中。亞倫說冰蕊的檢驗結果顯示，金屬鉑的濃度曾出現異常峰值。亞倫解釋說，「這段長達二十一年的鉑含量上升期，就是我們判斷出撞擊事件持續了多久的依據，因為鉑一落在冰蓋上就不太可能會移動，幾乎是牢牢固定在原處。」

我讀過的一篇論文也支持亞倫的說法，論文的作者是哈佛大學地球與行星科學系的麥凱爾・佩塔耶夫（Michail Petaev），和他的同事黃士春（Shichun Huang）、史坦・雅各布森（Stein Jacobsen）與亞倫・辛德勒（Alan Zindler）。這篇論文是發表在二〇一三年八月的《美國國家科學院院刊》，論文標題就說明了它的主旨：《格陵蘭冰蕊的大幅鉑異常意味著新仙女木初期曾發生一場浩劫》（*Large Pt Anomaly in the Greenland Ice Core Points to a Cataclysm at the Onset of Younger Dryas*）。

鉑是地球原本就有的一種元素，但佩塔耶夫和同事分析過冰蕊中的鉑後，發現其中有一種地球的鉑不該有的成分，因此科學家認為這種成分「並非來自地球」，比較可能是來自「某種成分特殊的金屬撞擊物」。他們也注意到，鉑異常現象只出現於一萬兩千八百三十六年前，到一萬兩

千八百一十五年間的二十一年中。就像亞倫說的：

鉑濃度在十四年中逐漸上升了一百倍以上，在之後七年又開始下降。據觀測，冰層的鉑濃度在十四年中逐漸增加，這可能是因爲含有大量鉑的塵埃被多次注入大氣。

亞倫對佩塔耶夫的發現的解讀是，所謂的「撞擊物」其實有很多個，它們都是某個彗星的碎片。這個來自外太陽系的彗星，正好位在和地球擦身而過的軌道上。

彗星雖然是被冰凝聚在一起，但彗核卻有大量岩石，而且通常極具揮發性，因此彗核本來就很容易裂解。就以休梅克—李維九號彗星（Shoemaker-Levy 9）為例，它碎裂成二十一個碎片，這些碎片在一九九四年七月的六天中，陸續撞上木星，造成好幾場光彩奪目，氣勢磅礴的大爆炸和多個暗斑。暗斑在這個巨大的氣態行星上持續了幾個月，有些暗斑甚至比地球還大。

亞倫認為在新仙女木邊界層形成的年代，地球可能也遇上類似的情況；亞倫的同事多半也認同他的看法。亞倫參考的是卡迪夫大學天體生物學教授威廉．納皮爾（William Napier）的研究。納皮爾認為新仙女木撞擊假說的大要，就是在三萬年前左右，有個直徑長達一百公里的巨型母彗星，從外太陽系高速接近，進入和地球軌道交錯的軌道，並在之後的一萬年中仍保持完整。

大約在兩萬年前，這個彗星在內太陽系巨大引力的作用下，發生大規模的「裂解事件」，從一個足以毀滅地球的致命星體，裂解成大至直徑超過一公里的極危險物體，到小至數十公尺和汽車大小的碎塊，到大圓石大小的物體，到拳頭大小的碎塊，接著是數十億個更小的碎片，和無邊無際的塵埃。幾千年後，這群以時速數萬公里的速度，雜亂無章地在軌道上運行的大小彗星碎片，開始分解成多個充滿碎塊的絲狀結構，最後再擴張成一個巨大管狀的「流星群」。這個直徑約有三千萬公

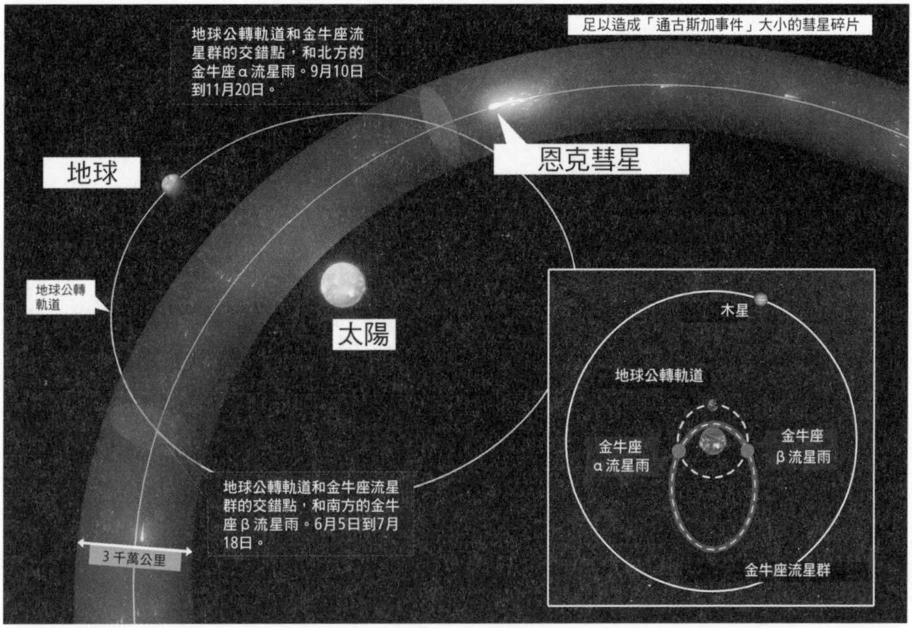

金牛座流星雨，它是一個直徑超過一百公里的巨型彗星，在完全裂解前的殘留星體。這個流星群中有三個已知彗星或類彗星體，它們是恩克彗星（Enke）、奧加托彗星（Oljiato）和魯德尼茨基彗星（Rudnicki）。此外流星群還包括十九個亮度最高的近地物體。

里，長度超過三億公里的流星群，跨越了地球的整個軌道。它的軌道和地球軌道在兩處交錯，因此地球每年會和流星群相遇兩次。地球每天會在軌道上運行兩百五十萬公里，要花上十二天才能穿過流星群。從地面上看來，這個流星群造成的「流星雨」，就像源自天空中金牛座的區域，因此它就被稱為金牛座流星群。現在地球每年仍要穿越流星群兩次，在六月末七月初時從危險的內部絲狀結構穿越。但這時我們看不到流星，因為它們是在白天出現的。從十月末到十一月，地球又會穿越一次，這時就會上演一場精采的「萬聖節煙火秀」。

在地球與金牛座流星群一年兩度的遭遇中，我們多半只會看到煙火般的流星雨，但偶爾也有些意外插曲。一九〇八年六月三十日，一

個流星從金牛座流星群脫隊。直徑約有六十到一百九十公尺的它，衝進地球的大氣層。它在空中爆炸了，還好爆炸地點是位在西伯利亞一處無人居住的地區。在兩千平方公里的區域中，有八千棵樹因爆炸倒下。為了讓各位更清楚，我就借用另一個地方為背景。大倫敦區的面積為一千五百八十二平方公里，人口為七百萬。納皮爾教授說，如果這場爆炸發生在大倫敦區：

爆炸聲不只會傳遍全英國和北方的丹麥，甚至也會傳到歐洲的瑞士。英國北部原野的表土都會被剝除，牛津市的民眾會被炸飛，並受到嚴重燒傷。倫敦將出現高達二十公里的火柱，市區內環道路以內的區域都會被摧毀。衝擊能量相當於三到十二點五百萬噸黃色炸藥的威力。

如果有個相同大小的物體，在目前的某個大城市上空爆炸，結果一定很觸目驚心。但通古斯加（Tunguska）事件是發生在很偏遠的地區，而且當時的大眾傳播又不像現在這麼發達，因此幾乎沒有人察覺到，小小的天外隕石居然有毀天滅地的威力。

納皮爾教授和曾擔任哈佛大學天體物理系主任的同事維克多・克魯布（Victor Clube），更將金牛座流星群中「獨特的碎屑群」，形容成「地球目前最大的碰撞威脅」。他們和亞倫・韋斯特、詹姆士・肯尼特與理查・費爾斯通整合了彼此的發現。之後這兩個由地球物理學家和天文學家組成的團隊，一致認為一萬兩千年前左右新仙女木期的開始，很可能就是由剛形成不久的金牛座流星群中的流星體撞擊地球造成的。這些流星體的體積要比在通古斯加上空爆炸的流星體還大，並挾帶著大量地球之外的鉑。從格陵蘭冰蕊的證據看來，地球似乎在二十一年中每年都遭到撞擊，每年的撞擊次數不斷增加，在第十四年達到巔峰，之後撞擊次數就逐漸減少，在第二十一年時停止。

在沿著熾熱的河床往回走的路上，我對亞倫說：「地球就像每隔數千年都要經歷一場大難，和

通古斯加大爆炸是發生在五到六公里高空的空中爆炸。據估計，這個物體的直徑約在六十到一百九十公尺之間。這場爆炸讓超過兩千平方公里內的樹木倒下，爆炸面積超過倫敦。如果這起事件發生於某個大城市上空，而不是在無人居住的區域，一定會造成無數人死亡。照片：列昂尼德．庫利克（Leonid Kulik）。

一個由巨大岩塊碎屑構成的絲狀結構遭遇。接著地球就會年復一年的遭到嚴重撞擊，直到穿越這個絲狀結構。」

亞倫提醒我：「佩塔耶夫的說法是『連續注鉑』。我想他在論文中是這樣說的，那是他個人的看法。此外，我們正在進行的新研究也有些發現。我們從冰蕊發現，在二十一年的鉑濃度驟升期開始時，塵埃量也恰好開始暴增。」

「這項發現有何意義？」

「我們可以因此知道當時除了發生各

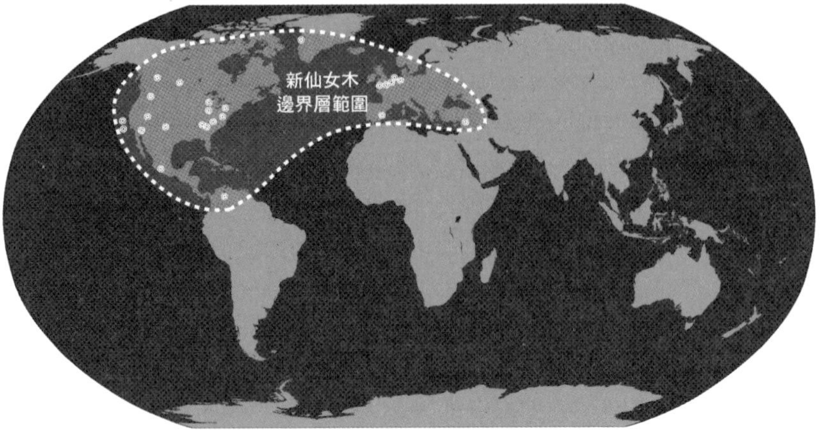

新仙女木邊界層分布區。虛線內的區域就是目前已知的新仙女木邊界層的範圍。它的面積超過五千萬平方公里，是由宇宙撞擊的替代物質構成的。

種狀況，也吹起很強的風。很多替代物質被強風吹到冰蓋上。風勢增強時，便能吹起大陸沙塵。由於當時氣候較冷，植被也變少了，因此強風一出現，缺少植物固定的沉積物就會被風吹起，形成大型沙塵暴。我們在格陵蘭的冰蓋就能看到沙塵積累。從冰蓋中鎂和鈣濃度的大幅增加，就能斷定當時它們是由大陸沙塵造成的。此外，冰蓋中的鈉和氯也增加了；它們是來自海鹽。當時的風強到足以刮起更多海鹽，並讓海鹽在格陵蘭積累。在之後近一百年中，這些風成替代物質不斷增加。在這段時間中，冰蕊的生物質也到達巔峰。它們都是來自燃燒替代物質，而且都只出現在新仙女木期最初二十一年的前十年之內。因此最合理的解釋，就是地球當時曾遭到天體撞擊，撞擊引發大規模的生物質燃燒，氣候因此發生劇烈變化，強風和大規模沙塵暴也隨著出現。」

「所以當時可說是多災多難嗎？」

「是一連串的災難。劫後餘生的人一定會覺得那是世界末日。」

「在災情最嚴重的北美洲情況尤其可怕。」

「這裡的情況比其他地區嚴重得多，說是水深火熱也不為過。但受災的不只有北美洲，我們從證據中看出，歐洲在這段期間也遭到這個流星群撞擊，甚至連東方的敘利亞和南美洲都遭到波及。隕石散布區分布於世界各地，面積超過五千萬平方公里。」

■新證據

我在《諸神的魔法師》中曾詳細介紹新仙女木撞擊假說。我在書中也提出證據，證明這場撞擊不只徹底改變了世界，也幾乎消滅了克洛維斯人和冰河時期某個先進文明的所有遺跡。

雖然考古學家都知道北美洲是這場浩劫中受災最嚴重的地區，但他們仍不了解它對遠古人類史研究的重大意義。這部分是因為我們目前才漸漸了解到，這場發生於新仙女木期開始時的浩劫破壞力有多驚人。

如果人類文明史有任何脫漏的篇章，它必定就是這段時間的歷史了。

第二十六章

火與冰

亞倫・韋斯特和研究新仙女木撞擊假說的科學家團隊，於二〇一五年組織起一個正式研究組織——彗星研究團體（Comet Research Group）。這個團體的簡稱為CRG，成員包括六十三位頂尖科學家，他們是來自十六個國家的五十五個大學。很多其他科學家也直接或間接參與這項研究，在CRG成員發表的論文中擔任共同作者。

二〇一七年三月九日發表在《自然》的姊妹期刊《科學報告》（*Scientific Reports*）中的一篇論文，就是這樣的合作結果。它的標題是〈新仙女木開始時北美洲沉積層序廣泛記錄到的鉑異常〉（Widespread Platinum Anomaly Documented at the Younger Dryas Onset in North American Sedimentary Sequences）。

這篇論文的主要作者是CRG會員中，來自南卡羅萊納州立大學的克里斯多福・莫爾（Christopher

Moore）。CRG會員的共同作者包括我在上一章介紹過的亞倫・韋斯特，東卡羅萊納大學的人類學家藍道夫・丹尼爾（Randolph Daniel），我在第六章介紹過的考古學家阿爾伯特・古德伊爾，加州大學的地球科學家詹姆士・肯尼特，辛辛納提大學的地質學家肯尼斯・坦克斯利（Kenneth B. Tankersley），和北亞利桑拿大學的地質學家泰德・邦區（Ted Bunch）。非CRG會員的共同作者，有南卡羅萊納大學的行星與大氣科學家麥爾坎・勒孔特（Malcolm LeCompte），也是來自南卡羅萊納大學的地貌學家馬克・布魯克斯（Mark J. Brooks），南卡羅萊納州伍佛德學院的環境科學家泰瑞・費格遜（Terry A. Ferguson），西喬治亞大學的地球科學家安德魯・艾夫斯特（Andrew H. Ivester），華盛頓大學的光釋光年代測定專家詹姆士・費瑟斯（James K. Feathers），和伊麗莎白市州立大學的物理學家維克多・亞德吉（Victor Adedji）。

不論以哪種標準評斷，他們都稱得上是陣容極堅強的科學家團隊。他們的研究也符合正統派科學的優良傳統，也就是說，他們在檢驗其他科學家做出的重要預測。我在前一章介紹過，麥凱爾・佩塔耶夫和同事發現在一萬兩千八百三十六年前，到一萬兩千八百一十五年前的二十一年間，格陵蘭冰蕊中的鉑濃度出現明顯上升。根據佩塔耶夫的說法，這段期間的同溫層就像被「多次注入」富含鉑的塵埃。他還預測如果塵埃是來自彗星、小行星或隕石，那麼落塵的範圍應該包括格陵蘭之外很遠的地區，而且「全球都會出現鉑異常」。

在二〇一七年那篇關於鉑異常的論文中，共同作者選定在北美洲各地採樣，以測試這項預測是否正確。他們之所以挑上北美洲，既是因為這裡是新仙女木浩劫災情最嚴重的地區，也是因為北美洲就是他們的大本營。他們要檢驗的是「新仙女木期的陸相沉積物，是否和格陵蘭冰蓋第二計畫（GISP2）的冰蕊一樣，也有鉑異常現象。」

這項檢驗看似無關緊要，其實關係非常重大。如果土壤樣本檢驗結果顯示，北美洲各地新仙女

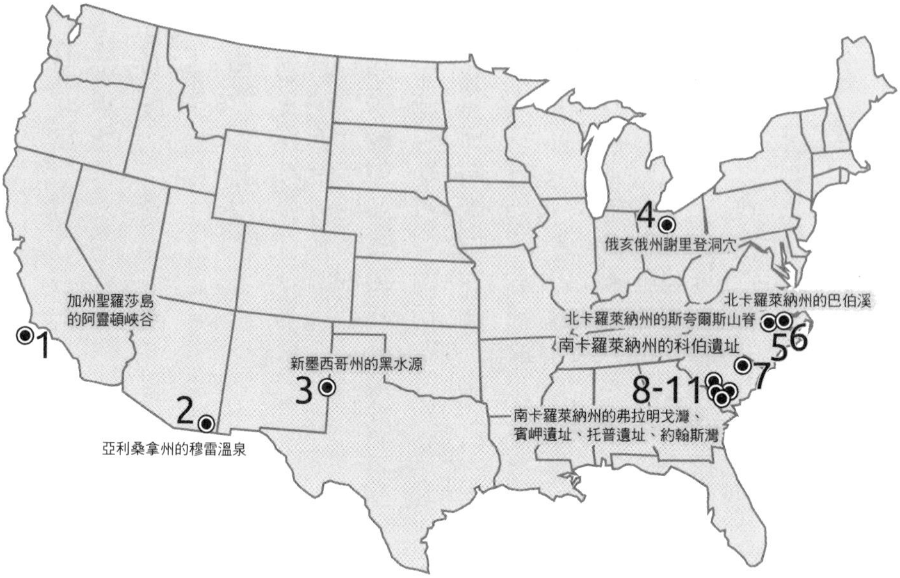

木邊界層的鉑只達到正常的背景濃度，那麼佩塔耶夫的預測就是錯的，新仙女木撞擊假說也會連帶地受到嚴重質疑。但如果檢驗顯示鉑濃度確實上升了，那就說明佩塔耶夫所言不虛，而且能提供有力的證據，證明新仙女木期的浩劫是肇因於天體撞擊。

專家們選定了十一個考古遺址為研究重心，上方地圖中就有它們的位置。這些遺址都有完整的成層和明確的新仙女木期沉積：

一、加州聖羅莎島的阿靈頓峽谷（Arlington Canyon）；二、亞利桑拿州的穆雷溫泉（Murray Springs）；三、新墨西哥州的黑水源（Blackwater Draw）；四、俄亥俄州謝里登洞穴（Sheriden Cave）；五、北卡羅萊納州的斯夸爾斯山脊（Squires Ridge）；六、北卡羅萊納州的巴伯溪（Barber Creek）；七、南卡羅萊納州的科伯遺址（Kolb Site）；八、南卡羅萊納州的弗拉明戈灣（Flamingo Bay）；九、南卡羅萊納州的賓岬遺址（Pen Point）；十、南卡羅萊納州的托普遺址（Topper）；十一、南卡羅萊納州的約翰斯灣（Johns Bay）。

這項計畫啟動時，專家開始檢驗阿靈頓峽谷、穆雷溫泉、黑水源、謝里登洞穴等四個遺址的土壤樣本，特別是來自「界線分明，經過確切年代測定，而且含有峰質新仙女木邊界層撞擊相關替代物質的新仙女木邊界層沉積」。以下是他們的檢驗結果：

在之前的土壤檢驗中都已確認了，這四處遺址的新仙女木邊界層，含有大量的峰值新仙女木邊界層替代物質，其中包括微型小球、熔融玻璃和奈米鑽石。這次檢驗結果顯示，四處遺址的土壤樣本都出現遠超過背景濃度的鉑異常。

研究團隊又對其他七處遺址的土壤樣本進行鉑濃度分析。簡單地說，他們在十一處遺址的檢驗結果都強烈地證明，在距今一萬兩千八百年前，新仙女木期氣候開始變化時的沉積物都出現大量的鉑。各遺址的平均鉑濃度為十億分之六（6 ppb），而在新仙女木邊界層上下層位的平均背景濃度則是十億分之零點三。地殼的平均鉑濃度為十億分之零點五。各遺址的鉑背景濃度都小於平均地殼濃度，但新仙女木邊界層的鉑平均濃度卻是平均地殼濃度的十二倍以上。在佩塔耶夫等人於格陵蘭進行的格陵蘭冰蓋第二計畫（GISP2）中，經過精確的年代分析，冰蕊的峰值鉑濃度為兆分之八十（80 ppt）或十億分之零點一（0.1 ppb）。而遺址樣本的鉑濃度也遠高於冰芯的峰值濃度。這十一處遺址的峰值鉑濃度，也都比格陵蘭峰值鉑濃度高出很多，是它的三到六十六倍以上。

以上引用的段落中有很多艱澀的專業術語和簡稱，因此一般人很難看出其中的微言大義。白話地說，在某層地層中保存著豐富的證據，證明在一萬兩千八百年前左右曾發生一場滅世級的天體撞擊，專家也在那裡找到大量確切的新證據。不但如此，專家還發現在美國的鉑訊號強度要比格陵蘭高出甚多，很多其他跡證也都指出，北美洲就是這場浩劫中受災最嚴重的地區。如果這是一場謀殺

案的調查，控方又因缺乏有力證據而遲遲不敢提出告訴，只要能掌握如此有力的新證據，控方一定能向法庭提告並贏得訴訟。但莫爾和他的團隊仍很謹慎低調，只是淡定地說：

我們在北美洲多個遺址的新仙女木年代初期的沉積中，都發現相同的鉑濃度異常現象。佩塔耶夫等人宣稱，格陵蘭之所以有高濃度的鉑，很可能是因爲天體撞擊。我們的研究並未找到任何證據，能推翻佩塔耶夫等人的說法。此外，我們也沒有找到能推翻新仙女木撞擊假說的證據。

莫爾等人在完成自己的調查後，又開始詳細檢視科學文獻，查找除了在北美洲和格陵蘭之外，新仙女木邊界層鉑異常現象的涵蓋範圍有多廣。他們發現雖然在佩塔耶夫展開研究前，並沒有任何調查是針對新仙女木邊界層的鉑異常現象。但他們卻注意到其他更早的新仙女木邊界層研究，曾一筆帶過地提到發現鉑系元素。發現的地區包括比利時、中太平洋、委內瑞拉、英國西南部和荷蘭。他們認為從這些「重要資訊」看來，這確實是一場影響全球的事件，因此極具「深入研究」的價值。

莫爾和同事在論文正文後的補充資訊中，也提供了詳細證據，證明新仙女木邊界層的鉑濃度增加，並不是因為地球的火山活動或地幔作用。為了提供對比，他們整理了一百六十七個隕石的地球化學資料，其中包括球粒隕石（chondrite）、無球粒隕石（achondrite）、鐵隕石（iron）和橄輝無球粒隕石（Ureilite），並發現其中有很高比例的隕石含有大量的鉑。因此「這四種隕石都可能是新仙女木邊界層鉑濃度增加的可能來源」。

他們還提到，「如果有個含有高濃度鉑的隕石或彗星撞擊地球，目標岩石（target rock，地球上受到撞擊的岩石）會變成隕石和地球物質的熔融混合物，因此應該含有高濃度的鉑。」

所謂「隕擊岩」（impactite）就是隕石撞擊地球後形成的岩石。論文的共同作者整理了八十六個

這類隕擊岩，它們是來自三個主要撞擊層，年代跨越了二十億年以上。他們在每個隕擊岩中都發現鉑濃度都有或多或少的增加，這些鉑濃度值也包括一萬兩千八百年前左右，來自高濃度鉑的新仙女木邊界層的樣本。

■追蹤線索

有利證據陸續出現。

二〇一七年十月，我們和亞倫·韋斯特在穆雷溫泉碰面時，亞倫告訴我CRG的一項新研究已確認了，在新仙女木期開始時，曾出現長期的強風、沙塵和大規模的「生物質燃燒」。他說，「地球約有百分之九的總生物質，在新仙女木邊界層開始形成的數天或數週內被燒毀了。」這是一場驚天動地的災難，但我當時太注意他說的其他事，因此並不了解此事的嚴重性。

亞倫當時不經意談到的事件，來源就是二〇一八年二月號的《地質學刊》中的一項研究。這篇分為上下兩部分的長篇論文，有個很直白的標題：〈一萬兩千八百年前，新仙女木期天體撞擊引發的大規模生物質燃燒事件和撞擊冬天〉（Extraordinary Biomass-Burning Episode and Impact Winter Triggered by the Younger Dryas Cosmic Impact ~12,800 Years Ago）。這項研究的主持人，是CRG會員溫蒂·沃爾巴赫（Wendy Wolbach）。沃爾巴赫是芝加哥帝博大學（De Paul University）的無機化學、地球化學和分析化學教授。參與研究的成員包括亞倫·韋斯特和其他二十五位頂尖研究人員。

這份研究報告在首頁就證實了，百分之九的地球生物質都燃燒了。報告中還計算出，這就相當於超過一千萬平方公里的植物總量都付之一炬。

陷入火海的植被面積有一千萬平方公里，這就相當於兩個亞馬遜雨林正在燃燒，燃燒範圍相當於中國全境，或整個歐洲，或整個北美洲。

不論當時出現多少處野火，或野火在地球上是如何分布的，面對著如此大規模的燃燒，再加上新仙女木期開始時的其他災難，地球當時可說成了人間煉獄。

雖然我們從湖泊的沉積物中，也能找到這場災難的重要線索，但這場發生於一萬兩千八百年前，殃及世界各地的大規模野火的最關鍵證據，仍是來自格陵蘭和其他北極地區的冰蕊。這主要是因為這些極長冰蕊的較上層，也就是年代最近的層序，保存著這個重要歷史時期的生物質野火跡證，讓專家能藉由這些跡證判定出燃燒懸浮微粒的種類和量。這些懸浮微粒包括草酸鹽、銨、硝酸鹽、醋酸鹽、甲酸鹽和脫水醣類，它們都可作為替代物質或生物質燃燒的明確訊號。只要其中任何一種燃燒懸浮微粒大量出現在冰蕊中，我們就能確定那是大規模野火造成的大氣落塵的跡象，並藉此判定野火發生的年代，而且通常也可以判定出野火在地球上發生的位置。

以下就是這份發表於二〇一八年，關於新仙女木期謎團的長篇論文中的一些重要片段：

- 格陵蘭冰蓋第二計畫冰蕊：銨（四氫化氮，NH4），一種生物質燃燒替代物質。在十二萬年的紀錄中，銨濃度在一萬兩千八百三十年前到一萬兩千八百二十八年前達到峰值。在相同年代的紀錄中，鉑濃度是在一萬兩千八百三十六年前，到一萬兩千八百一十五年之間達到峰值，和銨的峰值年代重疊。這段時間也正好是新仙女木期開始時。
- 北格陵蘭冰芯計劃（NGRIP）的冰蕊：從新仙女木期初期開始出現的單一四氫化氮峰值，這是北美洲各地物質燃燒的跡證。這是在所有冰蕊紀錄中，發生於北美洲規模最大的生物質燃燒事件。

- 根據格陵蘭冰蓋計畫的研究結果，燃燒懸浮微粒的濃度在一萬兩千八百一十六年前開始急遽上升。在格陵蘭冰蓋第二計畫的研究中，鉑異常也是在一萬兩千八百三十六年前到一萬兩千八百一十五年前之間出現的，和懸浮微粒出現的時間正好重疊。專家分析過三十八萬六千年的冰蕊紀錄後，發現在新仙女木期開始時，草酸鹽和甲酸鹽的濃度也達到這段時間中的最高點，而新仙女木期開始時醋酸鹽的豐度，也是整段冰蕊中最高的。
- 從這些格陵蘭冰蓋計畫的數據看來，大規模野火出現的時間正好是在新仙女木期開始時。這不僅是十二萬年以來生物質燃燒最異常的一次，也許也是三十八萬六千年來最異常的一次。
- 南極泰勒冰穹（Taylor Dome）的冰蕊紀錄顯示出，在新仙女木開始時左右，硝酸鹽（NO3）有少量但明顯的峰值。西伯利亞別盧哈山（Belukha）底部的冰蕊顯示出一個明顯的硝酸鹽峰值，這意味著在新仙女木期開始時曾發生大規模生物質燃燒。
- 來自格陵蘭冰蓋第二計畫、北格陵蘭冰蓋計畫、格陵蘭冰蓋計畫、泰勒冰穹和別盧哈山的冰蕊層系，都證實了在新仙女木期開始時，各地的銨、硝酸鹽、甲酸鹽、草酸鹽和醋酸濃度，都達到新生代第四紀的峰值。這些峰值出現的時機，正好也是新仙女木期開始時的驟冷和其他天候變化出現時。
- 在北美洲、中美洲、歐洲和中東的十九個地點的「黑墊」調查結果：在新仙女木交界層層位，發現了黑碳（black carbon，也就是煤灰）和其他生物質燃燒替代物質的豐度峰值。俄亥俄州黑墊層中的脫水醣類濃度，是它下方層位的一百二十五倍以上，這意味著出現生物質燃燒的明顯峰值。
- 針對南美洲和中美洲九個國家的湖中沉積物做的木炭分析結果：在一萬兩千八百五十年前左右新仙女木期開始時，出現了紀錄上最高峰值之一。

● 針對亞洲七國的湖中沉積物做的木炭分析結果：在一萬兩千九百五十年前左右，誤差為正負兩百二十五年，出現了平均木炭豐度的明顯峰值。之後生物質燃燒就出現陡降，到了之後的一萬兩千四百年前，又出現生物質燃燒的峰值。

● 根據加州沿岸聖芭芭內灣（Santa Barbara Basin）的一個有兩萬四千年層序的海洋岩心，生物質燃燒的最高峰值正好是出現在新仙女木期開始時。這個異常高的峰值出現的時間，也正好和附近海峽群島（Channel Islands）被記錄到的大規模生物質燃燒時間相同。此外，它也和海峽群島上侏儒猛瑪（pygmy mammoth）的滅絕時間，與六百到八百年的考古紀錄空窗期的開始時間相同。這段考古紀錄空窗期，意味著島上人口突然暴減。

● 一個來自西太平洋巴布亞新幾內亞北方一千五百公里的海洋岩心，保存著三十六萬八千年來生物質燃燒的紀錄。這支岩心的特殊之處，在於它不只能提供木炭的紀錄，也有包含黑碳的紀錄；黑炭中則包含活性碳或煤灰。這個岩心顯示，在一萬三千兩百九十一年前到一萬兩千五百一十五年前，曾出現極高的黑碳峰值；這段時間也和一萬兩千八百年前左右的新仙女木期開始時重疊。此外，新仙女木邊界層出現黑碳峰值的年代，也和超出平均值的木炭峰值出現的年代相同，都是在一萬兩千七百五十年前左右。

● 從分布於世界各地的冰蕊紀錄和沉積紀錄取得的證據，都指出在新仙女木期開始，氣候由暖變冷時，至少在四大洲曾出現幅度很大，範圍很廣的生物質燃燒峰值。我們在新仙女木邊界層發現多種和撞擊相關的替代物質，當時鉑、高溫微小球和熔融玻璃的豐度都達到峰值，由此可見當時確實曾發生天體撞擊；而生物質燃燒峰值正好也出現於天體撞擊時。

簡單地說，在一萬兩千八百年前的新仙女木期開始時，地球上的所有生物都經歷了一場遍布全

球的風暴性大火。在這場行星級的災難中，一千萬平方公里的樹木和其他植物都被燒毀了。我就以現代的幾個例子說明當時大火的規模有多大。二〇一八年六月初和七月末，英國蘭開夏（Lancashire）的高沼帶發生野火，四千九百四十二英畝的地區被焚毀，災情震撼了全英國。雖然大火蔓延的面積只有二十平方公里，但七個郡出動了所有消防和急救人員仍無法控制局面，必須請軍方支援。

同一時間，二〇一八年七月二日的《蜜蜂報》（*Sacramento Bee*）報導，加州的野火季似乎提前開始了，相關單位已耗費巨資對抗大火，而且正在疏散當地居民。這兩起大火燒毀了八萬五千英畝的區域，乍看之下，受災面積似乎很廣，但換算後也只有三百四十四平方公里。

在前一年的二〇一七年，加州出現有紀錄以來破壞力最大的野火季，總共有一百二十五萬英畝的區域被焚。包含了救火、保險和重建等救災花費，總計高達一千八百億美元。但一千三百八十萬英畝，換算後也只有五千五百八十五平方公里。和新仙女木期野火焚毀的一千萬平方公里相比，可說是連零頭都比不上。這次的受災面積約只有那場遠古大火的百分之零點五，也就是百分之一的二十分之一。

美國和英國是世上最富有，科技最先進和最強大的兩個國家，但一旦發生從宏觀角度而言只是微不足道的野火，這兩大強國在應付時也會不知所措。發生於一萬兩千八百年前的大火，燒毀了地球百分之九的生物質，並在湖泊沉積層和北極冰蕊中留下不可磨滅的紀錄，讓後人看到它對氣候和大氣造成的影響。可以想見，當時置身於這個人間煉獄中的生物下場必定很淒慘。

■撞擊冬天

新聞節目播放著，美國和英國各處都出現夏季野火。近看時，火場只有漫天煙霧。但從更遠處觀看，就能看到遮天蔽日的濃煙。但受到影響的範圍仍很有限，五十哩外又能看到萬里無雲的藍天。

根據二〇一八年《地質學刊》研究的報導，在新仙女木期開始時的情況就大不相同了。當時有一千萬平方公里的生物質在燃燒，產生的煙霧足以籠罩整個地球，造就出溫蒂．沃爾巴赫和共同作者所說的「撞擊冬天」。

「撞擊冬天」的概念，是源自一九八〇年代初的研究，這類研究揭露出核戰會造成讓人意想不到的後果，也就是「核子冬天」。這類研究的結果，是於一九八三年十月的一篇文章中首度公諸於世，文章的作者是德高望重的天體物理學家卡爾．沙岡（Carl Sagan），標題是〈核戰一旦爆發，立刻就會有超過十億人死亡，但這和核戰的長期影響相比只是九牛之一毛〉（In a Nuclear Exchange, More Than a Billion People Would Instantly Be Killed, But the Long-Term Consequences Could Be Much Worse.）。

沙岡的這篇文章是刊登在一份大眾雜誌上。文章說數個核彈爆炸和它們引發的野火，產生的沙塵和煙霧就足以遮蔽地球上的陽光，導致全球氣溫持續驟降，農作物歉收和嚴重飢荒。可能導致末日般核子冬天的原因，未必只有超級大國間的全面戰爭，就連區域性的核子衝突也可能造成這種後果。沙岡的結論是：「人類的文明和前途，已到了岌岌可危的地步。」

在新仙女木期，人類面對的威脅並不是核導彈，而是一個正在分解的巨型彗星散發出的碎片。這些碎片的速度高達每秒數十公里，其中較大碎片的破壞力更相當於數千個核彈頭的總合。據估計，約在一萬兩千八百年前之後的二十一年中，持續撞擊地球的彗星碎片的爆炸威力總合，就相當於

一千萬個百萬噸級核彈頭，是地球現存的核武總量的一千倍以上。

目前科學界已經知道新仙女木期是個異常寒冷的時期。這個時期長達一千兩百年，是約在一萬兩千八百年前驟然出現，又在一萬一千六百年前左右戛然而止。《地質學刊》的研究以極具說服力的新證據，讓我們更深入了解這段長達一千兩百年的冰凍期。我們知道當時曾出現短暫但強烈大規模野火，這場野火是由彗星碎片連續撞擊地球時，「多起爆炸產生的輻射和熱能」引起的：

這麼大規模的生物質燃燒，產生了大量久久無法消散的活性碳或煤灰，讓陽光幾乎完全受到遮蔽，因此很快就出現撞擊冬天，接著就進入新仙女木期的冷卻期。

活性碳／煤灰的負面影響，在新仙女木期開始時也許持續了六週以上。煤灰遮蔽了日光，導致氣溫急遽下降。彗星塵注入上層大氣後，大氣也會喪失部分保暖效果。如果眞是如此，失去陽光將對生物造成大規模的嚴重影響，其中也包括植物因缺乏陽光，無法行光合作用和生長。這時，北大西洋深層水的形成機制也中止了，所謂的輸送洋流（ocean conveyor）也因此停止，讓整個地球幾乎都開始持續降溫。

■國王的新衣

長久以來，人們一直認為新仙女木期的氣候冷卻，和大西洋的暖洋流，也就是墨西哥灣流，遭到阻斷有密切的關聯。大多數人也認為勞倫泰德冰蓋融化時，有大量冰冷的淡水湧到北大西洋的海面。這道淡水阻隔了大西洋南方溫暖的墨西哥灣流，讓在海底深處的溫暖洋流無法上升到海面。由

於正常的洋流循環被中斷了，海洋上方原本該變暖的大氣仍保持寒冷，歐洲和北美洲上方的空氣也因此仍很寒冷。

我在研讀過去的科學文獻時，發現長久以來，人們居然一直對這種解釋深信不疑。沒錯，當時大西洋確實有大量冰水湧入，但科學家起初最想了解的，就是這些冰水是來自何處。

我在之前介紹過，北美洲冰帽是由兩個獨立冰蓋構成的。它們是西邊的科迪勒倫冰蓋，和東邊的勞倫泰德冰蓋。這兩個冰蓋多半是相連的，但在冰河時期後期就被著名的「無冰走廊」一分為二。在很長的時間中，無冰走廊一直被誤認為是人類遷徙到美洲的唯一路徑。在這兩大冰蓋的南緣，出現幾個常氾濫的巨大冰蝕湖，其中最有名的就是西方的密蘇拉（Missoula）冰蝕湖，和東方的阿格西（Agassiz）冰蝕湖。密蘇拉湖的泛流只會流進太平洋，無法流進大西洋。因此阿格西湖被視為冰水最可能的來源，二〇一八年一月《地質學》期刊的研究也證實了，「在新仙女木期開始時，阿格西湖的泛流也許朝東流入北大西洋，

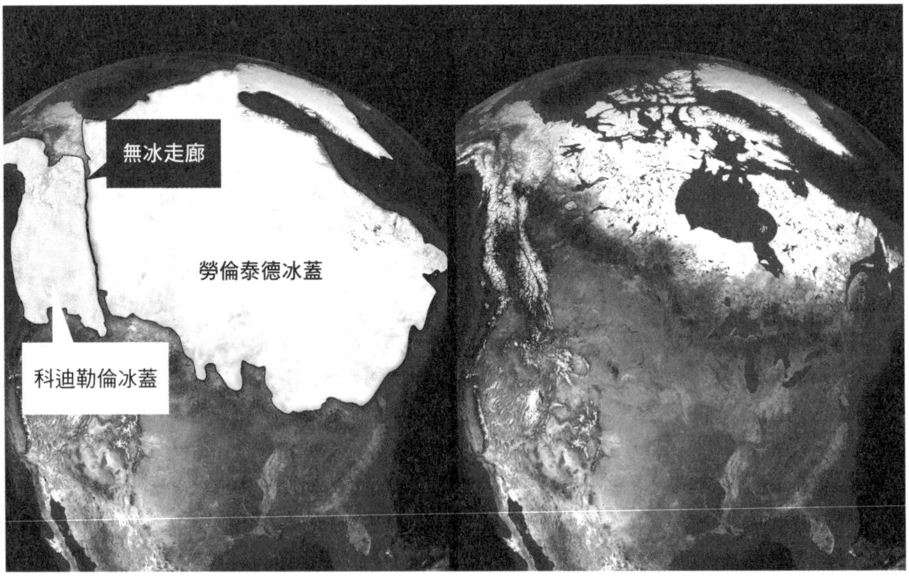

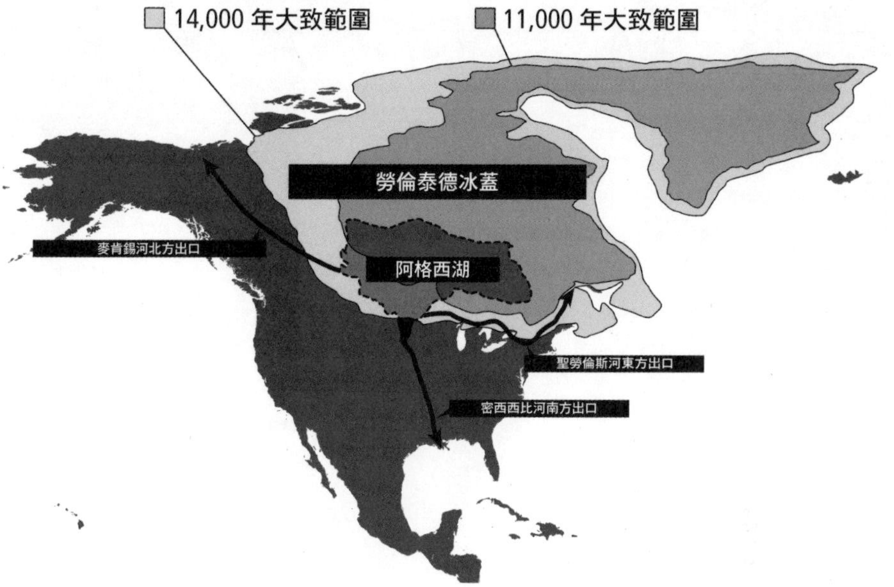

依照二〇一八年一月四日，發表於《地質學》的論文《阿格西冰蝕湖東方開口的形成，開始了新仙女木期寒時期》（*Opening of Glacial Lake Agassiz's Eastern Outlets by the Start of the Younger Dryas Cold Period*），製作的圖解說明。

導致這場經典的急劇氣候突變。」

我們知道在一萬兩千八百年前左右，有道冰冷的洪水注入大西洋，水量大得足以讓墨西哥灣流無法北上。我們知道這場洪水和阿格西冰蝕湖有關，也知道「有大量冰冷淡水湧入大西洋」，導致全球氣溫下降至極凍狀態；而全球氣溫下降正是新仙女木降溫事件的特徵。

大多數科學家就像童話〈國王的新衣〉所描述的一樣，都在迴避一個問題，那就是這場洪水為何會出現在一萬兩千八百年前左右，新仙女木期開始時的極凍期，而不是出現在新仙女木期開始前八百到一千年，伯靈－阿勒略間冰期的全球暖化發展到頂點時。就常理而言，融冰造成的洪水應該在全球暖化時達到最高峰。既然如此，為何在新仙女木期的極凍階段開始時，會出現融冰造成的大量洪水呢？我於二〇一五年曾在

《諸神的魔法師》提出這個問題，沃爾巴赫等人在他們於二〇一八年發表的論文，再次提出相同的問題，並提出一些證據，讓問題變得更加複雜。他們說：「根據大西洋和太平洋珊瑚礁的紀錄，在新仙女木期開始的幾十年內，全球海平面就上升了二到四公尺。」

雖然他們的說法很含蓄，但這可是非同小可的大事。全球海平面在「新仙女木開始的幾十年內」上升了二到四公尺。這可是多到難以想像的水量，從任何標準而言，這都稱得上是一場災難性的全球大洪水。

冰蓋融水排放路線

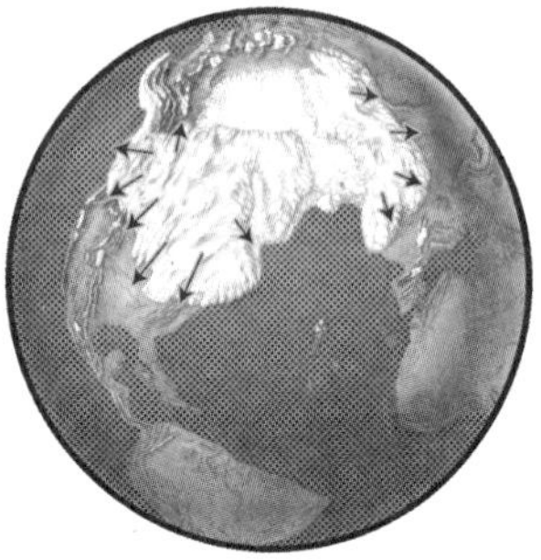

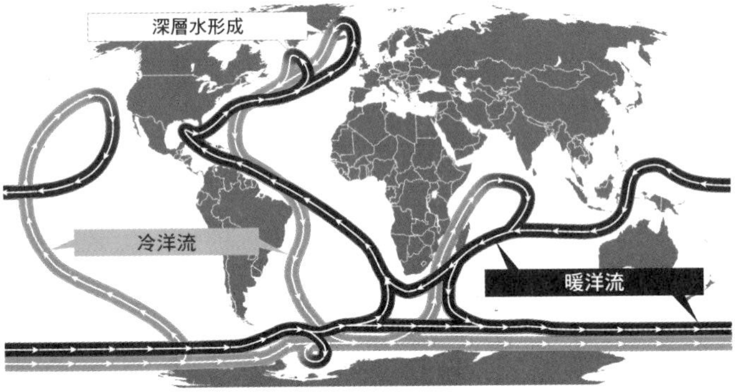

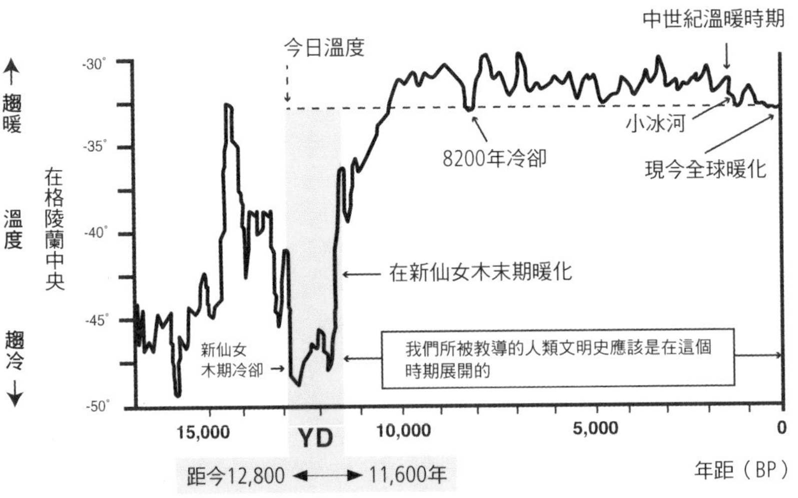

更驚人也更令人疑惑的是，根據沃爾巴赫等人提出的證據，地球在這段期間恰好也發生了大規模生物質燃燒，和與這場燃燒有關的「撞擊冬天」。「這段原本該很溫暖的間冰期，氣溫卻突然陡降，在短短一年內，也許甚至不到三個月，就下降到接近冰河時期的溫度。」

這時，全球各大洋吸收了突然湧入北大西洋的大量冰冷洪水，也中止了墨西哥灣流的流動，歐洲和北美洲因此陷入持續冰溫狀態，新仙女木期冷卻事件也就此展開。我們要尋找的，就是能幾乎在同時造成以下結果的因素：

- 全球性洪水。
- 範圍達一千萬平方公里的野火。
- 長達六個月的冰冷黑暗期，接著是超過一千年冰期般的酷寒氣候。
- 一個分布超過五千萬平方公里，年代為新仙女木邊界層的土層，土層中還要充斥著奈米鑽石、富含鐵的高溫小球、富含二氧化矽的玻璃狀小球、熔融玻璃、鉑、銥、鋨和其他外來物質。
- 大型動物的大規模滅絕。

沃爾巴赫和她的共同作者在結論中單刀直入地說：

我們從多個冰蕊發現的證據都指出，這些狀況是同時發生的。新仙女木期同時發生了這些事件，因此它也成了第四紀紀錄中氣候最異常的時期之一。各種證據都顯示上述狀況是同時發生的，而已知唯一能導致這些狀況的事件，就是天體撞擊。

■一場猛烈的火流星風暴

那它又是哪一種天體撞擊呢？

CRG成員在研究初期，分析過第一項強烈撞擊替代物質的證據後，就一致認為導致新仙女木期浩劫的是一個彗星。沃爾巴赫的研究也支持這個論點：

> 彗星是由比例不一的揮發性冰、流星體（meteoritic material）和太陽前顆粒（presolar dust，在太陽形成前就存在的顆粒）混合而成的。彗星物質含有各式各樣比率不同的元素，和新仙女木邊界層的樣本很相似。雖然我們仍無法確定新仙女木邊界層撞擊物的類型，但就現有的證據看來，它應該不是任何種類的隕石。在新仙女木期開始時曾出現大規模的生物質燃燒，這種情況比較像是地球和分解中的彗星發生碰撞的結果。這場碰撞引發了一場猛烈的火流星風暴，至少在南北半球四大洲都出現了火流星在空中爆炸，或撞擊陸地、冰蓋和海洋。

研究認為，這種假設能解釋所有異常但年代相同的證據：

> 汽化的彗星物質和富含鉑系元素的目標岩石，會將鉑、銥、鋨和其他重金屬注入平流層。在撞擊時也會產生奈米鑽石、熔融玻璃和微型小球。
>
> 空中爆炸的火球和噴發的熔岩，在廣大的區域引發了多起獨立野火，並讓格陵蘭冰蓋中的燃燒大氣懸浮微粒，達到三十六萬八千年前到十二萬年前中的最高濃度紀錄。在中高緯度區域，大氣和海洋的溫度在幾個月到一年內，從溫暖的間冰期狀態，陡降至近冰河時期狀態。大氣與彗星塵埃伴

隨著活性碳或煤灰，快速地引發了撞擊冬天。陽光被遮蔽後，植物紛紛枯萎。臭氧層遭到破壞後，到達地表的紫外線B輻射也開始增加，對動植物造成傷害。撞擊和大規模野火，會導致氮化合物、硫酸鹽、塵埃、煤灰和其他毒性化學物質增加，這些物質又會引起大量酸雨。環境惡化和生物質燃燒，也會讓有機物質和燃燒物質增加，藻類會因而開始大量繁殖，黑墊也會在各地形成。

以下是我認為這項研究中最重要的發現，它也和分解彗星撞擊地球的結果一樣：

這起撞擊事件讓冰蓋邊緣變得不穩定，造成大片冰山崩陷到北極海和北大西洋中。空中爆炸或撞擊，讓冰蓋邊緣的多個冰前湖（proglacial lakes）的冰壩崩潰，冰雪融化成的大量洪水湧入北極海和北大西洋。冰蓋的穩定性被破壞後，也許在冰蓋下方引起大規模冰下洪水，在加拿大的很多區域造成大片和洪水相關的地貌。大量的冰前湖湖水、冰蓋的冰雪融水和冰山流入北極海和北大西洋，讓海洋的溫鹽環流（thermohaline circulation）發生改道。在氣候反饋的作用下，環流改道又引發了新仙女木冷卻事件。

長久以來，科學家普遍認為就現有的證據看來，新仙女木寒冷時期，必定和北美洲冰蓋流出的大量淡水有關，這些淡水也改變了海洋環流。沃爾巴赫不但完全接受這種觀點，也和共同作者做了補充：

還有一項關鍵因素，也能支持這些改變氣候的機制並不是突發的，而是由新仙女木邊界層撞擊事件引起的。在輸送洋流停止後，新仙女木事件之所以仍能持續進行，倒不是因爲有持續的空中爆

炸或撞擊，而是因爲原本的洋流循環一旦停止，海洋系統中的回饋迴路（feedback loop）和慣性，就會維持在改變後的循環模式，直到環流恢復到之前的狀態。

他們的說法確實沒錯。沒有人認為在長達一千兩百年的新仙女木寒冷時期，一直不斷地有撞擊和空中爆炸發生。沃爾巴赫和她的同事都說得很明白，他們的研究重點是新仙女木寒冷時期的開始，尤其是一萬兩千八百年前左右，氣候突然由暖轉冷的神祕反轉；他們認為這次氣候轉變是肇因於一起「撞擊事件」。但他們在《地質學刊》的論文中也多次強調，他們所謂的「一起事件」，指的並不是地球曾遭遇到一場一次性，只持續了一兩天或不到一年的「火流星風暴」。他們根據證據，也就是格陵蘭冰蕊中富含鉑的層序認定，這是在二十一年中，每年發生兩次的一連串短暫但致命的碰撞。

很多個別的撞擊物都有通古斯加隕石大，或略小一點。但撞擊物成群來襲，就足以造成極大的破壞。證據顯示，在二十一年每年兩次的「火流星風暴」中，至少有一次風暴挾帶著直徑可能超過一公里的彗星碎片。

這就是第一篇關於新仙女木撞擊假說的科學論文提出的觀點。這篇由溫蒂・沃爾巴赫、理查・費爾斯通、亞倫・韋斯特和超過二十位科學家共同完成的論文，是發表在二〇〇七年十月的《美國國家科學院院刊》上。論文中談到「多個直徑超過兩公里物體，撞擊兩公里厚的勞倫泰德冰蓋」的可能性。

到了二〇一三年九月，吳英哲（Yingzhe Wu）和穆庫爾・夏爾馬（Mukul Sharma）等人，又在《美國國家科學院院刊》發表另一篇論文，說明他們在加拿大聖勞倫斯灣的重要發現。那裡有個直徑四公尺，被命名為柯洛索隕石坑（Corossol Crater）的水下撞擊坑，它的年代可上溯自新仙女木邊界層

的年代。他們分析過很多其他證據後做出結論，認為當地的多個撞擊痕跡「都是在很接近的年代造成的」。

理查·費爾斯通和亞倫·韋斯特分別提出了空中爆炸的證據，這些證據是來自「五大湖附近新仙女木邊界層中的一個鈦濃度異常高，又含有其他不相容元素的物體。一些疑似來自地球的噴出物，落到蓋尼遺址（Gainey Site）附近的一個撞擊點不遠處。而富含撞擊物成分的噴出物則落在更遠處。這些噴出物的含水量很高，因此很可能是蓋尼北方的勞倫泰德冰蓋上方空中爆炸的跡證。

也許我們就要找出一個答案，能同時解答地球為何會進入千年「冷凍期」，和為何會出現足以讓全球海平面上升四公尺的冰河融水。之所以會有大量的冰融水湧入北大西洋和北極海，當然並不是因為在全球冷卻期，曾出現異常的全球暖化。這其實是大量彗星群碎片的撞擊和空中爆炸，造成冰蓋不穩定導致的直接後果。撞擊和爆炸產生的熱能和衝擊波，一路往南擴散到冰蓋的邊緣外，影響到整個北美洲。再加上一些地區性空中爆炸和撞擊的推波助瀾，北美洲大片原始針葉林都陷入火海，「之後多個小彗星碎片又在幾個洲各處發生空中爆炸或撞擊地面。」

根據沃爾巴赫等人的調查，在冰河時期曾發生七次冰川融水事件，新仙女木期是其中的最後一次。最早發現這些事件的是海洋地質學家哈特穆特·海因里希（Hartmut Heinrich），因此它們被稱為「海因里希事件」。這些事件的最大特色，就是有大批冰山從大陸冰川崩落。這些冰山中含有岩石、粗石和其他碎片，冰山融化後，它們就會沉積在海床上。地質學家能辨識出這些沉積物並測量它們，以推估出冰山原本的大小和年代。

因此我們必須注意的是，雖然新仙女木期是被視為一個海因里希事件，並被命名為第零號海因里希事件（H0，海因里希事件共有七起，年代由近而遠，編為零到六號），但在新仙女木期開始時出現的野火活動異常高的峰值，卻和前六次海因里希事件完全相反，在前六次事件中，生物質燃燒

的濃度都很低。這個觀察結果非常重要：在新仙女木期開始時出現生物質燃燒峰值，但在之前類似的氣候轉換期，研究人員卻只觀察到濃度極低的生物質燃燒。因此研究人員認為，新仙女木氣候事件非常異常和難以解釋，不像之前的暖冷轉換期，是可以用自然作用合理解釋的。

但我們仍可能利用之前介紹的假說，直截了當地解釋這個看似異常的事件。也就是說在一萬兩千八百三十六年前到一萬兩千八百一十五年前之間的二十一年，地球連續地和一個分解中彗星的碎片遭遇。新仙女木海因里希事件的誘因，並不是正常的氣候變遷，而是彗星碎片撞擊北美洲冰帽。

我們也無法斷言那場讓冰帽失去穩定的撞擊，是發生在二十一年中的何時。也許是在一開始，也許是在結束時，也可能是在二十一年中的任何一刻。但就像我在前一章介紹的，我們可以確認的是，格陵蘭冰蕊紀錄明確標示出，強烈的撞擊和從天而落的鉑雨，在最初十四年不斷增加，到一萬兩千八百二十二年前達到最高點，在之後七年又逐漸減少，最後這場突然開始的連續撞擊，也突然地中止了。

因此我認為最合理也最科學的假設，就是彗星和北美洲冰帽互動最頻繁的時間，也就是龐大碎片撞擊地球最可能的時間，就是在一萬兩千八百二十二年前左右。

亞倫．韋斯特和同樣是CRG科學家的理查．費爾斯通認為，冰帽曾遭到多達八個直徑一公里等級的彗星碎片撞擊，碎片在厚達兩公里的冰上撞擊出隕石坑。因此冰融後，下方的地面幾乎沒有任何永久痕跡的殘留，就算有留下隕石坑，它們也很難被確認。舉例而言，在蘇必略湖、密西根湖、休倫湖和安大略湖中，有四個疑似隕石坑的深坑。

不論是在何時，只要有任何這麼大的碎片撞擊地球，必然會形成規模難以想像的行星級災難，更何況當時有多個這樣的碎片撞擊地球。值得注意的是，雖然北美洲是災難中心，但可怕的撞擊只是一場規模更大的事件的一部分，這個事件至少在其他三大洲都留下破壞的痕跡。

■有哪些事物消失了

在新仙女木期開始時，世界各地都有動物物種滅絕，但滅絕速度最快，災情最慘重的地區就是北美洲。那裡有三十五個屬的大型哺乳動物滅絕了。

沃爾巴赫等人提出來自美國二十三州，七十三個遺址的證據，證明這些大型動物都是在新仙女木撞擊事件中同時滅絕的。有三個樣本最具代表性，其中一個是來自穆雷溫泉，它也是我在上一章討論的主題：

● 新墨西哥州黑水源：這處遺址有個明顯的黑墊層，年代是在新仙女木期初期氣候變遷時。黑墊層直接接觸著峰值的磁球、鉑，和生物質燃燒替代物質，其中包括木炭、玻璃狀碳、富勒烯（fullerenes）和多環芳香烴碳氫化合物。這些替代物質是緊密覆蓋在猛瑪象的骸骨上，那是已知被克洛維斯獵人殺死的猛瑪象的最後一批骸骨，之後克洛維斯人就將那處遺址棄置了數百年。黑水源的證據顯示，新仙女木邊界層撞擊事件發生時，正好也是大型動物滅絕和人口減少時，當時也出現峰值的生物質燃燒，和新仙女木期氣候變遷。

● 亞歷桑拿州穆雷溫泉：在一層年代為新仙女木期開始時的明顯黑墊層下方，有峰值的磁球、融熔玻璃、奈米鑽石、鉑和銥。黑墊層也有峰值的新仙女木邊界層生物質燃燒替代物質，其中包括木炭、碳球、玻璃狀碳、活性碳或煤灰、富勒烯和多環芳香烴碳氫化合物。這個遺址上有數隻被克洛維斯獵人殺死的猛瑪象，象的骸骨後來被黑墊覆蓋著，這處遺址後來被獵人棄置達一千年之久。從證據看來，新仙女木邊界層撞擊事件、增加的生物質燃燒、新仙女木氣候變遷、大型動物滅絕和人口大幅減少，都是在同時發生的。

● 俄亥俄州謝里登洞穴：這處遺址有新仙女木邊界層峰值的磁球、融熔玻璃、奈米鑽石、鉑和銥。遺址中有處富含木炭的黑墊，年代是在新仙女木期開始時，其中含有峰值的木炭、活性碳或煤灰、碳球和奈米鑽石，這些物質都和洞穴中已知年代最近的克洛維斯遺物有密切關係。黑墊層就緊密覆蓋在兩隻大型動物被野火燒焦的骸骨上，牠們是平頭野豬（*Platygonus compressus*）和巨水獺（*Castoroidies ohioensis*），也是這兩個已滅絕物種現存年代最近的骸骨。

馬、駱駝、猛瑪象、乳齒象、大地懶、劍齒虎、短面熊和恐狼，都是冰河時期最具代表性的動物，也都是在那時起消失在考古紀錄中。在佛羅里達自然歷史博物館於二〇一八年出版的《北美洲東南沿海平原的早期人類活動》（*Early Human Life on the Southeastern Coastal Plain*）的一篇論文中，詹姆士．肯尼特和亞倫．韋斯特告訴我們：

由此可見北美洲曾發生一場大滅絕，這不只是因爲有很多著名的大型動物消失了，也是因爲很多滅絕物種都已經在北美洲生存了數百萬年。馬從五十五萬年前的始新世就持續地在北美洲演化。就已知的證據看來，牠們在一萬兩千八百年前左右才首度消失，接著到五百年前才再從歐洲引進。這些物種的滅絕顯然很異常。

肯尼特和韋斯特的結論是：

有個假設認爲北美洲大型動物的滅絕，是新仙女木期開始時的天體撞擊，造成的大陸級生態系統瓦解的後果。我們有足夠的地質學和年代學數據，證明這個假設確實成立。如果在一萬兩千八百

年前，沒有發生新仙女木邊界層天體撞擊事件，新仙女木期開始時的大型動物滅絕就不會出現，很多目前已滅絕的動物都能存活更久，甚至到當代都會存在。

相關的考古學證據非常稀少，這也許是因為它們在新仙女木期的地球巨變中被消滅或覆蓋住了。雖然我們只掌握到極少的證據，但既然北美洲動物的生活受到嚴重破壞，這場災難對人類一定也造成很可怕的後果。

其中最嚴重的後果，當然就是具有成熟工藝技術，涵蓋範圍又很廣的克洛維斯文化，在一萬兩千八百年前左右突然又神祕地消失了。在之後的幾世紀中，單在北美洲東南部，製作矛頭數量就異常地減少了百分之五十。這時，北美洲很多其他地區也出現類似的現象，證據也顯示在一萬兩千八百年前到一萬兩千兩百年前左右，人類活動突然中止了。

大衛．安德生（David Anderson）和阿爾伯特．古德伊爾等人，在一項對北美洲各地近七百個文化碳十四年代測定結果的研究中發現，「人類活動在新仙女木期之初開始快速下降，當時也是整個新仙女木期中人類活動最少的時候。在兩百年中，文化碳十四年代測定的結果減少了百分之八十，這就表示人口大幅衰減。在之後九百年中，人口又逐漸回升。」

我們沒有時間機器，因此無法親自回到一萬兩千八百年前的北美洲。但從各種證據都可看出，北美洲當時經歷了一場驚天動地的浩劫。我們也知道在一萬兩千八百年前，至少有一種北美洲遠古文化和猛瑪象與恐狼一樣完全滅絕了，它就是克洛維斯文化。

在那個大火四起，天昏地暗，融冰導致大洪水的年代，還有哪些事物是和克洛維斯人一起消失的呢？

第二十七章 恐怖角

假設在某個世界中，善良誠實的科學家在孜孜不倦地追求真理時，卻要擔心會因為研究某些主題，觸犯了學術界當權派的「禁忌」，可能因此斷送學術生涯，或甚至失去工作和收入。

在這種動輒得咎的學術氣氛中，可能發展出別開生面的進步科學嗎？或者這種學術氣氛只會讓科學原地踏步，只是不斷地為既有架構擦脂抹粉，不斷鞏固這個架構的權威性；此外，科學也會努力駁斥所有不利證據，免得它們指出既有架構是錯的，或需要重大修正。

我提出這些問題並不是無的放矢，因為這個「假設」的世界就是我們目前身處的世界。二十一世紀的科學，並不鼓勵科學家去冒險揭露「真相」，尤其是那些可能會撼動既有人類史觀的「真相」。

關於新仙女木撞擊假說的論戰，就是打壓真相的一個實例。二〇〇七年，新仙女木撞擊假說首度被正式提出後，提出這個假說的科學家就遭到一連串無情又惡意的批評。批評者是一小群私心自

用，但又極具影響力的科學家。彗星在一萬兩千八百年前引發全球大浩劫的理論，會讓他們的學術成就和理論受到質疑。

我在於二〇一五年出版的《諸神的魔法師》中，曾詳細介紹過支持新仙女木撞擊假說的主要研究，也同樣詳細地介紹了截至當時，這個假設受到的負面批判。我不會在此重複這些資訊，因為它們都有案可稽，你可以輕易地找到這些資訊。我的結論是，這些批評多半是謬誤百出、顛倒黑白和自吹自擂的空話。而關於這起發生於一萬兩千八百年前驚天動地事件系列的最佳解釋，仍是新仙女木撞擊假說。我在二〇一八年走筆至此時，我的書桌上已擺滿了這三年來發表的論文。這些論文中提出的大量有力新證據，不但支持新仙女木撞擊假說，而且也讓它有更新更廣的發展。我在二十六章介紹的生物質燃燒和鉑濃度研究，就是其中最強而有力的證據，因此我才會花了一整章介紹相關研究。

我愈來愈相信彗星研究團體（CRG）科學家的研究方向是正確，我也很佩服他們在強權的打壓下，仍能挺身而出揭露真相。喬治·霍華德（George Howard）並不是一位科學家，而是環境復育專家和CRG的贊助者，也是線上雜誌《宇宙長牙》（*Cosmic Tusk*）的版主。我很高興他能聯絡我，並建議我於二〇一七年在美國各地進行研究之旅時，能和CRG的一些主要成員會面。我在這趟旅程中，已經和亞倫·韋斯特和阿爾伯特·古德伊爾碰面過。現在正好能趁這次聚會和CRG的其他成員交換意見。

這場聚會預定在二〇一七年十一月十三日和十四日，於北卡羅萊納州威明頓（Wilmington）舉行。南卡羅萊納大學的克里斯多福·莫爾和麥爾坎·勒孔特，是那篇討論鉑濃度與生物質燃燒論文的共同作者。他們將帶著CRG的同事馬克·迪米特洛夫（Mark Demitroff）參加聚會。來自紐澤西州斯托克頓大學（Stockton University）的迪米特洛夫，也是幾篇論文的共同作者，這些論文為新仙

「還沒有人能提出一套理論，以充份解釋這些被觀察到的事實。」
——道格拉斯．強生（Douglas Johnson），《卡羅萊納灣窪地的起源》（*The Origin of the Carolina Bays*），一九四二年出版。

照片：費爾柴德空照機於一九三〇年拍攝。

女木撞擊假說提供了有力證據。

我邀請我的好友兼同事藍達爾．卡爾森，從亞特蘭大驅車來參加討論。我在《諸神的魔法師》中就詳盡介紹過他的研究，他研究的主題是一萬兩千八百年前天體撞擊北美洲冰帽，和華盛頓州東部河道疤地（Channeled Scablands）遭到洪水大規模破壞的關聯。

我很高興喬治．霍華德也邀請安東尼奧．薩莫拉（Antonio Zamora）來參與討論。薩莫拉是一位獨立研究者、化學家和電腦科學家。他並不是CRG會員，和CRG也沒有任何關聯。但我最近讀到他在二〇一七年發表於《地貌學》（*Geomorphology*）期刊的一篇論文，他在這篇頗值得一讀的論文中提出，卡羅萊納灣窪地是源起於新仙女木撞擊事件。

在德拉瓦州到佛羅里達州的美國濱大西洋地區，存在著五十萬個左右的奇特橢圓形池塘、窪地和湖泊，它們的邊緣還布滿了孔洞。因為科學家最早是在十九世紀末於卡羅萊納州注意到這些地貌，它們就被統稱為卡

羅萊納州灣窪地。在很早之前就有很多理論宣稱，它們是由大群隕石撞擊地球形成的。幾位CRG會員曾探討過，新仙女木撞擊事件和這個謎團之間的可能關聯；但大多數會員後來都放棄了這種想法。根據年代測定研究，卡羅萊納灣窪地並不是同一時期形成的，而是在數萬年中的不同時期出現的；但新仙女木撞擊假說指的卻是在某個時期發生的事件。

安東尼奧·薩莫拉在二〇一七年於《地貌學》發表的論文中，宣稱灣窪地可能是新仙女木撞擊事件造成的。這篇論文自然就成了論戰的焦點。我原本天真地以為同樣是CRG會員，後來又退出這個組織的麥爾坎·勒孔特和馬克·迪米特洛夫會支持這項新研究。

後來才發現我真的太天真了。

■冰河冰撞擊假說

我們就先好好了解一下安東尼奧·薩莫拉在《地貌學》的論文中，提出的極具爭議性的觀點。他在論文的開始，就接受了之前論證卡羅萊納灣窪地並非撞擊地貌的證據。但他又提到一個有趣的謎團，它就是所謂的內布拉斯加雨水盆地（Nebraska Rainwater Basins）。這些奇怪的橢圓形地質結構，是位在卡羅萊納州灣窪地西方兩千公里，和灣窪地非常類似。它們的走向就是一項極重要的證據，因為它並不是從東北往西南，而是西北往東南：

內布拉斯加雨水盆地並不像卡羅萊納灣窪地那麼有名，但它們都是很相似的橢圓形。因此我們有必要去研究，雨水盆地是否和卡羅萊納灣窪地是在同時由相同的機制造成的。冰河冰撞擊假說的

目的，就是在比較卡羅萊納灣窪地和內布拉斯加雨水盆地的特徵，以判斷這些地貌特徵是否是二次撞擊造成的，也就是說是由天體撞擊時，激起的冰川冰等地表物質撞擊形成的。

薩莫拉率先承認，他的「冰河冰撞擊假說」主要是建立在研究人員麥克．戴維亞斯（Michael E. Davias）和湯瑪斯．哈里斯（Thomas H. S. Harris）的研究成果上。戴維亞斯曾是「地理空間大數據、

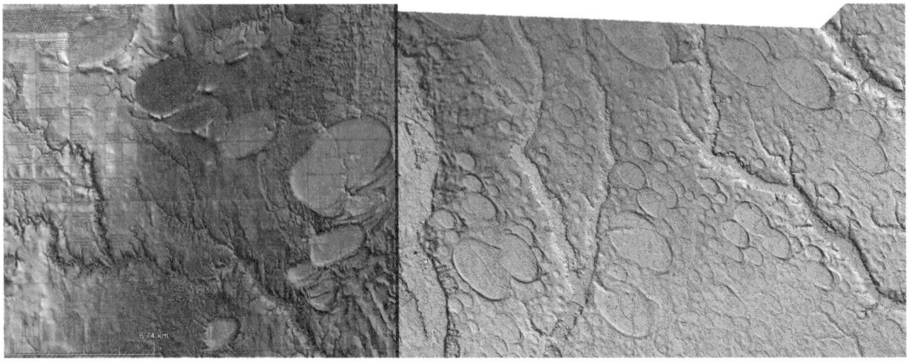

左圖：內布拉斯加雨水盆地。右圖：卡羅萊納灣窪地。影像提供：安東尼奧．薩莫拉；CINTOS.ORG的雷射雷達影像。

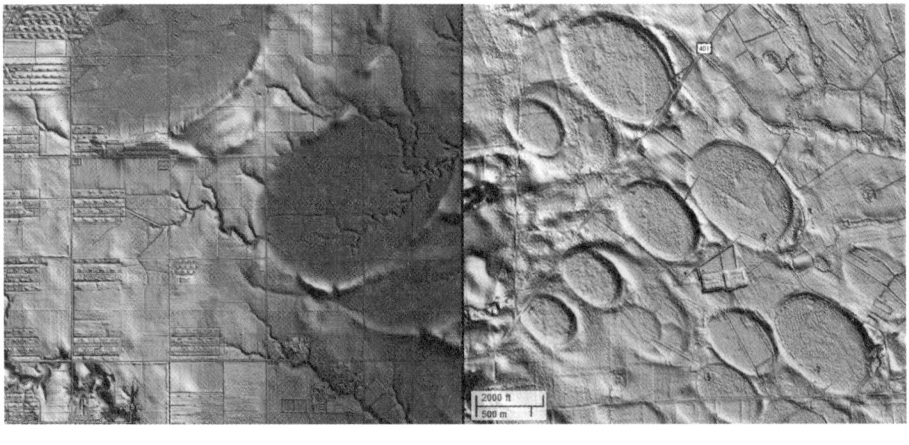

左圖：內布拉斯加雨水盆地。右圖：卡羅萊納灣窪地。請注意，卡羅萊納灣窪地的走向是西北往東南，內布拉斯加雨水盆地的走向則是東北往西南。影像提供：安東尼奧．薩莫拉；CINTOS.ORG的雷射雷達影像。

資料探勘、電腦圖學和演算法」的專家，哈里斯則是洛克希德．馬丁公司的動力學和飛行科學專家。

麥克．戴維亞斯陪著薩莫拉一起來到懷俄明州，和我們分享他和哈里斯在二〇一五年五月，於第四十九屆美國地質學學會年會上首次發布的證據。

他們在研討會論文中發表的觀點是，密西根州的薩吉諾灣（Saginaw Bay）原本是被厚厚的冰河冰覆蓋著的陸地。在冰河時期，那裡發生一場天體撞擊，撞擊產生的噴出物和二次撞擊，以「蝶翼狀」散布在內布拉斯加雨水盆地，因此雨水盆地的走向是東北往西南，而卡羅萊納灣窪地的走向則是西北往東南。

亞倫．韋斯特、理查．費爾斯通與其他CRG的科學家，都認為北美洲冰帽可能發生過多達八次天體撞擊，但薩莫拉並沒有和他們爭論。他只是專心調查戴維亞斯和哈里斯提出的密西根事件，研究它是否是同時造成卡羅萊納灣窪地和內布拉斯加雨水盆地的原因。

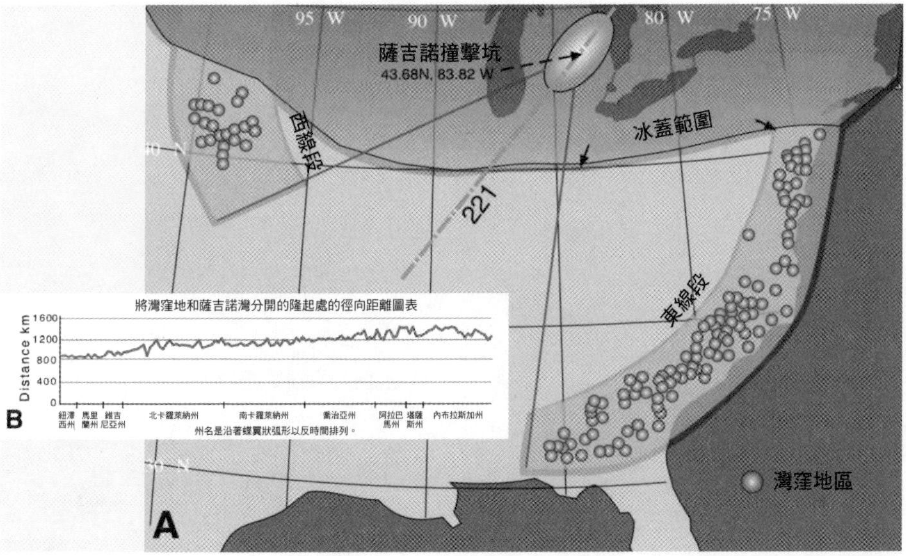

影像提供：麥克．戴維亞斯，CINTOS.ORG。

戴維亞斯和哈里斯直言不諱地說，雖然他們認為的撞擊點，「在一般認定中並非撞擊點，而是由薩吉諾冰川舌（Saginaw glacial lobe）深入密西西比州和賓州的單面山時侵蝕而成的」，但他們仍認為那裡可能是「一次來自方位角兩百二十二度的斜撞擊（oblique impact）留下的遺跡。撞擊處上方一公里厚的冰層和四萬五千立方公里的水，都在瞬間被離子化或蒸發了。」

雖然撞擊的衝擊力已經被冰層緩解了一部分，但它仍足以推動冰層下方遠古地岬的岩床，這處岩床就位於目前密西根盆地中央。接著，衝擊力又會挖開一個缺口，這個「連指手套」地形中的缺口就是目前的薩吉諾灣。接著會有大批噴出物出現，它們包含來自岩床的密西根沙岩，和冰蒸發後的水。噴出物進入次軌道太空後，又會重新進入大氣層衝向地面。最後它們會變成泥漿，濺落在美國位於冰蓋南方的各個區域。但這些泥漿不會形成撞擊坑，只

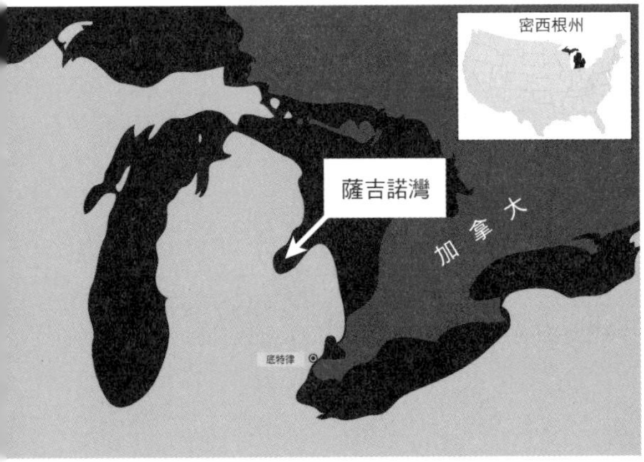

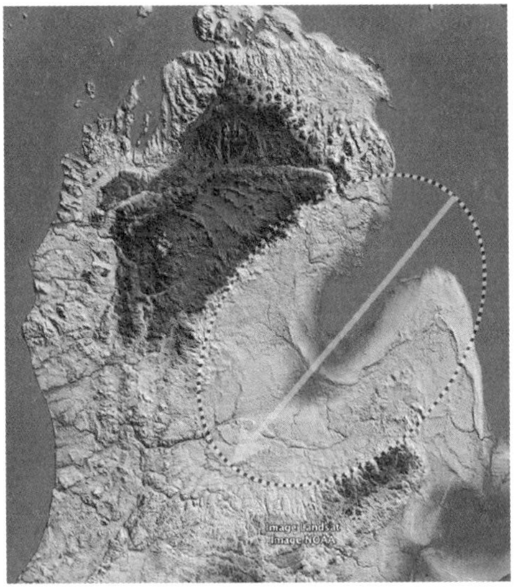

左圖：薩吉諾灣是個謎樣的積水窪地。它就位在「連指手套」狀的密西根州的缺口處，將手套一分為二，成了左邊的「手掌」和右邊的「拇指」。
右圖：戴維亞斯和哈里斯認為薩吉諾灣並不是冰河冰侵蝕而成的，而是一場大規模天體撞擊的遺跡，這個天體是以斜角撞擊遠古密西根州。影像提供：麥克．戴維亞斯，CINTOS.ORG。

會在柔軟和鬆散的地面形成窪地，卡羅萊納灣窪地和內布拉斯加雨水盆地就是這樣的窪地。

戴維亞斯和哈里斯於二〇一五年在美國地質學學會年會發表論文時，不太確定地指出薩吉諾灣的形成時間，可能是在七十八萬六千年前。薩莫拉在二〇一七年於《地貌學》發表的論文中，提出他的冰河冰撞擊假說。雖然他在論文中，引用了戴維亞斯和哈里斯出色的彈道學和三角測量學研究，他卻不認為薩吉諾灣的年代有那麼久遠。他也提出有力的證據，說明薩吉諾灣是在一萬兩千八百年前左右，由新仙女木彗星的一個碎片撞擊形成的。戴維亞斯和哈里斯認為噴出物是由「沙和水混合成的泡沫」構成的。但薩莫拉基於「液態水的熱動力學」的專業理由，並不贊同他們的說法。根據薩莫拉的計算，大量固態冰河冰不會撞上地球，只會在高空爆炸：

> 我們以美國航太總署的艾姆斯垂直炮（Ames Vertical Gun），進行高速撞擊冰蓋實驗。結果顯示冰層遭到拋射物撞擊時會碎裂，冰塊碎片會從撞擊點以彈道軌跡向外散開。

薩莫拉在論文中說，根據戴維亞斯和哈里斯的計算，噴出物輻合點所在的薩吉諾灣，就是被勞倫泰德冰蓋覆蓋著。那裡在更新世時的冰層厚度為一千五百到兩千公尺。我們依據彈道公式、撞擊坑大小和撞擊能量的比例，與幾何學和統計學分析，就能以數學計算的結果，解釋卡羅萊納灣窪地為何會是這樣的形狀，並證明這片窪地是由噴出物的二次撞擊造成的。而噴出物是來自覆蓋著密西根州的勞倫泰德冰蓋。

我必須在此強調的是，戴維亞斯和哈里斯認為噴出物是由粉碎的沙岩和水混合而成的，薩莫拉雖然不贊同他們的看法，但他也絕對沒有堅稱卡羅萊納灣窪地的出現，是由新仙女木彗星的數十萬個碎片，撞擊北美洲的大西洋濱海地區造成的。

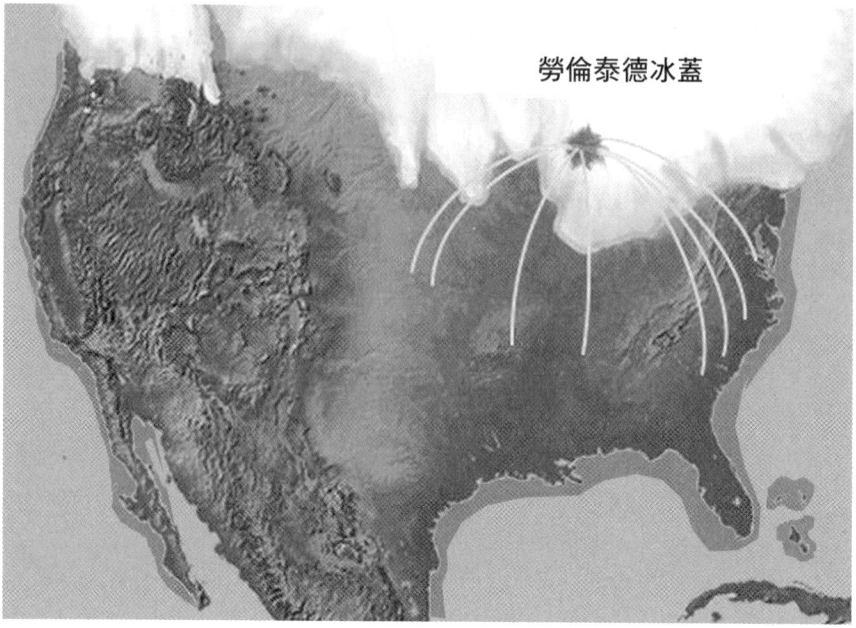

一個天體撞擊北美洲冰帽後，冰河冰噴出物的彈道軌跡。圖片：安東尼奧．薩莫拉。

薩莫拉也沒有聲稱內布拉斯加雨水盆地是由彗星碎片直接撞擊形成的。不僅如此，他還認同CRG長久以來的看法，也就是北美洲冰帽是撞擊的中心。

他認為卡羅萊納州和內布拉斯加州所受到的所有破壞，都是由大量的冰噴出物造成的。這些噴出物包括小至籃球的冰塊，到大至直徑達數十或數百公尺的冰礫；它們都是在薩吉諾灣撞擊後再落回地面的。

末日預示

如果你想了解薩莫拉理論的詳細證據，不妨親自去讀讀他的論文。簡單地說，薩莫拉在研讀過關於卡羅萊納灣窪地和內布拉斯加雨水盆地形成原因的各種解釋後，認為這些解釋都不成立。他在考慮過黏性表面撞擊坑的長期演化後，做出以下的結論：

卡羅萊納灣窪地和內布拉斯加雨水盆地的走向是放射狀的，輻射形狀的輻合點是位在密西根州，從卡羅萊納灣窪地橢圓形的形狀和它的長寬比看來，它的形成原因比較可能是撞擊機制，而不是地面的風與水的作用。

我曾以一個實驗模型佐證冰河冰撞擊假說。根據這個模型，黏性表面遭到斜向撞擊時，會形成傾斜的錐狀坑。在黏彈性鬆弛（viscous relaxation）機制的作用下，這些錐狀坑會被重塑成橢圓形的淺窪地。這項實驗證明了，從卡羅萊納灣窪地和內布拉斯加雨水盆地的寬長比看來，它們可能就是由斜角撞擊產生的錐狀坑。

卡羅萊納灣窪地的光釋光年代測定結果，涵蓋的年代範圍很大。薩莫拉所有撞擊假說面對的最大挑戰，就是它們都很難解釋如此大的年代差距。但薩莫拉很正確地指出，這個問題的癥結點就在於卡羅萊納灣窪地的形成過程；它的地表下層必須曝露在陽光下，這樣光釋光年代測定法才能測得正確的年代。但他的實驗模型證明了當時的情況並非如此，因為黏性

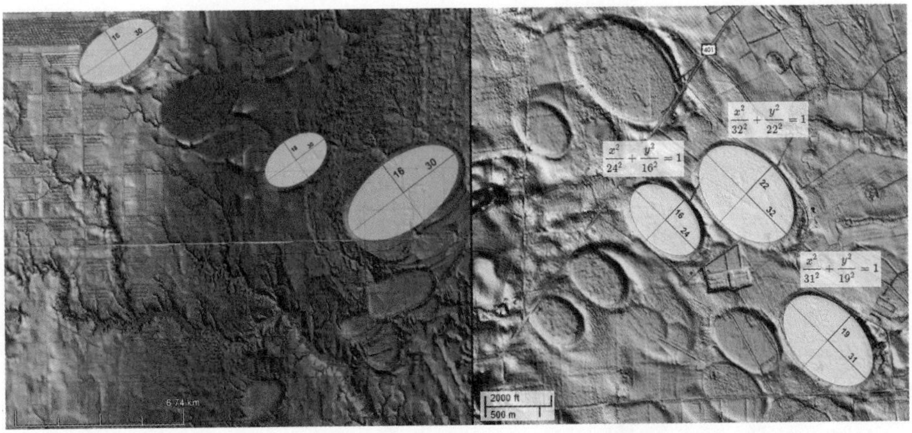

卡羅萊納灣窪地（右圖）的平均寬高比為零點五八，不論大小的窪地比例大致都是如此。內布拉斯加州的窪地和東岸窪地的寬高比都大同小異。影像：安東尼奧．薩莫拉；CINTOS.ORG的雷射雷達影像。

表面遭到撞擊時會產生塑性變形（plastic deformation），它的地表下層並不會接觸到陽光：

光釋光年代測定法只能測定地貌的年代，無法測定卡羅萊納灣窪地形成的年代。如果卡羅萊納灣窪地和內布拉斯加雨水盆地全區都是同時形成的，我們就必須找個不同的方法測定它們的年代。

冰河冰撞擊假說能解釋卡羅萊納灣窪地和內布拉斯加雨水盆地所有特徵的形成。這些特徵包括它們橢圓的形狀、輻射狀的走向、隆起的邊緣、沒有受到干擾的地層、沒有發生衝擊變質作用（shock metamorphism）、重疊的窪地，和只在鬆散地面上出現窪地。

薩莫拉在發表於《地貌學》的那篇論文中，還提出一個令人毛骨悚然的證據：

這些窪地的表面密度極大，由此可見它們是由毀滅性的密集撞擊所形成的，撞擊的威力高達十三千噸到三百萬噸三硝基甲苯的爆炸能量。這場發生於密西根州的地外物體撞擊事件，足以造成半徑一千五百公里範圍內的大規模滅絕。這篇論文探討的破壞力，主要是來自勞倫泰德冰蓋在更新世時，由地外物體撞擊激起的冰漂石（ice boulders）。但撞擊也會造成水的噴發，並產生蒸氣。從水的熱力學性質來分析，任何液態水被噴發到大氣層以上時，都會變成一大團能遮蔽陽光的冰晶霧。因此我們可以合理地推論，卡羅萊納灣窪地和內布拉斯加雨水盆地的形成時間，必定和美國東半部某起滅絕事件的發生時間相同，這時也是某次全球冷卻期的開始。和上述推論描述的一樣，在距今一萬兩千八百年前的新仙女木冷卻事件開始時，北美洲大型動物正好突然消失，而克洛維斯文化也在當時結束。一份新仙女木邊界層地外物體撞擊的鉑異常報告，也支持上述狀況確實發生過。

冰河冰撞擊假說

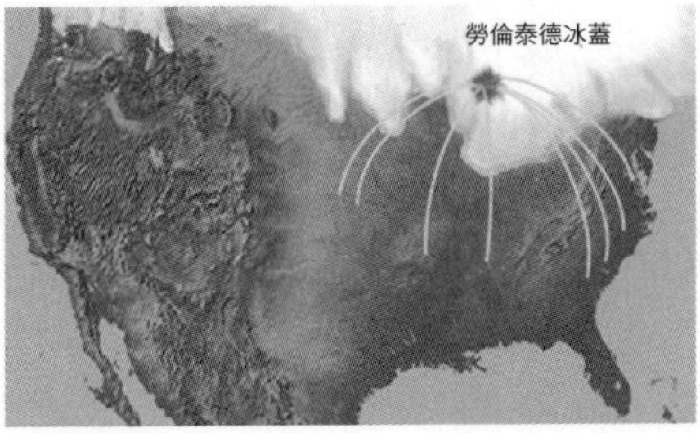

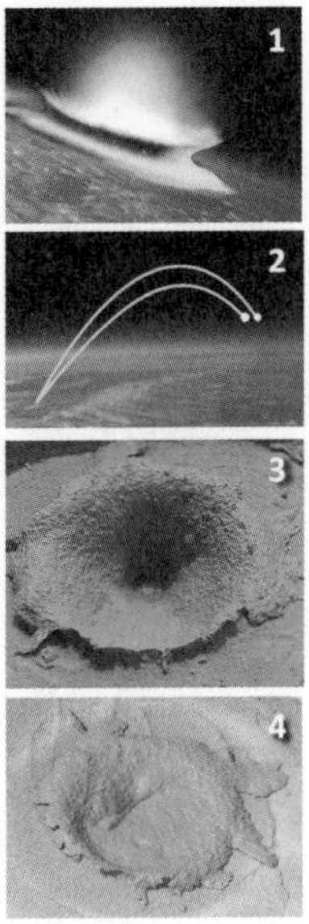

1. 在勞倫泰德冰蓋發生的一場隕石撞擊，造成冰漂石噴發。
2. 冰漂石造成的二次撞擊，讓接近地下水位的鬆散地面液化。
3. 冰漂石以傾斜角度撞擊液化地面，造成傾斜的錐狀坑。
4. 在黏彈性鬆弛機制的作用下，錐狀坑的深度逐漸變淺，最後形成橢圓形的淺窪地。

安東尼奧．薩莫拉，〈卡羅萊納灣窪地的地貌學模型〉(A model for the geomorphology of the Carolina Bays)，《地貌學》(二〇一七年)，辨識碼 10.1016/j.geomorph.2017.01.019

影像提供：安東尼奧．薩莫拉。

薩莫拉在他的《殺手彗星》（*Killer Comet*）一書中，詳細描述了這場新仙女木浩劫的規模和可怕場面。他認為當時不但在密西根州發生了主要撞擊，北美洲各地也受到大規模冰河冰漂石二次撞擊的影響。我們從描述的可怕場面，就能了解當時的狀況：

> 密西根州方圓一百公里內的所有生物都在瞬間死亡。它們不是被烈焰燒死，就是死於衝擊波。在撞擊區之外一千公里的東岸，地平線上先是出現一陣耀眼的閃光，接著天空愈變愈暗。地外物體撞擊點發生速度高達每秒五公里的震波，第一批震波傳來時，地面也開始搖晃。這時地面開始液化，變成流沙，人們都深陷其中，無法行走或奔跑。
>
> 在二次撞擊達到最高峰時，大批冰河冰塊紛紛從天而降，其中很多冰塊都有棒球場那麼大。這些大冰塊以超音速

重返大氣，在空中留下一道道蒸氣軌跡，最後挾帶著雷鳴般的音爆撞上液化地面。

撞擊造成了傾斜的泥濘錐狀坑。這些直徑長達一到兩公里的撞擊坑，吞沒了整個村落，將所有植物都埋到地底。在地面不斷震動的作用下，錐狀坑的深度很快就大幅減少，成了淺淺的窪地，也就是我們目前看到的卡羅萊納灣窪地。當地的大型動物並不是被彗星直接殺死的。這場大滅絕事件，其實是彗星撞擊勞倫泰德冰蓋時，激起的冰漂石造成的密集轟炸造成的。美東海岸也就此變成一個布滿巨型淺泥坑的荒原。

卡羅萊納灣窪地，至今仍是冰河冰撞擊美東海岸的柔軟沙土的證據。雖然當時一定也有巨大冰塊撞擊較硬的陸地，但撞擊的證據都已消失了。雖然如此，美國中西部各州在當時一定也遭到同樣嚴重的撞擊。巨大的冰河冰撞擊上堅硬的地形後，便會碎裂成無數高速飛行的碎冰。任何位在這些高速碎冰運動路徑上的動物和植物都無法倖存。

冰漂石轟炸終於結束後，密集的噴出物已經將半個美國覆蓋在厚厚的碎片下。這一層碎片增加了地球的反照率，因此雖然這時仍有微弱的陽光能照射到地球，但其中有不少的陽光都被反射回太空。陽光被反射回太空，地面上被冰覆蓋的面積增加了，天空中又有大量繞行地球的冰晶。在這些因素的影響下，大地在未來很多年中都一直很寒冷和荒涼。

冰層下的植物不是凍結了，就是進入休眠狀態。在冰川冰轟炸中逃過一劫的草食動物，這時已無法取得平常的食物來源，不久就被餓死了。殘存的掠食動物不久也會死亡，因爲牠們賴以爲生的草食動物都消失了。

最後北美洲出現了新的陸上動物和新的人類，但過去的大型動物和克洛維斯人都消失了，留下的只有克洛維斯人精心製作的石製拋射武器。

這個推論描述的是一場毀天滅地的災難，而且我們必須注意，它描述的只是某次主要撞擊在北美洲造成的大規模破壞。

■攻擊和破壞

我在之前介紹過亞倫．韋斯特和理查．費爾斯通的研究，他們認為在新仙女木密集撞擊高峰期的二十一年中，北美洲冰帽曾發生多達八次的大規模撞擊。他們也和彗星研究團體的其他科學家合作，完成一項成功的蒐集工作。他們蒐集了散布在五千萬平方公里地表的撞擊替代物質，這些物質都是密集撞擊的證據。但這個團隊從未進行一項研究，那就是調查這場假設的天體撞擊冰帽事件對北美洲的整體影響。

我之所以認為安東尼奧．薩莫拉很重要，和他的研究值得評估，是因為他是研究撞擊事件對北美洲影響的第一人；雖然他的研究重點只是八次可能的主要撞擊中的一次。此外，他提出的假設是可供檢驗的，而且他也提供了研究和討論的新方向。根據薩莫拉的冰川冰撞擊假說，北美洲各地的密集冰塊撞擊現象，就是地外物體撞擊冰帽的結果。因此我當時以為待在威明頓的兩天中，能和一些見識不凡的科學家集思廣益，進行建設性的腦力激盪，對薩莫拉的假說做出首次合理的評估。

但結果卻事與願違。我後來發現，麥爾坎．勒孔特和馬克．迪米特洛夫來到威明頓參與討論的唯一原因，就是要攻擊和摧毀這個正要誕生的冰河冰撞擊假說。他們完全不想討論薩莫拉的理論有哪些更深遠的意義。他們只想證明薩莫拉的理論是錯的，證明卡羅萊納灣窪地和天體撞擊並沒有任何關聯，和新仙女木撞擊更是毫不相關。

他們的看法倒也不是一無是處。科學能發展的重要因素之一，就是所有假設都要接受嚴厲的同儕評審。薩莫拉的假設能發表在《地貌學》上，就代表它已經通過嚴格評審。雖然如此，這裡仍有些科學家不認同他的理論。

太好了，你們就放馬過來吧！

我在威明頓學到的教訓，就是這種具建設性的反對意見，反而能讓我更了解一個事件。說到這個事件，至今仍沒有任何科學家敢宣稱已完全了解它的真實原因和全貌，它就是發生於一萬兩千八百年前新仙女木期開始時，撼動地球的大災難。

我在參加這場討論時，就先入為主地認為我們是志同道合，想要解開一個歷史大謎團的一群人。因此我起初並沒有料到，勒孔特和迪米特洛夫居然會如此堅絕反對薩莫拉的撞擊假說，他們甚至對這個假說表現出強烈的排斥、不屑和嫌惡的態度。畢竟他們兩人也是某個撞擊假說的支持者，也為了那個假說飽受批評、鄙視和厭惡。

我只能說自己太天真了。但也因為如此，我在之後的幾個月中，對這個歷史謎團有了更清晰的認識。

■「非常遺憾……」

在威明頓會議後，我和桑莎就飛往阿肯色州小岩城（Little Rock），我要在那裡的一場研討會中提出報告，接著再返回英國。我的報告是有攝影紀錄的，在報告中，我展示了一張和克里斯多福・莫爾的合照，當時我們正在卡羅萊納灣窪地中的約翰灣窪地（Johns Bay）進行實地考察，那裡就是

鉑被發現的地方。我在報告中大略介紹了鉑研究和其他新仙女木撞擊假說研究，接著就討論起安東尼奧・薩莫拉的冰河冰假說。我並沒有說他的研究和彗星研究團隊的研究有任何關聯，也沒有暗示他是彗星研究團隊的成員，或和該團隊有任何牽連。

我的報告影片在二〇一八年一月二十六日，在 YouTube 上發布。一個月後，我和麥爾坎・勒孔特與馬克・迪米特洛夫，就在電郵往返中展開激戰。

勒孔特在二〇一八年三月九日發動第一波攻擊，他寄給薩莫拉一封電郵，並將副本寄給我。電郵的標題是「安東尼奧・薩莫拉的論文：《地貌學》二百八十二期（二〇一七年），兩百零九至兩百一十六頁」。

勒孔特在電郵中指控我，在小岩城的報告中以「過多的篇幅」介紹薩莫拉「純屬臆測的理論」，還說我不該在介紹「新仙女木邊界層撞擊假說」時，將它和薩莫拉的理論「相提並論」。勒孔特說我將薩莫拉的假說和彗星研究團隊的研究「混為一談」，這讓他「甚感遺憾」。勒孔特還加了一段留給我的附言：

> 葛瑞姆，我之所以不贊同安東尼奧的研究，並不是因爲在窪地邊緣並沒有撞擊替代物質的蹤跡。我之前就對你說過此事，現在再重申一次。我將反對的各種理由詳列在附件的信中，而其中最重要的理由，就是當時的薩吉諾灣並沒有冰，在安東尼奧所謂的撞擊發生位置的兩百公里内也沒有冰。

關於撞擊替代物質，我在討論會上的說法確實有誤。

我的報告是在倉促之間東拼西湊而成的，我在報告中誤稱在卡羅萊納灣窪地邊緣並沒有撞擊替代物質被發現，因此學者長久以來一直認為灣窪地和撞擊無關。這個說法是錯誤的。就我所知，鉑

就是一種撞擊替代物質，而克里斯多福．莫爾就曾在卡羅萊納灣窪地發現鉑。此外，在理查．費爾斯通等人於二〇一〇年發表的一篇論文中也提到，「在卡羅萊納灣窪地邊緣各處」，也曾有各種其他替代物質被發現，其中包括「磁性顆粒和微粒、碳球和玻璃狀碳」。

讓我大惑不解的是，既然勒孔特也知道灣窪地邊緣曾發現撞擊替代物質，他為何還會宣稱灣窪地不是撞擊造成的。我的看法和他的正好相反，我認為替代物質的存在，正好是灣窪地和撞擊有關的有力證據。我在以後的報告中一定會談到此事。

勒孔特在附言中提到的第二件事就更重要了，大意是在一萬兩千八百萬年前，薩吉諾灣或薩莫拉所謂的撞擊點兩百公里內並沒有冰。勒孔特在電郵附件中附上一封長信，那是他寄給《地貌學》編輯的信。他在信中詳述了他的觀點。他說「大量文獻」的證據，都指出在新仙女木期開始前的一千多年，薩莫拉所謂的撞擊點的冰川就已消退了。此外，在新仙女木開始時，薩吉諾灣和休倫湖也都是無冰區。

勒孔特的說法似乎徹底推翻了冰河冰撞擊理論，但薩莫拉很快就對勒孔特做出回應：

> 你在寫給《地貌學》編輯的信中說，「在戴克（Dyke）於二〇〇四年的著作，和拉森（Phillip Larson）與沙茲（Randall Schaetzl）於二〇〇一年的著作中，都提供了勞倫泰德冰蓋消退的圖解。這些具有極高的空間和時間解析度的圖解，充分說明了在新仙女木期開始時，薩吉諾灣和休倫湖都是無冰區。
>
> 我們就姑且認定，在這兩個灣窪地的軸向投影匯合點，並沒有冰河存在的證據。地質學家在判斷冰河覆蓋範圍時，通常是以檢驗地形上的冰擦痕（glacial striation），和辨識出漂石（erratic boulder）沉積為依據。但你覺得如果在冰河地區發生地外物體撞擊，冰擦痕和漂石還會被保留下嗎？

如果有個直徑三公里的小行星撞上那裡，冰擦痕和漂石難道不會因此消失無蹤嗎？冰河融化後，撞擊點勢必會被淹沒，撞擊坑的所有痕跡也會被沖刷掉。卡羅萊納灣窪地確實存在，這些窪地的形狀都是圓錐切面，由此可見它們的前身很可能是錐形撞擊坑洞。人們認為內布拉斯加州雨水盆地和卡羅萊納灣窪地有密切的關聯，是因為它們都有相同的幾何形狀。以卡羅萊納灣窪地為主題的出版品，如果沒有提到內布拉斯加州雨水盆地，內容就稱不上是完整周延。我在論文中提到，地外物體撞上陸地時激起岩狀噴出物的高度，只會是撞擊冰層噴出物高度的三分之一。此外，發生在地面的撞擊會產生典型的地外物體撞擊坑，冰面上的撞擊則不會留下撞擊坑。我相信隕石撞擊點一定是位在冰蓋上，否則人們早就該發現撞擊坑了。

坦白說，我覺得薩莫拉對麥爾坎強烈批評的回應，稱得上是可圈可點。不久後，他就寄給我一篇我沒看過的論文。它是發表於一九八六年的《第四紀科學評論》（*Quaternary Science Reviews*），標題是〈密西根州休倫湖與密西根州和威斯康辛州的綠灣葉中的冰河沉積的關聯〉（Correlation of Glacial Deposits of the Huron, Lake Michigan and Green Bay Lobes in Michigan and Wisconsin）。這篇論文的作者是唐納德·埃什曼（Donald Eschman）和大衛·米克森（David Mickelson）。他們的結論是，在一萬三千年前左右，也就是所謂的休倫港小冰期（Port Huron stade），冰蓋在消退後又再次前進，當時薩吉諾灣和休倫湖確實都被冰層覆蓋著。

在科學界有個屢見不鮮的現象，那就是某些陳述原本被奉為事實，後來卻遭到其他被奉為事實的陳述推翻，從此由事實淪落為觀點；而這些推翻先前事實的陳述，其實也未必是事實，而是比較新的觀點。事實到底是什麼呢？在我看來，事實就是我們對新仙女木期開始時，北美洲和世界真實狀況的認知，仍充滿了不確定和困惑。既然我們的解讀也充滿了不確定性，我們就不該把某些解讀

視為「確切不移」的事實，而是該以開闊的心胸接納各種可能性。

先不談在薩莫拉所謂的撞擊點是否是位在冰蓋上。我知道勒孔特之所以反對冰河冰撞擊理論，是有證據和理論依據的，但我並不想深入介紹這些細節。我承認勒孔特的說法也許是對的，但也不否認他可能是錯的。但不論勒孔特是對是錯，我們都不能抹煞薩莫拉的重大貢獻。他對新仙女木撞擊事件的研究提出新問題。他是否真的解開了卡羅萊納灣窪地和內布拉斯加州的謎團，我們就只能期待之後的研究能找到答案。但不可否認，薩莫拉對學術確實做出重大貢獻。畢竟他已深入研究過北美洲冰帽遭到爆炸性天體撞擊的彈道學和動力學，也探討了撞擊後產生的大量冰河冰噴出物可能造成的災難。

■「我已經一再警告你了……」

懷俄明會議的冰河冰噴出物論戰仍在如火如荼地進行著。我和麥爾坎．勒孔特仍持續交換電郵時，馬克．迪米特洛夫也加入討論。他們兩人對我顯然都很不滿。我們都有將郵件附本寄給克里斯多福．莫爾，但他並沒有做出評論。我後來才發現，勒孔特之所以反對我上傳的影片，並不是因為我曲解了克里斯多福．莫爾最近的研究，而只是因為我在介紹過彗星研究團隊，和與克里斯多福．莫爾到約翰灣窪地的考察後，接著又繼續談到薩莫拉的冰河冰撞擊理論。

我覺得我有必要做出澄清，而且我希望那些誤解我的人都知道我有意澄清此事，因此在二〇一八年三月二十一日，我在電子郵件中開始了一個名為「鄭重聲明」的主題：

我在影片中提到很多科學家的研究。我在介紹過某位科學家的研究後，會接著介紹另一位科學家的研究。但這並不表示我覺得這兩位科學家之間有什麼關聯，除非我有特別強調他們的關聯，而我在影片中並沒有強調。因此我眞的很不了解，這部影片到底得罪了誰。

我之所以會毫不遲疑地公布勒孔特回信的一大部分，是因為從這些段落中，就能看出科學界的一個普遍問題，也就是對不同意見的打壓。

下面段落中的粗體字是我標示出的，在原文中並不是粗體字。我之所以強調這些話，是為了讓讀者見識一些打壓異己的實例，和了解它營造出的肅殺氣氛。

麥爾坎・勒孔特於二〇一八年三月二十三日寫給葛瑞姆・漢卡克的電郵：

我已經一再警告你了，你如果在討論新仙女木邊界層撞擊事件時，提到卡羅萊納灣窪地源起的假說，這很可能會對新仙女木撞擊假說的研究發展造成不良影響，也會讓相關研究人員的聲譽受損。一本名爲《宇宙災難的週期》（*Cycle of Cosmic Catastrophes*）的非同儕審查書籍中，曾提到關於卡羅萊納灣窪地最初形成的一些假設，因此引來不少爭議和反對。你也許不知道我們花了多少時間和精力去澄清此事。這本書的作者是新仙女木撞擊假說的創始者，理查・費爾斯通和亞倫・韋斯特。它是於二〇〇六年出版，而關於新仙女木撞擊假說的第一篇論文，是在一年後才首度發表於《美國國家科學院院刊》上。你將灣窪地撞擊生成假設和新仙女木撞擊假說相提並論，會讓一些科學團體對新仙女木邊界層的研究產生誤解，以爲它是不專業和幾近於假科學的研究。

最初的各種灣窪地生成論充滿了天馬行空的想像。它們至今仍困擾著一群致力研究的新生代科學家，讓他們的研究無法獲得認可。**我們的團隊有一些經驗老道，充滿幹勁的年輕人，克里斯多福・**

莫爾就是其中之一。他們為了研究，不惜以學術前途和名聲做賭注。還有一群更年輕，初出茅廬的科學家也追隨著莫爾，投入這項仍充滿爭議性的研究。由於這項研究太受爭議，莫爾自然成了很多其他研究人員眼中動見觀瞻的人物。

馬克．迪米特洛夫在克里斯多福．莫爾的背書下，曾提出一項證據確鑿，和薩莫拉的灣窪地生成假說截然不同的報告。儘管如此，你仍在我們討論後的一週，就在研討會中提出影片報告，將新仙女木撞擊假說和薩莫拉極具爭議性的灣窪地撞擊生成理論相提並論。

在新仙女木邊界層事件的研究人員中，克里斯多福．莫爾也許是目前，甚至未來最重要的人物。他在不到一個月後接到一位同事的來電，這位同事看到你上傳到 YouTube 的影片後，就把它發布在他的反假科學網站上，克里斯多福的一些同儕常會瀏覽那個網站。你在研討會上先後介紹了新仙女木撞擊假說和薩莫拉的假說，這不但讓克里斯多福等人的信譽受到打擊，也破壞了新仙女木撞擊假說的形象。克里斯多福平白無故地在同事間成了眾矢之的。他們認為他請你參加研討會是一個不智之舉，而克里斯多福也很擔心那段影片可能會影響他的學術生涯和名聲。

在我看來，你公開的影片報告不但重創了克里斯多福的名聲和學術生涯，甚至可能讓他決定退出新仙女木撞擊假說的研究。我還無法判定這段影片造成的傷害有多大。還好克里斯多福勇敢地決定繼續參與新仙女木撞擊假說研究，但由於你已將影片上傳到 YouTube，他能堅持到何時也很難說。

天啊，沒想到我在研討會上的影片報告，居然會引起軒然大波，為我招來強烈抗議。我必須坦承，我很驚訝勒孔特在回信中會如此震怒地說，克里斯多福．莫爾是頗受歡迎又埋頭苦幹的科學家，但他的大好前途可能會斷送在我手上。

但在我們的書信往返中，我還發現科學界的一個令人憂心的現象。我原本還不太了解這種寒蟬

效應的面貌。但我發現在勒孔特信件的字裡行間，真的充斥著這類嚇阻的字眼，不要「在同事間成了眾矢之的」，小心惡名遠播，小心激起公憤，小心身敗名裂，小心斷送前途。但你要擔心這些後果，並不是因為你犯了什麼滔天大罪，而只是因為你不顧科學界對一萬兩千八百年驚人事件的官方說法，堅持要另闢蹊徑，投入仍有些爭議性的研究。

更讓人擔心的是，這種無所不在的寒蟬效應已經是科學界積重難返的問題，連那些從事另類研究的人，也常是最大力排斥其他另類研究的人。他們之所以排斥異己，就是因為怕自己的另類研究遭到池魚之殃。

在這種人人自危的氣氛中，我們又怎麼可能發掘出過去的真相呢？

第八部

生存！隱形人之謎

第二十八章 獵人採集者和失落的文明

在新仙女木期開始時，發生了一連串可怕、混亂又令人費解的事件。近十多年來，這些事件一直是科學界研究的焦點。這些研究也一再證實了，關於現存證據的最合理解釋，就是地球曾和一群來自金牛座流星群，某個解體中巨大彗星的碎片發生連續互動。這些遭遇在一萬兩千八百二十二年前達到最高峰，但持續時間長達二十一年，從一萬兩千八百三十六年前開始，到一萬兩千八百一十五年前結束。在新仙女木期開始時，也發生過其他密集天體撞擊事件，但這二十一年中的撞擊最頻繁。

也許當時撞擊地球的並不是彗星。也許在未來十年中，會發展出一個更具說服力，證據更充分的理論。也許未來會出現一個新發現，能蓋棺論定地證實現存的某個非撞擊理論。但在此之前，我仍認為新仙女木撞擊假說是最合理的解釋，很多科學家的看法也和我一樣。因此我們有必要去深入

研究在新仙女木期中，地球受到最嚴重破壞的二十一年，和一萬兩千八百二十二年前的破壞高峰期。

在北美洲，和這個時期相關的考古證據很稀少，但從這些稀少的證據就可看出，在新仙女木期開始時，散布在北美洲各地的美洲原住民獵人採集者，曾發生人口銳減。就像我在第二十六章介紹的，很多過去有人居住的地區都被完全棄置了，在之後數百年中都沒有人類活動。盛極一時，流傳甚廣的克洛維斯文化就此消失了，但仍有其他人類倖存下來，人口也逐漸回升；人類原本就是個擅長在絕境求生的物種。我在走訪托普遺址後，就一直和阿爾伯特．古德伊爾保持聯絡。古德伊爾的觀點是，雖然有證據顯示當時可能有「人口銳減或減少」，但「在後克洛維斯時期並未發生人類滅絕」。

這也不足為奇。

獵人採集者的生命力很強。

他們總能突破重重難關，接著又蓬勃發展。

在科技昌明的二十一世紀，大多數人都在都市生活，靠集約農業提供食物。但在目前的世界仍有極少數獵人採集者。大多數城市人都過著豐衣足食的生活，獵人採集者則幾乎一無所有。如果在我們的有生之年，發生一起規模相當於新仙女木撞擊事件的大災難，我認為存活機率最高的，就是這些碩果僅存，生活在喀拉哈里沙漠（Kalahari desert）或亞馬遜雨林中的獵人採集者。而之後的人類史也將是他們後代的故事，而不是我們的後代。大多數都市人都不懂如何靠山吃山，靠海吃海。獵人採集者則是求生專家，他們知道如何在險惡的環境中生存。不管情況變得多糟，他們總能隨機應變，找出解決之道。居住在城市中的大多數人類就不同了，他們在大難臨頭時，會發現科學並不能解決所有問題，最後只能絕望地坐以待斃。

一萬兩千八百年前的北美洲，必定是個和二十一世紀的世界截然不同的地方。根據我的推測，當時的大部分人類仍是獵人採集者，但極少數人則走上一條更複雜的發展方向。現代考古學家發現

的北美洲遠古人類，就是這群獵人採集者。從他們的石器、武器和裝飾品就可看出，他們的科技雖然很有效率，卻仍停留在很原始的階段。考古學家並不認為當時有一小群朝不同方向發展的人類，我認為這主要是因為他們的文明幾乎完全被毀滅了。此外，就算有極少數線索殘存至今，能隱約地告訴我們當時的科技非常先進，學者仍會認為在遙遠的史前時代，不可能出現如此先進的科技。

雖然我們已經能在遠古地圖上標示出精確的經緯度，並能藉著它們重現在末次冰河時期，海平面下降時北美洲的樣貌，但既然主流考古學家不相信遠古曾出現先進科技，也就只將這些地圖視為奇珍異寶，認為它們並不能讓我們了解古文明的起源。

我在一九九五年出版的《上帝的指紋》，和二〇〇二年出版的《上帝的魔島》中，曾探討過這些地圖的謎團，並在附錄二中提供詳細資料。我的結論和主流觀點正好背道而馳，我認為在冰河時期曾有個先進的全球航海文明。這個文明在周遊天下時，繪製了精準的世界地圖，而且還解決了經度偏差問題。我們的文明則是在約翰·哈里森（John Harrison）於十八世紀末發明航海天文鐘（marine chronometer）後，才解決這個問題。這個文明的人們是擅長天文航海的探險家，和精通地圖製作的地理學家。直到三百年前，大航海時代的極盛時期，西方科學才迎頭趕上這個一萬兩千八百年前的失落文明。

假設在新仙女木期開始前數世紀有個更早的「大航海時代」，當時某個失落文明的船隊曾航行到世界各地，以「神明」的姿態和各個獵人採集者部落展開互動，或被這些部落誤認為神明。我只是提供一個假設讓大家參考，它純粹只是我的猜想。但我認為在這個大航海時代之後，可能有一段閉關自守，和其他部族不相往來的年代；這有點類似十四世紀末中國明朝的海禁。後來他們之所以重新對外開放，也許是因為他們已預見了即將發生的新仙女木災難事件。他們之所以知道大難臨頭，是因為他們已發展出一個複雜的宗教。這個宗教有套極具影響力的象徵系統，這個系統特別強調天

地之間的關聯，並把天空中的特定區域想像成來生之旅的路徑。由於這個宗教很重視天象，當地球即將運行到危機四伏，充滿碎片的金牛座流星群的絲狀結構附近時，身兼天文學家的祭司，一定會注意到從彗星噴出的較大絲狀結構，並將這種像是巨蛇尾部的結構視為不祥之兆。

這時這個假設失落文明中的天文學家和科學家，一定會開始計算這些碎片的彈道和運行軌道，並在分解彗星的碎片撞擊地球前得到結果。他們知道這場撞擊雖然不會馬上發生，但在未來幾世紀中一定會出現。他們不確定這場密集轟炸的規模會有多大，會持續多久，也不知道第一批碎片會在何時來到，或撞擊點在哪裡。他們推論出一些可能的結果，最好的情況是他們會有驚無險地逃過一劫，最糟的情況是這個文明會被完全毀滅。雖然最壞的情況未必真的會發生，他們仍制定了應變計畫以防萬一。

我想這些計畫者從一開始就預見了，當地球遇上真正的行星級浩劫時，擁有高超求生技能的獵人採集者也許會成為僅存的生還者。因此應變計畫中的一個重要項目，就是和獵人採集者交流，既要教導他們，也要向他們學習。藉由這樣的交流，確保在計畫者需要幫助時，這些獵人採集者會自願地收留這些來自失落文明的「神明」。

這個失落文明要到密集撞擊前的數週或數天，才能確定最可能受到嚴重撞擊地區的位置。他們一定也曾希望會出現奇蹟，讓這場撞擊危機消弭於無形。但他們發現危機在數百年後仍沒有消失，因此覺得為了安全起見，該將世界各地都視為可能的撞擊區，並在各大洲準備避難所。就算有些避難所被摧毀了，總會有些避難所被保存下來。根據我在第十章的推測，失落文明的準備工作，甚至可能包括一項實驗遷置計畫。這些「神明」會將多批獵人採集者遷置到離家鄉很遠的地區，讓他們在新環境中建造神明的避難所。也許就是因為這項遷置計畫，一些亞馬遜部落的基因中，才會出現詭異的澳大拉西亞 DNA 訊息。

依照這種猜想，獵人採集者之所以會散布在世界各地，其實都是出自另一個文化的計畫。這群具有更先進科技的「神明」，在大難即將來到時招募獵人採集者，為他們準備避難所以備不時之需。他們也許還利用獵人採集者備份文明，將先進文明的一些科學知識，保存在獵人採集者的口述傳說中，或以實體記錄保存。

北美洲的證據顯示，在新仙女木期開始後不到一千年，獵人採集者的數量就大幅回升。他們留下的考古資料雖然稀少，卻一直沒有斷絕。在這個新時代就已經出現了初期的土丘工程，例如我之前介紹過的年代超過八千年的結構。在五千五百年前，也出現了沃森布雷克等複雜度極高的遺址。此外，這些遠古遺址都具有天文準線和幾何形狀，因此和蒙德維爾與卡霍基亞等遺址顯然有些關聯。但最讓人驚嘆的並不是它們的年代、複雜度和天文學與幾何學的關聯，而是新大陸的這些遠古紀念性建築物，都具有和幾何學、天文學與太陽準線相關的迷因，而這些迷因在舊大陸的早期建築也能看到，例如英國巨石陣和吉薩大金字塔。除了建築中的迷因，這個時期的農業技術也出現大幅躍升，一套和靈魂來生之旅有關，詭異又別具特色的宗教概念也突然風行起來。這讓人不禁懷疑，這些特徵是否是出自某種「配套」的結果。

也許它們都是精心設計的結果。

也許早就有人在幕後運籌帷幄，假藉宗教使命之名，引導未來的人類朝著特定方向發展。策畫者還教導人們天體運行週期、地理測量和愛護地球的知識。

史前的人類發展，似乎是依循著某些幕後指導者的指引。如果真是如此，這些指導者似乎早在新仙女木期開始前，就在南北美洲造成巨大的影響。他們的影響手段，可能是透過神祕的入教會員團體，或是藉由文化傳播。這種影響力後來進入漫長的蟄伏期，在關鍵時刻又再度出現，改變了美洲文明的發展走向。

■曾受到幫助的克洛維斯？

新仙女木撞擊事件對全球到底有多大的影響？我們對真相已有更深的認識。人們過去的研究重心一直是北美洲，但發表於二〇一八年《第四紀研究》（*Studia Quaternaria*）的一篇論文指證歷歷地說，在一萬兩千八百年前左右，在歐洲西阿爾卑斯山脈的維佐峰（Mount Viso）上空，曾發生一場彗星空爆。空爆造成的衝擊波，讓氣溫在瞬間上升到攝氏兩千兩百度以上，比鋼的熔點幾乎高了一千度。發表於二〇一八年《地質學刊》的另一篇研究則說，根據在南極洲泰勒冰川附近的新山（New Mountain）發現的一項證據，「在新仙女木邊界層的形成年代，曾發生一場撞擊或空爆。它的影響範圍可能是從南美洲和太平洋，一路延伸到南極洲的乾谷山脈（Dry Valley Mountains）。」

隨著更多極具可信度證據的出現，兩

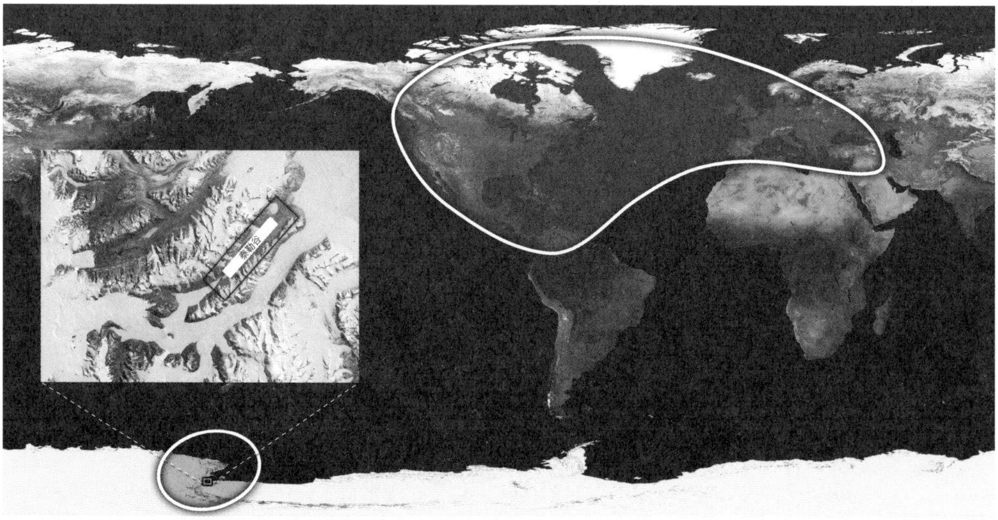

在二〇一四年年底前，科學家就已經在地表追蹤出超過五千萬平方公里的新仙女木邊界層撞擊替代物質散布區（上圖）。之後，他們又發現南美洲的新仙女木邊界層撞擊替代物質散布區，要比之前認定的大得多。二〇一八年的一項研究指出，在南極洲的泰勒谷也有撞擊物質被發現，這些物質就是一萬兩千八百年前左右的撞擊或空爆的證據。

個重要的事實成了最被關注的焦點。

首先就是這場發生於一萬兩千八百三十六年前，到一萬兩千八百一十五年前，長達二十一年的災難，其實是一場全球大災難，受影響地區包括分散在天涯海角的格陵蘭、太平洋、美洲、歐洲和南極洲。

另一件值得注意的事是，撞擊高峰的中心之所以位在北美洲，而不是其他地區，純粹是出於機緣巧合。雖然如此，北美洲的災情卻為全球造成嚴重影響。因為當時北美洲仍有大片區域被冰層覆蓋著，冰層的穩定性受到嚴重破壞後，釋出的大量融冰阻斷了墨西哥灣流，為新仙女木期揭開序幕。此外，當時仍被冰層覆蓋的歐洲和格陵蘭也受到嚴重撞擊，這兩處的大量融冰流入大西洋後，洋流受阻問題就變得更嚴重。當時北美洲無疑是受到最嚴重撞擊、空爆、震波和野火影響的大陸。此外，也許在撞擊最密集的二十一年開始時，安東尼奧・薩莫拉假設中的冰噴出物風暴的最嚴重災區，可能就是北美洲。冰噴出物可能是野火被撲滅的主因。這個假設也能解釋在新仙女木期開始時的北美洲，為何當時只出現一起大規模生物質燃燒事件。這起事件也是北格陵蘭冰芯計畫的冰芯中，記錄到規模最大的生物質燃燒事件。這場野火不久就熄滅了，之後也沒有再出現規模如此大的野火。

考慮過以上種種情況後，我們對北美洲的大規模滅絕就不會感到太驚訝了，而且也會覺得，盛極一時的克洛維斯人會在轉眼間就消失得無影無蹤，也是很合情合理的事。

此外，克洛維斯現象本身就是一個有趣的謎團。就像我之前介紹的，這些擅長狩獵的獵人採集者，曾以矛頭獵殺穆雷溫泉的猛瑪象艾露伊斯，而且考古學家也發現一些用於獵殺猛瑪象的精美凹槽矛頭。雖然如此，考古學家卻找不到和矛頭相關的考古背景。根據考古學家的發現，克洛維斯人最早是出現於一萬三千四百年前左右，到了一萬兩千八百年前左右，他們的考古紀錄就突然消失了。在這段期間，克洛維斯人總是配備著極具特色的工具組，而矛頭就是其中的一項工具。在北美洲大

片考古沉積中，都能發現這些克洛維斯工具和武器。但這些工具都像是突然發展完成的，考古學家從未找到相關的實驗或發展證據，或在發展各階段中的原型。

我認為克洛維斯人和失落的文明之間一定有某種關聯。這倒不只是因為根據遠古DNA研究，克洛維斯人的基因組和南美洲原住民的比較接近，和北美洲原住民的比較不同（參見第三部）。我覺得值得注意的，就是亞馬遜河流域的澳大拉西亞基因，和北美洲的克洛維斯凹槽矛頭科技，都是在突然間莫明其妙地出現的，這兩者間確實有著不謀而合的相似性。

它們會是出自相同的原因嗎？

如果有一群幕後操縱者曾帶著一批澳拉大西亞人遷徙，從新幾內亞來到太平洋對岸的亞馬遜，那麼在新仙女木期開始前，一群北美洲原住民會擁有極先進的技術，會不會也是拜這些幕後操縱者之賜？既然克洛維斯第一的謬論已經被丟進歷史的垃圾桶了，現在也許是考慮其他可能性的最好時機。我們不妨稱這個新理論為「最被青睞的克洛維斯」或「曾受到幫助的克洛維斯」。

從二十一世紀的眼光看來，克洛維斯工具組當然稱不上是「高科技」，但它們在一萬三千四百年前，卻遠超過其他美洲原住民的工藝水準；那時也是第一批凹槽矛頭開始在冰帽南方出現時。我並不是說這些石器就是失落文明的科技，也沒說失落文明能製造噴射機。我想他們的科學和技藝水準，比較類似於十八世紀末和十九世紀初的歐洲，和剛建國不久的美國。

此外，我認為這個文明和我們的文明很不一樣，因為它是建立在完全不同的原則上。我們對它的科學仍充滿困惑，這倒不是因為我們並未發現這種科學，而是因為我們不了解這種科學的價值。我們沒有理由認為這個文明會把它的「高科技」與其他部族共享，也許他們還有些禁止分享科技的禁令。雖然如此，他們也許仍會考慮製造更好更有效的石器，把石器送給他們喜歡的幾群獵人採集者，讓這些人獲得競爭優勢。

我們知道在新仙女木期開始前，北美洲就已經有很多部族。假設克洛維斯人也是其中之一，那麼他們和南方美洲原住民的淵源就很值得探究了。也許克洛維斯人的祖先，最初就是在亞馬遜雨林仍未被考古學家探勘的五百萬平方公里中，學到製作凹槽矛頭的科技。後來他們便帶著「學來的」知識，往北方遷徙。

考古學家在最近的研究中發現，北美洲在新仙女木期開始前，原本就存在著一些已持續和穩定地發展了數千年的文化。克洛維斯人來到後，在短短幾世紀中就徹底改變了北美洲的文化景觀。以下就是一些考古證據。阿爾伯特・古德伊爾挖開托普遺址最底層的克洛維斯生活層後，發現了更早的文化遺物。德州的高爾特（Gault）遺址埋藏著大量克洛維斯文化遺物，考古學家在最近的發掘中，也發現在更深處有些前克洛維斯層位。二〇一八年七月的《科學進展》（*Science Advances*）指出，這些層位中含有各種石器，它們稱為「高爾特組合」（Gault Assemblage）。截至目前的年代分析結果顯示，它們的年代至少比克洛維斯文化早兩千年。值得注意的是，考古學家在遺物組合中，發現一些前所未見，「和克洛維斯文化無關」的早期拋射矛頭。

此外還值得注意的是，在克洛維斯層位和高爾特層位之間，有個約十公分，文化材料較少的區域。這可能代表這處遺址在當時比較少有人類活動，或在兩個文化沉積層位間有段人類活動空窗期。克洛維斯遺物組合的科技和高爾特組合的科技有著明顯的差異，兩個文化沉積之間也有一段層位距離，這就意味著這兩個遺址群並沒有連續關係。

這也就是說，克洛維斯文化似乎是莫明其妙地出現的，而且取代了原本存在的北美洲原住民文化。不久後，美國本土各地年代更久遠的生活層，就都被克洛維斯生活層覆蓋著。新仙女木期開始時，突然發生一起驚天動地的神祕災難，克洛維斯文化就此滅絕，被埋在黑墊下方。

但在克洛維斯文化盛極一時的短短數百年中，它就能大放異彩，成為美洲至今被發現的獵人採

集者文化中，最成功和分布最廣的文化。研究該文化的考古學家和燧石石器研究者都同意，這些別具特色的矛頭和製作時附加的凹槽，讓克洛維斯人擁有了遠高於其他獵人採集者的技藝水準。因此我們不禁疑惑，他們為何會消失，而其他沒沒無聞，能力平庸的文化，卻能在考古紀錄中異軍突起並存活下來。

難道是克洛維斯太親近失落文明的「神明」，因此也步上他們的後塵嗎？

這並不是無關緊要的問題，而是個值得深究的主題。關於這個問題，懷疑者可能有以下的質疑。如果克洛維斯人曾和某個更先進文明接觸，並得到他們的幫助，那我們就該發現在克洛維斯人的骸骨中，混雜著這些更先進人種的骸骨。但我們並未發現這種現象，由此可見當時並不存在更先進的文明。同樣的，如果克洛維斯曾和某個更先進文明接觸，並因而受惠，那麼我們在克洛維斯的工具組合中，至少會找到這種先進科技的蛛絲馬跡。但我們什麼都沒發現，因此這個先進文明並不存在。

關於第二個質疑，我已經在之前回答過了。來自更先進科技文明的人也許是基於很好的理由，才不和獵人採集者分享高科技。但他們對某個部族卻特別青睞，並將加工石材、鹿角和骨頭等材料的技術傳授給他們，讓他們製作出更有效率的狩獵武器和工具。

至於第一個質疑，以下是我的回答。雖然克洛維斯人並不是「美洲最早的原住民」，但八十多年以來，考古學家對他們的文化已經進行過深入研究，在北美洲各地的遺址也發現大量克洛維斯遺物。

但考古學家在這些遺物旁發現多少克洛維斯人的骨骼呢？有多少骸骨、頭蓋骨、脛骨、指骨或牙齒被發現呢？據我的推測，既然他們對克洛維斯文化已研究得如此透徹，發現的克洛維斯人骨骼想必也很多吧。但我在為本書進行研究時，赫然發現考古學家發現的唯一一具骸骨，就是我在第九章介紹過的，位於蒙大拿的安齊克一號，而且它還是一具不完整的嬰兒骸骨。原本有些人懷疑安齊克一號並不是克洛維斯人的骸骨，因為根據最早的年代測定結果，這具骸骨的年代，和與它一起出

土的克洛維斯工具的年代並不相同。但在二〇一八年，先進的年代測技術才證實骸骨和工具的年代，都是一萬兩千八百年前新仙女木期開始時。這項測定也證實了，被埋葬的嬰兒確實是克洛維斯人。

這就讓人很納悶了。散布在北美洲的各個地點，從阿拉斯加到新墨西哥，從佛羅里達到華盛頓州，我們已經發現了超過一千五百個克洛維斯遺址。從這些遺址中出土的，有超過一萬個克洛維斯矛頭，和數以萬計的克洛維斯工藝品。就像我在第六章介紹的，其中單在托普遺址就有四萬件遺物出土。雖然有這麼多考古遺物被發現，但我必須再此重複一次，經過八十五年的發掘，我們發現的克洛維斯人類骸骨，就只有安齊克一號，而且它並不完整。

簡單地說，如果我假設中的先進文明是來自美洲，如果它是在一萬兩千八百年前的地球巨變中，成為失落的文明，那麼殘存的克洛維斯人骸骨會如此稀少，倒也不是什麼奇怪的事。雖然殘存的骸骨很少，但這也不表示失落的文明並不存在。

讓人比較難以解釋的是，克洛維斯凹槽矛頭科技為何會憑空出現？為何我們找不到相關的嘗試研發、技術發展、實驗或原型的證據呢？另一個令人費解的問題是，亞馬遜雨林中的原住民，為何會擁有澳大拉西亞的DNA訊息呢？此外，為何舊大陸和新大陸會出現相同的幾何形狀、天文準線和土方工程結構呢？最後的問題是，為何新舊大陸的象徵系統、精神追求和信仰，會有如此多的雷同之處呢？

在我看來，唯一合理的解釋，就是新舊大陸的文明都是系出同源，出自同一個遙遠的失落文明。雖然這個文明建立了一套迷因，讓它能在千秋萬世中不斷地延續和發揮影響力，但顯然的，它也沒有躲過新仙女木期的那場浩劫。因此我們不妨把北美洲視為一個「犯罪現場」，一個極古老偉大的史前文明，在這裡遭到毀屍滅跡，從此就只存在於世界各地的神話和傳說中。

第二十九章

未知的未知

假設在冰河時期有個先進的失落文明，假設它具備在全球航行的能力，又擁有相當於十八世紀末，十九世紀初水準的地圖製作技術。如果它真的存在，它一定有能力在各大洲建立前哨基地，而且一定有自己的故鄉。

兩百年來，考古學家一直鍥而不捨地搜尋，卻仍找不到這個文明的故鄉。因此他們就認為這個文明並不存在。就常理而言，他們的結論確實很合理。

但在常理之外還有其他可能。

它也許目前已被水淹沒。舉例來說，它可能是位在印尼外海，無邊無際的巽他陸棚（Sunda Shelf）上。那裡是在冰河時期末，海平面上升時被淹沒的。

也許它被深埋在冰層下，也許就被埋在南極洲。這並不是沒有可能的事，畢竟在過去十萬年中，

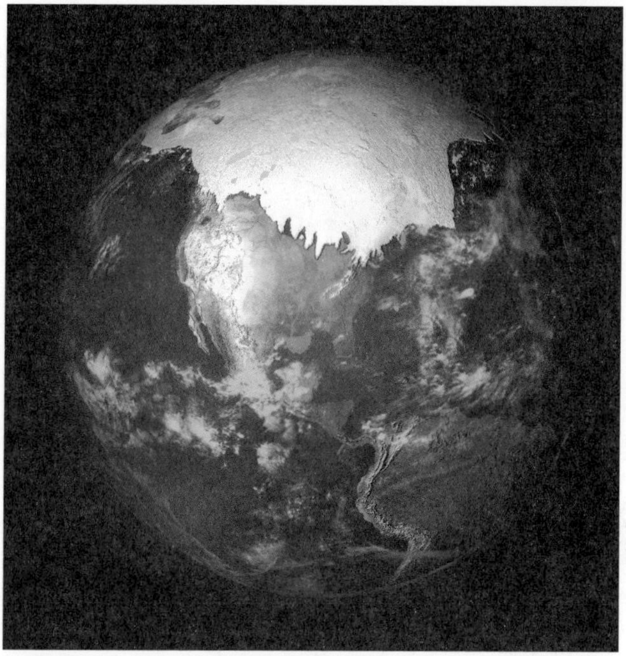

影像：距今一萬八千年前的地球。製圖者：唐納德．愛德華茲（Donald L. Edwards）。

曾發生數起重大的地球物理學事件。

它也許仍在未被探勘的亞馬遜雨林中央，等待著重見天日的一天。

也許它是被掩埋在撒哈拉沙漠下方。

另一種可能是，這個文明的故鄉就隱藏在一個近在眼前，但大家都意想不到的地方。那裡就是北美洲。

根據美國前國防部長倫斯斐（Donald Rumsfeld）的分類，「知」可分為「已知的已知」（known knowns），「已知的未知」（known unknowns）和「未知的未知」（unknown unknowns）。在美洲史前歷史的考古學研究中，「已知的已知」只佔了微乎其微的分量。「已知的未知」則多不勝數，這倒也不足為奇。第三類的「未知的未知」，也就是「我們不知道自己不知道的事」。我們有朝一日也許會發現，它的數量要比前兩者的總合還多得多，也重要得多。

最重要的原因是，新仙女木撞擊事

件和後來發生的長期災變，不但徹底改變了地球的面貌，更在北美洲各地造成極嚴重的破壞。就像我之前介紹過的，由於冰蓋的穩定性受到破壞，大量的融水流入北極海和大西洋，對全球氣候造成劇烈影響。但我們要特別注意的是，巨大的洪水也重創了富饒的北美洲南部，那裡也許是當時最適合居住，物產最豐富的地區。

這場被作家約翰．蘇尼契森（John Soennichesen）（注）稱為「可能是地球史上規模最大洪水」的超級水災，將所到之處的一切都徹底沖毀了。洪水中擠滿了冰山和被連根拔起的樹木，泥流和巨石也在激流深處翻騰。至今某些地方仍完整保留下洪水肆虐的痕跡。就以我在《諸神的魔法師》中詳細介紹過的華盛頓州河道疤地為例，那裡就是一大片滿目瘡痍的石板，上面散布著重達一萬公噸的冰川漂礫，巨大的化石化瀑布，和長達數百呎，高數十呎的「水流波紋」。

如果那裡在大洪水前曾有城市，它們後來都消失了。

就算在大洪水前曾存在著我們所謂的科技，那些線索都隨著洪水化為烏有了。

如果在大洪水前，冰帽南緣五百公里內曾有一個先進文明，就算這個文明已發展到河道疤地和冰帽邊緣，單靠洪水就能毀滅文明的所有痕跡，讓一萬兩千八百年後的考古學家沒有顛倒是非的機會。

洪水肆虐的證據不只出現在華盛頓的河道疤地，也出現在遙遠東方的新澤西州。華盛頓州有大片遍布著巨大冰攔漂礫的原野和山坡，紐約州也是如此。更巧合的是，華盛頓州有乾河谷（coulees），

注——在《諸神的魔法師》第二部第三章曾提及，約翰．蘇尼契森是美國地質學家J．哈倫．布瑞茲的傳記《布瑞茲的洪水》（*Bretz's Flood*）的作者。

紐約州也有五指湖（Finger Lakes）。五指湖一直被認為是由冰河侵蝕形成的，但它的地貌特徵卻和河道疤地上的乾河谷很類似。目前有些研究人員相信，它們是由冰河融水在高壓下切鑿形成的。這種地形和沉積證據都顯示著「大陸冰蓋曾發生崩解」。

同樣的，在明尼蘇達州的聖克羅伊河（Saint Croix River）上，有超過八十個巨大冰河壺穴（glacial potholes）。綿延不絕的壺穴形成壯觀的景象，其中的一個壺穴有十呎寬，六十呎深，是世上被探勘過的最深壺穴。還有其他更寬的壺穴仍未被探勘，它們的深度也許還不只於此。這些壺穴都是在冰河時期末，由洶湧的洪水侵蝕而成的。

以上介紹的北美洲各大區域都是沖刷而成的。

我在前幾章曾介紹過新仙女木撞擊事件的其他影響，洪水只是其中之一。這些影響包括人口稠密地區遭到直接撞擊，空爆產生的高熱和震波，遍及全北美洲的野火，撞擊

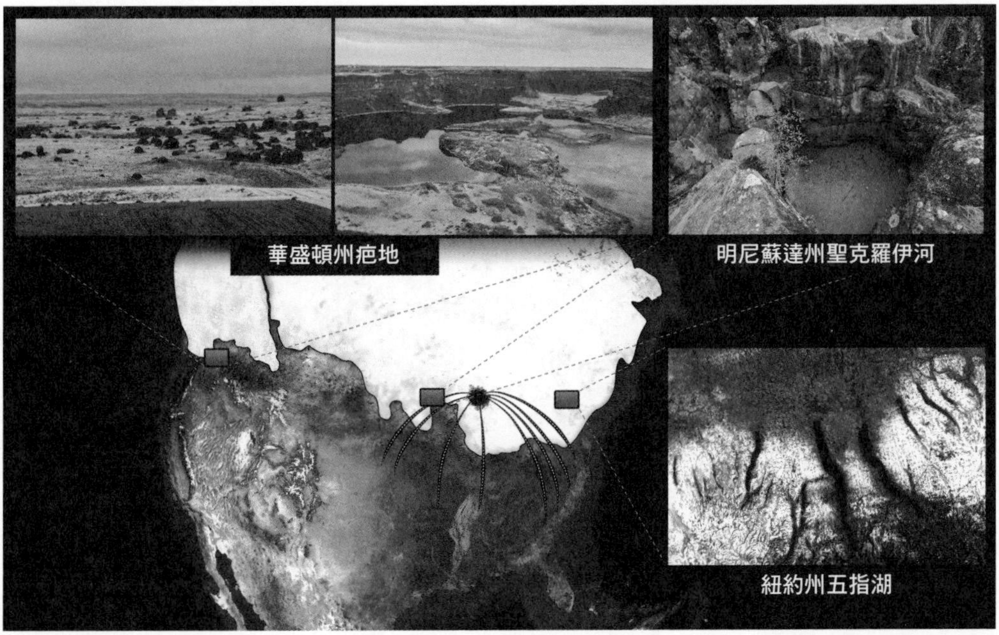

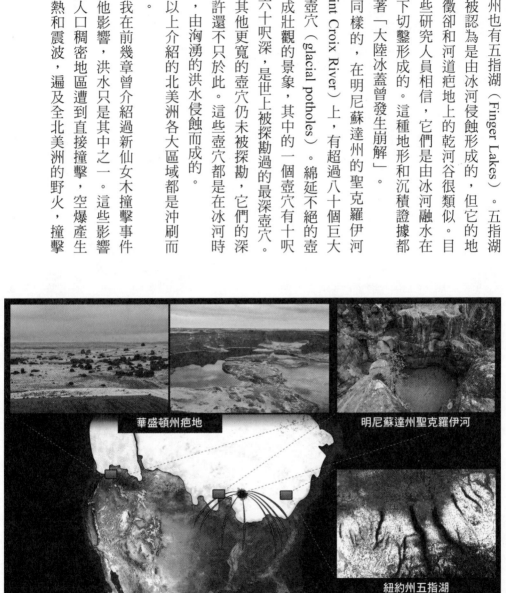

冬天，冰噴出物等等。

總而言之，如果北美洲就是某個遠古史前失落文明消失的地方，那麼我們在調查時的最大難題，就是這個「犯罪現場」已經被新仙女木期開始時的一連串災難事件「徹底破壞」了。

■清除犯罪現場：征服

五百年前，西班牙人征服墨西哥，為歐洲人入侵美洲揭開序幕。一九一五年，埃爾南．科爾特斯（Hernan Cortes）首次踏上猶加敦州（Yucatan）的海岸時，當時墨西哥還有超過三千萬人口。一個世紀後，在經歷征服的血腥種族屠殺和造成大量死亡的天花後，墨西哥的人口只剩下三百萬。

在前哥倫布時代，墨西哥原本有數以萬計的抄本，但尾隨著西班牙征服者而來的神父和修道士，趕盡殺絕地將它們全都銷毀了。舉例而言，大主教胡安．德．蘇馬拉加（Juan de Zumarraga）剛被西班牙國王封為「印第安人保護者」不久，便在一五三〇年十一月展開一場「保護教徒行動」。他指控一位墨西哥貴族，也就是特斯科科城（Texcoco）城主，犯了崇拜雨神之罪，並把他綁在火刑柱上燒死。根據彼德．湯普金斯（Peter Tompkins）在《墨西哥金字塔之謎》（*Mysteries of the Mexican Pyramids*）一書中的描述，蘇馬拉加下令，「蒐集阿茲特克的歷史、知識、文學、繪畫、手稿和象形文字作品，在城中市集把它們堆積成一座高塔燒毀。圍觀的原住民只能放聲哭泣和祈禱。」

三十多年後，這場文獻浩劫仍在如火如荼地進行著。一五六二年七月，大主教迭戈．德．蘭達（Diego de Landa），在位於目前猶加敦省梅里達（Merida）南方的曼尼城（Mani）大廣場，燒毀數以千計的馬雅抄本、繪畫故事書和象形文字的鹿皮卷軸。他宣稱曾摧毀無數「神像」和「祭壇」，

並在他的著作中說，「它們都是出自魔鬼的手筆。惡魔藉此來蠱惑印第安人，讓他們不願改信基督教。」他注意到「馬雅人會使用某種字或字母，將他們的遠古史和科學記錄在書中。」以下是他的說法：

> 我們發現用這些字母寫成的大量書籍。因爲書裡記載的全都是怪力亂神之類的迷信和謊言，我們便把它們都付之一炬。印第安人都爲此悲痛不已。

和那些充滿驚恐的美洲原住民一樣，我們這些亟欲了解真相的人也感到很痛心。我們不禁猜想，那些失落的書籍中記錄著哪些「遠古史和科學」？到底有哪些知識失傳了？

我在之前的著作中曾探討過馬雅人，和他們之前的奧爾梅克人（Olmec）之謎，因此我就不在此重複他們的精采故事。但我稍後仍會簡略介紹我在一九九八年的一場經歷。當時我仍未聽說過密西西比文明，和其中與獵戶座及銀河相關的來生信仰。但就像我在《天之鏡》中說的，我當時注意到一項由考古學家荷西．費南德茲（Jose Fernandez）和羅伯特．科馬克（Robert Cormack）做出的發現。根據他們的研究，猶加敦省馬雅古城中的聚落中心，是「對應著天象，依照獵戶座的形狀建造的」。

費南德茲也證實了，猶加敦省主要神廟的走向，「都是正對著獵戶座群星的偕日落點（heliacal setting points），也就是恆星和太陽同時落下時的位置。」他也指出位在獵戶座旁的銀河，「是馬雅人心目中的天空之路，連接著天空中心和冥界的中心。」

各位讀者對這片區域應該都很熟悉了，你們一定也能猜到我接下來要說什麼。以下就是我在《天之鏡》中的描述。「和古埃及人一樣」，馬雅人也將銀河視為星空中特別重要的特徵：

他們將銀河視爲通往冥界希巴巴（Xibalba）的道路，並和中美洲的其他部族一樣，都認爲冥界是位在天空中。

我在書中也說到，和古埃及的冥界杜亞特傳說一樣，在墨西哥的傳說中，靈魂也會在來生之旅中經歷一連串試煉，和「在可怕的死神面前接受最後審判」。我發現在馬雅人和古埃及人關於死亡和來生的信仰和象徵系統中，還有很多其他驚人的相似之處，因此做出以下結論：

古埃及人和馬雅人關於星星的傳說，都和獵户座與銀河有關。在埃及傳說和墨西哥傳說中，人在死後都要進行一場冥界之旅。埃及和墨西哥的宗教教義，都認爲人必須在有生之年做好來生之旅的準備，因此我們絕不能虛度此生。

由於古埃及和古墨西哥的信仰有太多相似之處，我便推斷它們一定是源自一個更古老的宇宙宗教。這個宗教「在外表上是複雜精確的天文觀察」，但特別強調靈魂的來生之旅。這個宗教並不是源自埃及或墨西哥，埃及和墨西哥也並沒有將它直接傳播給對方。它們都是從某個未知的第三方文明承襲這種宗教的。

這只是一個假設。但如果我們能在沒有直接關聯的幾個文明中，發現它們都承襲了相同的宗教，這就說明這個假設並非無稽之談，甚至能證明確有其事。

我認為密西西比河谷的宗教信仰、圖像學和象徵系統，和我在第六部介紹過的，古埃及的宗教信仰、圖像學和象徵系統，有著驚人的相似性。而這種相似性就是第三方未知文明存在的證據。在我看來，能說明這些深層結構關聯的唯一解釋，就是這兩個民族都有個極古老的共同源頭。這個源

頭在很久以前就已存在了，到了冰河時期末，海平面上升讓美洲和舊大陸分離，兩地的人民從此無法來往。

我們就瀏覽一下現存最古老的美洲原住民書籍，《德雷斯頓抄本》（*Dresden Codex*）。它之所以被冠上這個名稱，是因為它被保存在德國德雷斯頓市的一所博物館中。

這是一份讓人眼界大開的文獻，主要是因為其中的數學和天文學的科學內容。舉例來說，知名的馬雅文明專家西爾韋納斯・莫利（Sylvanus Griswold Morley）注意到，在抄本的五十一到五十八頁記錄著，「四百零五次月球繞行的時間。他們的計算結果非常準確，涵蓋的時間長達近三十三年，記錄下的總天數為一萬一千九百五十九天。和以最先進方法計算出的結果比對後，抄本中的天數只少了百分之八十九天。」

另一件很值得注意的事是，在《德雷斯頓抄本》的最後幾頁，出現的數字愈變愈長：

最後出現了所謂的「蛇數」。蛇數就是近一千五百萬天，相當於三萬四千年。這個數字不斷出現在抄本中。

抄本的最後一頁描述著世界末日的情景，末日就出現在數字最大的那些日子之後。

這時會出現一條雨蛇，牠橫臥在天空中，吐出數道激流。太陽和月亮也噴出浩蕩的激流。長著虎爪，面目猙獰的老女神，是能呼風喚雨、控制洪水的邪惡力量。祂將天上的水碗打翻了。祂的裙子上繡著象徵死亡的交叉大腿骨，頭上戴著一條扭動的蛇。

暗黑之神拿著象徵滅絕萬物，矛頭向下的長矛，大搖大擺地在地上走著，祂可怕的頭上頂著一隻怒氣沖沖，叫個不停的鳥。這就是毀天滅地的終極浩劫的場面。

這個混雜著科學、災難和曆法的抄本，真是一本奇書。考古學家約翰・湯普森（J. Eric S. Thompson）指出，「在很多馬雅象形文字文本中，都有計算到極古老的年代，但計算到未來的年代則較少」：

在基里瓜（Quiriga）遺址的一個石碑上，有個能計算出超過九千萬年前的某個日期的算法。在另一個石碑上，還有一個超過三億年前的日期。這些都是眞實計算的結果，也都正確地標示出是何月何日。這就像我們能以現代曆法，算出在過去每隔一段特定時間，復活節就會出現在某月的某天。

《德雷斯頓抄本》最後一頁描述的世界末日的景象。開放授權藝術品的照片：薩克森州立大學圖書館（mscr.dresd.r.310）。

這些天文數字讓人看得眼花繚亂，但計算出的日期都是會一再出現的重要日子，因此必須以特殊的象形文字記錄下來。

我們可以確定的是，這些馬雅文獻呈現出的信仰核心精神，和古埃及人的信仰非常類似，也和遠古密西西比文明的信仰非常類似。不僅如此，它們也證明了馬雅人很熱中於複雜的科學計算，而且喜歡研究極遙遠的過去。這讓我不禁想到古埃及《亡靈書》中的某個段落。我在第三章介紹過這段文字，它描述的是太陽神拉「要花上數十萬到數百萬年」才能穿越宇宙虛空中「無法描述的空間」。這樣的時間尺度和馬雅人的時間尺度很類似，但在一般的認知中，這麼漫長的時間尺度對農業社會並沒有用處。同樣的，古埃及的冥界杜亞特中，有些巨大的幾何形土丘和園區。俄亥俄州的霍普韋爾遺址，也有巨大的幾何形土丘和園區。目前在亞馬遜雨林，也陸續地有巨大的幾何形土丘和園區被發現。

我認為這些證據指出一個可能，那就是在未知的史前時代，曾發生一件驚天動地，主流考古學界的理論無法解釋的大事。種種跡象都顯示，具有悠久語文教育傳統的墨西哥，曾保存著大量古代的「古老遺物和科學」。和亞歷山大圖書館一樣，這些被西班牙人不分清紅皂白摧毀的文物紀錄，也都是人類共同記憶的一部分。我想如果仍有大量馬雅文獻被保存下來，我們也許就能解開一個大謎團，找出點燃新舊大陸兩地文明之火的火種，也就是這兩地文明已經失傳的共同起源。

令人遺憾的是，在一五一九年仍存在著數以萬計的馬雅抄本，但到了二十一世紀只有四個抄本被保存下來。

西班牙征服墨西哥後，接著又征服祕魯，並再次毀滅一個高度文明。這次它毀滅的是美洲最早原住民嫡傳的印加文明。雖然印加人有一種名為奇普（quipu），以結繩溝通和計算的溝通方法，但

和馬雅人不同的是，印加人沒有文字，因此沒有文獻讓西班牙人摧毀。但西班牙人仍像在墨西哥一樣，斬草除根地摧毀了當地的宗教和傳統，以羅馬天主教取而代之。在這場美其名為「消滅偶像崇拜」的行動中，西班牙人再次展開了大規模的文化破壞，目的是要在一到兩個世代內，抹除印加人的共同記憶，讓他們忘掉和祖先和歷史的關聯，再對他們灌輸基督教的教規。

西班牙人確實也曾入侵北美洲，但他們並不是揮軍北上，而是展開一場離奇又徒勞無功的探險。這支超過六百人，由埃爾南多・德・索托（Hernando de Soto）率領的探險隊，於一五三九年在佛羅里達州登陸。探險隊在一路披荊斬棘中，折損了半數的隊員。在之後三年，德・索托一直在目前美國東南部和深南部闖蕩，最後於一五四二年死於路易斯安那州。他們在途中經過很多規模宏偉的土丘遺址，也和當地人進行過多次慘烈的大型會戰。但這次遠征造成的最嚴重影響，也許就是天花。德・索托的探險隊中似乎有天花帶原者，而天花後來害死了當地的大量原住民。

因此也許可以這麼說，歐洲人對美洲的征服，從一開始就為美洲原住民帶來了混亂、屠殺和文化滅絕。而這個過程也破壞了「犯罪現場」，讓我們面對著一鱗半爪的線索，不知該如何拼湊出真相。

■消除犯罪現場：目擊者失憶

美洲大片地區的人類史證據之所以消滅，原因並不只限於新仙女木期的浩劫，和很久之後好戰的基督教徒帶來的破壞，和天花造成的死亡。在歐洲人開始入侵美洲，腥風血雨的頭一世紀後，另一個同樣致命的威脅，也悄悄地展開破壞，繼續侵蝕著流傳數千年，但已所剩無幾的文化遺產。後來德・索托等人曾對北美洲發動過幾次突襲，但都沒有成功。除了這幾次突襲，十六世紀的北美洲並未受到

很大的影響。但在十七世紀初，歐洲人開始在維吉尼亞州和麻薩諸塞州殖民後，一切就改變了。

之後北美洲的土地就不斷遭到蠶食鯨吞，理由不外乎是發展農業或開採金礦。美洲原住民長久以來一直擁有的聖地被奪走了，聖地上的居民不是被趕走，就是遭到屠殺。從十七世紀到十八世紀，從十八世紀到十九世紀，這類謀地害命的事件不但有增無減，而且手法還愈來愈殘酷。

從歐洲人踏上美洲海岸時起，位於白人文明和蠻荒世界之間的邊境地帶，就成了水火不容的衝突地區。美國政府因此批准了超過一千五百次戰爭，對印第安人展開攻擊和奇襲。美國也成了世上對國內原住民發動最多次戰爭的國家。據估計，在一四九二年哥倫布來到美洲時，北美洲原住民約有五百萬到一千五百萬人。到了十九世紀末，北美印第安戰爭終於結束時，北美洲原住民的人口已銳減到二十三萬八千人。

夏威夷大學美國研究學系的教授大衛．斯坦納爾德（David Stannard），在他的重要著作《美洲大屠殺》（*American Holocaust*）中指出，學術界對前哥倫布時期美洲人口的推估，在近幾十年出現重大變化：

> 在一九四〇到一九五〇年代，大多數人都認爲，美洲在一四九二年的總人口只有略多於八百萬人，其中只有不到一百萬人生活在目前的墨西哥以北。但目前只要是認眞研究過這個問題的學生，幾乎都認爲美洲當時的人口，至少在七千五百萬到一億人之間，其中約有八百萬到一千兩百萬居住在墨西哥以北。而這個領域極具威望的一位專家則認爲，更精確的數字應該是，當時美洲約有一億四千五百萬人，墨西哥以北約有一千八百萬人。

長久以來，人們一直誤以為在第一批歐洲殖民者來到前，北美洲是個只有少數「野蠻人」的蠻

荒之地。還好這種誤解已經不存在了，真是謝天謝地。

這種觀點真是離譜至極。

根據考古學、民族學、遺傳學和早期旅行者的描述，發展出的新觀點指出，北美洲是個繁忙熱鬧的大陸。那裡的人口不斷增加，而且有規模極大的貿易網和豐富的資源。

北美洲原住民雖然不像印加人，擁有中央集權和體制健全的國家，但他們也和印加人一樣都是口語民族。他們都是將智慧和事蹟保存在記憶中，靠著口述傳統傳承智慧，而不是文字記錄，讓智慧代代相傳。我們目前在研究他們的知識、教學內容和保存下的遠古智慧時，只能發現殘缺不全的線索，因為種族大屠殺已經嚴重破壞，甚至徹底毀滅了世代之間正常的知識傳承。

書內關於種族滅絕的描述，殘忍得令人髮指。在今日看來，那些細節不但駭人聽聞，甚至令人作嘔。斯坦納爾德教授在《美洲大屠殺》中，鉅細靡遺地記錄下歐洲人在美洲犯下的種種罪行。但我在此並不想詳細討論書中的多起大屠殺和背叛，也不想深入介紹外來的傳染病，是如何將數以百萬計的原住民折磨致死的。

我要說的是這場屠殺真的發生過，而且它要摧毀的不只是一個民族，更是他們的文化。它仍持續地影響著倖存者的後代，斷絕了他們和祖先的傳統、智慧、記憶和語言之間的傳承關係。

如果你還在懷疑，西方人是否除了竊取整個美洲大陸，更要將美洲的文化連根拔起，你不妨去讀讀印第安寄宿學校的醜陋歷史。美國國家原住民寄宿學校治療聯盟，在校史中就清楚地說明了以下事實：

從一八六九年到一九六〇年代，有數十萬美洲原住民兒童被迫離開家庭和家人，住進聯邦政府和教會開設的寄宿學校。我們不知道共有多少兒童被帶往寄宿學校，但根據印第安事務局於

一九二六年的統計，有近百分之八十三的印第安兒童是在寄宿學校就讀。當時，美國原住民兒童是出於自願或被迫離開家庭、家人和部落，來到離家很遠的學校。他們使用母語就會受到處罰，並被禁止從事和原住民傳統與文化相關的任何活動。帶有傳統文化色彩的服裝、髮型、個人物品和行爲，也都受到禁止。

當時仍是陸軍上尉的理查德・亨利・普拉特（Richard Henry Pratt），是寄宿學校運動的創始人和擁護者。他於一八九二年的一場演講中，說出這項計畫的精神：

一位偉大的將軍說過，只有死去的印第安人才是好印第安人。我也頗有同感，但我的看法是，我們要除去的是印第安民族中的民族性。我們並不是要除掉印第安人的生命，而是要除掉他的民族性。

接著他們就展開了針對特定種族的大規模洗腦計畫，目的是讓美洲原住民忘掉他們古老的傳統。就本書探討的主題而言，如果真的有某個失落文明在北美洲被毀屍滅跡，那麼套用我之前的比喻，加害者不只清理了犯罪現場，甚至還狠狠敲了目擊者的腦袋，抹除他的記憶。

■清除犯罪現場：土地掠奪

從十九世紀到二十世紀，種族滅絕和強迫失憶的情況已愈演愈烈。但這時另一股力量也順勢而起，摧毀大批美洲原住民的著名古蹟，其中最顯著的就是巨型土丘和土方工程。這股力量主要就是

貪得無厭的土地掠奪。而這些古老的紀念性建築，最後都免不了被摧毀的命運，以發展農業、工業、住宅或商業。直到十九世紀中葉，勘測人員才開始對土丘和土方工程展開認真和徹底的調查。但在此之前，不可知的北美洲史前歷史中，有多少土丘和土方工程已成為農業、工業和商業的犧牲品，那就不得而知了。

這些早期的勘測人員中，最有名的就是伊弗雷姆·斯奎爾和艾德溫·戴維斯。他們於一八四八年發表的共同著作《密西西比河谷古蹟》，是史密森尼學會最早的出版品之一。他們在序言中，對土丘和土方工程的保存做出以下建言：

> 我們必須儘快對這些古蹟進行完整的勘測，這已是刻不容緩的工作。在風雨的侵蝕，溪流改道，公共建設的破壞，和農業發展的蠶食下，這些遠古紀念性建築正遭到快速破壞，它們的對稱性和輪廓都消失了。數以千計的古蹟不是化爲烏有，就是剩下斷壁殘垣，只能隱約地看出它們原本的規模。

遠古紀念性建築在目前之所以重要，原因之一是它們能指出很多已經不存在的重要土丘和土方工程的位置。在二〇一一年發表於《美洲考古》的一篇論文中，賈洛德·伯克斯（Jarrod Burks）和羅勃特·庫克（Robert Cooke）針對俄亥俄州進行調查，因為斯奎爾和戴維斯曾在一八四八年，在那裡記錄下「約八十八個土方工程遺址」。也許是拜《密西西比河谷古蹟》一書之賜，這些遺址變得聲名大噪，其中的十六個遺址因此「被完整或部分保存在公園中」。而佔總數百分之十二的十八處遺址，「則遭到嚴重或完全地毀壞，主因是城市發展和砂石開採。」剩下的百分之六十二，也就是五十四個遺址，現在「都埋沒在地底」。

簡單地說，在斯奎爾和戴維斯於一八四八年記錄的八十八個俄亥俄州遺址中，有五十四個目前

是「埋沒在地底」，有超過十八個「被毀壞」，只有總數百分之十八的十六處遺址仍被保存至今。這也就是說平均在每一百處遺址中，就有八十二個已經徹底消失了。

大衛·梅爾策是《密西西比河谷古蹟》一百五十週年紀念版序言的作者。他在序言中說，根據斯奎爾和戴維斯在一八四八年的推估，單在俄亥俄州的羅斯郡（Ross County），「就有一百個遺址園區和五百個土丘」。我們該如何解讀他的「官方說法」呢？

如果斯奎爾和戴維斯的推估是正確的，我之前提出的數字就要再次更改了。在六百個遺址中只有十六個被保存至今，這和八十八個遺址中有十六個被保存下來，是截然不同的比例。有高達百分之九十七的遺址都消失了。

為了查出真相，我在二〇一八年七月二十三日，寫一封電郵給二〇一一年《美洲考古》上，那篇論文的共同作者賈洛德·伯克斯。

他開門見山地說，那篇論文的主旨並不是俄亥俄州的所有土方工程，而只是「斯奎爾和戴維斯描述的八十八個遺址。俄亥俄州有數以百計位於園區內的土方工程，而且我們還不斷發現更多土方工程。」

至於他和梅爾策所說的遺址數量為何不同，伯克斯的解釋是：

> 我當時計算的遺址，都是位在斯奎爾和戴維斯在地圖中標示出的園區內。那些遺址不是來自高岸工程之類的個別遺址地圖，或是來自他們爲特定區域繪製的複合地圖中的獨特遺址，例如高岸工程的所在地，奇利科西城附近區域的地圖。就以斯提爾土方工程群（Steel Group site）遺址爲例，他們只在地圖上標示出這處遺址，但並沒有爲這處遺址單獨繪製一張更詳細的地圖。
>
> 我所謂的「園區遺址」，指的是有一個或更多園區的遺址。霍普韋爾土丘群有幾個園區，但它

只算是一個遺址。細得岸（Cedar Bank）則是只有一個園區的遺址。依照這種區分法，斯奎爾和戴維斯在地圖中標示出八十八個園區遺址。羅斯郡的遺址總數絕不可能超過一百個，但那裡也許有一百個園區。目前我只在羅斯郡發現三十七到三十八個園區遺址的確切證據，其中包括一些過去未必記錄過的遺址。我們是先從空照圖發現它們，接著再進行地球物理勘測。我們對這三十七到三十八處遺址的大多數都進行過勘測。其他有部分的勘測仍在進行中。

威廉・米爾斯（William C. Mills）在他於一九一四年出版的《俄亥俄州考古地圖集》（*The Archaeological Atlas of Ohio*）中，列出俄亥俄州的五百八十六個園區遺址。這些遺址中，有很多在一九一四年後都未被確認，或已經消失了。但我們仍在努力找出其他的很多遺址。我們還發現更多在一九一四年未被記錄的遺址。因此，保守地估計，俄亥俄州園區曾存在的園區遺址總數，應該有五百到一千個。也許數量甚至是兩倍以上。

他說：「要統計出密西西比河谷所有遺址的數量，那就像大海撈針一樣困難，更何況你連土丘也要統計。美國東部有數以萬計的土丘。你可以先聯絡各州的州歷史保護辦公室。」

我至少要得到一些資料，了解有多少遺址消失了，這樣才能計算殘存遺址的正確比例。但我很驚訝地發現，調查消失遺址的數量是很基本的實地考察，卻沒有考古學家做過這項工作。此外，我也找不到可查閱的官方書籍和論文。因此我向伯克斯詢問我這樣說是否正確：「我想告訴讀者，關於密西西比河谷遺址的可靠數字並不存在，因為從沒有任何考古學家和研究人員，曾徹底推估過從十九世紀起，這個地區有多少遺址因為農業和工業等開發而消失。」

伯克斯立刻回覆說：

> 你這樣說有點籠統。我不確定是否「從沒有任何考古學家和研究人員」進行過推估。喬治・米爾納（George Milner）在十到十五年前寫的書中，似乎發表過和你類似的看法。但我對這種說法很懷疑，因爲追蹤遺址幾乎是不可能的事。舉例來說，根據十九世紀的一項推估，俄亥俄州曾有超過一萬個土丘。在當代紀錄中，俄亥俄州只有兩千個左右已經登錄的土丘。有很多土丘都被摧毀了，但我們仍陸續發現更多新土丘，其中的很多土丘很可能在十九世紀就被發現了。雖然我們很難判斷正確的數字爲何，但不可否認，確實有很多很多土丘被摧毀了。

我在次日早上就取得了喬治・米爾納的《土丘建造者》（*The Moundbuilders*），但書中並沒有什麼有用的資訊，能讓我更了解十九世紀後被摧毀土丘的正確數量。大衛・梅爾策在給我的回覆中，也沒有提供確切的數量。我當時在信中問到：「在兩百年前，人們並沒有對土方工程數量進行有系統的計算，因此我也無從計算現存遺址和曾存在遺址的比例，因為我找不到確切的分母數字。」

好消息是仍有很多遺址陸續被發現，其中有很多也許是被重新發現的。壞消息是，就像伯克斯說的，要追蹤那些被摧毀的「很多很多」遺址，是一件「幾乎不可能的事」。

所有推估都只是臆測，但我認為格雷戈里・李特經過徹底研究，完成的嘔心瀝血之著《北美洲原住民的土丘和土方工程圖解百科》（*Illustrated Encyclopedia of Native American Mounds and Earthworks*），是最接近事實的說法；雖然這本書並不是考古學界的主流資料來源。根據《圖解百科》的推估，密西西比河谷有百分之九十的遺址被摧毀了，殘存的只有百分之十。

你可能會覺得這個粗估的數字很離譜，但你千萬不要被官方避重就輕的說法蒙蔽了，以為我們真的是身處於一個開明的時代。事實是，在二十一世紀的今天，土丘和土方工程仍不斷地遭到摧毀。

沃爾瑪（Walmart）對破壞遺址似乎特別熱中。舉例來說，位於密蘇里州芬頓市的芬頓土丘群，

是兩個美洲原住民墓葬土丘，年代在公元六〇〇年到一四〇〇年之間。二〇〇一年，這兩個土丘被夷平了，成了沃爾瑪購物廣場的興建地點。幾年後的二〇〇九年八月，阿拉巴馬州牛津市的市府高層，批准摧毀一個有一千五百年歷史的美洲原住民祭典土丘，這次又是因為沃爾瑪看中了這塊地。開發業者開始工作，移除了土丘的一大部分。但到了一個月後，在民眾的強烈抗議後，媒體報導與建計畫取消了：

上週末，在阿拉巴馬州牛津市的一個受損土丘，舉行了一場重新啓用典禮。這個有一千五百年歷史的神聖遺址，在考古學上具有極重要的意義。但爲了推動一項由政府資助，納稅人買單的經濟發展計畫，這個遺址遭到部分破壞。挖掘出的土壤成了山姆會員商店（Sam's Club）的地基填土，這家商店是沃爾瑪旗下的大型倉儲商場。

這些事件反映出部分美國人的心態。他們並不在乎古蹟的文化價值，也不覺得我們能從歷史學到什麼寶貴教訓，倒不如蓋個大型商場還比較實惠。我並不想苛責美國人。其實無論是在英國、法國、中國和世界各國，這種心態都很普遍。

政府帶頭不尊重歷史的結果，就是從十九世紀起，在蓬勃發展的美國就有大量遠古遺址遭到破壞，其中又以密西西比河谷的災情最慘重，有數以千計的遺址從此消失了。但消失的遺址究竟有多少，這也許是個「已知的未知」，也就是「我們知道我們永遠都不會知道答案」的問題。但不管真正的數字為何，這些消失的遺址都說明了遠古美洲的「犯罪現場」被清理得有多徹底。

■清除犯罪現場：考古陋規

我們這些從事另類史前考古的研究者，常被考古學家和他們在傳媒界的朋友指控為「偽科學家」。但說到偽科學，為害最大和顛倒黑白最嚴重的偽科學，不就是曾被奉為圭臬，主宰美洲考古學超過四十年，耽誤了好幾世代莘莘學子的克洛維斯第一謬論嗎？我在第二部介紹過這個關於美洲殖民的偽科學理論。這套理論的基礎，是來自對少量資料集異想天開的解讀。但在一群考古學權威的推波助瀾下，長久以來它一直被視為是不證自明的真理。只要有研究人員膽敢提出質疑，免不了就會受到同儕訕笑排擠，他們的研究補助金也會被取消，甚至因此斷送了學術生涯。

學術界的這種行徑，不但無助於人們對真理的追求，反而成了真理之路上的障礙。不僅如此，它也是消滅遠古美洲「犯罪現場」的重要共犯。在克洛維斯第一理論當道的四十多年，在比克洛維斯更古老的沉積層位中，尋找人類遺跡的研究，一直被斥為邪門歪道。在這段時間裡，有多少遺址成了建築或農業用地？而關於美洲人類的起源和最早年代的爭議，又有多少不墨守成規的客觀研究因此遭到擱置，或甚至胎死腹中呢？荒謬的克洛維斯第一理論，阻斷了多少可能的研究方向呢？有多少極具發展潛力的計畫，是因此半途而廢呢？克洛維斯第一理論避重就輕的回答，又澆熄了多少民眾的熱情，和他們探索其他可能性的興致呢？

另一個考古理論也有相同的問題，它就是所謂的更新世過度捕殺（Pleistocene Overkill）理論。它指的是，在新仙女木期開始時，所有大型動物都是被殘忍又擅長獵殺的克洛維斯獵人殺死的。但其實克洛維斯人並不是那麼殘忍，也沒能在新仙女木期開始時逃過一劫。我不會介紹太多細節，我想讀者也懶得聽這些長篇累牘的學術論戰。不同於已經被打入冷宮的克洛維斯第一理論，更新世大滅絕理論仍有些擁護者。但近年來，愈來愈多的學者都已徹底否認了這個理論。

泰瑞・瓊斯（Terry Jones）是加州理工州立大學社會科學系的教授和系主任。雖然考古學和北美洲史前歷史也是他的專長，但他卻提供了一些專長之外的觀點：

古印第安時期（Paleoindian Period）指的通常是距今一萬年前的年代。這個時期的研究是被掌握在少數專家手中，其他人只能接受他們的解釋。近四十年來，這些研究人員的解釋依據，就是兩個關係密切，而且糾纏不清的理論。它們就是克洛維斯第一理論，和更新世過度捕殺理論。在這四十年中，古印第安時期研究，已經淪爲這兩種理論之間的激辯或惡鬥。這兩派理論雖然在互相競爭，但也並非完全不相容。這場漫長論戰的重點，就是在駁斥或批判和這兩種理論相關的另類假說。雖然駁斥和批判在科學界原本就是常事，但古印第安時期論戰的偏頗之處，就在於它只著重於反駁敵對觀點，而忽略了發展符合經驗法則的新理論。

這場打壓異己的論戰，也是清理北美洲「犯罪現場」的共犯之一。也許還存在著少量破案線索，能揭露一萬兩千八百年前左右，北美洲到底發生了什麼事。但這群古印第安時期犯罪現場的「刑事調查人員」，關心的卻不是真相，而是為自己辯護。正因為如此，真相也許要很久才會水落石出。

此外，另一個問題就在於某些極具影響力學者的心態。他們冥頑不化地否認新仙女木期的開始，是由一場大災難引起的，並排斥任何相關的假說。這些學者堅信在新仙女木邊界層形成時，並未發生過什麼重大災難；他們也大力宣傳這種說法。他們承認當時確實曾發生滅絕事件，也同意克洛維斯人突然消失了，但他們認為這也沒什麼好奇怪的。畢竟這只是過度捕殺和氣候變遷同時出現時，可想而知的結果。彗星研究團體的成員泰瑞・瓊斯，曾在《宇宙學期刊》的一篇論文中，詳細地駁斥這種說法，並大力支持新仙女木撞擊假說：

早在大多數研究人員都認爲過度捕殺理論已失敗時，新仙女木撞擊假說就已經被引進北美洲考古學研究了。和過度捕殺理論對立的各種理論，研究重點一直都是更新世到全新世過渡期的氣候變遷。但氣候變遷會導致滅絕的說法一直很有爭議性，因爲在前一次間冰期，並未出現大型動物族群大規模死亡的現象。在更新世末期，北美洲似乎發生了一件不尋常的事，而它並不是人類獵人的大規模獵殺。

考古學和古生物學紀錄呈現出的各種模式，並不是過度捕殺理論能充分解釋的。而是最符合簡約原則的解釋，就是一場地外物體撞擊事件。

■鎖定目標

新仙女木撞擊假說也能簡單合理地解釋另一個「模式」，這個模式就是在第六部介紹過的，在古埃及的「天文幾何學」宗教信仰，和古密西西比的宗教信仰與「天文幾何學」間的深層結構關聯。我想在本書中證明的，就是這兩個承襲了相同知識和觀念的河谷文明，是和其他一些遠古文化一樣，都是源自一個更早的「失落」文明。我想探討的，並不是這項文明遺產是開始於何時，或它為何能經歷好幾世代的傳承仍保存得很完整，最後以考古紀錄的樣貌重現人間。我想論證的是，這項遺產的起源可以追溯到末次冰河時期，新大陸和舊大陸仍未被隔絕之前。

新仙女木撞擊假說也能為某個相關謎團，提供一個符合簡約原則的解釋。這個謎團就是新仙女木邊界層中，記錄下的地球因天體撞擊發生的變化。這些變化包括的不只是劇烈的氣候變遷，海平面的上升，全球野火和之後的「撞擊冬天」，大型動物的大規模滅絕，和克洛維斯人的突然消失，

它還包括由以上種種因素構成的一項機制。這項機制不但致命，而且規模既大又猛烈，持續期也很長，足以摧毀一個科技先進的文明。

如果規模如此大的災難發生在現在，我們的文明一定會因此滅亡，人們的所有成就也都會在數千年內化為烏有。我們已經在格陵蘭冰蕊中發現，在新仙女木期開始時的一萬兩千八百三十六年前，到一萬兩千八百一十五年，曾發生一場全球大浩劫。既然如此，我們又有什麼理由認為，這場浩劫不會毀滅曾經存在的高等文明呢？這個文明也就是在世界各地的神話和傳說中說的，「諸神太初時代」的文明、「遠古人類」文明，或「盤古時代」的文明。

雖然當時在格陵蘭、太平洋、南美洲、南極洲、歐洲和近東都曾遭到天體撞擊，但證據已明確指出，北美洲才是新仙女木浩劫中災情最慘重的地區。而在北美洲遭到彗星碎片撞擊最密集的地區，就是北美洲冰蓋。

雖然犯罪現場已經被徹底破壞了，雖然位高權重的調查人員，已經先入為主地排除了未知文明存在的可能，但可想而知，如果在冰河時期的地球曾存在一個文明，而它又在新仙女木期開始時被摧毀了，這個文明的所在地必定是北美洲。

不只如此。如果就像我說的，艾德福建築銘文已記錄下這些事件，那麼我們就該認真看待銘文要傳達的訊息，也就是說，那場大浩劫的生還者都肩負著一項重要使命：

恢復諸神過去的世界，重建被摧毀的世界。

據說這些倖存者曾週遊全球，每到一個地方，就會開始建造神聖土丘，傳授文明的基本內容，如宗教、農業和建築學。我在於一九九八年出版的《天之鏡》中推測，在南美洲、復活島、密克羅

龜島。

尼西亞、日本、柬埔寨、印度、美索不達米亞、埃及、馬爾他、西班牙和英國等天南地北的地區，之所以會出現相同的天地相連的基本宗教教義，相同的靈魂來生之旅的信仰，和相同的建築學和幾何學原則，也許就是這些倖存者致力傳播和保存古文明的結果。

既然地球是圓球形的，地球上的任何一點，都可以作為散播這些觀念的中心。但我在為本書進行研究時，我對地球的觀點也有了改變。在我眼中，地球的主要結構就是位於兩側的大西洋和太平洋，和將兩大洋從南到北分開的美洲。它就位在地球的中央。

我們已經知道北美洲在新仙女木大浩劫中，曾經歷沖刷、焚燒、冰凍和水淹。之後不但遭到西方人大肆掠奪，又受到西方學者的忽略。

南美洲雖然受到新仙女木撞擊事件的影響較小，但也經歷過北美洲受到的種種攻擊。北美洲有數百萬平方公里的區域，被考古學家認定為不可考地區，因為「犯罪現場」已遭到徹底清除。南美洲的情況也很類似。在亞馬遜雨林中，有五百萬平方公里的區域幾乎從未經過考古探勘。考古學家對那裡的認識，就像對月球的暗面一樣陌生。

美洲的兩個大陸現在並未分離，過去也從未分離過，不論是在冰河時期之前或之後都是如此。北美洲本身就是一個巨大陸塊，那裡仍有大片區域幾乎沒經過考古探勘。如果北美洲在冰河時期曾有個失落文明，也許那裡還有些尚未被發現的遺物和遺存。北美洲的很多文化都有些共同的神話，例如有個更早的世界遭到毀滅，地球深處有個別有洞天的世界，那裡的人會從地底冒出，來到我們的世界。從這些神話看來，最有前景的研究方向，就是尋找地底深處像是避難所或庇護所的地方。

另外一個極具深入調查價值的地區就是亞馬遜。在一萬兩千八百三十六年前到一萬兩千八百一十五年前，北美洲正經歷大浩劫時，如果那個失落文明仍有倖存者，南美洲應該就是他們理所當然的避難地區。如果就像我推測的，南美洲的獵人採集者也和克洛維斯人一樣，已受到倖存者「垂青」，並學會有用的專業知識，那麼上述的可能性就更高了。

就算人類歷史在北美洲曾出現嚴重中斷，遠古文明的一大部分也失傳了，但我們仍可能在亞馬遜找到一些蛛絲馬跡，拼湊出它更完整的面貌。

我似乎聽到主流學者在大聲抗議：「失落文明之說純屬無稽之談」，「假科學」，「浪費研究經費」。

但在過去數十年中，主流考古學界已經浪費了不少研究經費，鑽研「克洛維斯第一」之類的荒誕不經的理論，最後仍一無所獲。既然如此，他們還要繼續畫地自限嗎？

第三十章

地球失落文明之謎的解答

我是從一九九〇年代初，開始為《上帝的指紋》一書蒐集資料，從此就成了一個另類理論的擁護者。根據這個理論，在冰河時期時就有個先進文明；冰河時期在一場浩劫中結束，這個先進文明也在浩劫中被摧毀了。我寫了幾本書論證此事，也提出證據說明這並不是無中生有的猜測。我曾提出一些具有調查價值的地區，其中最具爭議性的就是南極洲。我也花了近十年的時間，甚至冒著生命危險進行潛水探險，尋找在冰河時期末因海平面上升被淹沒的人造結構。

雖然我已經親自展開研究，但我總覺得我就像在追蹤隱形人。到處都有他的蹤跡，例如他接觸過或重塑的事物，他進行數學計算的方法，和他的信仰。但他本人卻始終是神龍見首不見尾。在英國小說家赫伯特·威爾斯（H. G. Wells）的小說《隱形人》（*The Invisible Man*）中，我們至少還能藉著主角纏在頭上的紗布看出他的輪廓。但我們卻不能用這種方法了解失落文明的樣貌和特色。它

比隱形人還撲朔迷離。就算曾存在一些關於這個文明發源地的具體線索，但它們不是被完全摧毀了，就是湮沒在難以發現的地方。更糟的是，主流考古學界已先入為主地認定這些線索並不存在，因此也不想去尋找它們。

但世界各地毫不相關的遠古文化中，都一再出現一些共同之處，這就說明了它們都受到某個失落文明的影響。因此人們也不禁想要深入了解其中的原因。但你探究得愈深入，愈會了解到這些文化之所以有些共同點，並不是因為互相影響，而是因為它們都有個共同的遠祖。我們看到的只是這個遠古遺產的影響，和它不同的呈現方式，卻看不出它的起源。我們費盡千辛萬苦想解開這個謎團，最後仍是一無所獲。

我認為這個問題的關鍵就是美洲，因為它在史前歷史中是個環境很特別的地區。美洲和非洲大陸與歐亞大陸不同，因為那兩塊大陸是相連的。它和澳洲也不太一樣，因為從亞洲東南端航行到澳洲的難度並不大。但美洲就不同了，它在冰河時期是個孤立的大陸。這個地質學年代是開始於兩百六十萬年前左右，在一萬兩千年前左右結束。在這段漫長的地質學年代中，曾出現幾個短暫的氣候暖化期，讓北美洲、中美洲和南美洲組成的巨型大陸不再與世隔絕。其中兩個最容易進入美洲的時期，是出現在已知的人類遷徙歷史中。其中最接近現代的一次，就是博令—阿勒羅德小間冰期，又稱末次冰期回暖事件。它是介於一萬四千七百年前左右，到一萬兩千八百年前左右。長久以來，考古學家在重建美洲殖民史時，一直是以這個時期為背景。我在第五章介紹過，古生物學家湯姆・德梅雷曾要求科學界重新評估美洲殖民史的年代。他做出這項呼籲時，一定已經發覺到一些重要線索。以下是他的聲明：

我很誠心地奉勸大家，請以豁達的氣度看待各種可能性，不要再鑽牛角尖地尋找美洲殖民史和

末次冰消事件，也就是和博令—阿勒羅德小間冰期的關聯。我們真的該研究的，其實是在一萬四千年前到一萬兩千年前之間的冰河消退事件。當時也出現了和博令—阿勒羅德小間冰期相同的狀況，那就是出現一座陸橋，冰蓋也退縮了。在海平面下降，冰蓋封閉大陸期間，和之後的冰蓋消退，陸橋遭到淹沒期間的空檔中，也出現過能進入美洲的時機。

我在第四、五、六章介紹過，有愈來愈多的證據不斷出現，證明美洲在博令—阿勒羅德小間冰期之前好幾萬年就有人類了。雖然有些考古學家仍無法接受德梅雷的理論，但這套理論卻能和這些證據互相呼應。不只如此，我們從美洲原住民複雜的遺傳脈絡，就能看出新大陸在極古老的時代就可能有人類存在。這在過去是難以想像的事，因為學者一直認為美洲沒有如此漫長的人類史。這就是我在第七、八、九章探討的主題。在遺傳訊息證據中，最令人匪夷所思的，就是存在於某些亞馬遜雨林孤立部落中，強烈的澳大拉西亞DNA訊息。我在第十章探討過，雖然考古學家認為，一萬兩千年前的人類並不具備越洋航行的能力。而這項最近才做出的發現之所以重要，就在於它證明了這種可能性確實存在。越洋航行必須仰賴先進的科技和測地學專業知識。如果在冰河時期就有越洋航行，那就表示當時確實有個失落的文明。

要了解這個謎團，我們就必須先探討亞馬遜本身的奧祕。是否有個能航行世界各大洋的先進文明，在冰河時期「啟蒙」了亞馬遜呢？如果真是如此，目前還殘存著任何先進文明的遺緒嗎？我在十一到十七章，探討的就是這些問題。我也提出一些證據，證明亞馬遜在極古老的時代就有人類居住。那裡不但曾有大城市和大量人口，而且亞馬遜人至今仍保留著關於植物特性的古老科學知識。亞馬遜地區在遠古時就開始馴化有用的植物物種，而且雨林本身，就是一座經過栽種整理，為人類而存在的「花園」。此外，在遠古的亞馬遜就曾研發出一種「神奇」的人造土，它就是黑土。它能

把不適合農耕的荒地變成沃土，而且它還有驚人的復原能力。現代科學家對此驚嘆不已，但仍未完全了解其中的奧祕。

除了農業，學者最近還發現，亞馬遜有巨大的幾何形土方工程，和具有天文準線的石圈。我在十五和十六章介紹過，不列顛群島上的巨石陣和環狀列石，與世界各地的遠古神聖建築一樣，都具有重要的科學「迷因」。而亞馬遜的這些驚人結構也是如此。我認為這個共同點並非出於巧合，也不是不同地區直接互相影響的結果。這個共同點證明了，這些分處於海角天涯的地區，都曾從一個更早的失落文明繼承了相同的遺產，那就是一套神聖的幾何學和天文學藍圖。

第十七章的主題，又回到了亞馬遜的植物靈知。我在這一章深入探討致幻植物死藤水之謎，並訪問了死藤水薩滿，他們認為幾何圖形是通往其他世界——尤其是來世或冥界——的門戶。

事實上，死藤的原義就是「死者之藤」或「靈魂之藤」。

我在十八章到二十一章，探討的是亞馬遜地畫和密西西比河谷的巨型土丘與幾何形土方工程的深層結構相似性。這並不是外觀上的相似而已。密西西比文化和遠古亞馬遜的宗教觀念也很類似，它們著重的都是死亡之謎，和關於靈魂的來生之旅與靈魂歸宿的一些獨特觀點。

我說明了這些概念在北美洲有極悠久的歷史，也追蹤了它們在各遺址出現的跡象。在包括波弗蒂角、下傑克森土丘、沃森布雷克和康利等各個年代，甚至極古老的史前時代的遺址中，都一再出現了相同的天文學和幾何學「迷因」。

我在第二十二章介紹了我在十多歲時的一次神祕瀕死體驗。多年後，我首次讀到古埃及的《亡靈書》時，它又激起了我探索死亡之謎的慾望。我在本章介紹了古埃及傳說中的冥界杜亞特，和靈魂飛升到獵戶座的過程。靈魂通過獵戶座中的一個門戶，或「星際通道」後，便會沿著銀河展開旅程。我在阿拉巴馬州的蒙德維爾遺址考察時，驚訝地發現那裡似乎也有套相同的概念系統，其中也包括

獵戶座和銀河。此外，我還發現冥界之旅也是密西西比文明中的一個重要主題。

我在二十三和二十四章，詳細介紹了密西西比文明和古埃及文明中，關於靈魂的死後之旅和靈魂歸宿的概念。這兩套概念有太多驚人的雷同之處，那絕不是用巧合就能解釋的。此外，這些相同之處的出現，也不可能是因為古埃及文化直接影響了密西西比文明，或密西西比文明直接影響了古埃及，因為它們是位在兩個差距很遙遠的年代。和地畫一樣，這兩個相距如此遙遠的文明之所以會如此雷同，很可能是因為它們都有個共同起源，都是從某個失落文明承襲了相同的概念，只是考古學家仍不知道這個遠古文明的存在。

這個共同起源的失落文明，是否是來自冰河時期的北美洲呢？

從二十五到二十七章，就是我對這個問題的回答。我提出很詳細的證據，證明在一萬兩千八百年前左右，曾發生一場撼動地球的災難。這場災難的受災範圍遍及全球，但災情最慘重的就是北美洲。

二十多年來，儘管當權派學者對我總是嗤之以鼻，有時甚至會毫不留情地攻擊我，但我仍一直堅稱「我所謂」的失落文明，是於一萬兩千五百萬年前左右，在一場全球大災難中消失在歷史中。起初他們冷嘲熱諷的重點，就是我所說的對人類造成重大影響的災難。但隨著大量證據的出現，我的觀點也獲得有力的支持。我於一九九五年最初在作品中公布的大災難年代，是在距今一萬兩千五百年前。這個結果是在放射性碳年代測定法的精度範圍內，因為以這麼遙遠的年代而言，出現二到三世紀的誤差是正常的。科學家在最近確認，這個巨大分解中彗星的碎片，是在一萬兩千八百年左右撞擊地球，這場災難也為新仙女木期揭開序幕。這和我指出的年代非常接近。

這場全球大災難的發生時間，似乎就是在我指出的年代。

懷疑者會提出很合理的質疑：「那又如何？就算你僥倖猜中災難發生的時間，這也不表示某個

先進史前文明因此就被毀滅了。你必須證明文明的發源地在哪裡。」

這本書就是我對懷疑者的回應。

■時間長得足以發展出一個文明

人們一直認為北美洲在冰河時期之前，一直是一片無人居住，沒有考古價值的大陸，直到人類首次遷徙過白令陸橋後，文化才傳入此地。大家一直深信人類是直到很晚才遷移至北美洲。人類到達北美洲時，我們的祖先早已「遠離非洲」，已經在歐洲、亞洲和澳洲定居了數萬年。這種根深柢固的信念，讓人們覺得沒有必要白費力氣在北美洲尋找文明的起源。我之前已介紹過遠古美洲殖民的新證據。隨著這些證據的出現，我認為在這場論戰中，新仙女木撞擊假說已明顯地反敗為勝。在過去，人們可以很合理地質疑，為何失落文明的故鄉是位在北美洲。但目前比較合理的質疑反而是，它的故鄉為何不能是在北美洲。畢竟在一萬兩千八百年前的大災變中，這個大陸要比其他各大洲受到更嚴重的破壞，它原本很豐富的史前歷史也遭到重創和粉碎，最後被洪水沖走了。

我在這場調查中，常會想到湯姆．德梅雷在聖地牙哥自然史博物館，向我介紹賽魯迪乳齒象遺址的發現時說的一番話：

> 如果你到某處調查時，就先入爲主地認定那裡在十三萬年前沒有人類活動，那麼你絕不可能會找到當時曾有人類的證據。但如果你能不預設立場，在適當的地點深入挖掘，也許就會有意想不到的收穫。

湯姆指的，就是他和他的團隊對乳齒象骸骨做出的結論。這副骸骨目前仍展示在他的博物館中。我在第五章介紹過他的結論，那就是在十三萬年前，人類吃了這隻乳齒象的屍體。湯姆那段話的大意，就是人們一直堅信，在十三萬年前不可能有人類到達美洲。這個一廂情願的想法，讓我們長久以來一直無法針對其他可能性進行調查。如果我們能設定更精確的目標，並堅持尋找，也許我們能找到更多人類於遠古時代在美洲活動的證據。

如果當時的人類只會用石頭敲碎乳齒象的大腿骨，以便吃掉其中的骨髓，這當然稱不上是失落文明。他們只是祖先人種，也許在解剖學上還稱不上是現代人。但賽魯迪乳齒象遺址之所以重要，是在於它是新大陸在遠古就有人類的有力證據。正因為如此，它才能被發表在《自然》期刊上。如果北美洲在十三萬年前就有人類了，當地人類史的長度，就是歐洲已知人類史的兩倍以上。如此一來，在新仙女木浩劫發生前，北美洲就有十一萬七千年的時間，能發展出一個高度文明。

既然如此，如果北美洲曾發展出高度文明，那也不是不可能的事？為何我們非要一口咬定美洲的文明發展史，是開始於新仙女木期末期的新石器時代之初，還把這種理論奉為金科玉律呢？美洲文明發展史為何一定非要在那時開始不可，而不能在更早之前開始呢？為何美洲一定要等到末次冰河消退事件後才出現文明，而不可能在更早之前，也就是湯姆．德梅雷說的「十四萬年前到十二萬年前之間的冰河消退事件」，就有人類殖民，在那時就開始發展文明呢？

所有學者都同意，在那次冰消事件到下次冰消事件之間，也就是到新仙女木期之前兩千年，博令—阿勒羅德小間冰期出現之前的十二萬年中，從南到北縱貫西半球的美洲大陸，是被大西洋、太平洋和堆積如山的冰層隔絕著，無法和世界的其他地方聯繫。雖然白令陸橋在當時仍可通行，但亞洲的移民仍無法進入美洲。但對那些在十二萬年前就生活在冰帽以南的人們而言，當時的美洲就像是一片樂土。他們不必擔心其他地區的民族入侵，又有豐富和多樣的自然資源。新大陸的環境和其

他各大洲截然不同，因此人類在此的發展之路，也可能和其他地區大異其趣。美洲人應該能更快地脫離狩獵採集的生活，也更容易發展出更早的文明。

■神祕的力量

如果新仙女木期的地球巨變，摧毀了某個史前文明的所有紀錄，那麼我們還能對這個文明做出任何正確的評估嗎？

從這個文明後代的信仰系統看來，我認為它的宗教一定深入地探討過死亡之謎。此外，在遠古的地圖中，就已經精確描繪出地球在冰河時期的樣貌。在我看來，這就意味著這個文明已發展出極先進的航海科技，和十八世紀末歐洲航海家掌握的科技相比也毫不遜色。我還認為這個文明已掌握了深奧的幾何學和天文學。此外，這個在北美洲與世隔絕地發展了數萬年的「失落」文明，也許和我們的文明有截然不同的發展過程。它也許已經發展出考古學家無法辨識的科技，因為現代科學並不了解這些科技的運作原理，對它們能支配的力量也一無所知。

諾貝爾獎得主弗雷德里克·索迪（Frederick Soddy）是核子物理的先驅之一，他於一九二〇年發表的著作《鐳的解析》（*The Interpretation of Radium*）中，推測曾有個「人們一無所知，也意想不到的遠古文明，而且它的其他遺物都消失了」。他接著說到一個有趣的比較。在他的時代，人們認為鐳之類的元素蘊藏著取之不竭的核能。而遠古傳說中神奇的「魔法石」，則具有點石成金、起死回生的魔力。他認為鐳和傳說中的魔法石之所以相似並不是出於巧合。這種相似性只是說明了，「在已失傳歷史的很多時期中，都會一再出現類似的情節」：

有些人認爲曾有某個已經被遺忘的人種，他們不只擁有現代人的知識，還發展出我們仍未發展出的能力？從這些傳說看來，這種說法可能確有其事。根據科學界的研究，人類的歷史就是一場承先啓後，日新又新的發展。因此今日的人類才會擁有強大的能力。種種間接證據也證實了，人類確實是在循序漸進地發展中。傳統觀點則認爲人類的發展是一代不如一代的沉淪，但這種觀點反而比較不能自圓其說。但換個角度而言，這兩種觀點其實也並不矛盾。如果某個人種具有點石成金的本事，他們就不必爲了維持生計而終日奔忙了。既然現代工程師僅靠著有限的資源，就能達到目前的成就，那個被遺忘的人種應該能改造一個沙漠大陸，讓南北極的冰雪融化，把全世界變成一個幸福洋溢的人間天堂。也許他們還探索過外太空。也許他們唯一留下的，就是人類沉淪的傳說。當時不知爲了什麼原因，文明世界又被無堅不摧的大自然打回原形，從蠻荒狀態重頭開始，在亙古長夜中舉步維艱地向上發展。

雖然一九二〇年代的考古學家看不出來，但二〇二〇年代的考古學家很可能會發現，這種遠古科技可以用於發展核能。就算擁有這項科技的人不藉由它發展核能，其他人也不會錯過這個機會。這是因為現代科技已非常進步，核能對我們而言已經很稀鬆平常了。索迪對核能的了解就遠比不上我們了。他想像中的史前遠古失落高度文明，已經徹底了解原子奧祕。但索迪在寫這段文字的時代，是在廣島和長崎原子彈爆炸前二十五年，和第一座核能發電廠開始運作前三十五年；當時人們才剛開始研究危險的核能。索迪雖然是一位諾貝爾獎得主，但他的眼界仍無法超越時代。他漸漸看出這種新科技的驚人潛力，但他對它不好的一面卻幾乎一無所知，因此對核能仍充滿了美好的幻想。他怎麼也想不到，人類在掌握原子的強大力量後，不但沒有利用它改造沙漠，讓南北極的冰雪融化，或「把全世界變成一個幸福洋溢的人間天堂」，反而主要是以它製造毀滅性的炸彈和飛彈，或利用

它發電，製造出會遺害人間數萬年的核廢料。

這個遠古先進文明，未必要和索迪美好幻想中的一樣，朝著核能的方向發展。這個文明也未必要像歷史上的很多文明那樣，朝著槓桿和機械力學的方向發展，經過幾千年不斷的努力，最後發展到「機器時代」。我再回到我的主題，既然我們探討的是某個「人們一無所知，也意想不到的遠古文明」，它當然有可能發展出某些「人們一無所知，也意想不到」的控制物質和能量的方法。正因為我們不了解這種方法，我們就算看到證據，也不知道那是什麼。

現代考古學家受限於自身的學術訓練，只會以槓桿和機械原理分析遠古建築技術。因此他們對遠古建築的很多重要問題，都無法提出合理的解釋。

就以埃及大金字塔中，以實心花崗岩鑿切而成的巨大橫樑為例。這些橫樑每塊約重七十噸，是一排「減壓室」（relieving chambers）的一部分，減壓室則是位在高度超過五十公尺（一百六十四呎）的「國王墓室」上方。有些學術報告認為，巨石是藉著滾木或有潤滑作用的沙子，「輕易地」被運送到定位的。但那只是學者一廂情願的看法，因為那些方法不可能將巨石運到這麼高的地方。不可否認的是，這些構成減壓室的地板和天花板的巨大橫樑，確實就位在它們所在的位置。要到達那個位置，它們必須被吊掛到超過五十公尺的空中。

再看看黎巴嫩巴爾貝克（Baalbek）「三巨石」（Trilithon）的例子。這裡有三塊各超過八百噸的巨型方石。它們和地表相距二十呎，是首尾相連地被砌在一面牆上。這面牆是以較小的岩石砌成的，小岩石楔合得很緊密，幾乎看不出接縫。就算靠著二十一世紀的科技都很難完成這樣的工程，幾千年前的人們又是如何辦到的？

此外仍不得不提的，就是巧奪天工的薩克塞華曼（Sacsayhuaman）。它就位在祕魯安地斯山脈上海拔三千七百公尺（一萬兩千一百四十呎）處，俯瞰著庫斯科。這處遺址一直被認為是出自印加

人的手筆，但我在之前的著作中已經說明了，在印加時代，這處遺址就已經非常古老了，它只是被以訛傳訛地誤認為是一個印加遺址。它最重要的特色，就是這幾道宏偉的巨石牆是鋸齒狀的，而且是由形狀各異的多邊形石塊互相嵌合而成。薩克塞華曼有數以千計的巨石，但沒有兩塊巨石是相同的形狀。這些巨石都很沉重，有些甚至超過三百噸。但它們和周圍的巨石都嵌合得很緊密，石縫細得連一張紙都塞不進去。考古學家曾嘗試還原薩克塞華曼的建造方式，但就像一九七八年的迷你版大金字塔重建工程，這項不自量力的嘗試也失敗了。這項計畫之所以會失敗，仍是因為考古學家堅信槓桿原理和機械力學是建築的不二法門，但這些原理並無法解釋很多複雜異常結構的建造方式。

這些問題並不是沒有答案，但你必須跳脫傳統思維框架才能找到它。

無論是在大金字塔、巴爾貝克或薩克塞華曼，至今都流傳著離奇的遠古傳說。印度馬哈拉什特拉邦（Maharashtra）艾洛拉（Ellora）的凱拉薩神廟（Kailasa Temple），是一座從整塊玄武岩上雕鑿出，讓人嘆為觀止的廟宇。在凱拉薩神廟之類的神祕遺址，也流傳著類似的傳說。根據這些傳說，巨石在被吊起、安置、軟化和塑型的過程，必須仰賴其他力量，如冥想的智者、某些特定植物、全神貫注的入教者、手法熟練的工匠。此外，還要配合上某種吟唱或樂器彈奏出的聲調。在我看來，既然世界各地都有這種傳說，再加上這些神奇的遺蹟確實存在，那麼這些傳說敘述的，其實就是我們不了解的一種遠古科技，和這種科技不為人知的運作原理。

在索迪的想像中，遠古失落文明不但已發展出核動力機器，還能探索外太空和改變全球氣候。但我的看法並非如此。我不認為失落文明必須有核能，我也不覺得它必須有機器。我目前已進入遲暮之年，因此我想在這本書的結尾，重複我在演講的開放問答時多次說過的觀點。在我看來，失落文明的科技，主要是建立在我們所謂的「心靈力量」（psi）上，也就是藉著強化意念和集中注意力，以引導能量和控制物質。

雖然英國、美國和俄國的少數大學和機構仍在研究心靈力量，但主流的現代科學家對這個主題，通常不是不屑一顧，就是敬而遠之。但這並不表示心靈力量是「純屬虛構」，反而說明了現代科學的本質。現代科學是由一群唯物主義的思想家把持著，他們的思維框架完全容不下「詭異的超距作用」（spooky action at a distance）。這個由愛因斯坦所創，用來描述量子糾纏悖論的形容，也適用於其他所謂的「超局部性」（non-local）現象。以下就是幾個例子：

一、心電感應（「兩個人之間的思想、感覺和慾望等的交流。這種交流是透過已知的科學定律無法解釋的機制進行的」）；

二、遙視（「利用超感官知覺，感應某個遙遠或無形的目標」）；

三、隔空移物（「不藉由身體的力量，而是藉由思想或念力移動物體」）；

四、靈療（藉由非物理或醫學手段，讓病患徹底脫離病痛）。

我在此提出我的推論，但我不會論證我的說法，也不會提出證據。我只是提出我的想法供大家參考。我認為這個在北美洲發展出的高度文明，已超越了槓桿和機械力學的限制，達到利用念力控制物質和能量的境界，而我們甚至還不知道該如何利用這種方法。這種力量一旦被施展出來，就算以目前的科技水準看來，它也像魔法一樣神奇。在冰河時期，能利用這種力量的神祕專家自然會被獵人採集者奉為神明。

不要忘了，我們在討論的美洲原住民文明的極盛之時，是在十三萬年前賽魯迪乳齒象遭到烹食之後，到一萬兩千八百年前新仙女木期開始時的災難發生之前，這段漫長歲月中的某個時間。雖然我們不知道這個文明是藉著什麼，發展到如此獨特又卓越的地步，但我們可以確定的是，這個文明

的人民，和仍是獵人採集者的早期美洲原住民，在遺傳、語言，尤其是文化上，一定有很緊密的關係。既然如此，如果這個假設中的文明已發展出科學，這些科學一定會以美洲原住民能理解的形式，深植於他們的文化中。因此，這些科學很可能會在薩滿的指導下，透過薩滿教的方法發展。

心電感應、遙視、隔空移物和靈療，都被視為是薩滿法王能力的一部分。事實上，亞馬遜薩滿教的死藤水剛傳入西方主流世界時，就是被稱為南美卡皮根鹼（Telepathine），字面意思就是「心電感應藥水」。根據美國詩人艾倫·金斯堡（Allen Ginsberg）的說法，作家威廉·柏洛茲（William Burroughs）曾在一九五二年來到厄瓜多，嘗試透過非法管道取得這種致幻草藥，但最後仍未成功。「這種草藥有很多名稱，如雅果（Yage）、猿尾藤（Bannisteria）、卡皮木（caapi）、心電感應藥水和靈魂之藤（ayahuasca），但指的都是同一種草藥。」

但威廉·柏洛茲仍執意想獲得這種草藥，因為它的「意義非凡」又「極具神祕色彩」。他說：「我就是能解開這個謎團的人。」

死藤水早在一九〇五年就被冠上「心電感應藥水」的名稱，這是因為經常使用死藤水的亞馬遜部落一再宣稱，它能增強心電感應的能力。雖然對二十一世紀崇尚機械的西方人而言，這種說法很荒誕不經，但耶路撒冷希伯萊大學的心理學教授，同時也是重要死藤水專家的班尼·沙倫（Benny Shanon）卻認為：「有大量報導指出死藤水與超自然體驗有密切的關聯」：

只要是對死藤水涉獵略深的人，幾乎都表示曾有心電感應的體驗。在人類學文獻中也有很多這類報導。我的很多資料提供者也說，他們在死藤水儀式中，不必明說就能將訊息傳達給儀式中的其他成員。此外，很多人也表示他們能收到其他人或靈體的訊息。死藤水飲用者在幻覺中，通常會感受到收到靈或神明的訊息或指引。他們說這種溝通靠的不是言語，而是心靈的直接交流。

現代世界的人對機器和裝備的依賴，幾乎已到了無法自拔的程度。我在此先不討論心電感應是真是假，但如果它是真的，如果它是一種精確可靠的溝通方式，目前無所不在的手機或臉書等溝通媒介也就無用武之地了。如此一來，我們就能自主地進行對話，不必再仰賴其他媒介或平台傳話。

心靈力量有沒有可能一直是人類遺產的一部分？或人類「黃金時代」的一部分？這種力量之所以會退化，會不會是因為新仙女木期的災難，讓這種人類固有能力失傳了？也許在這場災難後，擅長隨機應變的人類才重新鑽研槓桿和機械力學，從此愈陷愈深，最後發展出各種機器，而心靈力量反而被視為旁門左道？

■逆向工程還原系統

關於那個被摧毀文明的失落科技，我的推論就先到此為止。目前仍能找到一些值得探究的蛛絲馬跡，但令人遺憾的是，考古學界甚至沒對它們展開初步研究，因此當然也不會有任何具體進展。但我們仍可找到一些研究資料。從艾德福建築銘文就可看出，依照宗教和精神信仰的教義，失落文明倖存者的責任，就是在世界各地發現合適地區時，便要保存和複製他們的信仰。

基督教和伊斯蘭教是宗教界後來居上的兩個新興宗教。它們在過去兩千年中，有效地掌控了超過世上半數人口的精神生活。它們的教義很簡單：只有一位造物主，祂理所當然地是男性；信者上天堂，不信者和作惡者下地獄。這種教義很高明地剝奪了信徒深思的空間。如果你想成為神的選民，你就要遵守各項教規，對聖書唯命是從，並聽從神父和穆拉對聖書自以為是的解釋。

也許這是最輕鬆的選擇，因為你幾乎不用費力思考。但這並不是關於信仰的唯一選擇。如果你

覺得無神論和這兩種宗教正好相反，那你就錯了，因為無神論也是建立在未經證實的信仰上。人類對信仰的選擇範圍很大，在一神論和無神論之間，還有很大的選擇空間。人們通常以為剩下的選擇就是不可知論，但其實還有些比不可知論更深奧和「科學」的信仰。我們的祖先在幾千年前，就勇敢探索過這些信仰，因此我們也有必要深入研究它們。在印度教和藏傳佛教的祕傳教義中，仍保存著這些信仰的重要元素，其中又以《西藏度亡經》（*The Tibetan Book of the Dead*）保存得最完整。《西藏度亡經》和古埃及的《亡靈書》有些驚人的相似之處，我認為這是因為它們都是出自相同的來源。我在《上帝的指紋》和《天之鏡》中介紹的馬雅宗教，也是和它們系出同源的信仰之一。此外，亞馬遜的薩滿教和尼羅河谷與密西西比河谷的宗教，也有些令人費解的相關之處。我們或許能透過這些相關之處，對遠古有更深入的認識。

其中最值得探討的相關之處，就是圖卡諾薩滿在死藤水的作用下，會在幻覺中「躍升」到銀河，來到銀河之後的冥界。而密西西比文化的「靈魂之路」，或古埃及的杜亞特來生之旅，也都是類似的傳說。根據前幾章的內容，我認為這些產生相似之處的唯一合理解釋，就是它們是源自一個遠古的共同祖先，並繼承了同一套複雜深奧的概念系統。遺傳學家可以對我們的DNA進行「逆向工程」，還原祖先的大致面貌。同樣的，我們也可以研究密西西比河谷和古埃及的信仰，分析其中共同的文化DNA片段，以便了解孕育出這兩種信仰，而且比它們都還古老得多的起源宗教的特質。我認為這個來自失落文明的遠古宗教，其實是美洲原住民薩滿教的一個高度特化的分支。和所有薩滿教的焦點一樣，它最關注的也是死亡之謎。

■人死後會如何？

我們的社會對死亡總是諱莫如深。人總免不了一死，年輕時死亡似乎仍很遙遠，年老時死亡就步步逼近了，但我們仍覺得好死不如賴活著。雖然我們遲早都會死，但我們總會避免思考死亡的意義，裝做生命會日復一日地不斷繼續下去。

這種想法的形成背景並不是亞伯拉罕宗教，而是現代的科學至上主義。科學至上主義宣稱，人是純物質的存在，是化學和生物學原理的隨機產物。人的存在並沒有目的，也沒有超越物質的意義。靈魂和來生都是子虛烏有，死亡就是終點。如果這是你的信仰，這種信仰只是某種範圍更大的信仰的一部分。根據這種範圍更大的信仰，精神世界並不存在，宇宙只是個巨大又無意識的機器。既然如此，我們就不該思考死亡，而且能在人世間苟活得愈久愈好。但很多被科學嗤之以鼻的遠古傳說都警告，排斥死亡會帶來不好的後果。《西藏度亡經》的英文本譯者沃爾特．葉林．埃文斯．溫茨（W. Y. Evans-Wentz）曾這樣評論：

> 在美國，傾向唯物主義的醫學總想儘可能地讓死亡晚點發生，因此會在死亡過程中進行治療。垂死之人通常都不能在自己家中過世，就算在醫院也不能自然平靜地離開人世。在醫院的垂死者，通常會被投用讓人神智不清的鴉片製劑，或被注射興奮藥物，儘量延長垂死者的生命。但這種方式只會讓他死得很痛苦，就像在戰場上得到砲彈恐懼症的士兵一樣痛苦。不當治療可能讓正常的生產過程演變爲流產。同樣的，它也能讓自然的死亡過程變成一場惡夢。

如果有個先進美洲原住民文明仍保存著薩滿教，也已經根據薩滿教的精神和知識發展出各種科

學和科技，他們對待垂死者的方法一定和我們很不一樣。我認為這個文明不但不會排斥死亡，反而會面對死亡，探究各種死亡之謎。它一定會很客觀和嚴謹地利用致幻技術，研究出現在幻境中的「來世」和「冥界」的真相。

奧菲斯（Orpheus）和尤莉迪斯（Eurydice）的故事，是最有名的古希臘神話之一。這個故事也反映出一個存在於各個宗教的普遍主題，由此可見它們都是源自某個遠古的共同起源。而在北美洲開始和歐洲人接觸的很久之前，北美洲的遠古前哥倫布文化中也有類似的主題。雖然各地的傳說在細節上難免會有差異，主角的名稱也各不相同，但故事的背景和結構基本都是相同的：（一）某人的妻子或愛人（尤莉迪斯）很年輕時就過世了；（二）她的先生或情人（奧菲斯）跟著她的靈魂來到冥界，懇求冥王讓他帶著愛人回到陽間；（三）冥王答應讓奧菲斯帶回尤莉迪斯，條件是尤莉迪斯從冥界返回陽間時，必須一直跟在奧菲斯身後，而且奧菲斯在回到陽間前，無論如何都不能回頭看她；（四）在返回陽間前的最後關頭，奧菲斯忍不住回頭看了太太一眼。這時尤莉迪斯又被拉回冥界，永遠都無法離開。

為了研究這個傳說的美洲原住民版本和古希臘版本為何會如此神似，頂尖的宗教學者艾克．霍特克萊茨便寫了一本長篇巨著探討這個謎團。這本書於一九五七年在斯德哥爾摩出版，書名是《北美洲印第安人的奧菲斯傳說》（*The North American Indian Orpheus Tradition*）。和他同時代的加拿大民族學家查爾斯．馬里烏斯．巴博（Charles Marius Barbeau）也認為，希臘神話和美洲原住民傳說，一定是源自比它們還古老得多的某個核心敘事。他的結論是：「奧菲斯和尤莉迪斯的故事是個經典傳說。這個源自某個未知來源的傳說之所以會在世界各地廣為流傳，一定是經過好幾千年的傳播。」

我當然同意世界各地之所以有不同版本的奧菲斯和尤莉迪斯的神話，是因為它們都是源自一個極古老的共同來源。但我覺得更值得探究的，就是這個故事的基礎，顯然是建立在靈魂的來生之旅，

和精神與物質二元性的概念上。這兩種概念也是古埃及和遠古密西西比河谷宗教信仰的核心概念。這兩種看似分離，但卻有緊密關聯的宗教系統，會不會是某個龐大思想架構的殘跡？而這個系統探討的主題，就是人類的處境，人類在宇宙中的定位，和生與死的意義。

目前的科學能在物質世界中進行精密的介入和控制。而失落文明的科技，會不會也能在精神世界中進行同樣有效的介入和控制呢？甚至能蒐集到不同維度真實的確切資訊，讓我們認識我們目前仍一無所知的世界呢？

有些人認為「精神」之說全是空談，意識會隨著肉體的死亡而消散，因此死後不可能有來生。所謂的「死亡科學」，也許該更名為「來生科學」或「永生科學」會更恰當。但既然沒有來生，那麼耗費時間、資源和才智去發展「死亡科學」，到頭來也只會徒勞無功。埃文斯．溫茨很生動地描述了這種想法帶來的影響。從唯物論的角度而言，科學處理死亡的唯一正確方式，就是在醫院添置各種設備，準備各種藥物，讓垂死者「舒服地」死去。如果死者的健康狀況很好，便可以將他的器官回收利用。

但畢竟唯物科學的歷史很短，從十七世紀末所謂的理性時代開始後，到目前也不過只有幾百年。如果它對自然本質和死亡的見解是錯誤的，那會如何？如果真相是隱藏在古埃及與遠古密西西比河谷的靈魂之旅傳說，和亞馬遜薩滿一直傳承至今的教義中，那又會如何？

如果真是如此，西方的科學唯物論也許已經帶我們走上一條陰暗危險，萬劫不復的道路。

在藏傳佛教，死後的世界被稱為中有（Bardo），也就是「死後到來世轉生之間」。和古埃及的《亡靈書》，與密西西比文化的口述與插圖傳說一樣，《西藏度亡經》也是靈魂在往生後，越過這個怪異平行空間的旅行指南。知名的美國佛教學家羅伯特．瑟曼（Robert A. F. Thurman）解釋說，「中有是危機四伏的時刻，這時靈魂，也就是若有似無的意識身，正處於最變幻不定的狀態。」這是最

危險的時刻，也是最難得的時機。如果有個好人常心存正念，卻沒做好進入「中有」的準備，他因害怕躲在暗處時，就會在瞬間失去一大部分向上提升的力量。同樣的，如果有個壞人常心存惡念，但已經做了進入「中有」的準備，他就能勇敢地奔向光明，免除萬劫累世輪迴之苦。在這個幽冥空間的一點成就，就能對整體造成重大影響。在中有中的靈魂能藉著想像力變化，這種想像力也就是佛教徒所謂的「神識」（the spiritual genes）。中有的旅人會暫時擁有超高的智慧、絕佳的注意力、天眼和各種神通、瞬間移動的能力，和形隨意變的變身能力，能隨著一個念頭、幻想或指令，變化成各種事物。正因為如此，當中有的旅人意識到他就位在中有之中，知道什麼是真實，誰是朋友，和危險在哪裡時，他就會立刻得到解脫。

西方科學對物質世界的認識，已達到前無古人的地步，而且它也充分地控制了物質世界。但這並不表示它掌握的知識，足以否定西藏的「死亡科學」。附帶一提，羅伯特．瑟曼曾以「死亡科學」一詞，描述《西藏度亡經》中的知識。西方科學並不比死亡科學高深。不僅如此，由於它先入為主地認為沒有來生，因此甚至不願探索來生。相形之下，藏傳佛教似乎更值得信任。畢竟佛教千百年來一直在鑽研死亡科學，它對死亡的了解也許遠超過我們。此外，就像我說過的，《西藏度亡經》和古埃及與密西西比文明的信仰系統一樣，都是源自一個比它們古老得多的起源。因此藏傳佛教可能也和古埃及與密西西比文明一樣，都肩負著重建起源文明的責任。

這個失落文明可想而之是建立在薩滿教上，因此它對物質世界一定不是很關心。和很多其他的美洲原住民文化一樣，這個文明的目的並不是追求地位和財富，而是透過在幻境中探索和正確的生活方式，讓靈魂修煉到完美的境界。這個文明衍生出的宗教都具有複雜又深奧的智慧，由此可見它已探索到一些玄之又玄的範疇。我們文化中的量子物理學家和科學家雖然已經開始研究虛擬真實了，但他們卻還沒開始研究那些高深莫測的領域。對這個文明而言，來生之旅的重要性當然遠高於所有

的物質追求。

就像我稍早介紹的，為了讓初學者做好準備，讓他們能「有備無患」地展開最終的來生之旅，這個文明一定早已開始探索平行次元空間。如果它能持續不斷地探索，現在這個文明一定已經能超越時空和物質世界了。但在一萬兩千八百年前，新仙女木彗星的致命碎片重創這個文明後，這場史前的偉大探索也被迫暫停。

這場探索只是暫停了，但並未就此結束。如果我猜的沒錯，這個文明的倖存者曾在各地的獵人採集者文化中布下「暗樁」，重新傳播失落的知識。他們藉由各種機構和迷因構成的暗樁，保存和傳播知識，並在時機成熟時啟動一項計畫。計畫內容包括公共工程、快速的農業發展和進階版的精神探索。

這個失落文明後來怎麼了？根據我的猜測，這個與世隔絕地發展了超過十萬年文明的故鄉，就是位在北美洲冰帽以南的某個或數個廣大的區域。可能的範圍是從西方的華盛頓州河道疤地，越過懷俄明州和達科塔州，再越過天體撞擊最嚴重災區之一的五大湖，一路向東延伸到紐約上州的五指湖。我曾說過這個文明可能很擅長航海，因此它應該有能力繪製冰河時期的地圖，並將它的影響力擴散到遙遠的海岸。但如果這個文明在一萬三千年前，就在大西洋和太平洋岸建立了港口，在一萬兩千八百年前，新仙女木期開始時的快速海平面上升中，這些港口應該都被淹沒了。在一萬一千六百年前，新仙女木期結束時，北美洲和歐洲的殘存冰帽同時融化，崩落到大洋中後，海平面又出現更大幅的上升。

■不完美的過去，不確定的未來

在有人居住的各大洲，都有成千上萬傳說提到某個上古史前先進文明，或這個失落文明在被災難摧毀前的黃金盛世。這些包括亞特蘭提斯和諾亞大洪水等傳說的很多故事，都有個共同之處，那就是人類因自大、殘忍和不尊重地球，最後招來災難。罪有應得的他們被諸神打回原始狀態，從頭學習謙卑。

這些故事都含有「驕者必敗，禍延子孫」的寓意，也就是說遠古的人類走上錯誤的道路，接著在一場全球浩劫中滅亡。這些故事為何會出現呢？照理說，獵人採集者應該不會有這種想法。但擁有先進科技的民族，尤其是已經精通物質轉換科技的民族，才更有驕傲和挑戰極限的本錢。當這個文明遇上毀滅性的浩劫時，倖存者也許會在反省歷史後，認為這場災難的發生完全是咎由自取。

也許他們是真的遭到天譴，也許他們真的曾多行不義，因此後人才會認為他們是自食惡果。那麼他們犯了哪些錯呢？

是沉迷於物質追求嗎？

或是開始用活人獻祭？

或是開始激進地推廣某種否定靈魂的新宗教崇拜？

或奴役和壓榨獵人採集者部落？

或是武裝起一群如克洛維斯人之類的獵人採集者，讓他們比其他部族更具競爭優勢嗎？

我可以列出一千個可能的理由，說明這些來自某個曾顯赫一時，但現在已經被完全毀滅文明的倖存者，為何會心懷歉疚地投靠獵人採集者。有個歐及布威族的傳說似乎和這件事有關。根據這個傳說，在很遙遠的過去，有個彗星曾讓「大地陷入一片火海」，而且它以後還會再回來：

這個拖著又寬又長尾巴的星星，有朝一日會再從天而降毀滅世界。它就是被稱爲長尾飛天星的彗星。它在數千年前曾來到世上。它和太陽一樣，它的尾巴也會散發出光芒和高熱。

早在上次彗星來到前，印第安人已經在這裡生活了。但大地上出現違反自然的事，很多人都背棄了精神之路。聖靈在彗星來到前很久就警告過他們了。巫醫要大家做好準備。彗星燒毀了地面上的一切，什麼都沒有留下。

有個預言說這個彗星會再次毀滅地球，但這場毀滅也是一場復興。這對龜島而言是最可喜可賀的事。現在人們已不再聽從精神的引導。彗星再次來臨時，太陽、月亮和星星將呈現出預兆。

二十一世紀的科技已發展至空前的水準。只要我們願意挪用國防之類的預算，我們幾乎有能力清除掉宇宙環境中的所有小行星和彗星碎片，讓未來好幾世代的人類都不必受到天體撞擊的威脅。但就我們的科技水準而言，我們還無法在重大天體撞擊後讓地球和環境恢復原狀。卡迪夫大學的天體生物學教授威廉·納皮爾，也是一位世界級的彗星和小行星專家。他提醒我們如果發生一場全球性的天體撞擊災難，它的嚴重性絕對遠超過我們能應付的範圍：

一場中型的撞擊就可能摧毀人類文明，如果發生一場大規模撞擊，更可能讓人類和過去與未來的其他靈長目物種一樣，走向逐漸凋零的不歸路。生命經過超過三十億年的演化，才孕育出唯一能理解宇宙的地球生物。我們不確定如果人類消失了，地球是否能再次演化出智慧生物。我們也不知道在本銀河系中是否有其他智慧物種。如果人類是本銀河系唯一的智慧生物，而我們又在某次浩劫中全數遇難，本銀河系將再次回到蒙昧無知的狀態，直到永遠。從這個觀點看來，確保人類這種獨特猿猴的生存，就是宇宙中的頭號大事。

新仙女木期開始時的地球大災變，就是宇宙給我們的明確警告。所有治學嚴謹的研究人員，都不會否認當時地球確實發生過一連串的災變。從二〇〇七年起，新仙女木撞擊假說已成為關於這些災變最廣為接受的解釋。但提出這個假說的地球科學家最初只能說，從證據看來，禍首可能是某種天體撞擊物；它們最可能是來自某個分解彗星的大量碎片。

但到了二〇一〇年，威廉．納皮爾在發表於《皇家天文學會月報》（*Monthly Notices of the Royal Astronomical Society*）的一篇論文中，以他在天文學界的威望為某個結論背書，並提出了詳細的證據。這個結論就是這些災難是由一個彗星造成的。根據他的計算，這個直徑可能高達一百公里的彗星，在三萬年前到兩萬年前之間，以和地球公轉軌道交錯的軌道進入內太陽系。後來它發生多次分裂，金牛座流星群就是分裂後的產物。分裂對彗星而言是正常的過程。納皮爾教授的論點是，在一萬兩千八百年前左右，地球和這個超大彗星的分裂碎片交會，這個事件就是天體撞擊引發新仙女木期災難假說的「最合理的解釋」。

在我看來，這場撞擊對人類的影響，就是讓一個傑出的文明從歷史上消失，至今人們仍對它一無所知。我們不但遺忘了這個文明，也忽視了少數科學家愈來愈急切的警告，那就是這個彗星遺留在軌道上的碎片，其中有些大得足以再次毀滅文明；這些碎片就是金牛座流星群。我在第二十五章已經介紹過這個流星群了，納皮爾也認為「這個獨特的碎片群是地球目前面對最大的撞擊危機」。

在二〇一七年，《天文與天體物理學報》（*Astronomy & Astrophysics*）發表了一篇關於金牛座流星群的新研究論文。這項研究是以歐洲火流星觀測網拍攝到的影像為依據，並對納皮爾的理論提出有力證據。這篇論文的標題就說明了它的內容：〈發現金牛座流星群中潛在危險天體真正來源的一個新分支〉（Discovery of a New Branch of the Taurid Meteoroid Stream as a Real Source of Potentially Hazardous Bodies）。

這個剛被發現的分支是金牛座南流星群的一部分，它會在十月末到十一月中和地球遭遇。很多跡象都顯示人類仍未擺脫新仙女木彗星的影響，金牛座南流星群就是其中之一。天文學家在密切觀察和研究金牛座流星群後發現，我們不但仍未擺脫新仙女木彗星的威脅，反而正要進入另一個危險高峰期，或是已經進入高峰期了。也許再過幾十年，我們就會經過這個流星群最密集和紛亂的部分，那裡仍含有原始彗星的「暗黑」碎片，其中可能有個直徑為三十公里，足以毀滅地球的碎片。

■改變的時刻到了嗎？

本書主要是以我之前的研究為基礎，其中又以古墨西哥，南美洲古安地斯山脈文明和古埃及最重要。但我在二〇一六年十二月初在北達科塔州的旅途中，來到名為奧賽蒂薩考溫（Oceti Sakowin）的抗議營地，地點就位在立岩印第安原住民保留地（Standing Rock Indian Reservation）的北方邊界之外。這時我的腦海中才浮現出本書的雛型，而且我很堅持一定要完成這本書。

讀者應該還記得，從二〇一六年七月起，一個由蘇族、其他美洲原住民部族和非美洲原住民民族組成的彩虹聯盟，聚集在奧賽蒂薩考溫，企圖阻止在密蘇里河的歐阿希湖（Lake Oahe）下方埋設油管的計畫。油管的位置就位在立岩保留地北方約半哩處。它不只侵犯了傳統聖地，一旦發生漏油，也威脅到保留地的供水。

面對憲兵的鎮壓時，這些被稱為「水源保護者」的抗議者仍鬥志昂揚。雖然如此，他們仍無法達成他們設下的近期目標，也就是中止達科塔輸油管道建造工程。不但如此，政府還在二〇一七年二月七日，批准了油管計畫的地役權。達科塔輸油管道工程繼續進行，到了二〇一七年六月一日，

油管終於啟用了。在漏油事件發生後，抗議和爭議又陸續出現，蘇族也提出法律訴訟。二〇一七年十二月，法院對油管經營者發出臨時禁制令，以預防再次發生漏油。但我在二〇一八年七月行文至此時，油管仍在漏油。看來商業利益再次戰勝了美洲原住民的利益和他們關切的事物。

立岩保留地抗議活動的主要訴求是，現在已經是我們必須儘快改變作風的重要關頭。我們必須更謙卑地對待地球，不要再肆意掠奪它的資源。此外，我們必須接受一個被美洲最早原住民珍藏，由遠古人類世代相傳的精神訊息。

這個訊息和我在為本書進行研究時，發現的很多教訓都不謀而合。立岩蘇族保留地的柯迪雙熊（Cody Two Bears），向我解釋奧賽蒂薩考溫抗議活動更深遠的目的：

> 這個目的和每個人都有切身關係。我必須讓大家知道這段歷史，尤其是在目前這種關鍵時刻。理由之一是，歷史課本永遠不會告訴你眞正的歷史。我接著會解釋原因。我在訪問過很多長老和精神領袖後得知，我們必須保守儀式的祕密。爲了保存我們的故事，我們多年來必須一直隱藏起這些故事。因爲政府很害怕我們擁有的事物，和我們這個民族。從法律就能看出他們的恐懼。目前在蒙大拿州仍有條法律，我想立法機關仍未取消這條法律，那就是如果你看到三位美洲原住民聚在一起，你就有權力射殺他們。這條法律目前在蒙大拿州仍有效力。他們制定這些法律，是因爲他們不想看到美洲原住民聚在一起，因爲他們對我們就是有種莫名的恐懼。
>
> 但他們不知道的是，我們的儀式和生活方式，一直保護著我們和大地之母（Unci Maka）。我們甚至會爲那些害怕我們的人祈禱，希望他們能一切平安。
>
> 這就是原住民儀式的目的，它們並不是巫術。人們多年來一直認爲我們會對他人施咒，但我們並不會這樣做。就以達科塔州拉科塔族（Lakota）的鬼舞（Ghost Dance）爲例，我們跳鬼舞時，白

人（Washi'chu，原義爲「總是佔便宜的人」）會很害怕。他們以爲我們在施咒，但我們只是在維持大地和星星之間的平衡。我們之所以要保持這種平衡，是因爲我們現在不開始這樣做，在未來一百年中人類就沒有棲身之處了。

在一萬兩千八百年前左右，大地和星星之間的平衡被破壞了，人類史上的一個重要篇章也因此失傳。如果這種失衡再次發生，現代人短暫的歷史也將會失傳。到了遙遠的未來，人類目前的成就都會成為一個悲慘的神話。神話說的是，因為人類的貪婪和狂妄，因為他們在盲目發展中忽略了保護地球，因為人類的心中充滿仇恨，缺少關愛，他們最後自食惡果走上滅亡的道路。

附錄一

美拉遜尼亞，又名「被遺忘的關聯」

亞馬遜雨林（Amazonia）和美拉尼西亞（Melanesia），在地理上分處於地球兩端，在人類史上也有超過四千年的差距。雖然如此，亞馬遜雨林的社會和美拉尼西亞的社會卻有些驚人的相似之處，學者一百多年來對此一直百思不得其解。

這些謎團中的一個，就是關於亞馬遜雨林原住民和美拉尼西亞原住民的顱骨形狀，和一直被稱為「古美洲人假說」（Paleoamerican hypothesis）的非正統理論的爭議。古美洲人假說的擁護者宣稱，這套理論是「建立在顱骨形態學（cranial morphology）的基礎上」。所謂的顱骨形態學，就只是把「對顱骨形狀的研究」，冠上一個炫酷的名稱。以下就是摘錄自《科學》期刊中，由瑪納薩．萊格哈文等人著作的論文〈美洲原住民在更新世和近代族群史的基因組學證據〉（Genomic Evidence for the Pleistocene and Recent Population History of Native Americans）中，關於古美洲人假說的說法：

> 美洲曾有兩個在時間和來源上截然不同的族群。較早的族群據說是源自晚更新世的亞洲，他們是古美洲人和現代澳美人的祖先，這兩個人種都有相同的顱骨形態學特徵，這可能意味著他們有共同的祖先。古美洲人之所以消失，可能是被現代美洲原住民的祖先取代了。這些原住民祖先的顱骨形狀和現代東亞人很類似，他們很可能是後來來到美洲的蒙古人種族群的後代。古美洲人存在的主要依據，是來自北美洲和南美洲的遠古考古樣本，和一些年代較近的孑遺族群。這些族群也包括已滅絕的培里庫人（Pericue）和火地—巴塔哥尼亞人（Fuego-Patagonians）。根據古美洲人假說的預測，這些族群的遺傳學上應該和澳美人的親緣關係較近，和其他美洲原住民群族的親緣關係較遠。

瑪納薩．萊格哈文和埃斯克．威勒斯列夫都是來自哥本哈根大學的地球遺傳中心。我在第三部介紹過他們的研究，他們在這項研究中，對古美洲人假說進行詳細到基因層次的檢驗。他們在檢驗後發現遠古美洲原住民，和那些年代較近，之前被認定為擁有澳美人頭顱形態的美洲原住民，其實就基因層次而言，「是和其他美洲原住民族群」屬於相同的基因家族，和澳美人則沒有遺傳親和性。

將他們的數據和現存的大量遺傳證據結合後，都指向相同的結論。

舉例來說，在另一項研究中也發現，連之前被認為是具有「古美洲人顱骨特徵」的最古老顱骨，在經過基因體定序後才發現，「它們和具有美洲原住民形態的較近代族群，都擁有相同的粒線體DNA單倍體群（mtDNA haplogroup）。」

第三項的比較研究，也是針對古代和較近代美洲原住民顱骨遺骸的形態學和分子DNA單倍體群進行比較。這項研究的結果也顯示，「從數據分析的結果看來，生存於遠古美洲的人類族群，並不是分屬於兩個不同的群組。」

這也就是說，雖然古美洲人的顱骨形態和較近代美洲原住民的比較不同，和澳美人的顱骨形態

比較接近，但就遺傳學而言，古美洲人和較近代美洲原住民族群並沒有差異。就親緣關係而言，基因型（genotype）證據絕對比表現型（phenotype）證據更精確，因此在最近幾年，「古美洲人假說」已經被學界視為被推翻的假說。

我在第九章也介紹過，哈佛醫學院遺傳學系的彭托斯．史克格倫德和大衛．萊許，在追蹤了他們自己的研究後，提出可能顛覆舊有理論的新假說。根據他們的理論，他們假想中的Y族群，「可能是亞馬遜雨林和巴西中部高原等地區，美洲原住民DNA的部分來源。就血統而言，Y族群和目前的澳大拉西亞人的親緣關係較近，和目前的東亞人與西伯利亞人的親緣關係較遠。」他們還補充說：

> 有些作者認爲，一些早期美洲原住民骸骨的形態，和澳大拉西亞族群有些遺傳親和性。而史克格倫德和萊許的發現，對美洲原住民骸骨的形態學研究帶來極大的影響。根據骸骨形態學研究，具有這種顱面形態學特徵，而且年代不到一萬年的骸骨，它們最主要的出土地點就是巴西，那裡也是蘇魯人、卡利吉亞納人（Karitiana）和夏凡特人（Xavante）的家鄉。從遺傳資料看來，這些人種和澳大拉西亞人的親緣關係最近。

學者一直認為遠古巴西亞馬遜族群和澳美族群，在顱骨測量學上具有確實且可量化的相似性，而且對這種觀點從未提出嚴重質疑。此外學界也一直相信，從遺傳資料看來，這些明確且可量化的相似性，並不是這兩個地區的族群具有親緣關係的證據。這些相似性只是偶然形成的，或是某種奇特的平行演化過程的結果。但在我看來，這種觀點和事實顯然不符。我所謂的事實，就是從澳美人的遺傳訊息就可看出，他們和遠古巴西族群間有緊密的親緣關係。我想史克格倫德和萊許的看法也和我一樣。

關於這個問題，我認為我們有必要重新檢視較早的顱骨測量學資料。華特．內維斯（Walter A.

Neves）和馬克·休博（Mark Hubbe）於二〇〇五年十二月，在《美國國家科學院院刊》發表的研究，就是一項「早期美洲原住民顱骨樣本數量最大的研究」。他們將來自巴西聖湖鎮地區的八十一個顱骨，「和來自世界各地，代表全球人類的各種形態的資料組，進行三次不同的多變量分析比對。」

內維斯和休博在論文中指出：

> 史前晚期、近代和目前美洲原住民的顱骨形態，和近代與現代的北亞人通常很相似。而最早南美人的顱骨形態，則和目前的澳大利亞人、美拉尼西亞人和撒哈拉以南的非洲人更相似。

內維斯和休博對他們蒐集的八十一個古代巴西人顱骨，進行詳細的測量和分析，並和世界各地的顱骨比對後，確信「根據所有多變量分析獲得的結果，南美洲古美洲原住民和現在的澳大利亞—美拉尼西亞族群，確實具有高度的形態相似性（morphological affinity）。」

他們接著提出兩種不同的假說，解釋「在早期和晚期南美洲原住民中觀察到的形態差異」：

> 第一個假說是有一種地方性微演化作用（local microevolutionary process），這種作用將古美洲原住民的形態，融入當地美洲原住民目前最普遍的形態。另一個假說是，曾有兩個形態不同的人類系群先後在美洲生活，最先進入美洲的是古美洲人形態的系群。
>
> 我們認爲第二種假說比較合理，理由有三個：第一，美洲和東亞在大致相同的時間發生相同的演化事件，這是極不可能的事；第二，就我們所知，至少在南美洲，這兩種形態模式的轉換是很突然的；第三，根據最新的研究，顱骨形態只會在極端環境條件下，才會出現適應演化。因此顱骨形態並不像我們最初認爲的那麼容易變化。

簡單地說，就像內維斯和休博在論文某處的總結說的，他們的研究結果支持的假說是，「在更新世到全新世的過渡期中，也許曾有兩個不同的生物族群在新大陸生活。」

當然了，這只是從顱骨測量學資料得到的結論。但萊許和史克格倫德在分析過遺傳學資料後，也得到相同的結論。他們在二〇一五年，發表在《自然》期刊的論文題目是〈美洲的兩個創始族群的遺傳學證據〉。這個標題也就是他們的結論。

但我之前也介紹過了，瑪納薩．萊格哈文和彭托斯．史克格倫德並不同意這種看法。他們在《科學》發表的論文中，支持的是單一創始族群理論。在這場爭議中，兩派專家所掌握的資料都大同小異，得到的結論卻是南轅北轍。在這種莫衷一是的情況下，貿然支持任何一派的說法都不太明智。但無論是從顱骨形態學或基因來說，我認為所有的線索都指向一個方向，那就是其中一定有某種被遺忘的關聯。

還不只如此。

■兩座巴別塔

有幾位研究人員注意到，澳大利亞—美拉尼西亞地區和美洲都有明顯的「語言多樣化」，這兩個地區的語言數量要比世界其他地區都高出很多。考古學家杰曼．奇波（German Dziebel）認為這個現象代表的意義是：

> 從獨立基礎語（linguistic stocks）的數量看來，美洲的語言趨異至少已經進行了三萬五千年。當

然了，這只是約略估計的時間。但在美洲與巴布亞紐幾內亞等有超過四萬年以上人類考古紀錄的地區，那裡的語言多樣化和非洲就有明顯的差異。

奧斯丁．惠特爾（Austin Whittall）是一位以南美洲遺傳學和人類學議題為主題的作者，他也常在部落格上發布相關文章。他對澳大利亞─美拉尼西亞和美洲高度語言多樣性的特別現象，做出以下的評論：

> 美洲原住民爲何會使用這麼多種語言？照理說，他們在不久前才來到新大陸，但居然發展出超過全球百分之四十的語言。美洲的原住民語言數量，要比「人類搖籃」非洲的語言數量還多。非洲人有漫長的時間能發展語言，而且在發展過程中也沒有遇上重大障礙，因此照理說應該能比其他地區的居民發展出更多語言。但事實卻不是如此。

惠特爾接著說，新幾內亞是「世界語言多樣性最高的地區」。世界所有語言的權威《民族語言網》（*Ethnologue*）也證實，在巴布亞紐幾內亞有八百四十一種現存語言，佔全球現存語言總數的百分之十一點八五。惠特爾認為這是很合理的結果：

> 新幾內亞島是一片叢林，島上有很多山脈將各個族群隔離開，無法互相融合。新幾內亞也是人類在遠離非洲的漫長旅程中，最早到達的地區之一。
>
> 但美洲就不同了。巴布亞人有五萬年的語言發展史，但美洲原住民的語言發展史卻只有不到一萬五千年。既然如此，我們該如何解釋美洲的語言多樣性呢？

惠特爾說的沒錯，美洲的語言多樣性確實是個異常現象。而美洲和新幾內亞與澳大拉西亞都擁有語言多樣性的現象，則是個值得探討的問題。以下圖表是轉載自惠特爾的部落格，圖表清楚地呈現出異常之處：

惠特爾總結說：「我相信我們應該把語言多樣性視為一個指標，它指出人類有個更古老的共同起源，和美洲殖民史其實可以追溯到更古老的年代。」

惠特爾的觀點非常正確，但先不談更遠的共同起源，以上數據也明顯指出有兩個語言多樣性最高的地區，一個是澳大拉西亞，另一個是美洲。此外，正如我之前介紹過的，澳大拉西亞中語言多樣性最高的地區，就是美拉尼西亞的新幾內亞。那裡的語言多樣性程度遠高於世界其他地區。同樣的，以美洲而言，南美洲的語言多樣性是北美洲的兩倍以上。而南美洲語言多樣性最高的地區就是低地亞馬遜雨林（lowland Amazonia）。南美洲有四百四十八種語言，但低地亞馬遜雨林就有超過三百五十種語言。

以上分析再次顯示出美拉尼西亞新幾內亞和亞馬遜雨林的相似性。這兩個地區在各自所在的巨型大陸中，都擁有最高的語言多樣性。此外，它們也分別是世界上語言多樣性最高和次高的地區。

■再談談一些奇怪的現象……

美拉尼西亞和亞馬遜雨林分別位在太平洋的兩邊，因此十九世紀末和二十世紀初的民族學家，在發現這兩個地區有些幾乎一模一樣的特殊風俗和行為模

巨型大陸的獨立語系總數		
非洲和歐亞大陸	87種	（25%）
澳大拉西亞	110種	（32%）
美洲	144種	（42%）

	語系數量	語言數量	語系的平均語言數量
北美洲	13	220	16.9
中美洲	6	273	45.4
南美洲	37	448	12.1

來源：Autotyp語言類型學資料庫（Bickel and Nichols 2002ff; Nichols et al. 2013）

式時，都感到很困惑。

舉例而言，在所謂的「男人屋」（men's house）附近進行集會結社的活動：

男人會進行啓蒙和繁殖的祕密儀式，將女性排除在儀式之外。如果有人敢窺探隱祕的祭儀，就會受到輪姦或死刑的處罰。在這兩個地區，男人都會以相同的神話，解釋這些儀式的起源，和性別隔離的原因。這兩個地區的神話非常類似，因此羅伯特・羅伊（Robert Lowie）、海因里希・舒赫茲（Heinrich Shurtz）和赫頓・韋伯斯特（Hutton Webster）等現代民族學家，都認爲這一定是傳播的結果。羅伊很明白地指出，男人儀式是「源自某個單一起源，接著再傳播到其他地區的民族學特徵。」

這兩個地區的相似之處，還不只限於男性祭儀，也包括相似的生態調節系統；平等主義的社會組織；因地制宜的地域群和繼嗣群的加入方式；局部戰爭；類似的宗教、神話和宇宙觀系統；相近的關於身體、繁殖和自我的信仰。

直到二十一世紀，學者仍在探究這些相似之處的成因。舉例來說，加州大學出版社於二〇〇一年，在文氏基金會（Wenner-Gren Foundation）主辦的一場國際研討會後，出版一本追蹤論文集《亞馬遜雨林和美拉尼西亞的性別》（*Gender in Amazonia and Melanesia*），對這些相似之處進行詳細的探討。這場研討會舉行的原因，「是因為人類學家不斷提到，亞馬遜雨林和美拉尼西亞的文化似乎有些驚人的相似之處，但這兩個地區無論是在歷史、語言和地理上，都沒有任何關聯。」

這本書中介紹了很深入的研究，我在此也無法詳述細節。我只是從其中找出幾個例子，讓大家約略了解他們研究的結果。

巴西亞馬遜的蒙杜魯庫人（Mundurucu），和巴布亞紐幾內亞北部的塞皮克河（Sepik River）的

阿凡提克人（Avatik），都有一項傳統。他們「會根據村落中男性祕密祭儀的內規，對外來者無緣無故地施暴。」這兩個地區的原住民，都會把侵犯外來者視為一種狩獵行動。在這兩個地區，祕密祭儀的成員都會在侵略時爭相砍下人頭作為戰利品，以提升自己在村民中的威望。在這兩個地區，男人都會先經過一段時間的自我隔離和禁慾儀式後，才會把人頭帶回村落。這兩個地區的原住民也都相信，人頭能提高或恢復他們的生育能力。

巴布亞紐幾內亞東部的薩比亞族（Sambia），和亞馬遜的亞韋提族（Arawete）、吉瓦洛族（Jivaro）與孟希納古族（Mehinaku）都有個共同的習俗，那就是戰爭首領會露出勃起的陰莖，宣示侵略的意圖。巴布亞紐幾內亞的阿蘭巴克族（Alambak）、沙沃斯族（Sawos）和塞皮克韋帕族（Sepik Wape），和亞馬遜的卡西納華族（Cashinahua）也有個相同的風俗。他們都相信在打獵或掠奪前，家裡如果發生糾紛就會為行動帶來「不幸」。

在美拉尼西亞和亞馬遜雨林，血都被視為是生長和活力的主要來源。在這兩個地區，人們都認為母方在胚胎受孕中提供的是血，尤其是經血。在這兩個地區，人們都認為精子和血有密切關係，或能和血發生交互作用。很多人都相信胎兒的形成，都是因為「父精母血」的結合。

在美拉尼西亞和亞馬遜雨林，「男性祭儀的主要象徵」都是牛吼器、長笛和喇叭。這兩個地區的神話也都談到，在遠古時代，「女人發現、創造或擁有」這些功效強大的神器。這兩個地區的神話都說到，這些神器原本是在女性的掌握中，她們藉此統治男性。後來男人聯手逼迫或誘騙女人，把神器交給他們，造成社會秩序重組和男性統治。此外，在這兩個地區，「男人們都有個心照不宣的祕密。他們都知道喇叭、長笛和其他與祭儀相關樂器的聲音，都不是來自神靈的聲音，而是由男人製造的聲音。」

人類學家帕斯卡爾．博納梅爾（Pascale Bonnemere）特別強調的「驚人相似之處」，就是新幾內亞的安加語族（Angans），和哥倫比亞亞馬遜沃佩斯省（Vaupes）的各部落，都有相同的啟蒙儀式。

這些儀式都包括以下內容：「演奏在遠古時代被女性掌握，後來被男人藏起不讓女性看見的樂器；食用象徵繁殖的食物。這些儀式的象徵意義，都是讓少年透過重生進入成人世界。而相關神話的功用就是用來解釋儀式的涵意。」

在亞馬遜雨林和美拉尼西亞，女人如果看到祭儀的樂器，就會受到輪姦或殺害等可怕的懲罰。如果祭儀遭到侵犯，社會便會分崩離析。舉例而言，巴布亞紐幾內亞的幾米族（Gimi）和亞馬遜雨林的巴爾薩納族，都相信男人的神聖竹笛如果被女人看到，社會就會陷入混亂，甚至瓦解。雖然如此，在亞馬遜雨林和美拉尼西亞，男人還是會「無所顧忌地在女人也能進入的公園或廣場等公共場所，帶著樂器演奏遊行。但這時男人必須提高警覺，免得女人在儀式進行時闖入。」在這兩個地區，每當有遊行演奏時，女人都會被迫待在室內。

《亞馬遜雨林和美拉尼西亞的性別》的編輯湯姆斯．格雷戈（Thomas A. Gregor）和唐納德．特津（Donald Tuzin），對這些習俗和信仰做出的結論是：「亞馬遜雨林和美拉尼西亞的男性社團有很多相似之處。這些相似之處是最大的文化謎團之一，但卻仍未受到它應得的重視。」他們認為很值得探究的，就是這兩個地區都有「男人屋建築群」。「但更讓人驚訝的是，兩個地區祭儀的細節也有很多雷同之處。」

他們說得很正確，這確實是個讓人費解的謎團。但我認為他們提出的解釋卻讓人大失所望。《精神疾病診斷與統計手冊》（*Diagnostic and Statistical Manual of Mental Disorders*）已經列出不勝枚舉的精神疾病，但那些江湖郎中每年還是會憑空捏造出一些新疾病，將它列入這本手冊中。和這些江湖郎中一樣，格雷戈和特津也認為，只有透過心理分析工具，才能解釋美拉尼西亞和亞馬遜雨林的男性祭儀中，為何會出現一些令人匪夷所思的複雜行為。

要解釋這些不同文化中，為何會重複出現相同的男性行為，和這些行為中的情緒內涵，我們就

只能仰賴擅長洞察人心的心理學，尤其是心理學的人格動力理論。

雖然格雷戈和特津是在二〇〇一年做出以下評論的，但他們卻特別推崇羅勃特．墨菲（Robert Murphy）在一九五九年的論文中，對蒙杜魯庫人男性祭儀的分析方法：

> 墨菲指出，從心理學而言，這種祭儀其實是源起於一種舉世皆然，和戀母情結有關的情緒衝突。對女性又怕又恨的感覺和母權神話，反映的都是家庭浪漫史的陰暗面。墨菲的疑問是，既然戀母情節是舉世皆然的，「爲何我們並沒有都和參加祭儀的原住民一樣，都揮舞著牛吼器呢？」他的解釋是，男性祭儀只盛行在某些社會中。在那些社會中，成員都有不同的政治階級，在親族中的尊卑地位也不一樣。雖然他們在社會中扮演著互相競爭的角色，但這並不會影響到男性群體和女性群體的凝聚性。亞馬遜雨林和美拉尼西亞的粗耕社會，就是符合這種條件的社會。

你能看出墨菲的詭辯手段嗎？他是以相同的心理學概念，將男性祭儀解釋成某種人心深處情結的產物。此外，他還要我們相信，美拉尼西亞和亞馬遜雨林之所以會以相同的獨特方式呈現出這些情節，是因為這些社會都處於相同的經濟發展狀態。

墨菲的兩個推論都有嚴重的簡化之嫌。他在第一個推論中，將這兩個地區之所以有如出一轍男性行為的原因，簡化為心理疾病的反映。他在第二個結論中，認為這些原住民文化呈現戀母情結的方式，會受到社會經濟環境的影響。也就是說，只要在小粗耕社會中，就理所當然地會出現長笛、喇叭、牛吼器、啟蒙儀式和祭儀的禁令。違反禁令的人也理所當然地會遭到輪姦和殺害。

關於美拉尼西亞和亞馬遜雨林之間的相似之處，當然還有其他說得通的解釋。其中最顯而易見的解釋，就是這兩個地區的習俗都是由傳播造成的。在人類歷史中，觀念、宗教、祭儀和儀式一直

都能傳播到遠方。既然如此，在史前時代為何不能也是如此？正如我之前也介紹過的，格雷戈和特津也承認，頂尖人類學家一度認為，美拉尼西亞和亞馬遜雨林的文化，之所以會出現令人費解的相似之處，最佳的解釋就是這些概念「都是由某個中心向外傳播的」。但格雷戈和特津並沒有繼續探討這種可能性，只是說「人類學中的傳播派後來就逐漸式微了」。他們後來一直致力研究心理學和社會學的解釋。

誰也不知道真相到底為何。也許格雷戈和特津是對的。他們確實已經整理了很完整的比較文化資料，如果是由我來針對這些資料分析，如果我不斷發現一些奇怪又特別的相似之處，如果除此之外，我也沒有其他的資訊來源，我或許會認為他們提出的社會心理學解釋非常合理。

但這並不是關於這些議題的唯一資訊。

關於這個問題的最重要發現，就是在亞馬遜雨林的原住民中，居然有令人意想不到的澳美人遺傳訊息。格雷戈和特津在二〇〇一年時並不知道這項發現，因為這種遺傳訊息是在二〇一五年被發現的。這種訊息的存在，就代表著我們不能排除某種傳播的可能性。

此外，它也說明了顱骨形態學並非只是空穴來風的說法。

第三，澳大利亞—美拉尼西亞和亞馬遜雨林，是目前世上語言多樣性最高的地方。這就意味著這兩個地區的語言都是源自極古老的來源。

第四，雖然這兩個地區位在天南地北，它們在文化組織和信仰上，卻有著複雜和深淺不一的相似之處。

如果把這麼多可遇而不可求的現象都歸諸於巧合，那未免也太自欺欺人了。

我相信比較符合「簡約原則」的解釋是，這些現象一定有其他的解釋。在這些現象的背後，一定有某些目前仍不為人知的緣由和來龍去脈。

附錄二

冰河時期的遠古地圖

次頁是於一五〇七年出版的瓦爾德澤米勒地圖（The Waldseemuller World Map）。這張地圖的一大特色，就是它描繪的十六世紀的東南亞和澳洲，和事實顯然相去甚遠。

但奇怪的是，這張地圖的東南亞和澳洲，卻和當地在兩萬一千三百年前冰河時期的情況比較相似。當時的莎湖陸棚（Sahul Shelf）和巽他古陸（Sunda Archicontinent）幾乎是個相連的陸塊。而莎湖陸棚就是現代的東南亞，巽他古陸則是現在的澳洲。

瓦爾德澤米勒地圖和其他十六世紀類似的地圖，都是藉著複製其他更古老的地圖，再將地圖結合哥倫布和其他較晚期航海家在航行中發現的資訊製作而成的。

那些古老的地圖雖然遭到棄置或失傳了，但從其中描繪的冰河時期地理特徵看來，在遙遠的史前時代，似乎曾有個能探索地球，並繪製全球地圖的失落文明。

1507 年的瓦爾德澤米勒地圖
托勒密製圖傳統

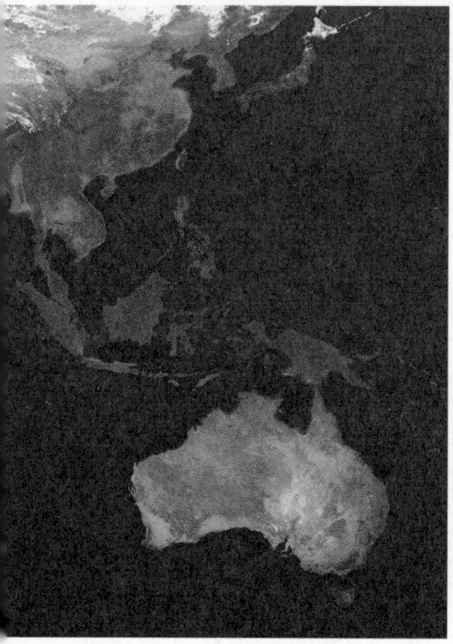

今日東南亞

1507 年的瓦爾德澤米勒地圖中的東南亞

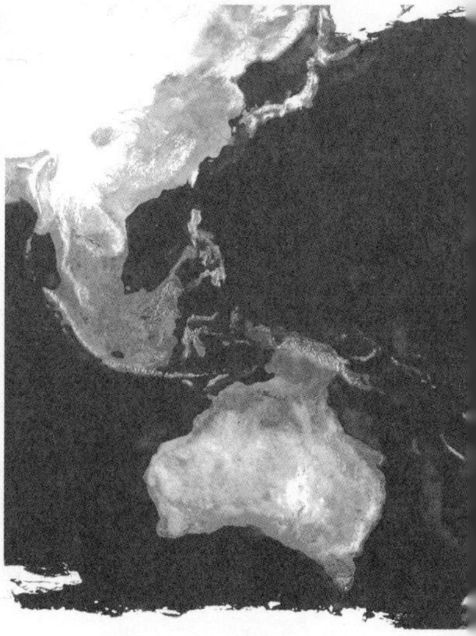

21,300 年前的東南亞

■大洪水前的地圖製作？

在現存的歐洲地圖中，已描繪出日本的最古老地圖，也許就是一四二四年的皮茲加諾海圖（Pizzigano Chart）；這張海圖將日本命名為薩塔納茲島（Satanazes），卻把它誤置於大西洋上。這個驚人的假設，最初是由南佛羅里達大學的羅伯特．傅森（Robert Fuson）提出的。傅森於一九九五年發表的《傳奇大洋島》（*Legendary Islands Of The Ocean Sea*）中，以大量驗證性證據支持這個假設。我是在為我於二〇〇二年出版的《上帝的魔島》進行研究時，注意到傅森的這本著作。

我很相信傅森教授的說法，但我認為這個假說還有個重大意

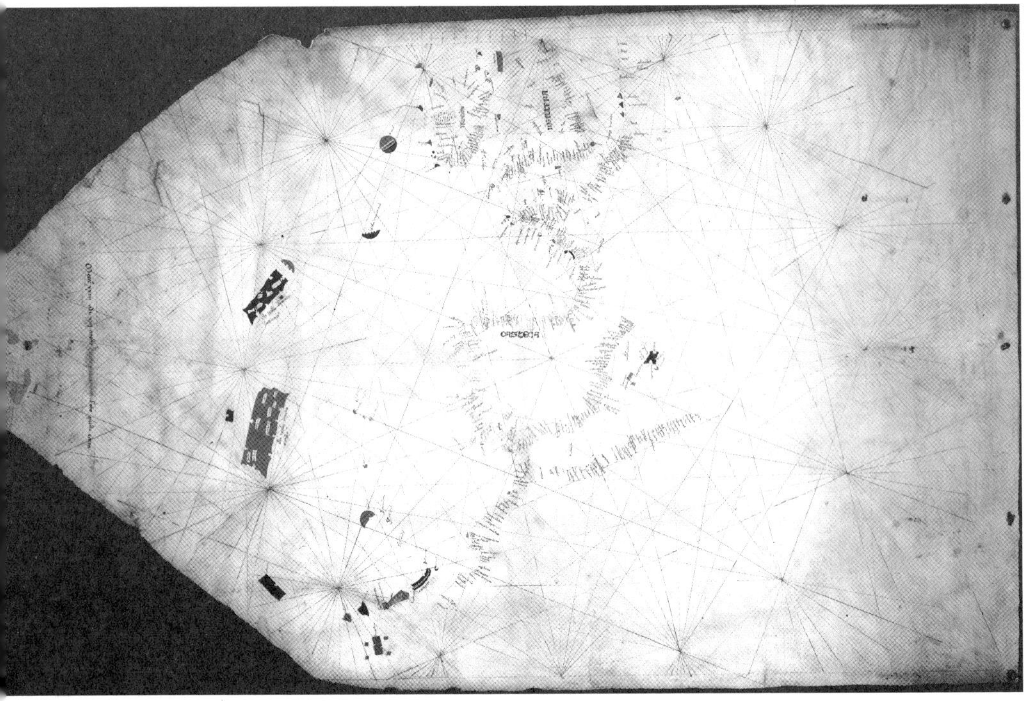

一四二四年的皮茲加諾海圖，將日本和台灣兩大島誤置在大西洋上，它們在地圖中的名稱分別是薩塔納茲島和安提利亞島（Antilia）。薩塔納茲島是海圖中央偏左的兩個陰暗陸塊中，位於最北方的陸塊。

義，但由於傅森對這層意義並沒有多加著墨，我在《上帝的魔島》中才有機會深入探討此事。這件事就是皮茲加諾海圖上的「薩塔納茲島」或日本，並不是日本在一四二四年的幾個主要島嶼的樣貌，而是在一萬三千五百年前到一萬兩千四百年前，新仙女木期開始時的大浩劫期間，海平面下降時日本的樣貌。

在這段期間，日本的本州、九州和四國三大島，是相連成一個大島。下圖左就是這座大島的模樣，那是根據現代地質學研究的海平面

13,500 年至 12,400 年前
冰河時期海平面下降時的日本

描繪於 1424 年
皮茲加諾海圖中的日本

今日日本

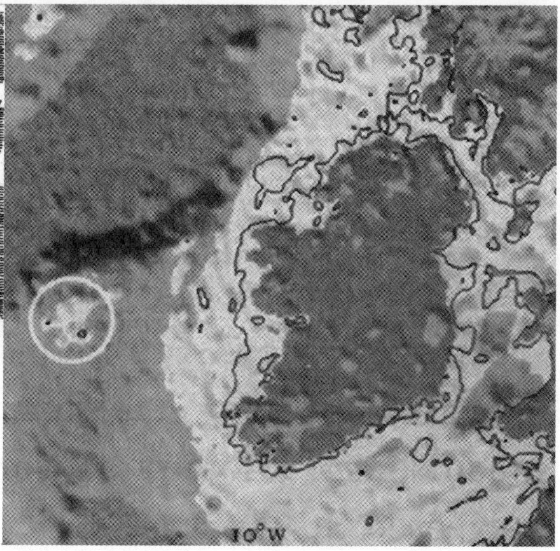

上升地圖繪製的。中圖是皮茲加諾海圖中的薩塔納茲島。海圖的本州、九州和四國是連成一個島嶼，海圖也準確地描繪出在一萬三千五百年前到一萬兩千四百年前，位在後來的四國島西南方和東北方的海灣。

前頁左下圖是一五一三年的托勒密阿根廷地圖（Ptolemaeus Argentinae map），當中也可以看到類似的誤置狀況。那是世界另一端的愛爾蘭和周遭海域的地圖。右下圖則是愛爾蘭和附近海域的海深地形圖，地圖的解析度為兩分。地圖中的深度是由陰影和等高線表示，其中的等高線是相當於目前的海拔負五十五公尺。從海深地形圖可看出，在一萬三千年前冰河時期海平面下降時，有個面積可能是一百平方公里的重要島嶼。它正好就位在一五一三年的托勒密阿根廷地圖上，被稱為「巴西島」的「傳奇之島」的位置上。

從以上的分析可以看出，某個未知的文明可能曾在冰河時期探索地球，這個文明的船員和航海家製作了不少地圖。這些殘存的地圖碎片經過一再複製後，成了中世紀晚期地圖製作者的參考來源。

我曾清楚介紹過地圖的傳播路線。它們是在十字軍東征時，由亞歷山大圖書館經過君士坦丁堡傳入歐洲的。有興趣的讀者可以參考我的《上帝的指紋》。

■世界底端的洞

直到一八一九年，我們文明的船員和航海家發現南極洲後，世人才知道它的存在。因此在十九世紀初的地圖中並沒有南極洲。次頁上圖是一八一八年出版的平克頓地圖（Pinkerton map），這張地圖中就沒有南極洲。次頁下圖則是南極洲的現代地圖。

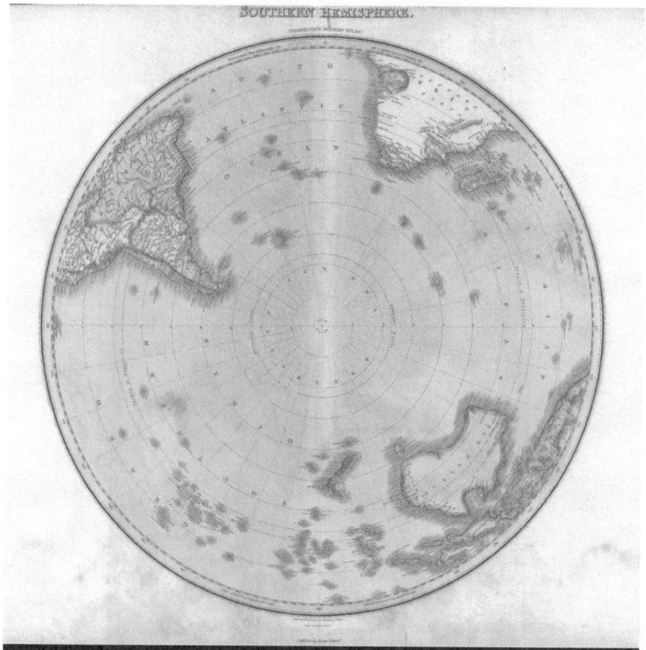

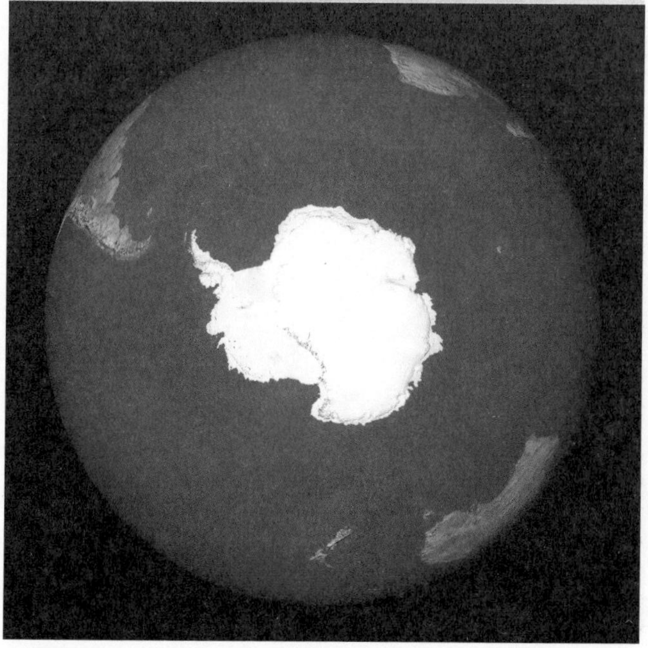

但奇怪的是，雖然南極洲照理說在十六世紀仍未被發現，但它卻出現在當時的幾份地圖上，例如次頁上圖的奧倫提烏斯·費納烏斯世界地圖（Oronteus Finnaeus world map），和它下方的麥卡托世界地圖（Mercator world map）。這兩張地圖都是更古老地圖的複製品，但那些古老的地圖已經失傳了。

NOVA, ET INTEGRA VNIVERSI ORBIS DESCRIPTIO
SEPTE TRIO.
MERI DIES.
PARS BO REALIS,
PARS AV STRALIS

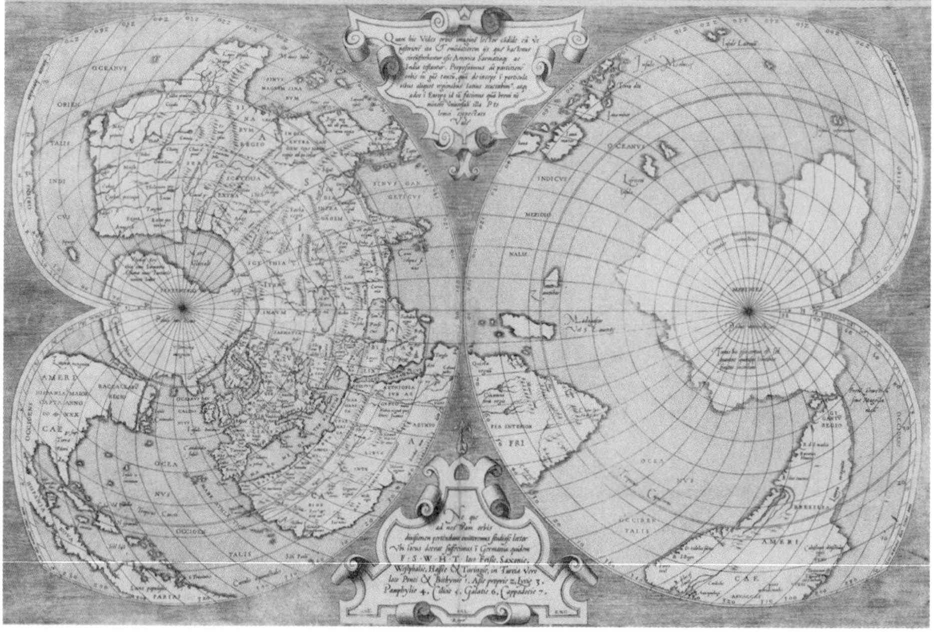

■巨石島

一五一三年的皮里雷斯地圖（Piri Reis map），描繪的是非洲西岸和北美洲與南美洲的東岸。據說在這份地圖中南美洲南端延伸出去的部分，就是冰河時期的南極洲。我在《上帝的指紋》中介紹了這個說法。

下方左圖和右上圖就是這張地圖的部分。根據地圖的描繪，在目前美國的東南岸以東有個巨大的島嶼，島的中軸上有條清晰的「巨石之路」。在冰河時期海平面下降時，這裡確實有一個大島，它是約在一萬兩千四百年前才消失的。目前的安德羅斯島（Andros）和比米尼島（Bimini）就是大島殘存的部分。下圖右下和次頁圖就是比米尼島的外海，我曾在那裡沿著一條巨

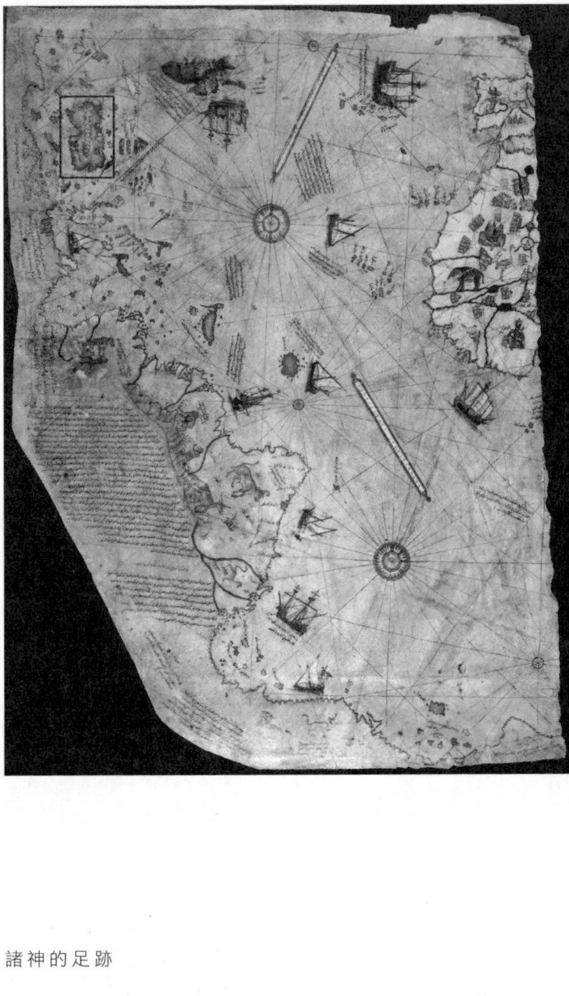

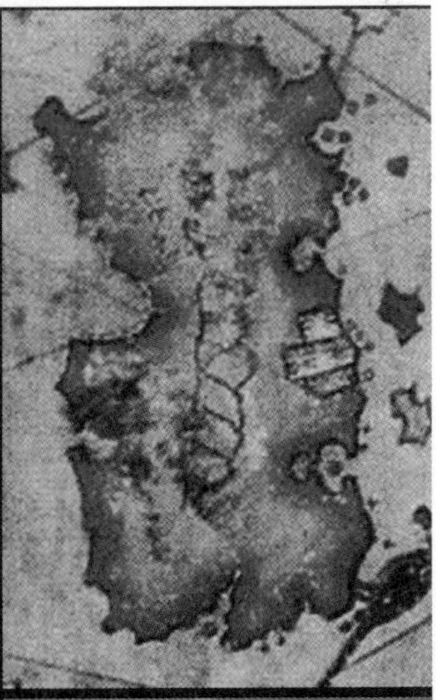

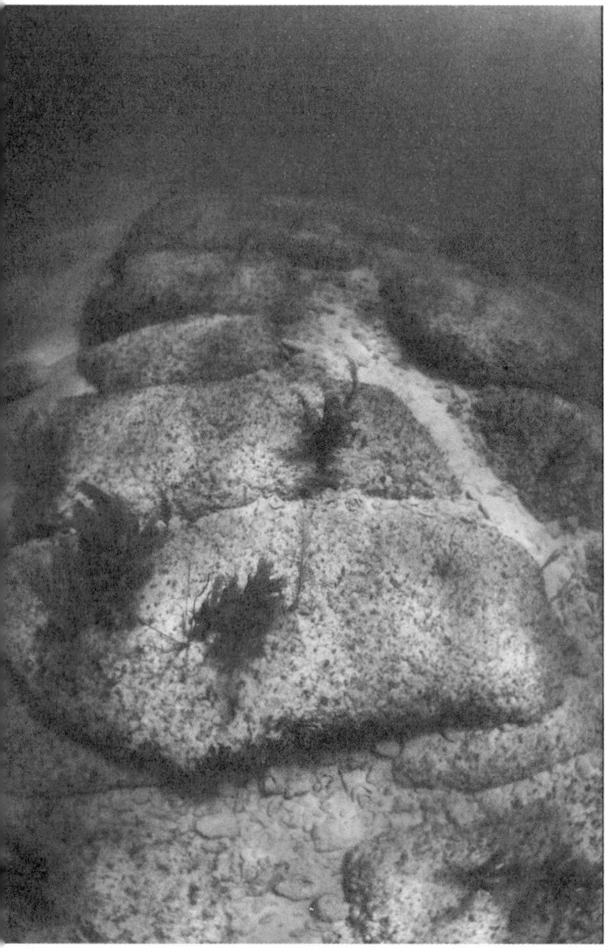

石之路潛水，這條路就和位於皮里雷斯地圖中陸地上的巨石之路一模一樣。

先不管所謂的比米尼島是人造或天然的，它會出現在皮里雷斯地圖上，就意味著在冰河時期晚期的大洪水來臨前，海平面尚未上升到把巨石之路淹沒時，曾有人在那裡探索和繪製地圖。

附錄三

起初，那裡是一片森林。接著森林消失了。接著……

冰河時期的亞馬遜是怎樣的地方？那裡的氣候如何？又有怎樣的環境、植被和樹木呢？亞馬遜雨林是目前全球生態系統中最大的雨林。既然它如此重要，我一直以為專家早在很久之前就徹底研究過上述問題，並已得到共識了。他們確實曾研究過這些問題，但他們並沒有得到共識。因為他們得到的共識總是不斷改變，既然這是個不斷改變的共識，那也就是說共識根本就不存在。

以下就是我對這些爭議整理出的簡單時間表：

一、在一九九〇年代之前科學界的共識是，亞馬遜在冰河時期多半是乾旱地區，其中有些孤立的雨林生物庇護所，庇護所四周是一望無際的疏林草原和疏生植被。

二、從一九九〇年代中到二十一世紀初，這個觀點就飽受質疑。學者在爭論中達成一個新共識，

那就是亞馬遜和現在一樣，「一直」是一個雨林；這裡所說的「一直」，至少有數百萬年之久。

三、到了最近十年左右，學者的共識又有了改變。他們認為冰河時期的亞馬遜多半是疏林草原，我們目前看到的熱帶雨林，只是近七千或八千年才出現的；有些地區的熱帶雨林甚至只有不到兩千年的歷史。

我們應該花一點時間，了解一下讓共識不斷改變的各種觀點。我們先看看一篇由保羅・科林沃（Paul A. Colinvaux）、保羅・奧利維拉（Paulo Eduardo De Oliveira）和馬克・布希（Mark B. Bush），發表在二〇〇〇年一月《第四紀科學評論》上的論文。他們在論文中推翻了一九九〇年代前的主流說法，否定亞馬遜曾是個只有零星雨林庇護所的乾旱疏林草原：

> 我們的結論是，冰河時期乾旱亞馬遜假說並不成立，因爲冰河時期的亞馬遜低地遍布著森林。

幾週後，牛津大學的凱薩琳・威利斯（Katherine Willis）和羅勃特・惠特克（Robert Whittaker）在《科學》期刊上發表了類似的結論：

> 從證據可清楚看出，在冰河時期的亞馬遜，並沒有大片的低地熱帶森林被疏林植被取代。當時的亞馬遜仍是以熱帶森林佔絕大部分。

在次年，也就是二〇〇一年，一項發表於《古地理、古氣候學、古生態學》（*Palaeogeography,*

Palaeoclimatology, Palaeoecology）的研究做出以下結論：

在晚更新世一整個冰川循環的各階段中，整個亞馬遜低地都被茂密的林冠覆蓋著。這和三十年來生物地理學界獲得的共識正好相反。

一篇發表於二〇〇三年《地質學》的研究，也肯定以上的看法：

亞馬遜河流域目前的熱帶雨林植被，在過去七萬年來一直是那裡的常態。過去的理論認爲曾有大型疏林草原出現，這就意味著亞馬遜雨林的冰期乾燥性增加了。但我們並沒有找到大型疏林草原存在的證據。

二〇〇四年《古地理、古氣候學、古生態學》上，有項更深入的研究發表了。這項以巴西亞馬遜西北部的六湖山（Hill of Six Lakes）為主題的研究，最後做出以下結論：

數據顯示在整個末次冰河時期中，亞馬遜都一直存在著中濕森林。就算在低水位時期，花粉也都保存得很好；這就表明了森林覆蓋物一直存在。

我們現在跳躍到二〇一三年，這一年的《第四紀科學評論》上，刊登了一項關於六湖山的追蹤研究。作者在論文中沉痛地說：「長久以來，六湖山一直遭到誤用，被視為是證明亞馬遜流域一直存在雨林的代表性地點。」它之所以被誤用是因為：

所有的替代物質都顯示著，目前的植被可以往前上溯到距今約六千年前的中晚全新世。

到了一年後的二〇一四年七月，《美國國家科學院院刊》上的一項研究，將目前亞馬遜某些地區的森林覆蓋物歷史，下修到只有兩千年或更少。這項研究的重點是亞馬遜雨林南部，它的結論是：

當地居民在這片天然的開闊疏林草原上定居，並開拓聚落附近的草原。雖然在兩千年前，亞馬遜各地因爲氣候變化，雨林開始擴張，但這些居民一直住在這裡。

最後，在二〇一七年十月一日的《第四紀科學評論》，黛安娜．豐特斯（Diana Fontes）教授和雷納托．科代羅（Renato Cordeiro）教授發表一篇名為《根據薩奇湖的花粉和地球化學紀錄，推論出巴西亞馬遜雨林南部在過去三萬五千年的古環境動力學》（Paleoenvironmental Dynamics in South Amazonia, Brazil, During the Last 35,000 Years Inferred from Pollen and Geochemical Records of Lago do Saci）的論文。雖然他們認為「那個地區一直有雨林的存在」，但他們的結論是，當地雨林長久以來「曾發生擴張和縮小」。

我還能引用很多論文，說明學者對亞馬遜古代環境的共識一直在改變。但我想以上的例子，就足以讓讀者了解我的觀點了。目前關於亞馬遜的典範理論是，亞馬遜雨林的歷史只有不到八千年，有些地區的雨林甚至還不到兩千年。但如果連科學界的權威人士都無法達成共識，而且每隔十或二十年，就會突然出現一個新典範，取代原本被廣為接受的舊典範，那麼我們又怎麼能確定現有典範是否可信，或是否有價值呢？

我察看各種文獻後發現，只要依據豐特斯和科代羅對亞馬遜雨林的解讀，也許能解釋為什麼學

者對亞馬遜遠古環境的問題，一直很難達成共識。根據豐特斯和科代羅的解釋，亞馬遜一直存在著雨林，但雨林卻會發生週期性的擴張和縮小。畢竟亞馬遜河流域是個極遼闊又多樣化的地區；它的面積在七百萬平方公里以上，其中約有五百五十萬平方公里目前是被雨林覆蓋著。我想只有經過對比，這些數字才會更有意義。

印度的總面積為兩百九十七萬平方公里，還不到亞馬遜河流域的一半。但總面積為七百六十八萬平方公里的澳洲，則比亞馬遜河流域還大。同樣比亞馬遜河流域還大的地區，還包括面積為九百三十八萬平方公里的中國，面積為九百零九萬平方公里的加拿大，面積為九百一十五萬平方公里的美國，和面積為一千零一十八萬平方公里的歐洲。簡單地說，我們可以把亞馬遜河流域視為一個超極大陸塊。它的面積可以和世上最大的幾個國家相提並論，從北到南有數千公里長，從東到西也有數千公里長。如果你覺得這麼遼闊的地區，能在千萬年中一直保持著相同的氣候和環境，那未免太不切實際了。當然了，亞馬遜的不同地區在不同時期必定會出現重大的變化，因此我們絕不能一廂情願地，根據某個特定地區的資料去推估整體的狀況。

因此我在二〇一八年三月十二日和雷納托．科代羅聯絡，詢問他關於典範共識不斷變化的問題，和我能從其中做出哪些合理的結論。我告訴他：「老實說，專家對冰河時期亞馬遜的看法充滿了分歧和矛盾。我想為讀者釐清目前被認定的事實，請問在目前的共識下有哪些事實呢？」

科代羅教授目前任職於巴西的弗魯米嫩塞聯邦大學（Universidad Federal Fluminense）。他的回答非常專業，並在回答中複述了他在二〇一七年的論文中做出的結論。他說亞馬遜河流域一直有雨林，而河流旁的濱岸林「也一直都被保存得很好」，就算在較乾旱的時期也是如此。但在濱岸林之外的其他地區，林木植被從古到今就不斷有大幅變動。

我一直想問一個很簡單的問題，那就是在冰河時期的亞馬遜，最典型的氣候、環境、植被和樹

木是什麼？但我認為他的回覆就是最佳的答案。學者對這個問題並沒有共識，提出的答案也各不相同。但這也許主要是因為亞馬遜流域的幅員極廣，環境複雜又不斷變化，而且專家取得的資料也常充滿矛盾。

但我發現這些科學家唯一的共識是，亞馬遜河流域在冰河時期要比現在涼爽多了。那裡當時的氣溫約比現在低攝氏五到六度。亞馬遜雨林目前的年平均溫度為華氏八十度，也就是攝氏二十六點六度。如果平均溫度低上五度，就是攝氏二十一點六度，或華氏七十五度，這對移民者來說會更具吸引力。當時的亞馬遜河流域是一片森林嗎？或是疏林草原？或是兩者的混合？和遠古亞馬遜的很多迷團一樣，這個問題似乎也沒有確切的答案。

致謝

我之所以能完成這本書，都要歸功於很多了不起的人。如果我因為個人疏忽忘了向他們致謝，希望他們能見諒。畢竟年紀愈大就愈健忘。

我最要感謝的就是我太太桑莎．法伊亞，她是我的知己、冒險伴侶和攝影師。我在撰寫本書時，曾兩度嚴重中風和失去意識，因此我在現實和法律的限制下都已無法開車。我們為了研究，在公路上奔波數千哩，穿梭在加州、亞利桑拿州、新墨西哥州、科羅拉多州、南達科塔州、懷俄明州、新罕布夏州、麻薩諸塞州、紐約上州、北卡羅萊納和南卡羅萊納州、路易斯安納州、密西西比州、阿肯色州、阿拉巴馬州、田納西州、密蘇里州、伊利諾州和俄亥俄州。在這段風光明媚的旅程中，都是由桑莎駕駛，我只負責坐車。因此我要感謝我了不起的太太。她能勇敢地面對困境，一直在我身邊鼓勵我，又很有創意和才華，總能把握最佳時機拍下完美的照片。此外，也謝謝她對我付出的關

愛。如果沒有妳，我在很久前就會半途而廢。謝謝妳所做的一切。

本書除了有很多照片，也必須靠大量插圖來解釋一些複雜的觀點。這項工作必須靠一位藝術總監負責，還好我兒子路克接下這項工作，並夜以繼日地準備解說本文的圖片和插圖。你的工作成果很出色，讓我既感謝又佩服。

從這項計畫的初期，我的研究助理荷莉．斯金納（Holly Lasko Skinner）就一直幫我蒐集證據資料，上窮碧落下黃泉地調查事實。她在多如牛毛的資料中搜尋和閱讀，將它們整理得條理分明，並小心查證所有資料來源，也不時通知我科學界的新發展。謝謝妳，荷莉。

羅斯．漢彌頓是一位很有創見的遠古之謎教師，他讓我見識到俄亥俄州的蛇丘之謎，並讓我了解到它和夏至日落的神祕關聯。

在目前研究密西西比河谷土方工程建造文化的考古學家中，我認為最重要的就是威廉．羅曼。很感謝他抽空和我交換意見，並同意我複製一些他的傑出照片和圖表，那是他用來說明他在考古天文學的研究結果的圖表。

蓋瑞．大衛（Gary David）是研究美國西南部地區考古天文學的翹楚。很感謝他在和我一起越過亞利桑拿州和新墨西哥州的旅程中，毫不保留地和我分享他淵博的知識。

我很感謝和我一起並肩作戰的藍達爾．卡爾森。此外，我也要感謝布萊德雷．楊和卡麥隆．威爾謝（Camron Wiltshire），他們對這項計畫各有不同但都很重要的貢獻。

我要特別向彗星研究團隊的科學家致謝。他們提出的新仙女木撞擊假說，讓美洲人類史研究有了別開生面的發展。這個理論不但很合理地解釋了末次冰河時期為何會如此離奇地結束，也讓我們對世界的史前歷史有了全新的認識。我也很感謝亞倫．韋斯特、阿爾伯特．古德伊爾、克里斯多福．莫爾和喬治．霍華德等人，花了大量時間熱心地提供協助。

我很感謝聖地牙哥自然史博物館的古生物館館長湯姆・德梅雷能和我會面，並帶我到博物館不對外開放的檔案庫，了解在賽魯迪乳齒象遺址的發現為何意義非常重大。這處遺址證明了至少在十三萬年前，北美洲就已經有人類活動。這項發現也改寫了史前歷史。

哥本哈根大學的埃斯克・威勒斯列夫，是世界頂尖的遠古DNA專家。很感謝他耐心地回答我的問題，並為我解釋在亞馬遜雨林的某些孤立部落中，為何會出現不尋常的澳大拉西亞遺傳訊息。

目前正在亞馬遜各地進行的一項重要考古研究，揭露出一些石圈和數以百計巨型幾何土方工程。我很高興能躬逢其盛，也很感謝米納斯吉拉斯聯邦大學的瑪麗安娜・佩特里・卡布拉爾，赫爾辛基大學的桑娜・桑拿羅瑪和馬爾蒂・帕西寧，與伊利諾大學的克里斯多夫・尚恩・戴維斯。謝謝他們很慷慨地答應我的要求，讓我複製他們的照片，和解說發現的地圖。

我為了準備本書的研究資料，曾親赴西伯利亞的丹尼索瓦洞穴。我很感激謝爾蓋・庫金，他很專業又熱心地為我籌畫了這趟旅程，也很感謝優秀的口譯員奧嘉・法地娜。很謝謝俄羅斯科學院的西伯利亞考古與民族學研究所的熱心合作，和同意讓我複製丹尼索瓦洞穴遺物的照片。

很感謝美國聖馬丁出版社的編輯彼德・沃爾弗頓（Peter Wolverton），英國王冠出版社的編輯馬克・布茲（Mark Booth），和我的作家經紀人，任職於謝爾藍德經紀公司的索妮亞・藍德（Sonia Land），他們都是我的強力後援和至交好友，隨時為我提供了最佳建議和頂級的專業知識，讓我獲益良多。

《諸神的足跡》中的所有優點，都要歸功於上述人士，和世界各地的很多科學家和專業研究人員；我在本書中會介紹他們的發現。我已經費盡苦心地忠實呈現出他們的研究成果，但如果書中的介紹有任何錯誤或曲解，那全是我的疏失。

我最要感謝的是，我很幸運能生活在一個美好的無國界家族中。我已經介紹過桑莎和路克，我

對其他五個成年子女也充滿了關愛和感謝。他們分別是尚恩（Sean）、香提（Shanti）、萊拉（Leila）、拉維（Ravi）和嘉布麗葉兒（Gabrielle）。我是生於蘇格蘭的英國人，父親是英格蘭人，母親是蘇格蘭人。我的童年有四年是在印度的泰米爾納德邦（Tamil Nadu）度過的。桑莎是泰米爾人，但她是在馬來西亞出生和長大的。尚恩和萊拉都有一半的索馬利族和一半的英國血統。香提和拉維有一半的馬來西亞與泰米爾族血統，和一半的英國血統。萊拉的先生傑生（Jason）是希臘人，拉維的太太莉迪亞（Lydia）是美國人，路克的太太文子（Ayako）是日本人。他們為我生了三個孫子孫女，他們是妮拉（Nyla）、李歐（Leo）和亨利（Henry）。他們的天真、稚氣和笑聲，讓我們的生活充滿了歡樂。

Fantastic 26
諸神的足跡：失落文明的關鍵

原著書名 / America Before: The Key to Earth's Lost Civilization
原出版社 / Hodder & Stoughton Ltd
作者 / 葛瑞姆・漢卡克 Graham Hancock
譯者 / 潘恩典
企劃選書 / 劉枚瑛
責任編輯 / 劉枚瑛

版權 / 黃淑敏、吳亭儀、劉鎔慈、江欣瑜
行銷業務 / 黃崇華、周佑潔、張媖茜、華華
總編輯 / 何宜珍
總經理 / 彭之琬
事業群總經理 / 黃淑貞
發行人 / 何飛鵬
法律顧問 / 元禾法律事務所 王子文律師
出版 / 商周出版
台北市 104 中山區民生東路二段 141 號 9 樓
電話：(02) 2500-7008　傳真：(02) 2500-7759
E-mail：bwp.service@cite.com.tw　Blog：http://bwp25007008.pixnet.net./blog
發行 / 英屬蓋曼群島商家庭傳媒股份有限公司城邦分公司
台北市 104 中山區民生東路二段 141 號 2 樓
書虫客服專線：(02)2500-7718、(02) 2500-7719
服務時間：週一至週五上午 09:30-12:00；下午 13:30-17:00
24 小時傳真專線：(02) 2500-1990；(02) 2500-1991
劃撥帳號：19863813　戶名：書虫股份有限公司
讀者服務信箱：service@readingclub.com.tw　城邦讀書花園：www.cite.com.tw
香港發行所 / 城邦 (香港) 出版集團有限公司
香港灣仔駱克道 193 號超商業中心 1 樓
電話：(852) 25086231 傳真：(852) 25789337　E-mailL：hkcite@biznetvigator.com
馬新發行所 / 城邦 (馬新) 出版集團【Cité (M) Sdn. Bhd】
41, Jalan Radin Anum, Bandar Baru Sri Petaling,
57000 Kuala Lumpur, Malaysia.
電話：(603)90578822　傳真：(603)90576622　E-mail：cite@cite.com.my

美術設計 / copy
印刷 / 卡樂彩色製版有限公司
經銷商 / 聯合發行股份有限公司　電話：(02)2917-8022　傳真：(02)2911-0053

2021 年（民 110）7 月 29 日初版
定價 / 750 元　Printed in Taiwan　
ISBN 978-986-0734-60-7